财经类专业"十四五"规划新形态教材

财务大数据分析

张熙悦　张明龙／主编
杨艳林　胡霞／副主编

图书在版编目(CIP)数据

财务大数据分析 / 张熙悦，张明龙主编. -- 上海：立信会计出版社，2025.2. -- ISBN 978-7-5429-7823-3

Ⅰ.F275

中国国家版本馆CIP数据核字第20255AH163号

策划编辑	王斯龙　张忠秀
责任编辑	张忠秀
美术编辑	吴博闻

财务大数据分析
CAIWU DASHUJU FENXI

出版发行	立信会计出版社			
地　　址	上海市中山西路2230号	邮政编码	200235	
电　　话	(021)64411389	传　真	(021)64411325	
网　　址	www.lixinaph.com	电子邮箱	lixinaph2019@126.com	
网上书店	http://lixin.jd.com	http://lxkjcbs.tmall.com		
经　　销	各地新华书店			
印　　刷	上海万卷印刷股份有限公司			
开　　本	787毫米×1092毫米　1/16			
印　　张	22			
字　　数	550千字			
版　　次	2025年2月第1版			
印　　次	2025年2月第1次			
书　　号	ISBN 978-7-5429-7823-3/F			
定　　价	55.00元			

如有印订差错，请与本社联系调换

前　言

随着信息技术的飞速发展,大数据已成为各行各业的重要资源。财务领域也不例外,财务大数据分析已成为企业决策、投资者判断、政府监管的重要工具。然而,当前我国高校财务相关专业的教材普遍缺乏对财务大数据分析的系统性介绍。针对这种情况,本书旨在帮助广大师生掌握财务大数据分析的基本理论与方法,提高财务数据分析能力,为我国经济与管理领域培养更多高素质人才。

本书共九章,分为四部分,系统阐述了财务大数据分析的理论体系与实践应用。第一部分(第一章):财务大数据分析概述。本部分介绍了财务大数据的概念、特点、应用场景及分析方法,为后续章节的学习奠定基础。第二部分(第二、第三、第四章):上市公司财务报表分析。本部分详细讲解了资产负债表、利润表、现金流量表的分析方法,并结合上市公司实例,使读者更好地理解和掌握财务报表分析技巧。第三部分(第五、第六、第七、第八章):上市公司财务能力分析。本部分从盈利能力、偿债能力、营运能力、发展能力四个方面,对上市公司的财务状况进行深入剖析,并结合实例阐述各财务能力的评价方法。第四部分(第九章):基于上市公司的穿透式财务分析报告。本部分通过穿透式财务分析报告,帮助读者全面了解上市公司的财务状况,提高财务分析的综合能力。

本书在编写过程中,力求体现以下特色:

(1) 体系简洁。本书在结构设计上注重逻辑性和条理性,将复杂的财务大数据分析内容进行了系统化梳理。从财务大数据分析的概述开始,逐步深入到上市公司财务报表分析、财务能力分析,直至财务综合分析与评价,每一部分都紧密相连,形成了一个清晰的学习路径。这种简洁的体系设计,使得读者能够轻松把握学习脉络,避免了繁杂无序的知识点堆砌。教材内容的循序渐进,不仅有助于学生构建完整的知识框架,还能让教师在教学过程中更加得心应手。

(2) 内容新颖。本书在内容选择上紧跟时代发展的步伐,将最新的财务大数据分析理论、技术和方法融入其中,并在知识内容中融入课程思政内容。例如,在财务大数据分析概述部分,我们详细讨论了大数据技术在财务领域的应用前景和挑战;在上市公司财务报表分析部分,我们引入了最新的财务分析指标和模型;在上市公司财务能力分析部分,我们探讨了如何利用大数据进行财务能力评估。这些新颖的内容,不仅丰富了教材的知识体系,也为读者提供了更多实战性的指导。

(3) 案例丰富。为了使理论与实践相结合,本书在每个章节都配备了大量的上市公司实例。这些实例涵盖了不同行业、不同类型的财务问题,如资产负债表分析中的资产结构优化、利润表分析中的盈利模式探讨、现金流量表分析中的资金链管理。在上市公司财务能力分析部分,我们通过具体案例展示了如何运用大数据分析技术评估上市公司的盈利能力、偿债能力、营运能力和发展能力。在上市公司财务综合分析与评价部分,我们提供了基于上市公司的穿透式财务分析报告和经营业绩综合评价的实例,让读者能够直观地了解财务大数据分析在实际工作中的应用。这些丰富多样的案例,不仅增强了教材的可读性,也为读者提供了宝贵的实践经验。

本书适用于财务会计、商务经济学、经济与金融、电子商务、供应链管理、物流管理等经济与管理专业的"财务大数据分析"课程,同时,也可作为企事业单位财务工作者、资本市场投资者及相关研究人员的学习参考用书。

本书由张熙悦、张明龙担任主编,杨艳林、胡霞担任副主编。编写团队具有丰富的教学经验和实践经验,对财务大数据分析领域有深入的研究。在编写过程中,我们力求做到理论联系实际,使本书更具实用性和针对性。

在此,我们衷心希望本书能为广大师生和财务工作者提供帮助,为我国财务大数据分析领域的发展贡献力量。由于编者水平有限以及时间仓促,本书如有不足之处,欢迎广大读者批评指正。

编　者
2025 年 2 月

目 录

第一章　财务大数据分析概述 ··· 1
　　第一节　大数据概述 ·· 2
　　第二节　财务大数据概述 ·· 8
　　第三节　财务大数据分析报告概述 ···································· 11
　　第四节　VDC 财经大数据应用服务平台操作 ···························· 13

第二章　资产负债表分析与上市公司实例 ····························· 20
　　第一节　资产负债表概述 ·· 21
　　第二节　资产负债表结构分析 ·· 22
　　第三节　资产负债表结构占比分析 ···································· 34
　　第四节　经营资产管理与竞争力分析 ·································· 36
　　第五节　行业对比分析 ·· 68

第三章　利润表分析与上市公司实例 ································· 72
　　第一节　利润表概述 ·· 73
　　第二节　利润表主要报表项目分析 ···································· 74
　　第三节　报表项目利润质量分析 ······································ 89
　　第四节　增长能力分析 ·· 96
　　第五节　行业对比分析 ·· 99

第四章　现金流量表分析与上市公司实例 ····························· 103
　　第一节　现金流量表概述 ·· 104
　　第二节　现金流量表主要报表项目分析 ································ 105
　　第三节　报表项目趋势及结构分析 ···································· 107
　　第四节　行业对比分析 ·· 133

第五章　盈利能力分析与上市公司实例 ······························· 144
　　第一节　盈利能力分析概述 ·· 145
　　第二节　资本经营盈利能力分析 ······································ 148
　　第三节　资产经营盈利能力分析 ······································ 157
　　第四节　商品经营盈利能力分析 ······································ 167

第六章　偿债能力分析与上市公司实例 ······ 189
第一节　偿债能力分析概述 ······ 190
第二节　短期偿债能力分析 ······ 193
第三节　长期偿债能力分析 ······ 206

第七章　营运能力分析与上市公司实例 ······ 232
第一节　营运能力分析概述 ······ 233
第二节　总资产营运能力分析 ······ 235
第三节　流动资产营运能力分析 ······ 241
第四节　固定资产营运能力分析 ······ 258

第八章　发展能力分析与上市公司实例 ······ 264
第一节　发展能力分析概述 ······ 265
第二节　公司单项发展能力分析 ······ 268
第三节　公司整体发展能力分析 ······ 298

第九章　基于上市公司的穿透式财务分析报告 ······ 306
第一节　穿透式财务分析 ······ 307
第二节　经营层面分析 ······ 309
第三节　管理层面分析 ······ 315
第四节　财务层面分析 ······ 323
第五节　业绩层面分析 ······ 330
第六节　基于VDC平台的穿透式财务分析报告 ······ 338

第一章 财务大数据分析概述

知识目标

1. 理解大数据的概念、财务大数据的概念、财务大数据分析报告的概念。
2. 掌握大数据的特征、大数据分析的目的、财务大数据分析书面报告的构成。
3. 熟悉大数据分析的方法、财务大数据分析报告的分类。
4. 了解大数据的分类、构建大数据的思维、大数据分析在现实中的应用以及VDC平台的基本功能情况。

能力目标

1. 能够准确理解大数据的特征。
2. 能够准确理解财务大数据的概念并熟悉财务大数据来源。
3. 能够熟练使用VDC平台。
4. 在学习过程中能够形成批判性思维,具备发现问题、分析问题和解决问题的能力。

素养目标

1. 具备较强的国家意识和社会责任感,树立严格的职业操守意识。
2. 具有创新意识、团队合作精神,并养成遵纪守法的道德品质。

知识导图

财务大数据分析概述
- 一、大数据概述
  1. 大数据的概念
  2. 大数据的特征
  3. 大数据的分类
  4. 构建大数据的思维
  5. 大数据分析的目的
  6. 大数据分析的方法
  7. 大数据分析的流程
  8. 大数据分析在现实中的应用
- 二、财务大数据概述
  1. 财务大数据的概念
  2. 财务大数据的来源
  3. 财务大数据与传统财务数据的差异
  4. 财务大数据发展对企业的影响
  5. 财务大数据发展面临的挑战

```
                            ┌                            ┌ 1. 财务大数据分析报告的概念
                            │ 三、财务大数据分析报告概述 │ 2. 财务大数据分析报告的分类
财务大数据  ┤                │                            │ 3. 财务大数据分析书面报告的构成
 分析概述   │                └                            └ 4. 财务大数据分析报告的发展趋势
            │                                             ┌ 1. 认识 VDC 平台
            │ 四、VDC 财经大数据应用服务平台操作          │ 2. 运用 VDC 平台获取数据
            └                                             │ 3. 运用 VDC 平台筛选和分析数据
                                                          └ 4. 运用 VDC 平台形成财务大数据分析报告
```

本章提要

本章主要介绍大数据的相关理念、财务大数据的概念和来源，财务大数据分析报告的主要类型和构成以及 VDC 财经大数据应用服务平台的操作与应用等基本概况，以勾画财务大数据分析的基本轮廓，为后面深入应用财务大数据分析提供理论和实践依据。

第一节　大数据概述

一、大数据的概念、特征及分类

（一）大数据的概念

由于互联网、物联网、云计算等技术的迅速发展及其在各行各业的广泛应用，各行各业及人们的日常生活中信息化、智能化、智慧化、数字化程度得以快速提升，这催生了增长迅速、数量庞大、种类繁多的数据。关于"大数据"，目前尚未有一个明确公认、统一的定义。根据《现代汉语详解词典（辞海版）》，"大数据"被释义为规模特别巨大的数据量。国务院于 2015 年 9 月发布的《关于印发促进大数据发展行动纲要的通知》指出，大数据是指具备容量大、类型多、存取速度快、应用价值高等主要特征的数据集合。麦肯锡咨询公司则认为，大数据是指那些无法在一定时间内使用传统数据软件工具进行有效采集、存储、管理和分析的数据集合。由此可知，大数据是指由于现代信息技术迅速应用于生产和生活的各类场景，而产生的增长速度极快、数量巨大、种类繁多、来源分散、结构复杂，且超出了传统数据软件工具处理能力范围（即传统数据软件工具无法快速高效地进行获取、储存、处理并得出分析结论）的数据集合。

（二）大数据的特征

当前，关于大数据的特征形成了比较统一的认识，即"4V"特征。具体包括以下几个方面。

1. 数据体量大

数据体量大（volume），不仅体现在数据量本身以 TB 单位起步，而且体现在所需的存储容量大。

2. 数据种类多

数据种类多（variety），主要体现在数据来源对象广泛（包括各行各业的企业、政府机构、

非营利组织及普通大众等)、来源渠道广泛(包括来源电脑端、移动互联网端及各类网站或自媒体程序等)、数据结构复杂(包括结构化、半结构化和非结构化数据等)等方面。

3. 数据处理速度快

数据处理速度快(velocity),不仅体现在数据搜索、下载、存储等流动速度快,而且体现在数据的处理与集成、分析与挖掘、呈现与应用等速度快。

4. 数据价值密度低

通常来讲,数据价值(value)的密度高低与其数据总量的大小成反比。由于大数据的体量巨大、来源分散,在海量数据中存在大量的无用信息,甚至是错误信息,数据量在呈现指数增长的同时,有用、有价值的信息却没有相应成比例地增长,增加了获取有用信息的难度。因此,数据价值呈现出密度低的特征。

2012年,国际商业机器公司(International Business Machines Corporation,IBM)在上述特点基础之上增加了真实性(veracity),大数据特征由"4V"发展到"5V"。目前,有的还把大数据特征发展到"7V",新增了可视化(visualization)和易变性(volatility)两个特征。

(三)大数据的分类

通常,根据大数据的组织形式,大数据可以分为结构化大数据、半结构化大数据和非结构化大数据三类。

1. 结构化大数据

结构化大数据是指事先定义好数据的意义及数据间相互关系,以统一的格式保存在数据库中,便于人类和计算机查询、处理和存储的数据。无论以后新增多少数据,只需根据之前设定的属性和规则就可将新增数据储存在适合位置,新增数据不会显著改变已有的数据查询、处理等办法,如财务系统数据、信息系统数据等。

2. 半结构化大数据

半结构化大数据是指数据之间的关系较弱,很难用统一的数据库或规则关联起来并建立数据结构的数据,该类数据仅能用标记或语义元素等进行自描述性记录和分层,如电子邮件、日志文件等。

3. 非结构化大数据

非结构化大数据是指数据间没有任何关联,无法使用一定规则对其进行管理的数据或找到相互关系的分散数据。例如,人们浏览新闻、观看视频、听音频,或自媒体传播短视频、文字、图片等大数据,就属于非结构化数据。在现实生活中,非结构化数据的总量是最大的,产生速度也是最快的。非结构化数据激增的同时,来源也层出不穷,很难用一种或几种特定的模式对其进行管理。

二、构建大数据的思维

随着物联网、互联网、人工智能等技术快速发展和广泛应用,大数据已渗透到各行各业和人们日常生活的方方面面。在大数据形成、发展与应用的过程中,人们的大数据思维也呈现出从无到有、从无意识到有意识的一个发展过程。为适应时代发展和有效正确地利用大数据,人们必须要有意识地培养自身的大数据思维。人类关于事物的认知呈现出一个由现象到本质、由低级到高级、由感性到理性、由具体到抽象的认知规律。思维是指为正确反映客观事物之间联系而对信息进行获取、认知、加工和理解的过程。因此,大数据思维是指以大数据为研究对象,透过大数据提供的表象、零散数据信息,形成发现问题、分析问题和解决问题的思维方式。

构建和培育大数据思维,需要经历一个浅显的、零碎的、偶然的、具体的感性认识到全面的、逻辑的、抽象的理性认识过程。具体来看,需要有以下步骤。

1. 建立正确的大数据思维观念

(1) 对大数据先建立基本的认识,对大数据的概念要有清晰、明确的认识,对大数据的特征要有准确的把握。

(2) 对大数据的价值要有相应的了解。在人类社会的发展和进步中,在国家的管理和改进中,在企业的生存和发展中,在个人的生活和工作中,需要对大数据具有何种价值,可以产生多大的社会效益、企业效益或个人效益,有一定认识和判断。

(3) 对大数据的弊端要有相应的认识。事物均有两面性,在认识到大数据的价值后,还应该对其不足和有害之处有清楚的预判。随着大数据对政治、经济、文化、民生等多方面渗透,我们应该在人文道德、伦理情感、思想观念、权利边界、公平正义等方面进行大数据滥用的监测和规避。

以此,树立个人正确的大数据观念,进而建立合情、合理、合法的大数据思维观。

2. 明确大数据运用的目的

通常在开始做一件事情之前,我们需要先确定完成该事情的最终目标,这样才能确保事情是按照预定目标进行计划、组织和实施的。一般来说,运用大数据发现问题、分析问题和解决问题的最终目的,都在于帮助大数据使用者作出正确的决策。因此,我们必须清楚每一次使用大数据要实现的目标是什么,再进行大数据的获取、存储、处理和挖掘等工作。

3. 从横向上判断事物之间的联系

传统数据分析更关注数据所反映出的事物之间的因果关系。而大数据,由于其体量大、种类多,能够更全面、真实、复杂和多样地反映信息,在大数据思维下,我们更加关注从横向上基于大数据信息寻找事物之间的相关关系。传统数据分析主要采用线性思维来分析事物之间的关系;而大数据分析则采用多对多的系统思维,以挖掘事物之间隐藏的复杂关系和巨量信息,从而判断事物之间的相关性。

4. 从纵向上推理事物的发展趋势

传统数据分析更多地用于深入挖掘事物之间的因果关系,以及探究某一事物发生变化的背后原因。但由于数据体量或样本选择的偏差等问题,分析结论的准确性可能会受到质疑,其时效性也较差。这就需要我们在各个阶段不断地重复进行分析和判断。相比之下,大数据可以采用归纳和演绎等方法,更全面、准确地把握事物发展演变的趋势。大数据不仅能更好地理解过去、把握现在,还能更准确地预测未来,并帮助数据使用者作出正确的决策。对于大数据分析而言,更重要的是在纵向上预测未来的发展趋势。

三、大数据分析的目的、方法及流程

(一) 大数据分析的目的

做任何事情都有其一定的目的,就当前来看,进行大数据分析主要有以下三个目的。

1. 预测未来趋势

这是大数据分析的最重要目的之一。与传统数据相比,大数据来源广泛、体量大、种类繁多,能够更全面和真实地反映信息。这不仅有助于人们科学地理解过去、实时高效地掌握现在,而且能更准确地预测未来趋势,把握机遇,引领时代发展。例如,如果企业能够利用大数据分析正确预测未来的行业发展趋势,它们就可以调整发展战略,提前做好准备,以顺应甚至引领时代和行业发展。

2. 优化配置资源

对于人类来说,资源是稀缺且有限的,任何资源的使用都需要付出成本和代价。因此,如何优化资源配置和提升资源利用效率,对于社会效益、企业效益或个人效益的提升都具有重要意义。大数据分析可以帮助我们了解资源配置在数量和种类上的结构现状,以及不同资源配置产生收益的情况,从而有效地识别资源错配或资源利用效率较低的节点及其原因。例如,商家可以通过大数据分析抓取各类用户的信息,了解用户的需求或兴趣所在,并结合自身的资源和能力优势,有针对性地选择目标客户群体,为他们提供个性化服务,有效地节约了用户获取所需信息的时间、精力和货币成本。这种基于大数据分析的资源优化配置,不仅提升了商家的效益,也提升了客户的效益。

3. 解决当前问题

大数据分析的第三个目的是解决当前面临的问题。这主要是通过分析现状、找到原因并解决问题来实现的。首先,大数据提供了包含各类基本信息的数据集,并对这些数据集进行可视化分析,从而揭示数据所展现的现状信息。其次,基于数据展现出的现状信息,深入分析数据以找出造成这种现状的原因。最后,根据找到的原因和关键问题,提出解决当前问题的具体方案和措施。

(二) 大数据分析的方法

大数据分析是指运用数据分析工具对数据进行描述性、预测性、规范性分析的过程。其中,描述性分析是指对数据的集中趋势、离散程度、频数分布等进行描述,并利用图表等进行直观的可视化展示;预测性分析是指运用预测模型、数据挖掘和机器学习等技术来预测未来各种结果发生的概率和趋势,即探索事件在未来发生的概率大小;规范性分析则在预测性分析的基础上更进一步,不仅预测将会发生什么、何时发生,还揭示引起事件发生的原因,并给出最优解决方案或相应的对策建议。总之,描述性分析是基于历史和现时数据来确定已经发生事件的基本情况及原因;预测性分析是基于历史和现时数据来探索事件未来发生的趋势及可能性大小;规范性分析是基于历史和现时数据来探索过去、现时事件与未来结果之间的关系,并帮助确定最优方案。

根据分析目的和应用领域的不同,涉及的大数据分析方法也很多。常见的大数据分析方法可以归纳为以下三种。

1. 大数据的可视化分析方法

大数据的可视化分析方法是指借助各类数据分析软件,对大数据的基本信息或趋势情况,用图或表的形式来进行直观展示的一种分析方法,如直方图、条形图、饼状图、散点图、折线图、时间序列图、词云等。

2. 大数据的统计分析方法

大数据的统计分析方法是指基于统计理论，对数据进行描述性统计分析、相关分析、回归分析、因子分析、聚类分析等统计分析，借助各类统计分析方法或数理模型，找出或检验事物之间的各类关系的一种分析方法。

3. 大数据的数据挖掘分析方法

大数据的数据挖掘分析方法是指借助如神经网络、决策树法、关联规则法、遗传算法、连接分析等先进数据挖掘方法，从不同角度对隐藏在大数据中的信息进行挖掘的一种分析方法。

（三）大数据分析的流程

一般来讲，大数据分析的流程可以概括为以下六个步骤。

1. 明晰获取大数据的目的

在进行任何事情之前，都需要清楚地了解完成此事的目的。在进行大数据分析之前，必须明确此次分析的主要应用领域：它将发挥什么作用？所需数据的范围是什么？数据量应为多少？分析应深入到何种程度？只有明确了上述问题，我们才能更有意识、有目的地高效完成每一次大数据分析任务，从而实现预期目标。

2. 确定获取大数据的来源

在明确获取大数据的目的之后，我们就可以确定大数据收集的范围、渠道来源或对象等。这样，我们就能确定此次大数据可以通过哪些途径获得。通常，大数据可以通过企业的数据库、系统日志、网络数据或感知设备等途径获取。其中，企业的数据库数据包括企业资源计划（ERP）系统数据、客户关系管理（CRM）系统数据；系统日志数据主要是指记录用户信息和行为操作的数据，如用户访问购物网站的记录；网络数据涵盖用户使用电子邮件、文档、图片、音频、视频、微信、博客等网络媒体所产生的数据流；感知设备是指由各类机械设备产生的数据，如摄像头、传感器、GPS 定位系统、地理探测系统、智能温度控制器及各类智能终端设备产生的数据。大数据获取技术包括直接从数据库获取或使用网络爬虫的方式获取。

3. 明确大数据的储存方式

大数据的存储特别要求存储基础设施能够持续、稳定、可靠地容纳信息，并提供用户可查询和分析巨量数据的访问接口，同时确保数据存储的安全性和隐私保护。典型的存储技术包括随机存取存储器（RAM）、磁盘存储（如硬盘驱动器 HDD）、存储级存储器（如固态驱动器 SSD 的闪存），以及新兴的分布式缓存、基于 MPP 的分布式数据库、分布式文件系统等。

4. 选定大数据的处理方法

收集到大量低价值的分散数据后，需要先对原始数据集进行清洗和转换，然后进行集成存储。通常，数据处理包括处理重复值、异常值、缺失值、逻辑错误值、无用的备注信息值以及与本次分析无关的无用数据值等。针对不同的数据类型、数据量和数据特征，需要正确选择数据清洗与处理的软件、数据筛选和查询的条件，以及处理数据异常值、缺失值和重复值的策略，应选用既简单高效又能保留数据真实信息的数据处理方法。此外，还要对数据的格式、完整性、合理性等进行检查。在选择大数据处理方法时，原则是选择最适合此次分析目的和数据特征的方法，而不是最先进或最复杂的方法。目前最为流行的大数据处理平台是 Hadoop，它是一个可伸缩、高效的平台，能够处理 PB 级的数据，包括文件系统、数据库、数据仓库和大数据分析语言接口等模块。除此之外，还有 MongoDB、Apache Spark、Zoho Analytics、HPCC、Storm、Apache Drill、Rapid Miner 等大数据处理工具。

5. 详尽分析与挖掘大数据

对数据进行处理和清洗后，我们得到的有用集成数据集需要结合此次大数据分析的目的和数据特性，来选定最合适的大数据分析方法进行详细的拆解和挖掘。首先，我们需要明确大数据内部各项可以进行分类、回归、关联、序列或偏差等处理。其中，分类是通过建立分类规则、函数、数学表达式或决策树等对大数据进行分类，目标是使类与类或簇与簇之间的差异尽可能大，而其内部的差异尽可能小；回归是运用回归模型对数值进行估计和预测，以得出某些结论，如确认因果关系；关联是指建立事物之间或同一事物不同项之间的某种联系，如分析"双十一"期间消费者购买不同商品的相关性；序列是指数据呈现出的时间趋势规律，主要是发现一个有效时间段内的规律或周期性变化，如购买了新手机的人可能会在一个月内购买手机壳等配件，而在 1.5 至 2 年后更换手机；偏差是指异常值或极端值，这往往是需要关注和挖掘的重点信息，如在分析犯罪、诈骗、心理状态、健康状态等大数据信息时，偏离正常值的情况需要被重视。其次，数据分析可以分为结构化数据分析、文本分析、Web 数据分析、多媒体数据分析、社交网络数据分析、移动数据分析、观测和监控数据分析等类别。再次，大数据挖掘的常用方法包括模糊逻辑、云理论、证据理论、人工神经网络、遗传算法和归纳学习方法等。最后，结合前述数据分析方法，对数据进行详细的分析和挖掘。在运用具体的数据分析和挖掘方法时，应掌握一个原则：选择最简单、高效、便捷且最适用的方法。

6. 准确呈现与解读大数据

在大数据分析和挖掘完成后，我们需要选择最合适的方式呈现分析结果，并且最重要的是对这些结果进行正确解读，以确保最终作出正确的决策。数据呈现的目的是让使用大数据分析结果的人能够快速、简便地理解数据分析结果，而数据解读则是为了给依赖这些结果作出决策的人提供参考。因此，数据的呈现和解读是整个大数据分析过程中最核心、最重要的环节，之前的环节都是为了服务于这最后一个环节。通常，我们可以使用分组表、交叉表、明细表、柱状图、热力图、散点图、折线图、面积图、条形图、饼图、词云图、地图、仪表盘、雷达图、气泡图等工具来进行数据呈现。

四、大数据分析在现实中的应用

大数据目前广泛应用于企业的生产经营、普通大众的工作生活、国家的军事政务以及其他组织机构的运行等各个方面。例如，在电商领域，淘宝、京东等通过大数据分析为每位客户提供个性化的商品信息推荐，使消费者能够更简单、更快捷地获取自己感兴趣的商品信息，并据此作出购物决策；在交通领域，百度、高德地图等通过大数据分析为每位用户提供个性化的出行方案，并对比分析不同方案的时间成本或货币成本，同时推荐周边的各类商家信息；在能源行业，通过大数据信息掌握居民在夏天的用电规律及波动情况，提前进行电力输送方案的设计等。因此，大数据的应用与每个人的生活和工作息息相关，使人们的生活更加便捷和高效。然而，随着大数据的广泛应用，人们对隐私和安全保护的需求也变得更加迫切。

第二节 财务大数据概述

一、财务大数据的概念

财务数据是指来源于企业各个业务部门的数据,它们汇集并描述企业当前的财务状况和经营成果,同时为管理决策层提供财务分析、财务预算、预测和报告所需的所有原始数据。这包括研发、采购、生产、销售、人事、财务等各部门产生的数据。

财务大数据是指将大数据相关技术应用于财务领域,其数据涵盖了企业内外部与企业生产经营相关的所有财务数据。财务大数据兼具大数据和财务的特性,利用大数据技术贯穿于财务管理的各个环节,能够帮助财务人员快速进行信息归档、存储、核算、查阅和分析,从而全面掌握企业的财务状况。通过大数据分析,它能帮助企业管理人员在经营、投资、风险预警、成本控制等方面作出正确的决策。

二、财务大数据的来源

财务大数据通常来源于企业内部和企业外部。企业内部数据主要是指企业在日常生产经营过程中产生的数据,如研发数据、采购数据、订单数据、库存数据、销售数据、电商数据、客户关系管理数据、人事数据、财务数据、固定资产数据等。这些数据主要由企业的资产负债表、利润表、现金流量表和所有者权益变动表等财务报表构成的数据集合。而企业外部数据主要是指来源于企业之外的政府部门、行业协会、新闻媒体、行业内外相关企业、交易平台等,与本企业生存和发展相关的所有财务数据集合。这些数据既包括传统的数值型数据,也包括文本、音频、图片、视频等非结构化数据。具体而言,财务大数据的来源主要包括以下几种。

1. 系统中的结构化数据

系统中的结构化数据主要来源于企业内部使用的业务流程系统、财务管理系统、人力资源管理系统、客户关系管理系统等信息系统。这些数据具有高度结构化的特点,可以批量采集,涵盖了企业所有生产经营活动的数据。它们也是企业传统财务数据的主要来源,对企业而言,是最为便捷、直接且成本最低的数据来源途径。

2. 感知设备中的数据

感知设备中的数据主要来源于信息传感器设备、射频识别技术、全球定位系统、激光扫描器、红外感应器等各种物联网感应设备。这些数据包括发票、行程单、火车票、扫描仪或数码相机识别翻译所得的数据信息,以及穿戴设备传送和收集的数据等。

3. 日志文件数据

日志文件数据主要是指来源于信息系统或服务器日志的数据,这些数据用于监控系统的运行情况和记录用户的操作行为。例如,记录财务人员操作各项业务的时间及使用情况,这有助于加强对财务人员工作效率的管理;知网对不同类别用户下载文献的使用和操作进行记录,以监测是否存在违规或疑似非法数据下载和盗用;淘宝对不同用户的上网时间、浏览行为和浏览内容进行记录,以更好地观察用户的偏好和行为习惯,从而更好地满足用户需求并提升用户的购物体验。

4. 互联网网页数据

互联网网页数据主要是通过网络爬虫技术从各互联网网页上采集与特定关键词相关的数据。例如,可以利用 Python 在百度、谷歌、搜狗、新浪、今日头条等网站爬取与竞争对手、行业、供应商、营销中介、消费者、最新技术发展、全球政治经济局势等相关的数据,这些数据能够为企业的战略规划和经营决策提供参考。

5. 各类媒体数据

各类媒体数据主要来源于互联网以外的渠道,包括各类 App 或小程序等,这些媒体与企业经营发展相关。例如,抖音、微信、QQ、优酷、爱奇艺等社交媒体、购物平台、学习工具和娱乐平台所产生的数据,涵盖了人们的社交、购物、学习、娱乐等活动。

6. 外部数据库数据

外部数据库数据主要是指从与本行业生存和发展相关的权威机构数据库中获取的数据。例如,国家统计局、各地方统计局、CEIC 数据库等国内外权威机构的数据库中的数据。这些数据能有效地帮助企业跟踪行业动态、国内外政治经济局势以及行业发展状况,有助于企业了解其外部发展环境的情况。

7. 其他外部数据

其他外部数据主要是指除前述来源之外,企业能够获得的其他财务大数据。例如,一些机构每年发布的行业发展报告或白皮书等,这些都能为企业提供有用的财务信息。

三、财务大数据与传统财务数据的差异

财务大数据和传统财务数据的差异,主要有以下几个方面:

(1)从数据结构的角度来看。传统财务数据主要以结构化数据为主,主要涉及企业内部生产经营的各项业绩指标,如企业的偿债能力、运营能力、盈利能力等。而财务大数据不仅包括这些传统结构化数据,还涵盖半结构化和非结构化数据,如与企业生存和发展相关的外部行业数据,以及国家税务经济运行等相关政策。

(2)从数据范围的视角来看。传统财务数据主要关注表示财务结果的各项指标数据。而财务大数据不仅包括这些指标数据,还涵盖交易数据(如企业与用户交易产生的数据)、过程数据(如企业与供应商等利益相关者交互过程中产生的数据)、行为数据(如用户行为日志或物流追踪数据)以及环境数据(如行业状况、国家宏观经济形势的数据)等。

(3)从数据来源的角度来看。传统财务数据主要来自企业内部。相比之下,财务大数据的来源更为广泛,不仅包括企业内部数据,还涵盖企业外部的互联网数据、产业链上其他企业的数据、网络爬虫抓取的数据,以及政府或各类行业机构和平台发布的与企业生产和发展相关的数据等。

(4)从数据处理方法的角度来看。传统财务数据主要通过使用传统的数据分析软件工具和方法进行分析。而财务大数据则主要依赖于现代科学的数据分析平台、工具或软件来进行分析。

(5)从数据分析的目的来看。传统财务数据主要用来分析企业的历史和当前财务状况。而财务大数据不仅基于历史和现状进行分析,还结合行业发展和国家政策规划等因素,对未来的发展趋势进行预测。在财务大数据的应用中,预测功能显得尤为重要。

(6)从数据分析方法的角度来看。传统数据分析主要采用描述性和诊断性分析方法。

而财务大数据的分析方法则更为复杂和多样化,如遗传算法、决策树法、关联分析法等。

四、财务大数据发展对企业的影响

财务大数据主要可以帮助企业提升财务风险管控能力、经营决策能力,并优化企业资源配置等。然而,这对企业的财务分析人员、技术、软件等方面都提出了更高的要求。具体来说,它主要通过提升以下四个方面的能力,对企业的生产经营产生影响。

1. 提升企业财务的决策支持能力

财务分析的重要职能是为企业决策提供有效、准确、客观的建议。传统财务分析主要依赖于财务历史数据以及财务人员的历史经验和主观判断来提出相应的财务建议。而财务大数据能够依托大数据技术,对来源多样、种类丰富的海量数据进行挖掘,并通过相关的数据分析和挖掘模型,找出数据之间的相关关系,从而更加准确、客观地反映企业的经营状况,进而提升企业财务决策的支持能力。

2. 提升企业的价值发现能力

随着企业信息化程度的提高和大数据技术的进步,财务分析的职能必将从历史核算为主转向价值发现。企业价值发现主要是指利用大数据技术挖掘海量财务相关数据,发现潜在的、之前未被注意到的数据间隐藏关联,打破人们的惯性思维。通过科学的数据挖掘技术,可以获得更精准的数据分析结果,从而提升企业价值发现的能力。

3. 提升企业的预测预算能力

借助财务大数据技术,财务人员可以更便捷、高效、快速地分析和挖掘所有财务相关数据,并提供分析结果。这能够有效提高财务人员对企业预测和预算的准确性。此外,即使出现新的变化因素,系统也能实时动态地重新进行预测和预算,提供修正后的准确结果。

4. 提升企业的监控预警能力

在企业的生产经营过程中,随着内外部条件或自身决策的变化,企业的经营风险可能会相应产生。借助大数据技术,可以对企业的内外部数据进行实时动态监测、更新、分析和挖掘,从而得出结果。此外,系统能够将实时动态的企业经营状况的各项财务指标与预测值进行比较,及时发现超出阈值的数据。这有助于对企业的财务风险状况进行实时监测和控制,使企业管理者能够及时调整经营决策。

五、财务大数据发展面临的挑战

目前,企业普遍还没有真正实现财务大数据的管理,仍然面临财务管理理念滞后、效率不高、风险意识薄弱、缺乏管理人才等困境。要实现企业财务大数据管理,就必须认识到财务大数据对财务管理产生的影响以及带来的变化。

1. 需要转变财务管理的理念

传统企业的财务管理主要集中在票据核算、报表分析和预算编制等方面。财务人员通常只关注企业内部的财务指标数据,财务管理的视野相对局限,且与其他部门的联系不够紧密。在财务大数据理念下,财务管理的范围得到了显著扩展。它要求财务人员在关注企业内部财务指标的同时,还需关注企业内部的生产、研发、销售、流通等各环节的运行状况,以及企业外部的宏观环境(如国内外政治经济形势)、中观环境(如行业发展状况)和微观环境(如个人消费者和企业行为)中所有可能影响企业生存和发展的信息。因此,财务大数据管理要求财务人员具备全局视野，利用大数据技术进行更系统、全面、客观和准确的财务分析与预测，并提供更科学、可行的决策建议。

2. 需要创新财务管理的模式

随着财务管理从传统以核算为主的职能向以预测和决策为主的职能转变，企业的财务管理模式和方法也必须作出相应的调整。大数据相关技术在财务中的应用使得财务数据呈现出更新速度快、数量规模庞大、信息化和数字化等新特征，这要求企业财务管理在管理机制、管理模式、管理方法等方面进行调整。例如，变革财务组织结构，增加信息化、数字化和智能化等财务岗位或工作分工；创新财务分析模型，以提高财务数据分析的准确性和效率；构建财务预警机制，建立风险意识，帮助企业及时规避或控制风险。

3. 需要强化财务管理系统的信息化和数字化建设

在财务大数据管理下，企业需要建立信息化的财务管理信息系统，开发更科学、更完善的财务数据管理系统，并构建企业内外部的财务信息管理体系。当然，这一过程中，对企业财务信息的安全和隐私保护技术也提出了更高的要求。

4. 需要构建综合型人才队伍

传统财务管理要求财务人员主要负责企业内部的会计核算、会计报表编制、会计记账和会计报告撰写等工作。然而，在财务大数据管理下，更重要的是获取企业外部有价值的海量数据信息。财务人员面临的挑战包括数据来源广泛、种类多样、结构复杂，以及数据分析和挖掘的难度大。他们需要掌握更多新型的数据获取、处理、分析和挖掘工具与软件。此外，对财务人员的全局意识以及对企业全面生产经营发展的理论知识的要求也更高。因此，企业需要在财务部门培养或储备既懂财务、又懂大数据、还懂企业经营的综合型人才队伍。

第三节　财务大数据分析报告概述

一、财务大数据分析报告的概念

财务大数据分析报告是指财务人员利用大数据相关技术，对企业内部的会计报表、财务分析表、财务活动和经营活动等所有与企业生产经营活动相关的数据，以及企业外部的国家统计数据、地方政府数据、产业链上其他企业数据、研究机构报告和其他各种网络平台数据等进行分析，并通过运用大数据分析方法，对企业的盈利能力、偿债能力、运营能力和发展能力等进行客观、全面、系统的分析与评价，并提供科学、准确的预测，最终形成的书面报告。

二、财务大数据分析报告的分类

1. 根据报告数据时间跨度不同分类

财务大数据分析报告按数据时间跨度可分为年度报告、季度报告和月度报告。其中，年度报告是财务人员对企业全年的生产经营活动进行总结，并编写成的书面报告，目的是全面披露企业过去一年的财务状况和经营成果，并提供预测和建议，为企业经营管理人员和利益相关者提供决策依据；季度报告是财务人员以每季度最后一天为截止日期，对企业该季度的主要生产经营活动或重大事项进行分析，并及时披露企业最新的财务状况、经营成果及后续计划等,为企业管理人员和投资者提供决策依据;月度报告是财务人员以企业每月的数据为基础,主要汇报企业一个月内生产经营活动的重要指标和关键事项,并分析其对企业后续发展的影响,为企业管理人员提供决策支持。

2. 根据报告涉及的内容范围分类

财务大数据分析报告按内容范围可分为综合分析报告、专题分析报告和简要分析报告。其中,综合分析报告是对企业内外部与企业生产经营相关的所有财务信息进行分析,并运用大数据分析方法对其盈利能力、偿债能力、运营能力和发展能力等进行全面客观的综合评价和预测,形成的内容丰富、范围广泛的书面报告。这类报告几乎涵盖了企业财务的各个方面和各项指标,能为企业重大财务决策提供科学依据。专题分析报告是针对企业某一特定方面进行分析而形成的书面报告,主要是为满足企业管理人员的需要,针对某个特定问题或决策而进行的分析。简要分析报告则是在一定时间段内对主要财务指标或企业存在的突出问题进行分析,形成的摘要性书面报告。

3. 根据报告的使用对象进行分类

财务大数据分析报告按使用对象可分为内部分析报告和外部公开分析报告。其中,内部分析报告主要是为满足企业内部管理人员在生产经营决策方面的需要而编制的书面报告;外部公开分析报告主要是为满足企业外部利益相关者了解企业过去和当前的生产经营情况以及未来发展潜力而编制的书面报告。

三、财务大数据分析书面报告的构成

一般来说,财务大数据分析书面报告应该包含以下几个主要内容:

(1)摘要:本部分精炼地概括了本次报告的背景、目的、分析的主要内容及最终的主要结论,使报告阅读者能够对报告内容有一个总体的认识。

(2)第一部分:本部分对企业的基本情况、报告编写的背景、目的、数据期间、涉及的主要内容、编写人员等情况进行详细介绍。

(3)第二部分:根据主要内容,可以将本部分分为不同版块,如运营、偿债、盈利和发展潜力等,或者按照阶段和版块进行详细分析。具体分析内容的构建应根据本次财务大数据分析的目的进行逻辑性的规划。本部分主要对企业生产经营相关的财务指标和信息进行深入挖掘,以识别问题所在,并对这些问题进行详细分析,找出问题产生的原因。数据收集、处理、分析和挖掘的方法以及数据可视化的结果都应有逻辑地、详细地展示在报告中。

(4)第三部分:根据前面的分析结果,对各个板块内容进行客观、全面、系统和公正的评价与预测。这个部分可以放在第二部分各个板块各自分析完成之后,也可以单独作为一个部分进行分析。

(5)第四部分:给出决策建议。基于前面的分析结果,财务人员将依据历史数据资料、个人知识经验等,提出相应的意见和看法,旨在为后续报告的使用者提供一定的决策参考。

(6)第五部分:附录部分。本部分主要收录支撑本次报告撰写,但无法直接呈现在报告正文中的所有相关材料,包括但不限于所采集的数据来源、相关的各类图表或参考文献等。

四、财务大数据分析报告的发展趋势

由于财务大数据分析以预测和作决策为主要目标,在互联网、物联网、云计算等信息技术

向企业生产经营快速渗透且应用不断加深的背景下,财务大数据分析报告呈现出以下趋势。

1. 分析报告具有更强的实时动态性

传统财务分析报告的编制必须等到企业的生产经营活动发生后才能进行,因此为了获得一份高质量、精准的财务分析报告,所花费的时间较长,并且对财务人员的经验和理论知识储备要求较高,时滞性较为突出。而财务大数据分析报告则不同,由于大数据技术的运用,它能够实时动态地对财务数据进行更新和监测。此外,借助大数据分析工具和软件,财务人员可以迅速获得可视化的财务分析结果,实时更新和修正财务数据,从而快速完成财务大数据分析报告。

2. 分析报告内容更具综合性

财务大数据分析报告不再局限于财务领域,其内容开始渗透至人事、研发、采购、销售等多个部门,并且也扩展到了企业外部的环境,如国家政策、行业发展动态、竞争对手的战略调整、消费者需求变化以及新技术的应用等。财务大数据分析报告的内容展现出综合性特征,能够为企业管理人员提供更多元化的有用信息,有助于企业更好地做到知己知彼,进而提升企业的核心竞争力。

3. 分析报告内容更具预测性

传统财务分析报告主要侧重于事后反映,而财务大数据分析报告则更侧重于预测未来的发展方向。财务大数据分析报告更多地为企业战略制定、经营方案和计划的制订、战略或经营方案的调整,以及风险预警等提供决策依据。它不仅能够协助企业确定正确的发展方向,同时也能够为企业实时监控和预测经营风险。

第四节　VDC 财经大数据应用服务平台操作

随着大数据技术的兴起,众多企业投身于大数据分析软件或平台的开发之中,导致当前市场上涌现了诸多财务大数据分析的平台和软件,如 Power BI、Tableau、QlikView、FineReport、Python、EViews 等数据分析工具。本教材选用了 VDC 财经大数据应用服务平台(以下简称 VDC 平台)进行教学实训。目前,VDC 平台涵盖了智能财务分析和智能业绩评价等模块内容。VDC 平台不仅提供了财务大数据相关知识及各板块操作的视频学习和实训机会,还在整个分析过程中,允许学习者选择自身所需的内容,系统便能自动分析并给出财务可视化的分析结果,学习者仅需结合所学理论知识对分析的图表结果进行解读即可。VDC 平台操作相对简便,并且配有免费的 VDC 精英训练计划,有助于学习者更好地理解和运用财务大数据知识。

一、认识 VDC 平台

VDC 平台主要包含实验教学、案例教学和论文支持三大板块。其中,实验教学板块设有核心课程、数智课程和公益课程;案例教学板块涵盖财经百校、教学案例库、教学案例云和案例知识库;论文支持部分则包括论文选题、数据报表、财务模型、文本分析,以及 AIG 和 RAG 应用的指导。具体而言,课程学习以 VDC 精英训练计划为主,该计划配套有课程助手、课程手册、教学视频、财经讲堂、研讨培训、报告专栏等相关学习资源;财经百校主要依托精英训练计划,评选出优质的财务大数据分析报告供学习者参考;数据报表部分涵盖了财报分析、财报明细、财经舆情、宏观市场分析、舞弊审计、信用治理、行业经营分析和战略风险分类;AIG 应用特指智能财务分析和智能业绩评价;RAG 应用则涵盖了财务分析、财务管理、审计和论文写作四种类型;文本分析功能则包括词频查询、句式检索、段落检索、段落字典、句子字典、KPI 字典、特征字典以及相似内容检索等。

VDC 平台的使用非常简便,只需在浏览器中输入登录网址(http://vdc.pub/),并参与每学年提供的免费精英训练计划即可。随后,您可根据所属学校名称、个人账号及密码登录使用。此外,您还可以直接关注"VDC 财经大数据可视化"公众号进行学习。

在登录使用 VDC 平台时,请注意 PageOffice 课程实训任务的上传及写作功能目前支持 Office 2010 及以上版本或 WPS 2019 及以上版本的使用。

二、运用 VDC 平台获取数据

应用 VDC 平台获取数据的操作步骤为:登录账号→点击上方菜单栏的"论文支持"→点击二级菜单中"数据报表"→点击任意子菜单如"财报分析"→点击"资产负债表分析"→系统自动给出分析结果,如图 1-1 和图 1-2 所示。

图 1-1 菜单栏:数据的获取步骤

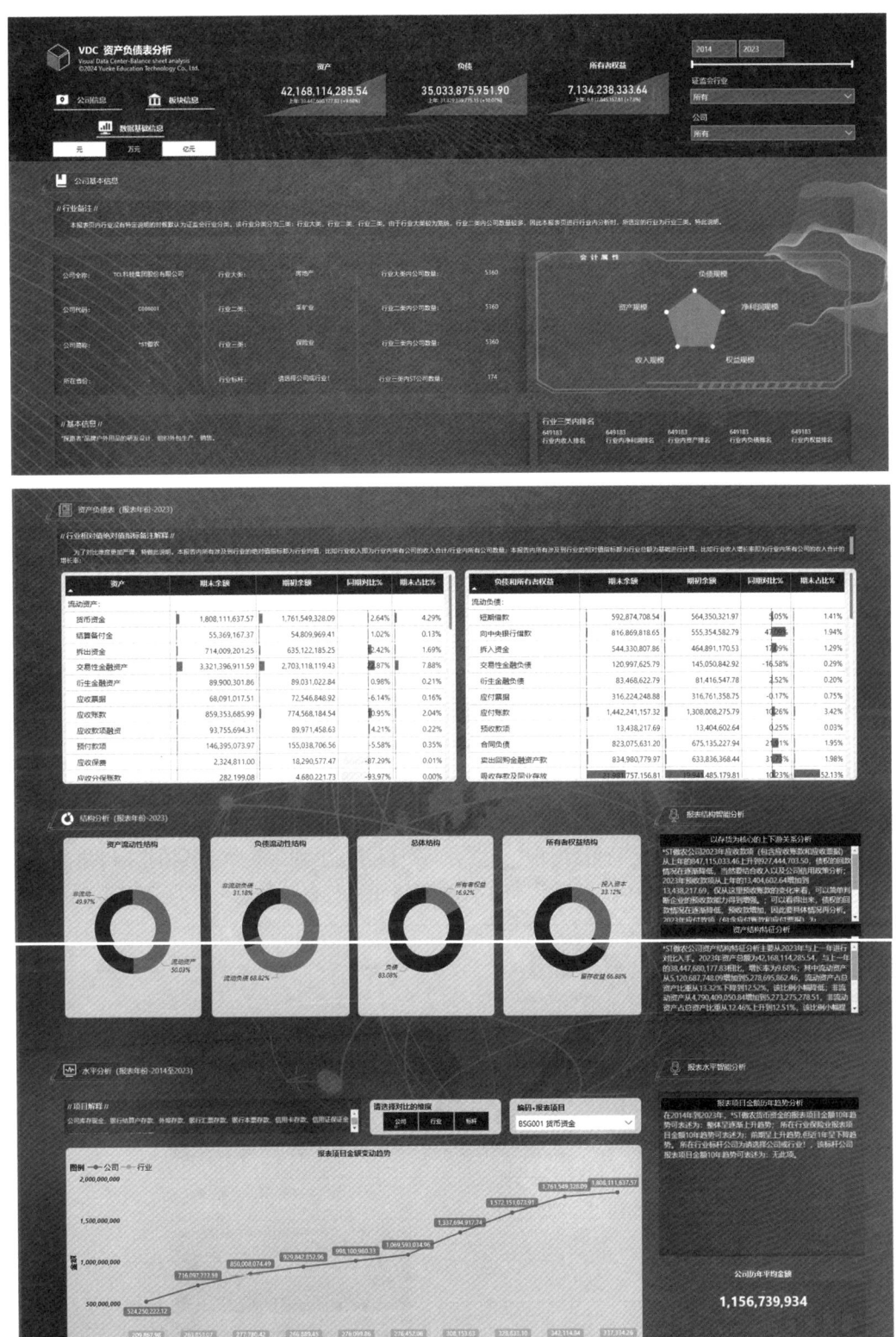

图1-2 系统自动生成的财务大数据

在VDC平台中可以按照上述步骤获得以下数据：

（1）财报分析：包括资产负债表分析、利润表分析、现金流量表分析、穿透式财报分析、财务指标分析、会计宏观价值指数、经营业绩综合评价、杜邦分析、财务报表预测和财务分析等。

（2）财报明细：包括存货明细分析、固定资产明细分析、无形资产明细分析、资产减值明细分析和投资性房地产明细分析等。

（3）财经舆情：包括财经资讯语调分析、A股资讯语调分析、财经关键词云、公告查询、资讯查询和公告时间分析等。

（4）宏观市场：包括宏观分析、经营模式分析、资本市场会计监管（中）、资本市场会计监管（高）和经济人物关系图谱等。

（5）舞弊审计：包括舞弊预警统计信号识别、舞弊预警统计信号识别（审计失败案例）、关键审计事项、财务舞弊预警M指数、盈余管理预警信号识别和常见舞弊预警信号识别等。

（6）信用治理：包括公司信用评级等。

（7）行业经营：包括行业经营相关效应、行业勒纳指数、行业产能分析和行业指标分析等。

（8）战略风险：包括战略管理、业绩评价、股票价值评估、企业合并案例财务分析、财务预警分析、风险管理、经营管理决策、投资扩张决策、成本领先战略和资本结构管理等。

三、运用VDC平台筛选和分析数据

例如，要使用VDC平台完成招商银行（代码：600036）的财务大数据分析报告，我们需要根据分析目的，有针对性地进行数据筛选与查询。具体步骤如下：首先，点击上方菜单栏的"论文支持"→"数据报表"→"战略风险"→"业绩评价"。其次，在页面右上角的公司搜索框中输入招商银行的代码"600036"或直接输入招商银行名称，并选定。再次，在行业选择栏中选定"货币金融服务"，并设置时间段，如"2012—2021"年（图1-3）。之后，页面将自动生成并给出招商银行的社会贡献率、综合经营业绩评价指数、EVA（经济增加值）等具体各项指标数据和相应的走势图（图1-4）。这些步骤将帮助我们深入分析招商银行自身的财务状况和表现。

图1-3 数据筛选与查询

图 1-4 VDC 平台系统自动生成的招商银行的财务大数据可视化结果

自动生成的财务大数据分析可视化结果,包括对各项指标体系的详细介绍,对各项指标数值的计算过程和公式等的说明,并将分析结果以图表的形式进行直观的呈现。数据分析人员可以根据该系统生成的结果进行文字说明、内容解读或给出相应的建议等。

四、运用 VDC 平台形成财务大数据分析报告

在 VDC 平台中,有关于《上市公司资产负债表分析报告》《上市公司利润表分析报告》和《上市公司现金流量表分析报告》等财务分析报告模板,如图 1-5 所示。学习者可以直接使用该报告模板,在 VDC 平台上查询出要分析的对象和可视化数据分析结果,导入各个模板的各个对应板块内容,根据可视化数据分析结果,结合所学的理论知识,进行结果的解读等。

上市公司资产负债表分析报告

报告摘要： 为了对上市公司整体情况进行分析和判断，理解上市公司报表与业务之间的关系，我们将逐个阅读三大报表（资产负债表、利润表、现金流量表），全面利用财务报表分析理论和方法，以上市公司年度报表的合并财务报表为主要分析素材，对年度财务报告进行分析，同时结合行业背景、宏观政策，罗列出财务报表数据，揭开数据背后的画像，从表中挖掘现象背后的深层次原因，灵活应用多学科知识发现问题、分析问题和解决问题。本报告是对资产负债表的阅读及分析。

注：页面末要求年份处，均填写2023年数据！

01 资产负债表结构分析
Analysis of asset liability structure

资产负债表是反映企业在某一特定日期的财务状况的报表。按"资产＝负债＋所有者权益"等式原理，将资产、负债和所有者权益分左右两部分排列。左边是资产，右边是负债和所有者权益。左侧资产项目可以按项目的收益类型、流动性等特征进行不同的分类，常用的分类方法是根据资产的流动性将资产分为流动资产和非流动资产，按照流动性大小排列；右侧根据资本来源分为负债和所有者权益，一般按要求清偿时间的先后顺序排列。根据财务报表信息列报的可比性要求，财务报表至少应当提供所有列报项目上一可比会计期间的比较数据，提供比较资产负债表以便报表使用者比较不同时点（年初和期末）的资产负债表数据，通过资产负债表填列"年初余额"和"期末余额"两栏，来掌握企业财务状况的变动情况及发展趋势。

通过初步阅读资产负债表，对各项目进行结构分析：

表1-1 从资本来源渠道对资产负债表右侧进行分析

主要资本来源项目	期末金额 （万元，保留到整数）	期末占比 （项目/资产合计） （%前保留2位小数）	期末与期初增长率 （%前保留2位小数）
负债			
所有者权益			
合计			/

注：（本报告中所有涉及比率的计算，当除数为0时，该比率都默认为0，例如：计算营业收入增长率时，营业收入期初金额为0，那么该增长率的单元格就填写0。）

表1-2 从流动性角度对资产负债表左侧资产进行分析

资产项目大类	期末金额 （万元，保留到整数）	期末占比 （项目/资产合计） （%前保留2位小数）	期末与期初增长率 （%前保留2位小数）
流动资产			
非流动资产			
合计			/

注：（本报告中所有涉及比率的计算，当除数为0时，该比率都默认为0，例如：计算营业收入增长率时，营业收入期初金额为0，那么该增长率的单元格就填写0。）

表1-3 从流动性角度对资产负债表右侧负债进行分析

负债项目大类	期末金额 （万元，保留到整数）	期末占比 （项目/资产合计） （%前保留2位小数）	期末与期初增长率 （%前保留2位小数）
流动负债			
非流动负债			
合计			/

注：（本报告中所有涉及比率的计算，当除数为0时，该比率都默认为0，例如：计算营业收入增长率时，营业收入期初金额为0，那么该增长率的单元格就填写0。）

资产负债表主要项目变动趋势及时点图（大小限制300kb）

图1-5　VDC平台系统提供的财务大数据分析报告模板

思考与拓展练习

一、思考题

1. 举例说明大数据为什么具有"4V"特征?
2. 举例说明大数据有哪些应用场景?在这些场景应用大数据技术会带来什么变化?
3. 谈谈你对财务大数据的理解,企业为什么需要进行财务大数据管理转型?

二、拓展练习

请借助VDC平台或其他财务分析软件,对货币金融服务行业、零售业或水上运输业的行业数据,以及行业内某一家企业的数据进行筛选和查询,并生成可视化图表。把具体查询过程截图制作为Word进行提交。

第二章

资产负债表分析与上市公司实例

知识目标

1. 了解企业资产负债表的基础概念。
2. 掌握资产负债表数据之间的勾稽关系。
3. 通过企业资产负债表数据分析企业经营资产管理与竞争力。
4. 通过案例解析企业资产负债表,进而得出企业优劣势。

能力目标

1. 通过VDC平台理解分析资产负债表各类数据的含义。
2. 掌握资产负债表数据衍生的各项指标。
3. 通过资产负债表内各项指标分析各类企业经营情况。

素养目标

1. 熟练掌握VDC平台查询企业资产负债表各项指标查询技巧。
2. 养成"科学、严谨、客观、效率"的学习态度。

知识导图

资产负债表分析及上市公司实例
- 一、资产负债表概述
  1. 资产
  2. 负债
  3. 所有者权益
- 二、资产负债表结构分析
  1. 招商银行的资产负债表分析
  2. 重庆百货的资产负债表分析
  3. 重庆港九的资产负债表分析
- 三、资产负债表结构占比分析
  1. 招商银行的结构占比分析
  2. 重庆百货的结构占比分析
  3. 重庆港九的结构占比分析
- 四、经营资产管理与竞争力分析
  1. 招商银行的主要指标分析
  2. 重庆百货的资产管理分析
  3. 重庆港九的资产管理分析
- 五、行业对比分析
  1. 货币金融服务行业对比分析
  2. 零售业对比分析
  3. 水上运输业对比分析

本章提要

本章主要对资产负债表进行概述，选取了招商银行、重庆百货和重庆港九三家上市公司，分别从资产负债表、结构占比以及资产管理与竞争力进行分析，并且与货币金融服务行业、零售业和水上运输业的结构进行对比分析，突出财务大数据在资产负债分析方面的优势与实践性。

第一节　资产负债表概述

《企业会计准则第 30 号——财务报表列报》要求资产负债表项目按流动性进行分类，资产负债表项目应当划分为资产、负债和所有者权益三类。其中，所有者权益可以分为投入资本和留存收益。流动性通常是按资产的变现或耗用时间的长短以及负债的偿还时间来确定的。

一、资产

按照流动性分类，资产可以划分为流动资产和非流动资产两大类。

（一）流动资产

流动资产就是主要为交易目的而持有、预计在一个正常营业周期中变现、出售或耗用的资产。企业持有该类资产的目的是用于交易，而不是为了自己使用，企业持有的流动资产，通常可以在一年内变为现金或现金等价物。在资产负债表中，流动资产可以进一步划分为不同的明细项目，主要包括：货币资金、交易性金融资产、应收票据、应收账款、预付账款、应收股利、应收利息、其他应收款、存货、一年内到期的非流动资产和其他流动资产。

（二）非流动资产

非流动资产是与流动资产相对立的概念，一般情况下，除流动资产以外的资产应当归类为非流动资产。也可以说，如果资产预计不能在一个正常营业周期中变现、出售、耗用，或者持有资产的主要目的不是交易，或者预计在资产负债表日起一年内（含一年）不能变现，或者在资产负债表日起一年内，交换其他资产或清偿负债的能力受到限制的现金或现金等价物，这些资产都应当归类为非流动资产，通常包括：长期应收款、长期股权投资、投资性房地产、固定资产、在建工程、工程物资、固定资产清理、生产性物资产、油气资产、无形资产、开发支出、商誉、长期待摊费用、递延所得税资产和其他非流动资产。

二、负债

按照流动性分类，负债可以分为流动负债和非流动负债两大类。

（一）流动负债

流动负债是指为交易目的而持有、预计在一个正常营业周期中清偿的负债。企业持有的流动负债，通常应当在一年内清偿，如果企业可以自主地将清偿义务推迟至资产负债表日后一年以上，则该项负债应该属于非流动负债。在资产负债表中，流动负债可以进一步划分为不同的明细项目，主要包括：短期借款、交易性金融负债、应付票据、应付账款、预收账款、应付职工薪酬、应交税费、应付利息、应付股利、其他应付款、一年内到期的非流动负债和其他流动负债。

（二）非流动负债

非流动负债是与流动负债相对立的概念，流动负债以外的负债应当归类为非流动负债，即当企业承担的某一项负债，预计不能在一个正常营业周期中清偿，或者主要不是为交易目的而持有，或者不能在资产负债表日起一年内到期并应予以清偿，或者企业有权自主地将清偿推迟至资产负债表日后一年以上，这样的负债应当被划分为非流动负债。在资产负债表中，非流动负债应按其性质分类列示。非流动负债主要包括：长期借款、应付债券、长期应付款、专项应付款、预计负债、递延所得税负债和其他非流动负债。

三、所有者权益

所有者权益是指企业资产扣除负债后由所有者享有的剩余权益。公司的所有者权益也称为股东权益。从金额来看，所有者权益为企业资产总额减去负债总额后的净额。所有者权益按其来源划分，可分为所有者投入的资本、直接计入所有者权益的利得和损失、留存收益。在资产负债表中，所有者权益也要划分为不同的明细项目，包括实收资本（或股本）、资本公积、库存股、盈余公积和未分配利润。

第二节 资产负债表结构分析

打开 VDC 平台，输入账号、密码，点击"数据可视报表"→"财务分析"→"资产负债表分析"，如图 2-1 所示。

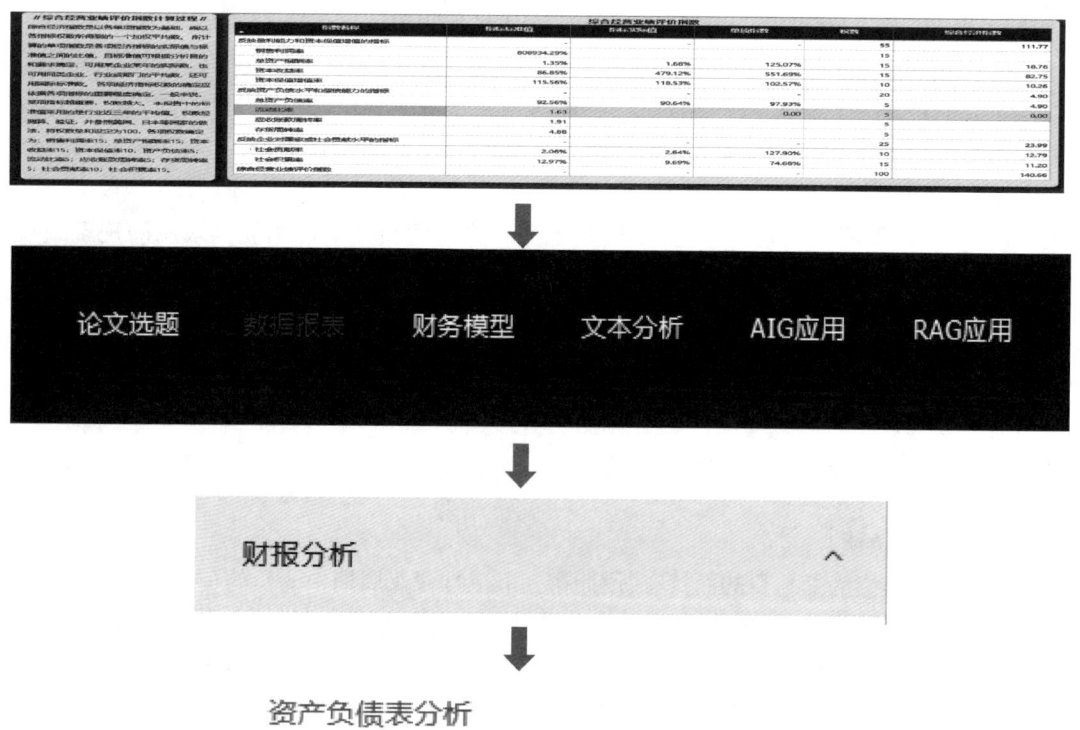

图 2-1　VDC 平台进入资产负债表的流程

在公司栏下输入需要查找的相关企业股票代码,如图2-2所示。

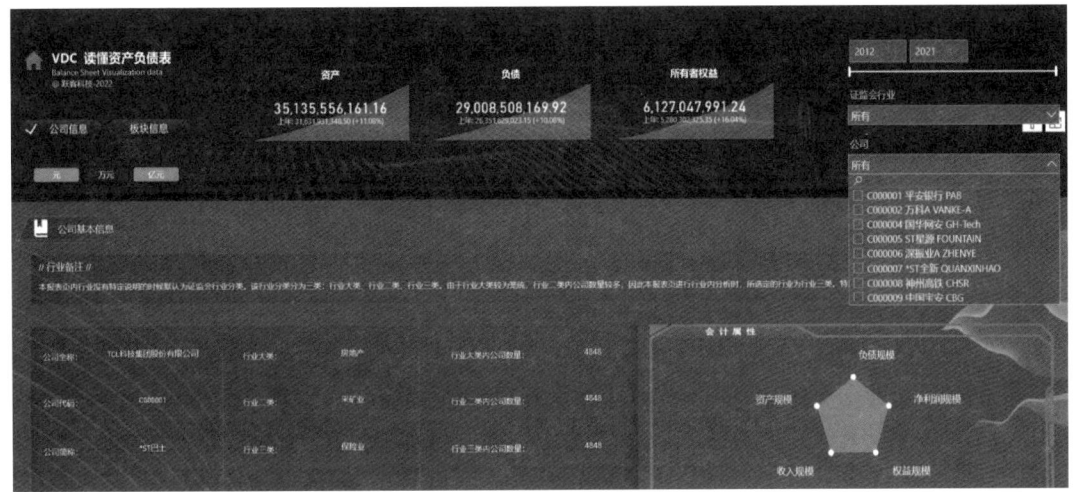

图2-2 搜索上市公司

接下来以招商银行(600036)为例,输入招商银行代码,如图2-3所示。

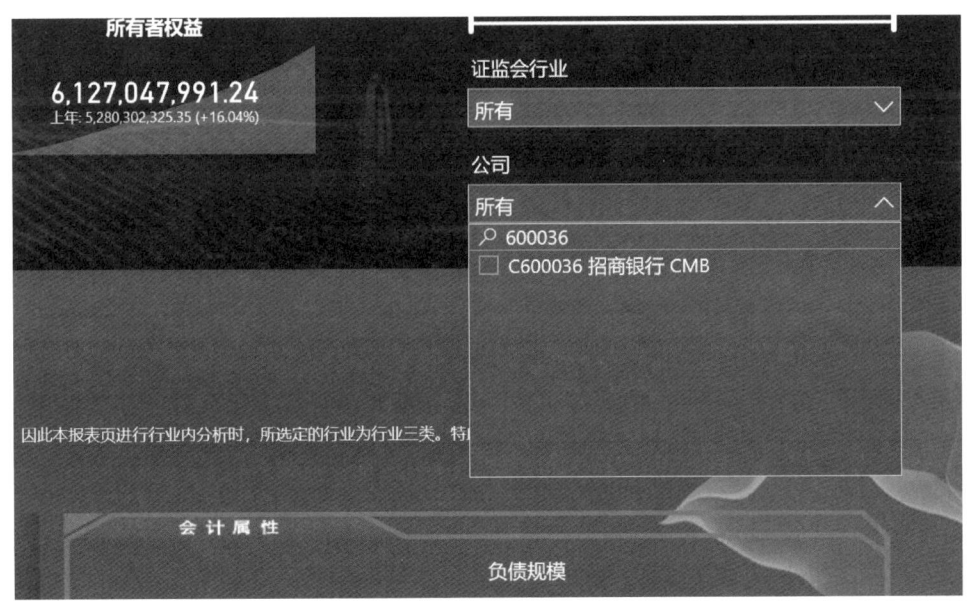

图2-3 输入招商银行代码

招商银行的全称、代码、简称、所属行业等相关信息,如图2-4所示。

招商银行的基本信息,如图2-5所示。

招商银行的会计属性,具体主要由资产规模、负债规模、净利润规模、收入规模、权益规模五个部分组成,如图2-6所示。

同行业内,招商银行在收入、净利润、资产、负债、权益五个方面的排名,如图2-7所示。

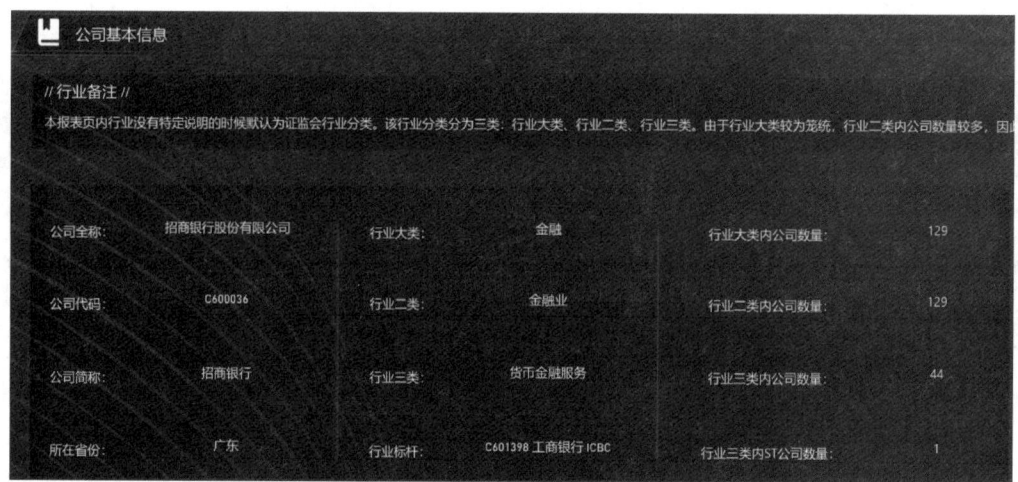

图 2-4　招商银行的公司基本信息

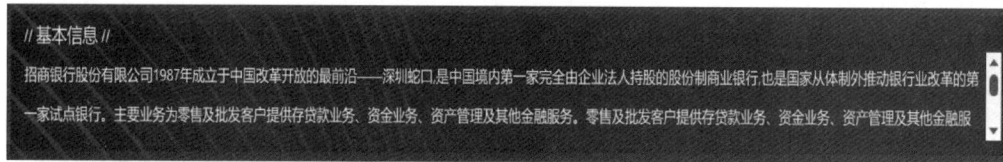

图 2-5　招商银行的基本信息

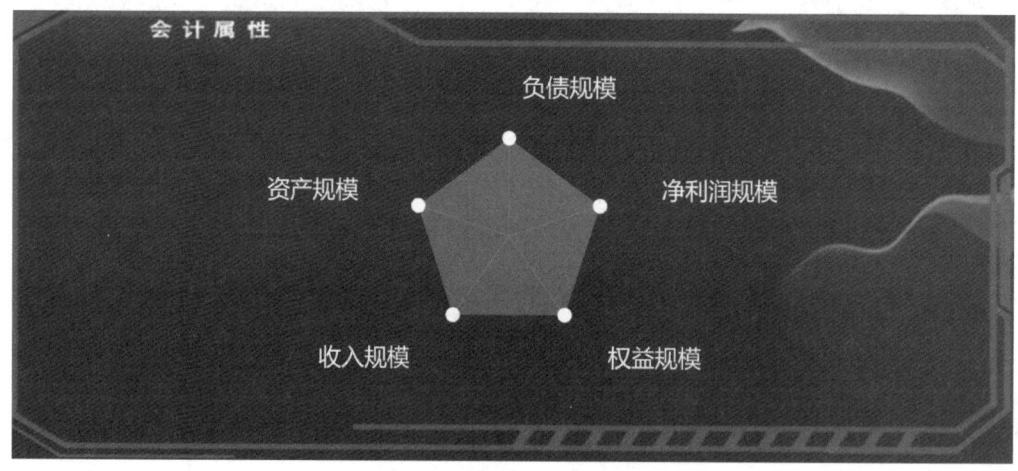

图 2-6　招商银行的会计属性

行业三类内排名

5	5	7	7	6
行业内收入排名	行业内净利润排名	行业内资产排名	行业内负债排名	行业内权益排名

图 2-7　招商银行在行业内的排名情况

2021年招商银行的期初流动资产和期末流动资产的绝对金额、同期对比比值和期末占比比值，如图 2-8 所示。

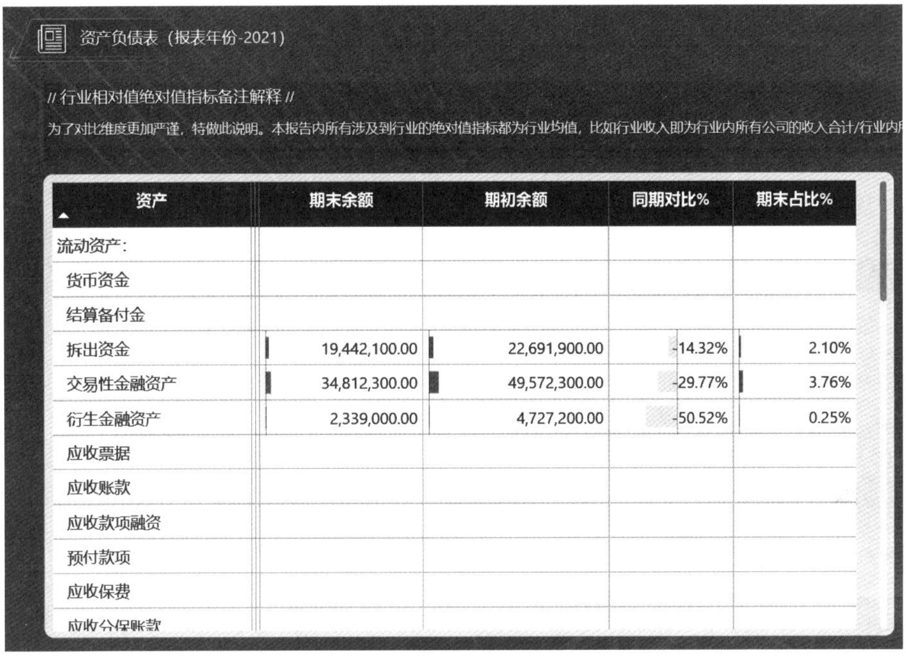

图 2-8　2021 年招商银行资产负债表的资产部分

2012—2021 年招商银行交易性金融资产期末占比趋势图、公司占比表、行业占比表及智能分析等信息，如图 2-9 所示。

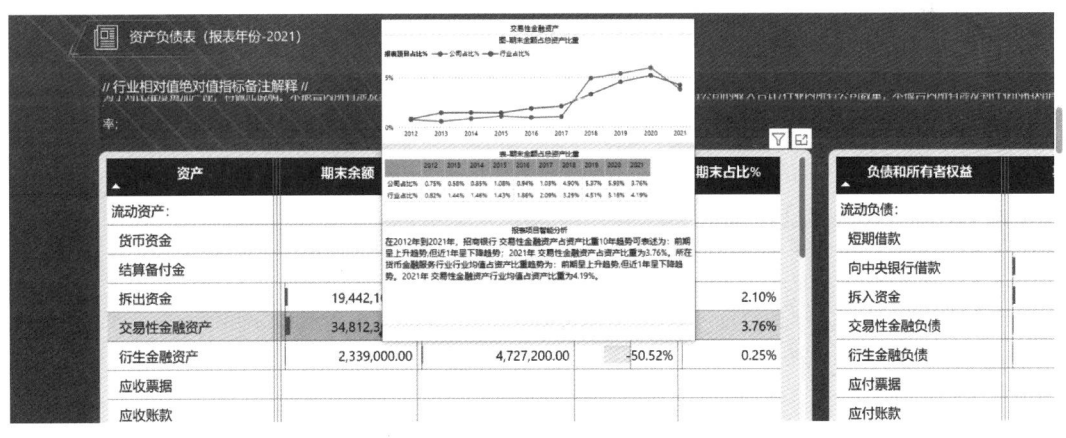

图 2-9　2012—2021 年招商银行的交易性金融资产相关信息

资产负债表是反映企业在某一特定日期的财务状况的财务报表。按"资产＝负债＋所有者权益"等式原理，资产、负债和所有者权益分列等号左右两边。左边是资产，右边是负债和所有者权益。左侧资产项目可以按照项目的收益类型、流动性等特征进行不同的分类，常用的分类方法是根据资产的流动性将资产区分为流动资产和非流动资产，按照流动性大小排列;右侧按照资本来源分为负债和所有者权益,一般按要求清偿时间的先后顺序排列。根据财务报表信息列报的可比性要求,财务报表至少应当提供所有列报项目上一可比会计期间的比较数据,提供比较资产负债表以便报表使用者比较不同时点(期初和期末)的资产负债表数据,通过资产负债表填列"期初余额"和"期末余额"两栏,来掌握企业财务状况的变动情况及发展趋势。

一、招商银行的资产负债表分析

2021年招商银行(600036)资产负债表中的资产部分,如图2-10所示。

资产	期末余额	期初余额	同期对比%	期末占比%
流动资产:				
货币资金				
结算备付金				
拆出资金	19,442,100.00	22,691,900.00	-14.32%	2.10%
交易性金融资产	34,812,300.00	49,572,300.00	-29.77%	3.76%
衍生金融资产	2,339,000.00	4,727,200.00	-50.52%	0.25%
应收票据				
应收账款				
应收款项融资				
预付款项				
应收保费				
应收分保账款				
应收分保合同准备金				
其他应收款				
买入返售金融资产	52,460,100.00	28,626,200.00	83.26%	5.67%
存货				
合同资产				
持有待售资产				
一年内到期的非流动资产				
其他流动资产				
流动资产合计				
非流动资产:				
发放贷款及垫款	533,539,100.00	480,436,100.00	1.05%	57.69%
债权投资				
其他债权投资		51,655,300.00	-100.00%	
长期应收款				
长期股权投资	2,365,400.00	1,492,200.00	58.52%	0.26%
其他权益工具投资		713,900.00	-100.00%	
其他非流动金融资产				
投资性房地产	137,200.00	162,300.00	-15.47%	0.01%
固定资产	7,902,100.00	6,815,300.00	15.95%	0.85%
在建工程				
生产性生物资产				
油气资产				
使用权资产	1,366,700.00			0.15%
无形资产	880,200.00	971,100.00	-9.36%	0.10%
开发支出				
商誉	995,400.00	995,400.00	0.00%	0.11%
长期待摊费用				
递延所得税资产	8,163,900.00	7,289,300.00	12.00%	0.88%
其他非流动资产				
非流动资产合计				
资产总计	924,902,100.00	836,144,800.00	10.62%	100.00%

图2-10 2021年招商银行资产负债表的资产部分

期末招商银行的资产结构,如表2-1所示。

表 2-1 期末招商银行的资产结构

主要资本来源项目	期末金额 （万元，保留到整数）	期末占比（项目/资产合计） （%前保留 2 位小数）	期末与期初增长率 （%前保留 2 位小数）
流动资产	109 053 500	11.79%	3.25%
非流动资产	815 848 600	88.21%	11.68%
合计	924 902 100	100.00%	10.62%

注：*增长率＝(期末余额－期初余额)÷期初余额

由表 2-1 可知，2021 年招商银行流动资产和非流动资产期末金额分别为 109 053 500 万元和 815 848 600 万元，期末占资产合计比分别为 11.79% 和 88.21%，期末与期初增长率分别为 3.25% 和 11.68%。

2021 年，招商银行（600036）资产负债表的负债与所有者权益部分，如图 2-11 所示。

负债和所有者权益	期末余额	期初余额	同期对比%	期末占比%
流动负债：				
短期借款				
向中央银行借款	15,998,700.00	33,162,200.00	-51.76%	1.73%
拆入资金	17,065,000.00	14,351,700.00	18.91%	1.85%
交易性金融负债	6,376,100.00	6,035,100.00	5.65%	0.69%
衍生金融负债	2,728,200.00	5,006,100.00	-45.50%	0.29%
应付票据				
应付账款				
预收款项				
合同负债	753,600.00	682,900.00	10.35%	0.08%
卖出回购金融资产款	15,766,000.00	14,292,700.00	10.31%	1.70%
吸收存款及同业存放	713,817,200.00	638,753,700.00	11.75%	77.18%
代理买卖证券款				
代理承销证券款				
应付职工薪酬	1,976,100.00	1,546,200.00	27.80%	0.21%
应交税费	2,249,100.00	1,864,800.00	20.61%	0.24%
其他应付款				
应付手续费及佣金				
应付分保账款				
持有待售负债				
一年内到期的非流动负债				
其他流动负债				
流动负债合计				
非流动负债：				
保险合同准备金				
长期借款				
应付债券	44,664,500.00	34,614,100.00	29.04%	4.83%
租赁负债	1,381,200.00			0.15%
长期应付款				
预计负债	1,466,000.00	822,900.00	78.15%	0.16%
递延收益				
递延所得税负债	135,300.00	107,300.00	26.10%	0.01%
其他非流动负债				
非流动负债合计				
负债合计	838,334,000.00	763,109,400.00	9.86%	90.64%
所有者权益（或股东权益...				
实收资本（或股本）	2,522,000.00	2,522,000.00	0.00%	0.27%
其他权益工具	12,704,300.00	8,405,400.00	51.14%	1.37%
其中：优先股	3,406,500.00	3,406,500.00	0.00%	0.37%
永续债	9,297,800.00	4,998,900.00	86.00%	1.01%
资本公积	6,752,300.00	6,752,300.00	0.00%	0.73%
减：库存股				
其他综合收益	1,294,200.00	744,800.00	73.76%	0.14%
专项储备				
盈余公积	8,213,700.00	7,115,800.00	15.43%	0.89%
一般风险准备	11,563,600.00	9,808,200.00	17.54%	1.25%
未分配利润	42,859,200.00	37,026,500.00	15.75%	4.63%
归属于母公司所有者权...	85,874,500.00	72,375,000.00	18.65%	9.28%
少数股东权益	693,600.00	660,400.00	5.03%	0.07%
所有者权益（或股东权益）	86,568,100.00	73,035,400.00	18.53%	9.36%
负债与所有者权益（或股...	924,902,100.00	836,144,800.00	10.62%	100.00%

图 2-11 2021 年招商银行资产负债表的负债与所有者权益部分

期末招商银行的负债与所有者权益结构,如表 2-2 所示。

表 2-2　期末招商银行的负债与所有者权益结构

主要资本来源项目	期末金额 (万元,保留到整数)	期末占比(项目/资产合计) (%前保留2位小数)	期末与期初的增长率 (%前保留2位小数)
负债	838 334 000	90.64%	9.86%
所有者权益	86 568 100	9.36%	18.53%
合计	924 902 100	100.00%	10.62%

由表 2-2 可知,2021 年招商银行负债和所有者权益期末金额分别是 838 334 000 万元和 86 568 100 万元,期末占资产合计比分别为 90.64% 和 9.36%,期末与期初增长率分别为 9.86% 和 18.53%。

期末招商银行的负债情况,如表 2-3 所示。

表 2-3　期末招商银行的负债情况

负债项目大类	期末金额 (万元,保留到整数)	期末占比(项目/资产合计) (%前保留2位小数)	期末与期初的增长率 (%前保留2位小数)
流动负债	790 687 000	94.32%	34.05%
非流动负债	47 647 000	5.68%	8.68%
合计	838 334 000	100.00%	9.86%

2021 年招商银行流动负债和非流动负债期末金额分别为 790 687 000 万元和 47 647 000 万元,期末占资产合计比分别为 94.32% 和 5.68%,期末与期初增长率分别为 34.05% 和 8.68%。

基于表 2-1、表 2-2、表 2-3 的数据变化可知,招商银行 2021 年资本来源渠道负债金额大于所有者权益金额。由表 2-1 中的期末与期初增长率可知,招商银行非流动资产期末占资产合计比流动资产大,但非流动资产增长率大于流动资产增长率;招商银行流动负债期末占资产合计比非流动负债大。

二、重庆百货的资产负债表分析

2021 年重庆百货(600729)资产负债表的资产部分,如图 2-12 所示。

期末重庆百货的资产结构,如表 2-4 所示。

表 2-4　期末重庆百货的资产结构

主要资本来源项目	期末金额 (万元,保留到整数)	期末占比(项目/资产合计) (%前保留2位小数)	期末与期初增长率 (%前保留2位小数)
流动资产	732 660	41.40%	−27.96%
非流动资产	1 037 113	58.60%	56.23%
合计	1 769 773	100.00%	5.29%

由表 2-4 可知,2021 年重庆百货流动资产和非流动资产期末金额分别为 732 660 万元和 1 037 113 万元,期末占资产合计比分别为 41.40% 和 58.60%,期末与期初增长率分别为 −27.96% 和 56.23%。

资产	期末余额	期初余额	同期对比%	期末占比%
流动资产：				
货币资金	354,714.20	515,233.63	-31.15%	20.04%
结算备付金				
拆出资金				
交易性金融资产		41,160.75	-100.00%	
衍生金融资产				
应收票据				
应收账款	23,439.63	19,024.04	23.21%	1.32%
应收款项融资	15.00	347.32	-95.68%	0.00%
预付款项	62,850.20	81,590.93	-22.97%	3.55%
应收保费				
应收分保账款				
应收分保合同准备金				
其他应收款	11,579.40	50,069.92	-76.87%	0.65%
买入返售金融资产				
存货	254,335.45	282,789.78	-10.06%	14.37%
合同资产				
持有待售资产				
一年内到期的非流动资产				
其他流动资产	25,725.87	26,801.37	-4.01%	1.45%
流动资产合计	732,659.77	1,017,017.74	-27.96%	41.40%
非流动资产：				
发放贷款及垫款				
债权投资				
其他债权投资				
长期应收款				
长期股权投资	257,929.48	215,050.04	19.94%	14.57%
其他权益工具投资				
其他非流动金融资产	3,699.38	4,488.58	-17.58%	0.21%
投资性房地产	99,335.04	68,754.08	44.48%	5.61%
固定资产	286,684.50	299,349.18	-4.23%	16.20%
在建工程	2,158.38	1,566.08	37.82%	0.12%
生产性生物资产				
油气资产				
使用权资产	311,012.93			17.57%
无形资产	19,394.45	21,307.56	-8.98%	1.10%
开发支出				
商誉	40.00	40.00	0.00%	0.00%
长期待摊费用	22,266.07	23,618.39	-5.73%	1.26%
递延所得税资产	26,842.41	23,536.21	14.05%	1.52%
其他非流动资产	7,749.85	6,117.43	26.68%	0.44%
非流动资产合计	1,037,112.50	663,827.54	56.23%	58.60%
资产总计	1,769,772.27	1,680,845.28	5.29%	100.00%

图 2-12　2021 年重庆百货资产负债表的资产部分

2021年,重庆百货(600729)资产负债表的负债和所有者权益部分,如图2-13所示。

负债和所有者权益	期末余额	期初余额	同期对比%	期末占比%
流动负债:				
短期借款	27,427.08	116,658.95	-76.49%	1.55%
向中央银行借款				
拆入资金				
交易性金融负债				
衍生金融负债				
应付票据	113,778.16	131,666.23	-13.59%	6.43%
应付账款	228,838.15	244,347.27	-6.35%	12.93%
预收款项	2,500.49	1,483.77	68.52%	0.14%
合同负债	146,976.35	188,806.09	-22.15%	8.30%
卖出回购金融资产款				
吸收存款及同业存放				
代理买卖证券款				
代理承销证券款				
应付职工薪酬	68,532.14	63,637.59	7.69%	3.87%
应交税费	16,778.58	17,699.47	-5.20%	0.95%
其他应付款	135,532.18	150,427.87	-9.90%	7.66%
应付手续费及佣金				
应付分保账款				
持有待售负债				
一年内到期的非流动负债	45,819.28			2.59%
其他流动负债	19,663.99	25,267.68	-22.18%	1.11%
流动负债合计	805,846.40	939,994.92	-14.27%	45.53%
非流动负债:				
保险合同准备金				
长期借款				
应付债券				
租赁负债	337,966.83			19.10%
长期应付款				
预计负债	3,785.05	2,411.81	56.94%	0.21%
递延收益	1,321.31	965.59	36.84%	0.07%
递延所得税负债	1,108.01	1,379.19	-19.66%	0.06%
其他非流动负债	28,153.14	27,139.61	3.73%	1.59%
非流动负债合计	372,334.33	31,896.19	1067.33%	21.04%
负债合计	1,178,180.73	971,891.11	21.23%	66.57%
所有者权益（或股东权益...				
实收资本(或股本)	40,652.85	40,652.85	0.00%	2.30%
其他权益工具				
其中：优先股				
永续债				
资本公积	40,617.77	40,336.60	0.70%	2.30%
减：库存股	28,764.56	4,299.12	569.08%	1.63%
其他综合收益	-6,173.36	-5,579.36	-10.65%	-0.35%
专项储备				
盈余公积	33,334.83	33,334.83	0.00%	1.88%
一般风险准备				
未分配利润	499,987.74	589,384.62	-15.17%	28.25%
归属于母公司所有者权...	579,655.28	693,830.42	-16.46%	32.75%
少数股东权益	11,936.25	15,123.75	-21.08%	0.67%
所有者权益（或股东权...	591,591.53	708,954.17	-16.55%	33.43%
负债与所有者权益（或股...	1,769,772.27	1,680,845.28	5.29%	100.00%

图2-13　2021年重庆百货资产负债表的负债和所有者权益部分

期末重庆百货的负债与所有者权益结构,如表2-5所示。

表 2-5　期末重庆百货的负债与所有者权益结构

主要资本来源项目	期末金额 （万元，保留到整数）	期末占比（项目/资产合计） （%前保留2位小数）	期末与期初的增长率 （%前保留2位小数）
负债	1 178 181	66.57%	21.23%
所有者权益	591 592	33.43%	−16.55%
合计	1 769 773	100.00%	5.29%

由表 2-5 可知，2021 年重庆百货负债和所有者权益期末金额分别是 1 178 181 万元和 591 592 万元，期末占资产合计比分别为 66.57% 和 33.43%，期末与期初增长率分别为 21.23% 和 −16.55%。

期末重庆百货的负债情况，如表 2-6 所示。

表 2-6　期末重庆百货的负债情况

负债项目大类	期末金额 （万元，保留到整数）	期末占比（项目/资产合计） （%前保留2位小数）	期末与期初增长率 （%前保留2位小数）
流动负债	805 847	94.32%	−14.27%
非流动负债	372 334	5.68%	1 067.33%
合计	1 178 181	100.00%	21.00%

由表 2-6 可知，2021 年重庆百货流动负债和非流动负债期末金额分别为 805 847 万元和 372 334 万元，期末占资产合计比分别为 94.32% 和 5.68%，期末与期初增长率分别为 −14.27% 和 1 067.33%。

基于表 2-4、表 2-5、表 2-6 的数据变化可知，重庆百货 2021 年资本来源渠道负债金额大于所有者权益金额。由表 2-4 中的期末与期初增长率可知，重庆百货非流动资产期末占资产合计比流动资产大，但非流动资产增长率大于流动资产增长率；重庆百货流动负债期末占资产合计比非流动负债大。

三、重庆港九的资产负债表分析

2021 年重庆港九（600279）资产负债表的资产部分，如图 2-14 所示。

期末重庆港九的资产结构，如表 2-7 所示。

表 2-7　期末重庆港九的资产结构

主要资本来源项目	期末金额 （万元，保留到整数）	期末占比（项目/资产合计） （%前保留2位小数）	期末与期初增长率 （%前保留2位小数）
流动资产	235 386	19.05%	−16.78%
非流动资产	999 975	80.95%	2.77%
合计	1 235 361	100.00%	−1.64%

由表 2-7 可知，2021 年重庆港九流动资产和非流动资产期末金额分别为 235 386 万元和 999 975 万元，期末占资产合计比分别为 19.05% 和 80.95%，期末与期初增长率分别为 −16.78% 和 2.77%。

资产	期末余额	期初余额	同期对比%	期末占比%
流动资产:				
货币资金	100,747.65	127,698.50	-21.11%	8.16%
结算备付金				
拆出资金				
交易性金融资产				
衍生金融资产				
应收票据	13,988.64	17,860.45	-21.68%	1.13%
应收账款	20,089.77	22,890.86	-12.24%	1.63%
应收款项融资				
预付款项	32,884.39	33,796.77	-2.70%	2.66%
应收保费				
应收分保账款				
应收分保合同准备金				
其他应收款	6,948.50	5,304.72	30.99%	0.56%
买入返售金融资产				
存货	47,979.61	61,804.86	-22.37%	3.88%
合同资产				
持有待售资产				
一年内到期的非流动资产				
其他流动资产	12,747.10	13,503.80	-5.60%	1.03%
流动资产合计	235,385.67	282,859.95	-16.78%	19.05%
非流动资产:				
发放贷款及垫款				
债权投资				
其他债权投资				
长期应收款				
长期股权投资	20,087.65	19,097.98	5.18%	1.63%
其他权益工具投资	1,179.55	1,237.18	-4.66%	0.10%
其他非流动金融资产				
投资性房地产	2,217.08	2,291.09	-3.23%	0.18%
固定资产	728,886.67	678,864.60	7.37%	59.00%
在建工程	107,896.01	126,491.70	-14.70%	8.73%
生产性生物资产				
油气资产				
使用权资产	48.75			0.00%
无形资产	112,545.96	113,183.57	-0.56%	9.11%
开发支出				
商誉	643.77	643.77	0.00%	0.05%
长期待摊费用	6,468.21	5,759.68	12.30%	0.52%
递延所得税资产	5,229.82	3,896.53	34.22%	0.42%
其他非流动资产	14,771.98	21,587.28	-31.57%	1.20%
非流动资产合计	999,975.43	973,053.37	2.77%	80.95%
资产总计	1,235,361.11	1,255,913.32	-1.64%	100.00%

图 2-14 2021 年重庆港九资产负债表的资产部分

2021 年重庆港九(600279)资产负债表的负债和所有者权益部分,如图 2-15 所示。

负债和所有者权益	期末余额	期初余额	同期对比%	期末占比%
流动负债：				
短期借款	21,952.61	10,003.08	119.46%	1.78%
向中央银行借款				
拆入资金				
交易性金融负债				
衍生金融负债				
应付票据	8,373.00	2,240.00	273.79%	0.68%
应付账款	27,771.71	25,427.11	9.22%	2.25%
预收款项	139.24	280.12	-50.29%	0.01%
合同负债	35,980.06	46,164.25	-22.06%	2.91%
卖出回购金融资产款				
吸收存款及同业存放				
代理买卖证券款				
代理承销证券款				
应付职工薪酬	416.36	490.91	-15.19%	0.03%
应交税费	2,493.28	2,337.53	6.66%	0.20%
其他应付款	29,067.27	72,295.46	-59.79%	2.35%
应付手续费及佣金				
应付分保账款				
持有待售负债				
一年内到期的非流动负债	41,406.85	26,011.50	59.19%	3.35%
其他流动负债	6,401.44	6,723.16	-4.79%	0.52%
流动负债合计	174,001.81	191,973.12	-9.36%	14.09%
非流动负债：				
保险合同准备金				
长期借款	357,309.54	361,232.42	-1.09%	28.92%
应付债券				
租赁负债	18.18			0.00%
长期应付款				
预计负债				
递延收益	10,679.31	10,181.37	4.89%	0.86%
递延所得税负债	1,231.57	1,269.62	-3.00%	0.10%
其他非流动负债	10,873.02	10,528.47	3.27%	0.88%
非流动负债合计	380,111.62	383,211.87	-0.81%	30.77%
负债合计	554,113.44	575,184.99	-3.66%	44.85%
所有者权益（或股东权益...				
实收资本(或股本)	118,686.63	118,686.63	0.00%	9.61%
其他权益工具				
其中：优先股				
永续债				
资本公积	329,466.20	329,475.19	-0.00%	26.67%
减：库存股				
其他综合收益	-1,191.75	-584.40	-103.93%	-0.10%
专项储备	4,530.86	4,458.58	1.62%	0.37%
盈余公积	16,384.35	16,384.35	0.00%	1.33%
一般风险准备				
未分配利润	87,814.00	84,051.64	4.48%	7.11%
归属于母公司所有者权...	555,690.28	552,472.00	0.58%	44.98%
少数股东权益	125,557.39	128,256.33	-2.10%	10.16%
所有者权益（或股东权...	681,247.67	680,728.33	0.08%	55.15%
负债与所有者权益（或股...	1,235,361.11	1,255,913.32	-1.64%	100.00%

图 2-15　2021 年重庆港九资产负债表的负债和所有者权益部分

期末重庆港九的负债和所有者权益结构,如表 2-8 所示。

表 2-8 期末重庆港九的负债和所有者权益结构

主要资本来源项目	期末金额 (万元,保留到整数)	期末占比(项目/资产合计) (%前保留 2 位小数)	期末与期初的增长率 (%前保留 2 位小数)
负债	554 113	44.85%	−3.66%
所有者权益	681 248	55.15%	0.08%
合计	1 235 361	100.00%	−1.64%

由表 2-8 可知,2021 年重庆港九负债和所有者权益期末金额分别是 554 113 万元和 681 248 万元,期末占资产合计比分别为 44.85% 和 55.15%,期末与期初增长率分别为 −3.66% 和 0.08%。

期末重庆港九的负债情况,如表 2-9 所示。

表 2-9 期末重庆港九的负债情况

负债项目大类	期末金额 (万元,保留到整数)	期末占比(项目/资产合计) (%前保留 2 位小数)	期末与期初增长率 (%前保留 2 位小数)
流动负债	174 002	31.40%	−9.36%
非流动负债	380 111	68.60%	−0.81%
合计	554 113	100.00%	−3.66%

由表 2-9 可知,2021 年重庆港九流动负债和非流动负债期末金额分别为 174 002 万元和 380 111 万元,期末占资产合计比分别为 31.40% 和 68.60%,期末与期初增长率分别为 −9.36% 和 −0.81%。

基于表 2-7、表 2-8、表 2-9 的数据变化可知,重庆港九 2021 年资本来源渠道所有者权益金额大于负债金额。由表 2-7 中的期末与期初增长率可知,重庆港九非流动资产期末占资产合计比流动资产大,但非流动资产增长率大于流动资产增长率;重庆港九非流动负债期末占资产合计比流动负债大。

第三节 资产负债表结构占比分析

结构百分比法,又称纵向分析,是指同一期间财务报表中不同项目间的比较与分析,主要通过编制百分比报表进行分析,即将财务报表中某一重要项目的数据作为 100%,然后将其余项目都以这一项目的百分比形式做纵向排列,从而揭示各项目的数据在公司财务中的比例关系。一般来说,资产负债表以资产总额为基础,利润表以营业收入为基础。

一、招商银行的结构占比分析

2021 年招商银行主要项目的结构对比,如表 2-10 所示。

表 2-10　2021 年招商银行主要项目的结构占比

流动资产项目		占比(项目/资产合计)(%前保留2位小数)	非流动资产项目		占比(项目/资产合计)(%前保留2位小数)
占比第一的项目	买入返售金融资产	5.67%	占比第一的项目	发放贷款及垫款	57.69%
占比第二的项目	交易性金融资产	3.76%	占比第二的项目	递延所得税资产	0.88%
流动负债项目		占比(项目/资产合计)(%前保留2位小数)	非流动负债项目		占比(项目/资产合计)(%前保留2位小数)
占比第一的项目	吸收存款及同业存放	77.18%	占比第一的项目	应付债券	4.83%
占比第二的项目	拆入资金	1.85%	占比第二的项目	预计负债	0.16%

表 2-10 展示了 2021 年招商银行资产负债表中的流动资产、非流动资产、流动负债、非流动负债等主要项目的结构占比情况。其中，占比第一和第二的流动资产项目分别是买入返售金融资产和交易性金融资产，占资产合计比分别为 5.67% 和 3.76%；占比第一和第二的非流动资产项目分别是发放贷款及垫款和递延所得税资产，占资产合计比分别为 57.69% 和 0.88%；占比第一和第二的流动负债项目分别是吸收存款及同业存放和拆入资金，占资产合计比分别为 77.18% 和 1.85%；占比第一和第二的非流动负债项目分别是应付债券和预计负债，占资产合计比分别为 4.83% 和 0.16%。由此可知，2021 年招商银行主要资产和负债的结构占比数据显示，发放贷款及垫款占资产比重最高，而吸收存款及同业存款占负债比重最高。

二、重庆百货的结构占比分析

2021 年重庆百货主要项目的结构对比，如表 2-11 所示。

表 2-11　2021 年重庆百货主要项目的结构占比

流动资产项目		占比(项目/资产合计)(%前保留2位小数)	非流动资产项目		占比(项目/资产合计)(%前保留2位小数)
占比第一的项目	货币资金	20.04%	占比第一的项目	使用权资产	17.57%
占比第二的项目	存货	14.37%	占比第二的项目	固定资产	16.20%
流动负债项目		占比(项目/资产合计)(%前保留2位小数)	非流动负债项目		占比(项目/资产合计)(%前保留2位小数)
占比第一的项目	应付账款	12.93%	占比第一的项目	租赁负债	19.10%
占比第二的项目	合同负债	8.30%	占比第二的项目	其他非流动负债	1.59%

表 2-11 展示了 2021 年重庆百货资产负债表中的流动资产、非流动资产、流动负债、非流动负债等主要项目的结构占比情况。其中，占比第一和第二的流动资产项目分别是货币资金和存货，占资产合计比分别为 20.04% 和 12.37%；占比第一和第二的非流动资产项目分别是使用权资产和固定资产，占资产合计比分别为 17.57% 和 16.20%；占比第一和第二的流动负债项目分别是应付账款和合同负债，占资产合计比分别为 12.93% 和 8.30%；占比第一和第二的非流动负债项目分别是租赁负债和其他非流动负债，占资产合计比分别为 19.10% 和 1.59%。由此可知，2021 年重庆百货主要资产和负债的结构占比数据显示，货币资金占资产比重最高，使用权资产次之；而租赁负债占负债比重最高，应付账款次之。

三、重庆港九的结构占比分析

2021 年重庆港九主要项目的结构占比，如表 2-12 所示。

表 2-12　2021 年重庆港九主要项目的结构占比

流动资产项目		占比(项目/资产合计)(% 前保留 2 位小数)	非流动资产项目		占比(项目/资产合计)(% 前保留 2 位小数)
占比第一的项目	货币资金	8.16%	占比第一的项目	固定资产	59.00%
占比第二的项目	存货	3.88%	占比第二的项目	无形资产	9.11%
流动负债项目		占比(项目/资产合计)(% 前保留 2 位小数)	非流动负债项目		占比(项目/资产合计)(% 前保留 2 位小数)
占比第一的项目	一年内到期的非流动负债	3.35%	占比第一的项目	长期借款	28.92%
占比第二的项目	合同负债	2.91%	占比第二的项目	其他非流动负债	0.88%

表 2-12 展示了 2021 年重庆港九资产负债表中流动资产、非流动资产、流动负债、非流动负债等主要项目的结构占比情况。其中，占比第一和第二的流动资产项目分别是货币资产和存货，占资产合计比分别为 8.16% 和 3.88%；占比第一和第二的非流动资产项目分别是固定资产和无形资产，占资产合计比分别为 59.00% 和 9.11%；占比第一和第二的流动负债项目分别是一年内到期的非流动负债和合同负债，占资产合计比分别为 3.35% 和 2.91%；占比第一和第二的非流动负债项目分别是长期借款和其他非流动负债，占资产合计比分别为 28.92% 和 0.88%。由此可知，2021 年重庆港九主要资产和负债的结构占比数据显示，固定资产占资产比重最高，货币资金次之；而长期借款占负债比重最高，一年内到期的非流动负债次之。

第四节　经营资产管理与竞争力分析

通过 2021 年资产负债表结构分析，进一步剖析各项资产的构成情况，从而分析企业资产的管理质量情况。

以存货(广义上)为核心的上下游关系管理,就是与存货有关的收付款过程的管理,表现在资产负债表上,就是经营性的债权债务和存货的动态管理。下面分别加以分析。

一、招商银行的主要指标分析

这里选取招商银行(股票代码:600036)作为样本公司进行分析,行业标杆公司为工商银行(股票代码:601398),所属行业为货币金融服务行业。

由于货币金融服务行业具有较为明显的特殊性,我们选取以下几个指标进行行业分析。

(一) 拆出资金

2013—2021年招商银行拆出资金的变动趋势,如图2-16所示。

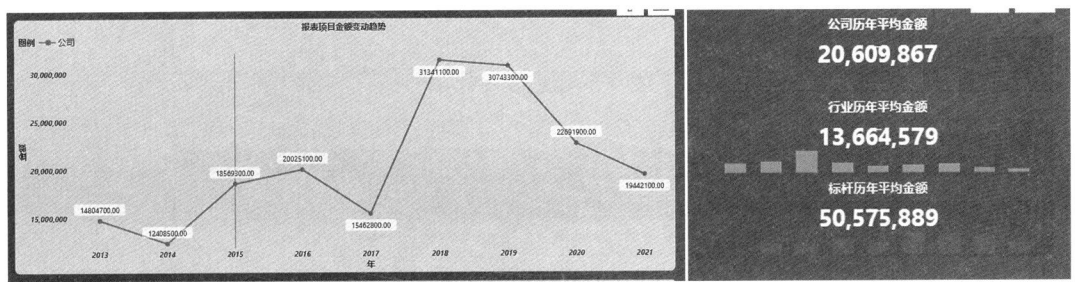

图 2-16 2013—2021 年招商银行拆出资金的变动趋势

由图2-16可知,招商银行拆出资金2013—2014年呈现下降趋势,2014—2016年呈上升趋势,2016—2017年呈现下降趋势,2017—2018年呈现较大的上升趋势,2018年后呈现下降趋势;所在行业货币金融服务报表项目金额10年趋势可表述为:2013—2015年呈上升趋势,2015年后下跌,然后在后续几年一直保持在一个比较平稳的趋势,上升下降上升的趋势,但是2020—2021年又呈现下降趋势。所在行业标杆企业为工商银行,该标杆公司报表项目金额10年的趋势可表述为:2013—2018年呈现先上升再下降后上升的趋势,2018年后至今呈现下降趋势。

2013—2021年招商银行拆出资金增长率的变动趋势,如图2-17所示。

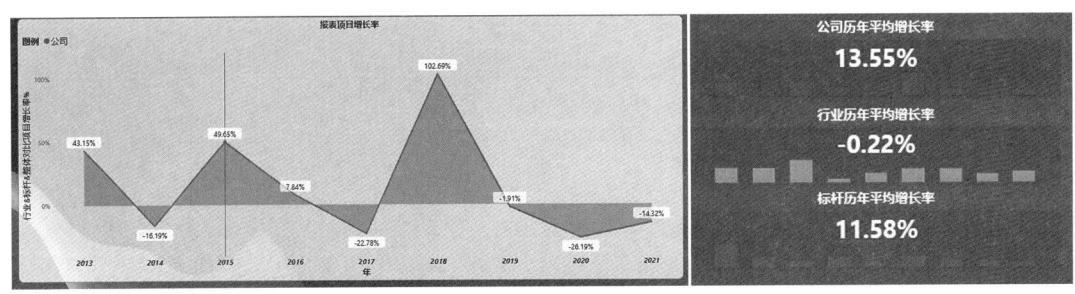

图 2-17 2013—2021 年招商银行拆出资金增长率的变动趋势

由图2-17可知,招商银行拆出资金增长率前期呈上升趋势,虽有1年下降之后又呈现上升趋势,2019—2021年又呈现下降趋势,2021年相比2020年又呈现上升趋势。所在行业货币金融服务报表项目金额增长率10年趋势可表述为:前期呈下降趋势,2015年开始扭转,呈现上升趋势,2017年开始下降,直至2020年又开始呈现上升趋势。所在行业标杆公司为工商银行,该标杆公司报表项目金额增长率10年趋势可表述为:前期呈下降趋势,但2017—2021年出现上升下降交替波动。

2013—2021年招商银行拆出资金占总资产比重的变动趋势,如图2-18所示。

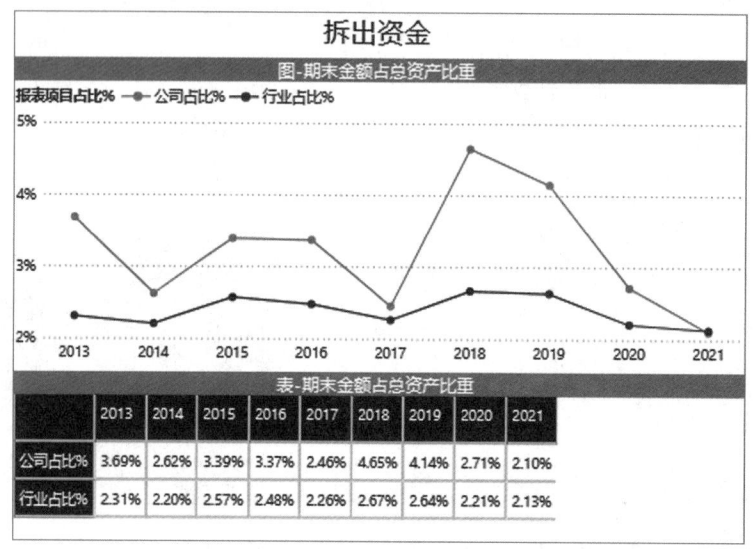

图 2-18 2013—2021年招商银行拆出资金占总资产比重的变动趋势

由图2-18可知,招商银行拆出资金占总资产比重前期呈下降趋势,虽有1年下降之后又呈现上升趋势,但是2019—2021年又呈现下降趋势;2021年拆出资金占资产比重为2.10%。所在货币金融服务行业均值占资产比重趋势为:前期呈下降趋势,虽有1年下降之后又呈现上升趋势,但2019—2021年又呈现下降趋势,2021年拆出资金行业均值占资产比重为2.13%。

(二) 交易性金融资产

2013—2021年招商银行交易性金融资产的变动趋势,如图2-19所示。

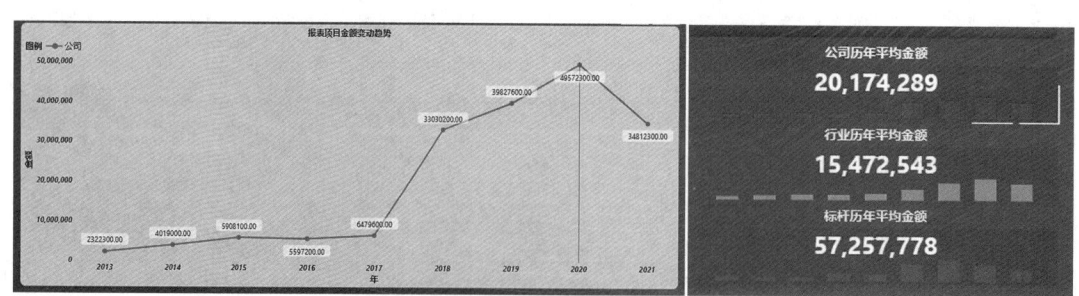

图 2-19 2013—2021年招商银行交易性金融资产的变动趋势

由图2-19可知,招商银行交易性金融资产2013—2020年呈上升趋势,但近1年呈下降趋势。所在行业货币金融服务报表项目金额10年趋势可表述为:2013—2020年呈上升趋势,但2020—2021年呈下降趋势。所在行业标杆公司为工商银行,该标杆公司报表项目金额 10 年趋势可表述为：2013—2016 年呈上升趋势，2016—2017 年呈现下降趋势，2017—2019 年又呈现上升趋势，但是 2019—2021 年又呈现下降趋势。

2013—2021 年招商银行交易性金融资产增长率的变动趋势，如图 2-20 所示。

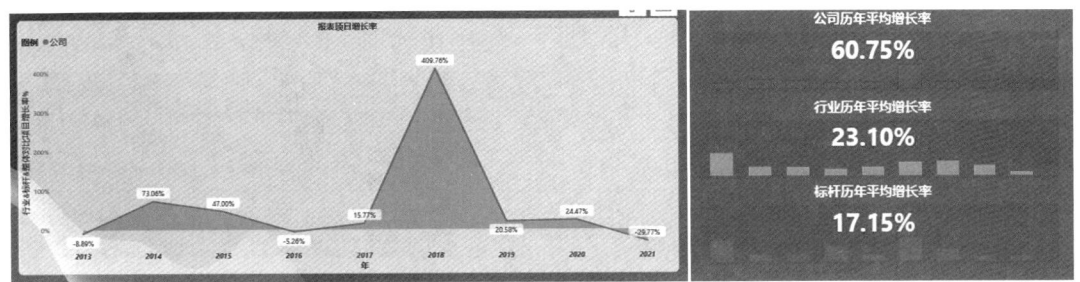

图 2-20　2013—2021 年招商银行交易性金融资产增长率的变动趋势

由图 2-20 可知，招商银行交易性金融资产增长率 2013—2014 年呈上升趋势，2014—2017 年呈现下降趋势，2017—2021 年呈现下降上升又下降的趋势。所在行业货币金融服务报表项目金额增长率 10 年趋势可表述为：2013—2016 年呈下降趋势，2016—2019 年呈现上升趋势，但 2020—2021 年呈下降趋势。所在行业标杆公司为工商银行，该标杆公司报表项目金额增长率 10 年趋势可表述为：前期呈上升趋势，虽有 1 年下降之后又呈现上升趋势，但 2019—2021 年又呈现下降趋势。

2013—2021 年招商银行交易性金融资产比重的变动趋势，如图 2-21 所示。

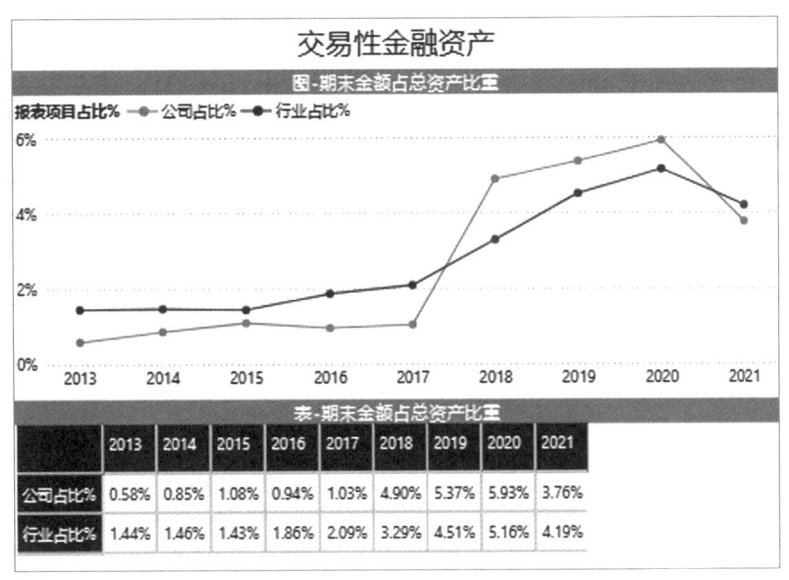

图 2-21　2013—2021 年招商银行交易性金融资产占比的变动趋势

由图 2-21 可知，招商银行交易性金融资产占比前期呈上升趋势，但 2020 年后呈下降趋势；2021 年交易性金融资产占资产比重为 3.76%。所在货币金融服务行业行业均值占资产比重趋势可表述为：前期呈上升趋势，但 2020 年后呈下降趋势。2021 年交易性金融资产行业均值比重为 4.19%。

（三）买入返售金融资产

2013—2021年招商银行买入返售金融资产净额的变动趋势，如图2-22所示。

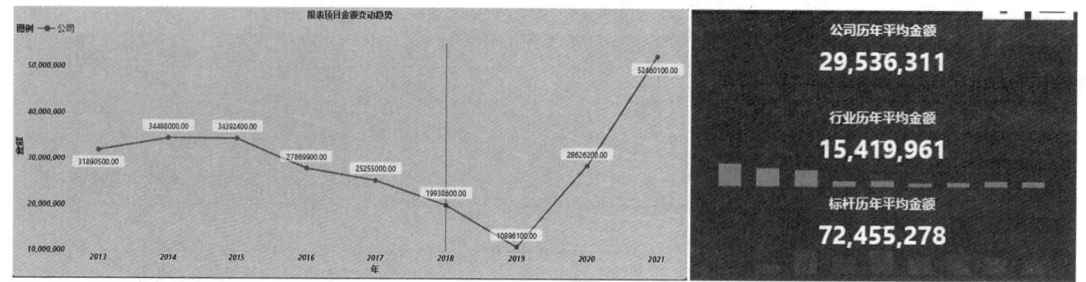

图2-22 2013—2021年招商银行买入返售金融资产的变动趋势

由图2-22可知，招商银行买入返售金融资产前期呈上升趋势，但中间3年呈下降趋势，且2019—2021年有上升趋势；所在行业货币金融服务报表项目金额10年趋势可表述为：前期呈下降趋势，2016年后开始上升后虽又有1年下降，但2019—2021年呈上升的趋势，但2021年相比2020年下降。所在行业标杆公司为工商银行，该标杆公司报表项目金额10年趋势可表述为：前期呈上升趋势，虽有短暂下降上升，但2019年呈现下降趋势。

2013—2021年招商银行买入返售金融资产净额增长率的变动趋势，如图2-23所示。

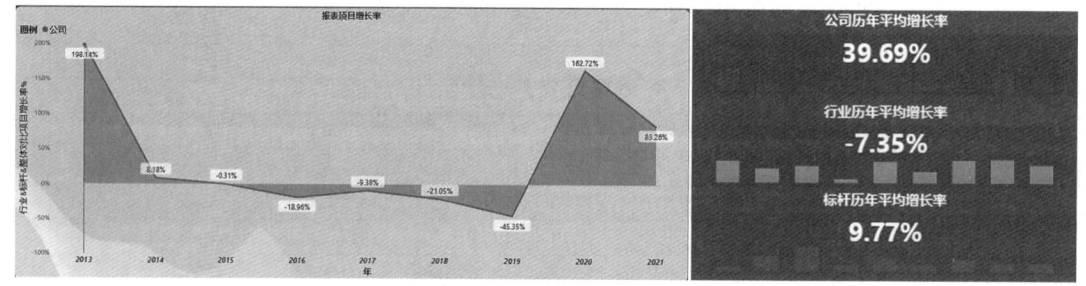

图2-23 2013—2021年招商银行买入返售金融资产增长率的变动趋势

由图2-23可知，招商银行买入返售金融资产增长率2013—2015年呈下降趋势，2015—2019年呈现上下浮动趋势，2019—2021年呈现下降趋势。所在行业货币金融服务报表项目金额增长率10年趋势可表述为：前期呈下降趋势，2016年后开始上升后虽又有1年下降，但2018—2021年呈上升的趋势，但2021年相比2020年下降。所在行业标杆公司为工商银行，该标杆公司报表项目金额增长率10年趋势可表述为：2013—2015年呈上升趋势，2015—2021年不断地出现下降上升的交替变化。

2013—2021年招商银行买入返售金融资产占资产比重的变化趋势，如图2-24所示。

由图2-24可知，招商银行买入返售金融资产占比2013—2019年呈下降趋势，且2019—2021年有上升趋势；2021年买入返售金融资产占资产比重为5.67%。所在货币金融服务行业行业均值占资产比重趋势可表述为：2013—2016年呈下降趋势，2016年后开始保持平稳，2021年买入返售金融资产行业均值占资产比重为1.77%。

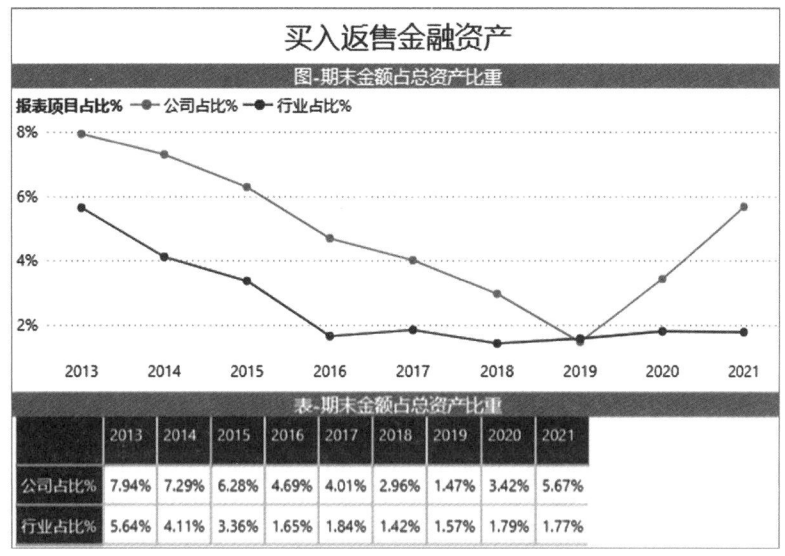

图 2-24 2013—2021 年招商银行买入返售金融资产占比的变动趋势

（四）发放贷款及垫款

2013—2021 年招商银行发放贷款及垫款净额的变动趋势，如图 2-25 所示。

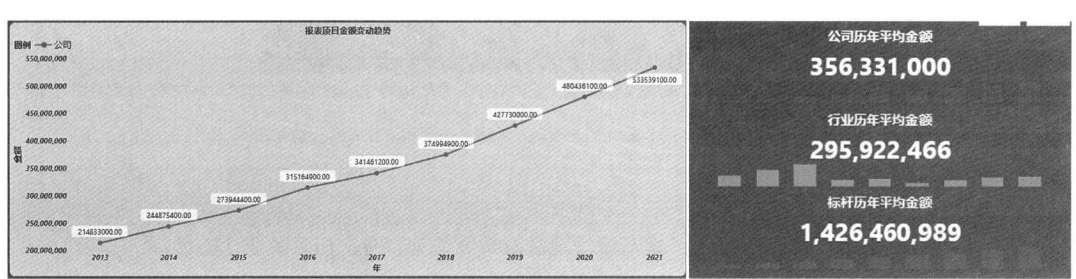

图 2-25 2013—2021 年招商银行发放贷款及垫款净额的变动趋势

由图 2-25 可知，招商银行发放贷款及垫款净额整体呈逐渐上升趋势；所在行业货币金融服务报表项目金额 10 年趋势可表述为：前期呈上升趋势，虽有 1 年下降，但近期呈上升的趋势。所在行业标杆公司为工商银行，该标杆公司报表项目金额 10 年趋势可表述为：整体呈逐渐上升趋势。

2013—2021 年招商银行发放贷款及垫款净额增长率的变动趋势，如图 2-26 所示。

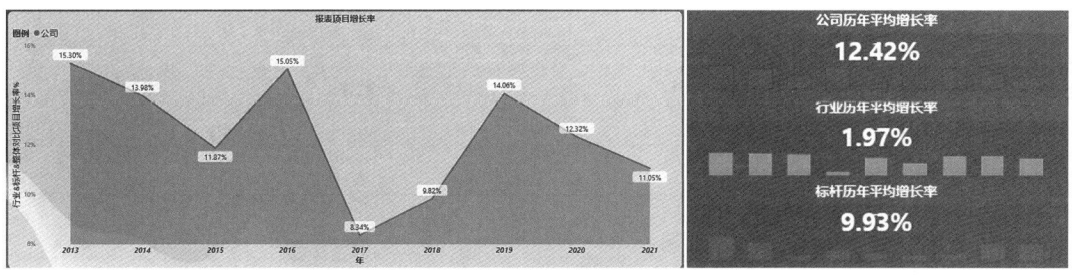

图 2-26 2013—2021 年招商银行发放贷款及垫款净额增长率的变动趋势

其中，2013—2015 年呈现下降趋势，2015—2019 年下降之后又呈现上升趋势，2019—2021 年又呈现下降趋势。所在行业货币金融服务报表项目金额增长率 10 年趋势可表述为：前期呈下降趋势，2017 年开始上升，虽 2018 年下降，但 2018—2021 年整体呈平稳上升趋势，2021 年相比 2020 年有所下降。所在行业标杆公司为工商银行，该标杆公司报表项目金额增长率 10 年趋势可表述为：2013—2015 年呈现下降趋势，2016 年上升，2016—2019 年又呈现下降趋势，2019 年上升，2021 年相比 2020 年又有下降趋势。

2013—2021 年招商银行发放贷款及垫款占资产比重的变化趋势，如图 2-27 所示。

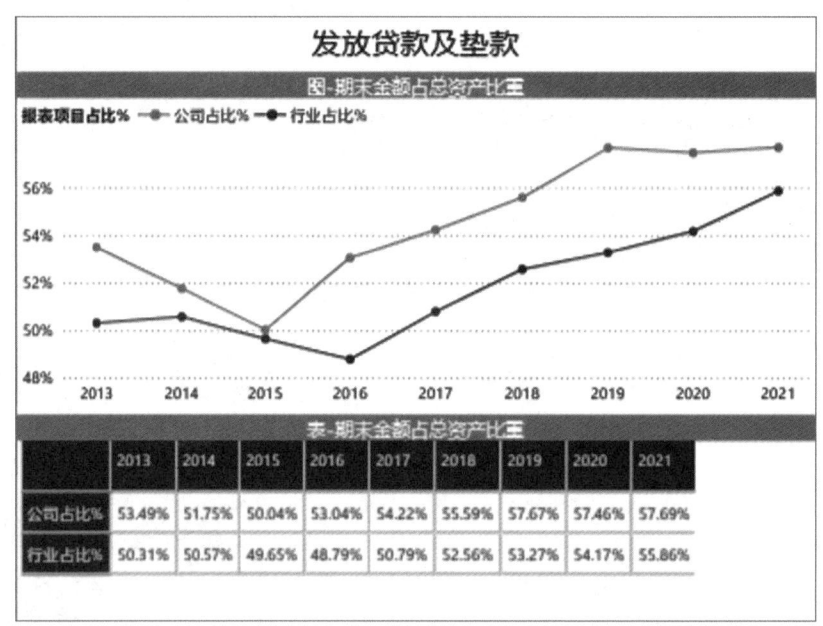

图 2-27　2013—2021 年招商银行发放贷款及垫款占资产比重的变化趋势

其中，前期呈下降趋势，2015 年开始上升，2020—2021 年继续呈平稳上升趋势；2021 年发放贷款及垫款占资产比重为 57.69%。所在货币金融服务行业行业均值占资产比重趋势可表述为：2013—2014 年呈小幅上升，2014—2016 年呈现下降趋势，2016 年后逐渐上升。2021 年发放贷款及垫款行业均值占资产比重为 55.86%。

(五) 吸收存款及同业存放

2013—2021 年招商银行吸收存款及同业存放的变动趋势，如图 2-28 所示。

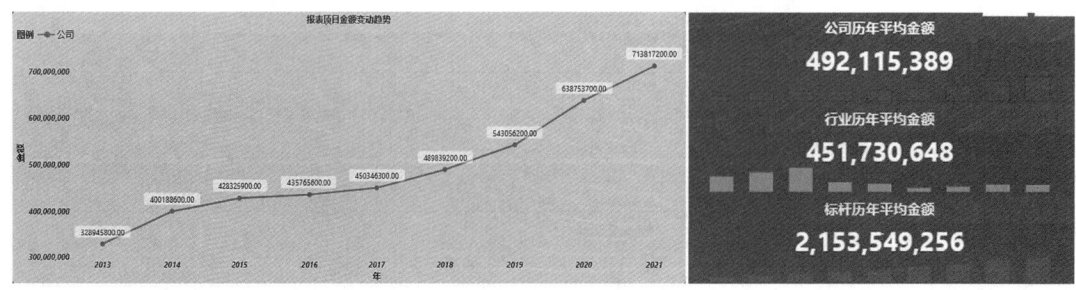

图 2-28　2013—2021 年招商银行吸收存款及同业存放的变动趋势

其中,整体呈逐渐上升趋势,所在行业货币金融服务报表项目金额10年趋势可表述为:2015年后呈下降趋势,2019—2021年有上升趋势,可是2021年相比2020年又有下降趋势。所在行业标杆公司为工商银行,该标杆公司报表项目金额10年趋势可表述为:整体逐渐上升趋势。

2013—2021年招商银行吸收存款及同业存放增长率的变动趋势,如图2-29所示。

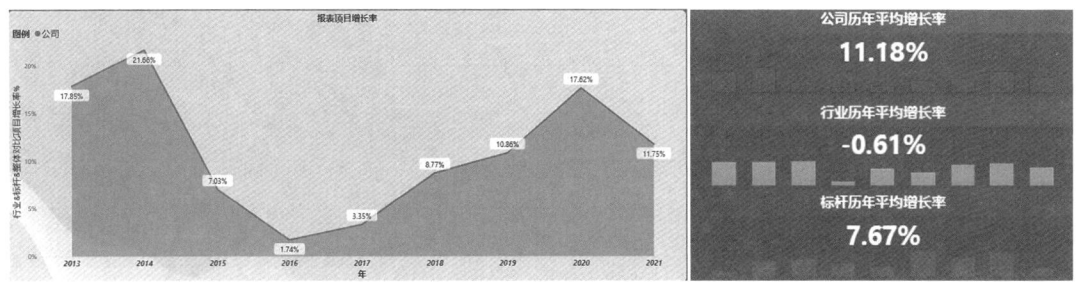

图2-29　2013—2021年招商银行吸收存款及同业存放增长率的变动趋势

其中,2013—2014年呈现上升趋势,2014—2019年呈现下降又上升趋势,但2020年后呈现下降趋势。所在行业货币金融服务报表项目金额增长率10年趋势可表述为:前期呈平稳状态,2015年后开始下降随后又上升,但近期呈上升的趋势,但2021年相比2020年下降。所在行业标杆公司为工商银行,该标杆公司报表项目金额增长率10年趋势可表述为:前期呈上升趋势,但2016—2021年出现上升下降交替波动。

2013—2021年招商银行吸收存款及同业存放占资产比重的变化趋势,如图2-30所示。

图2-30　2013—2021年招商银行吸收存款及同业存放占资产比重的变化趋势

其中,2013—2014年呈现上升趋势,2014—2017年呈现下降趋势,2017年后呈上升趋势;2021年吸收存款及同业存放占资产比重为77.18％。所在货币金融服务行业行业均值占资产比重趋势可表述为：2013—2017 年呈下降趋势，2017 年后呈上升趋势；2021 年吸收存款及同业存放行业均值占资产比重为 76.80%。

（六）拆入资金

2013—2021 年招商银行拆入资金的变动趋势，如图 2-31 所示。

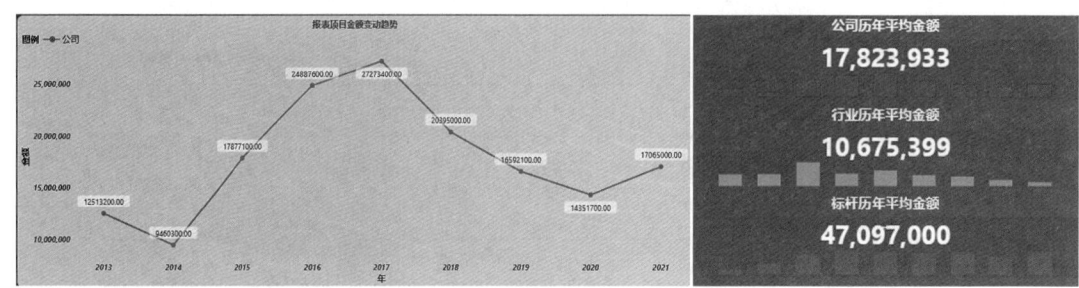

图 2-31　2013—2021 年招商银行拆入资金的变动趋势

其中，所在行业货币金融服务报表项目 10 年趋势可表述为：前期呈先下降的上升趋势，但 2018—2020 年呈下降趋势，2020—2021 年呈上升趋势。所在行业标杆公司为工商银行，该标杆公司报表项目金额 10 年趋势可表述为：前期呈上升趋势，但中间 2 年呈下降趋势，虽有 1 年上升之后，但又呈现下降上升的波动。

2013—2021 年招商银行拆入资金增长率的变动趋势，如图 2-32 所示。

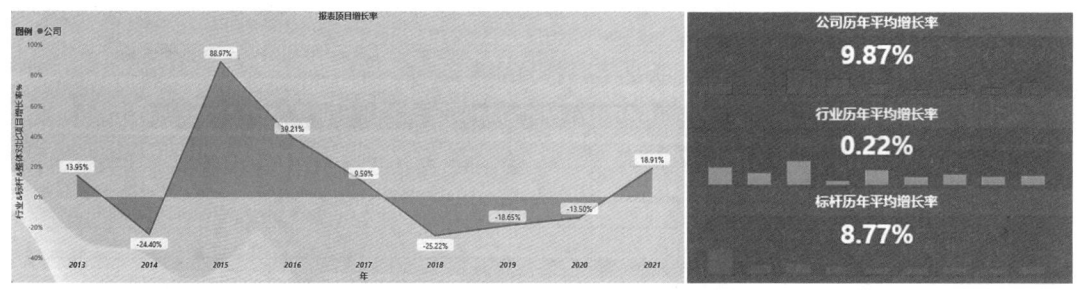

图 2-32　2013—2021 年招商银行拆入资金增长率的变动趋势

其中，前期呈先下降后上升趋势，但中间 3 年呈下降趋势，且 2019—2021 年有上升势头。所在行业货币金融服务报表项目金额增长率 10 年趋势可表述为：前期呈下降趋势，2016 年前开始上升，但 2018—2021 年不断出现下降上升的交替变化。所在行业标杆公司为工商银行，该标杆公司报表项目金额 10 年趋势可表述为：从 2013 年后呈现断崖式下跌，2014—2021 年一直保持较低的拆入资金增长率。

2013—2021 年招商银行拆入资金占资产比重的变动趋势，如图 2-33 所示。

其中，2013—2014 年呈下降趋势，2014—2017 年呈上升趋势，2017 年后呈现下降趋势，但 2021 年又呈现上升趋势；2021 年拆入资金占资产比重为 1.85%。所在货币金融服务行业行业均值占资产比重趋势为：2013—2014 年呈下降趋势，2014—2018 年呈上升趋势，2018 年后呈下降趋势。2021 年拆入资金行业均值占资产比重为 1.55%。

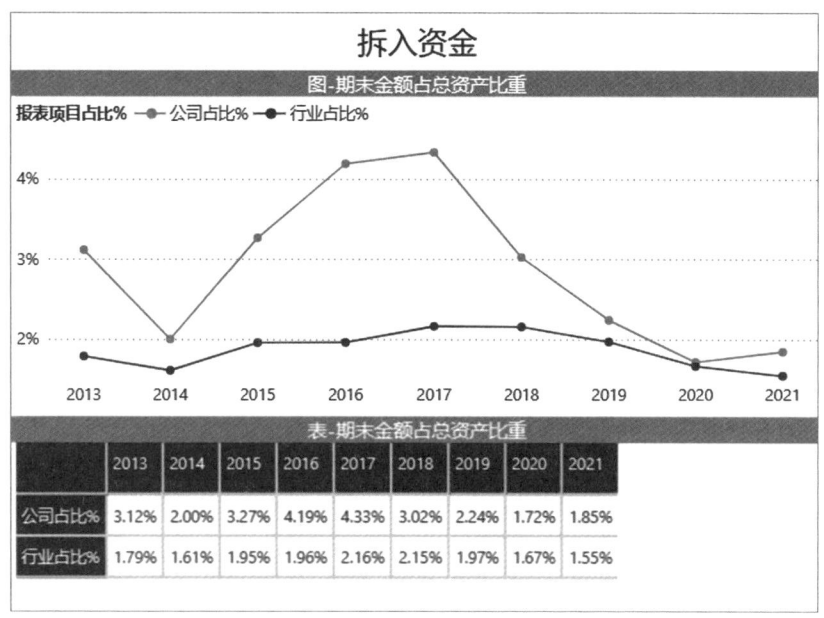

图 2-33 2013—2021 年招商银行拆入资金占资产比重的变动趋势

(七) 应付债券

2013—2021 年招商银行应付债券的变动趋势,如图 2-34 所示。

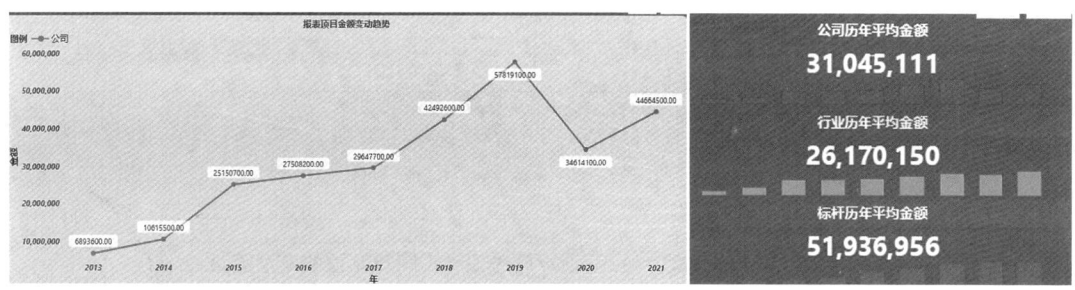

图 2-34 2013—2021 年招商银行应付债券的变动趋势

其中,2013—2019 年呈上升趋势,2019—2020 年虽有短暂下降,但 2020 年又呈上升趋势。所在行业货币金融服务报表项目金额 10 年趋势可表述为:2013—2015 年呈上升趋势,虽有短暂下降,2012 年又呈现上升趋势。所在行业标杆公司为工商银行,该标杆公司报表项目金额 10 年趋势可表述为:2013—2017 年呈上升趋势,2017—2021 年呈现下降趋势。

2013—2021 年招商银行应付债券增长率的变动趋势,如图 2-35 所示。

其中,前期呈上升趋势,虽有 1 年下降之后又呈现上升趋势,2019—2020 年又呈现下降趋势,但是 2021 年相比 2020 年又呈现上升趋势。所在行业货币金融服务报表项目金额增长率 10 年趋势可表述为:前期呈上升趋势,虽有短暂下降,2021 年又呈现上升趋势。所在行业标杆公司为工商银行,该标杆公司报表项目金额增长率 10 年趋势可表述为:前期呈上升趋势,虽有短暂的下降和上升,但 2019 年呈下降趋势。

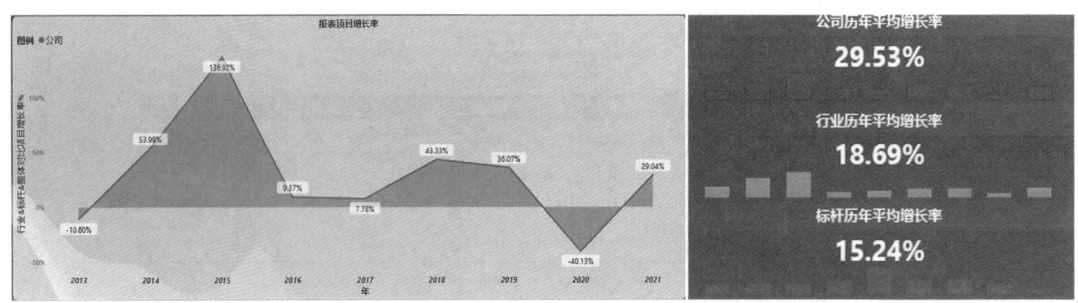

图 2-35　2013—2021 年招商银行应付债券增长率的变动趋势

2013—2021 年招商银行应付债券占资产比重的变动趋势，如图 2-36 所示。

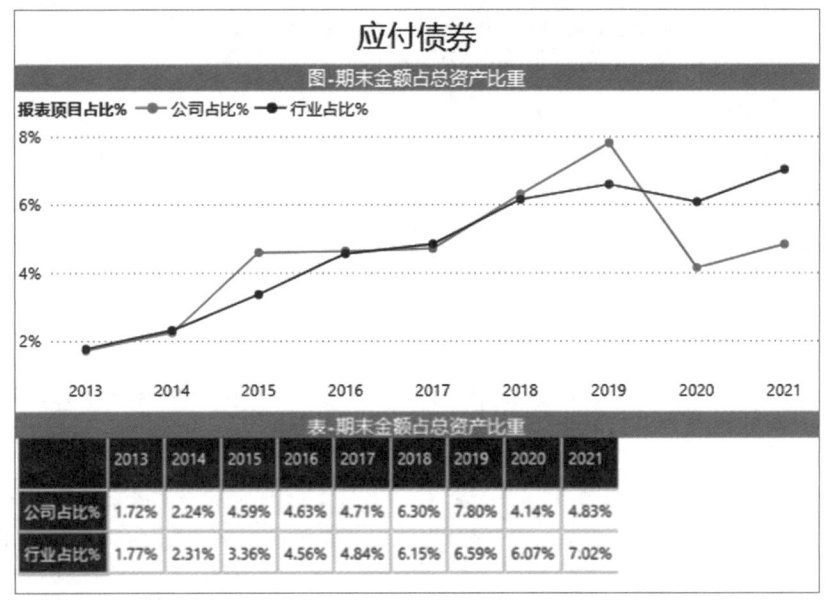

图 2-36　2013—2021 年招商银行应付债券占资产比重的变动趋势

其中，2013—2019 年呈现上升趋势，2019—2020 年呈下降趋势，但 2021 年又呈现上升趋势；2021 年应付债券占资产比重为 4.83%。所在货币金融服务行业行业均值占资产比重趋势为：2013—2019 年呈现上升趋势，2019—2020 年呈下降趋势，但 2021 年又呈现上升趋势；2021 年应付债券行业均值占资产比重为 7.02%。

二、重庆百货的资产管理分析

这里选取重庆百货（股票代码：600729）作为样本公司进行资产管理分析，行业标杆公司为上海医药（股票代码：601607），所属行业为零售行业。

通过对重庆百货 2021 年资产负债表结构进行分析，进一步剖析各项资产的构成情况，从而分析企业资产的管理质量情况。

（一）货币资金存量管理分析

2012—2021 年重庆百货货币资金的变动趋势，如图 2-37 所示。

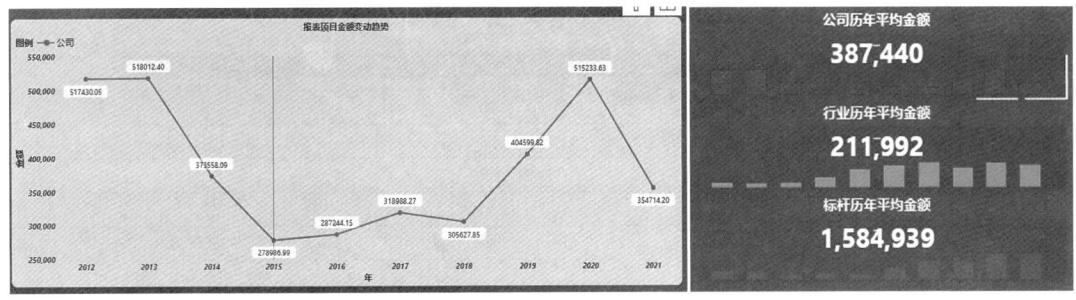

图 2-37　2012—2021 年重庆百货货币资金的变动趋势

其中,2013—2015 年呈下降趋势,2015—2017 年开始上升,后 1 年虽下降,但 2018—2020 年呈上升趋势,2021 年相比 2022 年下降明显。所在行业零售业报表项目金额 10 年趋势可表述为:2013—2018 年呈上升趋势,2019—2021 年呈现下降上升又下降的趋势。所在行业标杆公司为上海医药,该标杆公司报表项目金额 10 年趋势可表述为:2012—2016 年呈下降趋势,2016 年前开始上升,后又有 1 年下降,但 2020 年后又呈上升趋势。

从绝对数上看,重庆百货历年平均货币金额接近于两倍是行业均值历年平均金额,但标杆企业上海医药历年平均金额远远高于重庆百货平均金额及行业历年均值。

2012—2021 年重庆百货货币资金增长率的变动趋势,如图 2-38 所示。

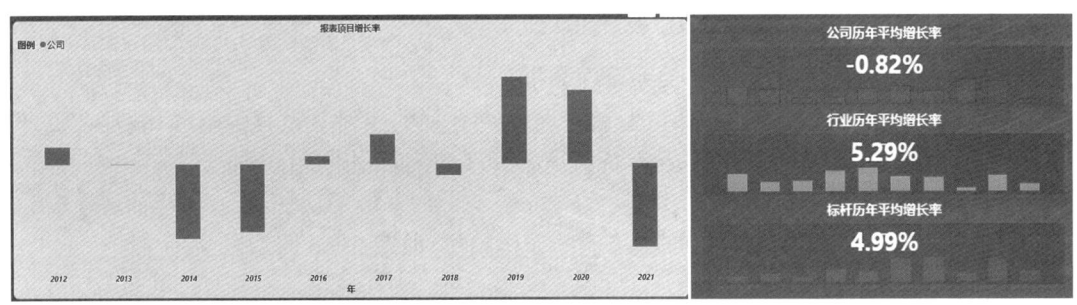

图 2-38　2012—2021 年重庆百货货币资金增长率的变动趋势

其中,2012—2014 年呈下降趋势,2014—2020 年有短暂的下降和上升,但 2020 年后呈下降趋势。所在行业零售业报表项目金额增长率 10 年趋势可表述为:2012—2015 年呈现先下降后上升趋势,2015—2019 年呈下降趋势,2019—2021 年呈现上升下降的波动。所在行业标杆公司为上海医药,该标杆公司报表项目金额增长率 10 年趋势可表述为:2012—2017 年呈现逐年上升下降上升的趋势,2018—2021 年呈现下降上升又下降的趋势。

重庆百货的历年平均增长率 −0.82% 均低于行业 5.29% 及标杆公司上海医药 4.99% 历年平均年增长率。

2013—2021 年重庆百货货币资金占总资产比重的变化趋势,如图 2-39 所示。

其中,重庆百货 2013—2021 年逐年下降,中间 2020 年比重增高,2021 年货币资金期末金额占总资产比重为 14.07%,行业均值占资产比重为 14.40%。10 年间公司占比从 45% 降到了 14%,公司占比一直高于行业占比。

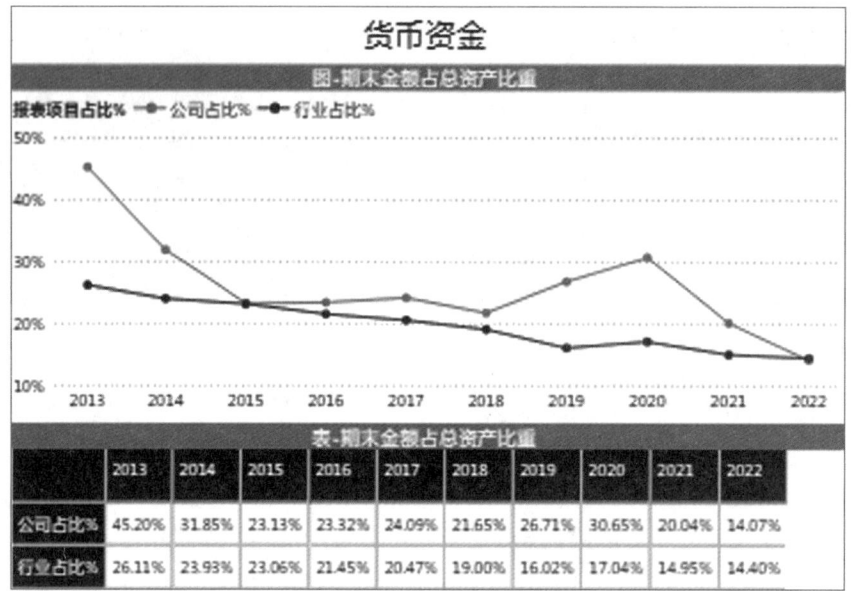

图 2-39　2013—2021 年重庆百货货币资金占总资产比重的变化趋势

维持企业经营活动正常运转,必须保有一定的货币资金余额,过低的货币资金保有量会严重影响企业运行,制约企业发展,也会在一定程度上影响企业的商誉,在经济不景气时期,保有适量的货币资金能保证企业渡过难关。

(二) 以存货为核心的上下游关系管理分析

以存货为核心的上下游关系管理,就是与存货有关的收付款过程的管理,表现在资产负债表上,就是经营性的债权债务和存货的动态管理。下面分别加以分析。

1. 应收账款

2013—2021 年重庆百货应收账款净额的变化趋势,如图 2-40 所示。

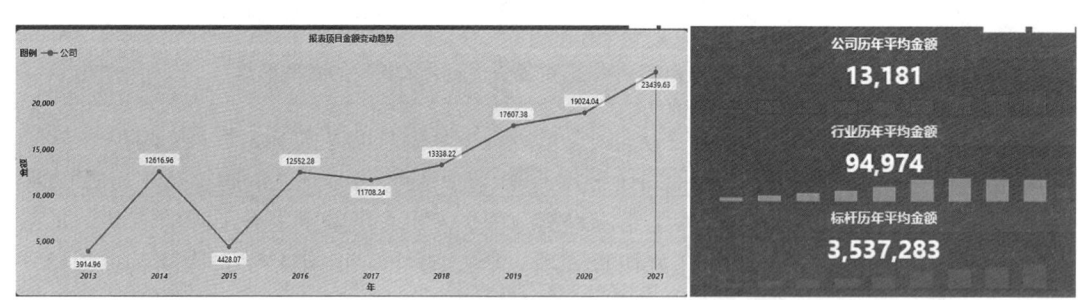

图 2-40　2013—2021 年重庆百货应收账款净额的变化趋势

其中,整体呈逐渐上升趋势。所在行业零售业报表项目金额 10 年趋势可表述为:前期呈上升趋势,虽有 2 年下降,但近 1 年又呈上升趋势。所在行业标杆公司为上海医药,该标杆公司报表项目金额 10 年趋势可表述为:整体呈逐渐上升趋势。重庆百货历年平均金额与行业历年平均金额接近,但都远远低于标杆企业上海医药公司。

2013—2021年重庆百货应收账款净额增长率的变动趋势，如图2-41所示。

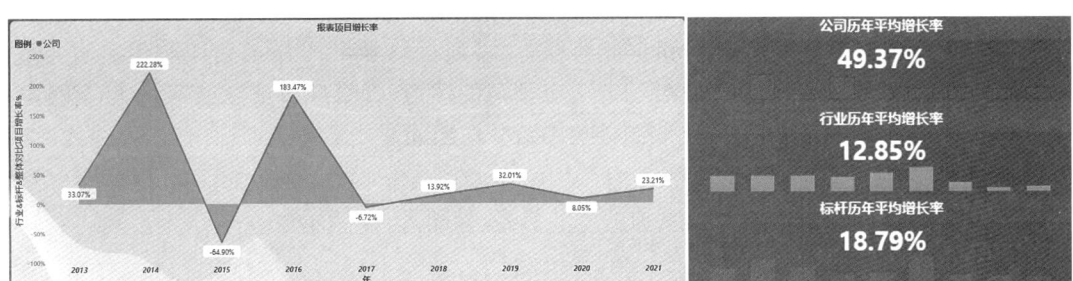

图2-41　2013—2021年重庆百货应收账款净额增长率的变动趋势

其中，2013—2016年呈现上升、下降、上升再下降趋势，2016年开始上升，2019年后呈现下降、上升又下降趋势。所在行业零售业报表项目金额增长率10年趋势可表述为：2013—2017年呈上升趋势，2016—2021年呈下降又上升势头。所在行业标杆公司为上海医药，该标杆公司报表金额增长率10年趋势可表述为：2013—2014年呈上升趋势，2014—2017年呈现下降趋势，2018年增长率具有明显的提升，此后急速下降且保持较低增长率。重庆百货与行业及标杆企业上海医药相比，其增长率远远大于行业和标杆公司历年平均年增长率。

2013—2021年重庆百货应收账款占总资产比重的变化趋势，如图2-42所示。

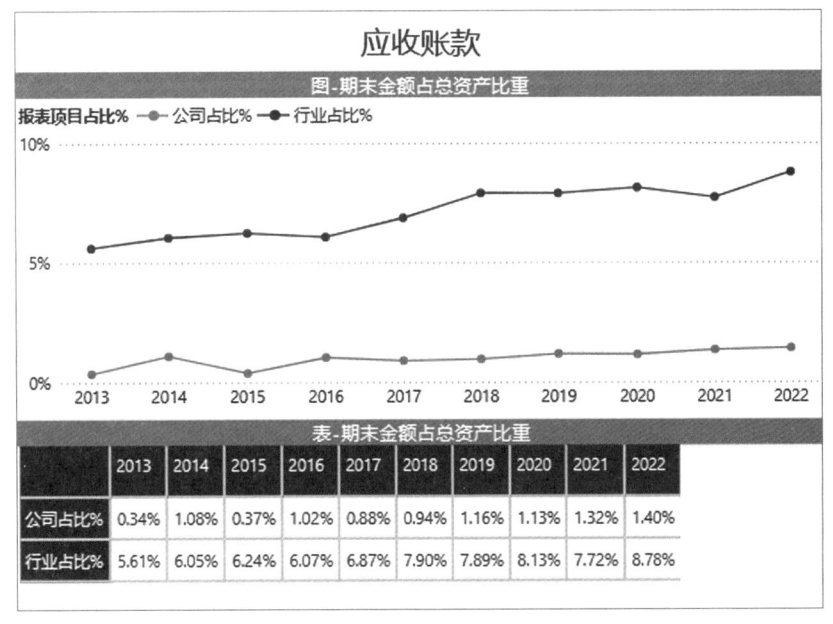

图2-42　2013—2022年重庆百货应收账款占总资产比重的变化趋势

其中，重庆百货2013—2022年应收账款期末余额占总资产比重呈现出平缓上升趋势，与行业占比相比，公司应收账款占比略低于行业占比。2022年重庆百货占比1.40%，所属行业零售业占比8.78%。所在零售业行业均值占资产比重趋势为：2013—2022年呈现整体上升趋势,除了 2015—2016 年和 2020—2021 年两个时间段有所回落外,其它期间均呈现平稳上升趋势。

应收账款的规模一般情况下和企业经营方式、所处行业和采用的信用政策有直接联系,应收账款相对规模急剧上升需要引起上市公司的注意,如果应收账款余额过大,发生坏账的风险也会大,上市公司应该在刺激销售和减少坏账间寻找最佳点。

2. 预收款项

2013—2021 年重庆百货预收款项的变动趋势,如图 2-43 所示。

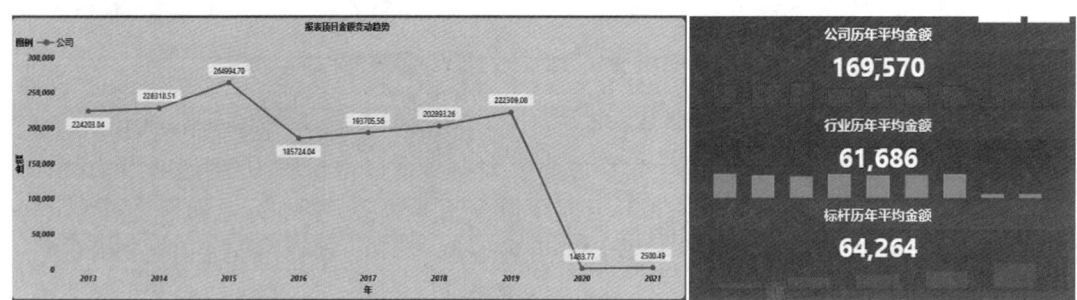

图 2-43　2013—2021 年重庆百货预收款项的变动趋势

其中,2013—2015 年呈上升趋势,2015—2016 年出现快速下降,2016—2019 年呈现小幅回升,2019—2021 年呈现下降趋势明显且保持在低位。所在行业零售业报表项目金额 10 年趋势可表述为:2013—2019 年呈现较为平稳的趋势,2019 年后表现出大幅下降的态势。所在行业标杆公司为上海医药,该标杆公司报表项目金额 10 年趋势可表述为:前期呈上升趋势,但近 5 年呈下降趋势。重庆百货历年平均值金额大约是行业历年平均值金额的 3 倍,也远远高于该行业的标杆企业。

2013—2021 年重庆百货预收款项增长率的变动趋势,如图 2-44 所示。

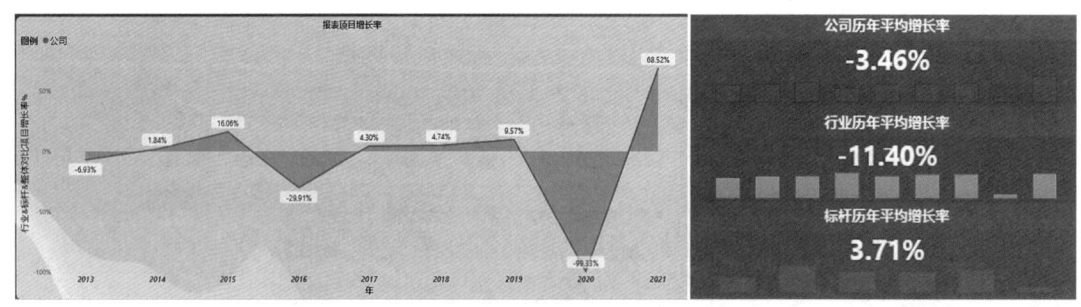

图 2-44　2013—2021 年重庆百货预收款项增长率的变动趋势

其中,前期呈上升趋势,近 3 年呈现由正转负又转正的变动。所在行业零售业报表项目金额增长率 10 年趋势可表述为:前期呈上升趋势,近 3 年呈现由正转负又转正的变动。所在行业标杆公司为上海医药,该标杆公司报表项目金额增长率 10 年趋势可表述为:前期呈上升趋势,虽有 1 年下降之后,但又呈现上升趋势。重庆百货增长率为负数,但大于行业历年平均增长率,且远远小于标杆企业历年平均增长率。

重庆百货预付款项占资产比重的变动趋势,如图2-45所示。

图-期末金额占总资产比重

	2013	2014	2015	2016	2017	2018	2019	2020	2021
公司占比%	4.98%	9.20%	17.65%	7.41%	7.29%	7.22%	6.79%	4.85%	3.55%
行业占比%	4.52%	3.83%	4.33%	4.52%	4.48%	4.86%	5.38%	5.09%	4.35%

图 2-45　2013—2021 年重庆百货预付款项占资产比重的变动趋势

其中,2013—2015 年一直处于上升趋势,2015 年后呈现下降趋势,2021 年有上升势头,2021 年重庆百货预付款项占资产比重为 3.55%。所在零售行业均值占资产比重趋势为:基本维持在 4% 左右,2021 年所在行业预付款项行业均值占资产比重为 4.35%。

3. 存货

2013—2021 年重庆百货存货净额的变动趋势,如图 2-46 所示。

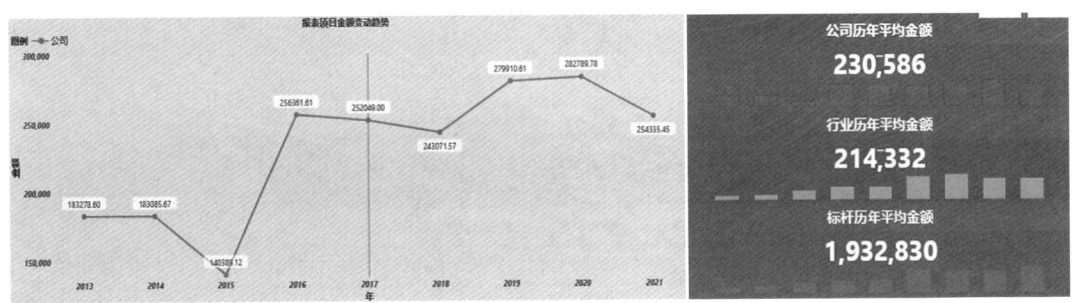

图 2-46　2013—2021 年重庆百货存货净额的变动趋势

其中,前期呈上升趋势,虽有 1 年下降之后又呈现上升趋势,但是 2020—2021 年又呈现下降势头。所在行业零售业报表项目金额 10 年趋势可表述为:前期呈上升趋势,虽有 2 年下降,2021 年又呈上升趋势。所在行业标杆公司为上海医药,该标杆公司项目金额 10 年趋势可表述为:2013—2018 年前期呈上升趋势,2018—2019 年呈下降趋势,2019—2021 年又呈上升势头。重庆百货历年平均存货金额与行业历年平均存货金额比较接近,但远低于行业标杆上海医药历年平均存货金额。

2013—2021 年重庆百货存货净额增长率的变动趋势,如图 2-47 所示。

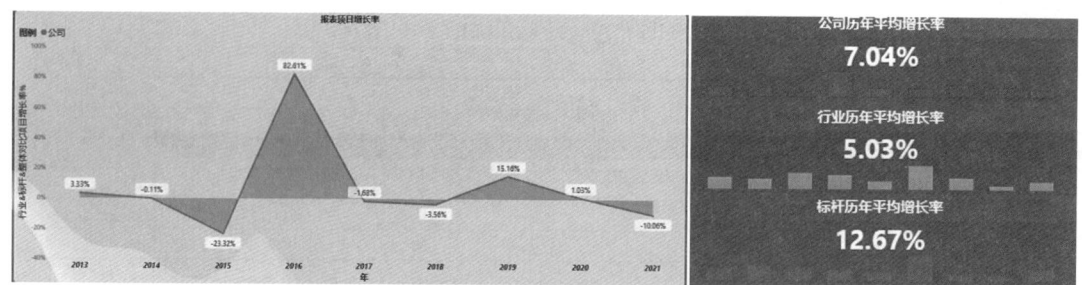

图 2-47　2013—2021 年重庆百货存货净额增长率的变动趋势

其中,2013—2015 年呈下降趋势,2015—2021 年呈现上升又下降趋势。所在行业零售业报表项目金额增长率 10 年趋势可表述为：2013—2017 年呈现上升、下降趋势,2015 年前开始上升,但仅上升一年后又呈下降趋势,2020—2021 年又呈上升趋势。所在行业标杆公司为上海医药,该标杆公司报表项目金额增长率 10 年趋势可表述为：2013—2017 年呈下降趋势,2017 年开始上升,但仅上升 1 年后又呈下降趋势,近 2 年又呈上升势头。重庆百货历年平均存货金额增长率与行业历年平均存货金额增长率比较接近,但远低于行业标杆上海医药历年平均存货增长率。

2013—2021 年重庆百货存货占总资产比重的变化趋势,如图 2-48 所示。

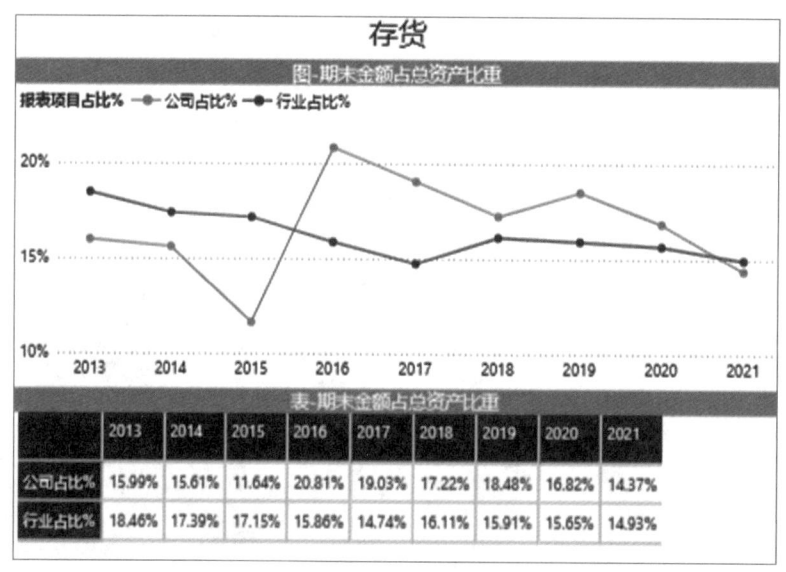

图 2-48　2013—2021 年重庆百货存货占总资产比重的变化趋势

2013—2021 年,重庆百货存货期末金额占总资产比重整体呈现波动态势,2015—2016 年呈现上升趋势,2016—2018 年呈现小幅度下降趋势,2018—2019 年呈现上升趋势,2019—2021 年呈现下降趋势,与公司占比相比,行业占比波动幅度没有公司占比波动幅度大,2013—2017 年行业呈现下降趋势,2017—2018 年公司占比和行业占比均呈现上升趋势,公司占比和行业占比都在 11% 和 21% 之间上下波动。

存货并非越高越好,应收账款和应收票据的回收速度和存货之间存在此消彼长的关系,过高的存货,很可能导致出现大量坏账。

一般上市公司通过持有和使用存货,达到保障正常的生产经营周转、实现销售获取盈利、降低宏观环境变化带来的波动风险等目的,以起到安全、缓冲和储备的作用。存货是公司一项重要的流动资产,存货常常要占用大量的公司资金,会给公司带来持有成本,如机会成本、仓储成本等,也会带来持有风险,如过期风险、降价风险等。因此,如何提升存货市场竞争力,加速周转,降低存货持有量并保持存货价值,既是存货管理的关键因素,也是评价存货质量的主要方面。

4. 应付账款

2013—2021年重庆百货应付账款的变动趋势,如图2-49所示。

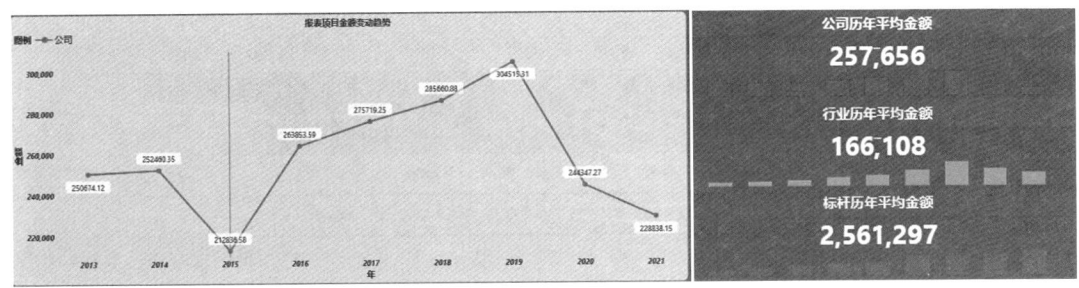

图 2-49　2013—2021 年重庆百货应付账款的变动趋势

其中,2013—2014年呈上升趋势,2014年下降,2014—2019年呈现上升趋势,2019—2021年呈现下降趋势。所在行业零售业报表项目金额10年趋势可表述为:2013—2019年呈上升趋势,2019—2021年呈现下降趋势。所在行业标杆公司为上海医药,该标杆公司报表项目金额10年趋势可表述为:整体呈逐渐上升趋势。重庆百货相较于行业历年平均应付账款较高,但远低于行业标杆企业上海医药。

2013—2022年重庆百货应付账款增长率的变动趋势,如图2-50所示。

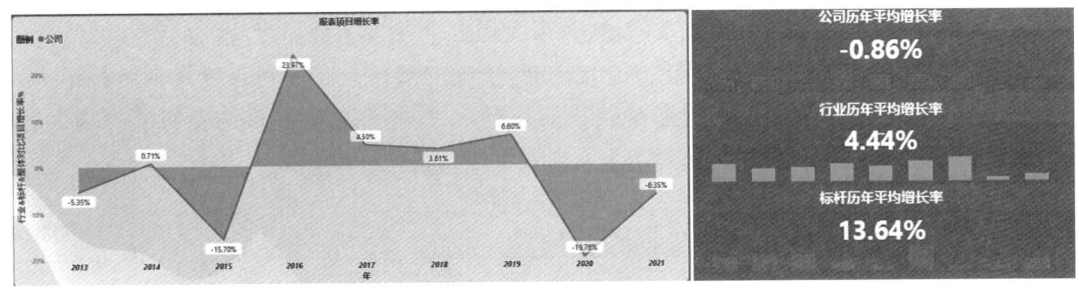

图 2-50　2013—2022 年重庆百货应付账款增长率的变动趋势

其中,2013—2016年呈现上升下降的趋势,2016—2021年出现上升下降交替波动。所在行业零售业报表项目金额增长率10年趋势可表述为:2013—2015年呈下降趋势,2015年前开始上升,后1年又下降,但2020年后又呈现上升趋势。所在行业标杆公司为上海医药,该标杆公司报表项目金额增长率10年趋势可表述为:2013—2015年呈现上升趋势,2015—2017年开始下降,2018年上升后下降又在2021年呈现上升的趋势。重庆百货2021年应付账款历年平均增长率远低于行业历年平均增长率和标杆企业历年平均增长率。

重庆百货应付账款期末金额占总资产比重的变动趋势,如图2-51所示。

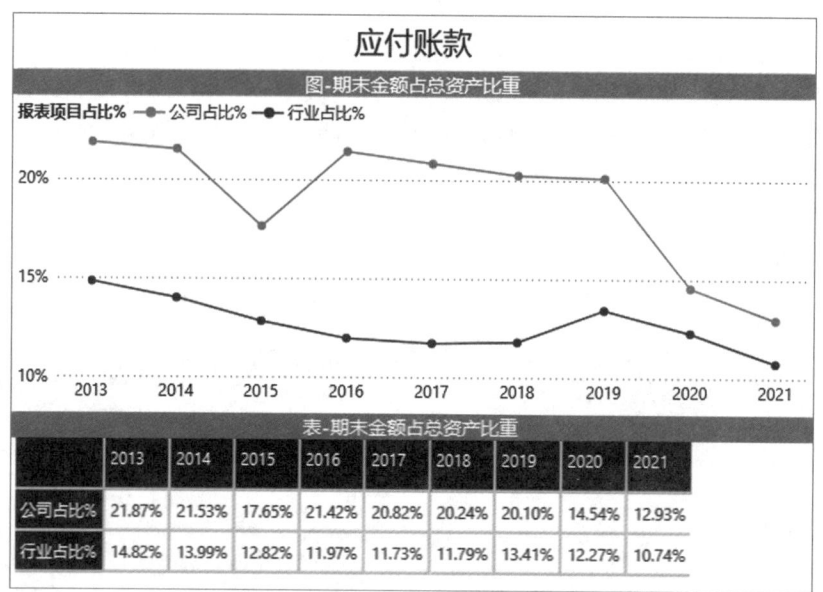

图 2-51　2013—2021 年重庆百货应付账款期末金额占总资产比重的变动趋势

由图 2-51 可知，重庆百货应付账款占总资产比重在 2013—2015 年呈现下降趋势，2015—2016 年呈现上升趋势，2016 年后呈现逐年下降趋势。2021 年重庆百货应付账款占总资产比重为 12.92%。2013—2018 年，行业占比呈现下降趋势，2018—2019 年呈现上升趋势而后 2 年又呈现逐渐下降的趋势，行业占比波动幅度比较平稳，幅度为 10%～15%，2021 年行业占比为 10.74%。2013—2021 年重庆百货历年占比均高于行业应付账款占比。

应付账款项目反映公司购买原材料、商品和接受劳务供应等应付给供应单位的款项，是买卖双方在购销活动中由于取得物资与支付货款在时间上不一致而产生的负债。应付账款的规模变化趋势较大，应付账款的增长，很大程度上代表了公司供应商的债权风险，如果出现特殊情况，需要分析报表附注来判断特殊情况的理由。在公司存货规模增长不大，但公司应付账款规模增长较大，且账龄较长的情况下，应付账款的规模增长可能在很大程度上代表了供应商的债权风险，这对于企业来说可以说是件好事。

5. 应付票据

2013—2021 年重庆百货应付票据的变动趋势，如图 2-52 所示。

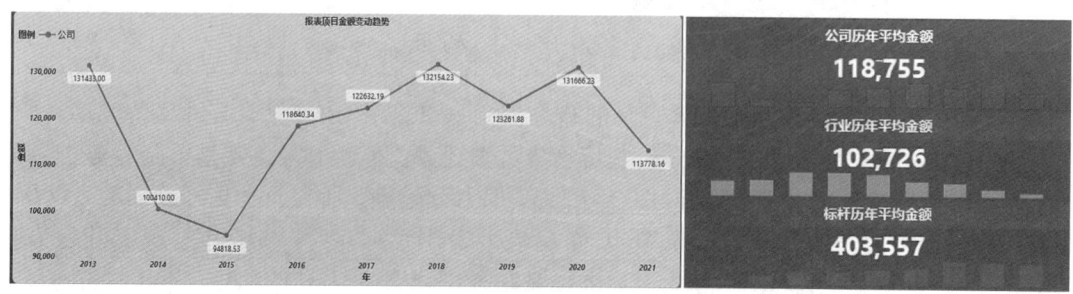

图 2-52　2013—2021 年重庆百货应付票据的变动趋势

其中，2013—2015 年呈下降趋势，2015—2018 年呈现上升趋势，2018 年后呈现下降和上升的交替变化。所在行业零售业报表项目金额 10 年趋势可表述为：2013—2017 年呈上升趋势，2017 年后呈下降趋势。所在行业标杆公司为上海医药，该标杆公司报表项目金额 10 年趋势可表述为：2013—2019 年呈现上升趋势，2020 年开始下降，但 2021 年又呈现上升趋势。重庆百货历年平均金额与行业平均金额数值差异不大，但远低于行业标杆上海医药。

2013—2022 年重庆百货应付票据增长率的变动趋势，如图 2-53 所示。

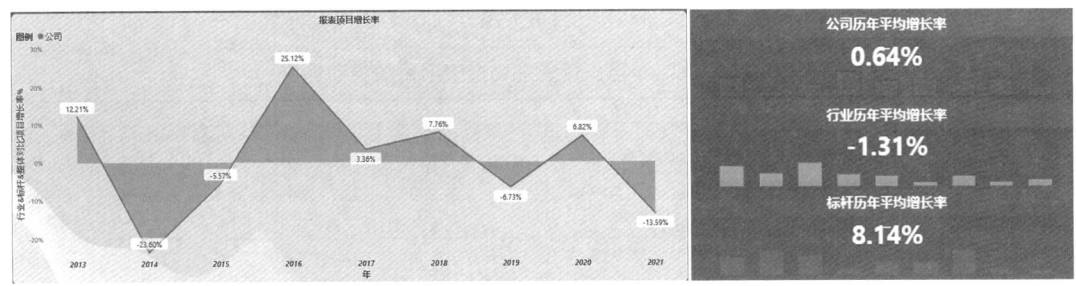

图 2-53　2013—2022 年重庆百货应付票据增长率的变动趋势

其中，2013—2016 年呈现下降又上升的趋势，2016 年后开始呈现上升和下降交替变化。所在行业零售业报表项目金额增长率 10 年趋势可表述为：2013—2014 年呈下降趋势，2014—2019 年呈现上下波动，2019 年后又呈现上升趋势。所在行业杠杆公司为上海医药，该标杆公司报表项目金额增长率 10 年趋势可表述为：2013—2014 年呈现上升趋势，2014—2019 年呈现上下波动，2019 年后呈现下降趋势。重庆百货历年平均增长率高于行业历年平均增长率，远低于行业标杆企业历年平均增长率。

2013—2021 年重庆百货应付票据占总资产比重的变化趋势，如图 2-54 所示。

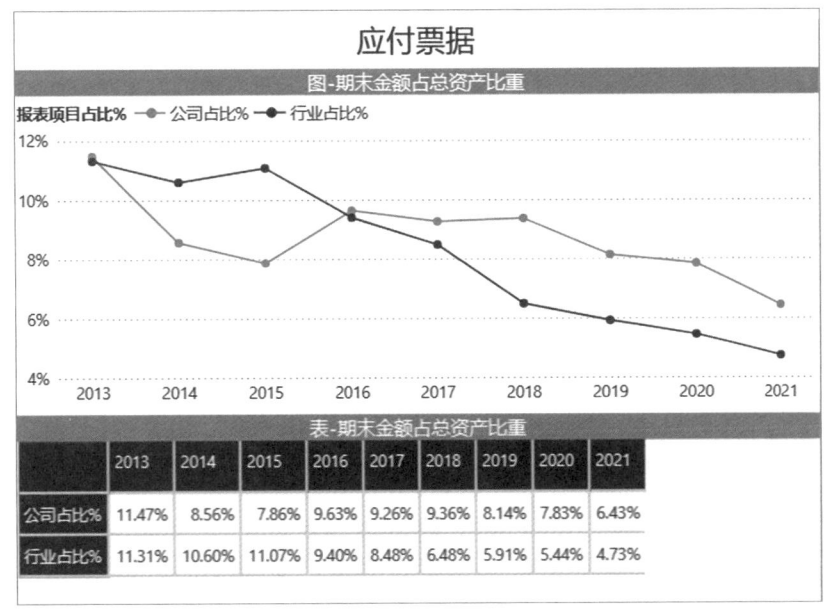

图 2-54　2013—2021 年重庆百货应付票据占总资产比重的变化趋势

其中,重庆百货应付票据 2013—2015 年呈现下降趋势,而后 2015—2016 年占比上升,2016 年后占比逐年下降,2021 年重庆百货占总资产比重为 6.43%。行业比重占比在 2013—2015 年呈现上下波动,2015 年后就呈现逐年下降的趋势,2021 年行业比重占比为 4.73%。2013—2015 年,行业比重占比高于重庆百货,2016 年后重庆百货公司期末应付票据占比就一直高于行业比重占比。

(三) 从购货付款安排和销售回款安排

下面从购货付款安排和销售回款安排两个角度出发,对重庆百货相关报表项目变动幅度进行分析。2021 年重庆百货主要报表项目变动幅度如表 2-13 所示。

表 2-13　2021 年重庆百货主要报表项目的变动幅度

报表项目	期末金额 (万元,保留到整数)	期初金额 (万元,保留到整数)	期末与期初增长率 (%前保留 2 位数)
应收款项:	24 134	23 440	2.96%
应收账款	24 134	23 440	2.96%
应收票据	—	—	—
预收款项	2 100	2 501	−16.03%
应付款项:	213 187	254 265	−15.91%
应付账款	27 772	25 427	9.22%
应付票据	185 415	228 838	−18.98%
预付款项	93 226	62 850	48.33%
存货	229 651	254 335	−9.71%

由表 2-13 可知,从购货付款中,重庆百货应付账款、应付票据和预付款项,这几个报表项目中两个报表项目期末比期初金额有所增长,但是预付款项期末比期初金额有所增加,可以说部分转化为了存货,应付账款比期初有所增加,应付票据比期初有所减少,总应付款项比期初有所减少。

从销售回款中,重庆百货报表项目中应收账款、应收票据和预收款项 2021 年期末减少,应收账款 2021 年期末比期初有所增加,应收账款期初余额从 23 440 万元变化到期末余额 24 134 万元,应收账款增加 694 万元。由此可知,2021 年重庆百货应收账款和应收票据回款较快。应收账款、应收票据增加,货币资金减少,存货库存减少,说明存货销售是以应收形式进行的收款。应付款项小于应收款项,某种程度上可以说购买原材料、商品或者接受劳务供应小于销售商品、提供劳务的供给。

三、重庆港九的资产管理分析

这里选取重庆港九(股票代码:600279)作为样本公司进行资产管理分析,行业标杆公司为中远海控(股票代码:601919),所属行业为水上运输业。

通过对重庆港九 2021 年资产负债表结构进行分析,进一步剖析各项资产的构成情况,从而分析企业资产的管理质量情况。

(一) 货币资金存量管理分析

2012—2021 年重庆港九货币资金的变动趋势,如图 2-55 所示。

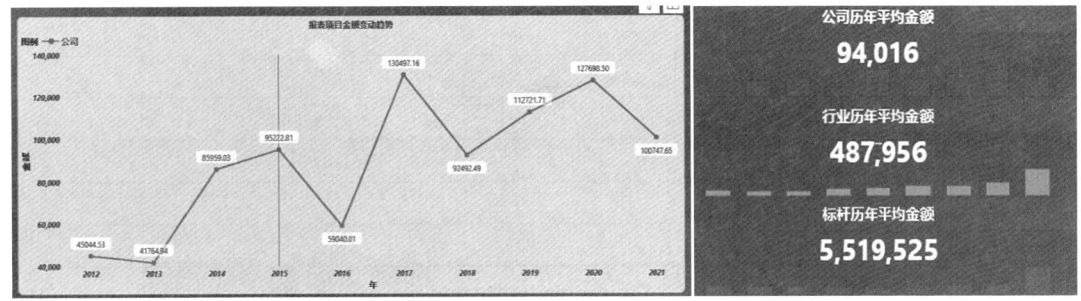

图 2-55　2012—2021 年重庆港九货币资金的变动趋势

其中,2012—2013 年呈现下降趋势,2013 年上升,2013—2015 年逐渐下降,2016 年上升,2016 年后呈现上下波动。所在行业水上运输业报表项目金额 10 年趋势可表述为:2012—2017 年呈现逐渐下降、上升的趋势,2017 年后呈现逐渐上升趋势。所在行业标杆公司为中远海控,该标杆公司报表项目金额 10 年趋势可表述为:2012—2021 年呈现下降、上升趋势。重庆港九历年货币资金平均金额远低于行业历年货币资金平均金额和行业标杆企业货币资金平均金额。

2012—2021 年重庆港龙货币资金增长率的变动趋势,如图 2-56 所示。

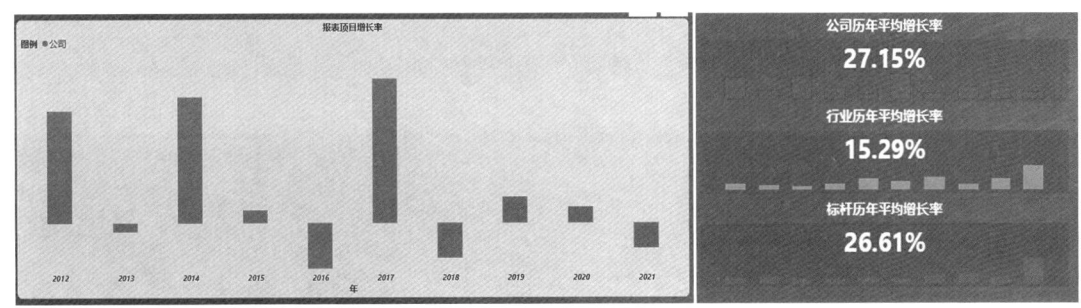

图 2-56　2012—2021 年重庆港九货币资金增长率的变动趋势

其中,2012—2013 年呈现下降趋势,2013—2019 年呈现上升、下降又上升的趋势,2019 年后又呈现下降趋势。所在行业水上运输业报表项目金额增长率 10 年趋势可表述为:2013—2019 年呈现上升趋势,期间 2016 年呈现上下波动,2019 年后又呈现上升势头。所在行业标杆公司为中远海控,该标杆公司报表项目金额增长率 10 年趋势可表述为:前期呈下降趋势,后呈现上升趋势,但是近 2 年又呈现上下波动。重庆港九货币资金历年平均增长率远高于行业历年平均增长率,与行业标杆企业历年平均增长率差距不大。

2013—2021 年重庆港九货币资金占总资产比重的变化趋势,如图 2-57 所示。

图 2-57　2013—2021 年重庆港九货币资金占总资产比重的变化趋势

其中,重庆港九 2021 年货币资金期末金额占总资产比重为 8.16%,行业均值占资产比重为 18.62%,2013—2021 年 10 年间行业均值比重波动幅度为 10%～20%,波动幅度不大。公司占比 2013—2021 年波动幅度为 7%～13%。

(二) 以存货为核心的上下游关系管理分析

1. 应收账款

2012—2021 年重庆港九应收账款净额的变化趋势,如图 2-58 所示。

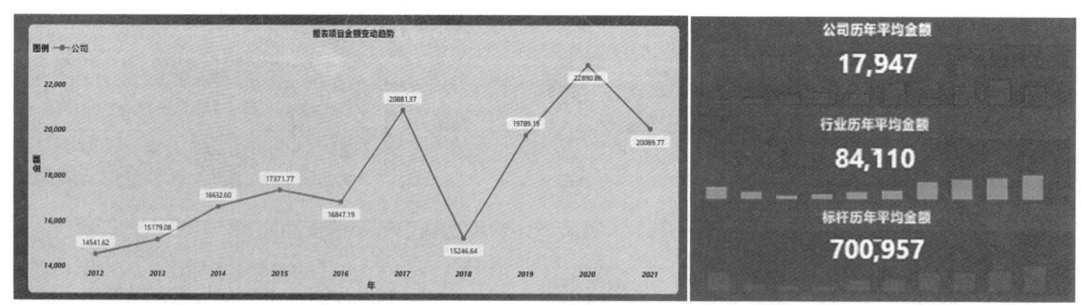

图 2-58　2012—2021 年重庆港九应收账款净额的变化趋势

其中,前期呈上升趋势,虽有 1 年下降,但近期呈上升的趋势,2021 年相比 2020 年下降。所在行业水上运输业报表项目金额 10 年趋势可表述为:整体呈逐渐上升趋势。所在行业标杆公司为中原海控,该标杆公司报表项目金额 10 年趋势可表述为:先下降后上升又下降的趋势,2020 年后又呈现上升趋势。重庆港九应收账款历年平均金额远低于行业历年平均金额和标杆企业历年平均金额。

2012—2021年重庆港九应收账款净额增长率的变动趋势,如图2-59所示。

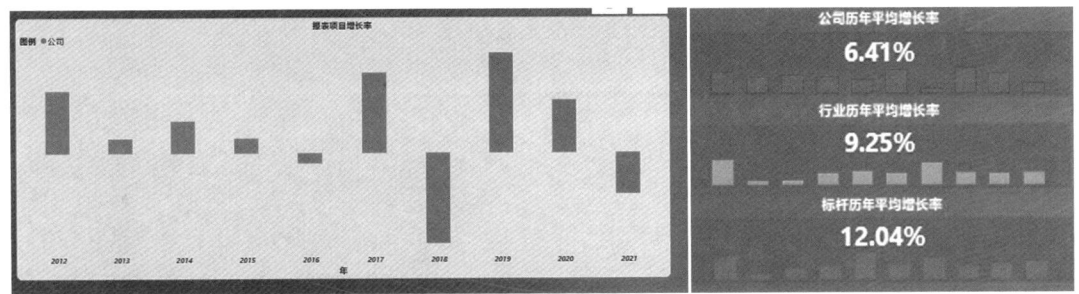

图 2-59　2012—2021 年重庆港九应收账款净额增长率的变动趋势

其中,2012—2019年呈现下降、上升、下降交替波动,2019年后呈现下降趋势。所在行业水上运输业报表项目金额增长率10年趋势可表示为:2012年下降,2013—2016年呈现上升趋势,2017年下降之后又呈现上升趋势,2019年后又呈现下降趋势,但2021年相对于2020年又呈现上升趋势。所在行业标杆公司为中远海控,该标杆公司报表项目金额增长率10年趋势可表述为:2012—2016年呈现下降、上升趋势,2017—2019年呈现下降又上升趋势,2019—2021年呈现上升趋势。重庆港九应收账款历年平均增长率低于行业历年平均增长率和行业标杆历年平均增长率。

2012—2021年重庆港九应收账款占总资产比重的变化趋势,如图2-60所示。

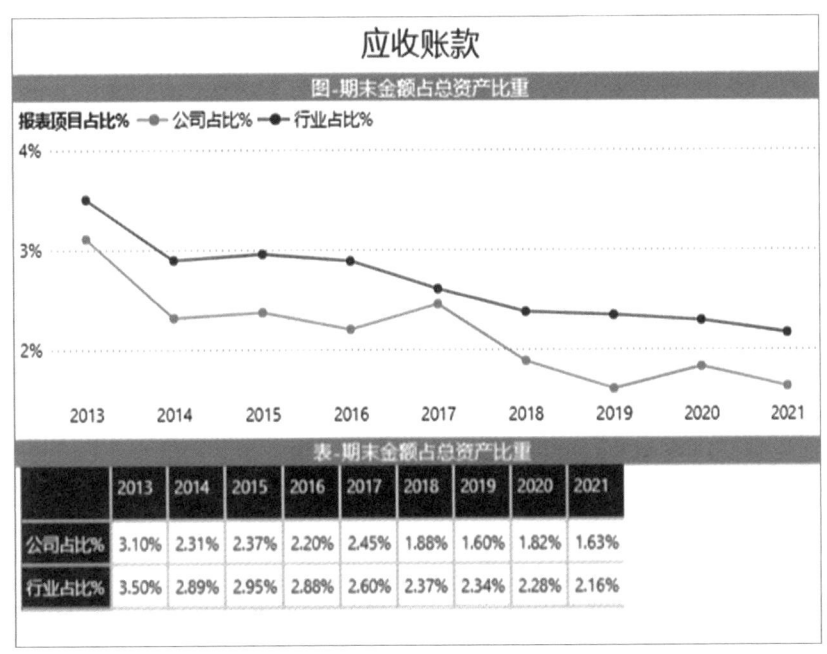

图 2-60　2012—2021 年重庆港九应收账款占总资产比重的变化趋势

其中,重庆港九2012—2021年应收账款期末余额占总资产比重呈现平缓下降趋势,从3.10%下降到1.63%。与行业占比相比,公司应收账款占比略低于行业占比。2021年重庆港九占比为 1.63%,所属行业占比为 2.16%。

2. 应收票据

2012—2021 年重庆港九应收票据净额的变动趋势,如图 2-61 所示。

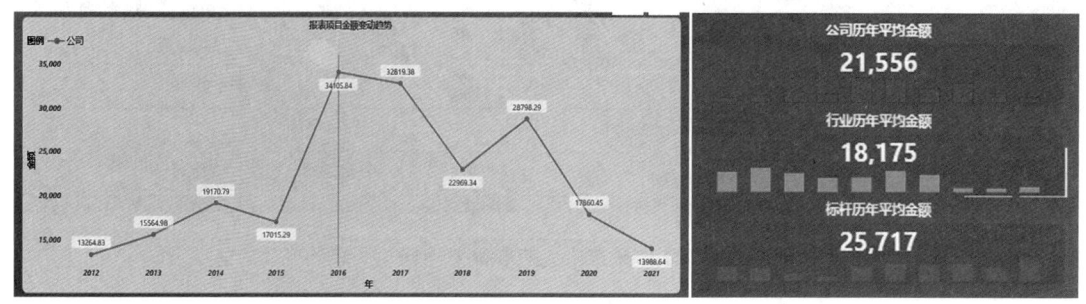

图 2-61　2012—2021 年重庆港九应收票据净额的变动趋势

其中,2012—2016 年呈现上升趋势,2016—2018 年呈现下降趋势,2019 年上升后又呈现下降趋势。所在行业水上运输业报表项目金额 10 年趋势可表述为:2012—2016 年呈现下降趋势,2017—2018 年上升,2018—2020 年呈现下降趋势,2021 年又呈现上升势头。所在行业标杆公司为中远海控,该标杆公司报表项目金额 10 年趋势可表述为:2012—2016 年呈现下降趋势,2016 年开始上升,2018 年后出现下降、上升的交替变化。重庆港九应收票据平均与行业应收票据历年平均与行业标杆企业应收票据平均差距不大。

2012—2021 年重庆港九应收票据净额增长率的变动趋势,如图 2-62 所示。

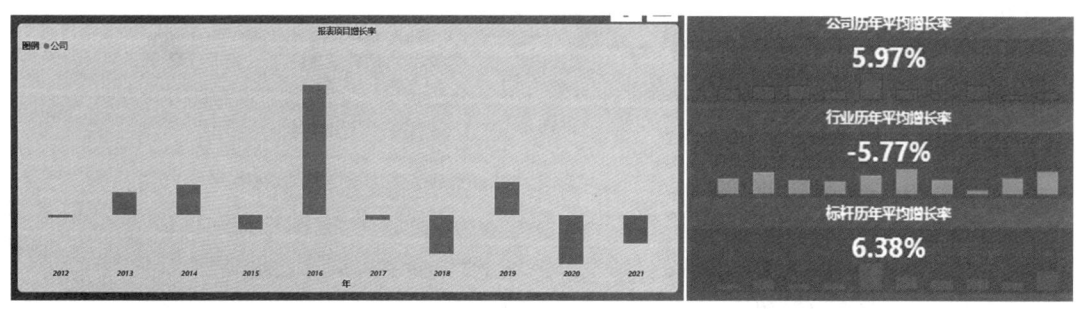

图 2-62　2012—2021 年重庆港九应收票据净额增长率的变动趋势

其中,2012—2014 年呈现上升趋势,但中间 2 年呈下降趋势,虽有 1 年上升之后,但又呈现下降上升波动。所在行业水上运输业报表项目金额增长率 10 年趋势可表述为:2012—2021 年呈现波浪式趋势,2020—2021 年呈现上升势头。所在行业标杆为中远海控,该标杆公司报表项目金额增长率 10 年趋势可表述为:2012—2013 年呈上升趋势,但中间 2 年呈下降趋势,虽有 1 年上升之后,但又呈现下降上升波动。重庆港九应收票据平均增长率与行业标杆企业应收票据增长率不相上下,但都远高于行业应收票据增长率。

2012—2021 年重庆港九应收票据占总资产比重的变化趋势,如图 2-63 所示。

其中,2012—2015 年重庆港九应收票据占比呈现下降趋势,2016 年呈现上升趋势,2016 年后又逐渐降低。2021 年重庆港九应收票据占比为 1.13%。行业应收票据占比呈现

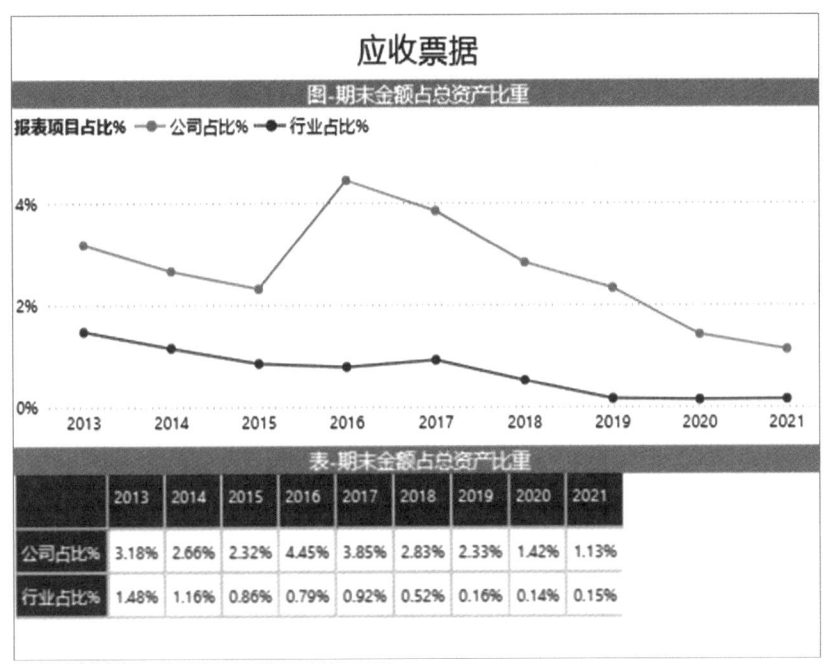

图 2-63　2012—2021 年重庆港九应收票据占总资产比重的变化趋势

逐年下降趋势,且低于重庆港九,2021 年行业应收票据占比为 0.15%。

3. 预收款项

2012—2021 年重庆港九预收款项的变动趋势,如图 2-64 所示。

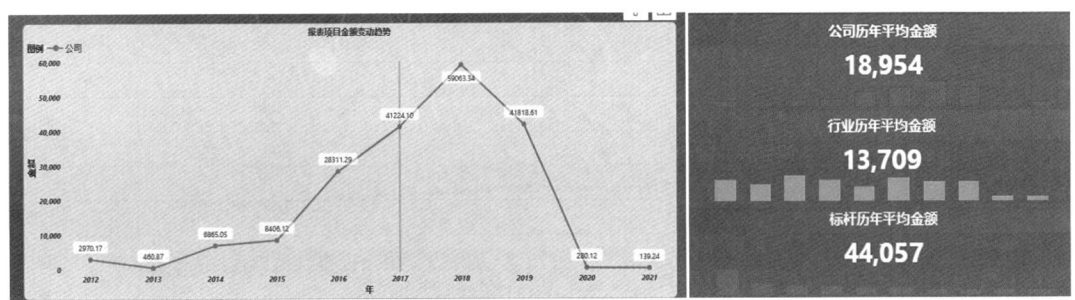

图 2-64　2012—2021 年重庆港九预收款项的变动趋势

其中,2012—2018 年呈上升趋势,但 2018—2021 年呈下降趋势。所在行业水上运输业报表项目金额 10 年趋势可表述为:2012—2014 年呈下降趋势,2014 年后开始上升,虽有短暂下降、上升波动,2020 年后又呈现下降趋势。所在行业标杆公司为中远海控,该标杆公司报表项目金额 10 年趋势可表述为:逐年下降趋势。重庆港九预收款项历年平均金额与行业预收款项历年平均金额差距不大,但远低于行业标杆预收款项历年平均金额。

2012—2021 年重庆港九预收款项增长率的变动趋势,如图 2-65 所示。

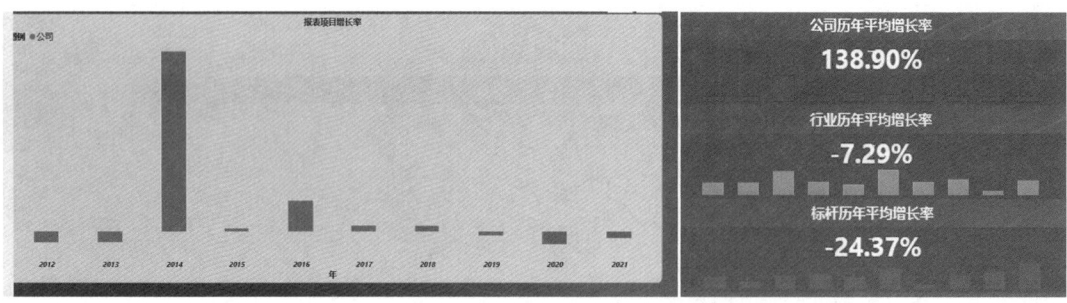

图 2-65　2012—2021 年重庆港九预收款项增长率的变动趋势

其中,2012—2014 年呈上升趋势,2014 年后呈现下降趋势,但 2021 年呈现上升趋势。所在行业水上运输业报表项目金额增长率 10 年趋势可表述为:2012—2015 年呈现上升趋势,2015—2017 年呈现下降趋势,2017 年后呈现下降上升交替变化。所在行业标杆公司为中远海控,该标杆公司报表项目金额增长率 10 年趋势可表述为:前期呈下降趋势,2016 年前开始上升,虽有 1 年下降,但近期呈上升趋势。重庆港九预收款项历年平均增长率远高于行业历年平均增长率和行业标杆企业历年平均增长率。

2012—2021 年重庆港九预收款项占总资产比重的变化趋势,如图 2-66 所示。

图 2-66　2012—2021 年重庆港九预收款项占总资产比重的变化趋势

其中,重庆港九 2012—2021 年期末净额占总资产比重总体上呈现上升又下降趋势,2021 年重庆港九预收款项占比为 0.01%。所在行业水上运输业 2012—2021 年期末金额占总资产比重总体呈现下降趋势,但是下降幅度并不是很明显,2021 年行业占比为 0.08%。

4. 存货

2012—2021 年重庆港九存货净额的变动趋势，如图 2-67 所示。

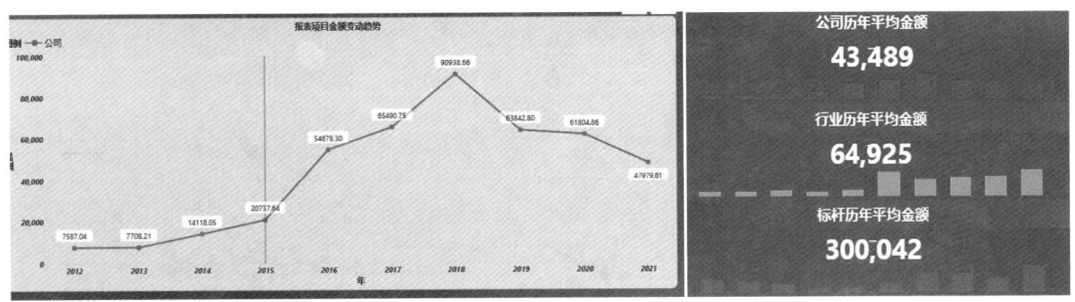

图 2-67　2012—2021 年重庆港九存货净额的变动趋势

其中，2012—2018 年呈上升趋势，2018 年后呈下降趋势。所在行业水上运输报表项目金额 10 年趋势可表述为：2012—2016 年呈上升趋势，2016 年下降，2017—2021 年呈上升趋势。所在行业标杆公司为中远海控，该标杆公司报表项目金额 10 年趋势可表述为：2012—2015 年呈现下降趋势，2015 年开始上升，上升 2 年后 2017 年又开始下降，2021 年又开始上升。重庆港九存货历年平均金额与行业历年平均金额相近，但其金额远远低于行业标杆企业的历年平均金额。

2012—2021 年重庆港九存货净额增长率的变动趋势，如图 2-68 所示。

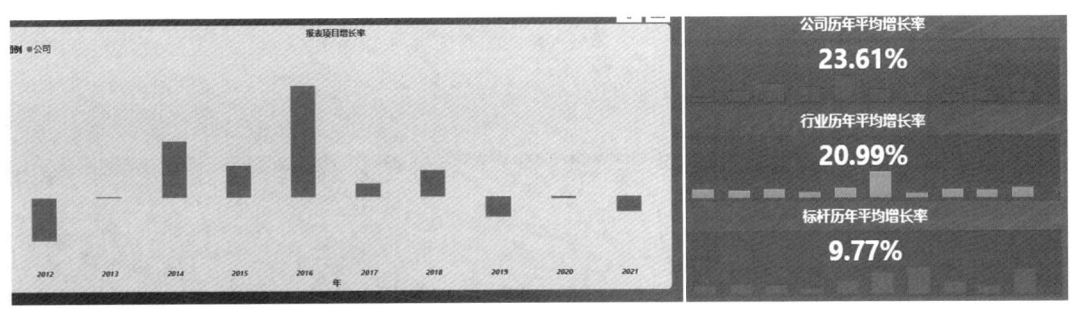

图 2-68　2012—2021 年重庆港九存货净额增长率的变动趋势

其中，2012—2014 年呈现上升趋势，2014—2016 年呈下降再上升，但 2016—2021 年出现上升和下降交替波动。所在行业水上运输业报表项目金额增长率 10 年趋势可表述为：2012—2017 年呈上升趋势，但 2017 年后出现下降和上升的交替变化。所在行业标杆公司为中远海控，该标杆公司报表项目金额增长率 10 年趋势可表述为：2012—2018 年呈现上升趋势，2018—2020 年呈现下降趋势，2021 年又呈现上升趋势。重庆港九历年平均增长率与行业历年平均增长率差距不大，但远远高于行业标杆企业历年平均增长率。

重庆港九存货占资产比重的变化趋势，如图 2-69 所示。

其中，前期呈上升趋势，2019 年后呈现下降趋势。2021 年重庆港九存货占资产比重为 3.88%。所在水上运输行业均值占资产比重趋势为：2012—2016 年呈现下降趋势，2016—

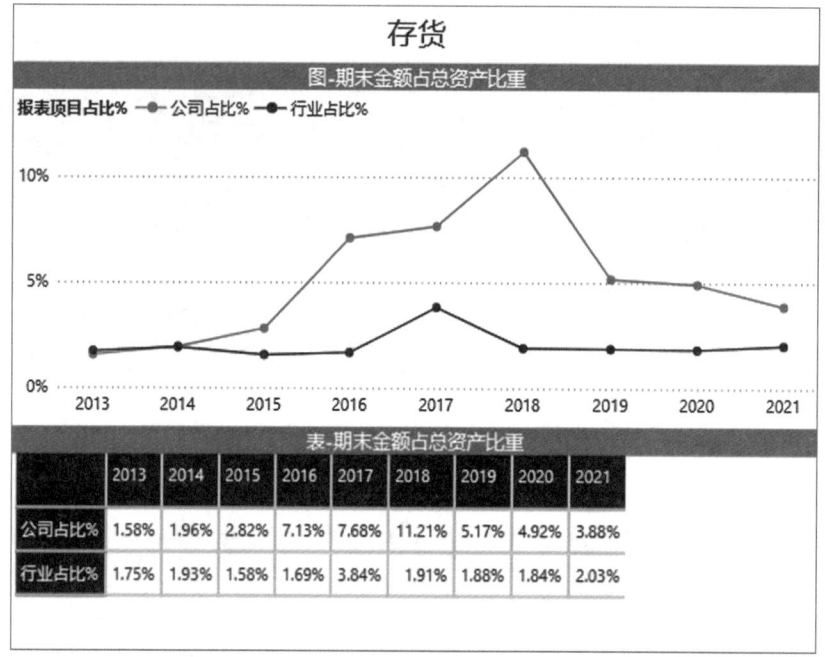

图 2-69　2013—2021 年重庆港九存货占资产比重的变化趋势

2017 年呈现上升趋势，2017 年后呈现下降趋势，但 2021 年又有向上的趋势。2021 年存货行业均值占总资产比重为 2.03%。

5. 应付账款

2012—2021 年重庆港九应付账款的变动趋势，如图 2-70 所示。

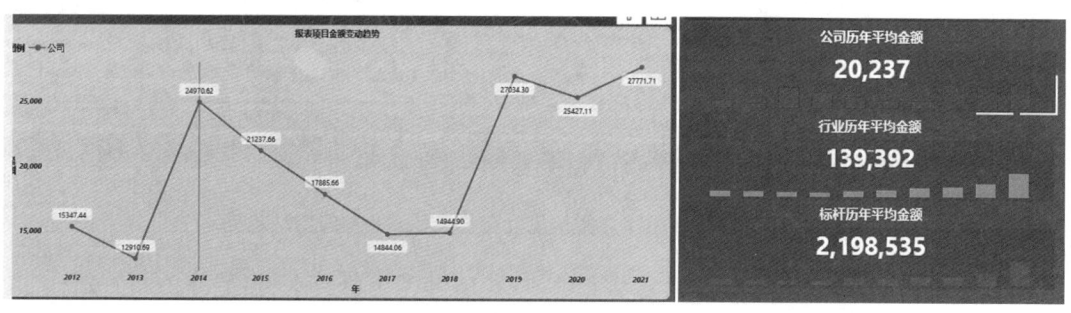

图 2-70　2012—2021 年重庆港九应付账款的变动趋势

其中，2012—2013 年呈下降趋势，2014 年上升后又呈现下降的趋势，但 2020 年后呈现下降上升的波动。所在行业水上运输业报表项目金额 10 年趋势可表述为：整体呈逐渐上升趋势。所在行业标杆公司为中远海控，该标杆公司报表项目金额 10 年趋势可表述为：前期呈上升趋势，虽有 1 年下降之后，但又呈现上升趋势。重庆港九应付账款历年平均金额远低于行业历年平均金额和行业标杆企业历年平均金额。

2012—2021 年重庆港九应付账款增长率的变动趋势，如图 2-71 所示。

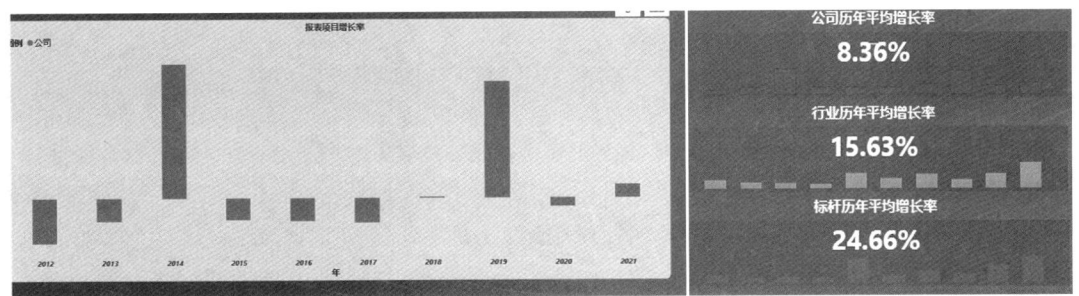

图 2-71　2012—2021 年重庆港九应付账款增长率的变动趋势

其中,2012—2014 年呈现上升趋势,2014—2021 年呈现先下降后上升趋势。所在行业水上运输业报表项目金额增长率 10 年趋势可表述为：2012—2015 年呈上升趋势,2016 年后又呈现上下波动,2019 年呈现上升趋势。所在行业标杆公司为中远海控,该标杆公司报表项目金额增长率 10 年趋势可表述为：前期呈下降趋势,2016 年呈现上下波动,2020 年后又呈现上升趋势。

2012—2021 年重庆港九应付账款占比的变化趋势,如图 2-72 所示。

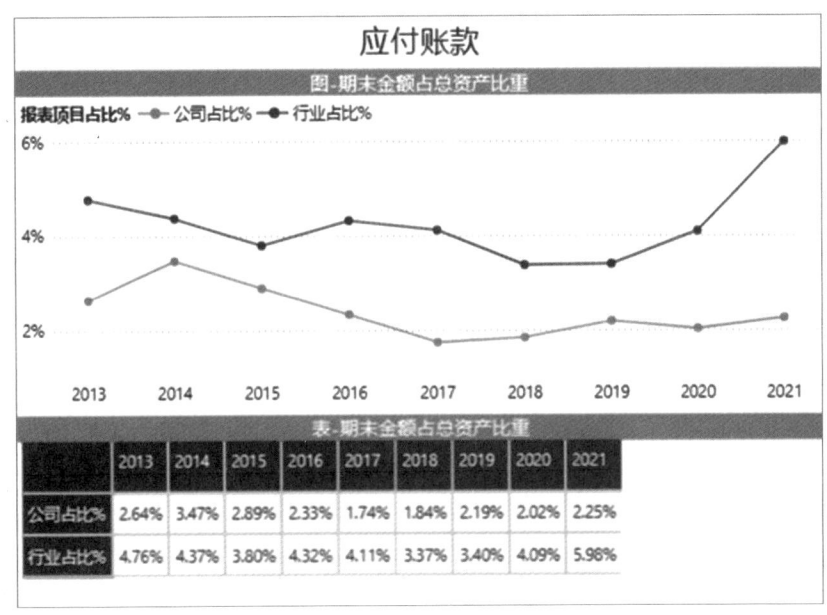

图 2-72　2012—2021 年重庆港九应付账款占比的变化趋势

其中,重庆港九应付账款金额 2013—2014 年呈上升趋势,2014—2017 年呈现下降趋势,2017—2021 年呈现上升趋势。2021 年重庆港九应付账款占总资产占比为 2.25%。行业历年应付账款 2013—2015 年呈现下降趋势,2015—2021 年呈现下降上升的趋势,公司历年平均金额略低于行业均值历年平均金额。2021 年行业应付账款占总资产占比为 5.98%。

6. 应付票据

2015—2021 年重庆港九应付票据的变动趋势,如图 2-73 所示。

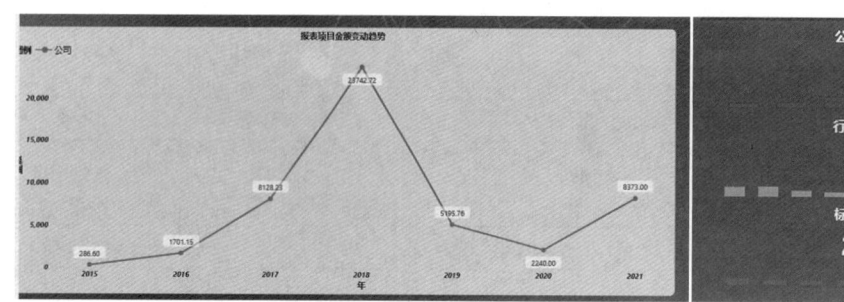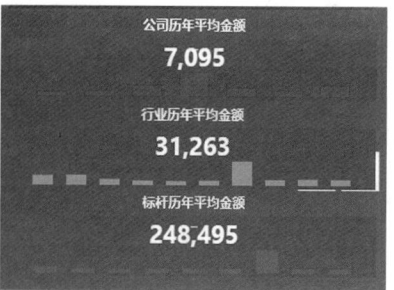

图 2-73　2016—2021 年重庆港九应付票据的变动趋势

其中,2018 年前呈上升趋势,2018 年后呈下降趋势。所在行业水上运输业报表项目金额 10 年趋势可表述为:2012—2018 年呈下降趋势,2018 年上升,2019—2021 年呈现下降又上升的趋势。所在行业标杆公司为中远海控,该标杆公司报表项目金额 10 年趋势可表述为:2013—2018 年呈下降趋势,2018 年后呈下降趋势。重庆港九应付票据历年平均金额远低于行业应付票据历年平均金额和行业应付票据标杆平均金额。

2016—2021 年重庆港九应付票据增长率的变动趋势,如图 2-74 所示。

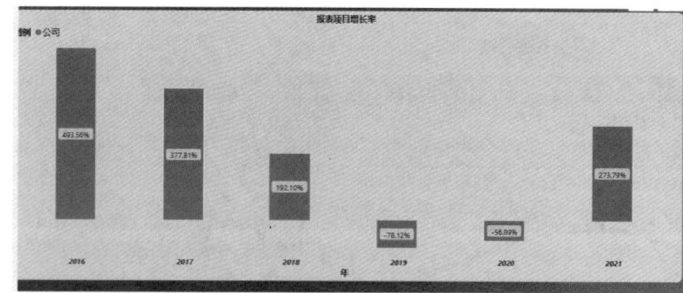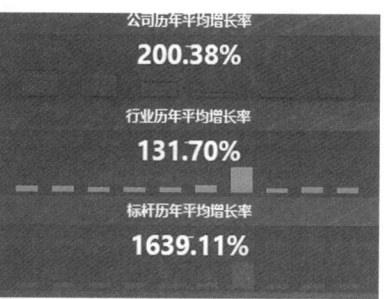

图 2-74　2016—2021 年重庆港九应付票据增长率的变动趋势

其中,2016—2019 年呈现下降趋势,2020—2021 年呈现上升势头。所在行业水上运输业报表项目金额增长率 10 年趋势可表述为:2012—2015 年呈下降趋势,2016—2019 年呈现上升趋势,2019—2021 年呈现下降、上升又下降的趋势。所在行业标杆公司为中远海控,该标杆公司报表项目金额增长率 10 年趋势可表述为:2013—2015 年呈下降趋势,2015 年后开始上升,2019—2021 年呈现下降、上升又下降的趋势。重庆港九应付票据金额历年增长率与行业应付票据金额历年增长率差距不大,但远远小于行业标杆企业应付票据金额历年增长率。

2015—2021 年重庆港九应付票据占比的变化趋势,如图 2-75 所示。

其中,重庆港九 2015—2018 年呈现上升趋势,2018—2020 年呈现下降趋势,2021 年则有向上的趋势。2021 年重庆港九应付票据占资产占比为 0.68%。所在水上运输行业均值占资产比重趋势为:2013—2015 年呈现下降趋势,2015 年开始上升,2016—2017 年呈上升趋势,2017 年后呈现下降趋势,但 2021 年相对于 2020 年又有下降趋势。2021 年行业应付票据占资产比重为 0.31%。

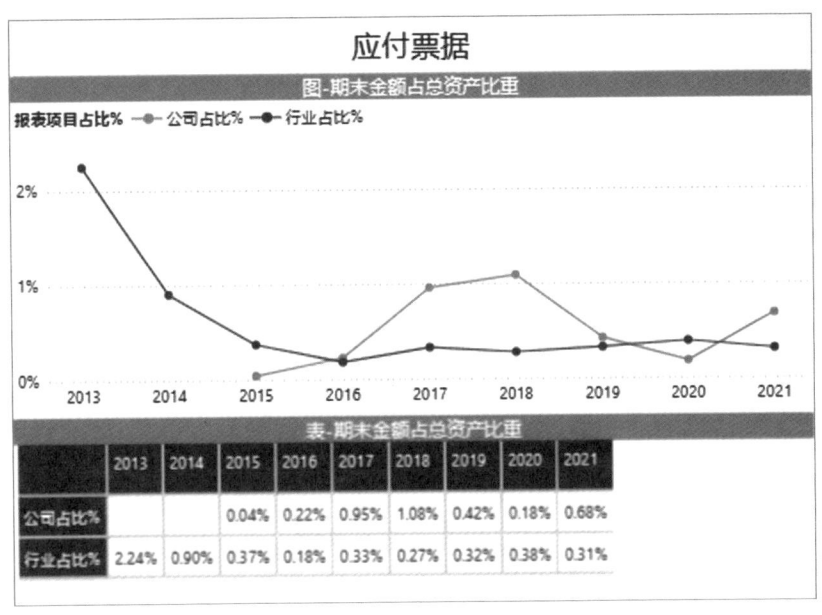

图 2-75　2015—2021 年重庆港九应付票据占比的变化趋势

(三) 从购货付款安排和销售回款安排

下面从购货付款安排和销售回款安排两个角度出发,对重庆港九相关报表项目变动幅度进行分析。2021 年重庆港九主要报表项目变动幅度如表 2-14 所示。

表 2-14　2021 年重庆港九主要报表项目的变动幅度

报表项目	期末金额 (万元,保留到整数)	期初金额 (万元,保留到整数)	期末与期初增长率 (%前保留 2 位数)
货币资金	100 748	127 699	−21.11%
应收款项:	34 079	40 751	−16.37%
应收账款	20 090	22 891	−12.24%
应收票据	13 989	17 860	−21.68%
预收款项	—	—	—
应付款项:	27 772	25 427	9.22%
应付账款	27 772	25 427	9.22%
应付票据	—	—	—
预付款项	32 884	33 767	−2.70%
存货	47 980	61 805	−22.37%

由表 2-14 可知,从购货付款中,重庆港九应付账款、应付票据和预付款项这几个报表项目中,应付账款期末比期初金额有所增长,应付票据 2021 年无数据,但是预付款项期末比期初金额有所减少,可以理解为部分转化为了存货。

从销售回款中，重庆港九报表项目中应收账款、应收票据和预收款项 2021 年没有数值，应收账款和应收票据 2021 年期末比期初有所下降，应收账款期初余额从 22 891 万元变化到期末余额 20 090 万元，应收账款回款额度 2 801 万元，应付票据回款额度从期初 17 860 万元变化到 13 989 万元，回款额度 3 871 万元。由此可知，2021 年重庆港九应收账款和应收票据回款较快。应收账款、应收票据减少，货币资金减少，存货库存减少，说明存货销售是以货币资金形式进行的收款。再看一下应收款项和应付款项，应收款项远远大于应付款项，某种程度上可以说购买原材料、商品或者接受劳务供应小于销售商品、提供劳务的供给。

第五节 行业对比分析

上述经营资产管理与竞争力分析是针对企业层面的分析，接下来从整个行业角度进行对比分析，分析资产结构特征是否具有行业共性。延续上述企业层面的分析思路，结合竞争对手从行业层面继续分析。

一、货币金融服务行业对比分析

货币金融服务行业的结构对比，如表 2-15 所示。

表 2-15 货币金融服务行业的结构对比

流动项目				非流动项目			
流动项目	项目名称	公司占比（项目/资产合计）(%前保留2位小数)	所属行业占比（项目/资产合计）(%前保留2位小数)	非流动项目	项目名称	公司占比（项目/资产合计）(%前保留2位小数)	所属行业占比（项目/资产合计）(%前保留2位小数)
占比第一的资产项目	买入返售金融资产	5.67%	1.77%	占比第一的资产项目	发放贷款及垫款	57.69%	55.86%
占比第二的资产项目	交易性金融资产	3.76%	4.19%	占比第二的资产项目	递延所得税资产	0.88%	0.43%
占比第一的负债项目	吸收存款及同业存放	77.18%	76.80%	占比第一的负债项目	应付债券	4.83%	7.02%
占比第二的负债项目	拆入资金	1.85%	1.55%	占比第二的负债项目	预计负债	0.16%	0.08%

由表 2-15 可知，招商银行流动项目中流动资产占比第一和第二的报表项目分别是买入返售金融资产和交易性金融资产，项目占资产合计比重分别是 5.67% 和 3.76%。而招商银行所属行业是货币金融服务行业，货币金融服务行业流动项目买入返售金融资产和交易性金融资产占比分别是 1.77% 和 4.19%。可以说对于交易性金融资产，招商银行和行业具有共性。招商银行流动项目中公司流动负债占比第一和第二的项目分别是吸收存款及同业存放和拆入资金，项目占资产合计比重分别是 77.18% 和 1.85%，行业流动负债吸收存款

及同业存放和拆入资金占比分别是76.80%和1.55%。可以看出,招商银行流动负债占比第一和第二的项目具有行业共性。

招商银行非流动项目中公司非流动资产占比第一和第二的报表项目是发放贷款及垫款和递延所得税资产,项目占资产合计比重分别是57.69%和0.88%,行业非流动资产发放贷款及垫款和递延所得税资产占比分别是55.86%和0.43%。招商银行非流动资产占比第一和第二的项目具有行业共性。招商银行非流动项目中公司流动负债占比第一和第二的项目分别是应付债券和预计负债,项目占资产合计比重分别是4.83%和0.16%,行业非流动负债应付债券和预计负债占比分别是7.02%和0.08%。由此可知招商银行非流动负债占比第一和第二的项目具有一定的行业共性。招商银行资产结构部分具有行业共性。

二、零售业对比分析

零售业的结构对比,如表2-16所示。

表2-16 零售业的结构对比

流动项目	项目名称	公司占比(项目/资产合计)(%前保留2位小数)	所属行业占比(项目/资产合计)(%前保留2位小数)	非流动项目	项目名称	公司占比(项目/资产合计)(%前保留2位小数)	所属行业占比(项目/资产合计)(%前保留2位小数)
占比第一的资产项目	货币资金	20.04%	14.95%	占比第一的资产项目	使用权资产	17.57%	10.10%
占比第二的资产项目	存货	14.37%	14.93%	占比第二的资产项目	固定资产	16.20%	12.73%
占比第一的负债项目	应付账款	12.93%	10.74%	占比第一的负债项目	租赁负债	19.10%	9.93%
占比第二的负债项目	合同负债	8.30%	5.12%	占比第二的负债项目	其他非流动负债	1.59%	0.81%

由表2-16可知,重庆百货流动项目中流动资产占比第一和第二的报表项目分别是货币资金和存货,项目占资产合计比重分别是20.04%和14.37%。而重庆百货所属行业是零售业,零售业流动项目货币资金和存货占比分别是14.95%和14.93%。可以说对于货币资金,重庆百货和行业不具有共性。重庆百货流动项目中流动负债占比第一和第二的项目分别是应付账款和合同负债,项目占资产合计比重分别是12.93%和8.30%。行业流动负债应付账款和合同负债占比分别是10.74%和5.12%。可以看出重庆百货流动负债占比第一和第二的项目不具有行业共性。

重庆百货非流动项目中公司非流动资产占比第一和第二的报表项目是使用权资产和固定资产,项目占资产合计比重分别是17.57%和16.20%。行业非流动资产使用权资产和固定资产占比分别是10.10%和12.73%。重庆百货非流动资产占比第一和第二的项目也不具有行业共性。重庆百货非流动项目中流动负债占比第一和第二的项目分别是租赁负债和其他非流动负债。项目占资产合计比重占比分别是19.10%和1.59%。行业非流动负债租赁负债和其他非流动负债占比分别是 9.93% 和 0.81%。由此可知，重庆百货非流动负债中租赁负债占比不具有行业共性。重庆百货资产结构不具有行业共性。重庆百货占资产合计最多的分别是货币资金、存货、使用权资产、固定资产，货币资金占 20.04%，存货占比 14.93%，使用权资产占比 17.57%，固定资产占比 16.20%。

三、水上运输业对比分析

水上运输业的结构对比，如表 2-17 所示。

表 2-17　水上运输业的结构对比

流动项目	项目名称	公司占比（项目/资产合计）(%前保留2位小数)	所属行业占比(项目/资产合计)(%前保留2位小数)	非流动项目	项目名称	公司占比（项目/资产合计）(%前保留2位小数)	所属行业占比(项目/资产合计)(%前保留2位小数)
占比第一的资产项目	货币资金	8.16%	18.64%	占比第一的资产项目	固定资产	59.00%	31.97%
占比第二的资产项目	存货	3.88%	2.03%	占比第二的资产项目	无形资产	9.11%	6.24%
占比第一的负债项目	一年内到期的非流动负债	3.35%	5.61%	占比第一的负债项目	长期借款	28.92%	12.38%
占比第二的负债项目	合同负债	2.91%	0.77%	占比第二的负债项目	其他非流动负债	0.88%	0.68%

由表 2-17 可知，重庆港九流动项目中流动资产占比第一和第二的报表项目分别是货币资金和存货，项目占资产合计比重分别是 8.16% 和 3.88%。而重庆港九所属行业是水上运输行业，水上运输行业流动项目货币资金和存货占比分别是 18.64% 和 2.03%。可以说对于货币资金，重庆港九和行业不具有共性。重庆港九流动项目中流动负债占比第一和第二的项目分别是一年内到期的非流动负债和合同负债，项目占资产合计比重分别是 3.35% 和 2.91%。行业流动负债一年内到期的非流动负债和合同负债占比分别是 5.61% 和 0.77%。可以看出重庆港九流动负债占比第一和第二的项目不具有行业共性。

重庆港九非流动项目中非流动资产占比第一和第二的报表项目是固定资产和无形资产，项目占资产合计比重分别是 59% 和 9.11%。行业非流动资产固定资产和无形资产占比分别是 31.97% 和 6.24%。重庆港九非流动资产占比第一和第二的项目也不具有行业共性。重庆港九非流动项目中非流动负债占比第一和第二的项目分别是长期借款和其他非流动负债，项目占资产合计比重占比分别是 28.92% 和 0.88%。行业非流动负债预计负债和其他非流动负债占比分别是 12.38% 和 0.68%。由此可知重庆港九非流动负债占比第一和第二的项目也不具有行业共性，重庆港九资产结构不具有行业共性。重庆港九占资产合计最多的分别是货币资金、在建工程、固定资产和无形资产，货币资金占 18.64%，在建工程占比 8.73%，固定资产占比 59.00%，无形资产占比 9.11%。

思考与拓展练习

一、思考题

1. 说明大数据对分析资产负债表的作用。
2. 举例说明大数据在结构占比分析法中的优势。
3. 如何理解财务大数据在上市公司经营资产管理中的重用性?

二、拓展练习

请借助 VDC 平台或其他财务分析软件,对货币金融服务行业、零售业或水上运输业的行业数据,以及行业内某一家企业的数据进行筛选和查询,并对该企业的资产负债表进行分析。把具体查询过程截图制作为 Word 进行提交。

第三章

利润表分析与上市公司实例

知识目标

1. 了解利润表的基础概念。
2. 掌握利润表数据之间的勾稽关系。
3. 通过企业利润表数据分析企业经营资产管理与竞争力。
4. 通过案例解析企业利润表,进而得出企业优劣势。

能力目标

1. 通过 VDC 平台理解利润表各类数据的含义。
2. 掌握利润表数据衍生的各项指标。
3. 通过利润表内各项指标分析各类企业经营情况。

素养目标

1. 熟练掌握 VDC 平台查询企业利润表各项指标查询技巧。
2. 养成"科学、严谨、客观、效率"的学习态度。

知识导图

利润表分析与上市公司实例
- 一、利润表概述
  1. 营业收入
  2. 成本和费用
  3. 毛利润
  4. 营业利润
  5. 利润总额
  6. 净利润
- 二、利润表主要报表项目分析
  1. 招商银行的主要利润项目分析
  2. 重庆百货的主要利润项目分析
  3. 重庆港九的主要利润项目分析
- 三、报表项目利润质量分析
  1. 招商银行的报表项目利润质量分析
  2. 重庆百货的报表项目利润质量分析
  3. 重庆港九的报表项目利润质量分析
- 四、增长能力分析
  1. 招商银行的增长能力分析
  2. 重庆百货的增长能力分析
  3. 重庆港九的增长能力分析
- 五、行业对比分析
  1. 货币金融服务行业对比分析
  2. 零售业对比分析
  3. 水上运输业对比分析

本章提要

本章主要对利润表进行概述,选取了招商银行、重庆百货和重庆港九三家上市公司,分别从主要利润项目、利润质量和增长能力进行分析,并且与货币金融服务行业、零售业和水上运输业的收益项目进行对比分析,突出财务大数据在利润表分析方面的优势与实践性。

第一节 利润表概述

利润表,又称损益表或收益表,是一份财务报表,用于展示公司在特定会计期间内的收入、成本、费用和利润情况。它反映了公司经营活动的盈利能力和财务表现,为投资者、管理层、分析师等利益相关者提供了重要的财务信息。利润表通常包括以下主要要素。

一、营业收入

营业收入,又称销售收入或营业收益,是指公司在特定会计期间内通过销售商品、提供服务或从经营活动中获得的货币流入总额。这些货币流入来自公司的主要经营活动,如销售产品、提供服务、租赁收入等。营业收入是利润表中最基本的财务信息之一,它显示了公司在特定时间段内实际销售商品和服务所带来的总收入。

二、成本和费用

成本和费用是指在公司运营过程中发生的各种支出,用于生产商品、提供服务以及维持日常经营活动。它们是利润表中的重要组成部分,用于计算公司的毛利润、营业利润和净利润。其主要包括:销售成本、营销和销售费用、研发费用、管理和行政费用、折旧和摊销、财务费用和所得税费用。

三、毛利润

毛利润是指在考虑了直接与销售相关的成本后,公司通过销售商品或提供服务所获得的利润。它是利润表中的一个重要指标,用于衡量公司的销售活动带来的利润能力。毛利润的概念强调了在没有考虑其他费用和开支的情况下,公司从销售活动中实际获得的利润。通过比较毛利润的变化趋势,可以了解公司销售活动的盈利能力是否在增加或下降,以及公司是否能够在销售中获得足够的利润来覆盖直接成本。

四、营业利润

营业利润是指在扣除了所有与公司销售和经营活动相关的费用后,公司所获得的利润。它是利润表中的一个重要财务指标,能够衡量公司的核心经营活动的盈利能力。

五、利润总额

利润总额是指在扣除所有费用、开支和税前净利润之前,公司在特定会计期间内所获得的总利润。它是利润表中的一个重要财务指标,用于展示公司经营活动的总体盈利情况。利润总额可以帮助分析公司在考虑了除税前净利润之外的其他费用和收益后,所实际获得的总利润。它可以反映公司在经营和财务活动方面的综合表现,以及公司是否能够在经营活动中获得足够的利润来弥补其他费用和支出。

六、净利润

净利润,也称纯利润或税后净利润,是指在考虑了所有费用、开支、财务费用和所得税后,公司在特定会计期间内所获得的最终净利润。它是利润表中的最终指标,用于展示公司的实际盈利情况。净利润直接反映了公司在所有费用、支出和税务扣除后的实际净收益。净利润能够用于评估公司的盈利能力、财务稳定性和未来发展潜力。

第二节 利润表主要报表项目分析

打开 VDC 平台,输入账号、密码,点击"数据可视报表"→"财务分析"→"利润表分析",如图 3-1 所示。

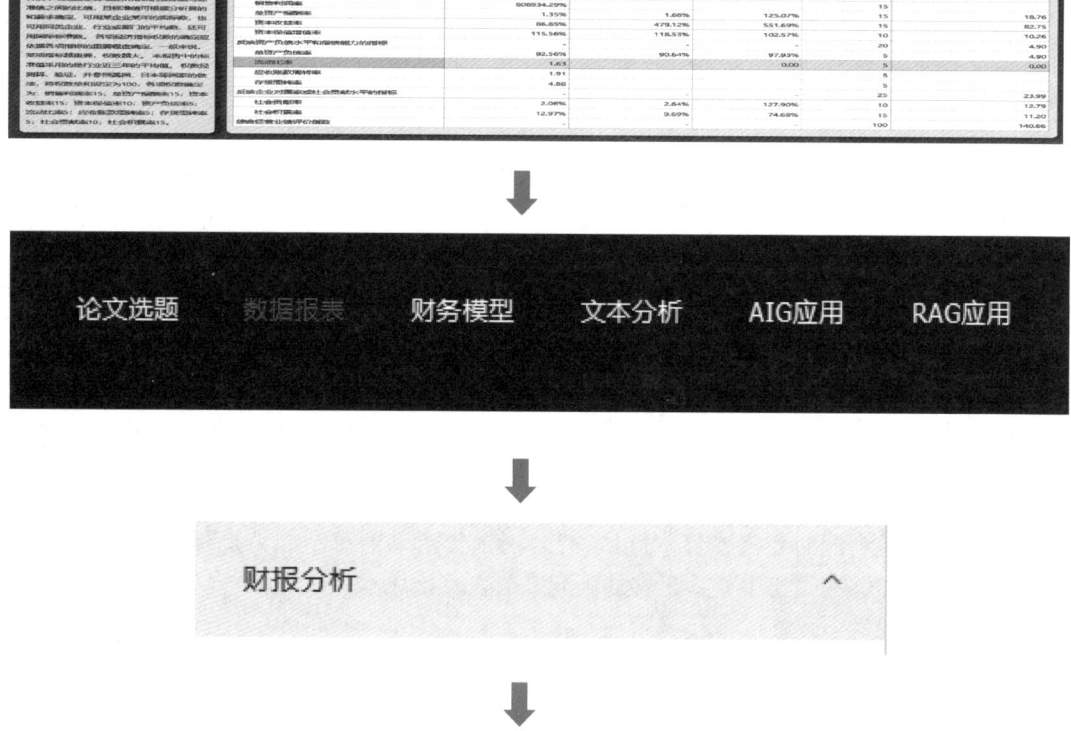

图 3-1 VDC 平台进入利润表的流程

在公司栏下输入需要查找的相关企业股市代码,如图 3-2 所示。

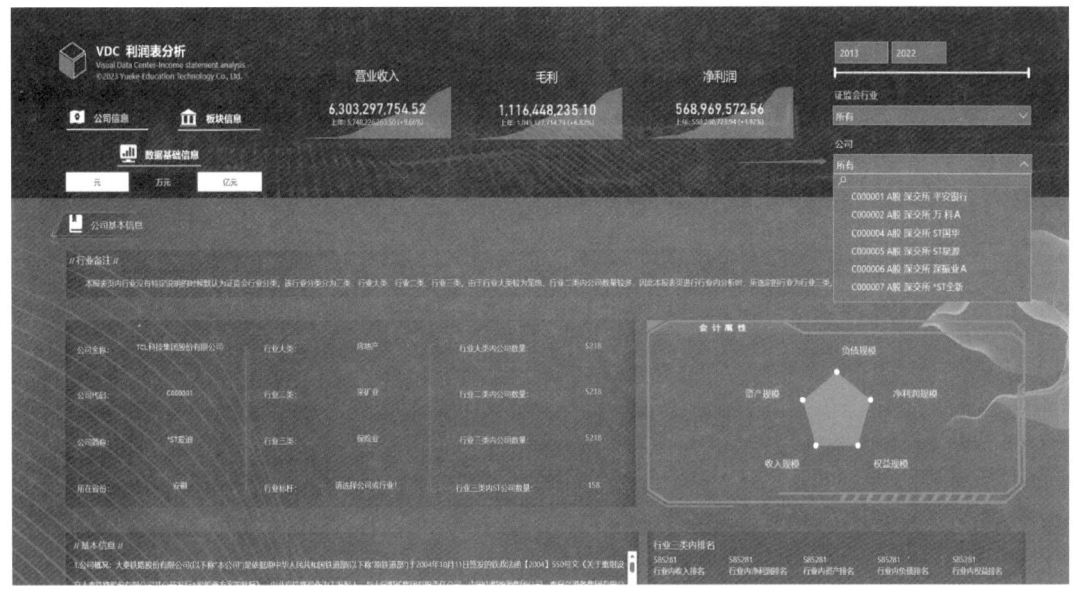

图 3-2　搜索上市公司

接下来以招商银行(600036)为例,输入招商银行代码,将鼠标移至相关指标金额,以营业利润为例,系统弹出报表项目智能分析结果,如图 3-3 和图 3-4 所示。

利润表报表项目	本期金额	去年同期	同期对比%	本期项目占比%
一、营业总收入	32,332,000.00	30,595,800.00	5.67%	100.00%
其中：营业收入				
利息收入	35,338,000.00	32,705,600.00	8.05%	109.30%
已赚保费				
手续费及佣金收入	10,337,200.00	10,231,800.00	1.03%	31.97%
二、营业总成本	12,206,100.00	11,687,900.00	4.43%	37.75%
其中：营业成本				
利息支出	13,514,500.00	12,313,700.00	9.75%	41.80%
手续费及佣金支出	909,700.00	787,100.00	15.58%	2.81%
退保金				

图 3-3　招商银行利润表部分

利润表是反映企业一定会计期间的经营成果的财务报表。在我国,企业采用多步式利润表,将不同性质的收入和费用分别进行对比,以便得出一些中间性的利润数据,帮助使用者理解企业经营成果的不同来源。利润表的列报可以反映企业经营业绩的主要来源和构成,既有助于使用者了解企业的利润规模,也有助于使用者把握利润的质量,进而更加科学地判断企业的盈利能力,作出更多正确的决策。为了使报表使用者通过比较不同期间利润的实现情况,判断企业经营成果的未来发展趋势,企业需要提供比较利润表,分为"本期金额"和"上期金额"两栏分别填列。

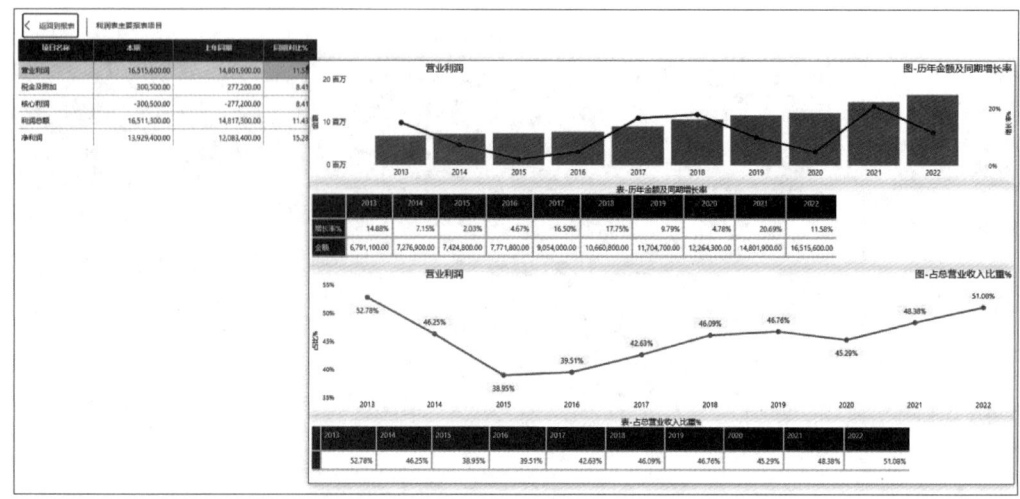

图 3-4　招商银行营业利润历年金额以及同期增长率

一、招商银行的主要利润项目分析

2022 年招商银行利润表的部分项目情况如表 3-1 所示。

主要利润项目包含营业利润、核心利润、利润总额及净利润的本期金额、上期金额和同期增长率。

表 3-1　2022 年招商银行利润表的部分项目情况

项目名称	本期金额 （万元,保留到整数）	上期金额 （万元,保留到整数）	同期增长率 （%前保留 2 位小数）
营业利润	16 515 600	14 801 900	11.58%
核心利润	−300 500	−277 200	8.41%
利润总额	16 511 300	14 817 300	11.43%
净利润	13 929 400	12 083 400	15.28%

依据 2022 年招商银行利润表主要报表项目,结合其 2013—2022 年主要报表项目历年金额趋势,分析其主要利润项目趋势状况,同时结合核心利润占总营业收入的比重趋势图,分析占比变动情况,如图 3-5 所示。

图 3-5　招商银行核心利润占总营业收入比重历年变动趋势图

由图3-5可知，招商银行10年期间的核心利润占总营业收入比重总体上呈现下降趋势，2015—2017年比以前年度下降幅度较大，2017—2022年核心利润占总营业收入比重变化幅度不大。2017—2019年占比均接近1%。

2013—2022年招商银行核心利润历年金额变化趋势，如图3-6所示。

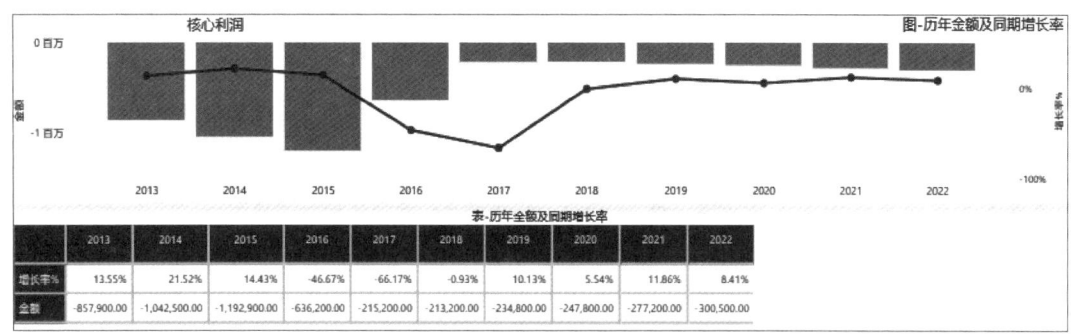

图3-6　招商银行核心利润历年金额变化趋势图

在此期间，招商银行核心利润金额均为负值。其中，2013—2015年核心利润金额逐年下降，2015年核心利润金额下降至-100万元以下。2016—2017年有所回升，但仍为负值。2017—2022年核心利润金额呈现小幅度稳定下降。从招商银行的核心利润同期增长率变动趋势可知，2013—2017年的增长率总体呈下降趋势，2017年核心利润年增长率开始呈现上升趋势，2018—2022年变动幅度很小，在0%附近轻微浮动。

2013—2022年招商银行营业利润历年金额变化趋势，如图3-7所示。

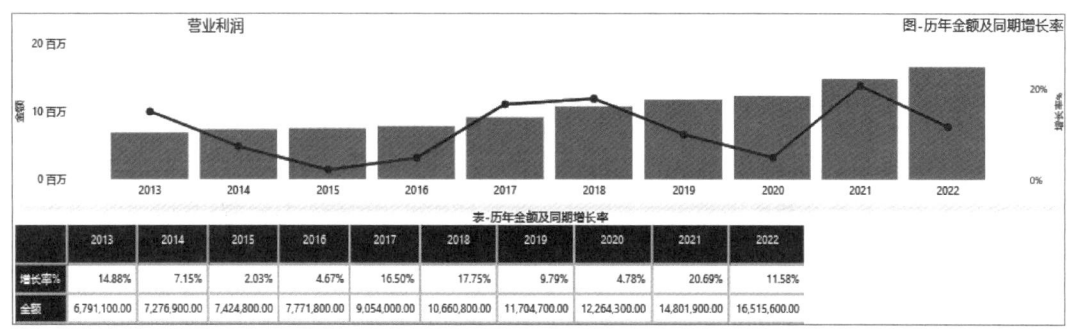

图3-7　招商银行营业利润历年金额变化趋势图

在此期间，招商银行营业利润金额总体呈现上升趋势，其营业利润从2013年不足1 000万元，后持续上涨，2022年超过1 650万元。但是其增长率波幅明显，呈现出下降上升下降的态势。

2013—2022年招商银行营业利润占总营业收入比重历年变动趋势，如图3-8所示。

在此期间，招商银行2013—2015年营业利润占总营业收入比重呈现下降趋势，2015年其比重达到低点38.95%。2015—2022年营业利润占总营业收入比重总体呈现上升趋势，2022年其比重突破50.00%，达到51.08%，反映了企业盈利能力较强。

2013—2022年招商银行利润总额历年金额变化趋势，如图3-9所示。

图 3-8　招商银行营业利润占总营业收入比重历年变动趋势图

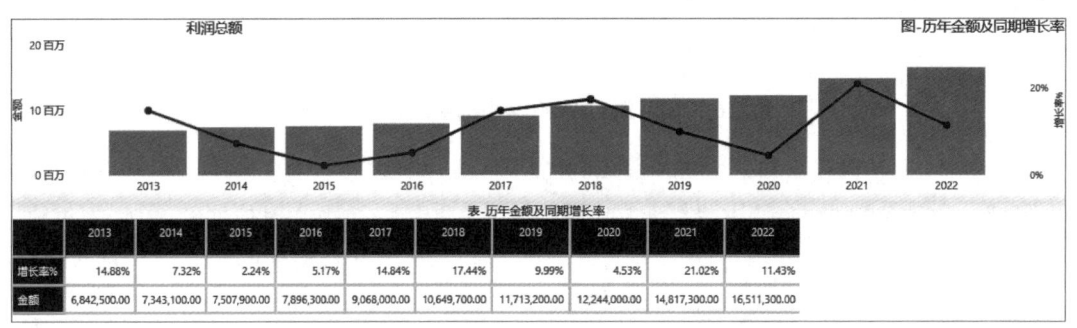

图 3-9　招商银行利润总额历年金额变化趋势图

在此期间,招商银行利润总额总体呈现上升趋势,但其同期增长率则呈现较大幅度的波动。其中,2020—2021 年同期增长率大幅度上升,2021—2022 年同期增长率又大幅度下降。2022 年利润总额比去年同期增加,由利润表可知是得益于利息收入和投资收益的增加。

2013—2022 年招商银行利润总额占总营业收入比重历年变动趋势,如图 3-10 所示。

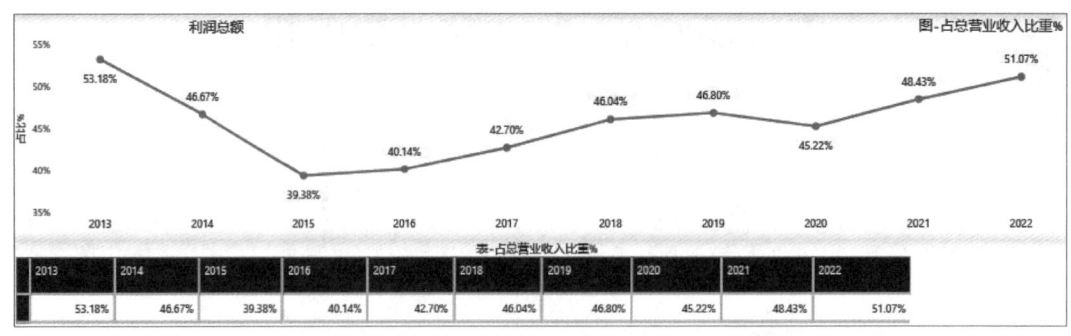

图 3-10　招商银行利润总额占总营业收入比重历年变动趋势图

在此期间,招商银行利润总额占总营业收入比重呈现下降趋势,2015 年下降至 40％以下,2015—2022 年总体呈现上升趋势,2022 年其利润总额占总营业收入比重重新回到 50％以上的水平。

2013—2022 年招商银行净利润历年金额变化趋势，如图 3-11 所示。

表-历年金额及同期增长率

	2013	2014	2015	2016	2017	2018	2019	2020	2021	2022
增长率%	14.28%	8.32%	3.51%	7.52%	13.24%	14.41%	15.60%	4.86%	23.35%	15.28%
金额	5,174,200.00	5,604,900.00	5,801,800.00	6,238,000.00	7,063,800.00	8,081,900.00	9,342,300.00	9,795,900.00	12,083,400.00	13,929,400.00

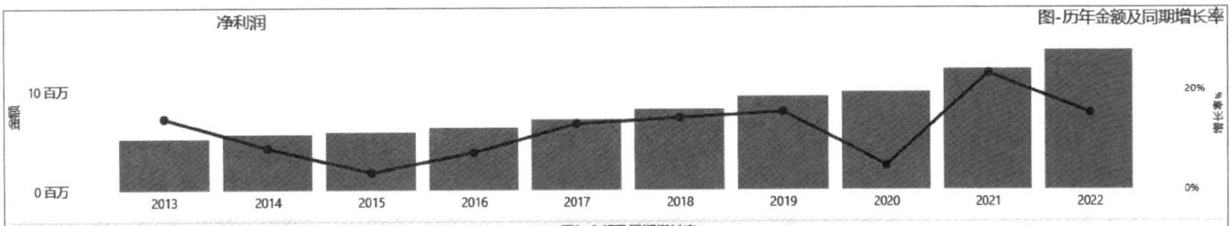

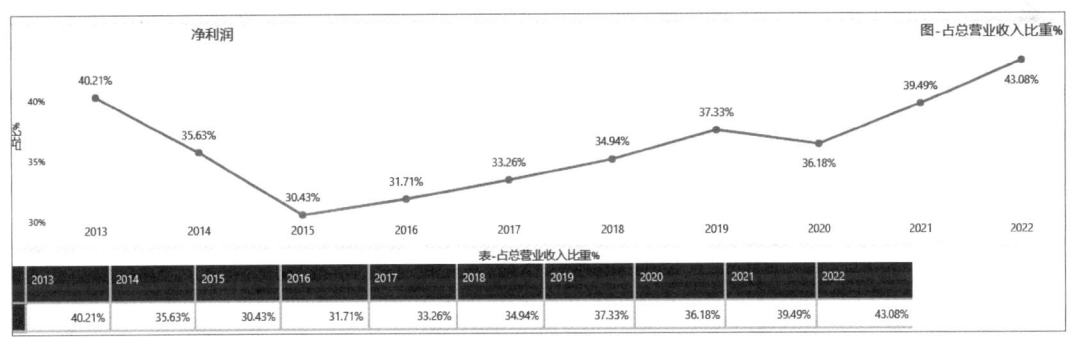

图 3-11　净利润历年金额变化趋势图

由图 3-11 可知，招商银行净利润金额变动柱状图和利润总额变动柱状图基本类似，虽有小幅差别，但是差别不大，净利润金额总体呈现上升趋势。

2013—2022 年招商银行净利润占总营业收入比重历年变动趋势，如图 3-12 所示。

表-占总营业收入比重%

2013	2014	2015	2016	2017	2018	2019	2020	2021	2022
40.21%	35.63%	30.43%	31.71%	33.26%	34.94%	37.33%	36.18%	39.49%	43.08%

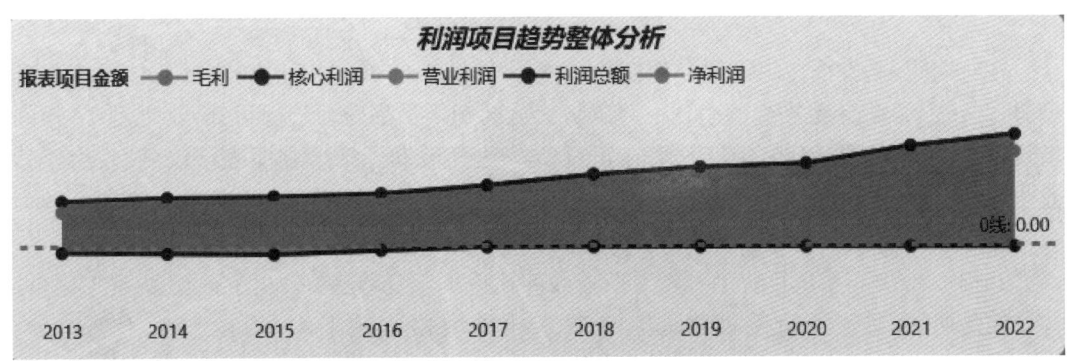

图 3-12　招商银行净利润占总营业收入比重历年变动趋势图

在此期间，招商银行净利润占总营业收入比重在 2013—2015 年呈现下降趋势，2015—2022 年呈现上升趋势，且近 10 年净利润占总营业收入比重不低于 30%，相对较高。

综上分析，2013—2022 年招商银行利润项目历年金额及同期增长率变动趋势，如图 3-13 所示。

图 3-13　招商银行利润项目历年金额及同期增长率变动趋势图

可以看出，招商银行利润项目中的利润总额和净利润基本呈现同幅度变动，毛利、核心利润及营业利润呈现同幅度变动。由此可知，各项利润中的报表项目层层影响，但是总体来看招商银行近10年的各项利润呈现上升趋势。

二、重庆百货的主要利润项目分析

2022年重庆百货利润表的部分项目情况如表3-2所示。其主要利润项目包括毛利、核心利润、营业利润、利润总额及净利润的本期金额、上期金额和同期增长率。

表3-2　2022年重庆百货利润表的部分项目情况

主要项目	本期金额（万元，保留到整数）	上期金额（万元，保留到整数）	同期增长率（%前保留2位小数）
毛利	477 881	545 122	−12.34%
核心利润	62 299	92 675	−32.78%
营业利润	99 824	111 752	−10.67%
利润总额	99 994	113 163	−11.64%
净利润	90 461	101 545	−10.91%

依据2022年重庆百货利润表主要报表项目，结合其2013—2022年主要报表项目的金额及其占总营业收入比例进行分析。

2013—2022年重庆百货毛利历年金额变化趋势，如图3-14所示。

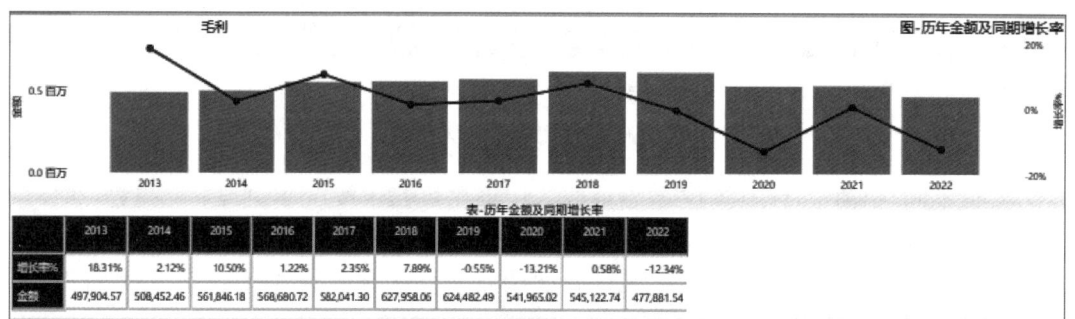

图3-14　重庆百货毛利历年金额变化趋势图

在此期间，重庆百货的毛利金额变化幅度不大，2013—2019年毛利金额总体呈现上升趋势，2019—2022年毛利金额呈现下降趋势。从同期增长率变动趋势可知，其毛利10年间增长率总体呈现下降趋势，年增长率在正负20%之间波动。结合利润表可以判断，由于营业收入和营业成本均比去年较少，导致毛利减少。由表3-2可知，2022年毛利本期金额为477 881万元，较2021年总体金额减少，呈现下降趋势。

2013—2022年重庆百货毛利占总营业收入比重历年变动趋势，如图3-15所示。

在此期间，重庆百货毛利占总营业收入比重增幅比较平稳，均在17%上下波动。2019—2022年呈现上升趋势，其中2020年增幅较大，达到25.71%，2020—2022年则较为稳定，呈现缓慢上升态势。

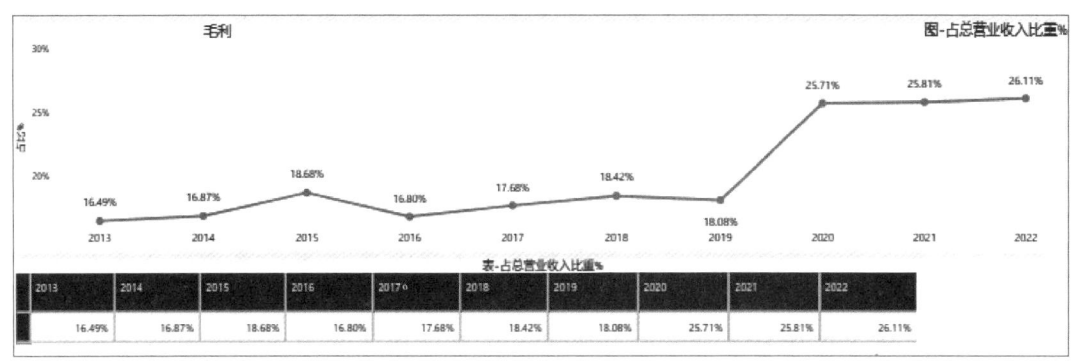

图 3-15　重庆百货毛利占总营业收入比重历年变动趋势图

2013—2022 年重庆百货核心利润历年金额变化趋势，如图 3-16 所示。

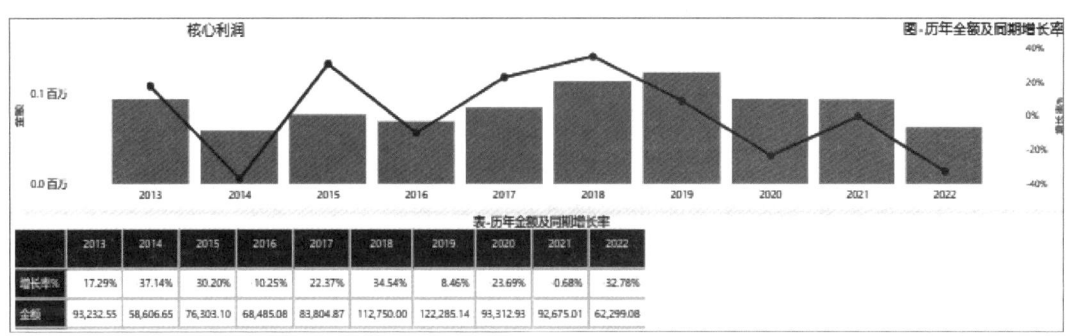

图 3-16　重庆百货核心利润历年金额变化趋势图

在此期间，2013—2019 年重庆百货核心利润金额总体呈现上升趋势，2019—2022 年核心利润历年金额开始逐年下跌。由 2013—2022 年重庆百货核心利润的同期增长率变化曲线可知，2013—2018 年增长率上下大幅波动，2018—2022 年总体呈现大幅下降趋势，2022 年跌幅超过 30％。

2013—2022 年重庆百货核心利润占总营业收入比重历年变动趋势，如图 3-17 所示。

图 3-17　重庆百货核心利润占总营业收入比重历年变动趋势图

在此期间，重庆百货核心利润率占营业收入比重总体呈现上升趋势。其中，2014—

2016年核心利润占总营业收入比重相较于其他年份来说较低,2016—2020年呈现逐年上升态势,上升幅度较大,2020—2022年增长率逐渐回落,2022年跌破4%,达到3.4%的水平。

2013—2022年重庆百货营业利润历年金额变化趋势,如图3-18所示。

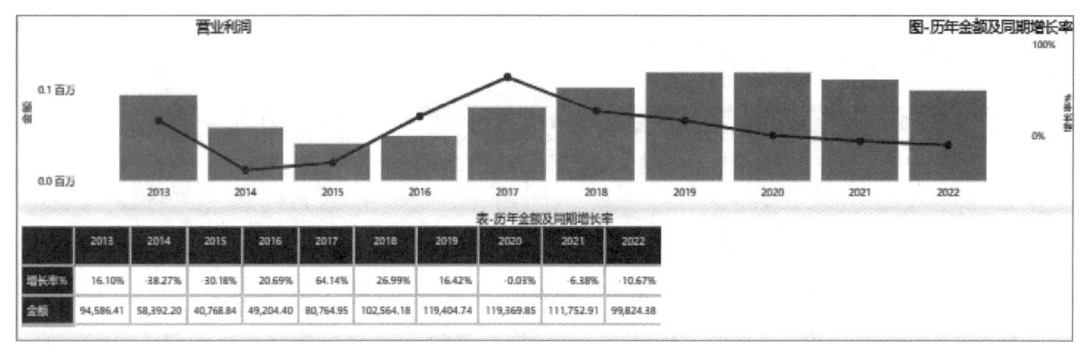

图3-18　重庆百货营业利润历年金额变化趋势图

在此期间,2013—2015年重庆百货营业利润金额呈现逐年下降趋势,2015—2019年开始逐年上升,2019—2022年又开始逐年下降,但下降幅度不大,呈现出平稳下降态势。

2013—2022年重庆百货营业利润占总营业收入比重历年变动趋势,如图3-19所示。

图3-19　重庆百货营业利润占总营业收入比重历年变动趋势图

在此期间,重庆百货营业利润占总营业收入比重总体呈现上升趋势,说明企业盈利能力较好。

营业利润是企业计算利润的第一步,是企业最主要、最稳定的关键来源。它不仅包括企业销售商品、提供劳务等日常活动中所产生的营业毛利,而且包括企业公允价值变动净收益、对外投资净收益和接受政府补助的其他收益等。营业利润反映了企业自身生产经营业务的财务结果。

2013—2022年重庆百货利润总额历年金额变化趋势,如图3-20所示。

在此期间,2013—2015年重庆百货利润总额逐年下降,2015年利润总额降至最低点。2015—2020年利润总额逐年上升。从利润增长率来看,2014—2017年利润增长率上升幅度较大,2017年之后利润率就呈现出缓慢下降的态势。

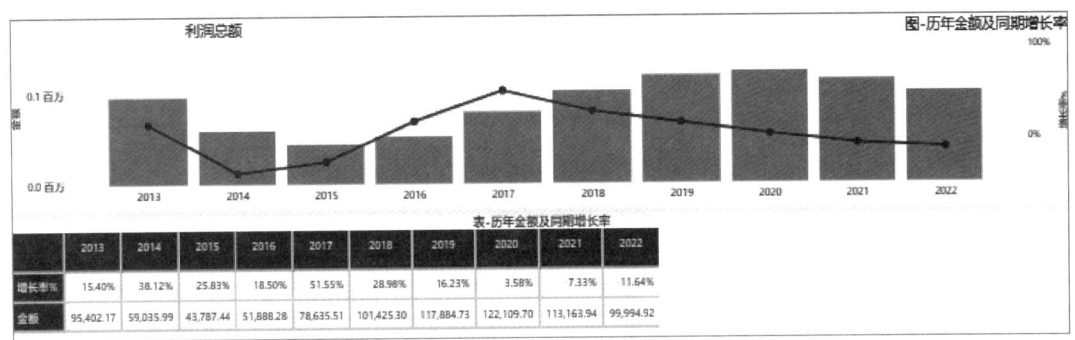

图 3-20　重庆百货利润总额历年金额变化趋势图

2013—2022 年重庆百货利润总额占总营业收入比重历年变动趋势，如图 3-21 所示。

图 3-21　重庆百货利润总额占总营业收入比重历年变动趋势图

在此期间，重庆百货利润总额占总营业收入比重总体呈现上升趋势，2019—2020 年大幅上升，利润总额占总营业收入比重达到 5% 以上，2020—2022 年变动较小，在 5.5% 上下浮动。

2013—2022 年重庆百货净利润历年金额变化趋势，如图 3-22 所示。

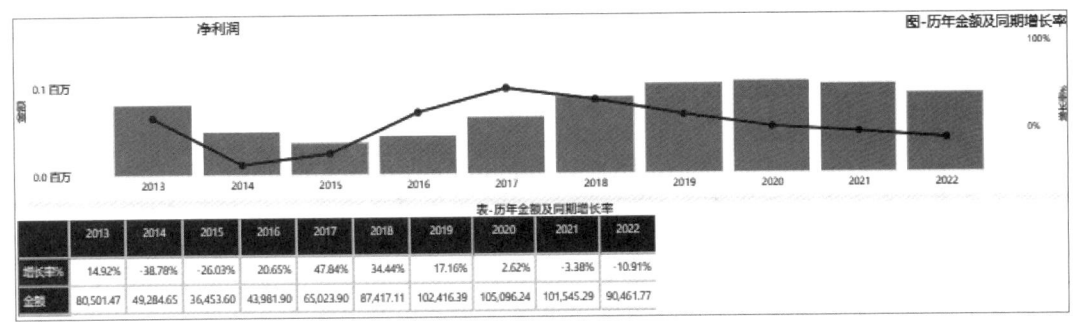

图 3-22　重庆百货净利润历年金额变化趋势图

由图 3-22 可知，重庆百货净利润金额变动柱状图和利润总额变动柱状图基本类似，虽有小幅差别，但是差别不大，2019—2021 年相较于其他年度，净利润较多，可以看出这 3 年企业的经营效益要好于其他年度。

2013—2022 年重庆百货净利润占总营业收入比重历年变动趋势，如图 3-23 所示。

图 3-23 重庆百货净利润占总营业收入比重历年变动趋势图

由图 3-23 可知,重庆百货净利润占总营业收入比重总体来看呈现上升趋势。其中,2019—2020 年净利润占总营业收入比重大幅上升,2020—2022 年变化幅度则较为稳定,在 4.9% 上下浮动。

综上分析,2013—2022 年重庆百货利润项目历年金额及同期增长率变动趋势,如图 3-24 所示。

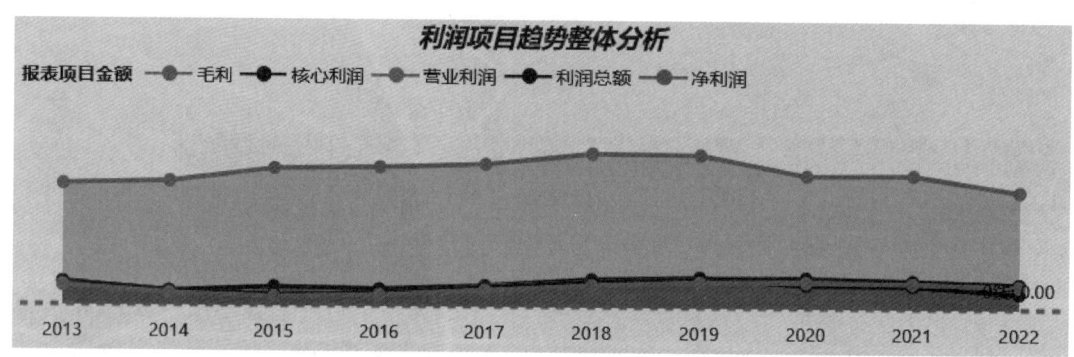

图 3-24 重庆百货利润项目历年金额及同期增长率变动趋势图

总体来看,2013—2019 年重庆百货各项利润呈现上升趋势,2019—2022 年各项利润则呈现缓慢下降趋势,营业利润有待提高。重庆百货利润项目除毛利和营业利润外,核心利润、利润总额和净利润基本呈现同幅度变动。由以上各利润报表项目分析可知,各项利润中的报表项目层层影响。

三、重庆港九的主要利润项目分析

2022 年重庆港九利润表的部分项目情况如表 3-3 所示。其主要利润项目包括毛利、核心利润、营业利润、利润总额及净利润的本期金额、上期金额和同期增长率。

表 3-3 2022 重庆港九利润表的部分项目情况

主要项目	本期金额 (万元,保留到整数)	上期金额 (万元,保留到整数)	同期增长率 (%前保留 2 位小数)
毛利	43 518	12 891	3.40%
核心利润	1 939	1 823	6.40%

(续表)

主要项目	本期金额 （万元，保留到整数）	上期金额 （万元，保留到整数）	同期增长率 （%前保留2位小数）
营业利润	22 665	12 392	82.90%
利润总额	22 845	12 891	77.21%
净利润	18 126	10 343	75.25%

依据2022年重庆港九利润表主要报表项目，结合其2013—2022年主要报表项目的金额及其占总营业收入比例进行分析。

2013—2022年重庆港九毛利历年金额变化趋势，如图3-25所示。

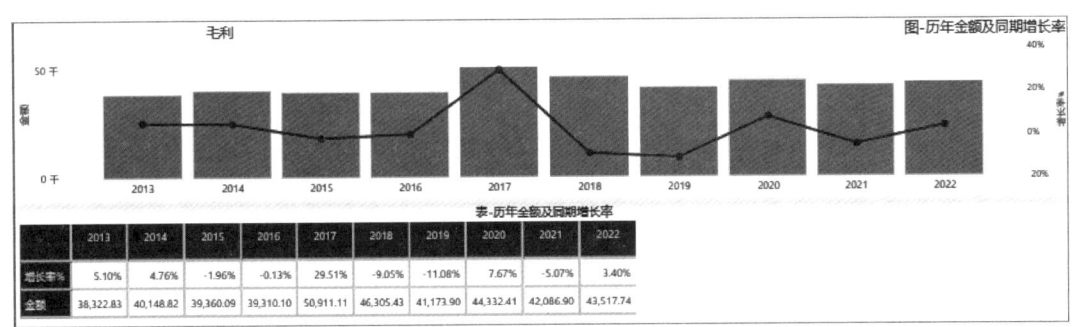

图3-25 重庆港九毛利历年金额变化趋势图

在此期间，2013—2016年重庆港九毛利金额总体呈现上升趋势；2017—2022年总体则呈现下降趋势。从同期增长率变动趋势可知，2013—2017年毛利增长率呈现上升趋势，而2017—2019年呈现下降趋势，其中2018年、2019年更是下降至0%以下。之后，2019—2022年呈现上下波动态势，年增长率在0%上下波动。

2013—2022年重庆港九毛利占总营业收入比重历年变动趋势，如图3-26所示。

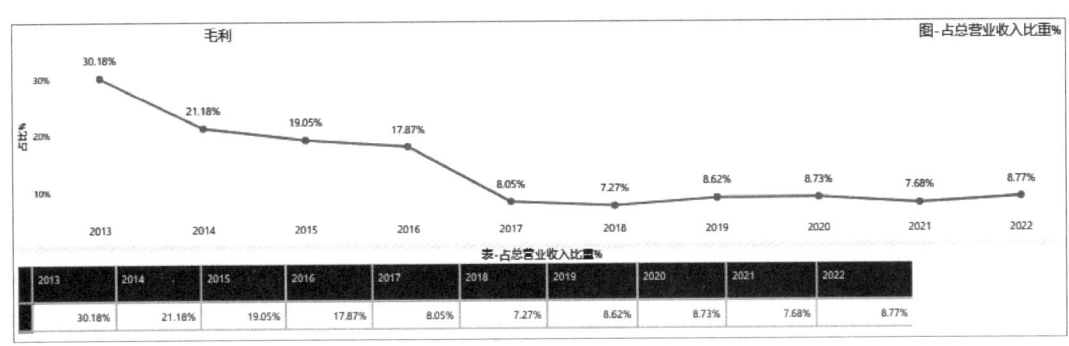

图3-26 重庆港九毛利占总营业收入比重历年变动趋势图

在此期间，重庆港九毛利占总营业收入总体呈现下降趋势。其中，2013—2017年下降幅度较大，比重从2013年30%的水平一路下滑至2017年8%的水平。之后，2017—2022年比重则呈现缓慢上升趋势，增幅比较平稳，2022年仍处在8%上下的水平，波动不明显。

2013—2022年重庆港九核心利润历年金额变化趋势，如图3-27所示。

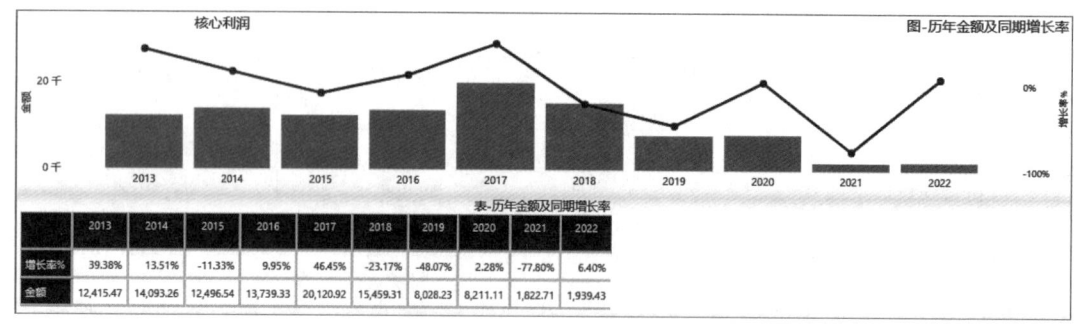

图 3-27　重庆港九核心利润历年金额变化趋势图

在此期间,2013—2017 年重庆港九核心利润金额总体呈现上升趋势,2017—2022 年核心利润金额总体则呈现下降趋势。2021—2022 年核心利润金额已经下降至最低点。从同期增长率变动曲线来看,2013—2022 年重庆港九核心利润增长率变化幅度较大。其中,2013—2019 年的增长率总体来看是呈现下降趋势的,至 2019 年已下降至 0%水平之下。而 2019—2022 年则呈现不规律的上下大幅波动态势。

2013—2022 年重庆港九核心利润占总营业收入比重历年变动趋势,如图 3-28 所示。

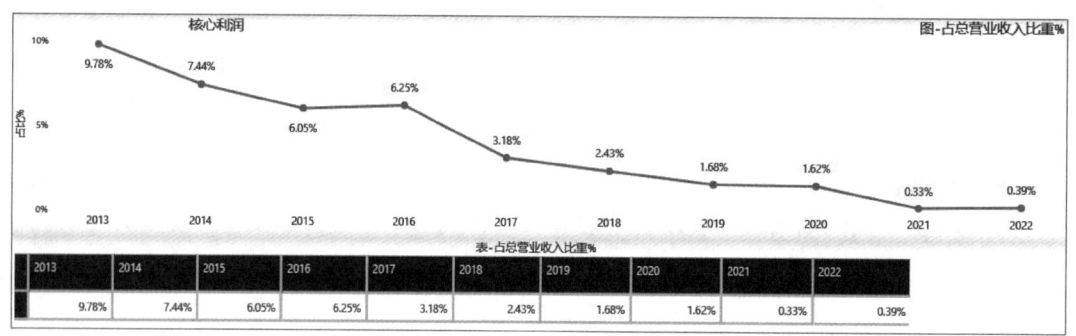

图 3-28　重庆港九核心利润占总营业收入比重历年变动趋势图

在此期间,重庆港九核心利润率占总营业收入比重总体上呈现下降趋势,2016—2017 年比以前年度下降幅度较大,2017—2022 年核心利润占总营业收入比重变化幅度不大。2021—2022 年占比均接近 0%。

2013—2022 年重庆港九营业利润历年金额变化趋势,如图 3-29 所示。

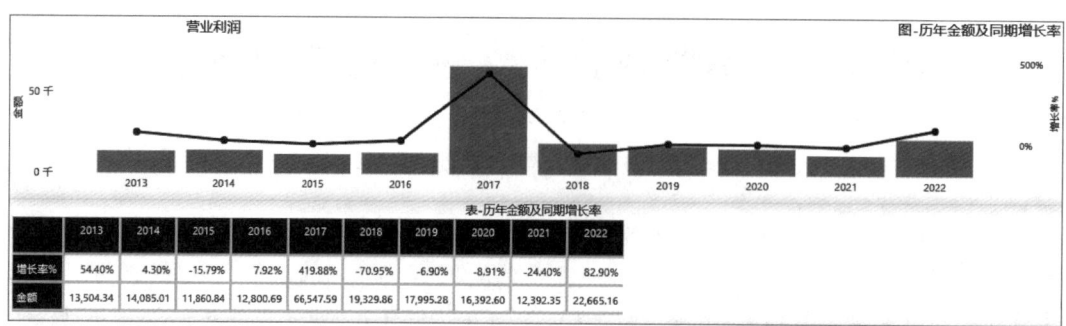

图 3-29　重庆港九营业利润历年金额变化趋势图

在此期间,2013—2016 年重庆港九营业利润金额变化不大,2017 年营业利润金额大幅上涨,从 5.82%附近上涨至 10.53%。但 2018 年营业利润金额又迅速回落。从同期增长率来看,2016—2017 年上升幅度较大,而 2017—2018 年下降幅度明显,其余年份的涨跌幅均较为平稳,在 0%上下波动。

2013—2022 年重庆港九营业利润占总营业收入比重历年变化趋势,如图 3-30 所示。

图 3-30　重庆港九营业利润占总营业收入比重历年变动趋势图

在此期间,重庆港九营业利润占总营业收入比重总体呈现下降趋势。其中,2013—2016 年营业利润占总营业收入比重呈现逐步下降趋势,从 10%的水平一路下降至 5%附近。2017 年大幅回升至 10%以上的水平,而 2018 年转而又下跌,达到 3%的水平。之后几年间的变动幅度较小,在 5%以下上下浮动。

2013—2022 年重庆港九利润总额历年金额变化趋势,如图 3-31 所示。

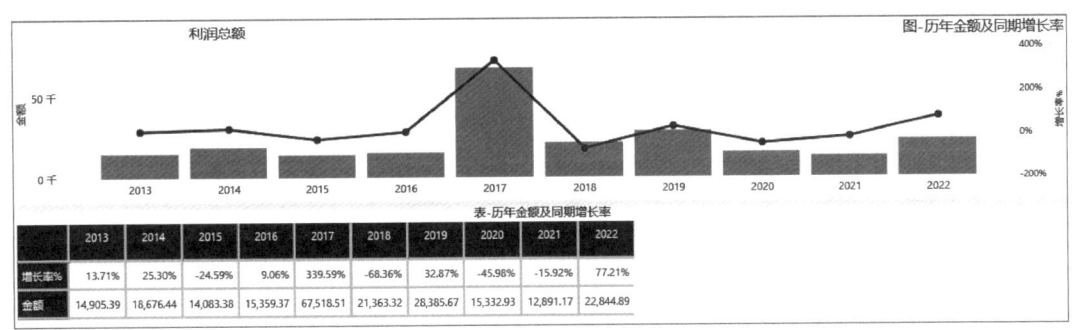

图 3-31　重庆港九利润总额历年金额变化趋势图

由图 3-31 可知,2013—2016 年重庆港九利润总额变动幅度不大,均未超过"20 千"。2017 年利润总额大幅上涨,超过"50 千",但 2018 年利润总额又转而下降,下降幅度较大。2022 年同期增长率大幅度上升,2022 年利润总额略大于前一年度利润总额。

2013—2022 年重庆港九利润总额占总营业收入比重历年变动趋势,如图 3-32 所示。

在此期间,重庆港九利润总额占总营业收入比重总体趋于平稳。但是,2017 年出现异常值,导致 2017—2018 年大幅下跌,从 10%以上直接跌落至 3%左右。2018—2022 年波动幅度较小,在 5%以下上下波动。其中,2021 年利润总额占总营业收入比重最低,跌至 2%的水平。

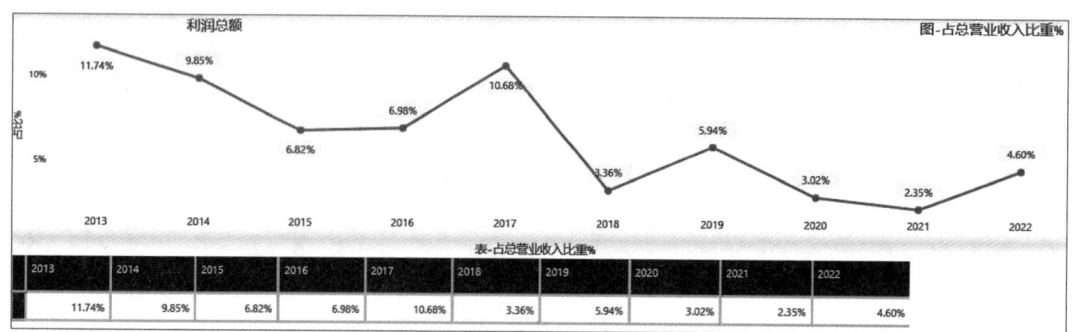

图 3-32　重庆港九利润总额占总营业收入比重历年变动趋势图

2013—2022 年重庆港九净利润历年金额变化趋势，如图 3-33 所示。

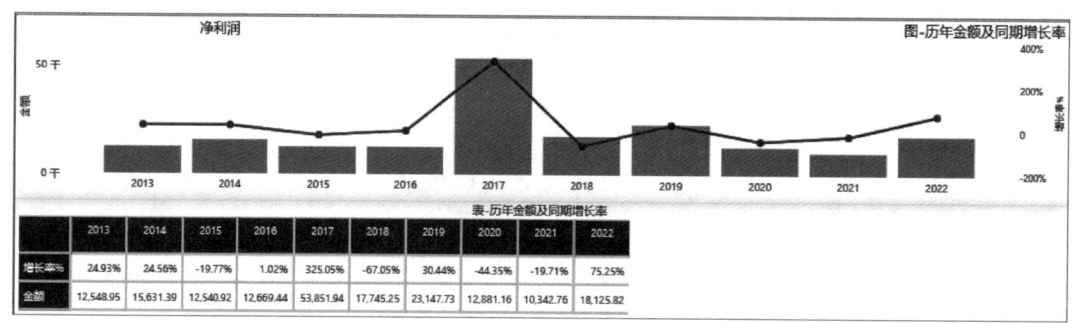

图 3-33　重庆港九净利润历年金额变化趋势图

由图 3-33 可知，重庆港九净利润金额变动柱状图和利润总额变动柱状图基本类似，虽有小幅差别，但是差别不大。其中，2017 年相较于其他年度净利润较多，可以说企业的经营效益比其他年度好一些。其他年份净利润金额较少，企业的经营效益不是很好。

2013—2022 年重庆港九净利润占总营业收入比重历年变动趋势，如图 3-34 所示。

图 3-34　重庆港九净利润占总营业收入比重历年变动趋势图

在此期间，重庆港九净利润占总营业收入比重总体呈现下降趋势，2013—2017 年大于 5%，而 2017 年之后低于 5%，其中 2021 年净利润占总营业收入比重最低，跌至将近 1% 的水平，2022 年比 2021 年微高。

综上分析,2013—2022年重庆港九利润项目历年金额及同期增长率变动趋势,如图3-35所示。

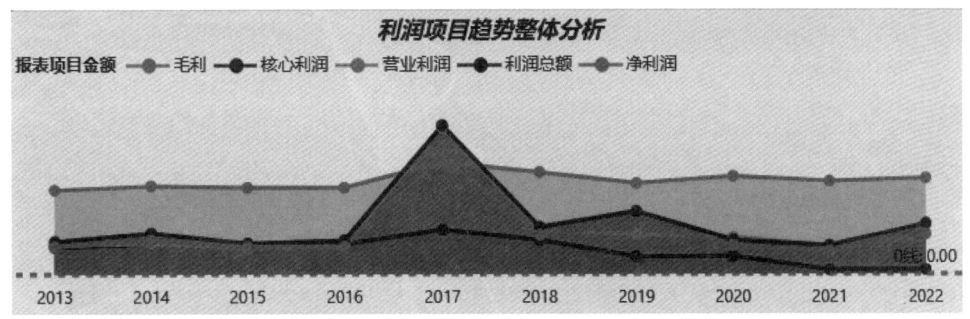

图3-35　重庆港九利润项目历年金额及同期增长率变动趋势图

重庆港九利润项目毛利和核心利润基本呈现同步波动,营业利润、利润总额和净利润呈现同步波动。由此可知,各项利润中的报表项目互相影响。总体来看,2016—2018年重庆港九各项利润波动较大,其余年份变化不明显,营业利润有待提高。

第三节　报表项目利润质量分析

结构百分比法,又称纵向分析,是指同一期间财务报表中不同项目间的比较与分析,主要通过编制百分比报表进行分析,即将财务报表中某一重要项目的数据作为100%,然后将其余项目都以这一项目的百分比形式做纵向排列,从而揭示各项目的数据在公司财务中的比例关系。一般来说,资产负债表以资产总额为基础,利润表以总营业收入为基础。但此处在进行利润质量分析时,分析的是特定报表项目在利润总额中的占比。

利润质量是判断企业盈利能力强弱、预测企业未来盈利能力、判断企业价值大小的重要指标,一个企业利润质量的好坏关系到它的生死存亡。为此,进行企业的盈利质量分析是很有必要的。管理者不能只关心企业的利润总额,还要关心利润结构质量。

一、招商银行的报表项目利润质量分析

(一)投资收益对利润质量的影响

2022年招商银行投资收益结构,如表3-4所示。

表3-4　2022年招商银行投资收益结构

报表项目	本期金额 (万元,保留到整数)	本期占比(项目/利润总额) (%前保留2位小数)	本期金额与上期金额增长率 (%前保留2位小数)
投资收益	2 053 800	6.35%	-6.01%

由表3-4可知,招商银行本期金额为2 053 800万元,发生额占利润总额的6.35%,本期金额比上期金额增长率为-6.01%。

招商银行投资收益占收入比重变化情况,如图3-36所示。

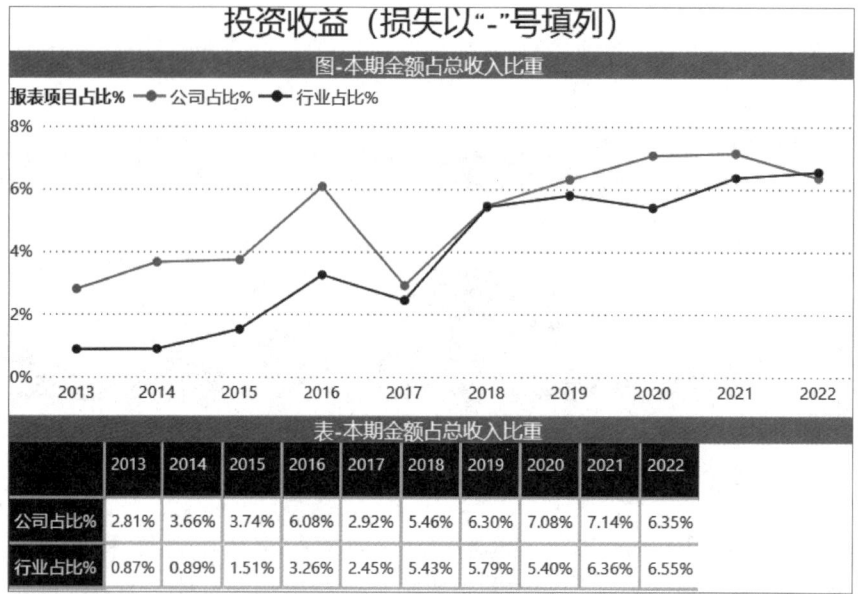

图 3-36　2013—2022 年招商银行投资收益占收入比重变化情况

由图 3-36 可知，2013—2022 年，招商银行的投资收益占收入比重前期呈现增长趋势，于 2016 年达到了 6.08％，但后 1 年却出现了急剧的下降，2017—2021 年出现了平稳上升的趋势，2022 年又出现了一定程度的下降，达到 6.35％。行业投资收益占总收入比重趋势为：2013—2022 年呈现整体上升趋势，除了 2016—2017 年和 2019—2020 年两个时间段出现回落外，其它期间均呈现上升趋势。

（二）公允价值变动损益对收益质量的影响

2022 年招商银行公允价值变动损益结构，如表 3-5 所示。

表 3-5　2022 年招商银行公允价值变动损益结构

报表项目	本期金额 （万元，保留到整数）	本期占比 （项目/利润总额） （％前保留 2 位小数）	本期金额与上期金额增长率 （％前保留 2 位小数）
公允价值变动损益	−267 500	−0.83％	−3 007.61％

由表 3-5 可知，招商银行本期公允价值变动损益占利润总额为负，公允价值变动损失，增长率为−3 007.61％。本期发生额公允价值损失 267 500 万元，本期占比为−0.83％。

2013—2022 年招商银行公允价值变动收益占比的变化趋势，如图 3-37 所示。

可以发现，招商银行公允价值变动收益占比前期呈上升趋势，但 2018—2022 年又呈现出下降上升又下降的趋势，并且公允价值变动收益占比普遍低于行业水平。行业公允价值变动收益占总收入比重趋势为：2013—2022 年行业占比呈现明显的波动性，其中 2016—2017 年和 2021—2022 年两个时间段的行业占比出现明显下降，其它期间也表现出一定的波动性。

（三）营业外收入对利润结构质量的影响

2022 年招商银行营业收入结构，如表 3-6 所示。

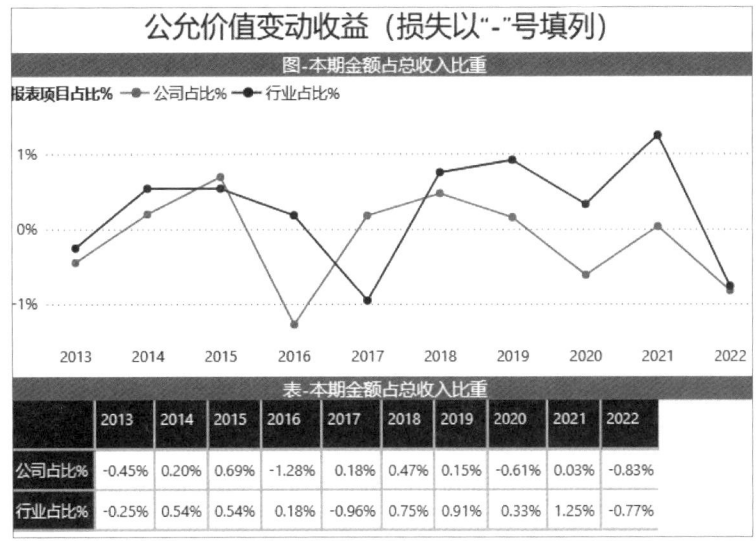

图 3-37 2013—2022 年招商银行公允价值变动收益占比的变化情况

表 3-6　2022 年招商银行营业外收入结构

报表项目	本期金额 （万元，保留到整数）	本期占比 （项目/利润总额） （%前保留 2 位小数）	本期金额与上期金额增长率 （%前保留 2 位小数）
营业外收入	17 000	0.05%	−46.54%

由表 3-6 可知，招商银行营业外收入 2022 年本期发生金额为 17 000 万元，营业外收入本期发生额占利润总额比重为 0.05%，占利润总额的比重较少，招商银行 2022 年本期金额与 2021 年上期金额增长率为−46.54%，本期营业外收入明显低于上期收入金额。

2013—2022 年招商银行营业外收入占收入比重的变化情况，如图 3-38 所示。

图 3-38　2013—2022 年招商银行营业外收入占收入比重的变化情况

由图 3-38 可知,2013—2016 年招商银行营业外收入的占比持续攀升,并在 2016 年来到了 0.70% 的最高值,此之后至 2022 年出现了持续下降的情况,并在 2022 年达到 0.05% 的历年最低值。行业营业外收入占总收入比重趋势为:2013—2022 年呈现整体下降趋势,其中 2016—2019 年出现明显的下降趋势,2019—2022 年行业占比趋于平稳。

二、重庆百货的报表项目利润质量分析

(一) 投资收益对利润质量的影响

2022 年重庆百货投资收益结构,如表 3-7 所示。

表 3-7　2022 年重庆百货投资收益结构

报表项目	本期金额 (万元,保留到整数)	本期占比 (项目/利润总额) (%前保留 2 位小数)	本期金额与上期金额增长率 (%前保留 2 位小数)
投资收益	59 643	3.26%	36.22%

由表 3-7 可知,重庆百货公司本期金额为 59 643 万元,发生额占利润总额的 3.26%,本期金额比上期金额增长率为 36.22%。

2013—2022 年重庆百货投资收益占收入比重变化情况,如图 3-39 所示。

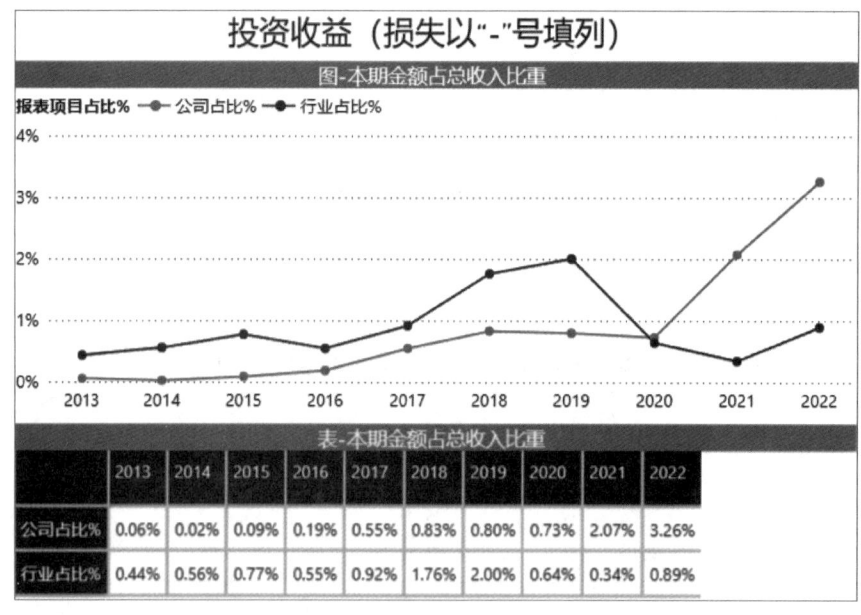

图 3-39　2013—2022 年重庆百货投资收益占收入比重变化情况

由图 3-39 可知,2013—2022 年重庆百货的投资收益占收入比重总体呈现增长趋势。其中,2013—2018 年一直处于增长的状态,2018—2020 年出现了略微的下降。另外,2013—2019 年一直低于行业平均水平,在此之后,投资收益水平出现了急剧的上涨,2022 年达到 3.26%。行业投资收益占总收入比重趋势为:2013—2019 年呈现上升趋势,2019 年达到峰值 2.00%,随后 2019—2021 年出现明显的下降,2022 年又小幅回升。

（二）公允价值变动损益对收益质量的影响

2022 年重庆百货公允价值变动损益结构，如表 3-8 所示。

表 3-8　2022 年重庆百货公允价值变动损益结构

报表项目	本期金额 （万元，保留到整数）	本期占比 （项目/利润总额） （%前保留 2 位小数）	本期金额与上期金额增长率 （%前保留 2 位小数）
公允价值变动损益	222	0.01%	－69.75%

由表 3-8 可知，重庆百货本期公允价值变动损益占利润总额的占比只有极小的部分，为 0.01%，本期金额与上期金额增长率为－69.75%。本期发生额公允价值损失 222 万元。

2013—2022 年重庆百货公允价值变动收益占比的变化趋势，如图 3-40 所示。

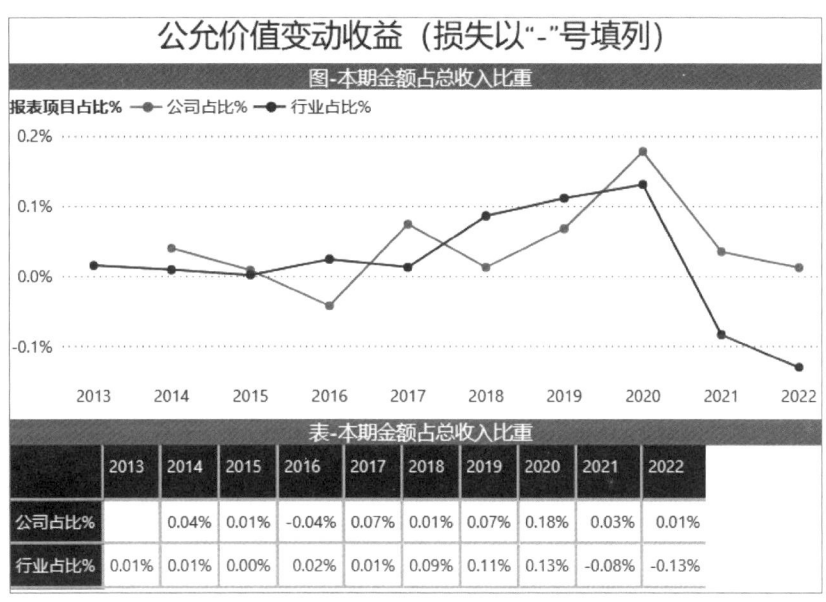

图 3-40　2013—2022 年重庆百货公允价值变动收益占比的变化情况

由图 3-40 可知，重庆百货公允价值变动收益占比前期呈上升趋势，虽有 1 年下降之后又呈现上升趋势，2020—2022 年又呈现下降势头。行业公允价值变动收益占总收入比重趋势为：2013—2017 年行业占比趋势呈现平稳性，2017—2020 年出现平稳上升趋势，而 2020—2022 年表现出快速下降趋势。

（三）营业外收入对利润结构质量的影响

2022 年重庆百货营业外收入结构，如表 3-9 所示。

表 3-9　2022 年重庆百货营业外收入结构

报表项目	本期金额 （万元，保留到整数）	本期占比 （项目/利润总额） （%前保留 2 位小数）	本期金额与上期金额增长率 （%前保留 2 位小数）
营业外收入	2 661	0.15%	－44.92%

由表 3-9 可知,2022 年重庆百货营业外收入本期发生金额为 2 661 万元,营业外收入本期发生额占利润总额比重为 0.15%,占利润总额的比重较少,本期金额与上期金额增长率为－44.92%,较上期而言有明显的下降。

2013—2022 年重庆百货营业外收入占收入比重的变化情况,如图 3-41 所示。

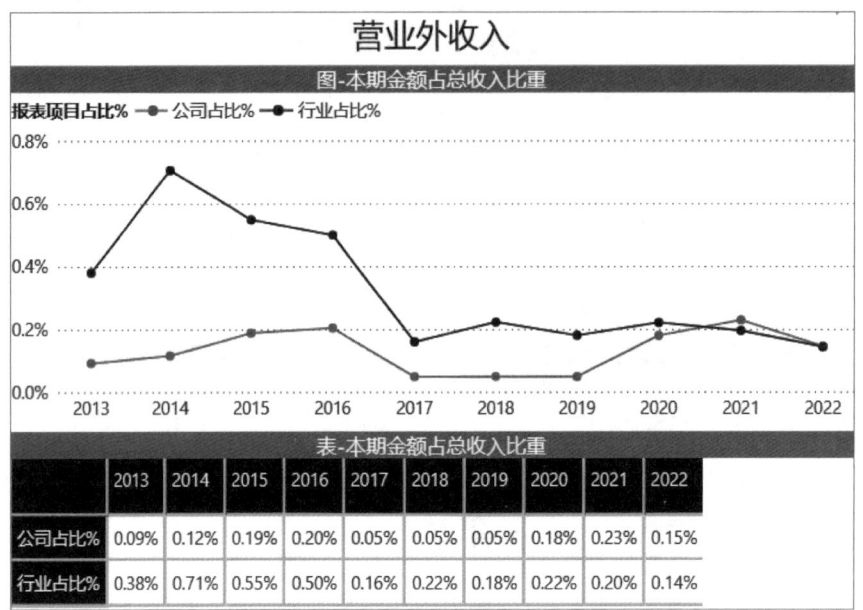

图 3-41　2013—2022 年重庆百货营业外收入占收入比重的变化情况

由图 3-41 可知,在 2021 年之前,重庆百货的营业外收入占收入比重一直低于行业水平,2013—2016 年,其营业外收入占总收入的比重呈现缓慢的增加趋势,之后一年出现了较为明显的下降,2017—2019 年之前呈现出稳定的势态,之后又继续上升,显示出营业外收入比重的增加,在最后一年又出现了下降。行业营业外收入占总收入比重趋势为：2013—2014 年行业占比呈现快速上升并达到峰值 0.71%,2014—2017 年呈现快速下降趋势,2017—2022 年整体趋于平稳。

三、重庆港九的报表项目利润质量分析

(一) 投资收益对利润质量的影响

重庆港九投资收益结构,如表 3-10 所示。

表 3-10　2022 年重庆港九投资收益结构

报表项目	本期金额 (万元,保留到整数)	本期占比 (项目/利润总额) (%前保留 2 位小数)	本期金额与上期金额增长率 (%前保留 2 位小数)
投资收益	3 377	3.52%	119.13%

由表 3-10 可知,重庆港九本期金额为 3 377 万元,发生额占利润总额的 3.52%,本期金

额比上期金额增长率为119.13%,出现了大幅度的增长,说明其在2022年从投资上获得了较去年更好的收益。

重庆港九投资收益占收入比重变化情况,如图3-42所示。

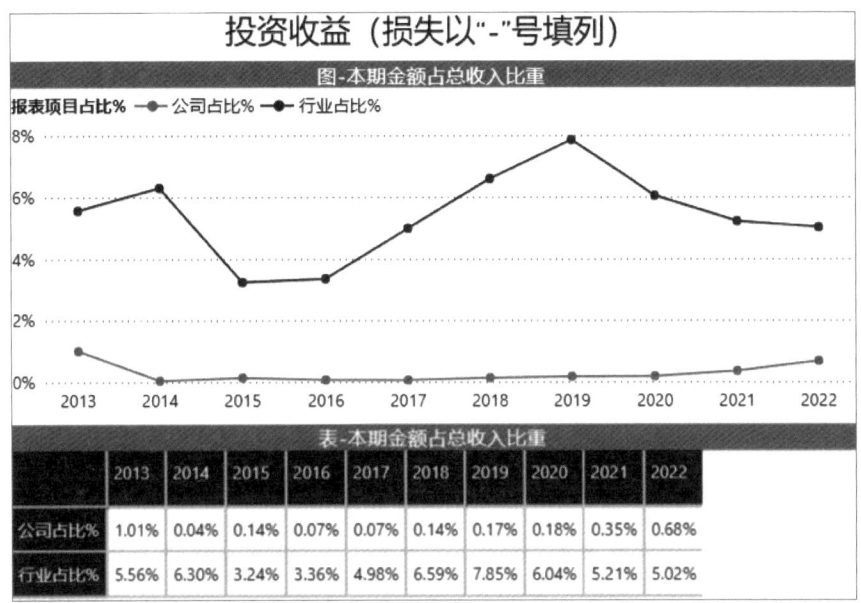

图 3-42　2013—2022 年重庆港九投资收益占收入比重变化情况

由图 3-42 可知,2013—2022 年重庆港九的投资收益占总收入的比例都显著低于行业水平。可以发现,在 10 年中重庆港九的投资收益占收入比重整体呈现平稳的状态,2014—2020 年占比一直较为稳定,而仅在 2013—2014 年以及 2021—2022 年分别出现了较为明显的下降和上升情况,但投资收益占比一直较低。

(二) 营业外收入对利润结构质量的影响

2022 年重庆港九营业外收入结构,如表 3-11 所示。

表 3-11　2022 年重庆港九营业外收入结构

报表项目	本期金额 (万元,保留到整数)	本期占比 (项目/利润总额) (%前保留2位小数)	本期金额与上期金额增长率 (%前保留2位小数)
营业外收入	447	0.09%	−64.10%

由表 3-11 可知,2022 年重庆港九营业外收入本期发生金额为 447 万元,营业外收入本期发生额占利润总额比重为 0.09%,占利润总额的比重较少,其本期金额与上期金额增长率为−64.10%,较上期而言有明显的下降。

2013—2022 年重庆港九营业外收入占收入比重的变化情况,如图 3-43 所示。

由图 3-43 可知,2014—2017 年重庆港九营业外收入占总收入的比重出现持续的下降,并都低于行业水平,2018—2019 年出现了一次急剧的增长,增长了 1.85%,此后,2020—2022 年营业外收入的占比处于较为平稳的态势。行业营业外收入占总收入比重趋势为:

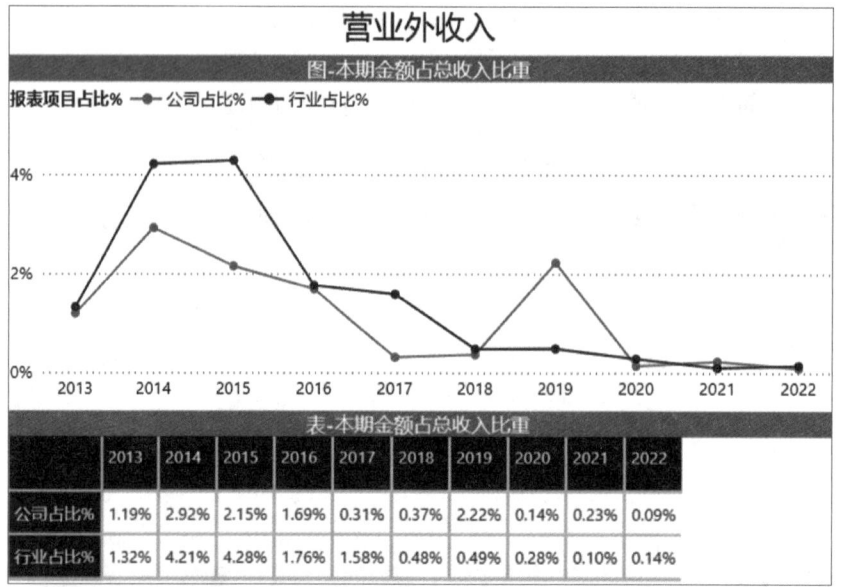

图 3-43　2013—2022 年重庆港九营业外收入占收入比重的变化情况

2013—2015 年行业占比呈现快速上升并达到峰值 4.28%,2015—2018 年呈现快速下降趋势,2018—2022 年整体趋于平稳。

第四节　增长能力分析

一、招商银行的增长能力分析

2013—2022 年招商银行净利润金额及增长率历年变化趋势图,如图 3-44 所示。

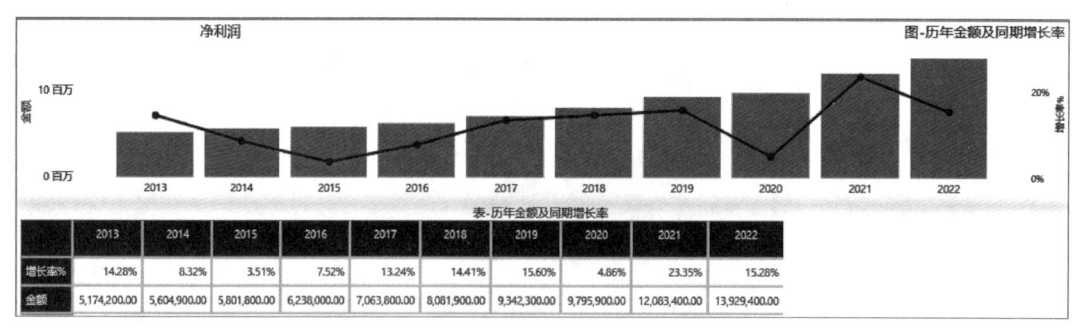

图 3-44　2013—2022 年招商银行净利润金额及增长率历年变化趋势图

在此期间,招商银行净利润金额呈现上升趋势。从同期增长率变化曲线可知,2013—2015 年招商银行净利润增长率呈现逐年下降趋势,2015—2019 年开始增长率逐年回升。而其后的 3 年中增长率则上下大幅波动。其中,2022 年的净利润增长幅度较上一年有所回落,不过其增长幅度仍然超过 10%。进一步分析招商银行的净利润数据,可以发现其在不同阶段的增长特征。2013—2015 年，净利润增长率从 14.28%下降至 3.51%，这可能与当时的宏观经济环境、行业竞争加剧以及内部管理调整等因素有关。2015—2019 年，增长率逐步回升，从 3.51%上升至 15.60%，表明招商银行在这一时期采取了一系列有效的战略举措，如优化业务结构、加强风险管理、拓展新兴业务领域等，从而推动了盈利能力的提升。2020—2022 年，净利润增长率出现较大波动，2020 年受疫情影响，增长率降至 4.86%，但 2021 年迅速反弹至 23.35%，显示出较强的韧性和恢复能力。2022 年增长率回落至 15.28%，尽管增速放缓，但依然保持了两位数的增长，说明招商银行在面对复杂多变的市场环境时，能够通过灵活调整经营策略、优化资源配置等方式，维持较为稳定的盈利水平。

二、重庆百货的增长能力分析

2013—2022 年重庆百货营业收入金额及增长率历年变化趋势，如图 3-45 所示。

表-历年金额及同期增长率

	2013	2014	2015	2016	2017	2018	2019	2020	2021	2022
增长率%	7.37%	0.17%	0.20%	12.52%	2.75%	3.55%	1.33%	38.97%	0.22%	13.35%
金额	3,018,999.58	3,014,005.98	3,007,937.71	3,384,677.26	3,291,536.51	3,408,388.47	3,453,560.56	2,107,741.76	2,112,392.14	1,830,368.63

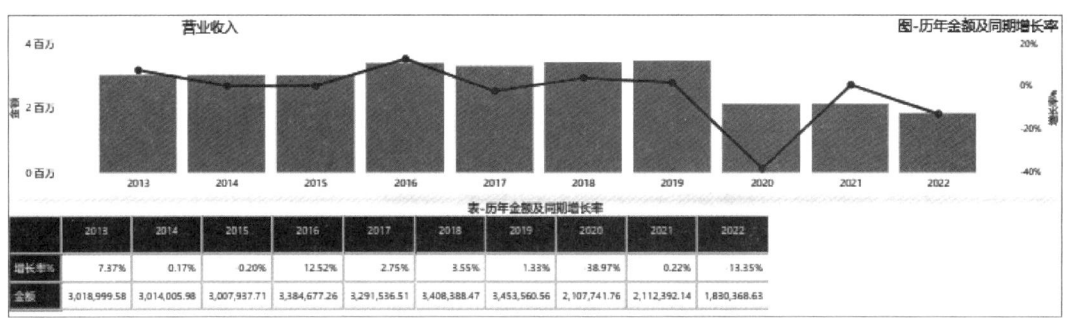

图 3-45　2013—2022 年重庆百货营业收入金额及增长率历年变化趋势图

由图 3-45 可知，2013—2019 年重庆百货营业收入总体呈现上升趋势，上升幅度较小，在 0%附近。2020 年其营业收入金额大幅下跌，跌幅达到 40%。2021 年营业收入增长率虽有所回升，但仍为负值。2016—2022 年营业收入增长率总体呈现下降趋势。

企业营业收入的多少主要受销售数量和销售价格的影响，营业收入年增长率往往是衡量企业经营状况和市场占有能力、预测企业经营业务拓展趋势的重要标志。重庆百货营业收入年增长率 2019—2022 年变化幅度不太稳定，不断增加的营业收入是企业生存的基础和发展的条件，折线图呈现出增减的变动情况，在不考虑行业差异的情况下，营业收入增长率目前低于 0%，说明重庆百货保持市场份额有点难，利润也会滑坡，未来发展潜力有待商榷。

2013—2022 年重庆百货净利润金额及增长率历年变化趋势，如图 3-46 所示。

表-历年金额及同期增长率

	2013	2014	2015	2016	2017	2018	2019	2020	2021	2022
增长率%	14.92%	-38.78%	-26.03%	20.65%	47.84%	34.44%	17.16%	2.62%	-3.38%	-10.91%
金额	80,501.47	49,284.65	36,453.60	43,981.90	65,023.90	87,417.11	102,416.39	105,096.24	101,545.29	90,461.77

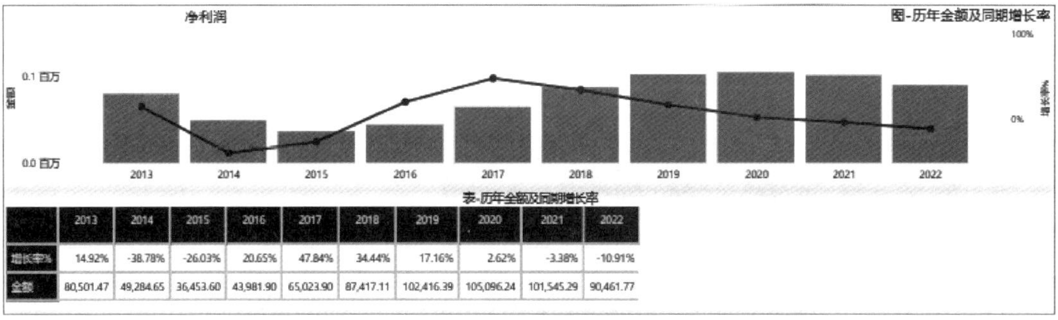

图 3-46　重庆百货净利润金额及增长率历年变化趋势图

由图 3-46 可知,2013—2015 年重庆百货净利润金额呈现下降趋势,2015—2020 年利润金额则逐年上涨,2020—2022 年又呈现出滑坡态势。其中,2013—2014 年下跌幅度较大,而 2015—2017 年回升幅度较大。

由营业收入金额和年增长率分析可知,在不考虑行业差异的情况下,营业收入年增长率为负值,说明重庆百货可能已经进入衰退期,保持市场份额有点难,利润也会滑坡,净利润年增长率是企业当期净利润比上期净利润的增长幅度,指标值越大代表企业盈利能力越强,企业越有发展潜力。

三、重庆港九的增长能力分析

2013—2022 年重庆港九营业收入金额及增长率历年变化趋势,如图 3-47 所示。

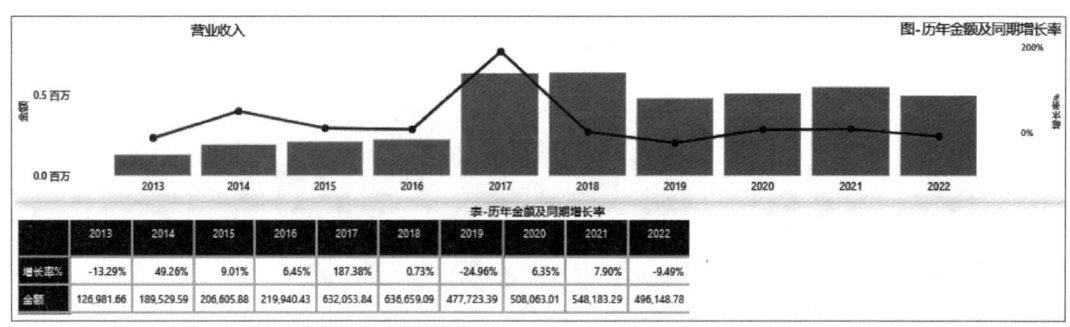

图 3-47　重庆港九营业收入金额及增长率历年变化趋势图

由图 3-47 可知,2013—2017 年重庆港九营业收入金额总体呈现上升趋势,而 2017—2022 年则呈现下降趋势。从营业收入增长率变化趋势来看,其增长率 2016—2018 年呈现的波动幅度较大,其中,2016—2017 年呈现上升趋势,2017—2018 年呈现下降趋势,2018—2022 年变动幅度较小,几乎在 0％附近上下波动。

企业营业收入的多少主要受销售数量和销售价格的影响,营业收入年增长率往往是衡量企业经营状况和市场占有能力、预测企业经营业务拓展趋势的重要标志,不断增加的营业收入是企业生存的基础和发展的条件,在不考虑行业差异的情况下,营业收入增长率处于 0％附近,说明重庆港九目前保持市场份额有一定困难,利润可能出现滑坡,未来发展潜力有限。

2013—2022 年重庆港九净利润金额及增长率历年变化趋势,如图 3-48 所示。

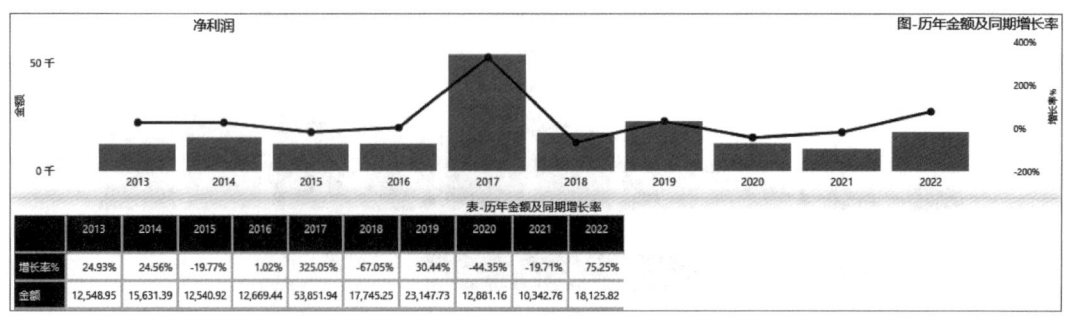

图 3-48　重庆港九净利润金额及增长率历年变化趋势图

由图 3-48 可知,2013—2016 年重庆港九的净利润金额变化不大,2016—2017 年则大幅上升。而 2017—2018 年利润金额出现大幅滑坡。2020 年、2021 年净利润金额处于低位,2022 年略有回升。从净利润增长率的变化趋势来看,2016—2018 年重庆港九净利润年增长率波动幅度较大,其中,2016—2017 年呈现上升趋势,2017—2018 年呈现下降趋势。而 2018—2022 年变动幅度较小,总体呈现上升趋势,但上升幅度较小,上升动力有限。

由营业收入金额和年增长率分析可知,在不考虑行业差异的情况下,营业收入年增长率低于 5%,说明重庆港九已经进入衰退期,难以保持市场份额,利润也有所下降。净利润年增长率是企业当期净利润比上期净利润的增长幅度,指标值越大代表企业盈利能力越强,企业越有发展潜力。

第五节 行业对比分析

上述利润质量分析是针对企业层面的分析,接下来从整个行业角度进行对比分析,分析利润质量特征是否具有行业共性。延续上述企业层面的分析思路,结合竞争对手从行业层面继续分析。

一、货币金融服务行业对比分析

(一)货币金融服务行业主要报表结构行业对比分析

2022 年货币金融服务行业主要报表结构行业对比,如表 3-12 所示。

表 3-12 2022 年货币金融服务行业主要报表结构行业

报表项目	占比(项目/利润总额)(%前保留 2 位小数)		本期金额与上期金额增长率(%前保留 2 为小数)	
	公司	行业	公司	行业
投资收益	12.44%	14.80%	−6.01%	5.37%
公允价值变动收益	−1.62%	−1.73%	−3 007.61%	−162.82%
营业外收入	0.10%	0.41%	−46.54%	−5.50%

由表 3-12 可知,2022 年招商银行投资收益占利润总额的比例为 12.44%,而货币金融服务行业投资收益占利润总额的比例为 14.80%;招商银行公允价值变动损益占利润总额的比例为−1.62%,货币金融服务行业公允价值变动损益占利润总额的比例为−1.73%;招商银行营业外收入占利润总额的比例为 0.10%,而货币金融服务行业营业外收入占利润总额的比例为 0.41%。

将招商银行各项收益情况与行业平均情况进行对比,可以发现招商银行的投资收益是占利润比重最高的项目,其次是营业外收入,最后是公允价值变动收益,但三者都低于行业平均水平。除此之外,从本期金额与上期金额增长率的视角来看,在投资收益、公允价值变动收益和营业外收入三个方面,招商银行与行业水平的增长率均存在较大的差异,总的来说招商银行不具有行业共性。

（二）货币金融服务行业净利润增长率对比分析

2022年货币金融服务行业净利润增长率对比，如表3-13所示。

表3-13 2022年货币金融服务行业净利润增长率对比

报表项目	本期金额与上期金额增长率（%前保留2为小数）	
	公司	行业
净利润	15.28%	7.20%

由表3-13可知，2022年招商银行净利润增长率为15.28%，大于行业的7.20%。可以看出，行业的净利润正在稳定上升。除此之外，根据表3-6的营业外收入结构分析可知，招商银行的利润主要是依靠营业收入获得，营业外收入占比较少，公司的利润结构合理。

二、零售业对比分析

（一）零售业主要报表结构行业对比分析

2022年零售业主要报表结构行业对比，如表3-14所示。

表3-14 2022年零售业主要报表结构行业对比

报表项目	占比(项目/利润总额)（%前保留2位小数）		本期金额与上期金额增长率（%前保留2为小数）	
	公司	行业	公司	行业
投资收益	59.65%	359.18%	36.22%	150.29%
公允价值变动收益	0.22%	−52.66%	−69.75%	50.50%
营业外收入	2.66%	57.99%	−44.92%	−28.93%

由表3-14可知，2022年重庆百货投资收益占利润总额的比例为59.65%，零售业投资收益占利润总额的比例为359.18%；重庆百货公允价值变动损益占利润总额的比例为0.22%，零售业公允价值变动损益占利润总额的比例为−52.66%；重庆百货营业外收入占利润总额的比例为2.66%，零售业营业外收入占利润总额的比例为57.99%。

将重庆百货各项收益与行业平均水平进行对比，可以发现重庆百货的投资收益是占利润比重最高的项目，其次是营业外收入，最后是公允价值变动收益。从本期金额与上期金额增长率的视角来看，在投资收益、公允价值变动收益和营业外收入三个方面，重庆百货与行业水平的增长率均存在较大的差异，说明重庆百货不具有行业共性。除此之外，可以发现，在零售业，投资收益的占比都很高，企业必须清楚通过投资收益调增利润没有持续性，并不是长久之计。

（二）零售业营业收入及净利润行业对比分析

2022年零售业营业收入及净利润行业对比，如表3-15所示。

表 3-15　2022 年零售业营业收入及净利润行业对比

报表项目	本期金额与上期金额增长率 (%前保留 2 为小数)	
	公司	行业
营业收入	−13.35%	−3.34%
净利润	−10.91%	−66.03%

由表 3-15 可知,2022 年重庆百货的营业收入增长率为−13.35%,逊于行业的−3.34%;重庆百货净利润增长率为−10.91%,虽处于负增长,但大于行业的−66.03%。重庆百货及其行业历年营业收入、净利润平均增长率,如图 3-49 和图 3-50 所示。

图 3-49　重庆百货及其行业历年营业收入平均增长率

图 3-50　重庆百货及其行业历年净利润平均增长率

根据图 3-49 和图 3-50 可知,在营业收入方面,重庆百货的营业收入的历年平均增长率为−3.04%,而行业营业收入历年平均增长率为 2.33%,行业的营业收入增长情况明显优于重庆百货,原因可能是重庆百货在投资收益、公允价值变动损益和营业外收入等方面都逊色于行业水平;在净利润方面,重庆百货的净利润历年平均增长率为 5.85%,远高于行业的−26.99%,这说明重庆百货在经营方面有其独到之处,能够区别于行业出现的负增长情况,稳定地正增长。

三、水上运输业对比分析

(一) 水上运输业主要报表结构行业对比分析

2022 年水上运输业主要报表结构行业对比,如表 3-16 所示。

表 3-16　2022 年水上运输业主要报表结构行业对比

报表项目	占比(项目/利润总额) (%前保留 2 位小数)		本期金额与上期金额增长率 (%前保留 2 为小数)	
	公司	行业	公司	行业
投资收益	14.78%	14.85%	119.13%	1.54%
营业外收入	1.96%	0.42%	−64.10%	49.81%

由表 3-16 可知,2022 年重庆港九投资收益占利润总额的比例为 14.78%,水上运输业投资收益占利润总额的比例为 14.85%;重庆港九营业外收入占利润总额的比例为 1.96%,水上运输业营业外收入占利润总额的比例为 0.42%。

将重庆港九各项收益情况与行业平均情况进行对比,可以发现在投资收益占比以及营业外收入占比方面,两者都具有较为相似的比例。因此,重庆港九是具有行业共性的。

(二)水上运输业营业收入及净利润行业对比分析

2022年水上运输业营业收入及净利润行业对比,如表3-17所示。

表3-17 2022年水上运输业营业收入及净利润行业对比

报表项目	本期金额与上期金额增长率 (%前保留2为小数)	
	公司	行业
营业收入	−9.49%	5.44%
净利润	75.25%	16.55%

由表3-17可知,2022年重庆港九的营业收入增长率为−9.49%,低于行业的−5.44%;重庆港九净利润增长率为75.25%,远高于行业的16.55%,由此说明重庆港九在2021—2022年出现了较好的盈利。

重庆港九及其行业历年营业收入、净利润平均增长率,如图3-51和图3-52所示。

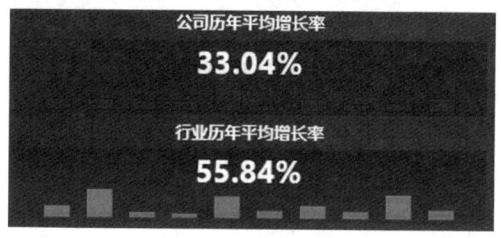

图3-51 重庆港九及其行业历年营业收入平均增长率

图3-52 重庆港九及其行业历年净利润平均增长率

根据图3-51和图3-52可知,在营业收入方面,重庆港九的营业收入的历年平均增长率为21.93%,而行业营业收入历年平均增长率为9.99%,重庆港九的营业收入增长情况明显优于行业水平;在净利润方面,重庆港九的净利润历年平均增长率为33.04%,略低于行业的55.84%。

思考与拓展练习

一、思考题

1. 说明大数据对分析上市公司利润表的作用。
2. 举例说明大数据在利润质量分析时的优势。
3. 如何理解财务大数据在上市公司增长能力分析中的重用性?

二、拓展练习

请借助VDC平台或其他财务分析软件,对货币金融服务行业、零售业或水上运输业的行业数据,以及行业内某一家企业的数据进行筛选和查询,并对该企业的利润表进行分析。把具体查询过程截图制作为Word进行提交。

第四章

现金流量表分析与上市公司实例

知识目标

1. 了解现金流量表的基础概念。
2. 掌握现金流量表数据之间的勾稽关系。
3. 通过企业现金流量表数据分析企业经营资产管理与竞争力。
4. 通过案例解析企业现金流量表，进而得出企业优劣势。

能力目标

1. 通过VDC平台理解现金流量表各类数据的含义。
2. 掌握现金流量表数据衍生的各项指标。
3. 通过现金流量表内各项指标分析各类企业经营情况。

素养目标

1. 熟练掌握VDC平台查询企业现金流量表各项指标查询技巧。
2. 养成"科学、严谨、客观、效率"的学习态度。

知识导图

现金流量表分析与上市公司实例
- 一、现金流量表概述
  1. 经营活动流出项目
  2. 筹资活动流出项目
  3. 投资活动流出项目
- 二、现金流量表主要报表项目分析
  1. 招商银行的现金净流量表分析
  2. 重庆百货的现金净流量表分析
  3. 重庆港九的现金净流量表分析
- 三、报表项目趋势及结构分析
  1. 招商银行的现金流量表分析
  2. 重庆百货的现金流量表分析
  3. 重庆港九的现金流量表分析
- 四、行业对比分析
  1. 货币金融服务行业对比分析
  2. 零售业对比分析
  3. 水上运输业对比分析

本章提要

本章主要对现金流量表进行概述,选取了招商银行、重庆百货和重庆港九三家上市公司,分别从现金净流量表、现金流量表项目趋势和结构进行分析,并且与货币金融服务行业、零售业和水上运输业的经营活动、投资活动和筹资活动的现金流入流出进行对比分析,突出财务大数据在现金流量表分析方面的优势与实践性。

第一节 现金流量表概述

现金流量表(statement of cash flows)是财务报表的三个基本报告之一,也称账务状况变动表,它反映的是在一个固定期间(通常是每月或每季)内,一家机构的现金(包含现金等价物)的增减变动情形。现金流量表可以概括反映经营活动、投资活动和筹资活动对企业现金流进流出的影响,对于评价企业的实现利润、财务状况及财务治理,要比传统的损益表提供更好的反馈。

从编制原则上看,现金流量表按照收付实现制原则编制,将权责发生制下的盈利信息调整为收付实现制下的现金流量信息,便于信息使用者了解企业净利润的质量。

从内容上看,现金流量表可以划分为经营活动、投资活动和筹资活动三个部分。每类活动又分为各具体项目,这些项目从不同角度,反映企业业务活动的现金流入和流出,弥补了资产负债表和利润表提供信息的不足。

一、经营活动流出项目

经营活动流出项目是指企业在日常经营活动中所支付的现金流出项。这些流出项目通常包括采购原材料或商品、支付工资和薪水、支付租金、支付利息、支付税费等。经营活动是企业最主要的现金流入来源,但同时也是最主要的现金流出来源。企业需要通过经营活动来获得经营利润,但要注意现金流出的情况,确保现金流量的平衡,以保障企业的经营和发展。了解和管理好经营活动的流出项目,有助于企业更好地规划和管理财务,提高企业的盈利能力和财务稳健性。

二、筹资活动流出项目

筹资活动流出项目是指企业通过债务或股权等方式筹集资金所支付的现金流出项。这些流出项目通常包括发行债券或股票所支付的手续费、偿还借款本金和利息、支付股息、回购股票等。企业需要通过筹资活动来获取资金,以满足运营、扩张或投资的需要。然而,筹资活动所带来的资金也需要支付一定的成本,如利息或股息等。因此,企业需要仔细考虑筹资活动的成本和风险,以确保其财务稳健。理解和管理好筹资活动的流出项目,有助于企业更好地规划和管理财务,提高企业的财务稳健性和盈利能力。

三、投资活动流出项目

投资活动流出项目是指企业进行投资活动所支付的现金流出项。这些流出项目通常包括购买长期资产、对外投资、支付股息、支付贷款本金等。投资活动是企业获取长期投资回报的主要途径，但同时也需要支付一定的现金流出。企业在进行投资活动时需要仔细控制投资风险，防止投资失败或资金浪费，从而导致现金流出过多。理解和管理好投资活动的流出项目，有助于企业更好地规划和管理财务，提高企业的盈利能力和财务稳健性。

通过现金流量表，报表使用者能够了解现金流量的影响因素，评价企业的支付能力、偿债能力和周转能力，预测企业未来现金流量，为其决策提供有力依据。

第二节　现金流量表主要报表项目分析

现金流量表是以现金为基础编制的财务状况变动表，反映企业在一定期间内现金流入和流出情况，表明企业获得现金和现金等价物的能力。现金流量表编制原理是收付实现制，即以收到或付出现金为标准，来记录收入的实现和费用的发生。根据财务报表信息列报的可比性要求，财务报表至少应当提供所有列报项目上一可比会计期间的比较数据，现金流量表要填列"当期金额"和"上期金额"两栏。

现金流项目可以按照企业日常经营活动、投资活动、筹资活动进行分类，将现金流动情况分为经营活动现金流、投资活动现金流及筹资活动现金流。根据等式"经营活动净现金流＝经营活动现金流入－经营活动现金流出"，如果现金流量净额为正数，说明获得的利润质量高，如果为负数，则是入不敷出的，必须依靠筹资活动中的股权融资或债务融资才能够得以生存。投资活动净现金流一般为负数，一种是为了维持现有经营规模所须的资本性支出（更新改造固定资产的现金流出），另一种是有新项目而进行的扩张性资本支出，说明公司还有长期发展空间。

一、招商银行的现金净流量表分析

2022年招商银行的现金净流量分析，如表4-1所示。

表4-1　2022年招商银行的现金净流量分析表

主要项目	本期金额 （万元，保留到整数）	上期金额 （万元，保留到整数）	本期金额与上期金额增长率 （％前保留2位小数）
经营活动现金净流量	57 014 300	18 204 800	213.18％
投资活动现金净流量	－51 392 600	－1 969 700	2 509.16％
筹资活动现金净流量	－29 703 200	8 935 900	－432.40％

依次根据经营活动、投资活动、筹资活动这三大活动的现金流量净额的正负号，可以发

现 2022 年招商银行所属的类型是奶牛型（＋－－）①，该类型属于经营赚钱，同时还有余力对内投资以及回报债权人和股东，所以投资和筹资都是负的。下面通过现金流量表数据分析其持续盈利能力和盈利质量：2022 年招商银行的经营活动现金流入量与 2021 年相比增加 44 305 500 万元，流出量与 2021 年相比增加 5 496 000 万元，现金流入量的增长大于现金流出量的增长，导致经营活动现金流量净额增加 38 809 500 万元，说明结合经营活动现金流入与流出规模来看，招商银行经营活动创造现金流量的能力比较强；2022 年招商银行的投资活动现金流入量与 2021 年相比增加 18 515 800 万元，流出量与 2021 年相比增加 67 938 700 万元，现金流入量的增长小于现金流出量的增长，导致投资活动现金流量净额减少 49 422 900 万元，说明其正处于固定资产投资大或股权投资初期，尚在扩张；2022 年招商银行的筹资活动现金流入量与 2021 年相比减少 31 422 300 万元，流出量与 2021 年相比增加 7 216 800 万元，现金流入量的增长大于现金流出量的增长，导致筹资活动现金流量净额减少 38 639 100 万元，说明我们要结合利润表报表项目进一步分析其现金流量现状。

二、重庆百货的现金净流量表分析

2022 年重庆百货的现金净流量分析，如表 4-2 所示。

表 4-2　2022 年重庆百货的现金净流量分析表

主要项目	本期金额 （万元，保留到整数）	上期金额 （万元，保留到整数）	本期金额与上期金额增长率 （％前保留 2 位小数）
经营活动现金净流量	61 936	111 415	－44.41％
投资活动现金净流量	－32 265	191 470	－116.85％
筹资活动现金净流量	－117 903	－320 287	－63.19％

依次根据经营活动、投资活动、筹资活动这三大活动的现金流量净额的正负号，可以看出 2022 年重庆百货所属的类型是奶牛型（＋－－），该类型属于经营赚钱，同时还有余力对内投资以及回报债权人和股东，所以投资和筹资都是负的。下面通过现金流量表数据看其持续盈利能力和盈利质量：2022 年重庆百货的经营活动现金流入量与 2021 年相比减少 480 345.57 万元，流出量与 2021 年相比减少 430 867.22 万元，现金流入量的增长大于现金流出量的增长，导致经营活动现金流量净额减少 49 478.35 万元，说明结合经营活动现金流入与流出规模来看，重庆百货经营活动创造现金流量的能力比较强；2022 年重庆百货的投资活动现金流入量与 2021 年相比减少 186 540.02 万元，流出量与 2021 年相比增加 37 195.96 万元，现金流入量的增长大于现金流出量的增长，导致投资活动现金流量净额减少 223 735.98 万元，说明企业正处于固定资产投资大或股权投资初期，尚在扩张；2022 年重庆百货的筹资活动现金流入量与 2021 年相比增加 116 195.02 万元，流出量与 2021 年相比减少 86 188.89 万元，现金流入量的增长大于现金流出量的增长，导致筹资

---

①　奶牛型企业在现金流量表上通常表现为经营活动的现金流入大于流出，这意味着企业的主营业务能够产生足够的现金来支持其运营和扩张需求，而不需要过多的外部融资。

活动现金流量净额增加 202 383.91 万元,说明我们要结合利润表报表项目进一步分析其现金流量现状。

三、重庆港九的现金净流量表分析

2022 年重庆港九的现金净流量分析,如表 4-3 所示。

表 4-3　2022 年重庆港九的现金净流量分析表

主要项目	本期金额 (万元,保留到整数)	上期金额 (万元,保留到整数)	本期金额与上期金额增长率 (%前保留 2 位小数)
经营活动现金净流量	68 150	53 580	27.19%
投资活动现金净流量	18 586	−47 329	−139.27%
筹资活动现金净流量	−41 900	−36 405	15.09%

依次根据经营活动、投资活动、筹资活动这三大活动的现金流量净额的正负号,可以看出 2022 年重庆港九所属的类型是老母鸡型(十十一)①,该类型属于经营赚钱,不经常扩张,平时基本也只做理财类的财务投资,所以投资也是赚钱的。筹资活动要么是还债,要么分红,所以是负的。下面通过现金流量表数据看其持续盈利能力和盈利质量:2022 年重庆港九的经营活动现金流入量与 2021 年相比增加 76 602.87 万元,流出量与 2021 年相比增加 62 032.42 万元,现金流入量的增长大于现金流出量的增长,导致经营活动现金流量净额增加 14 570.46 万元,说明结合经营活动现金流入与流出规模来看,重庆港九经营活动创造现金流量的能力比较强;2022 年重庆港九的投资活动现金流入量与 2021 年相比增加 49 232.18 万元,流出量与 2021 年相比减少 16 683.93 万元,现金流入量的增长大于现金流出量的增长导致投资活动现金流量净额增加 65 916.11 万元,说明其有可能处于收回投资期,如处置固定资产、转让投资的股份等,才会出现正数现金流;2022 年重庆港九的筹资活动现金流入量与 2021 年相比增加 27 608.05 万元,流出量与 2021 年相比增加 33 102.32 万元,现金流入量的增长小于现金流出量的增长,导致筹资活动现金流量净额减少 5 494.27 万元,说明其经营活动现金净流量为正数,投资活动现金净流量为正数,筹资活动现金净流量为负数时,可能进入产品成熟期。在这个阶段产品销售市场稳定,已进入回收期,但很多外部资金需要偿还,以保持良好的资信程度。

第三节　报表项目趋势及结构分析

打开 VDC 平台,输入账号、密码,点击"数据可视报表"→"财务分析"→"现金流量表分析",如图 4-1 所示。

---

① 老母鸡型企业在现金流量表上通常表现出特定的现金流特征:经营活动和投资活动产生现金流入,而筹资活动产生现金流出。

图 4-1　VDC 平台进入现金流量表的流程

在公司栏下输入需要查找的相关企业股市代码,接下来以重庆百货(600279)为例,如图 4-2 所示。

图 4-2　搜索上市公司

2022年重庆百货现金流量表,如图4-3所示。

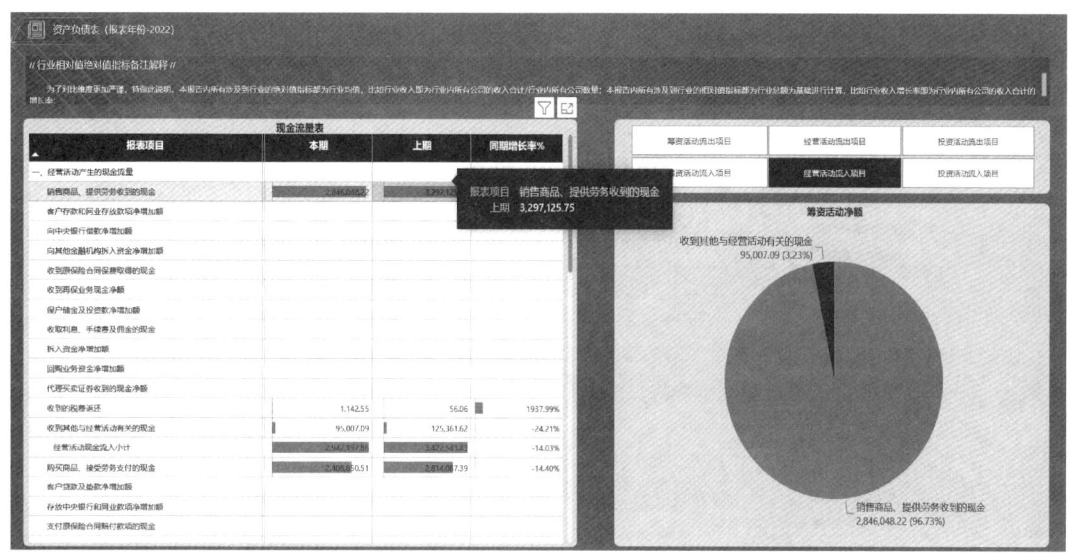

图4-3　2022年重庆百货现金流量表

将鼠标移至相关指标金额,如销售商品、提供劳务收到的现金这一项目时,系统弹出报表项目智能分析结果,如图4-4所示。

图4-4　2013—2022年重庆百货销售商品、提供劳务收到的现金历年金额及同期增长率

一、招商银行的现金流量表分析

2022年招商银行(600036)现金流量表,如图4-5所示。

报表项目	本期	上期	同期增长率%
一、经营活动产生的现金流量			
销售商品、提供劳务收到的现金			
客户存款和同业存放款项净增加额	118,866,400.00	75,023,200.00	58.44%
向中央银行借款净增加额			
向其他金融机构拆入资金净增加额			
收到原保险合同保费取得的现金			
收到再保业务现金净额			
保户储金及投资款净增加额			
收取利息、手续费及佣金的现金	38,756,500.00	37,210,600.00	4.15%
拆入资金净增加额		4,183,100.00	-100.00%
回购业务资金净增加额			
代理买卖证券收到的现金净额			
收到的税费返还			
收到其他与经营活动有关的现金	8,196,900.00	2,308,500.00	255.07%
经营活动现金流入小计	165,819,800.00	121,514,300.00	36.46%
购买商品、接受劳务支付的现金			
客户贷款及垫款净增加额	50,889,100.00	56,492,400.00	-9.92%
存放中央银行和同业款项净增加额	5,376,500.00		
支付原保险合同赔付款项的现金			
拆出资金净增加额	4,191,100.00	1,285,500.00	226.03%
支付利息、手续费及佣金的现金	11,759,300.00	11,904,800.00	-1.22%
支付保单红利的现金			
支付给职工及为职工支付的现金	5,969,800.00	5,442,900.00	9.68%
支付的各项税费	6,100,400.00	5,686,800.00	7.27%
支付其他与经营活动有关的现金	18,618,700.00	5,487,100.00	239.32%
经营活动现金流出小计	108,805,500.00	103,309,500.00	5.32%
经营活动产生的现金流量净额	57,014,300.00	18,204,800.00	213.18%
二、投资活动产生的现金流量			
收回投资收到的现金	133,401,300.00	116,073,900.00	14.93%
取得投资收益收到的现金	7,912,200.00	7,119,700.00	11.13%
处置固定资产、无形资产和其他长期资产收回的现金净额	675,000.00	239,900.00	181.37%
处置子公司及其他营业单位收到的现金净额	46,300.00	85,500.00	-45.85%
收到其他与投资活动有关的现金			
投资活动现金流入小计	142,034,800.00	123,519,000.00	14.99%
购建固定资产、无形资产和其他长期资产支付的现金	3,489,200.00	2,416,000.00	44.42%
投资支付的现金	189,889,800.00	122,538,500.00	54.96%
质押贷款净增加额			
取得子公司及其他营业单位支付的现金净额	48,400.00	534,200.00	-90.94%
支付其他与投资活动有关的现金			
投资活动现金流出小计	193,427,400.00	125,488,700.00	54.14%
投资活动产生的现金流量净额	-51,392,600.00	-1,969,700.00	2509.16%
三、筹资活动产生的现金流量			
吸收投资收到的现金	2,414,800.00	10,686,100.00	-77.40%
其中:子公司吸收少数股东投资收到的现金	266,700.00		
取得借款收到的现金			
收到其他与筹资活动有关的现金	10,974,900.00	34,125,900.00	-67.84%
筹资活动现金流入小计	13,389,700.00	44,812,000.00	-70.12%
偿还债务支付的现金	34,623,500.00	30,314,600.00	14.21%
分配股利、利润或偿付利息支付的现金	4,410,300.00	4,708,300.00	-6.33%
其中:子公司支付给少数股东的股利、利润			
支付其他与筹资活动有关的现金	4,059,100.00	853,200.00	375.75%
筹资活动现金流出小计	43,092,900.00	35,876,100.00	20.12%
筹资活动产生的现金流量净额	-29,703,200.00	8,935,900.00	-432.40%
四、汇率变动对现金及现金等价物的影响	625,900.00	-274,600.00	-327.93%
五、现金及现金等价物净增加额	-23,455,600.00	24,896,400.00	-194.21%
加:期初现金及现金等价物余额	80,175,400.00	55,279,000.00	45.04%
六、期末现金及现金等价物余额	56,719,800.00	80,175,400.00	-29.26%

图 4-5　2022 年招商银行现金流量表

由图 4-5 可知,2022 年招商银行经营活动产生的现金流量净额为 57 014 300 万元,同期增长率为 213.18%。具体来看,2022 年招商银行的经营活动现金流入与上一年相比,增加 44 305 500 万元,经营活动现金流出与上一年相比,增加 5 496 000 万元,现金流入的增长大于现金流出的增长,导致经营活动现金流量净额增加 38 809 500 万元。结合经营活动现金流入与流出的规模来看,招商银行经营活动创造现金流量的能力比较强。经营活动流入流出项目中客户存款和同业存放款项收到的现金为 118 866 400 万元,经营活动产生的现金流量净额为 57 014 300 万元,说明企业的经营状况良好。

2022 年招商银行投资活动产生的现金净流量为负,金额为－51 392 600 万元。2022 年的投资活动现金流入量与上一年相比增加 18 515 800 万元,流出量与上一年相比,增加 67 938 700 万元。现金流入量的增长小于现金流出量的增长,导致投资活动现金流量净额减少 49 422 900 万元,说明其正处于固定资产投资或股权投资初期,尚在扩张当公司扩大规模或开发新项目时,需要投入大量的现金,投资活动产生的现金流入量补偿不了现金的流出量,投资活动现金净流量为负,如果企业投资有效,在未来将产生现金净流入用于偿还债务,创造价值,如此公司不会有偿债方面的困难。

2022 年招商银行筹资活动产生的现金流量净额为负,筹资活动产生的现金流量净额为－29 703 200 万元。2022 年其筹资活动现金流入量与上一年相比减少 31 422 300 万元,流出量与上一年相比增加 7 216 800 万元,现金流入量的增长大于现金流出量的增长,导致筹资活动现金流量净额减少 38 639 100 万元。筹资活动产生的现金净流量越大,企业面临的偿债压力也越大,2022 年招商银行筹资活动产生的现金流量净额为负,说明其吸收的股权、借款等金额小于偿还债务、分配股利等产生的金额,流出金额比流入金额多,偿债压力较小。

(一) 经营活动项目趋势分析

2013—2022 年招商银行经营活动现金流量净额及其同期增长率变化趋势,如图 4-6 所示。

图 4-6　2013—2022 年招商银行经营活动现金流量净额及其同期增长率变化趋势图

在此期间,招商银行经营活动产生的现金流量净额变动幅度较大,尤其是 2020 年和 2022 年,2020 年经营活动现金流量净额为 43 132 800 万元,2022 年经营活动现金流量净额为 57 014 300 万元,2022 年比 2021 年增加了 38 809 500 万元,说明其 2022 年现金拥有量更为充沛,为以后的发展提供了基础。

2013—2022 年招商银行经营活动现金流入占比最大项目及其占比变动趋势,如图 4-7 所示。

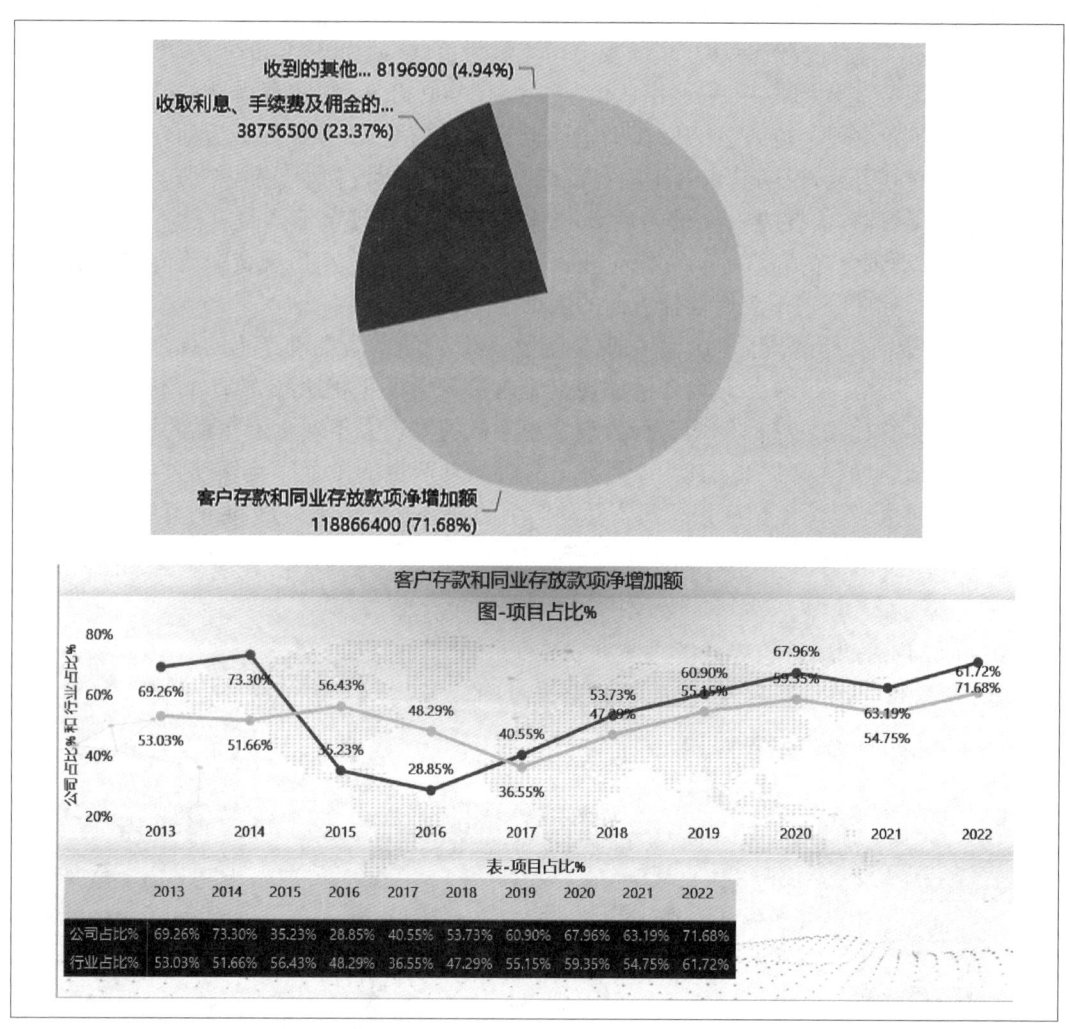

图 4-7 2013—2022 年招商银行经营活动现金流入占比最大项目及其占比变动趋势图

由图 4-7 可知,招商银行经营活动现金流入占比最大的项目是客户存款和同业存放款项,其次是收取利息、手续费及佣金收到的现金。招商银行占比最大的项目客户存款和同业存放款项在 2013—2022 年变化幅度较大,最低时达到 28.85%,最高时达到 73.30%。2022 年其客户存款和同业存放款项占经营活动流入项目的比重为 71.68%。

2013—2022 年招商银行经营活动现金流出占比最大项目及其占比变动趋势,如图 4-8 所示。

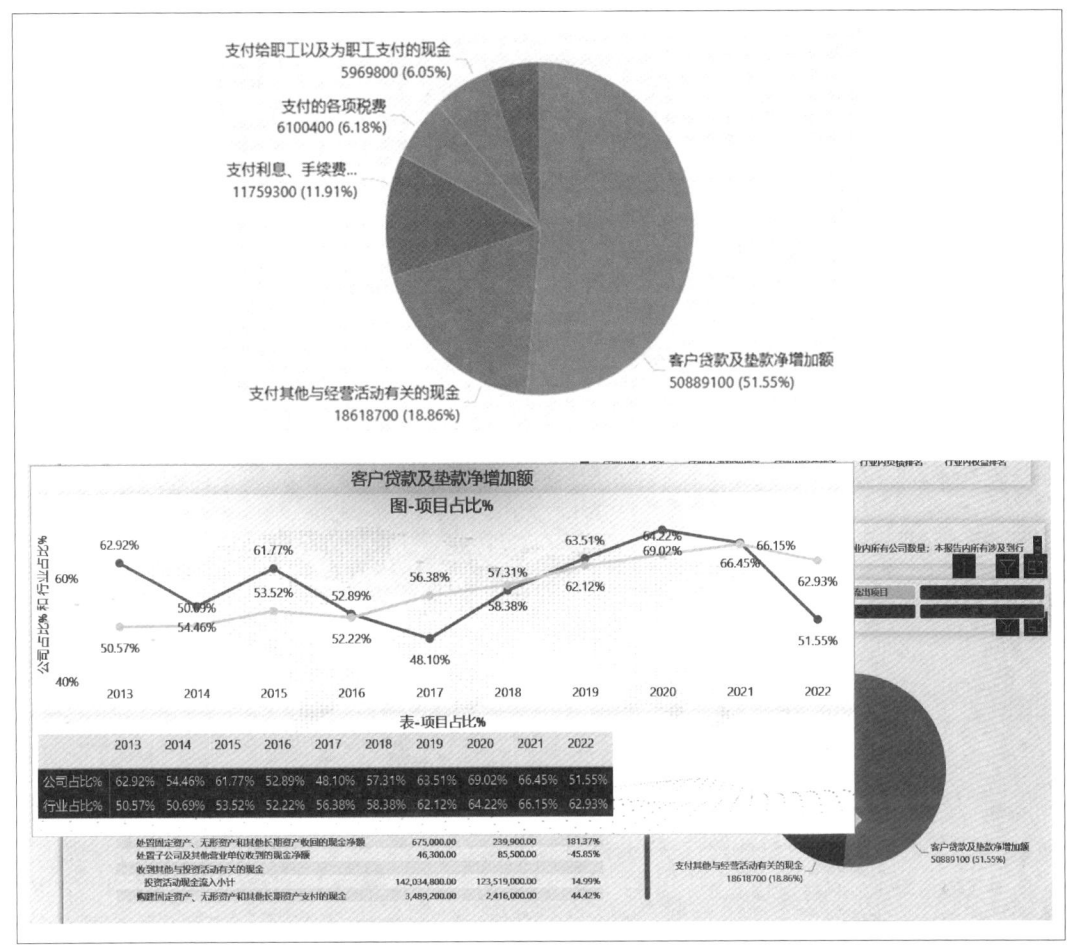

图 4-8　2013—2022 年招商银行经营活动现金流出占比最大项目及其占比变动趋势图

由图 4-8 可知，招商银行经营活动现金流出占比最大的项目是客户贷款及垫款支付的现金，其次是支付其他与经营活动有关的现金。2022 年招商银行占比最大的客户贷款及垫款支付的现金占经营活动流出项目的比重为 51.55%，金额为 51 889 100 万元。招商银行经营活动流出项目中客户贷款及垫款支付的现金历年金额变动幅度较大，2022 年比 2021 年有所下降。

(二) 投资活动项目趋势分析

2013—2022 年招商银行投资活动现金流量净额及其同期增长率的变化趋势，如图 4-9 所示。

在此期间，招商银行投资活动产生的现金流量净额变化幅度较大。由其现金流量表可知，2022 年流出净额为 -51 392 600 万元，2021 年流出净额为 -19 697 00 万元。招商银行投资活动产生的现金流量净额年增长率呈现上下波动趋势，2021 年增长率上升，为 91.82%，但 2022 年增长率比 2021 年下降幅度较大，为 -2 509.16%。

2013—2022 年招商银行投资活动现金流入占比最大项目及其占比变动趋势，如图 4-10 所示。

图 4-9 2013—2022 年招商银行投资活动现金流量净额及其同期增长率变动趋势图

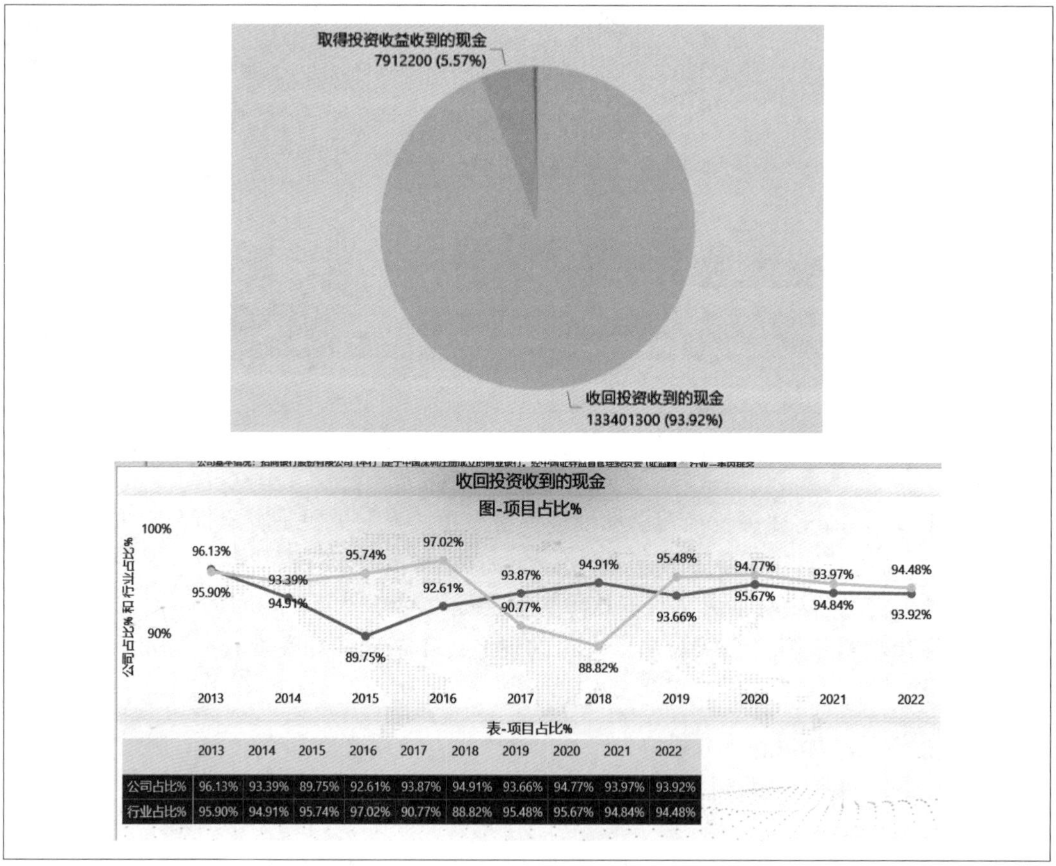

图 4-10 2013—2022 年招商银行投资活动现金流入占比最大项目及其占比变动趋势图

由图 4-10 可知,招商银行投资活动现金流入占比最大的项目是收回投资收到的现金,占投资活动现金流入金额比重为 93.92%,金额为 133 401 300 万元。招商银行 2013—2022 年收回投资收到的现金占比历年来变动幅度不大,基本维持在 90% 以上,仅 2015 年占比低于 90%,为 89.75%;2021—2022 年有小幅度下降,2022 年为 93.92%。

2013—2022年招商银行投资活动现金流出占比最大项目及其占比变动趋势,如图4-11所示。

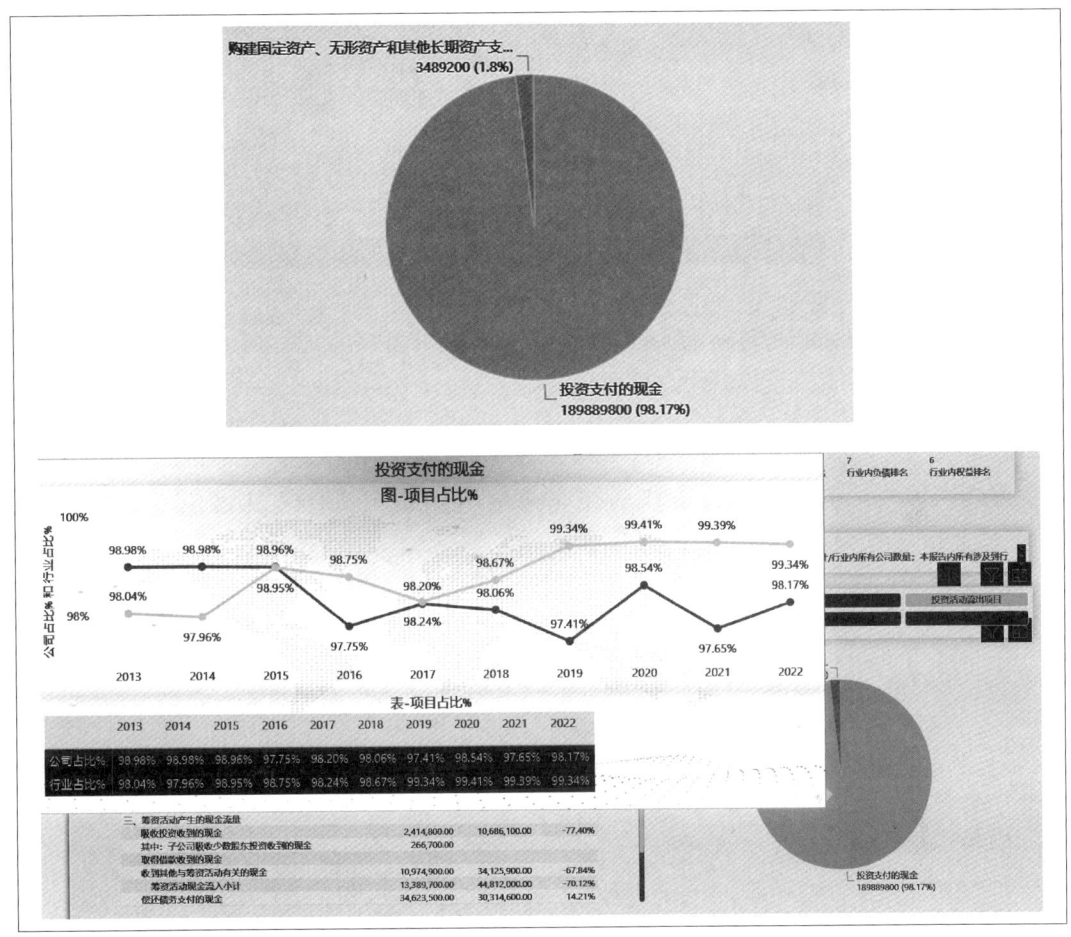

图4-11　2013—2022年招商银行投资活动现金流出占比最大项目及其占比变动趋势图

招商银行投资活动现金流出占比最大的项目是投资支付的现金,占投资活动现金流出的比重为98.17%,金额为189 889 800万元;其次是构建固定资产、无形资产和其他长期资产支付的现金,占比1.8%。招商银行占比最大项目投资支付的现金在2013—2022年变动幅度不大,占比维持在97%~99%,2022年投资支付的现金在投资活动现金流出中占比为98.17%。

(三) 筹资活动项目趋势分析

2013—2022年招商银行筹资活动现金流量净额及其同期增长率的变化趋势,如图4-12所示。

在此期间,招商银行筹资活动产生的现金流量净额除2020年和2022年以外,其他年度金额基本在0~20百万元变动,2020年和2022年筹资活动产生的现金流量净额均为负。招商银行筹资活动产生的现金流量净额历年年增长率变化幅度较大,2017年年增长率达到667.14%,2022年增长率为-432.40%,相较于2021年下降的幅度较大,筹资活动产生的现金流量净额降至-29 703 700万元。

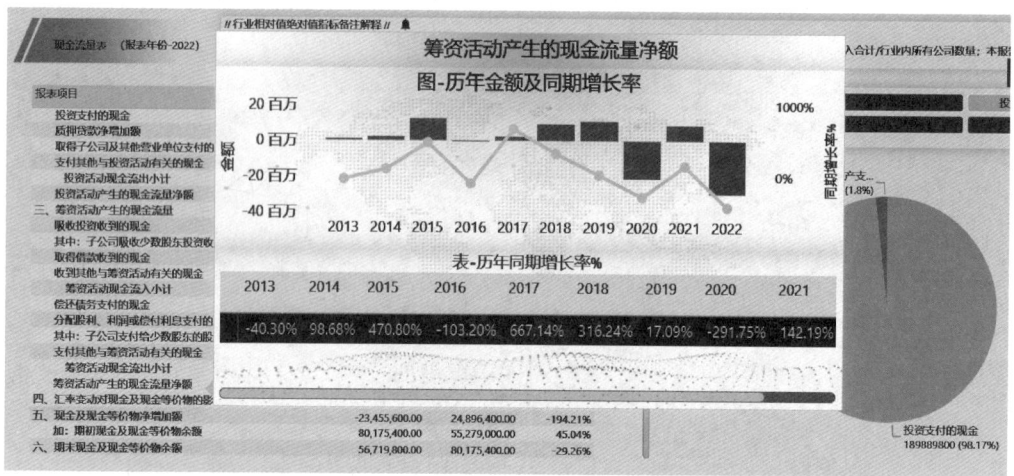

图 4-12 2013—2022 年招商银行筹资活动现金流量净额及其同期增长率变动趋势图

2013—2022 年招商银行筹资活动现金流入占比最大项目及其占比变动趋势,如图 4-13 所示。

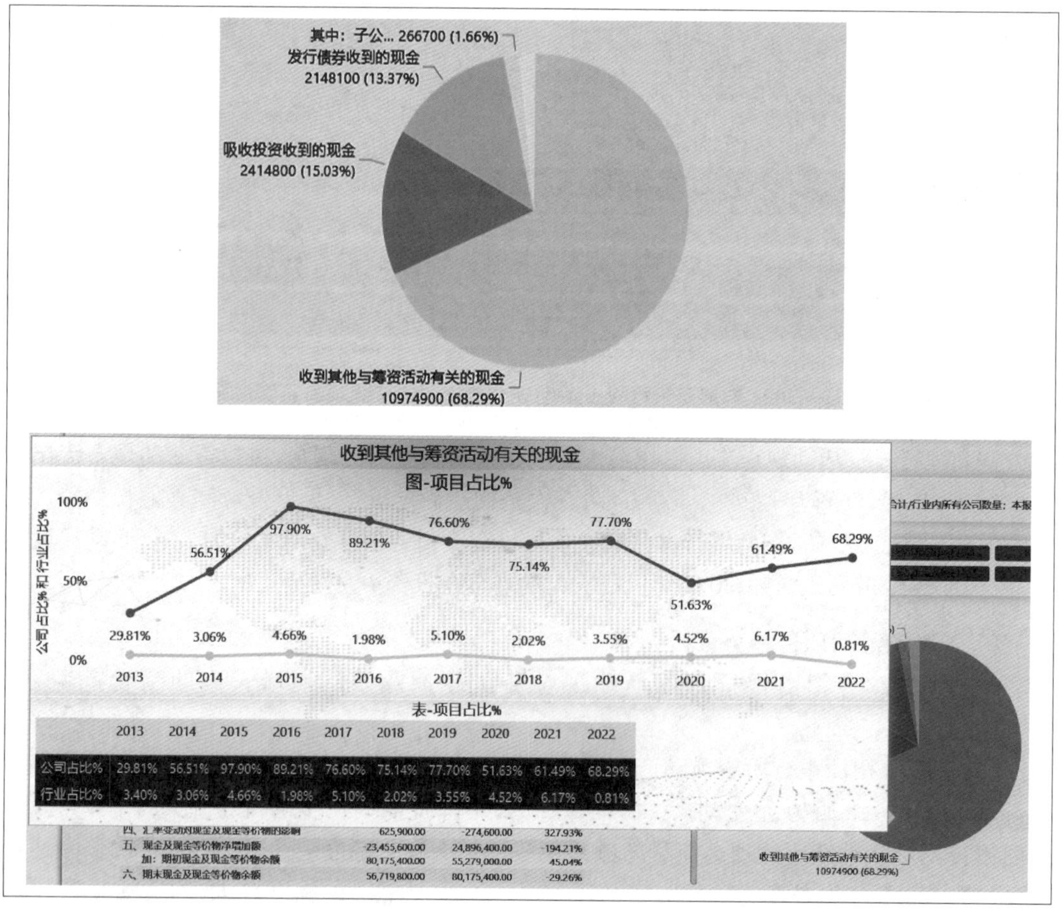

图 4-13 2013—2022 年招商银行筹资活动现金流入占比最大项目及其占比变动趋势图

由图 4-13 可知,招商银行筹资活动现金流入占比最大的项目是收到其他与筹资活动有关的现金,占比为 68.29%,金额为 10 974 900 万元,该占比在 2013—2015 年和 2020—2022 年呈上涨趋势,在 2015 年达到最大值 97.90%。

2013—2022 年招商银行筹资活动现金流出占比最大项目及其占比变动趋势,如图 4-14 所示。

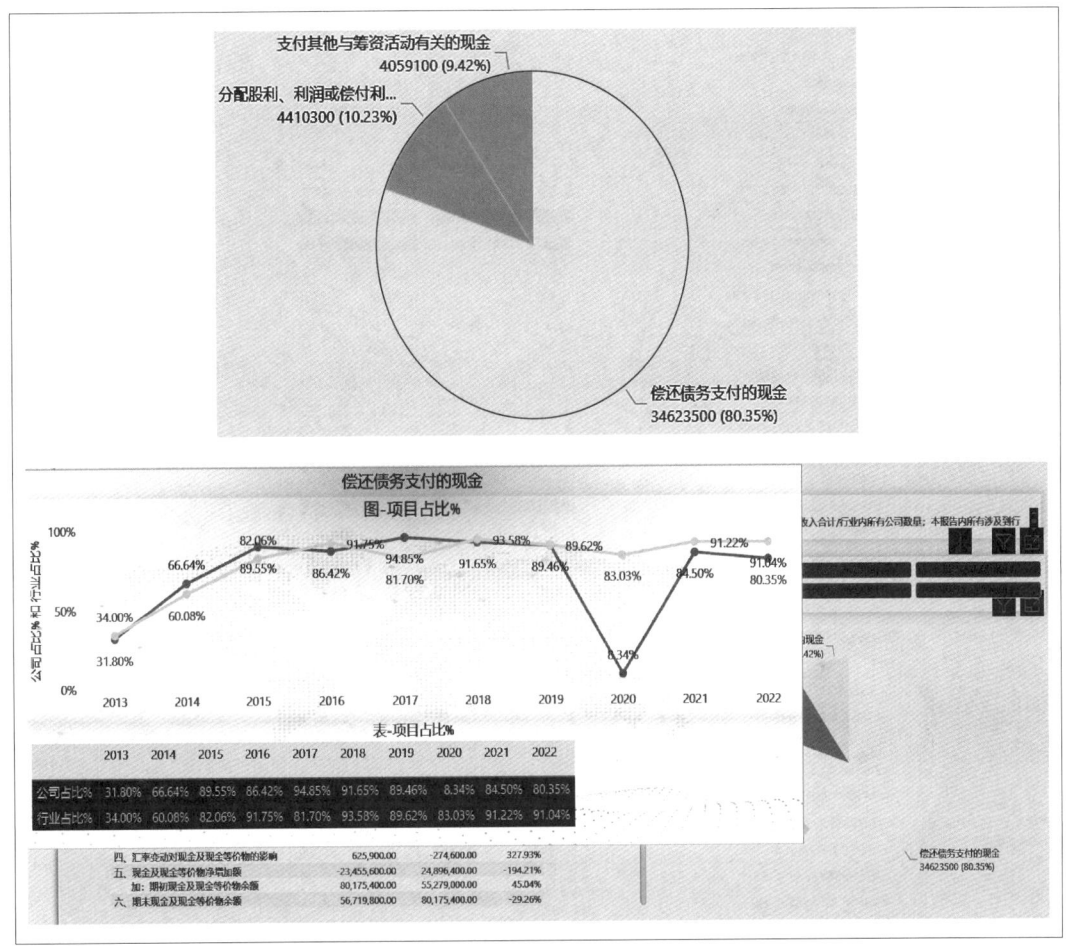

图 4-14　2013—2022 年招商银行筹资活动现金流出占比最大项目及其占比变动趋势图

招商银行筹资活动现金流出金额占比最大的是偿还债务支付的现金,占比为 80.35%,金额约为 34 623 500 万元;其次是分配股利、利润或偿付利息支付的现金,占比为 10.23%,金额约为 4 410 300 万元;2013—2022 年招商银行占筹资活动现金流出最大的项目偿还债务支付的现金在 2015—2019 年波动幅度比较平稳,均在 85%～95%,2019—2021 年波动幅度呈现 V 型,2013—2015 年呈现上升趋势。相较于 2021 年,2022 年占比也略微下降,为 91.04%。

二、重庆百货的现金流量表分析

2022 年重庆百货(600729)现金流量表,如图 4-15 所示。

现金流量表

报表项目	本期	上期	同期增长率%
一、经营活动产生的现金流量			
销售商品、提供劳务收到的现金	2,846,048.22	3,297,125.36	-13.68%
客户存款和同业存放款项净增加额			
向中央银行借款净增加额			
向其他金融机构拆入资金净增加额			
收到原保险合同保费取得的现金			
收到再保业务现金净额			
保户储金及投资款净增加额			
收取利息、手续费及佣金的现金			
拆入资金净增加额			
回购业务资金净增加额			
代理买卖证券收到的现金净额			
收到的税费返还	1,142.55	56.06	1937.99%
收到其他与经营活动有关的现金	95,007.09	125,361.62	-24.21%
经营活动现金流入小计	2,942,197.36	3,422,543.45	-14.03%
购买商品、接受劳务支付的现金	2,408,850.51	2,814,087.39	-14.40%
客户贷款及垫款净增加额			
存放中央银行和同业款项净增加额			
支付原保险合同赔付款项的现金			
拆出资金净增加额			
支付利息、手续费及佣金的现金			
支付保单红利的现金			
支付给职工及为职工支付的现金	184,832.19	209,010.49	-11.57%
支付的各项税费	63,206.77	80,064.46	-21.06%
支付其他与经营活动有关的现金	223,371.49	207,965.83	7.41%
经营活动现金流出小计	2,880,260.96	3,311,128.17	-13.01%
经营活动产生的现金流量净额	61,936.91	111,415.26	-44.41%
二、投资活动产生的现金流量			
收回投资收到的现金	5,500.42	41,160.75	-86.64%
取得投资收益收到的现金	9,787.18	6,065.81	61.35%
处置固定资产、无形资产和其他长期资产收回的现金净额	8,984.42	44,683.01	-79.89%
处置子公司及其他营业单位收到的现金净额	916.78		
收到其他与投资活动有关的现金	112,981.57	232,800.81	-51.47%
投资活动现金流入小计	138,170.36	324,710.38	-57.45%
购建固定资产、无形资产和其他长期资产支付的现金	30,220.16	23,239.93	30.04%
投资支付的现金			
质押贷款净增加额			
取得子公司及其他营业单位支付的现金净额	54,977.73		
支付其他与投资活动有关的现金	85,238.00	110,000.00	-22.51%
投资活动现金流出小计	170,435.89	133,239.93	27.92%
投资活动产生的现金流量净额	-32,265.53	191,470.45	-116.85%
三、筹资活动产生的现金流量			
吸收投资收到的现金	6,065.48	30.00	20118.25%
其中：子公司吸收少数股东投资收到的现金	1,053.50	30.00	3411.67%
取得借款收到的现金	161,646.77	51,487.23	213.96%
收到其他与筹资活动有关的现金			
筹资活动现金流入小计	167,712.25	51,517.23	225.55%
偿还债务支付的现金	73,994.32	140,718.25	-47.42%
分配股利、利润或偿付利息支付的现金	157,864.60	151,570.01	4.15%
其中：子公司支付给少数股东的股利、利润	5,345.70	2,460.93	117.22%
支付其他与筹资活动有关的现金	53,756.52	79,516.08	-32.40%
筹资活动现金流出小计	285,615.44	371,804.34	-23.18%
筹资活动产生的现金流量净额	-117,903.20	-320,287.11	-63.19%
四、汇率变动对现金及现金等价物的影响			
五、现金及现金等价物净增加额	-88,231.82	-17,401.40	407.04%
加：期初现金及现金等价物余额	214,559.79	231,835.47	-7.45%
六、期末现金及现金等价物余额	126,327.97	214,434.07	-41.09%

图 4-15　2022 年重庆百货现金流量表

由图 4-15 可知,2022 年重庆百货经营活动产生的现金流量净额为 61 936.91 万元,经营活动流入流出项目中销售商品、提供劳务收到的现金为 2 846 048.22 万元,购进商品、接受劳务付出的现金为 2 408 850.51 万元。由此说明,重庆百货的销售利润较大,销售回款良好,创现能力较强。

2022 年,重庆百货投资活动产生的现金净流量为负,金额为 -32 265.52 万元。当公司扩大规模或开发新项目时,需要投入大量的现金,投资活动产生的现金流入量补偿不了现金的流出量,投资活动现金净流量为负,如果企业投资有效,在未来将产生现金净流入用于偿还债务,创造价值,如此公司不会有偿债方面的困难。

2022 年,重庆百货筹资活动产生的现金流量净额为负,金额为 -117 903.20 万元,吸收的股权、借款等金额小于偿还债务、分配股利等产生的金额,流出金额比流入金额多,筹资活动产生的现金净流量越大,企业面临的偿债压力也越大。

(一) 经营活动项目趋势分析

2013—2022 年重庆百货经营活动现金流量净额及其同期增长率的变化趋势,如图 4-16 所示。

图 4-16 2013—2022 年重庆百货经营活动现金流量净额及其同期增长率的变化趋势图

在此期间,重庆百货经营活动产生的现金流量净额变动在早期呈上升趋势,虽然在 2014 年下降,但之后又呈现上升趋势。然而,近两年又呈现下降趋势,到 2022 年该公司的经营活动产生的现金流量为 61 936.91 万元。

2013—2022 年重庆百货经营活动现金流入占比最大项目及其历年占比趋势,如图 4-17 所示。

由图 4-17 可知,重庆百货经营活动现金流入占比最大的项目是销售商品、提供劳务收到的现金,其次是收到的其他与经营活动有关的现金。2013—2022 年重庆百货占比最大的销售商品、提供劳务收到的现金变化幅度不是很大,波动幅度为 96%~98%,2022 年其销售商品、提供劳务收到的现金占经营活动流入项目的比重为 96.73%,金额约为 2 846 048 万元。

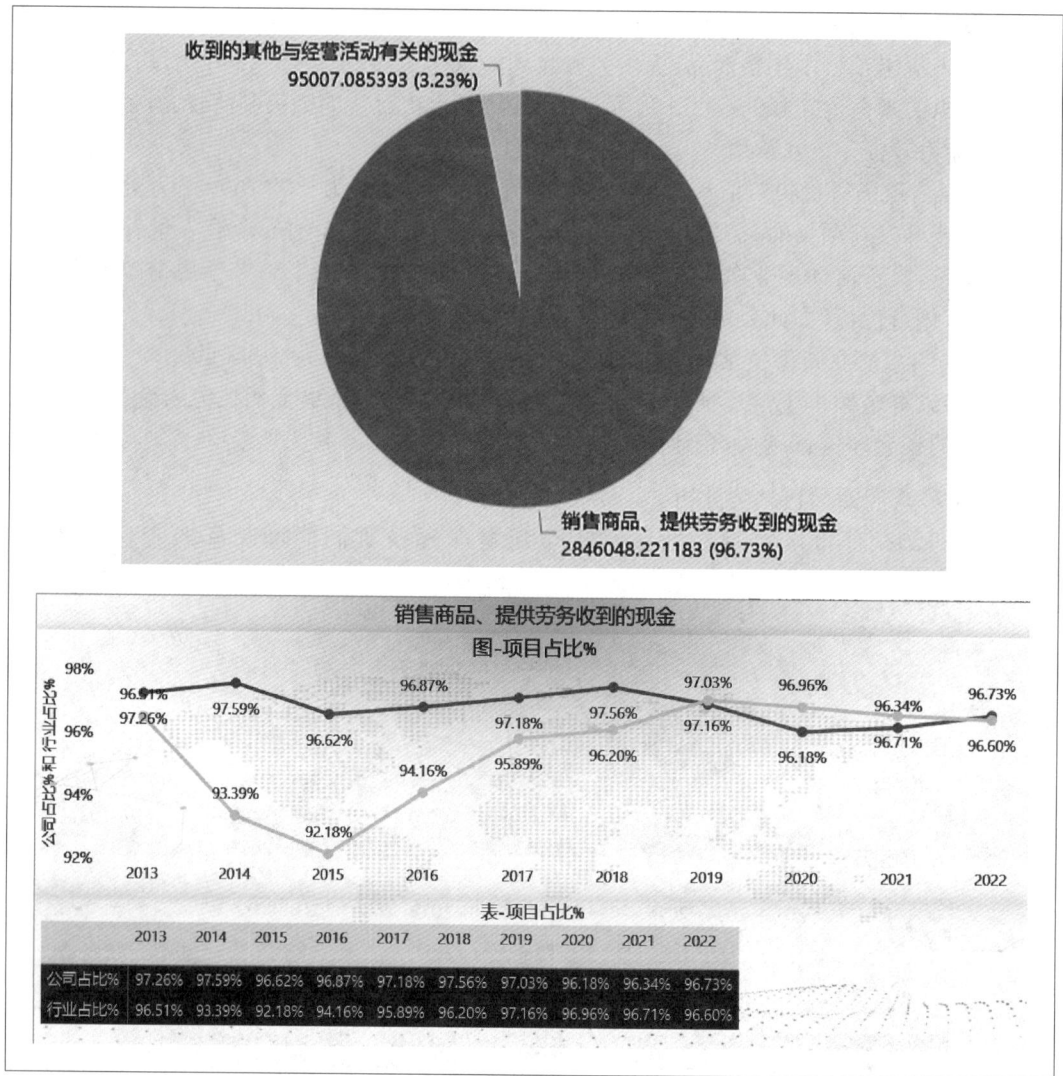

图 4-17　2013—2022 年重庆百货经营活动现金流入占比最大项目及其历年占比变动趋势图

2013—2022 年重庆百货经营活动现金流出占比最大项目及其历年占比趋势,如图 4-18 所示。

由图 4-18 可知,重庆百货经营活动现金流出占比最大的项目是购买商品、接受劳务支付的现金,其次是支付其他与经营活动有关的现金。2013—2022 年重庆百货占比最大的购买商品、接受劳务支付的现金变化幅度不大,均在 80%～84% 之间波动,2022 年其购买商品、接受劳务支付的现金占经营活动流出项目的比重为 83.63%,金额为 2 408 851 万元。

(二) 投资活动项目趋势分析

2013—2022 年重庆百货投资活动现金流量净额及其同期增长率变化趋势,如图 4-19 所示。

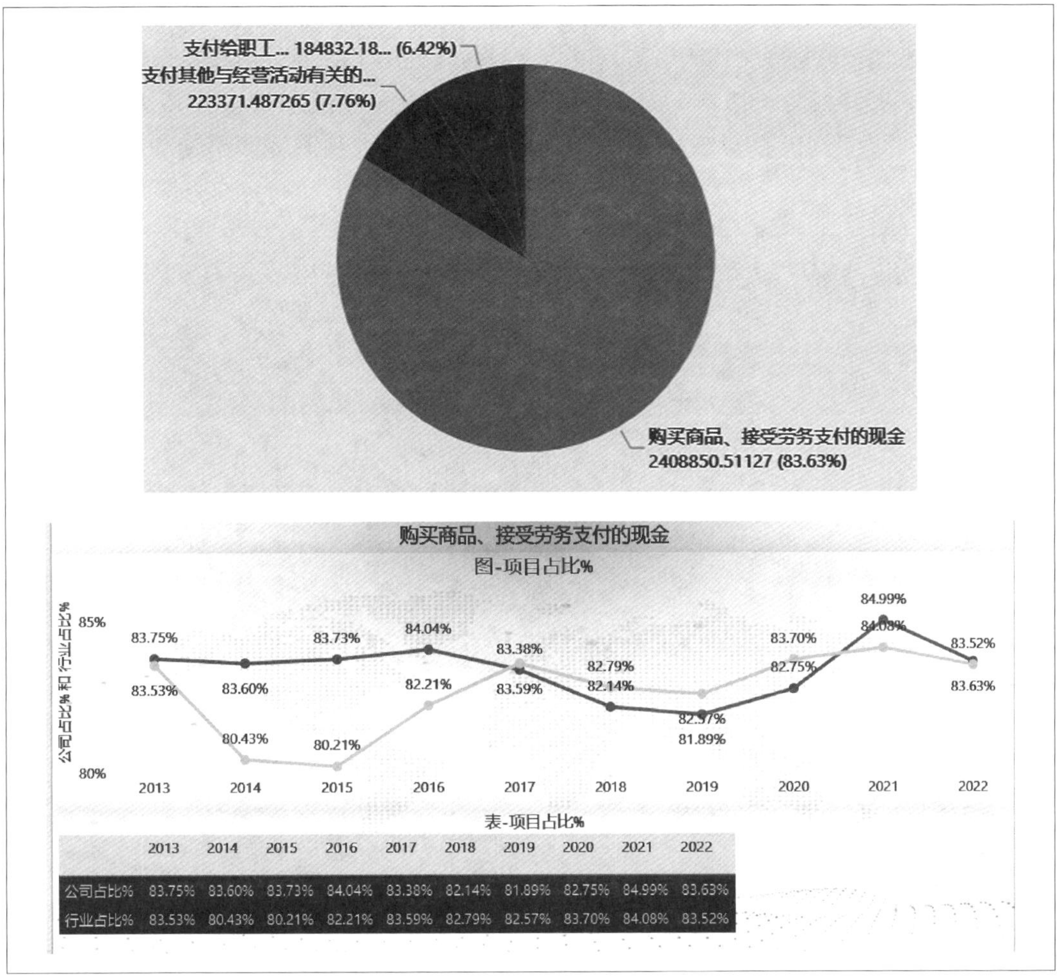

图 4-18 2013—2022 年重庆百货经营活动现金流出占比最大项目及其历年占比变动趋势图

图 4-19 2013—2022 年重庆百货投资活动现金流量净额及其同期增长率变化趋势图

在此期间,重庆百货投资活动产生的现金流量净额变动幅度较大,除 2016 年和 2021 年外的其余年份现金流量净额均为负值,且在 0 到 −0.4 百万元之间。由其现金流量表可知,2022 年现金流量净额为 −32 265.53 万元,2021 年现金流量净额为 19 470.45 万元。

2013—2022 年重庆百货投资活动现金流入占比最大项目及其历年占比趋势,如图 4-20 所示。

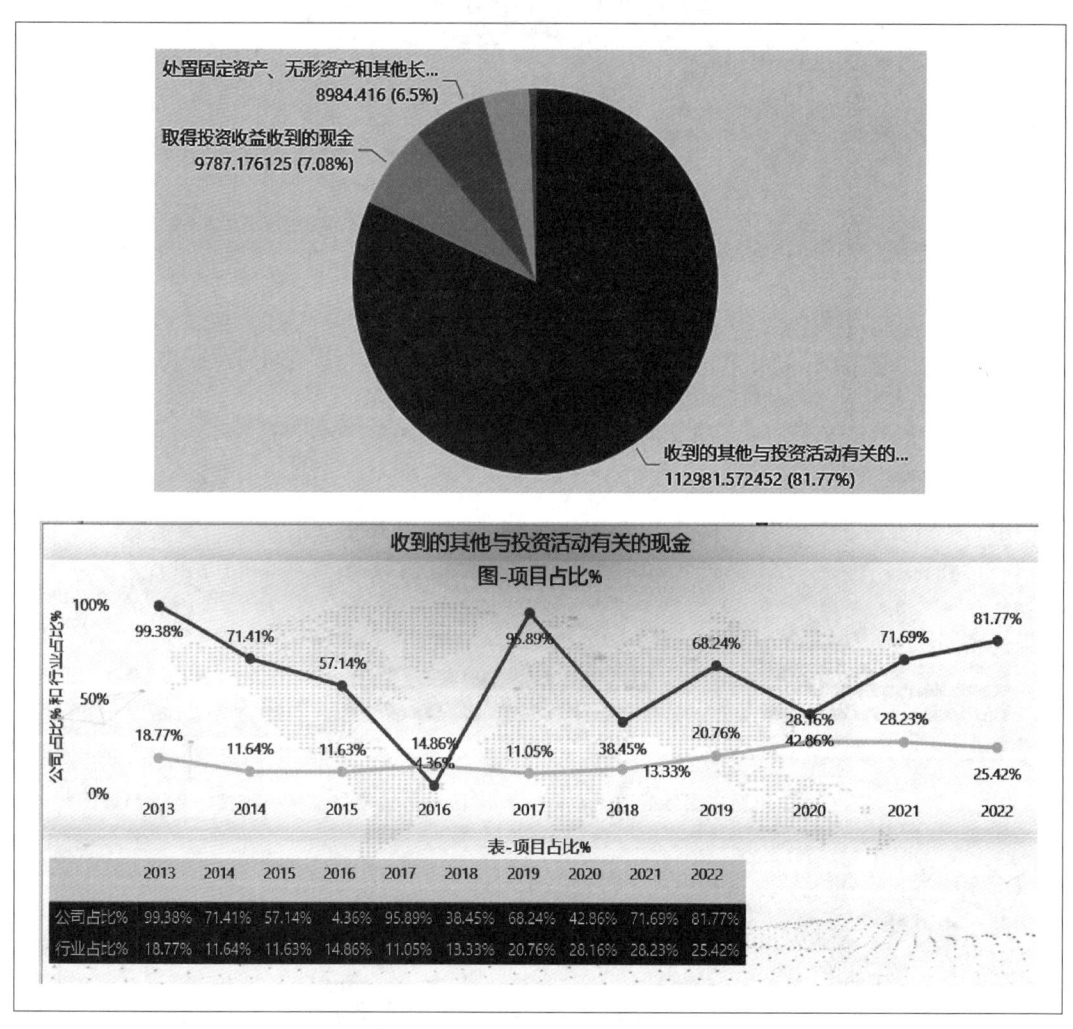

图 4-20　重庆百货投资活动现金流入占比最大项目及其历年占比变动趋势图

由图 4-20 可知,重庆百货投资活动现金流入占比最大的项目是收到的其他与投资活动有关的现金,其占投资活动现金流入金额比重在 2013—2022 年变动较大,在 2016 年达到了最低值 4.36%,2013 年达到了最高值 99.38%,该比重在 2013—2016 年逐步下降,反复波动后在近 3 年迎来稳步上涨,2022 年重百货收到的其他与投资活动有关的现金占该公司投资活动现金流入金额的 81.77%,略高于 2021 年的 71.69%。

2013—2022 年重庆百货投资活动现金流出占比最大项目及其历年占比变化趋势,如图 4-21 所示。

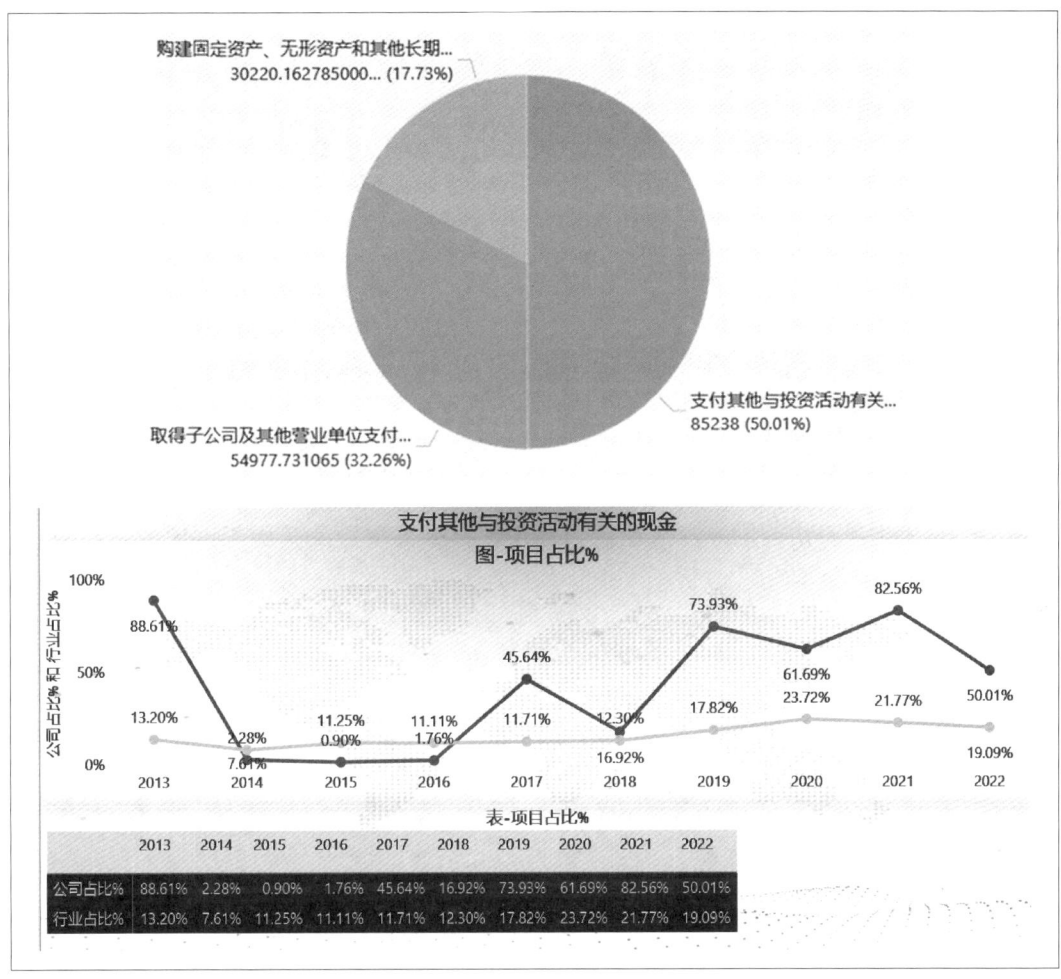

图 4-21 重庆百货投资活动现金流出占比最大项目及其历年占比变动趋势图

由图 4-21 可知,2022 年重庆百货投资活动现金流出中占比最大的项目是支付其他与投资活动有关的现金,占投资活动现金流出的 50.01%。其次占比最大的是取得子公司及其他营业单位支付的现金,占比为 32.26%。其占比最大的项目支付其他与投资活动有关的现金在 2013—2022 年反复上下波动,整体来看是急剧下降后迂回上升,但相比 2013 年的占比来说,仍然有所降低。

(三)筹资活动项目趋势分析

2013—2022 年重庆百货筹资活动现金流量净额及其同期增长率的变化趋势,如图 4-22 所示。

在此期间,重庆百货筹资活动产生的现金流量净额,除 2020 年以外其他年度金额基本在 0~−0.4 百万元变动,筹资活动产生的现金流量净额均为负,仅基于筹资活动流入流出项目呈现数据判断,历年取得借款收到的现金金额小于偿还债务、分配股利润或偿还利息支付的现金产生的金额,流出金额比流入金额多。重庆百货筹资活动现金流量净额的历年增长率变化幅度较大,2016 年年增长率为 −1 253.23%,2021 年年增长率为 −703.04%。

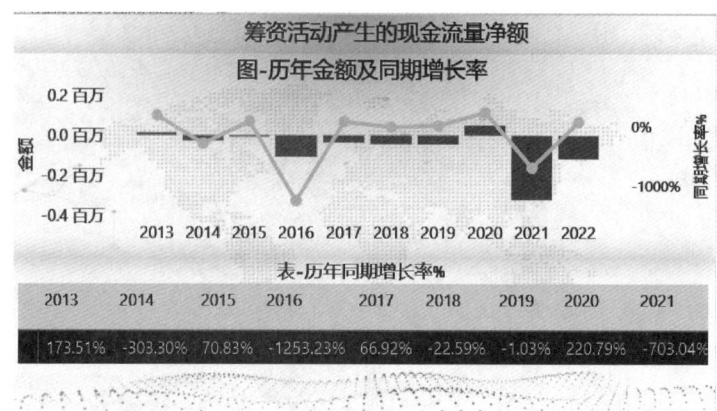

图4-22 2013—2022年重庆百货筹资活动现金流量净额及其同期增长率的变化趋势图

2013—2022年重庆百货筹资活动现金流入占比最大项目及其历年占比变化趋势，如图4-23所示。

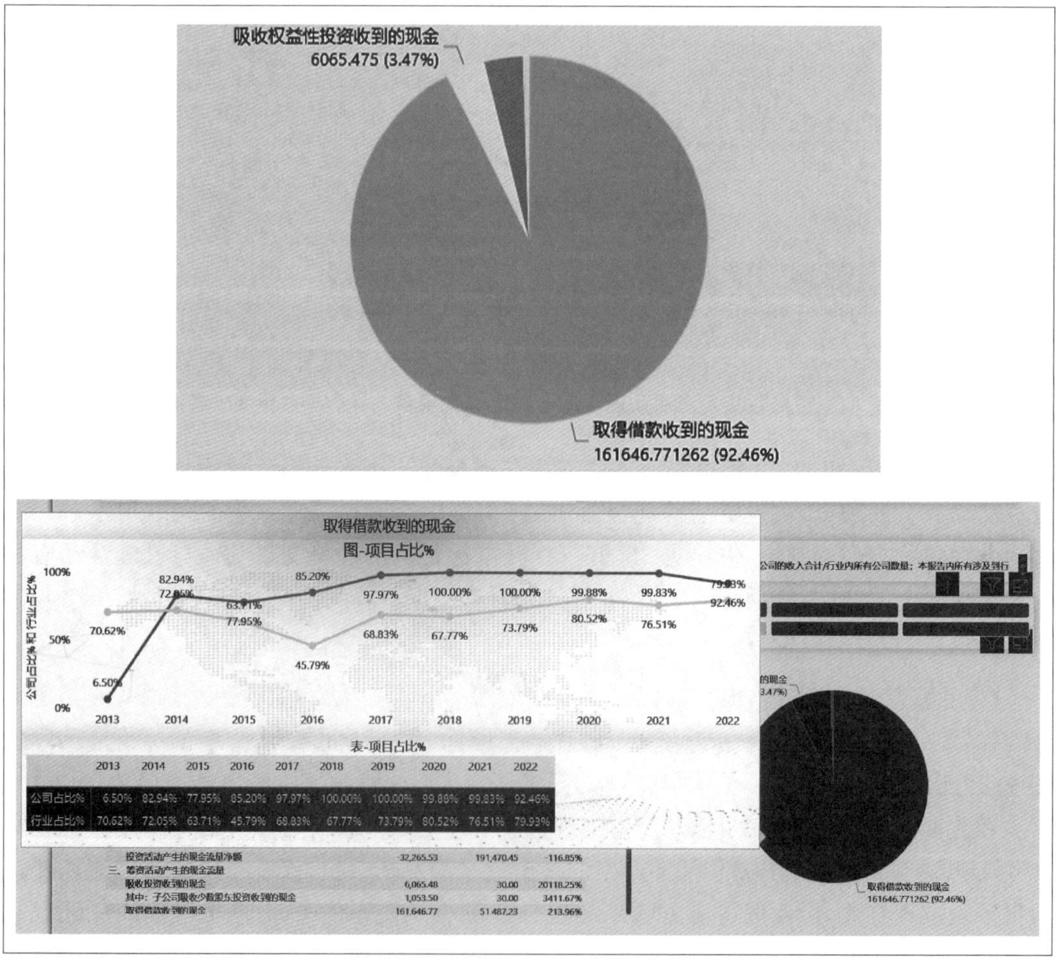

图4-23 重庆百货筹资活动现金流入占比最大项目及其历年占比变动趋势图

由图 4-23 可知，2022 年重庆百货筹资活动现金流入占比最大的项目是取得借款收到的现金，占比为 92.46%，金额为 161 646.77 万元。整体来看，其所占比重呈上升趋势，尤其在 2013—2014 年上涨较多，从 6.50% 上涨到了 82.94%。

2013—2022 年重庆百货筹资活动现金流出占比最大项目及其历年占比变动趋势，如图 4-24 所示。

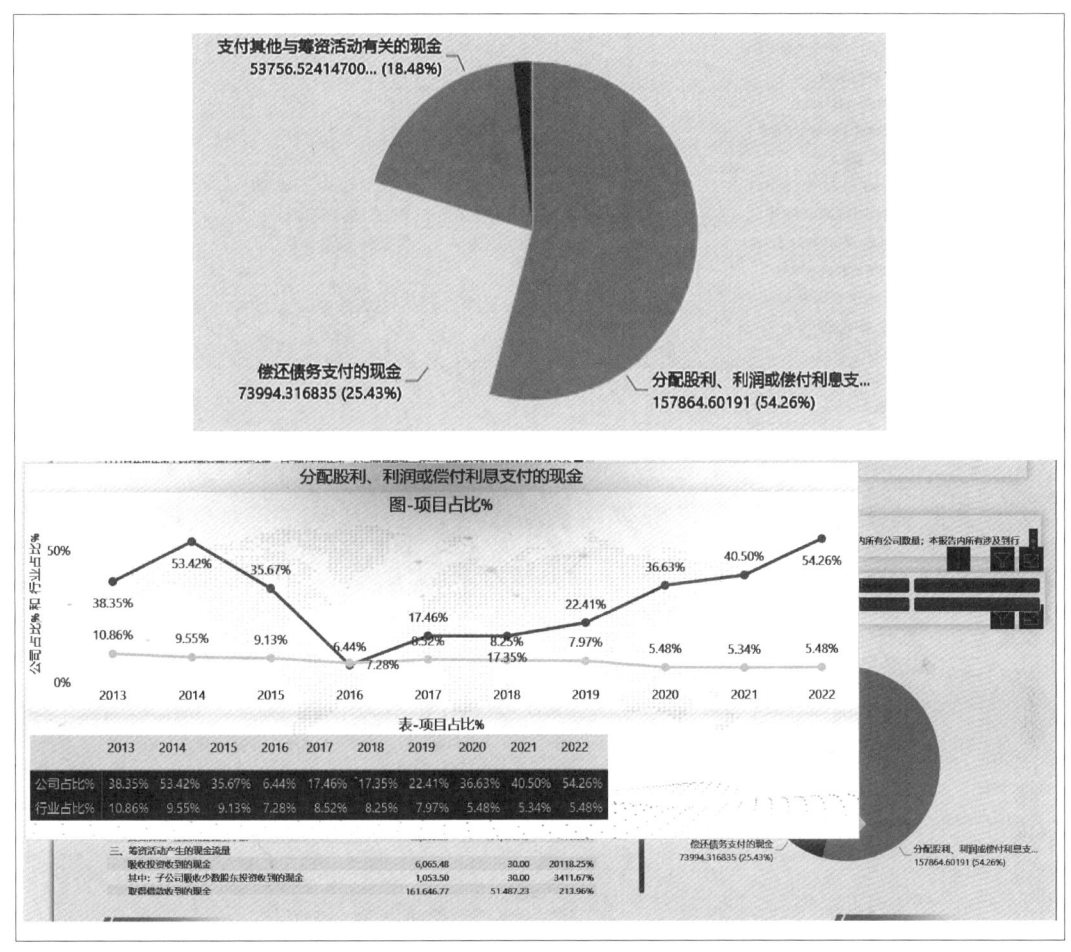

图 4-24　2013—2022 年重庆百货筹资活动现金流出占比最大项目及其历年占比变动趋势图

由图 4-24 可知，重庆百货公司筹资活动现金流出金额占比最大的是分配股利、利润或偿付利息支付的金额，占比为 54.26%，金额约为 157 864 万元；其次是偿还债务支付的现金，占比为 25.43%，金额约为 73 994 万元。占筹资活动现金流出最大的项目分配股利、利润或偿付利息支付的现金在 2016—2022 年大体呈上升趋势，到 2022 年占比达到 54.26%，2013—2016 年波动幅度呈现倒 V 型，到 2016 年达到最低值 6.44%。相较于 2021 年，2022 年占比较大。

三、重庆港九的现金流量表分析

2022 年重庆港九（600279）现金流量表，如图 4-25 所示。

报表项目	本期	上期	同期增长率%
一、经营活动产生的现金流量			
销售商品、提供劳务收到的现金	449,396.59	412,354.83	8.98%
客户存款和同业存放款项净增加额			
向中央银行借款净增加额			
向其他金融机构拆入资金净增加额			
收到原保险合同保费取得的现金			
收到再保业务现金净额			
保户储金及投资款净增加额			
收取利息、手续费及佣金的现金			
拆入资金净增加额			
回购业务资金净增加额			
代理买卖证券收到的现金净额			
收到的税费返还		39.45	-100.00%
收到其他与经营活动有关的现金	53,276.25	13,675.71	289.57%
经营活动现金流入小计	502,672.84	426,069.97	17.98%
购买商品、接受劳务支付的现金	357,346.99	305,129.10	17.11%
客户贷款及垫款净增加额			
存放中央银行和同业款项净增加额			
支付原保险合同赔付款项的现金			
拆出资金净增加额			
支付利息、手续费及佣金的现金			
支付保单红利的现金			
支付给职工以及为职工支付的现金	45,477.15	43,603.95	4.30%
支付的各项税费	10,484.46	11,130.67	-5.81%
支付其他与经营活动有关的现金	21,213.42	12,625.89	68.02%
经营活动现金流出小计	434,522.02	372,489.61	16.65%
经营活动产生的现金流量净额	68,150.82	53,580.36	27.19%
二、投资活动产生的现金流量			
收回投资收到的现金	33.13		
取得投资收益收到的现金	1,826.47	950.62	92.13%
处置固定资产、无形资产和其他长期资产收回的现金净额	50,300.87	1,977.67	2443.44%
处置子公司及其他营业单位收到的现金净额			
收到其他与投资活动有关的现金			
投资活动现金流入小计	52,160.47	2,928.29	1681.26%
购建固定资产、无形资产和其他长期资产支付的现金	33,573.73	50,257.66	-33.20%
投资支付的现金			
质押贷款净增加额			
取得子公司及其他营业单位支付的现金净额			
支付其他与投资活动有关的现金			
投资活动现金流出小计	33,573.73	50,257.66	-33.20%
投资活动产生的现金流量净额	18,586.74	-47,329.37	-139.27%
三、筹资活动产生的现金流量			
吸收投资收到的现金	8,450.59		
其中:子公司吸收少数股东投资收到的现金	8,450.59		
取得借款收到的现金	56,633.78	57,476.32	-1.47%
收到其他与筹资活动有关的现金	20,000.00		
筹资活动现金流入小计	85,084.37	57,476.32	48.03%
偿还债务支付的现金	93,489.00	33,818.50	176.44%
分配股利、利润或偿付利息支付的现金	23,426.89	30,021.25	-21.97%
其中:子公司支付给少数股东的股利、利润	630.42	909.36	-30.67%
支付其他与筹资活动有关的现金	10,068.63	30,042.45	-66.49%
筹资活动现金流出小计	126,984.52	93,882.20	35.26%
筹资活动产生的现金流量净额	-41,900.15	-36,405.88	15.09%
四、汇率变动对现金及现金等价物的影响	110.74	-126.40	-187.61%
五、现金及现金等价物净增加额	44,948.15	-30,281.29	-248.44%
加:期初现金及现金等价物余额	97,374.45	127,655.74	-23.72%
六、期末现金及现金等价物余额	142,322.60	97,374.45	46.16%

图 4-25　2022 年重庆港九现金流量表

由图 4-25 可知，2022 年重庆港九经营活动现金流量净额 68 150.82 万元。公司 2022 年的经营活动现金流入量与上一年相比，增加 76 602.87 万元，流出量与上一年相比，增加 60 232.42 万元，现金流入量的增加大于现金流，导致经营活动现金流量净额增加 14 570.46 万元，说明结合经营活动现金流入与流出规模来看，其经营活动创造现金流量的能力比较强。

2022 年重庆港九投资活动产生的现金流量净额为 18 586.74 万元，投资活动现金流入量与上一年相比，增加 49 232.18 万元，流出量与上一年相比，减少 16 683.93 万元，现金流入量的增长大于现金流出量的增长，导致投资活动现金流量净额增加 65 916.11 万元，说明其有可能处于收回投资期。

2022 年重庆港九筹资活动产生的现金流量净额为负，金额为 -41 900.15 万元。2022 年的筹资活动现金流入量与上一年相比，增加 27 608.05 万元，流出量与上一年相比增加 33 102.32 万元，现金流入量的增长小于现金流出量的增长，导致筹资活动现金流量净额减少 5 494.27 万元，说明其经营活动现金净流量为正数，投资活动现金净流量为正数，筹资活动现金净流量为负数时，可能进入了产品成熟期。在这个阶段，产品销售市场稳定，已进入回收期，但有很多外部资金需要偿还，以保持良好的资信程度。

（一）经营活动项目趋势分析

2013—2022 年重庆港九经营活动现金流量净额及其同期增长率变化趋势，如图 4-26 所示。

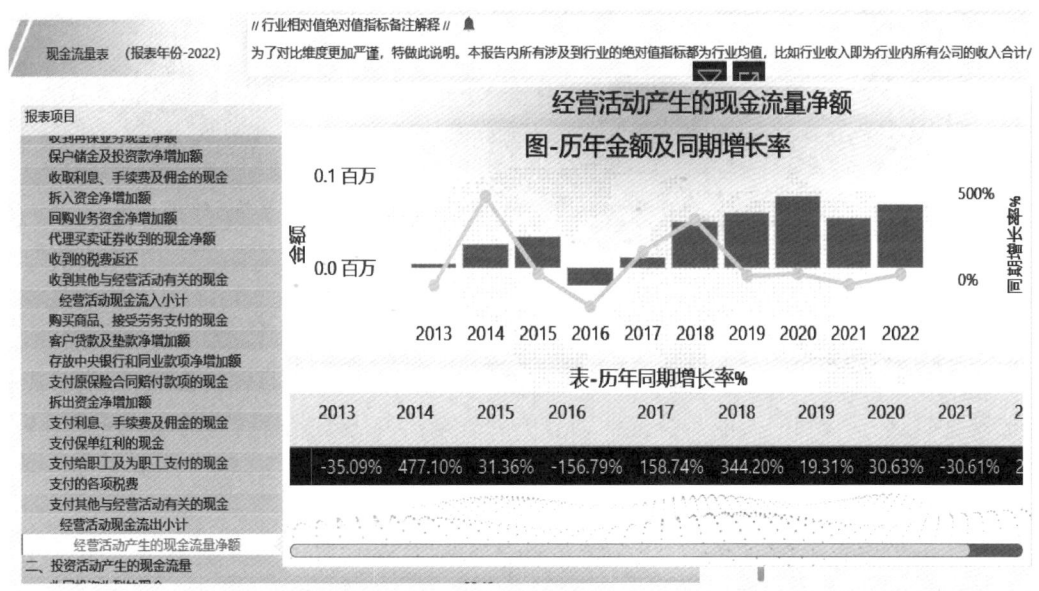

图 4-26　2013—2022 年重庆港九经营活动现金流量净额及其同期增长率变化趋势图

在此期间，重庆港九经营活动产生的现金流量净额变动幅度较大，尤其是 2014 年和 2018 年，2022 年经营活动现金流量净额为 68 150.82 万元，说明其现金拥有量更为充沛，为以后的发展提供了基础。

2013—2022年重庆港九经营活动现金流入占比最大项目及其占比变动趋势,如图4-27所示。

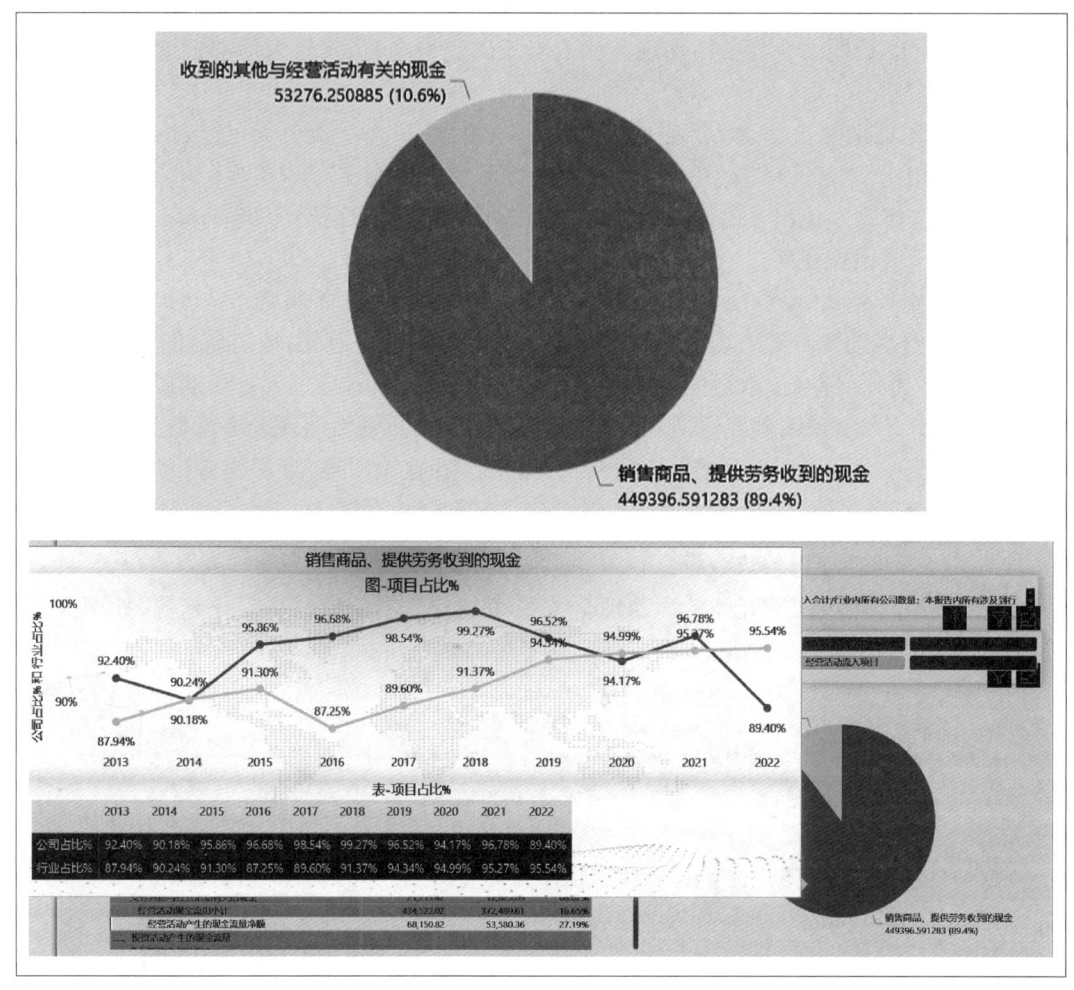

图 4-27　2013—2022 年重庆港九经营活动现金流入占比最大项目及其占比变动趋势图

由图 4-27 可知,重庆港九经营活动现金流入占比最大的项目是销售商品、提供劳务收到的现金,其次是收到的其他与经营活动有关的现金。占比最大的销售商品、提供劳务收到的现金在 2013—2022 年变化幅度不是很大,在 90%～97%,2022 年占比低于 90%,为 89.40%,相比于 2021 年的占比有所下降。

2013—2022 年重庆港九经营活动现金流出占比最大项目及其占比变动趋势,如图 4-28 所示。

由图 4-28 可知,重庆港九经营活动现金流出占比最大的项目是购买商品、接受劳务支付的现金,其次是支付给职工以及为职工支付的现金。占比最大的购买商品、接受劳务支付的现金占经营活动流出项目的比重为 82.24%,金额为 357 346 万元。2013—2022 年重庆港九经营活动流出项目中购买商品、接受劳务支付的现金占比变动幅度不大,早期呈现上升趋势,但 2017—2022 年呈现下降趋势,2022 年比 2021 年略微有所上涨。

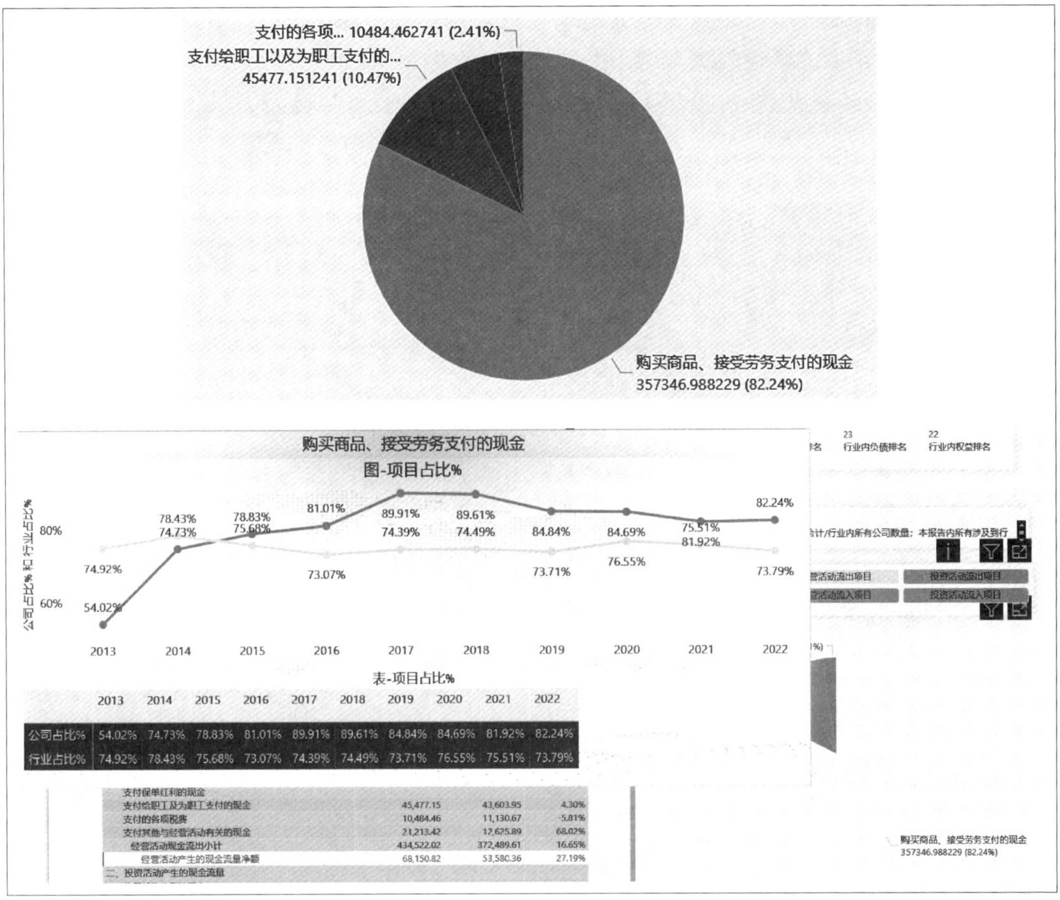

图 4-28　2013—2022 年重庆港九经营活动现金流出占比最大项目及其占比变动趋势图

(二) 投资活动项目趋势分析

2013—2022 年重庆港九投资活动现金流量净额及其同期增长率的变化趋势,如图 4-29 所示。

图 4-29　2013—2022 年重庆港九投资活动现金流量净额及其同期增长率变动趋势图

在此期间,重庆港九投资活动产生的现金流量净额变化幅度较大,2018—2021年呈现下降趋势,2022年上涨幅度较大,同期增长率为137.27%。

2013—2022年重庆港九投资活动现金流入占比最大项目及其占比变动趋势,如图4-30所示。

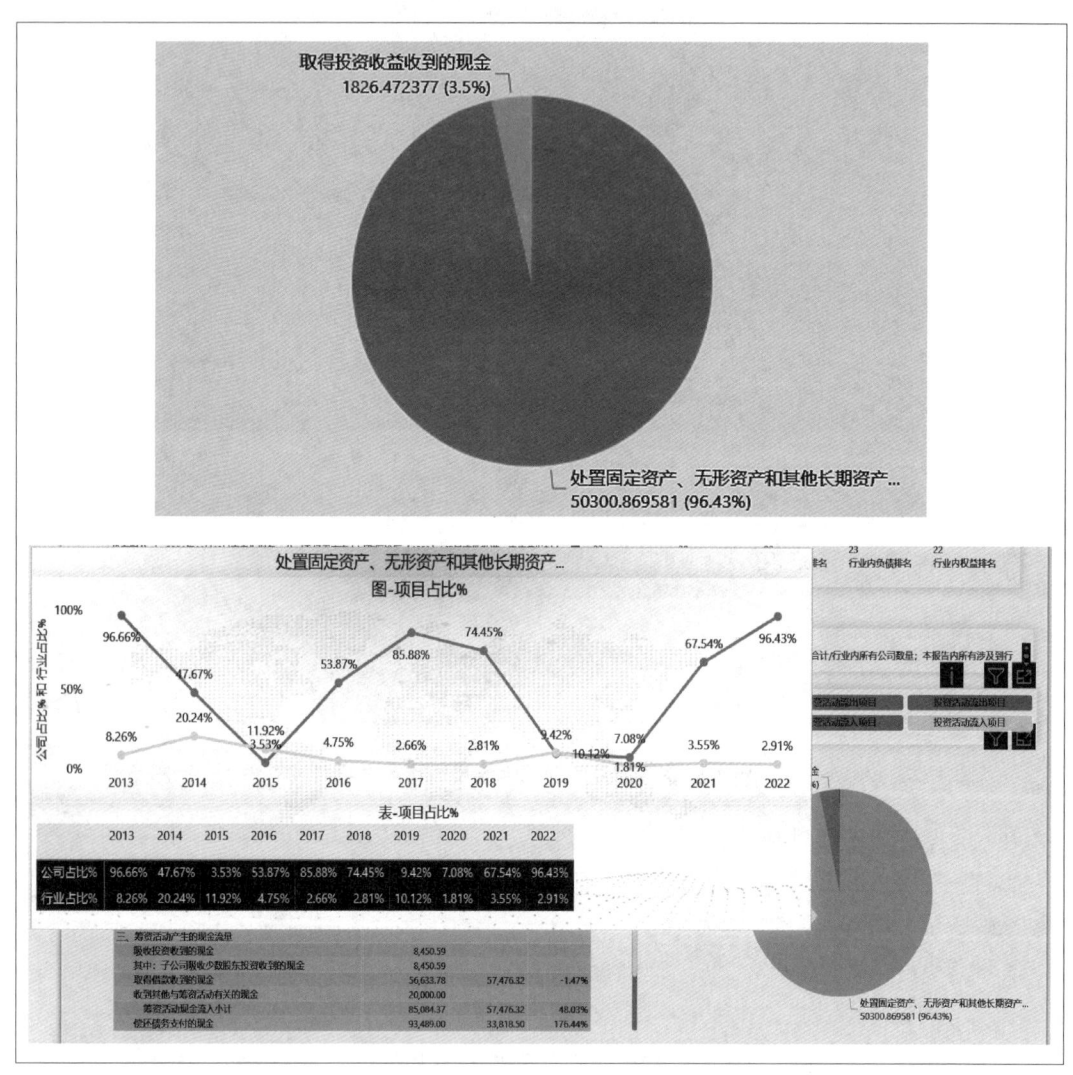

图4-30　2013—2022年重庆港九投资活动现金流入占比最大项目及其占比变动趋势图

由图4-30可知,重庆港九投资活动现金流入占比最大的项目是处置固定资产、无形资产和其他长期资产收到的现金,占投资活动现金流入金额比重为96.43%,金额为50 300万元。重庆港九2013—2022年处置固定资产、无形资产和其他长期资产收到的现金占比历年呈现W形变化趋势,2020—2022年有大幅度上升,2022年比重为96.43%,高于2021年的占比67.54%。

2013—2022年重庆港九投资活动现金流出占比最大项目及其占比变动趋势,如图4-31所示。

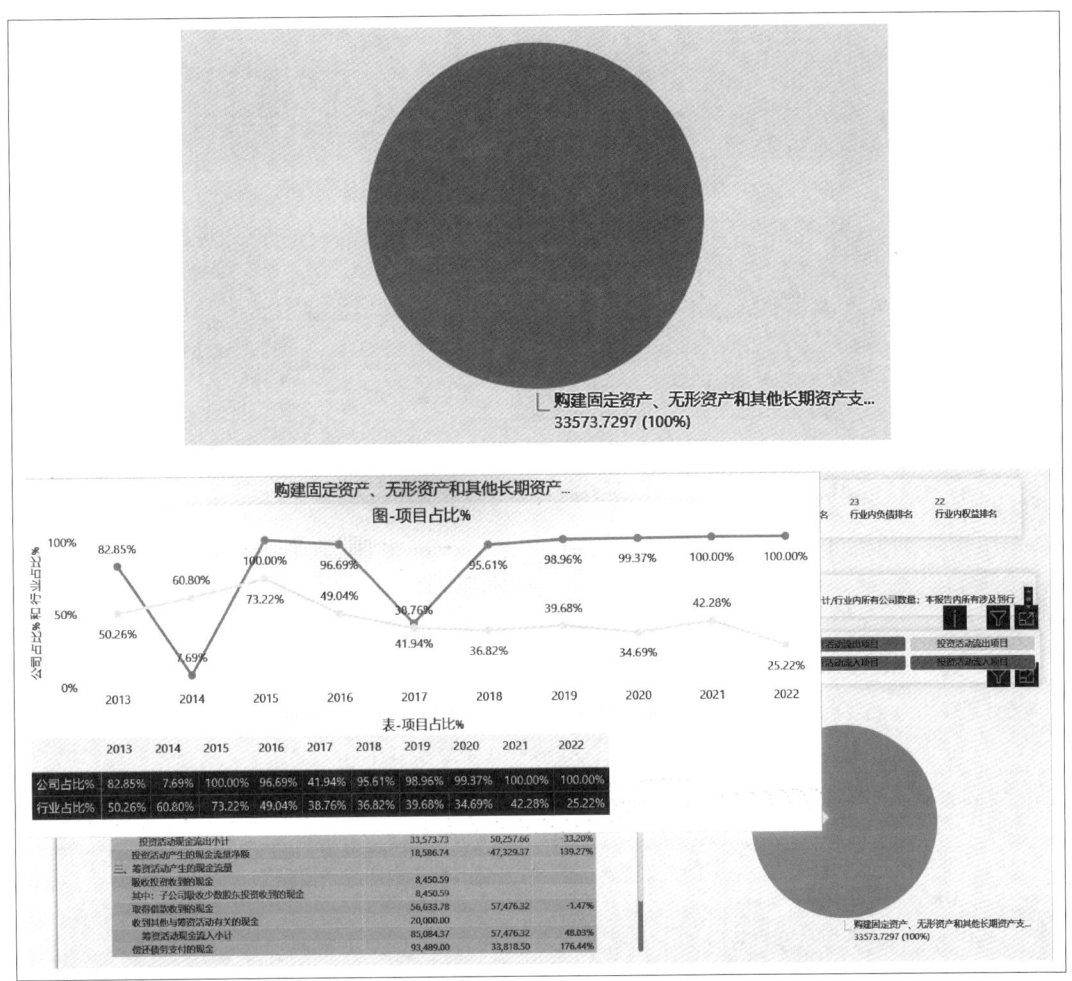

图 4-31 2013—2022 年重庆港九投资活动现金流出占比最大项目及其占比变动趋势图

重庆港九投资活动现金流出占比最大的项目是购建固定资产、无形资产和其他长期资产支付的现金,占投资活动现金流出比重为 100.00%。占比最大项目购建固定资产、无形资产和其他长期资产支付的现金在 2017—2022 年整体呈上升趋势,2013—2014 年和 2015—2017 年大幅下降,最低时占比为 7.69%,2021 年和 2022 年均保持在最大占比值 100.00%。

(三) 筹资活动项目趋势分析

2013—2022 年重庆港九筹资活动现金流量净额及其同期增长率的变化趋势,如图 4-32 所示。

在此期间,重庆港九筹资活动产生的现金流量净额除 2014 年和 2017 年以外,其他年度金额基本在 0～−0.1 百万元变动,筹资活动产生的现金流量金额均为负,仅基于筹资活动流入流出项目呈现数据判断,历年取得借款收到的现金金额小于偿还债务、分配股利润或偿还利息支付的现金产生的金额,流出金额比流入金额多。重庆港九筹资活动产生的现金流量净额历年增长率变化幅度较大,2014 年年增长率为 362.56%,2017 年增长率为 1 195.36%,是 2013—2022 年增长幅度最大的一年。

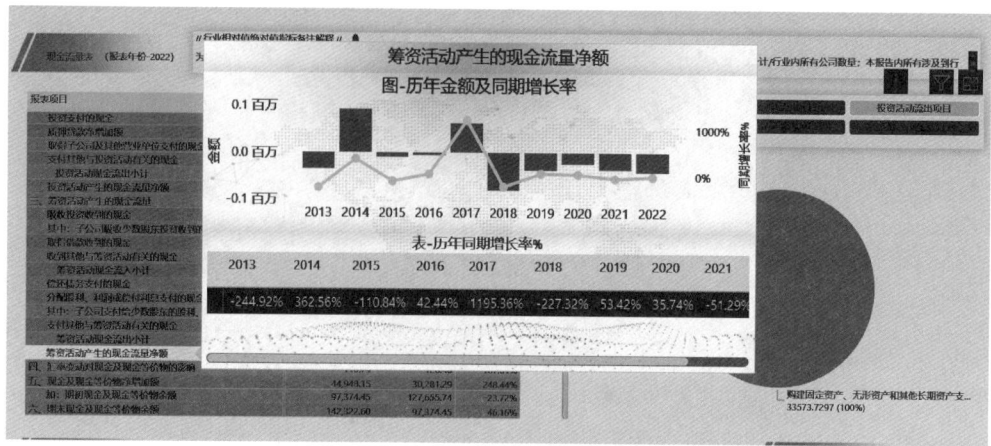

图 4-32　2013—2022 年重庆港九筹资活动现金流量净额及其同期增长率变化趋势图

2013—2022 年重庆港九筹资活动现金流入占比最大项目及其占比的变化趋势，如图 4-33 所示。

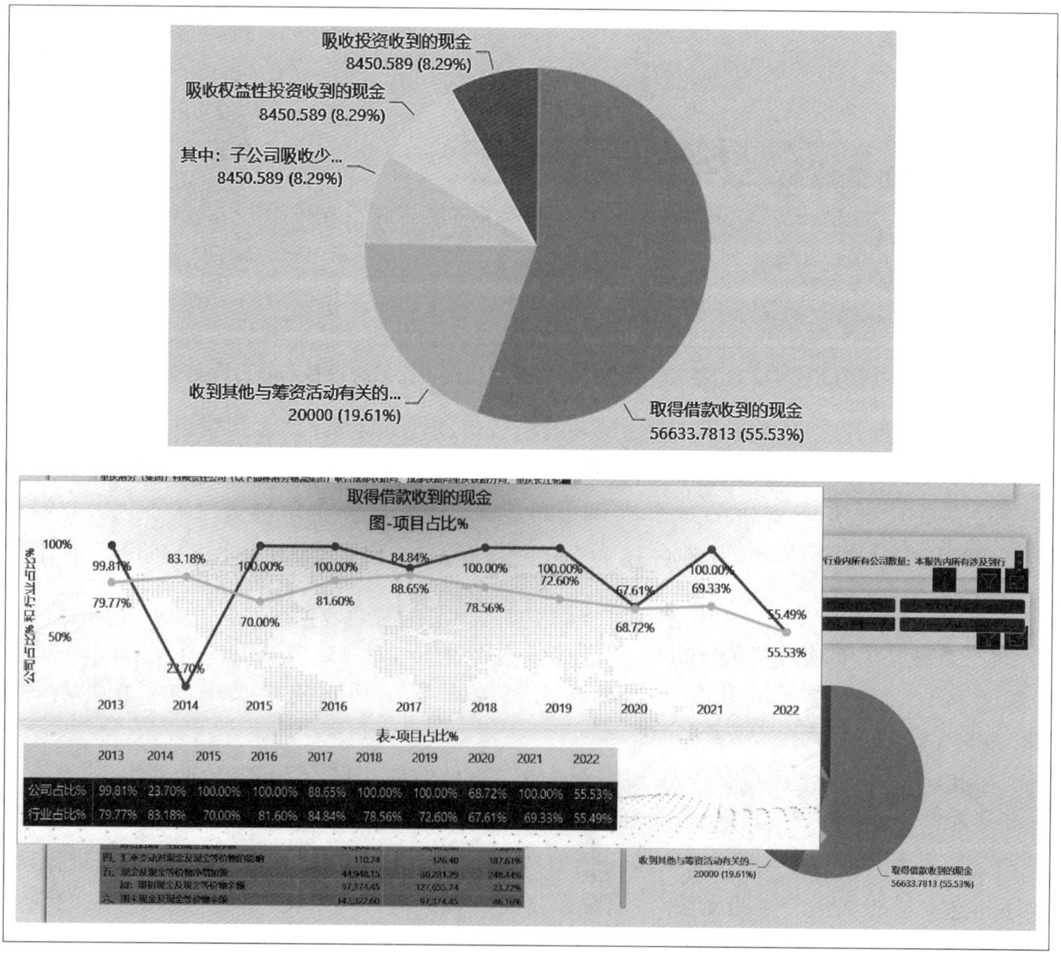

图 4-33　2013—2022 年重庆港九筹资活动现金流入占比最大项目及其占比变动趋势图

由图 4-33 可知,重庆港九筹资活动现金流入占比最大的项目是取得借款收到的现金,占比为 55.53%,金额为 56 633.70 万元。该占比历年来变动幅度较大,其中,2015 年、2016 年、2018 年、2019 年和 2021 年均为 100%,2014 年达到最低值 23.70%。

2013—2022 年重庆港九筹资活动现金流出占比最大项目及其占比的变动趋势,如图 4-34 所示。

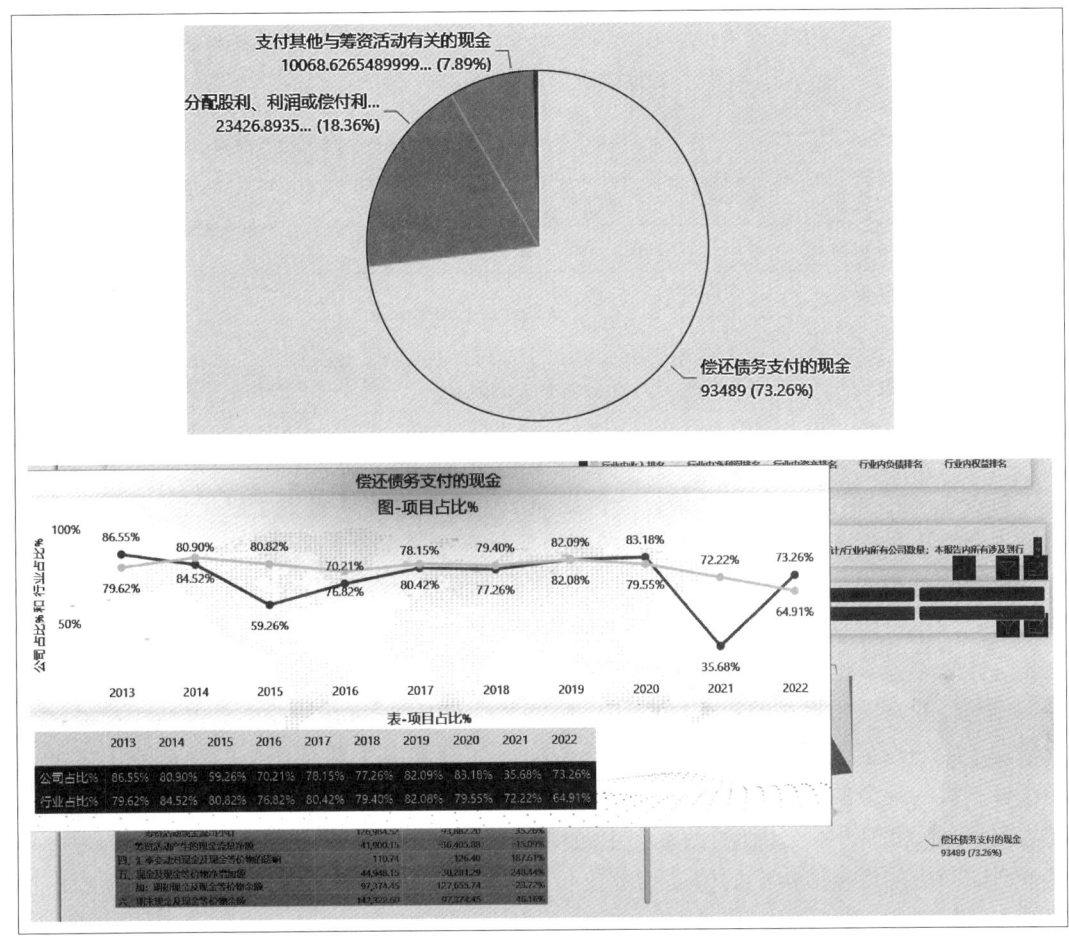

图 4-34　2013—2022 年重庆港九筹资活动现金流出占比最大项目及其占比变动趋势图

由图 4-34 可知,重庆港九筹资活动现金流出金额占比最大的是偿还债务支付的金额,占比为 73.26%,金额约为 93 489 万元;其次是分配股利、利润或偿付利息支付的现金,占比为 18.36%,金额约为 23 426 万元。占筹资活动现金流出比最大的项目偿还债务支付的现金在 2017—2020 年波动幅度比较平稳,均在 77%~84% 波动,2020—2022 年波动幅度呈现 V 形,2015—2017 年呈现上升趋势,相较于 2021 年,2022 年占比较大。

第四节　行业对比分析

上述分析是针对企业层面的分析,接下来从整个行业角度进行对比分析,分析上述特征是否具有行业共性。延续上述企业层面的分析思路,结合竞争对手从行业层面继续分析。

一、货币金融服务行业对比分析

2022年货币金融服务行业主要报表项目占比行业对比,如表4-4所示。

表4-4 2022年货币金融服务行业主要报表项目占比行业对比

报表分类	各报表分类中占比最大的报表项目名称	报表项目占比(占比最大的报表项目金额/报表分类金额)(%前保留2位小数)	
		公司	行业
经营活动产生的现金流入	客户存款和同业存放款项净增加额	71.68%	61.72%
经营活动产生的现金流出	客户贷款及垫款净增加额	51.55%	62.93%
投资活动产生的现金流入	收回投资收到的现金	93.92%	94.98%
投资活动产生的现金流出	投资支付的现金	98.17%	99.34%
筹资活动产生的现金流入	收到其他与筹资活动有关的现金	68.29%	0.81%
筹资活动产生的现金流出	偿还债务支付的现金	80.35%	91.04%

由表4-4可知,2022年招商银行经营活动产生的现金流入量大于流出量,投资活动产生的现金流出量大于流入量,筹资活动产生的现金流出量大于流入量。

招商银行现金流量表中各报表分类中占比最大的报表项目中,投资活动产生的现金流入中的收回投资收到的现金、投资活动产生的现金流出中的投资支付的现金的占比和行业占比总体来说差异不大,但筹资活动产生的现金流入中的收到其他与筹资活动有关的现金的占比与行业对应项目相差较大,公司占68.29%,而相同项目在行业中只占到0.81%。经营活动产生的现金流出中的客户贷款及垫款净增加额和筹资活动产生的现金流出中的偿还债务支付的现金的比例略低于行业占比,公司分别占51.55%和80.35%,而行业占比分别为62.93%和91.04%。经营活动产生的现金流入中的购买商品、接受劳务支付的现金和筹资活动产生的现金流出中的偿还债务支付的客户存款和同业存放款项净增加额的占比略高于行业占比,公司占比为71.68%,而行业占比为61.72%。

2022年货币金融服务行业主要报表项目金额变动行业对比,如表4-5所示。

表4-5 2022年货币金融服务行业主要报表项目金额变动行业对比

报表分类	本期金额与上期金额增长率(%前保留2位小数)	
	公司	行业
经营活动产生的现金流入	39.67%	39.02%
经营活动产生的现金流出	16.11%	12.24%
经营活动产生的现金净流量	213.18%	390.72%
投资活动产生的现金流入	14.99%	−1.90%
投资活动产生的现金流出	54.14%	3.81%

(续表)

报表分类	本期金额与上期金额增长率 （%前保留2位小数）	
	公司	行业
投资活动产生的现金净流量	−2 509.16%	−74.15%
筹资活动产生的现金流入	−71.04%	2.29%
筹资活动产生的现金流出	20.12%	10.21%
筹资活动产生的现金净流量	−432.40%	−120.78%

由表4-5可知，招商银行2022年经营活动产生的现金流入、流出本期与上期相比，流入金额增长了39.67%，流出金额增长了16.11%，与此同时行业流入与流出均有所上升，流入上升了39.02%，流出上升了12.24%。经营活动产生的现金净流量增长率增长了213.18%，行业增长了390.72%。公司和行业经营活动产生的现金流入增长率均上升，同时公司和行业经营活动产生的现金流出增长率也在上升。在经营活动产生的现金净流量方面，公司相较于行业相对增长较小。

招商银行投资活动产生的现金流入流出与上期相比均上升，分别达到了14.99%和54.14%，同时行业投资活动产生的现金流入与流出存在一升一降，其中流入下降了1.90%，流出上升了3.81%。在投资活动产生的现金净流量方面下降明显，下降了2 509.16%，而行业该项目下降了74.15%，招商银行该项目下降的程度远远高于行业下降的水平。

招商银行筹资活动产生的现金流入比上期下降了71.04%，流出量上升了20.12%，行业筹资活动产生的现金流入增长了2.29%，流出增长了10.21%。在筹资活动产生的现金净流量方面，招商银行下降明显，下降了432.40%，而行业该项目下降了120.78%，招商银行该项目下降的程度远远高于行业下降的水平。

2013—2022年招商银行经营活动产生的现金流量净额及其同期增长率的变化趋势，如图4-35所示。

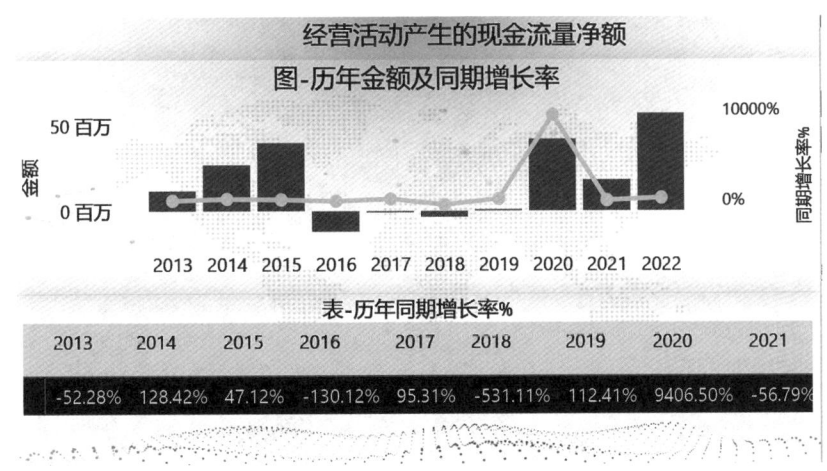

图4-35　2013—2022年招商银行经营活动产生的现金流量净额及其同期增长率变化趋势图

由图 4-35 可知，柱状图为历年金额，折线图为同期增长率。在此期间，招商银行经营活动产生的现金流量净额呈现较为明显的波动性，2013—2015 年连续 3 年上涨，2016—2019 年则出现负值，2020—2022 年又出现较大幅度的增长。从同期增长率来看，2013—2019 年招商银行的增长率相对比较平稳，2019 年以后则呈现出较大幅度的波动性。货币金融服务行业增长率的变动曲线表现为前期呈下降趋势，2017 年开始上升，2020—2022 年短暂下降后又上升。

2013—2022 年招商银行投资活动产生的现金流量净额及其同期增长率的变化趋势，如图 4-36 所示。

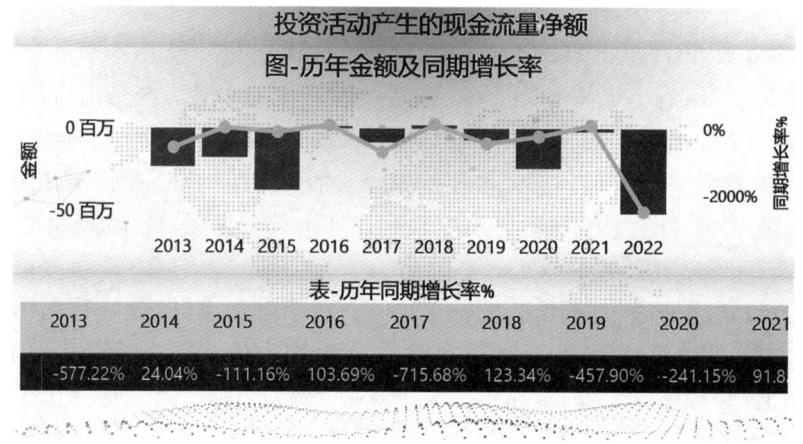

图 4-36　2013—2022 年招商银行投资活动现金流量净额及其同期增长率变化趋势图

由图 4-36 可知，柱状图为历年金额，折线图为同期增长率。在此期间，招商银行投资活动产生的现金流量净额多为负值，2022 年的负值最大。从同期增长率来看，2013—2021 年招商银行呈波动性上升趋势，仅 2017 年出现较为明显下跌，而 2022 年则出现了大幅度回落。货币金融服务行业的增长率则表现为前期下降趋势，2017 年开始上升，上升 2 年后又开始下降，但 2020 年又有上升趋势。

招商银行筹资活动产生的现金流量净额及其同期增长率的变化趋势，如图 4-37 所示。

图 4-37　2013—2022 年招商银行筹资活动现金流量净额及其同期增长率变化趋势图

由图 4-37 可知,柱状图为历年金额,折线图为同期增长率。在此期间,招商银行筹资活动产生的现金流量净额呈现波动性上升趋势,2019—2022 年呈现先下降后上升又下降的趋势。从增长率的趋势可以看出,招商银行总体呈现出波动的下降趋势,2017 年以后的同期增长率表现出明显的下降趋势。

二、零售业对比分析

2022 年零售业主要报表项目占比行业对比,如表 4-6 所示。

表 4-6 2022 年零售业主要报表项目占比行业对比

报表分类	各报表分类中占比最大的报表项目名称	报表项目占比(占比最大的报表项目金额/报表分类金额)(%前保留2位小数)	
		公司	行业
经营活动产生的现金流入	销售商品、提供劳务收到的现金	96.73%	96.60%
经营活动产生的现金流出	购买商品、接受劳务支付的现金	83.63%	83.52%
投资活动产生的现金流入	收到的其他与投资活动有关的现金	81.77%	25.42%
投资活动产生的现金流出	支付其他与投资活动有关的现金	50.01%	19.09%
筹资活动产生的现金流入	取得借款收到的现金	92.46%	79.93%
筹资活动产生的现金流出	分配股利、利润或偿付利息支付的现金	54.26%	5.48%

由表 4-6 可知,2022 年重庆百货经营活动产生的现金流入量大于流出量,投资活动产生的现金流出量大于流入量,筹资活动产生的现金流出量大于流入量。

重庆百货现金流量表中各报表分类中占比最大的报表项目中,经营活动产生的现金流入中的销售商品、提供劳务收到的现金,经营活动产生的现金流出中的购买商品、接受劳务支付的现金的占比和行业占比总体来说差异不大,但投资活动产生的现金流入中的收到的其他与投资活动有关的现金、投资活动产生的现金流出中的支付其他与投资活动有关的现金和筹资活动产生的现金流出中的分配股利、利润或偿付利息支付的现金的占比与行业对应项相差较大,公司分别占 81.77%、50.01% 和 54.26%,而相同项目在行业中分别占 25.42%、19.09% 和 5.48%。而筹资活动产生的现金流入中的取得借款收到的现金的比例略高于行业水平。

2022 年零售业主要报表项目金额变动行业对比,如表 4-7 所示。

表 4-7 2022 年零售业主要报表项目金额变动行业对比

报表分类	本期金额与上期金额增长率(%前保留2位小数)	
	公司	行业
经营活动产生的现金流入	−14.03%	−7.67%
经营活动产生的现金流出	−13.01%	−7.88%
经营活动产生的现金净流量	−44.41%	−1.47%

(续表)

报表分类	本期金额与上期金额增长率（%前保留2位小数）	
	公司	行业
投资活动产生的现金流入	−57.45%	1.79%
投资活动产生的现金流出	27.92%	−5.12%
投资活动产生的现金净流量	−116.85%	32.68%
筹资活动产生的现金流入	238.97%	5.01%
筹资活动产生的现金流出	−22.26%	7.59%
筹资活动产生的现金净流量	63.19%	−15.88%

由表4-7可知，重庆百货经营活动产生的现金流入相比上期减少了14.03%，而经营活动产生的现金流出相比上期减少了13.01%，同时行业经营活动产生的现金流入与流出均下降，其中现金流入下降了7.67%，现金流出下降了7.88%。在重庆百货经营活动产生的现金净流量方面，重庆百货下降明显，下降了44.41%，而行业该项目仅仅下降了1.47%，重庆百货该项目下降程度大于行业下降水平。

重庆百货投资活动产生的现金流入相比上期下降了57.45%，而投资活动产生的现金流出相比上年上升了27.92%，同时行业投资活动产生的现金流入与流出也存在一升一降，其中现金流入上升了1.79%，现金流出下降了5.12%。在重庆百货投资活动产生的现金净流量方面，重庆百货下降明显，下降了116.85%，而行业该项目反而上升了32.68%，重庆百货该项目升降情况与行业相反。

重庆百货筹资活动产生的现金流入比上期上升了238.97%，现金流出下降了22.26%，行业筹资活动产生的现金流入增长了5.01%，现金流出增长了7.59%。在筹资活动产生的现金净流量方面，重庆百货上升明显，上升了63.19%，而行业该项目反而下降了15.88%，重庆百货该项目升降情况与行业相反。

2013—2022年重庆百货经营活动现金流量净额及其增长率变化趋势，如图4-38所示。

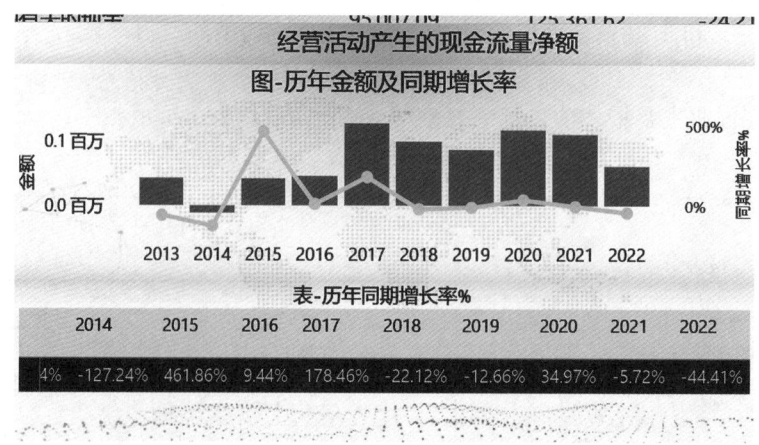

图4-38　2013—2022年重庆百货经营活动现金流量净额及其同期增长率变化趋势图

由图 4-38 可知,柱状图为历年金额,折线图为同期增长率。在此期间,重庆百货经营活动产生的现金流量净额大多处于正值但呈现波动性,2020—2022 年还表现出下降趋势;零售业报表项目金额变动趋势可表述为:前期呈下降趋势,后来又呈现上升趋势,但 2022 年相比 2021 年又呈现下降趋势。从同期增长率的曲线来看,2013—2017 年重庆百货呈现较为明显的波动性,2018 年以后则趋于平稳。零售业报表项目金额增长率则表现为前期呈上升趋势,2018—2022 年呈现先下降后上升又下降的趋势。

重庆百货投资活动产生的现金流量净额及其同期增长率变化趋势,如图 4-39 所示。

图 4-39　2013—2022 年重庆百货投资活动产生的现金流量净额及其同期增长率变化趋势图

由图 4-39 可知,柱状图为历年金额,折线图为同期增长率。在此期间,重庆百货投资活动产生的现金流量净额表现出较为明显的波动,2016 年以后有多个净额为负值;零售业报表项目金额则表现为前期呈上升趋势,中间 2 年呈下降趋势,随后呈现下降上升波动变化。从同期增长率来看,重庆百货在 2016 年前表现为上升态势,2016 年以后呈现较为明显的波动下降趋势;所在行业报表项目金额增长率则在前期呈下降趋势,2017 年开始上升,2019—2022 年呈现下降上升又下降的趋势。

重庆百货筹资活动产生的现金流量净额及其同期增长率变化趋势,如图 4-40 所示。

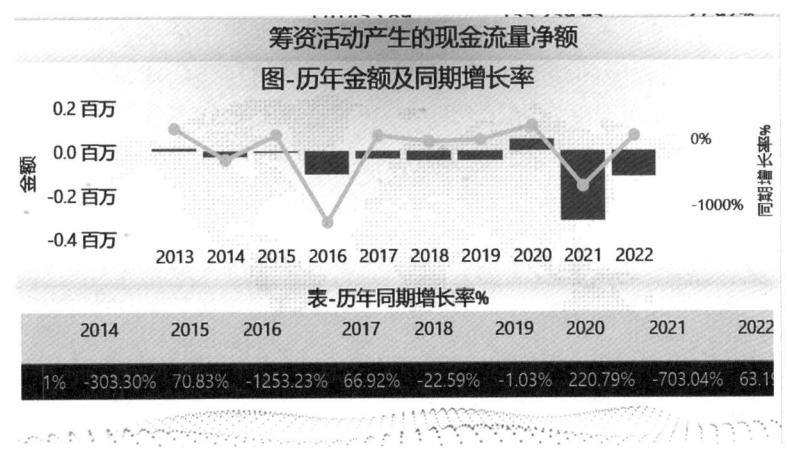

图 4-40　2013—2022 年重庆百货筹资活动产生的现金流量净额及其同期增长率变化趋势图

由图 4-40 可知,柱状图为历年金额,折线图为同期增长率。在此期间,重庆百货多个年度的筹资活动产生的现金流量净额为负值,且 2021 年的负值最大;零售业报表项目金额表现出前期呈上升趋势,2018—2022 年呈下降趋势。从同期增长率来看,重庆百货表现出明显的波动性,在 2016 年和 2021 年出现两个谷底;所在行业报表项目金额增长率则在前期呈下降趋势,后来又呈现上升趋势,2019—2022 年又呈现下降趋势。

三、水上运输业对比分析

2022 年水上运输业主要报表项目占比行业对比,如表 4-8 所示。

表 4-8 2022 年水上运输业主要报表项目占比行业对比

报表分类	各报表分类中占比最大的报表项目名称	报表项目占比(占比最大的报表项目金额/报表分类金额)(%前保留 2 位小数)	
		公司	行业
经营活动产生的现金流入	销售商品、提供劳务收到的现金	89.40%	95.54%
经营活动产生的现金流出	购买商品、接受劳务支付的现金	82.24%	73.79%
投资活动产生的现金流入	处置固定资产、无形资产和其他长期资产收回的现金净额	96.43%	2.91%
投资活动产生的现金流出	购建固定资产、无形资产和其他长期资产支付的现金	100.00%	25.22%
筹资活动产生的现金流入	取得借款收到的现金	55.53%	55.49%
筹资活动产生的现金流出	偿还债务支付的现金	73.26%	64.91%

由表 4-8 可知,2022 年重庆港九经营活动产生的现金流入量大于流出量,投资活动产生的现金流入量大于流出量,筹资活动产生的现金流出量大于流入量。

重庆港九现金流量表中各报表分类中占比最大的报表项目占比中,筹资活动产生的现金流入中的取得借款收到的现金的占比和行业占比总体来说差异不大,但投资活动产生的现金流入中的处置固定资产、无形资产和其他长期资产收回的现金净额、投资活动产生的现金流出中的购建固定资产、无形资产和其他长期资产支付的现金的占比与行业对应项目相差较大,公司分别占 96.43% 和 100%,而相同项目在行业中分别占 2.91% 和 25.22%。经营活动产生的现金流入中的销售商品、提供劳务收到的现金的比例略低于行业占比,公司占比为 89.40%,而行业占比为 95.54%。经营活动产生的现金流出中的购买商品、接受劳务支付的现金和筹资活动产生的现金流出中的偿还债务支付的现金的占比略高于行业占比,公司占比分别为 82.24% 和 73.26%,而行业占比分别为 73.79% 和 64.91%。

表 4-9 2022 年水上运输业主要报表项目金额变动行业对比

报表分类	本期金额与上期金额增长率(%前保留 2 位小数)	
	公司	行业
经营活动产生的现金流入	17.98%	12.47%
经营活动产生的现金流出	16.65%	13.40%

(续表)

报表分类	本期金额与上期金额增长率 (%前保留2位小数)	
	公司	行业
经营活动产生的现金净流量	27.19%	11.07%
投资活动产生的现金流入	1 681.26%	32.18%
投资活动产生的现金流出	−33.20%	36.40%
投资活动产生的现金净流量	139.27%	−45.55%
筹资活动产生的现金流入	77.44%	39.72%
筹资活动产生的现金流出	34.63%	48.66%
筹资活动产生的现金净流量	−15.09%	−143.72%

由表 4-9 可知,重庆港九经营活动产生的现金流入相比上期增加了 17.98%,经营活动产生的现金流出相比上期增加了 16.65%,同时行业经营活动产生的现金流入与流出均上升,其中流入上升了 12.47%,流出上升了 13.40%。在经营活动产生的现金净流量方面,重庆港九上升了 27.19%,而行业上升了 11.07%,重庆港九在该项目方面的上升程度大于行业上升水平。

重庆港九投资活动产生的现金流入相比上期大幅上升,达到了 1 681.26%,而投资活动产生的现金流出相比上年下降了 33.20%,同时行业投资活动产生的现金流入与流出均上升,其中流入上升了 32.18%,流出上升了 36.40%。在重庆港九投资活动产生的现金净流量方面,重庆港九上升了 139.27%,而行业该项目反而下降了 45.55%,重庆港九该项目升降情况与行业相反。

重庆港九筹资活动产生的现金流入比上期上升了 77.44%,流出量上升了 34.63%,行业筹资活动产生的现金流入增长了 39.72%,流出增长了 48.66%。在筹资活动产生的现金净流量方面,重庆港九虽然也在下降,但是下降幅度明显小于行业水平,重庆港九该项目下降了 15.09%,而行业该项目下降了 143.72%。

2013—2022 年重庆港九经营活动产生的现金流量净额及其同期增长率变化趋势,如图 4-41 所示。

图 4-41 重庆港 2013—2022 年经营活动产生的现金流量净额及其同期增长率变化趋势图

由图 4-41 可知，柱状图为历年金额，折线图为同期增长率。在此期间，重庆港九多个年度的经营活动产生的现金流量净额为正值，但差距较为明显。水上运输业报表项目金额呈现为整体逐渐上升趋势。从同期增长率来看，2019 年以前，重庆港九呈现较为明显的波动性，2019 年以后则表现为较为平稳的小幅上涨。水上运输业报表项目金额增长率则表现为前期呈下降趋势，后来又呈现上升趋势，但 2021—2022 年又呈现下降势头。

重庆港九投资活动产生的现金流量净额及其同期增长率变化趋势，如图 4-42 所示。

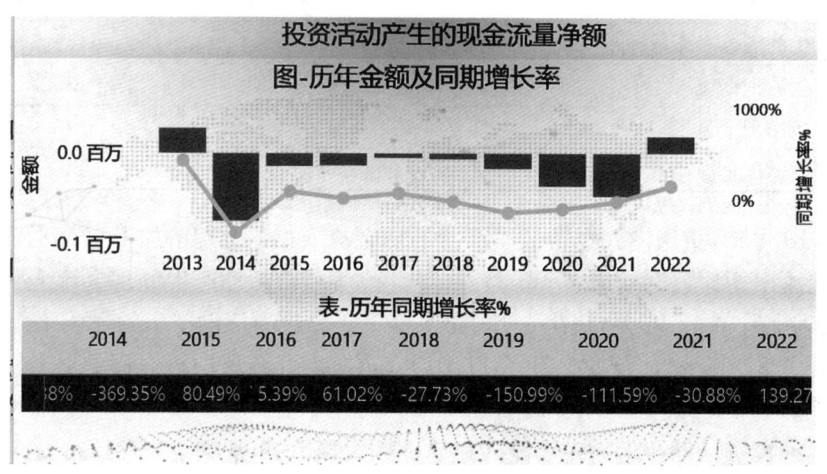

图 4-42　2013—2022 年重庆港九投资活动现金流出变化历年趋势图

由图 4-42 可知，柱状图为历年金额，折线图为同期增长率。在此期间，重庆港九投资活动现金流量净额多数为负值，且 2014 年为最大负值；水上运输业水上运输业报表项目金额变动趋势表现为前期呈下降态势，后来又呈现上升趋势，但是近 3 年又呈现下降趋势。从增长率来看，在 2015 年以后重庆港九呈现较为平稳的上升趋势；水上运输业水上运输业报表项目金额增长率则表现为前期是上升趋势，近 4 年不断出现下降上升的交替变化。

重庆港九筹资活动产生的现金流量净额及其同期增长率变化趋势，如图 4-43 所示。

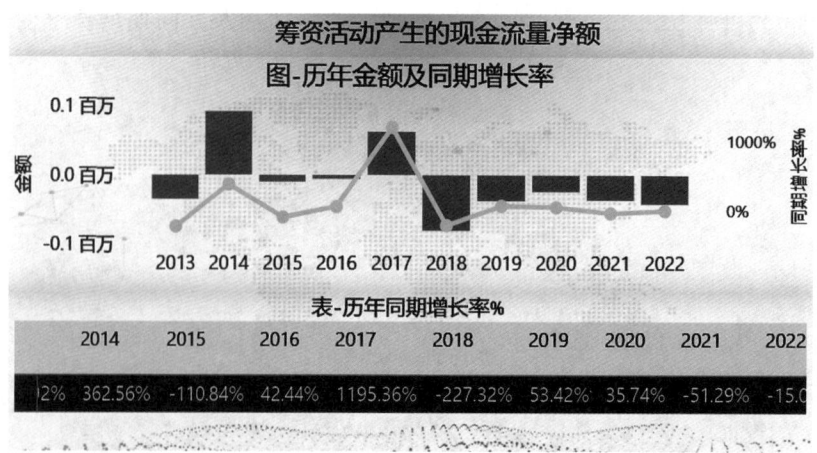

图 4-43　2013—2022 年重庆港九筹资活动产生的现金流量净额及其同期增长率变化趋势图

由图 4-43 可知,柱状图为历年金额,折线图为同期增长率。在此期间,重庆港九仅在 2014 年和 2017 年的筹资活动现金流量净额为正值,其余年度都为负值,并在 2018 年以前表现出明显波动性;水上运输业报表项目金额的变动趋势可表述为:前期呈现下降趋势,2017 年开始出现短暂下降上升波动,2021—2022 年又呈下降趋势。从同期增长率来看,2013—2017 年重庆港九呈现波动性上涨,2018 年回落以后趋于平稳上升;水上运输业报表项目金额增长率则表现为前期是上升趋势,其中 2015 年下降之后又呈现上升趋势。

思考与拓展练习

一、思考题

1. 说明大数据对分析上市公司现金流量表的作用。
2. 举例说明大数据在现金净流量分析时的优势。
3. 如何理解财务大数据在上市公司现金流量表项目趋势及结构分析中的重用性?

二、拓展练习

请借助 VDC 平台或其他财务分析软件,对货币金融服务行业、零售业或水上运输业的行业数据,以及行业内某一家企业的数据进行筛选和查询,并对该企业的现金流量表进行分析。把具体查询过程截图制作为 Word 进行提交。

第五章

盈利能力分析与上市公司实例

知识目标

1. 了解企业盈利能力分析的概念和目的。
2. 掌握盈利能力各项主要指标的计算与分析。
3. 了解上市公司盈利能力的指标分析。

能力目标

1. 具备对盈利能力分析的一般思路和方法。
2. 能够利用财务报表资料分析企业的盈利能力状况。

素养目标

1. 具有团队协作意识。
2. 具备有效沟通能力。
3. 持有认真严谨态度。

知识导图

盈利能力分析与上市公司实例
- 一、盈利能力分析概述
  1. 盈利能力分析的概念
  2. 盈利能力分析的目的
  3. 盈利能力分析的内容
  4. 盈利能力分析的方法
- 二、资本经营盈利能力分析
  1. 货币金融服务行业资本经营盈利能力分析
  2. 零售业资本经营盈利能力分析
  3. 水上运输业资本经营盈利能力分析
- 三、资产经营盈利能力分析
  1. 货币金融服务行业资产经营盈利能力分析
  2. 零售业资产经营盈利能力分析
  3. 水上运输业资产经营盈利能力分析
- 四、商品经营盈利能力分析
  1. 货币金融服务行业商品经营盈利能力分析
  2. 零售业商品经营盈利能力分析
  3. 水上运输业商品经营盈利能力分析

本章提要

本章主要对盈利能力分析进行概述,从货币金融服务行业、零售业和水上运输业分别选取了招商银行、重庆百货和重庆港九三家上市公司,对它们的资本经营、资产经营和商品经营等盈利能力进行比较分析,突出财务大数据在盈利分析方面的优势与实践性。

第一节 盈利能力分析概述

一、盈利能力分析的概念

盈利能力是指企业通过生产经营活动赚取利润,或使企业资金增值的能力。盈利能力分析的内容应包括盈利水平、盈利的稳定及持久性三方面。盈利水平的高低,通常体现为企业收益数额的大小与水平的高低,但衡量企业的盈利水平,不能仅以企业利润总额的高低水平来衡量,盈利能力的分析是财务分析的核心,可通过计算相关财务指标来评价企业的盈利水平。利润作为企业最终的经营成果,是盈利能力的显著表现,在分析和评价企业的盈利能力时主要采用利润率形式来反映企业获取利润的能力。盈利能力的大小是一个相对的概念,即利润是相对于一定的资源投入、一定的收入而言的。利润率越高,盈利能力越强;利润率越低,盈利能力越差。

二、盈利能力分析的目的

企业经营业绩的好坏最终可以通过企业的盈利能力来反映。无论是企业的经理人员、债权人还是股东(投资人),都非常关心企业的盈利能力,并重视对利润率及其变动趋势的分析与预测。

从企业的角度来看,企业从事经营活动的直接目的是最大限度地赚取利润并维持企业持续稳定地经营和发展。持续稳定地经营和发展是获取利润的基础,而最大限度地获取利润又是企业持续稳定发展的目标和保证。只有在不断地获取利润的基础上,企业才可能发展。同样,盈利能力较强的企业比盈利能力较弱的企业具有更强的活力和更好的发展前景。因此,盈利能力对企业经理人员来说是最重要的业绩衡量标准和发现问题、改进企业管理的突破口。

对于债权人来讲,利润是企业偿债的重要来源,特别是对长期债务而言。盈利能力的强弱直接影响企业的偿债能力。企业举债时,债权人势必审查企业的偿债能力,而偿债能力的强弱最终取决于企业的盈利能力。因此,对债权人而言,分析企业的盈利能力也是非常重要的。

对于股东(投资人)而言,企业盈利能力的强弱更是至关重要的。在市场经济下,股东往往会认为企业的盈利能力比财务状况、营运能力更重要。股东的直接目的就是获得更多的利润,因为对于信用相同或相近的几个企业,人们总是倾向于将资金投向盈利能力强的企业。股东关心企业赚取利润的多少并重视对利润率的分析,是因为他们的股息与企业的盈利能力是紧密相关的。此外,企业盈利能力的增强可能会使股票价格上升,从而使股东们获得资本收益。

三、盈利能力分析的内容

盈利能力的分析是企业财务分析的重点。进行财务结构分析、偿债能力分析等的根本目的是通过分析及时发现问题,改善企业财务结构,提高企业偿债能力、经营能力,最终提高企业的盈利能力,促进企业持续稳定地发展。对企业盈利能力的分析主要是指对利润率的分析。尽管利润额的分析可以说明企业财务成果的增减变动状况及其原因,可以为改善企业经营管理指明方向。但由于利润额受企业规模或投入总量的影响较大,一方面使不同规模的企业之间不便于对比,另一方面也不能准确地反映企业的盈利能力,仅进行利润额分析一般不能满足财务报表使用者对财务信息的要求,企业必须对利润率进行分析。

在不同的所有制企业中,反映企业盈利能力的指标形式也不同。对企业盈利能力的分析可以从以下几个方面进行。

(一) 资本经营盈利能力分析

资本经营盈利能力,是指企业的所有者通过投入资本经营而取得利润的能力。平均资产一般取期初与期末的平均值,但是如果要通过该指标观察分配能力,则取年末的净资产更为恰当。本章对资本经营盈利能力的分析都采用平均值。

企业的根本目标是所有者权益或股东价值最大化,净资产收益率既可直接反映资本的增值能力,又影响企业股东价值的大小。因此,净资产收益率是反映盈利能力的核心指标。净资产收益率是净利润与净资产的比值,也等于总资产净利率与权益乘数的乘积,是杜邦分析的起点。该指标反映股东权益的收益水平,用以衡量企业运用自有资本的效率,指标值越高,反映企业对股东投入资本的利用效率越高。

(二) 资产经营盈利能力分析

资产经营能力,是指企业运营资产而产生利润的能力,反映资产经营盈利能力的指标是总资产报酬率。

总资产报酬率,是指企业当期息税前利润与平均总资产的比率,代表企业单位投入的平均总资产所获得的息税前利润(利润总额+利息支出)。总资产报酬率体现的是公司为股东获取利润的能力。该指标选用了包含利息的息税前利润作为"产出",是因为作为"投入"的平均总资产中也包含了债权人投资的部分。比率分析指标要求分子与分母口径保持一致,决定了总资产报酬率的分子应使用息税前利润,而不仅是利润总额。企业总资产的资金来源有两部分:一是所有者权益,二是负债。所有者的投资报酬体现为利润;债权人的投资报酬体现为利息。因此,评价总资产的收益能力或盈利能力就不能仅考虑利润,还需要考虑利息。其次,自查经营的目标决定了总资产报酬率的分子应使用息税前利润,而不是息税后利润。资产经营的目标与资本经营的目标不同,它考虑的不仅仅是企业资本所有者利益,而是企业所有利益相关者的利益,包括所有者、债权人、国家等各方面的利益。采用税前利润而不是税后利润,有利于全面反映企业总资产的贡献能力,包括对国家或社会的贡献能力。

总资产报酬率高,说明企业资产的运用效率好,也意味着企业的资产盈利能力强。因此,该指标越高越好。

(三) 商品经营盈利能力分析

商品经营是相对资产经营和资本经营而言的。商品经营盈利能力不考虑企业的筹资或投资问题,只研究利润与收入或成本之间的比率关系。因此,反映商品盈利能力的指标有两类:一类是各种利润额与收入之间的比率,统称为收入利润率,这一类指标体现了每元销售收入所带来的利润,指标越高,销售收入的盈利能力越强;另一类是各种利润额与成本之间的比率,统称为成本利润率,反映企业投入产出水平,这一类指标体现了增加利润是以降低成本及费用为基础的,这些指标的数值越高,表明生产和销售产品的每一元成本及费用取得的利润就越多,劳动耗费的效益越高。

反映商品经营盈利能力的指标有营业收入毛利率、销售净利润率、营业费用利润率、现金销售比和每股利润等。

营业收入毛利率指标反映了产品或商品销售的初始获利能力。毛利是企业实现最终净利润的基础和前提,如果毛利过低,企业要想取得理想的经营净利润是不可能的,所以该指标具有一定的分析意义。该指标越高,表示取得同样销售收入的销售成本越低,销售利润越高。

销售净利润率是指企业实现净利润与销售收入的对比关系,用以衡量企业在一定时期的销售收入获取的能力。该指标反映每1元销售收入带来的净利润的多少,表示销售收入的收益水平。经营中往往可以发现,企业在扩大销售的同时,由于销售费用、财务费用、管理费用的大幅增加,企业净利润并不一定会同比例地增长,甚至可能负增长。盲目扩大生产和销售规模未必会为企业带来正的收益。分析者应关注在企业每增加1元销售收入的同时,净利润的增减程度,由此来考察销售收入增长的效益。

营业费用利润率是营业利润与营业费用的比值。该指标的数值越大,表明生产和销售产品的每1元成本及费用取得的利润越多,劳动耗费的效益越高;该指标的数值越小,说明每耗费1元成本及费用实现的利润越少,劳动耗费的效益越低。营业费用利润率是综合反映企业成本效益的重要指标。

现金销售比,是评价商品经营盈利能力的现金流量指标补充,反映企业通过销售获取现金的能力。它是销售商品、提供劳务收到的现金与营业收入之比。现金销售比越高,说明公司通过销售获取现金的能力越强,企业产品销售形势好,信用政策合理,能及时收回货款,收款工作得力。

每股利润是指净利润扣除优先股股利后的余额与发行在外的普通股的平均股数之比,它反映了每股发行在外的普通股所能分摊到的净收益额。这一指标对普通股股东的利益关系极大,他们往往根据该指标来进行投资决策。每股利润越高,说明企业的盈利能力越强,在判断企业盈利能力强弱时,应进行行业对比或者将同一企业不同时期的每股利润进行比较,才能得出正确的认识。

四、盈利能力分析的方法

本章盈利能力的分析采用行业分析法和趋势图解法。

(一) 行业分析法

行业分析法,即在同一时期中,研究目标公司与同行业中标杆公司,行业平均值,竞争对手在特定时期相关程度、关系与变化的方法。本章分析报告中财务指标分析表运用了行业分析法,观察目标公司在行业中的水平,并比较目标公司10年平均值,判断目标公司发展状况,结合指标含义,研究目标公司各项能力的优势和不足。

(二)趋势图解法

趋势图解法选取近10年(2012—2021年)的数据,分析同一指标在不同时期里,目标公司与同行业中标杆公司、行业均值、竞争公司近10年变动形态的共性和差异,找出目标公司经营过程中隐藏的问题所在,分析变动原因并提出优化建议。

第二节 资本经营盈利能力分析

一、货币金融服务行业资本经营盈利能力分析

这里选取招商银行(股票代码:600036)作为样本公司进行资本经营盈利能力分析,行业标杆企业为工商银行(股票代码:601398),所属行业为货币金融服务行业。

招商银行、工商银行和行业资本经营盈利指标对比,如表5-1所示。

表5-1 招商银行、工商银行和行业资本经营盈利能力指标对比

资本经营盈利能力指标	2021年			10年平均(2012—2021年)		
	招商银行	行业	工商银行	招商银行	行业	工商银行
净资产收益率	15.14%	10.76%	11.33%	17.71%	14.96%	15.81%

2012—2021年招商银行净资产收益率变动趋势,如图5-1所示。

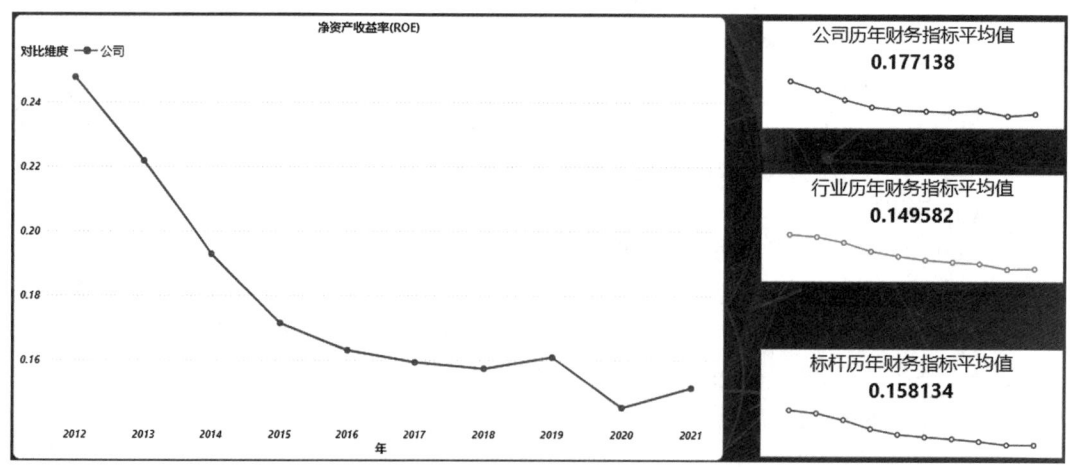

图5-1 2012—2021年招商银行净资产收益率变动趋势图

由图5-1可知,招商银行2012—2021年净资产收益率总体呈现下降趋势,2012—2015年大体呈直线下降的趋势,2016—2018年缓慢下降,虽然2018—2019年、2021—2021年略有增长但增长幅度不大,到2021年,招商银行净资产收益率降至0.16以下(表5-1),说明

招商银行的资本盈利能力较弱,对股东投入资本的利用效率不高。

招商银行历年净资产收益率(ROE)平均值要高于行业历年净资产收益率(ROE)平均值和标杆公司历年净资产收益率(ROE)平均值,公司历年净资产收益率(ROE)平均值比行业平均值高了2.75个百分点,比标杆公司高了1.9个百分点。2012—2021年招商银行、行业与标杆公司净资产收益率均呈现下降趋势。

2012—2021年货币金融服务行业净资产收益率变动趋势,如图5-2所示。

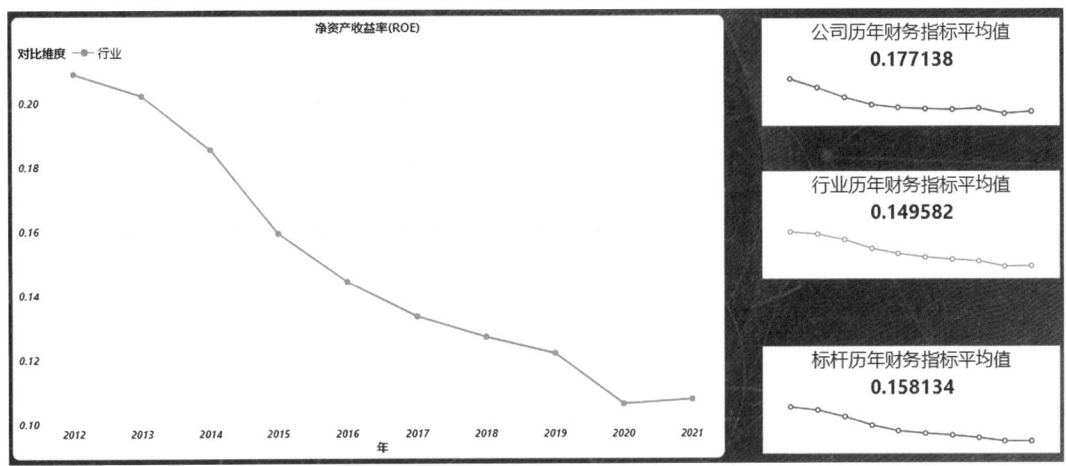

图5-2 2012—2021年货币金融服务行业净资产收益率变动趋势图

由图5-2可知,货币金融服务行业2012—2021年净资产收益率总体呈下降趋势,2013—2016年下降速度较快,2016—2019年平稳下降,经过了2019年的急速下降后,2020—2021年有所回升,但幅度不大,到2021年,已降至0.12以下。这说明整个货币金融服务行业的资本盈利能力比较弱,对股东投入资本的利用效率不高。

货币金融服务行业历年净资产收益率(ROE)平均值为0.149 582,与招商银行、标杆公司工商银行历年净资产收益率(ROE)平均值都有一定差距。

2012—2021年招商银行、工商银行和行业净资产收益率综合变动趋势,如图5-3所示。

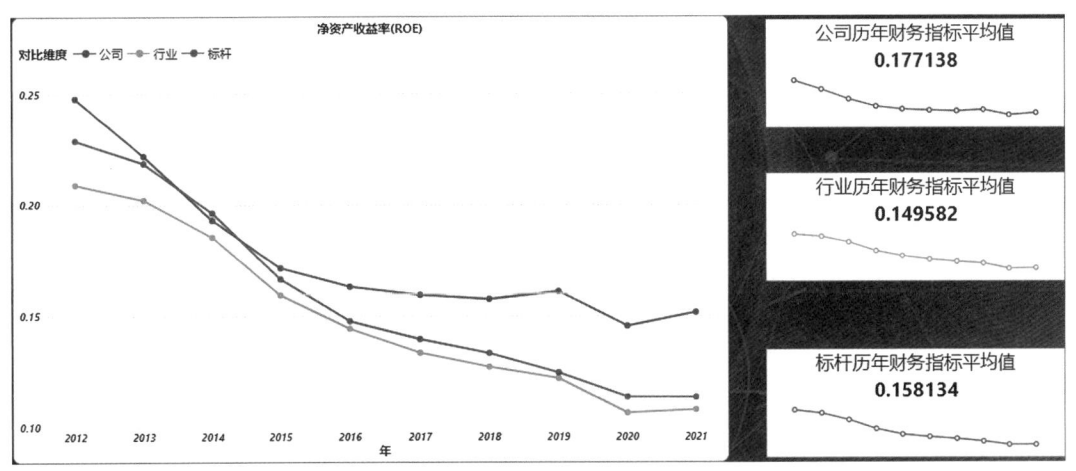

图5-3 2012—2021年招商银行、工商银行和行业净资产收益率综合变动趋势图

由图 5-3 可知,招商银行、标杆公司工商银行和整个行业 2012—2021 年净资产收益率总体都呈现下降趋势。招商银行净资产收益率在 2018—2019 年、2020—2021 年都有所增长,但增长幅度不大。标杆公司工商银行和整个行业在 2020—2021 年净资产收益率都略有增长但增长幅度较小,整体呈现下降趋势。

由货币金融服务行业历年净资产收益率平均值可知,货币金融服务业整体盈利能力在下滑。虽然行业整体在下滑,但标杆公司工商银行的盈利能力仍高于行业平均值,历年净资产收益率平均值为 0.158 134,招商银行的资本盈利能力甚至超越了标杆公司,为 0.177 138。

基于以上数据可知,招商银行整体资本盈利能力在不断下滑,但仍高于行业平均水平和标杆公司。

2012—2021 年行业内 4 家公司净资产收益率横向对比变动趋势,如图 5-4 所示。

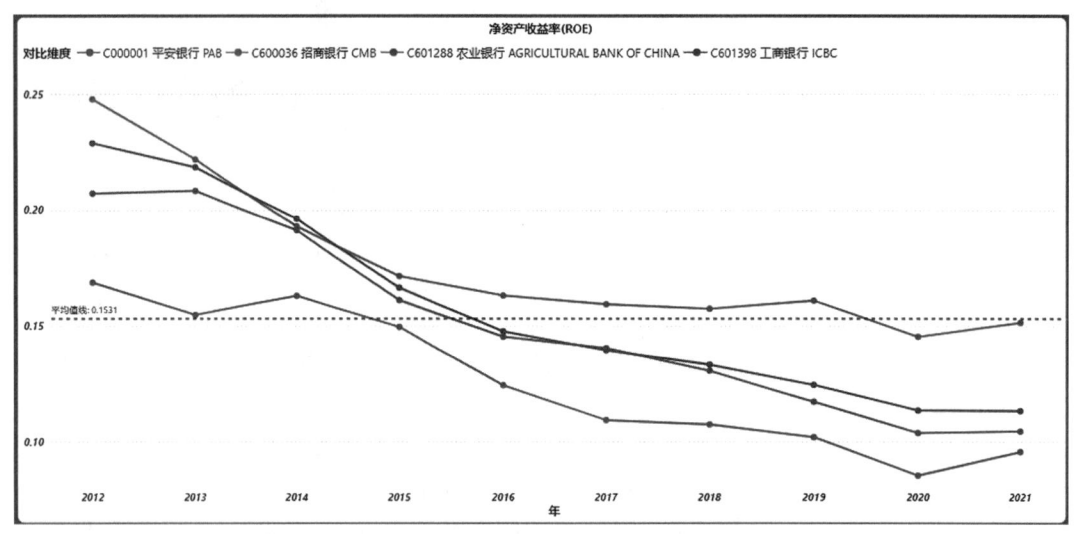

图 5-4　2012—2021 年行业内 4 家公司净资产收益率横向对比变动趋势图

由图 5-4 可知,招商银行、行业标杆工商银行、平安银行和农业银行的资本盈利能力净资产收益率指标进行横向比较,招商银行净资产收益率 2012—2021 年总体呈现下降趋势,2012—2019 年均在平均值线以上,2019 年下降幅度较大,虽然 2020 年有所回升,2020—2021 年还是低于平均值线。

行业标杆公司工商银行的净资产收益率在 2012—2015 年均处于平均值线以上,2016—2021 年均处于平均值线以下。农业银行的净资产收益率与工商银行的变化基本趋于一致,2012—2015 年均处于平均值线以上,2016—2021 年均处于平均值线以下。

平安银行的净资产收益率在经过 2012—2015 波动后,2015—2021 年基本呈现下降趋势,2012—2014 年均处于平均值线以上,2015—2021 年均处于平均值线以下。

2012—2021 年行业内多家公司净资产收益率横向对比变动趋势,如图 5-5 所示。

由图 5-5 可知,2012—2021 年行业内这些公司的净资产收益率变化基本趋同,2012—2021 年基本都呈下降趋势,从 2017 年开始,大部分公司净资产收益率在平均值线以下。其净资产收益率均呈现下降趋势,资本盈利能力也相应减弱。

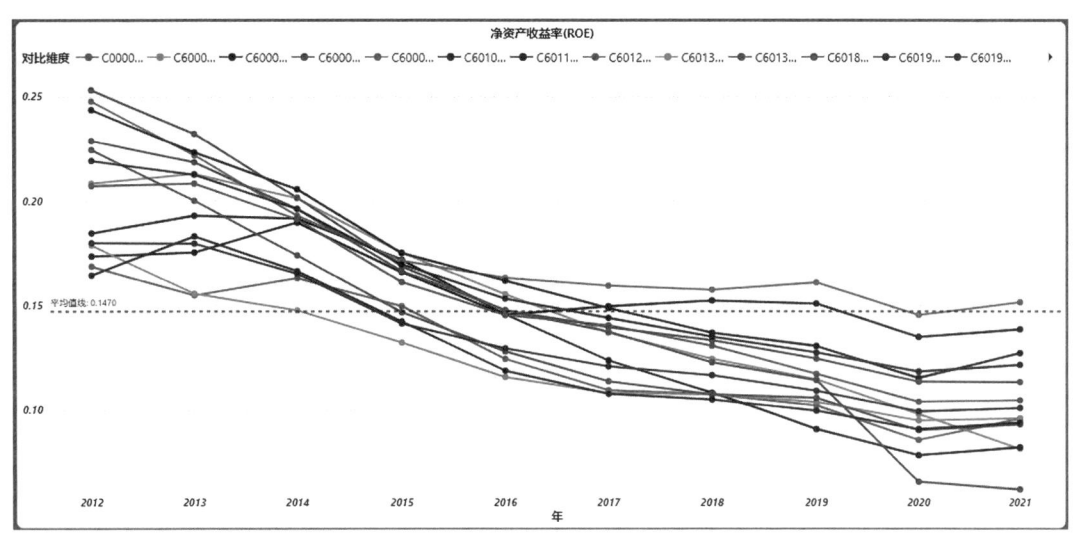

图 5-5　2012—2021 年行业内多家公司净资产收益率横向对比变动趋势图

二、零售业资本经营盈利能力分析

这里选取重庆百货（股票代码：600729）作为样本公司进行资本经营盈利能力分析，行业标杆企业为王府井（股票代码：600859），所属行业为零售业。

重庆百货、王府井和行业资本经营盈利能力指标对比，如表 5-2。

表 5-2　重庆百货、王府井和行业资本经营盈利能力指标对比

资本经营盈利能力指标	2021 年			10 年平均（2012—2021 年）		
	重庆百货	行业	王府井	重庆百货	行业	王府井
净资产收益率	15.62%	−2.69%	11.03%	14.92%	6.17%	10.24%

2012—2021 年重庆百货净资产收益率变动趋势，如图 5-6 所示。

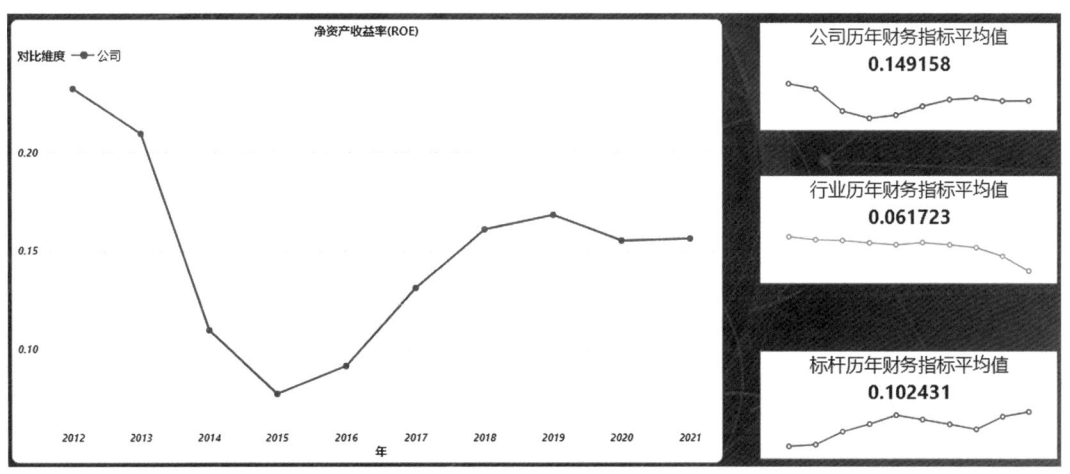

图 5-6　2012—2021 年重庆百货净资产收益率变动趋势图

由图 5-6 可知,重庆百货 2012—2021 年净资产收益率总体呈现较大波动,2012—2015 年大体呈现急剧下降的趋势,2015—2019 年逐渐攀升,2019—2021 年又略微下降,到 2021 年,重庆百货净资产收益率降至 0.16 以下(表 5-2),说明重庆百货的资本盈利能力较弱,对股东投入资本的利用效率不高。

重庆百货历年净资产收益率(ROE)平均值要高于行业历年净资产收益率(ROE)平均值和标杆公司历年净资产收益率(ROE)平均值,公司历年净资产收益率(ROE)平均值比行业平均值高了 8.75 个百分点,比标杆公司高了 4.68 个百分点。2012—2021 年公司和行业净资产收益率均呈现下降趋势。

2012—2021 年零售业净资产收益率变动趋势,如图 5-7 所示。

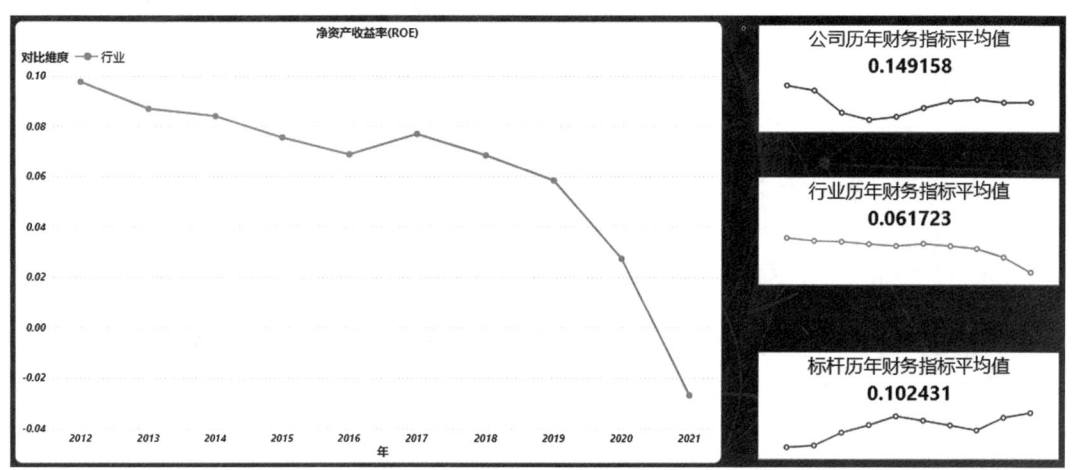

图 5-7　2012—2021 年零售业净资产收益率变动趋势图

由图 5-7 可知,零售业 2012—2021 年净资产收益率总体呈下降趋势,2012—2016 年缓慢下降,2016—2017 年有一个较小的回升,2017—2021 年呈现急剧下降趋势,到 2021 年,零售业的净资产收益率已降至 −0.02 以下。这说明整个零售业的资本盈利能力很弱,行业处于利润负增长状态,对股东投入资本的利用效率比较低。

零售行业历年净资产收益率(ROE)平均值为 0.061 723,与重庆百货、标杆公司王府井历年净资产收益率(ROE)平均值差距较大。

2012—2021 年重庆百货、王府井和行业净资产收益率综合变动趋势,如图 5-8 所示。

由图 5-8 可知,2012—2021 年标杆公司王府井的净资产收益率显现平稳状态,基本维持在 0.1 左右。2012—2021 年重庆百货的净资产收益率呈现波动趋势,零售业整体呈现下降趋势。

由零售业历年净资产收益率平均值可知,零售业整体盈利能力在不断下滑。虽然这个行业整体在下滑,但标杆公司王府井的盈利能力仍远远高于行业平均值,历年净资产收益率平均值为 0.102 431,重庆百货的资本盈利能力甚至超越了标杆公司,为 0.149 158。

基于以上数据可知,重庆百货整体资本盈利能力在经历了前几年的波动后,近几年较平稳,盈利能力要高于行业平均水平和标杆公司。

2012—2021 年行业内 4 家公司净资产收益率横向对比变动趋势,如图 5-9 所示。

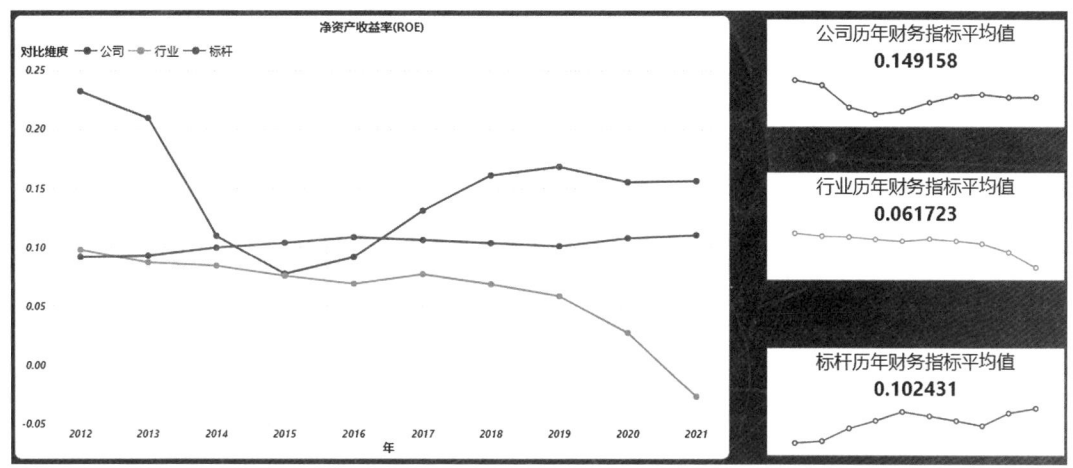

图 5-8　2012—2021 年重庆百货、王府井和行业净资产收益率综合变动趋势图

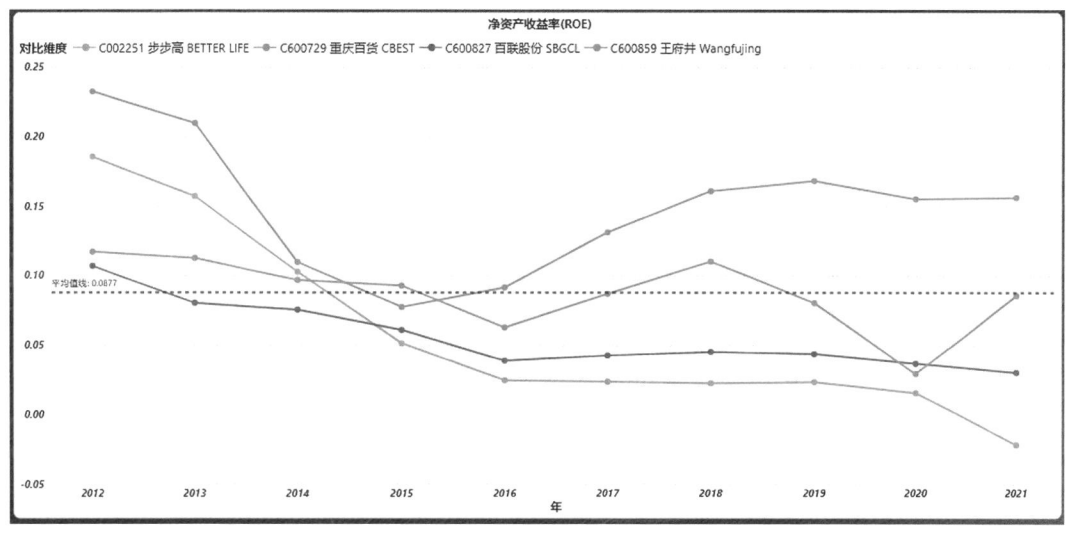

图 5-9　2012—2021 年行业内 4 家公司净资产收益率横向对比变动趋势图

由图 5-9 可知,重庆百货、行业标杆王府井、步步高和百联股份的资本盈利能力净资产收益率指标进行横向比较,重庆百货净资产收益率 2012—2021 年总体呈现波动趋势,2012—2014 年净资产收益率均在平均值线以上,2015 年低于平均值线,2016—2021 年逐步回升,高于平均值线。

行业标杆公司王府井的净资产收益率在 2012—2015 年均处于平均值线以上,2016 年、2019 年和 2020 年处于平均值线以下,2017 年和 2021 年大致处于平均值线上。步步高公司的净资产收益率在 2012—2014 年处于平均值线以上,2015—2021 年处于平均值线以下。百联股份的净资产收益率除了 2012 年处于平均值线以上外,2013—2021 年均处于平均值线以下。

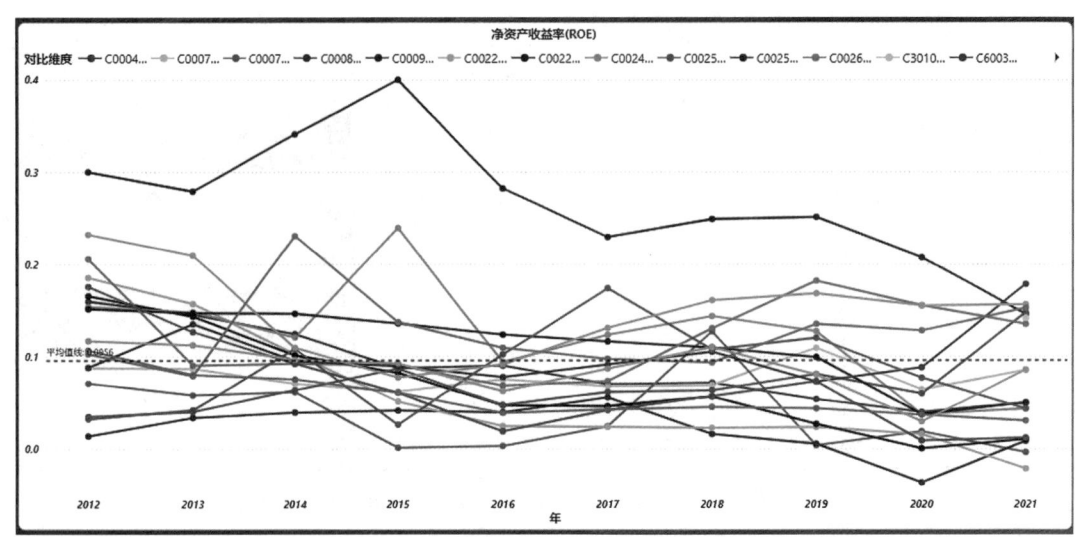

图 5-10　2012—2021 年行业内多家公司净资产收益率横向对比变动趋势图

由图 5-10 可知,2012—2021 年行业内这些公司的净资产收益率 2012—2021 年大致呈现波动趋势,除个别公司外,基本在 0.1 左右波动,整体资本盈利能力较弱。

三、水上运输业资本经营盈利能力分析

这里选取重庆港九(股票代码:600279)作为样本公司进行资本经营盈利能力分析,行业标杆企业为中远海控(股票代码:601919),所属行业为水上运输业。

重庆港九、中远海控和行业资本经营盈利能力指标对比,如表 5-3 所示。

表 5-3　重庆港九、中远海控和行业资本经营盈利能力指标对比

资本经营盈利能力指标	2021 年			10 年平均(2012—2021 年)		
	重庆港九	行业	中远海控	重庆港九	行业	中远海控
净资产收益率	1.52%	19.36%	80.64%	4.33%	7.71%	10.77%

2012—2021 年重庆港九净资产收益率变动趋势,如图 5-11 所示。

由图 5-11 可知,重庆港九 2012—2021 年净资产收益率总体呈现波动趋势,2012—2014 年基本处于平稳状态,2014—2016 年经过了一个缓慢下降后,2016—2017 年急剧攀升,在 2017 年达到峰值后,又急剧下降,2018—2019 年略微有所增长,2019—2021 年处于下降趋势,到 2021 年,重庆港九净资产收益率降至 2% 以下(表 5-3),说明重庆港九的资本盈利能力很弱,对股东投入资本的利用效率很低。

重庆港九历年净资产收益率(ROE)平均值要低于行业历年净资产收益率(ROE)平均值和标杆公司历年净资产收益率(ROE)平均值,重庆港九历年净资产收益率(ROE)平均值比行业平均值低了 3.38 个百分点,比标杆公司低了 6.44 个百分点。2012—2021 年行业与标杆公司净资产收益率均呈现上升趋势。

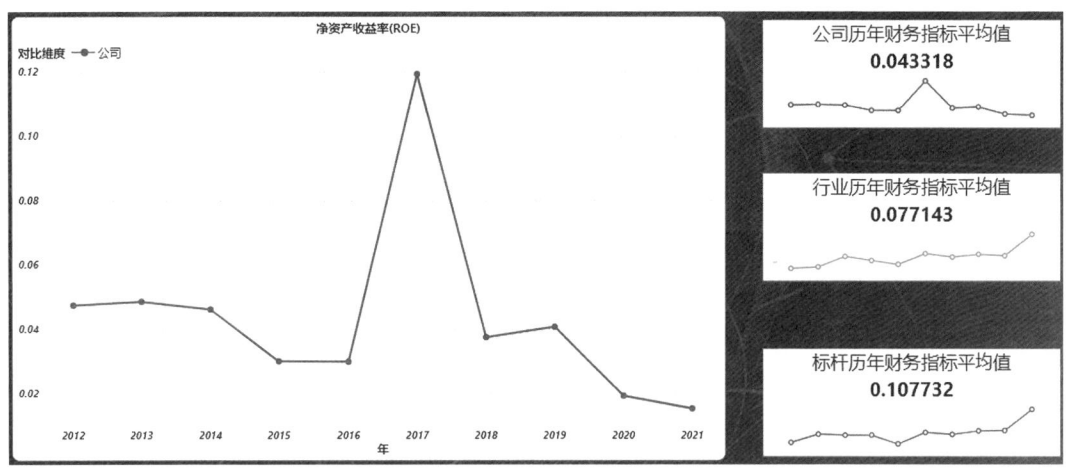

图 5-11　2012—2021 年重庆港九净资产收益率变动趋势图

2012—2021 年水上运输行业净资产收益率变动趋势，如图 5-12 所示。

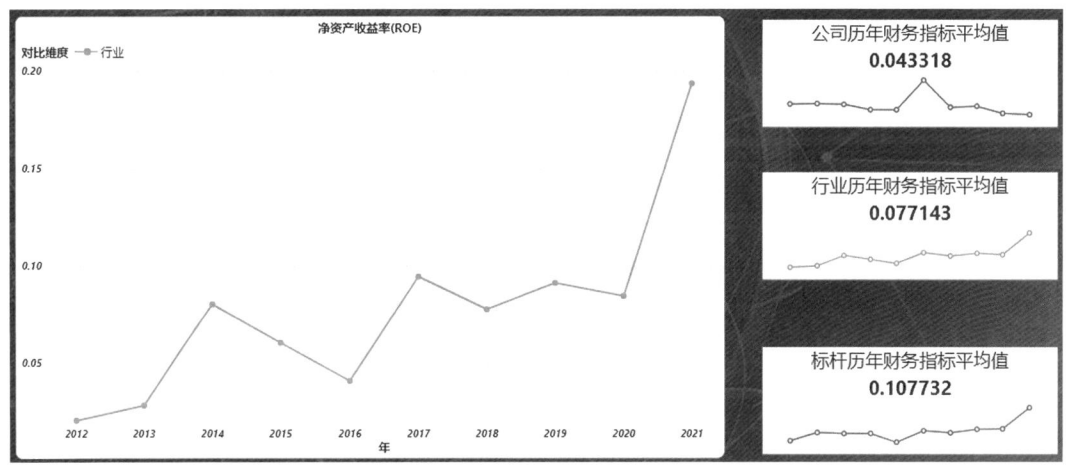

图 5-12　2012—2021 年水上运输行业净资产收益率变动趋势图

由图 5-12 可知，水上运输行业 2012—2021 年净资产收益率总体呈现波动上升趋势，2012—2014 年、2016—2017 年、2018—2019 年、2020—2021 年处于上升趋势，2014—2016 年、2017—2018 年、2019—2020 年处于回落趋势，尽管经历了回落，水上运输行业净资产收益率上升趋势明显，到 2021 年，已攀升至 0.15 以上。这说明近年来水上运输行业相对货币金融服务行业和零售业来说，资本盈利能力较好，对股东投入资本的利用效率较高。

水上运输行业历年净资产收益率（ROE）平均值为 0.077 143，高于重庆港九历年净资产收益率（ROE）平均值，低于标杆公司中远海控历年净资产收益率（ROE）平均值。

2012—2021 年重庆港九、中远海控和行业净资产收益率综合变动趋势，如图 5-13 所示。

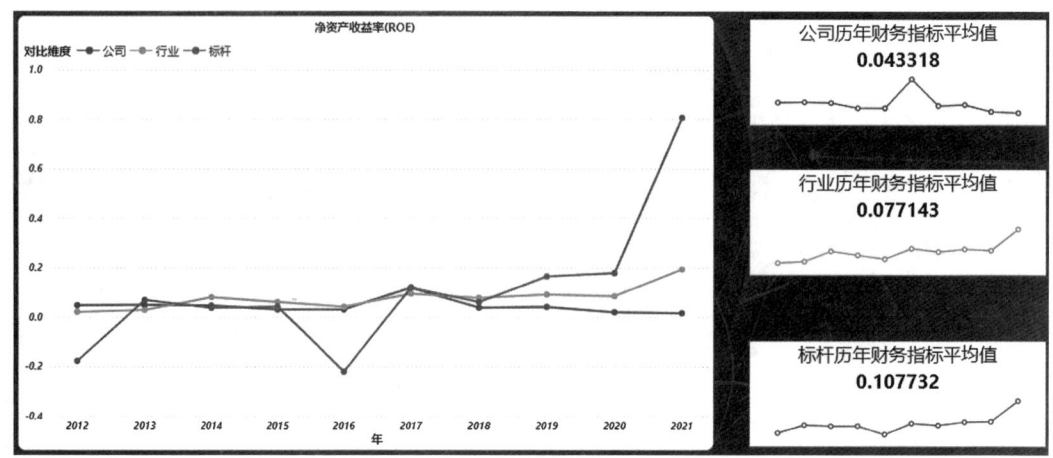

图 5-13　2012—2021 年重庆港九、中远海控和行业净资产收益率综合变动趋势图

由图 5-13 可知，相对于标杆公司中远海控来说，重庆港九和行业 2012—2021 年净资产收益率总体都呈现平稳趋势，在 0.1 至 0.2 之间波动。2012—2020 年，中远海控除 2016 年有大幅度回落外，其余年份基本平稳增长。2020—2021 年，中远海控净资产收益率急剧攀升，增长到 0.8 以上，资本盈利能力很高。

由水上运输行业历年净资产收益率平均值可知，水上运输行业整体资本盈利能力逐步攀升。标杆公司中远海控的盈利能力近年来要高于行业平均值，历年净资产收益率平均值为 0.107 732，重庆港九的资本盈利能力要低于标杆公司和行业平均水平，只有 0.043 318。

基于以上数据可知，重庆港九整体资本盈利能力在不断下滑，要低于行业平均水平和标杆公司。

2012—2021 年行业内 4 家公司净资产收益率横向对比变动趋势，如图 5-14 所示。

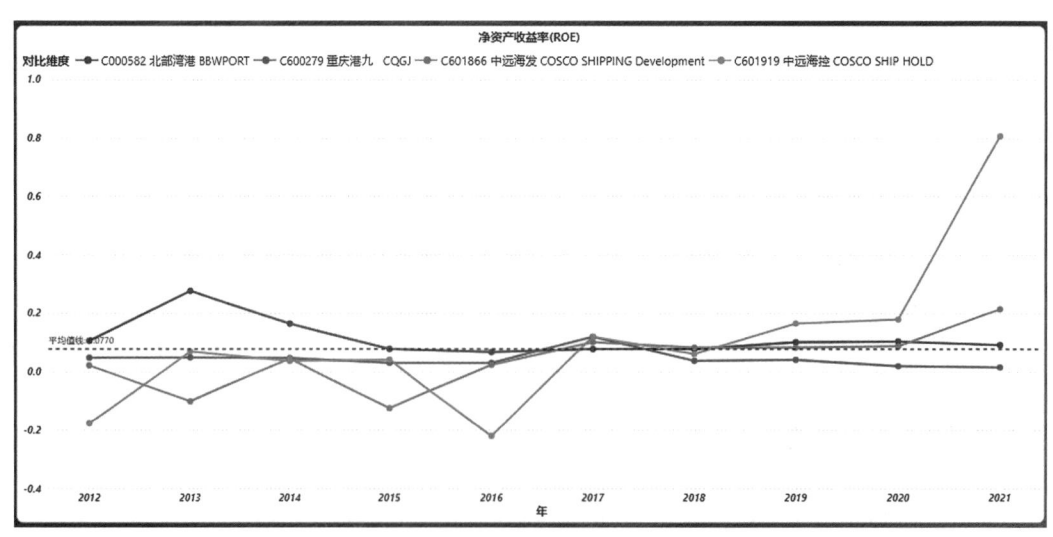

图 5-14　2012—2021 年行业内 4 家公司净资产收益率横向对比变动趋势图

由图 5-14 可知，重庆港九、行业标杆中远海控、北部港湾和中远海发的资本盈利能力

净资产收益率指标进行横向比较,重庆港九净资产收益率2012—2021年总体呈现波动下降趋势,除2017年处于平均值线以上外,其余年份都要低于平均值线。

行业标杆公司中远海控的净资产收益率在2012—2016年、2018年均处于平均值线以下,2017年、2019—2021年均处于平均值线以上。中远海发的净资产收益率在2012—2016年处于平均值线以下,2017年和2021年处于平均值线以上,2018年、2019年和2020年基本维持在平均值线上。北部港湾的净资产收益率在2012—2014年、2019—2021年处于平均值线以上,2015—2018年基本处于平均值线上。

2012—2021年行业内多家公司净资产收益率横向对比变动趋势,如图5-15所示。

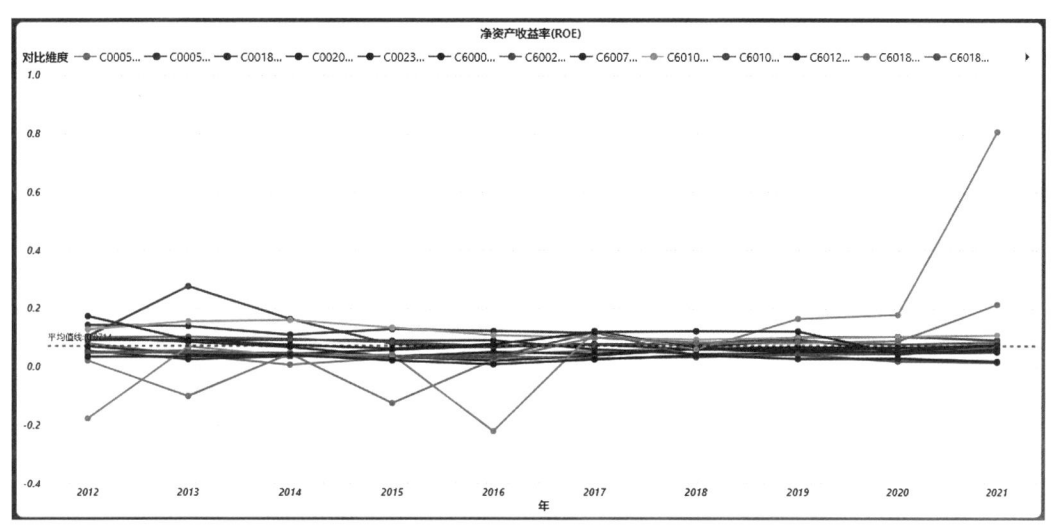

图 5-15　2012—2021年行业内多家公司净资产收益率横向对比变动趋势图

由图5-15可知,2012—2021年行业内这些公司的净资产收益率2012—2021年大致呈现波动趋势,除个别公司外,基本在0.07左右波动,整体资本盈利能力较弱。

第三节　资产经营盈利能力分析

一、货币金融服务行业资产经营盈利能力分析

这里选取招商银行(股票代码:600036)作为样本公司进行资产经营盈利能力分析,行业标杆企业为工商银行(股票代码:601398),所属行业为货币金融服务行业。

招商银行、工商银行和行业资产经营盈利能力指标对比,如表5-4所示。

表 5-4　招商银行、工商银行和行业资产经营盈利能力指标对比

资产经营盈利能力指标	2021年			10年平均(2012—2021年)		
	招商银行	行业	工商银行	招商银行	行业	工商银行
总资产报酬率	1.68%	1.07%	1.24%	1.63%	1.35%	1.55%

2012—2021年招商银行总资产报酬率变动趋势,如图5-16所示。

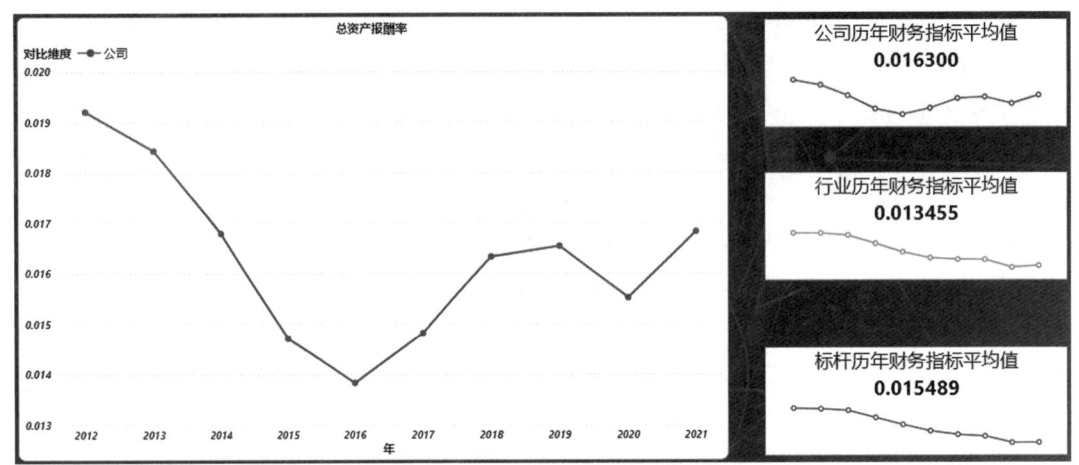

图 5-16　2012—2021 年招商银行总资产报酬率变动趋势图

由图 5-16 可知,招商银行 2012—2021 年总资产报酬率总体呈现波动下降趋势,2012—2016 年大体呈直线下降的趋势,虽然 2016—2019 年、2020—2021 年略有增长,但增长幅度不大,到 2021 年,招商银行总资产报酬率降至 1.7% 以下(表 5-4),说明招商银行运作效率偏低,资产管理有待改善。

招商银行历年总资产报酬率平均值要高于行业历年总资产报酬率平均值和标杆公司历年总资产报酬率平均值,招商银行历年总资产报酬率平均值比行业平均值高了 0.28 个百分点,比标杆公司高了 0.08 个百分点。2012—2021 年招商银行、行业与标杆公司总资产报酬率均呈现下降趋势。

2012—2021 年货币金融服务行业总资产报酬率变动趋势,如图 5-17 所示。

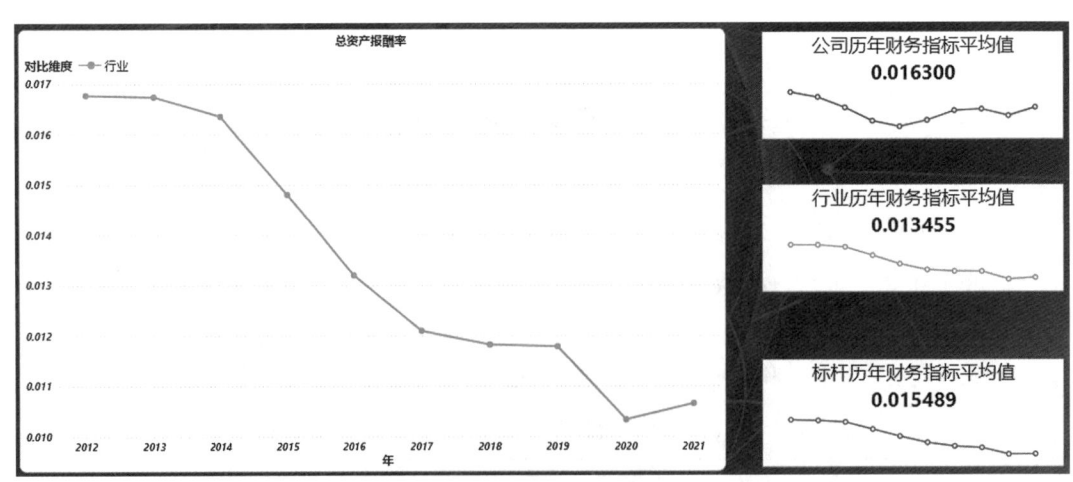

图 5-17　2012—2021 年货币金融服务行业总资产报酬率变动趋势图

由图 5-17 可知,货币金融服务行业 2012—2021 年总资产报酬率总体呈下降趋势,

2012—2014 年下降趋势较平稳,在 0.016～0.017 波动,2014—2017 年显著下降,降至 0.013 以下,经过 2017—2019 年的平稳阶段,2019—2020 年又急剧下降,虽然 2020—2021 年有所增长,但幅度不大,到 2021 年,已降至 0.011 以下。这说明整个货币金融服务行业的运作效率很低,资产管理亟待改善。

货币金融服务行业历年总资产报酬率平均值为 0.013 455,与招商银行、标杆公司工商银行历年总资产报酬率平均值都有一定差距。

2012—2021 年招商银行、工商银行和行业总资产报酬率综合变动趋势,如图 5-18 所示。

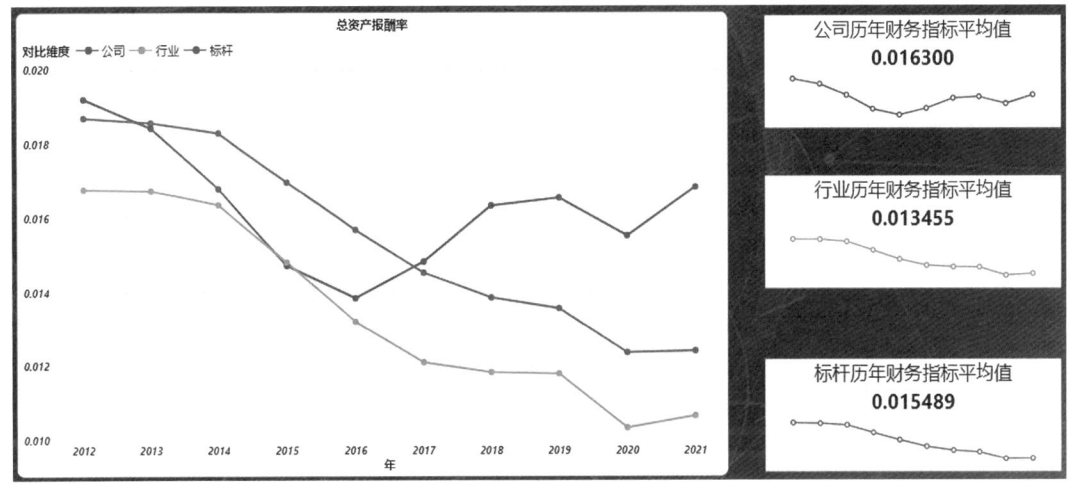

图 5-18　2012—2021 年招商银行、工商银行和行业总资产报酬率综合变动趋势图

由图 5-18 可知,相对于招商银行,标杆公司工商银行和整个行业 2012—2021 年总资产报酬率总体都呈现下降趋势。招商银行总资产报酬率在 2012—2016 年经过急剧下降后,虽然 2016—2018 年、2020—2021 年有所回升,但回升幅度低于降低幅度。标杆公司工商银行和整个行业在 2020—2021 年总资产报酬率都略有增长,但增长幅度较小,整体呈现下降趋势。

由货币金融服务行业历年总资产报酬率平均值可知,货币金融服务业整体资产盈利能力在下滑。虽然这个行业整体在下滑,但标杆公司工商银行的盈利能力仍高于行业平均值,历年总资产报酬率平均值为 0.015 489,招商银行的盈利能力甚至超越了标杆公司,为 0.016 3。

由以上数据可知,招商银行的资产盈利能力要好于标杆公司工商银行和整个行业,但是平均值均低于 0.02,招商银行最近几年的资产盈利能力并不强,虽然略强于行业,但也应该引起招商银行管理层的注意。

2012—2021 年行业内 4 家公司总资产报酬率横向对比变动趋势,如图 5-19 所示。

由图 5-19 可知,招商银行、行业标杆工商银行、平安银行和农业银行的总资产报酬率指标进行横向比较,招商银行总资产报酬率 2012—2021 年总体呈现波动下降趋势,除 2016 年大致在平均值线上外,其余年份均处于平均值线以上。

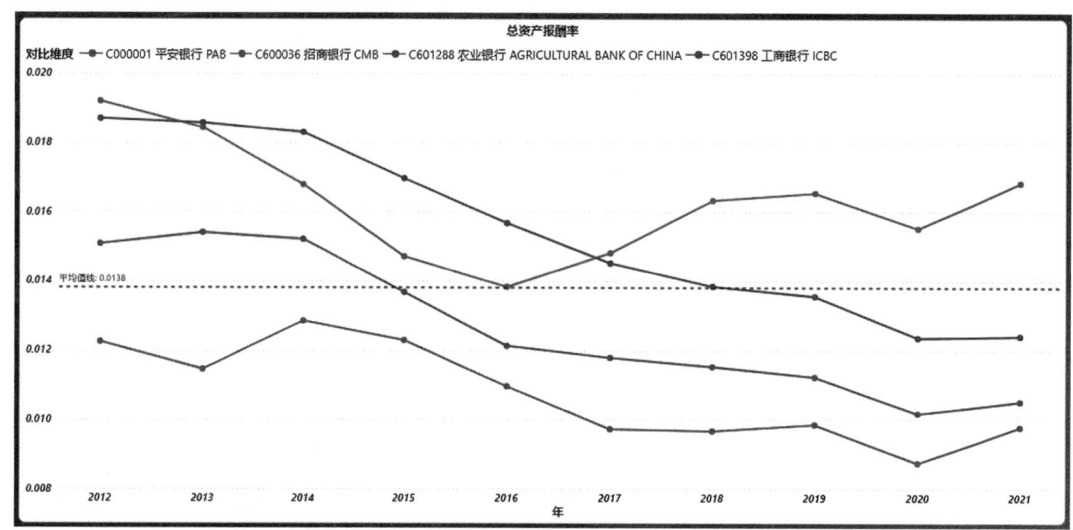

图 5-19　2012—2021 年行业内 4 家公司总资产报酬率横向对比变动趋势图

行业标杆公司工商银行的总资产报酬率在 2012—2017 年均处于平均值线以上，2018 年大致在平均值线上，2019—2021 年均处于平均值线以下。农业银行的总资产报酬率在 2012—2014 年均处于平均值线以上，2015—2021 年均处于平均值线以下。平安银行的总资产报酬率整体呈下降趋势，2013—2014 年、2020—2021 年有所回升，但幅度很低，2012—2021 年，平安银行的总资产报酬率均处于平均值线以下。

2012—2021 年行业内多家公司总资产报酬率横向对比变动趋势，如图 5-20 所示。

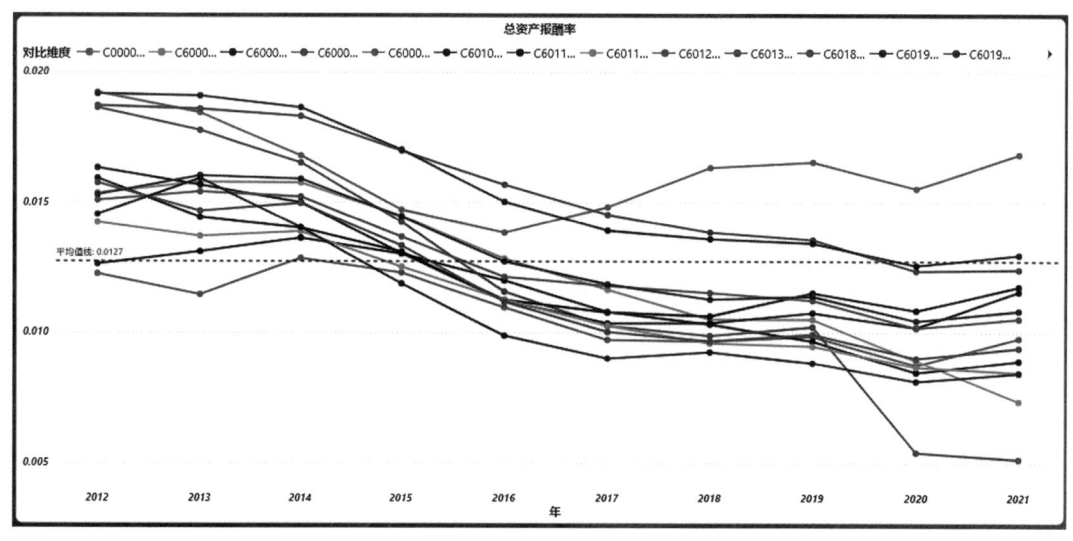

图 5-20　2012—2021 年行业内多家公司总资产报酬率横向对比变动趋势图

由图 5-20 可知，2012—2021 年行业内这些公司的总资产报酬率变化基本趋同，2012—2021 年基本都呈下降趋势，从 2017 年开始，大部分公司总资产报酬率在平均值线以下。这说明总资产报酬率呈现下降趋势，资产盈利能力也相应减弱。

二、零售业资产经营盈利能力分析

这里选取重庆百货(股票代码：600729)作为样本公司进行资产经营盈利能力分析，行业标杆企业为王府井(股票代码：600859)，所属行业为零售业。

重庆百货、王府井和行业资产经营盈利能力指标对比，如表5-5所示。

表5-5 重庆百货、王府井和行业资产经营盈利能力指标对比

资产经营盈利能力指标	2021年			10年平均(2012—2021年)		
	重庆百货	行业	王府井	重庆百货	行业	王府井
总资产报酬率	7.62%	0.78%	6.18%	6.69%	3.96%	6.03%

2012—2021年重庆百货总资产报酬率变动趋势，如图5-21所示。

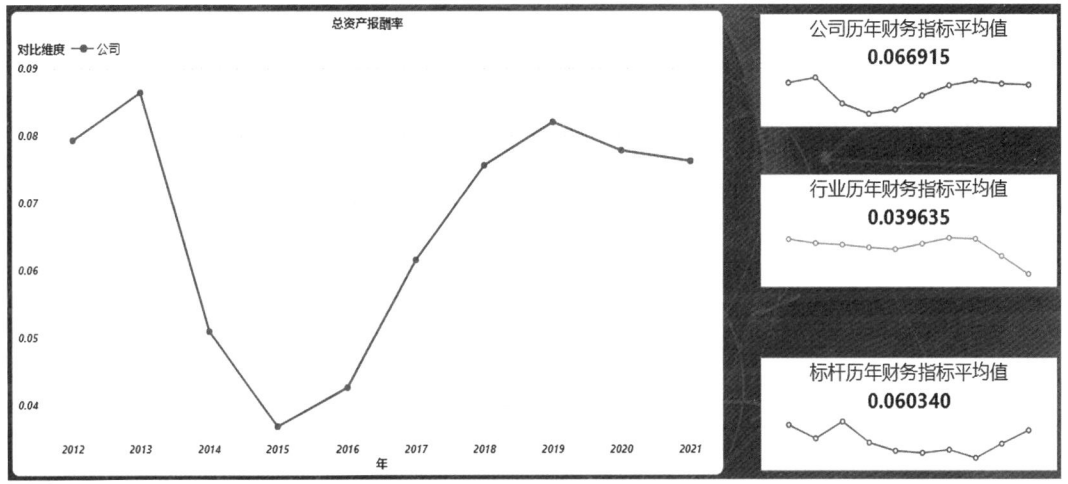

图5-21 2012—2021年重庆百货总资产报酬率变动趋势图

由图5-21可知，重庆百货2012—2021年总资产报酬率总体呈现波动趋势，2012—2013年有个小幅度的增长后，2013—2015年呈急剧下降的趋势，2015—2019年回升，总资产报酬率升到0.08以上，2019—2021年缓慢下降。到2021年，重庆百货总资产报酬率回落至0.08以下，说明重庆百货运作效率不高，资产管理有待改善。

重庆百货历年总资产报酬率平均值要高于行业历年总资产报酬率平均值和标杆公司历年总资产报酬率平均值，重庆百货历年平均值比行业平均值高了2.73个百分点，比标杆公司高了0.66个百分点。2012—2021年重庆百货、标杆公司总资产报酬率均呈现波动趋势。

2012—2021年零售业总资产报酬率变动趋势，如图5-22所示。

由图5-22可知，零售业2012—2021年总资产报酬率总体呈下降趋势，2012—2016年下降趋势较平稳，2016—2018年显著增长，2018年达到峰值，2018—2019年较为平稳，2019—2020年又急剧下降，到2021年，已降至0.01以下。这说明近年来整个零售业的运作效率很低，资产管理亟待改善。

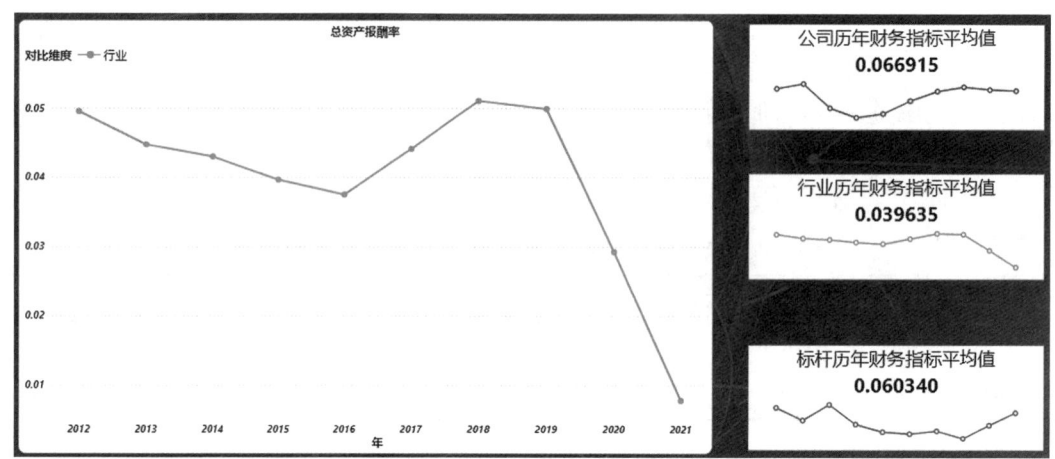

图 5-22　2012—2021 年零售业总资产报酬率变动趋势图

零售业历年总资产报酬率平均值为 0.039 635，与重庆百货、标杆公司王府井历年总资产报酬率平均值都有一定差距。

2012—2021 年重庆百货、王府井和行业总资产报酬率综合变动趋势，如图 5-23 所示。

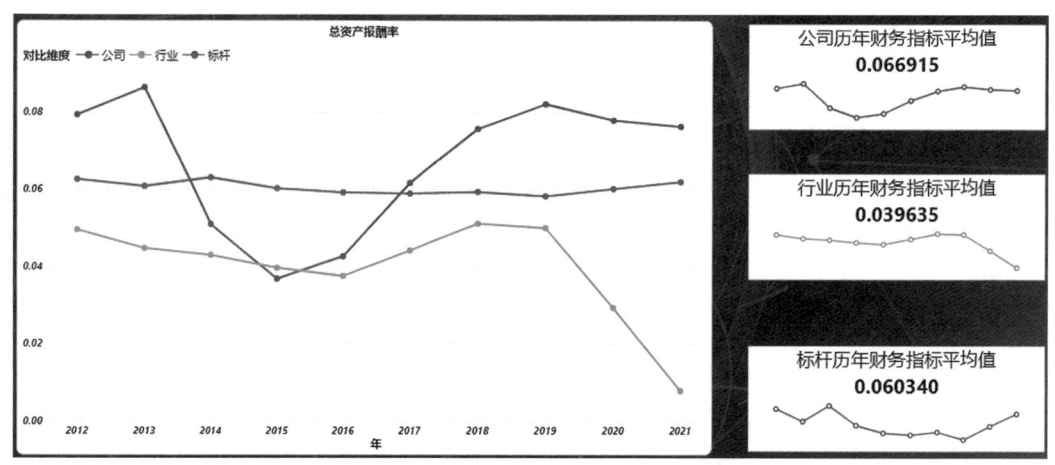

图 5-23　2012—2021 年重庆百货、王府井和行业总资产报酬率综合变动趋势图

由图 5-23 可知，相对于整个零售业的下降趋势，重庆百货和标杆公司王府井 2012—2021 年总资产报酬率总体都呈现波动趋势。重庆百货总资产报酬率在 2013—2019 年呈现"U"形趋势，2019—2021 年缓慢回落。标杆公司王府井总资产报酬率 2012—2021 年波动平稳，在 0.06 上下波动。

由零售业历年总资产报酬率平均值可知，零售业整体资产盈利能力在下滑。虽然这个行业整体在下滑，但标杆公司王府井的资产盈利能力仍高于行业平均值，历年总资产报酬率平均值为 0.060 34，重庆百货的资产盈利能力甚至超越了标杆公司，为 0.066 915。

由以上数据可知，重庆百货的资产盈利能力要好于标杆公司王府井和整个行业，但是平均值均低于 0.07，重庆百货最近几年的资产盈利能力并不强，虽然略强于行业，但也应该引起重庆百货管理层的注意。

2012—2021年行业内4家公司总资产报酬率横向对比变动趋势,如图5-24所示。

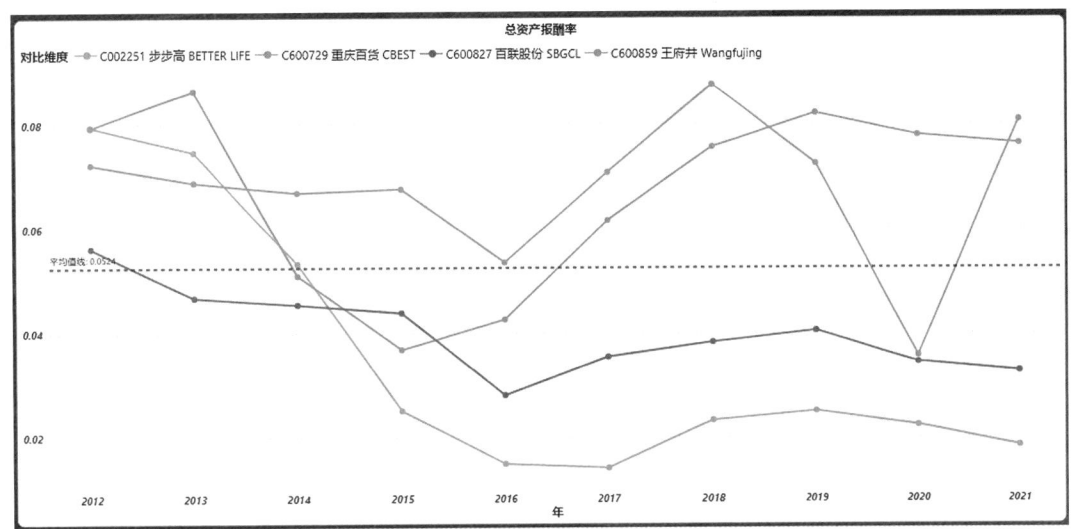

图 5-24　2012—2021 年行业内 4 家公司总资产报酬率横向对比变动趋势图

由图 5-24 可知,重庆百货、行业标杆王府井、步步高和百联股份的总资产报酬率指标进行横向比较,重庆百货总资产报酬率 2012—2021 年总体呈现波动趋势,2012—2013 年、2017—2021 年处于平均值线上,2014—2016 年均处于平均值线以下。

行业标杆公司王府井的总资产报酬率 2012—2021 年总体呈现波动趋势,除了 2020 年处于平均值线以下外,其余年份均处于平均值线以上。步步高的总资产报酬率 2012—2014 年均处于平均值线以上,2015—2021 年均处于平均值线以下。百联股份的总资产报酬率 2012—2021 年整体呈下降趋势,除 2012 年处于平均值线以上外,2013—2021 年均处于平均值线以下。

2012—2021 年行业内多家公司总资产报酬率横向对比变动趋势,如图 5-25 所示。

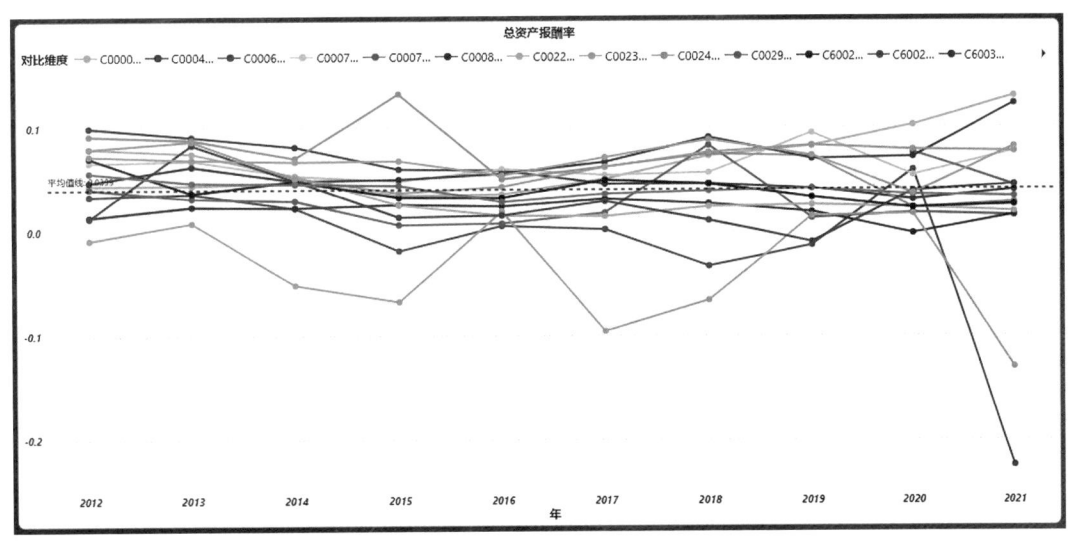

图 5-25　2012—2021 年行业内多家公司总资产报酬率横向对比变动趋势图

由图 5-25 可知,2012—2021 年行业内这些公司的总资产报酬率变化基本趋同,基本在 0~0.1 波动,总体来看,总资产报酬率并不高,盈利能力也并不强。有些公司个别年度总资产报酬率甚至在 0 以下,资产不但不能盈利反而亏损。

三、水上运输业资产经营盈利能力分析

这里选取重庆港九(股票代码:600279)作为样本公司进行资产经营盈利能力分析,行业标杆企业为中远海控(股票代码:601919),所属行业为水上运输业。

重庆港九、中远海控和行业资产经营盈利能力指标对比,如表 5-6 所示。

表 5-6 重庆港九、中远海控和行业资产经营盈利能力指标对比

资产经营盈利能力指标	2021 年			10 年平均(2012—2021 年)		
	重庆港九	行业	中远海控	重庆港九	行业	中远海控
总资产报酬率	2.15%	13.37%	38.37%	3.29%	5.24%	5.39%

2012—2021 年重庆港九总资产报酬率变动趋势,如图 5-26 所示。

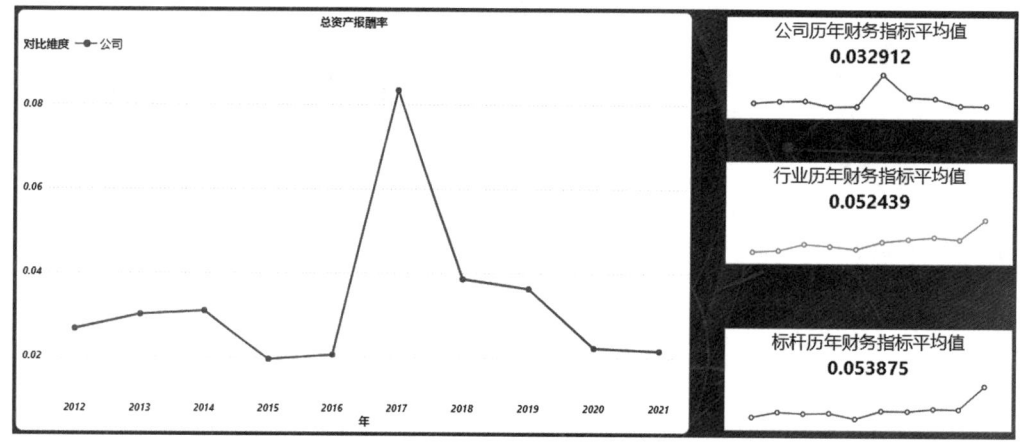

图 5-26 2012—2021 年重庆港九总资产报酬率变动趋势图

由图 5-26 可知,重庆港九 2012—2021 年总资产报酬率总体呈现波动趋势,除 2017 年超过 0.08 外,其余年份均在 0.02~0.04 波动,2017 年为这 10 年的一个峰值,2017—2021 年总资产报酬率呈下降趋势,到 2021 年,重庆港九总资产报酬率回落至 2.15%(表 5-6),说明重庆港九运作效率比较低,资产管理有待改善。

重庆港九历年总资产报酬率平均值要低于行业历年总资产报酬率平均值和标杆公司历年总资产报酬率平均值,重庆港九历年总资产报酬率平均值比行业平均值低了 1.95 个百分点,比标杆公司低了 2.1 个百分点。2012—2021 年标杆公司和行业总资产报酬率均呈现波动趋势。

2012—2021 年水上运输业总资产报酬率变动趋势,如图 5-27 所示。

由图 5-27 可知,水上运输业 2012—2021 年总资产报酬率总体呈波动上升趋势,除 2014—2016 年、2019—2020 年有所回落外,其余年份都有所增长,到 2021 年,已增长至 13.37%(表 5-6)。这说明近年来整个水上运输业的运作效率不断增强,资产管理能力持续改进,特别是 2021 年实现了飞速增长。

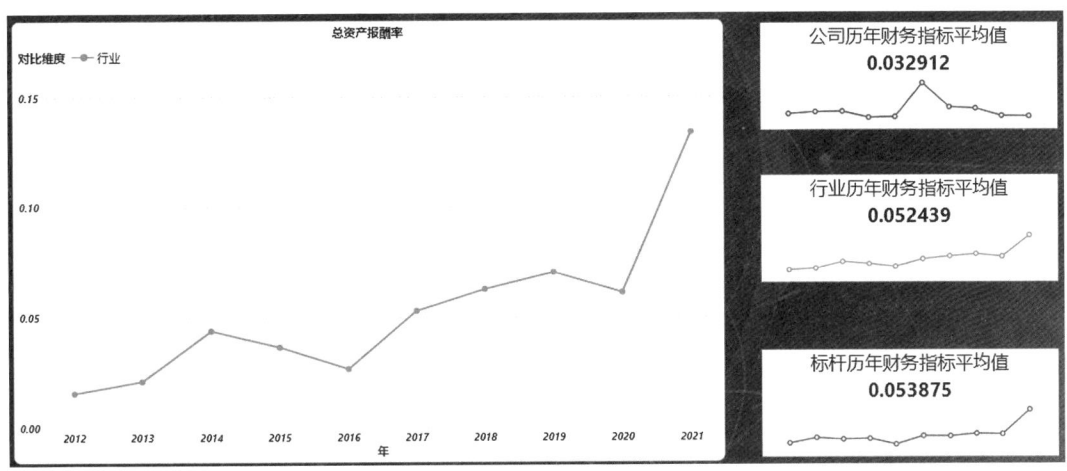

图 5-27　2012—2021 年水上运输业总资产报酬率变动趋势图

水上运输业历年总资产报酬率平均值为 0.052 439,高于重庆港九的总资产报酬率,低于中运海控的总资产报酬率。

2012—2021 年重庆港九、中远海控和行业总资产报酬率综合变动趋势,如图 5-28 所示。

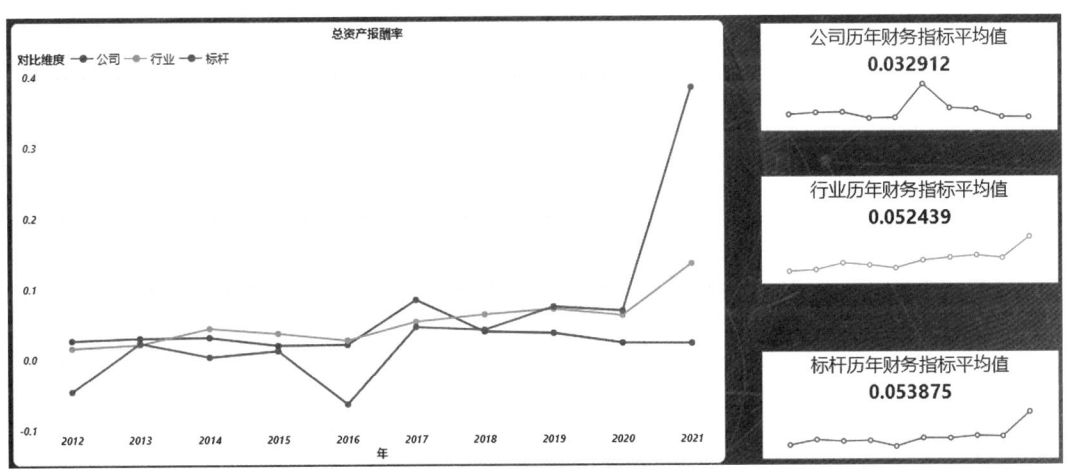

图 5-28　2012—2021 年重庆港九、中远海控和行业总资产报酬率综合变动趋势图

由图 5-28 可知,相对于整个标杆公司中远海控的飞速增长,重庆港九和行业的总资产报酬率 2012—2021 年基本在 0.0~0.2 波动。标杆公司中远海控的总资产报酬率 2020—2021 年急剧增长,到 2021 年,增长至 0.3 以上。

由水上运输业历年总资产报酬率平均值可知,水上运输业整体资产盈利能力不断上升。虽然这个行业整体在上升,但重庆港九的资产盈利能力仍然不高,低于标杆公司和行业的平均值。中远海控的资产盈利能力超越了行业水平,为 0.053 875。

由以上数据可知,重庆港九的资产盈利能力要低于标杆公司中远海控和整个行业,重庆港九最近几年的资产盈利能力较弱,没有达到行业的平均水平,应该引起重庆港九管理层的注意。

2012—2021年行业内4家公司总资产报酬率横向对比变动趋势,如图5-29所示。

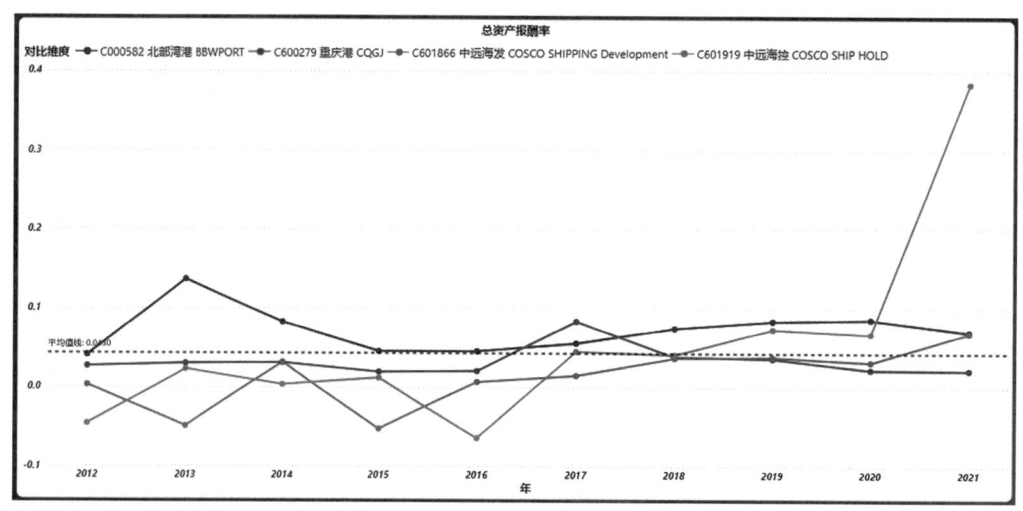

图 5-29　2012—2021 年行业内 4 家公司总资产报酬率横向对比变动趋势图

由图 5-29 可知,重庆港九、行业标杆中远海控、北部港湾和中远海发的总资产报酬率进行横向比较,重庆港九总资产报酬率 2012—2021 年总体呈现波动趋势,除 2017 年有所增长,高于平均值线以外,其余年份均低于平均值线。

行业标杆公司中远海控的总资产报酬率 2012—2021 年总体呈现上升趋势,2012—2016 年均处于平均值线以下,2017 年和 2018 年大致在平均值线上,2019—2021 年处于平均值线以上。北部港湾的总资产报酬率呈现波动趋势,2012 年、2015 年和 2016 年大致在平均值线上,其余年份均在平均值线以上。

2012—2021 年行业内多家公司总资产报酬率横向对比变动趋势,如图 5-30 所示。

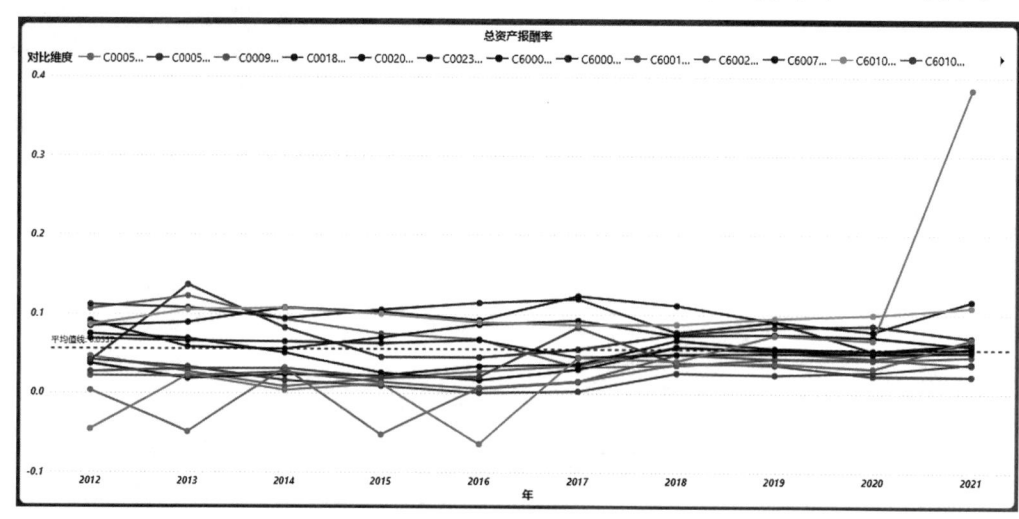

图 5-30　2012—2021 年行业内多家公司总资产报酬率横向对比变动趋势图

由图 5-30 可知,2012—2021 行业内这些公司的总资产报酬率变化基本趋同,除个别公司外,基本在 0～0.2 波动,总体来看,总资产报酬率并不高,盈利能力也并不强。有些公司个别年度总资产报酬率甚至在 0 以下,不但不能盈利反而亏损。

第四节 商品经营盈利能力分析

一、货币金融服务行业商品经营盈利能力分析

这里选取招商银行(股票代码:600036)作为样本公司进行商品经营盈利能力分析,行业标杆企业为工商银行(股票代码:601398),所属行业为货币金融服务行业。

招商银行、工商银行和行业商品经营盈利能力指标对比,如表 5-7 所示。

表 5-7 招商银行、工商银行和行业商品经营盈利能力指标对比

商品经营盈利能力指标	2021 年			10 年平均(2012—2021 年)		
	招商银行	行业	工商银行	招商银行	行业	工商银行
营业费用利润率	4 676.75%	865.01%	199.85%	2 045.45%	455.80%	296.00%
每股利润(元)	4.61	1.11	0.95	2.93	0.72	0.80

2012—2021 年招商银行公司营业费用利润率变动趋势,如图 5-31 所示。

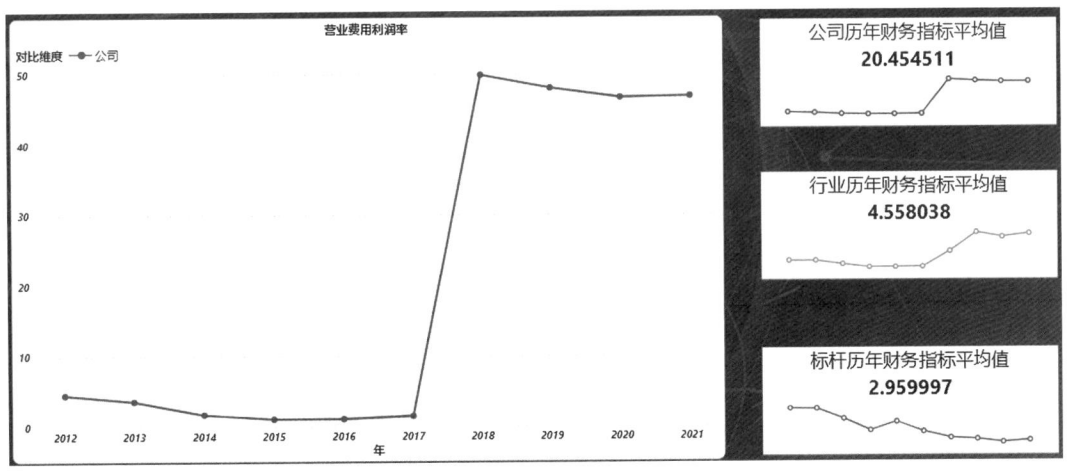

图 5-31 2012—2021 年招商银行公司营业费用利润率变动趋势图

由图 5-31 可知,招商银行营业费用利润率 2012—2017 年基本呈下降趋势,但波动不大,数值维持在 0～5,2017—2018 年飞速增长,到 2018 年数值接近 50,2018—2021 年又呈现下降趋势,但幅度不大,到 2021 年,招商银行营业费用利润率达 4 676.75%(表 5-7)。

招商银行历年营业费用利润率平均值高于行业历年营业费用利润率平均值和标杆公司历年营业费用利润率平均值,招商银行历年营业费用利润率平均值比行业平均值高了 1 589.65 个百分点,比标杆公司高了 1 749.45 个百分点。

2012—2021年货币金融服务行业营业费用利润率变动趋势,如图5-32所示。

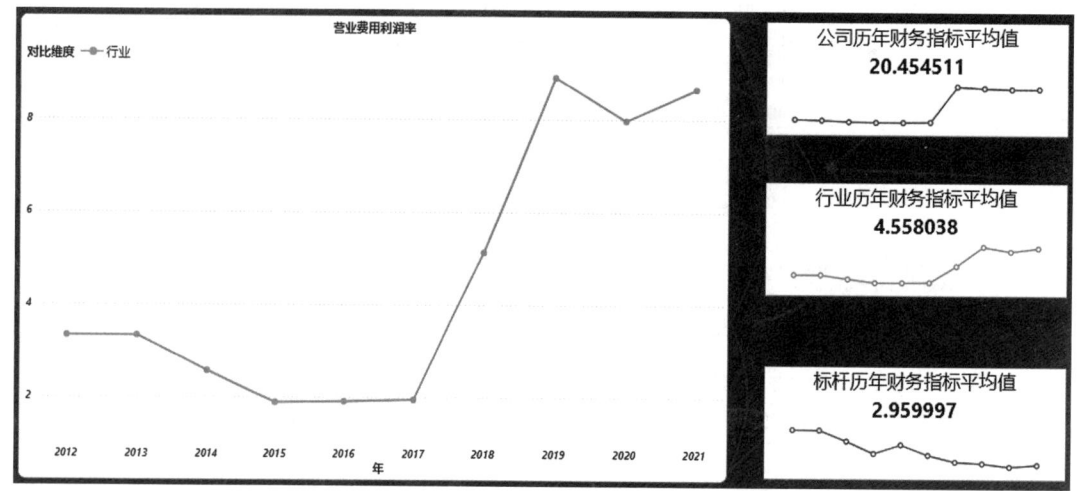

图5-32　2012—2021年货币金融服务行业营业费用利润率变动趋势图

由图5-32可知,货币金融服务行业2012—2021年营业费用利润率总体呈上升趋势,2012—2015年呈现下降趋势,但幅度不大,2016—2019年呈现上升趋势,特别是2017—2019年,实现了飞速增长,2019—2020年有所回落,2020—2021年呈上升趋势。

货币金融服务行业历年营业费用利润率平均值为4.558038,高于标杆公司工商银行的营业费用利润率平均值,低于招商银行的营业费用利润率平均值。

2012—2021年招商银行公司每股利润变动趋势,如图5-33所示。

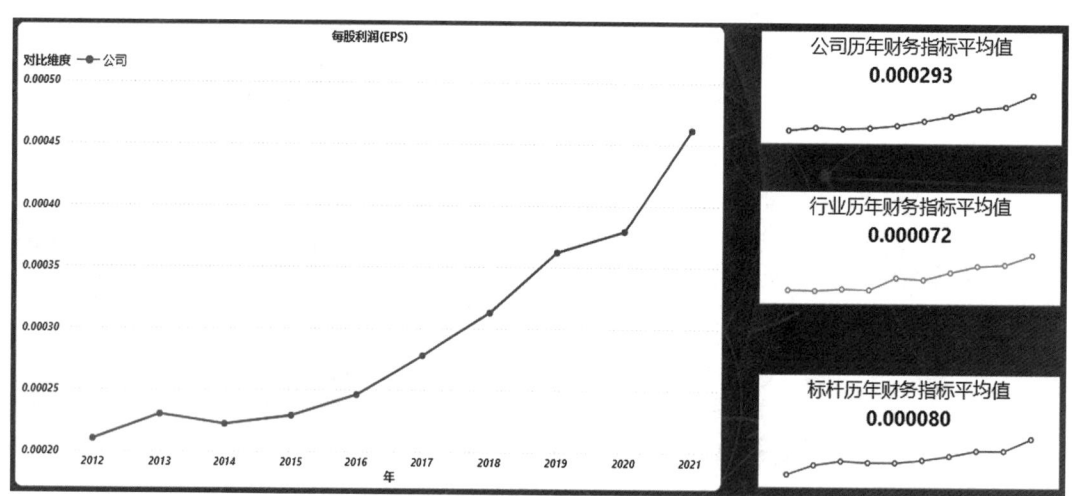

图5-33　2012—2021年招商银行公司每股利润变动趋势图

由图5-33可知,2012—2021年招商银行每股利润除2013—2014年有所回落外,基本呈现上升趋势,到2021年,招商银行每股利润为4.61元(表5-7)。

招商银行公司历年每股利润平均值高于行业历年每股利润平均值和标杆公司历年每股利润平均值,公司历年每股利润平均值比行业平均值高了0.000221,比标杆公司高了

0.000 213。

2012—2021年货币金融服务行业每股利润变动趋势，如图5-34所示。

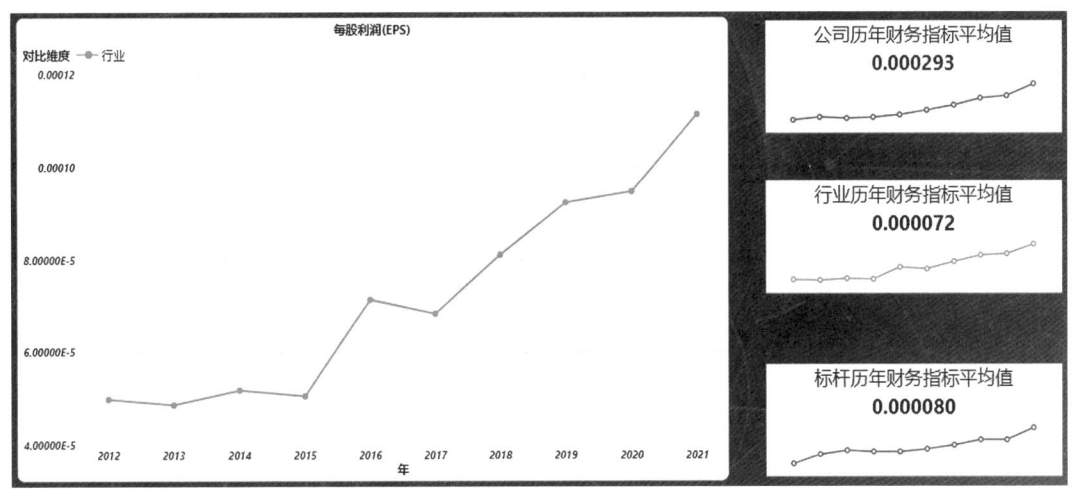

图5-34　2012—2021年货币金融服务行业每股利润变动趋势图

由图5-34可知，货币金融服务行业2012—2021年每股利润总体呈上升趋势，2012—2015年比较平稳，上涨和下跌幅度较低，2015—2016年快速增长，2016—2017年有所回落，2017—2021年均呈现上升趋势。

货币金融服务行业历年每股利润平均值为0.000 072，低于招商银行和标杆公司工商银行的每股利润平均值。

2012—2021年招商银行、工商银行和行业每股利润综合变动趋势，如图5-35所示。

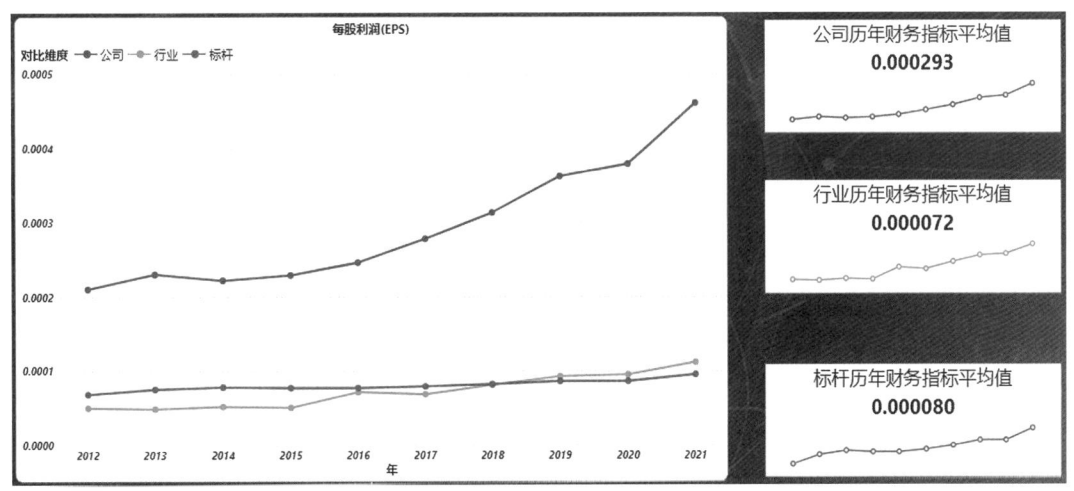

图5-35　2012—2021年招商银行、工商银行和行业每股利润综合变动趋势图

由图5-35可知，相对于招商银行的飞速增长，标杆公司工商银行和行业的每股利润2012—2021年增长幅度不大。

由货币金融服务行业历年每股利润平均值可知，货币金融服务行业每股利润不断上升。标杆公司工商银行的每股利润平均值超越了行业水平,为 0.000 08 元,招商银行的每股利润平均值远远超过了行业水平,为 0.000 293 元。

二、零售业商品经营盈利能力分析

这里选取重庆百货(股票代码:600729)作为样本公司进行商品经营盈利能力分析,行业标杆企业为王府井(股票代码:600859),所属行业为零售业。

重庆百货、王府井和行业商品经营盈利能力指标对比,如表 5-8 所示。

表 5-8 重庆百货、王府井和行业商品经营盈利能力指标对比

商品经营盈利能力指标	2021 年			10 年平均(2012—2021 年)		
	重庆百货	行业	王府井	重庆百货	行业	王府井
营业收入毛利率	25.81%	18.87%	13.23%	18.95%	17.91%	13.19%
销售净利润率	4.81%	−1.12%	2.91%	2.66%	1.94%	3.09%
营业费用利润率	5.46%	−0.66%	3.95%	3.14%	2.73%	3.79%
现金销售比	156.08%	125.20%	108.13%	117.92%	114.76%	109.95%
每股利润(元)	2.45	0.26	1.79	1.81	0.30	1.23

2012—2021 年重庆百货营业收入毛利率变动趋势,如图 5-36 所示。

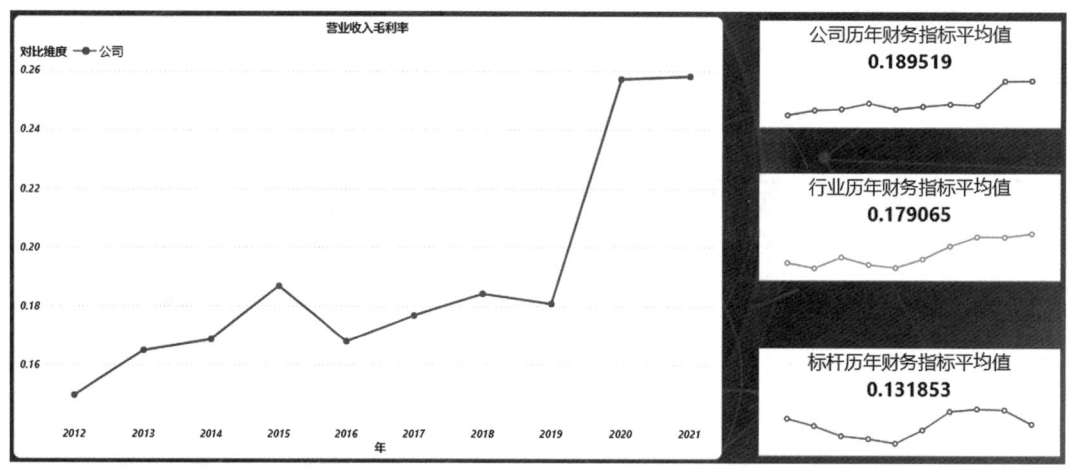

图 5-36 2012—2021 年重庆百货公司营业收入毛利率变动趋势图

由图 5-36 可知,重庆百货营业收入毛利率 2012—2017 年基本呈上升趋势,除 2015—2016 年、2018—2019 年有所回落外,其余年份都呈现上升趋势,特别是 2019—2020 年实现了飞速增长,到 2021 年,重庆百货营业收入毛利率为 25.81%(表 5-8)。

重庆百货历年营业收入毛利率平均值高于行业历年营业收入毛利率平均值和标杆公司历年营业收入毛利率平均值,重庆百货历年营业收入毛利率平均值比行业平均值高了 1.04 个百分点,比标杆公司高了 5.76 个百分点。

2012—2021 年零售业营业收入毛利率变动趋势,如图 5-37 所示。

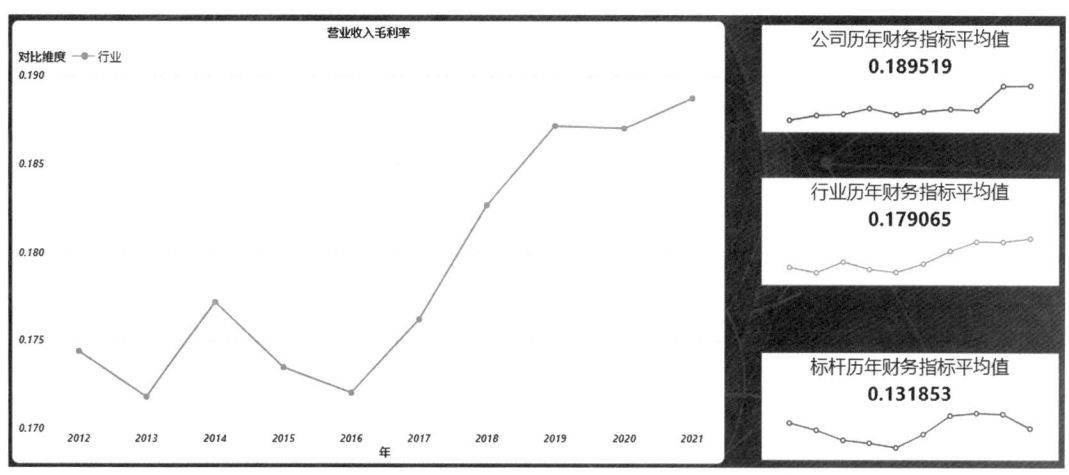

图 5-37　2012—2021 年零售业营业收入毛利率变动趋势图

由图 5-37 可知,零售业 2012—2021 年营业收入毛利率总体呈上升趋势,除 2012—2013 年、2014—2016 年、2019—2020 年有所下降外,其余年份均呈上升趋势,特别是 2016—2019 年增长显著。

零售业历年营业收入毛利率平均值为 0.179 065,高于标杆公司王府井的营业收入毛利率平均值,低于重庆百货的营业收入毛利率平均值。

2012—2021 年重庆百货销售净利润率变动趋势,如图 5-38 所示。

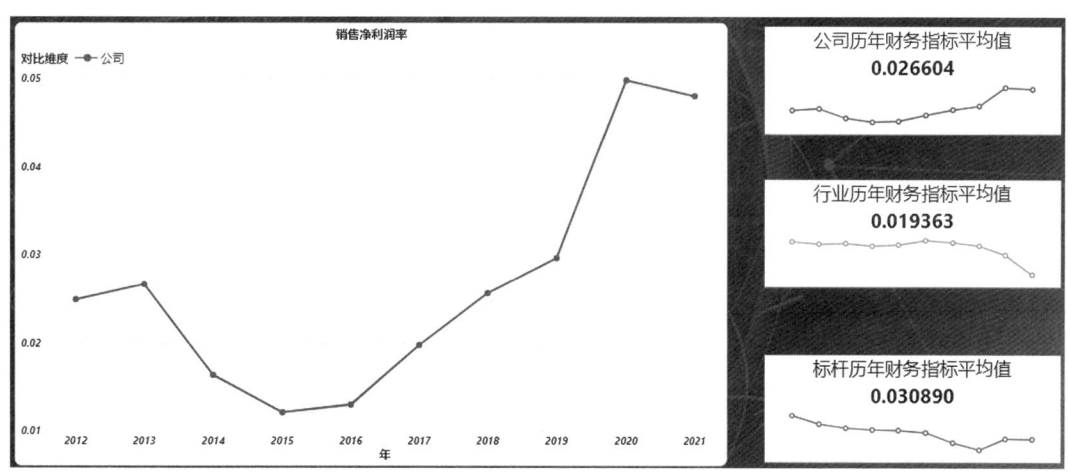

图 5-38　2012—2021 年重庆百货公司销售净利润率变动趋势图

由图 5-38 可知,重庆百货销售净利润率 2012—2013 年有所上涨,2013—2015 年均呈下跌趋势,2015—2020 年均呈上涨趋势,特别是 2019—2020 年,上涨趋势很显著,2020—2021 年有所回落。到 2021 年,重庆百货销售净利润率为 4.81%(表 5-8)。

重庆百货历年销售净利润率平均值高于行业历年销售净利润率平均值,低于标杆公司历年销售净利润率平均值,重庆百货历年销售净利润率平均值比行业平均值高了 7.24 个百分点,比标杆公司低了 0.43 个百分点。

2012—2021 年零售业销售净利润率变动趋势,如图 5-39 所示。

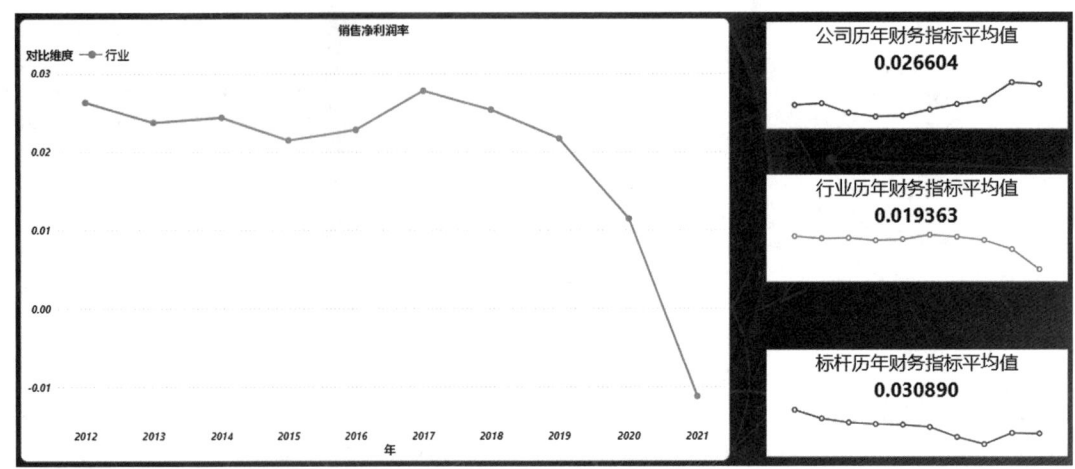

图 5-39　2012—2021 年零售业销售净利润率变动趋势图

由图 5-39 可知,零售业 2012—2021 年销售净利润率总体呈下降趋势,2012—2019 年波动不大,基本在 0.02~0.03,2019—2021 年显著下降,到 2021 年已降至 -0.01 以下。

行业历年销售净利润率平均值为 0.019 363,低于重庆百货和标杆公司王府井的销售净利润率平均值。

2012—2021 年重庆百货营业费用利润率变动趋势,如图 5-40 所示。

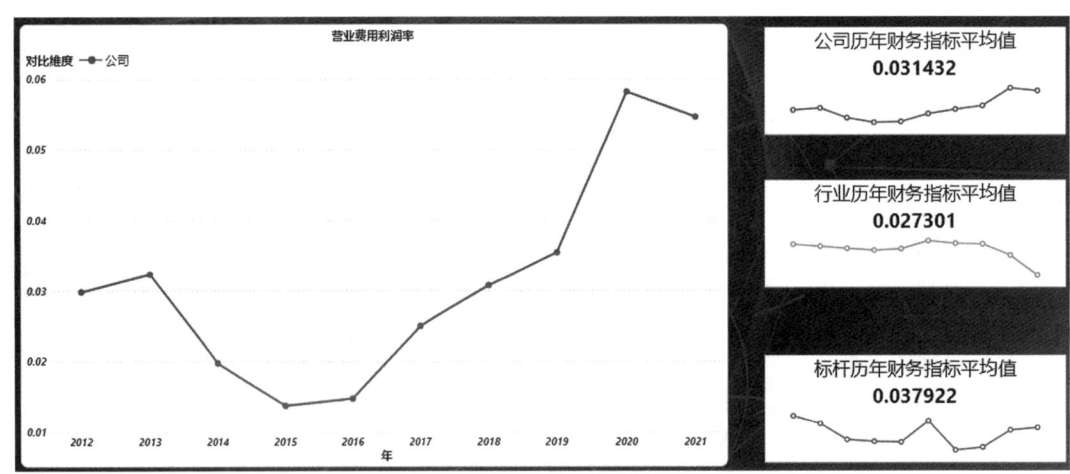

图 5-40　2012—2021 年重庆百货公司营业费用利润率变动趋势图

由图 5-40 可知,重庆百货营业费用利润率与销售净利润率变动趋势基本一致,2012—2013 年有所上涨,2013—2015 年均呈下跌趋势,2015—2020 年均呈上涨趋势,特别是 2019—2020 年,上涨趋势很显著,2020—2021 年有所回落。到 2021 年,重庆百货营业费用利润率为 5.46%(表 5-8)。

重庆百货历年营业费用利润率平均值高于行业历年营业费用利润率平均值,低于标杆公司历年营业费用利润率平均值,重庆百货历年营业费用利润率平均值比行业平均值高了

4.1个百分点,比标杆公司低了0.65个百分点。

2012—2021年零售业营业费用利润率变动趋势,如图5-41所示。

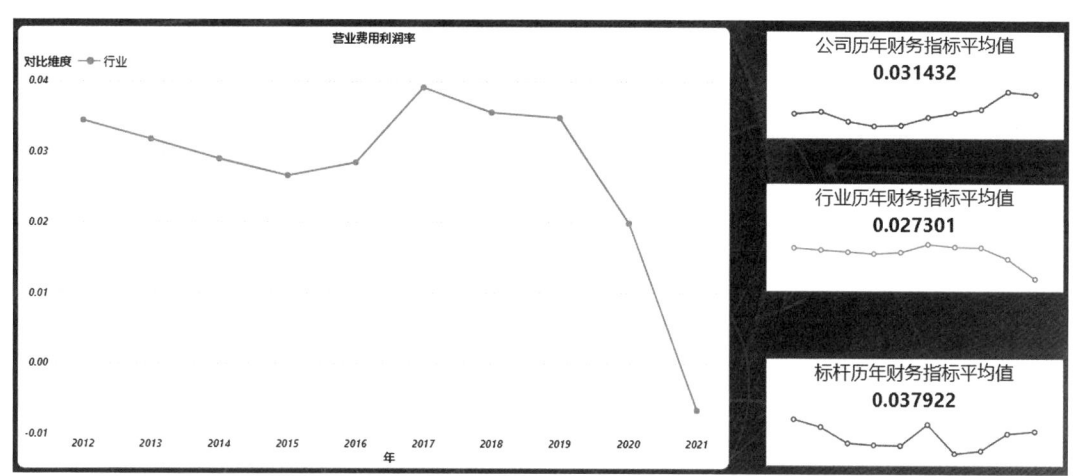

图 5-41　2012—2021年零售业营业费用利润率变动趋势图

由图5-41可知,零售业营业费用利润率变动趋势与销售净利润率变动趋势基本一致,2012—2021年营业费用利润率总体呈下降趋势,2012—2019年波动不大,基本在0.02~0.04,2019—2021年显著下降,到2021年已降至0以下。

零售业历年营业费用利润率平均值为0.027 301,低于重庆百货和标杆公司王府井的营业费用利润率平均值。

2012—2021年重庆百货现金销售比变动趋势,如图5-42所示。

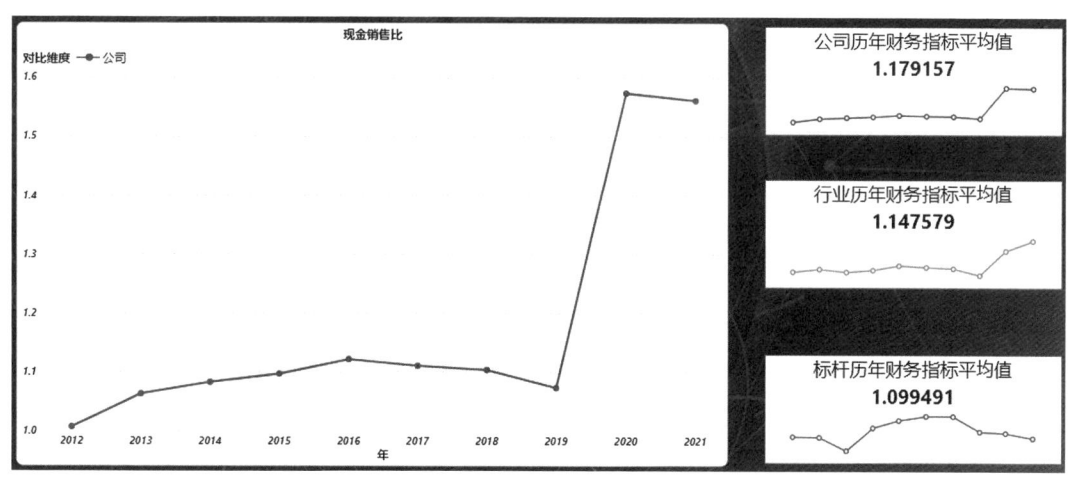

图 5-42　2012—2021年重庆百货公司现金销售比变动趋势图

由图5-42可知,重庆百货现金销售比2012—2021年总体呈现上升趋势,2012—2016年呈上升趋势,2016—2019年呈下降趋势,但幅度不大,2019—2020年飞速增长,2020—2021年有所回落。到2021年,重庆百货现金销售比为156.08%(表5-8)。

重庆百货历年现金销售比平均值高于标杆公司历年现金销售比平均值和行业历年现

金销售比平均值,重庆百货历年现金销售比平均值比行业平均值高了 3.16 个百分点,比标杆公司高了 7.97 个百分点。

2012—2021 年零售业现金销售比变动趋势,如图 5-43 所示。

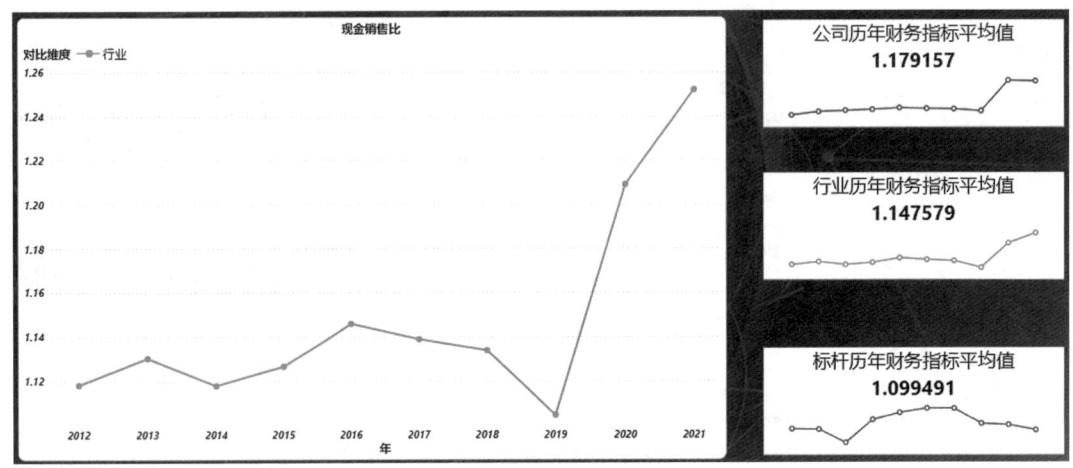

图 5-43　2012—2021 年零售业现金销售比变动趋势图

由图 5-43 可知,零售业现金销售比变动趋势与重庆百货现金销售比变动趋势接近一致,2012—2021 年总体呈现上升趋势,2012—2016 年呈波动上升的趋势,但上升幅度不大,2016—2019 年呈下降趋势,2019—2021 年飞速增长。

零售业历年现金销售比平均值为 1.147 6,低于重庆百货的现金销售比平均值,高于标杆公司王府井现金销售比平均值。

2012—2021 年重庆百货、王府井和行业现金销售比综合变动趋势,如图 5-44 所示。

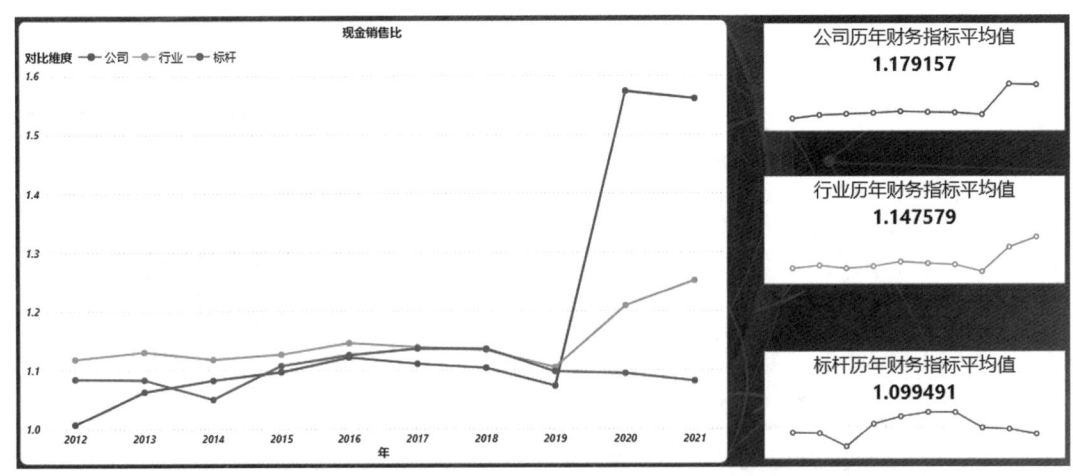

图 5-44　2012—2021 年重庆百货、王府井和行业现金销售比综合变动趋势图

由图 5-44 可知,相对于重庆百货的飞速增长,标杆公司王府井和行业的现金销售比 2012—2021 年增长幅度不大,基本在 1.0~1.3 元波动。重庆百货的现金销售比在 2020 年以前都要低于行业水平,2020 年实现了反超,与行业现金销售比拉开了距离。

由零售业历年现金销售比平均值可知,零售业现金销售比呈现上升趋势。标杆公司王府井的现金销售比平均值要低于行业水平,为 1.099 491,重庆百货的现金销售比平均值超过了行业水平,为 1.179 157。

2012—2021 年重庆百货每股利润变动趋势,如图 5-45 所示。

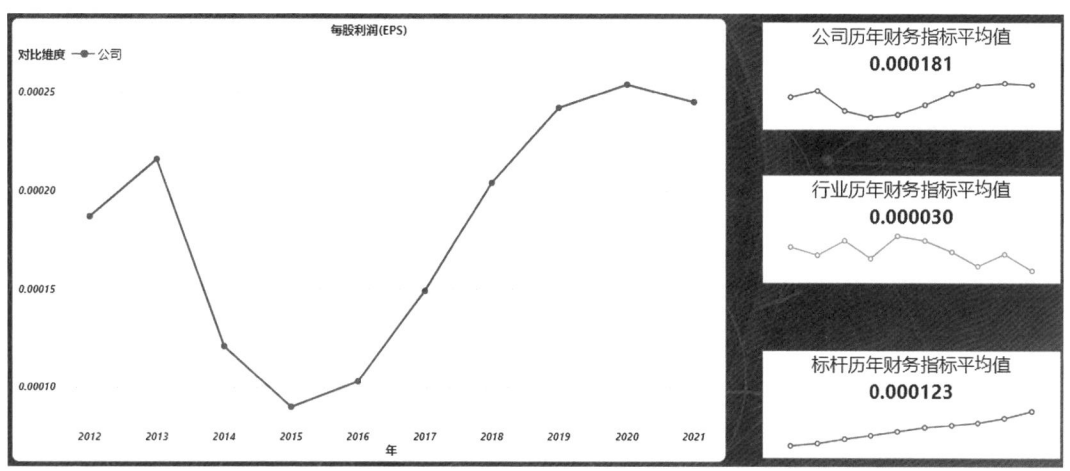

图 5-45 2012—2021 年重庆百货公司每股利润变动趋势图

由图 5-45 可知,重庆百货每股利润与营业费用利润率、销售净利润率变动趋势大致一致,2012—2013 年有所上涨,2013—2015 年均呈下跌趋势,2015—2020 年稳步上涨,在 2020 年达到峰值,2020—2021 年有所回落,但幅度不大。到 2021 年,重庆百货每股利润为 2.45 元(表 5-8)。

重庆百货历年每股利润平均值要高于标杆公司历年每股利润平均值和行业历年每股利润平均值,公司历年每股利润平均值比行业平均值高了 0.000 151,比标杆公司高了 0.000 058。

2012—2021 年零售业每股利润变动趋势,如图 5-46 所示。

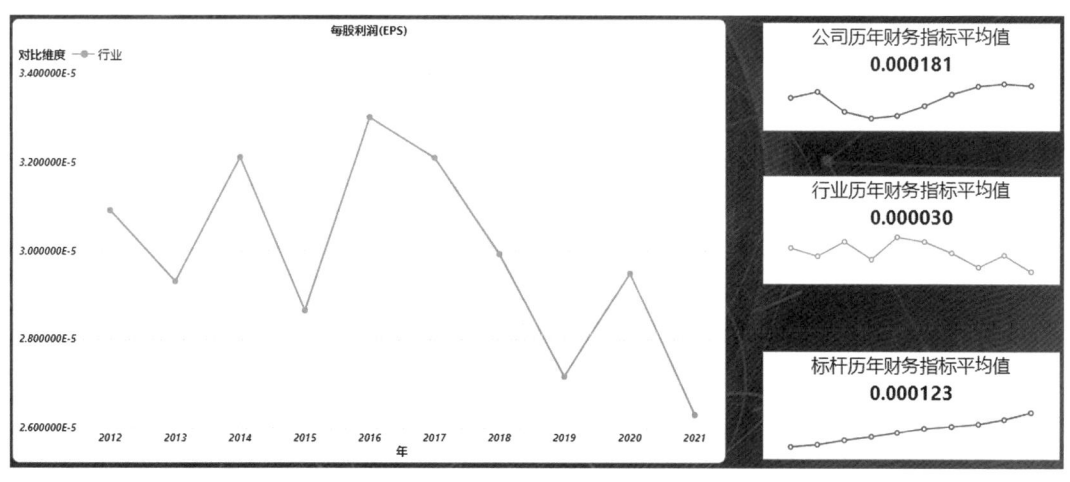

图 5-46 2012—2021 年零售业每股利润变动趋势图

由图 5-46 可知，零售业每股利润 2012—2021 年呈现波动下跌的趋势，除 2016—2019 年一直处于下跌趋势外，其余年份基本涨跌交替。

零售业历年每股利润平均值为 0.000 03，低于重庆百货和标杆公司王府井的每股利润平均值。

2012—2021 年重庆百货、王府井和行业每股利润综合变动趋势，如图 5-47 所示。

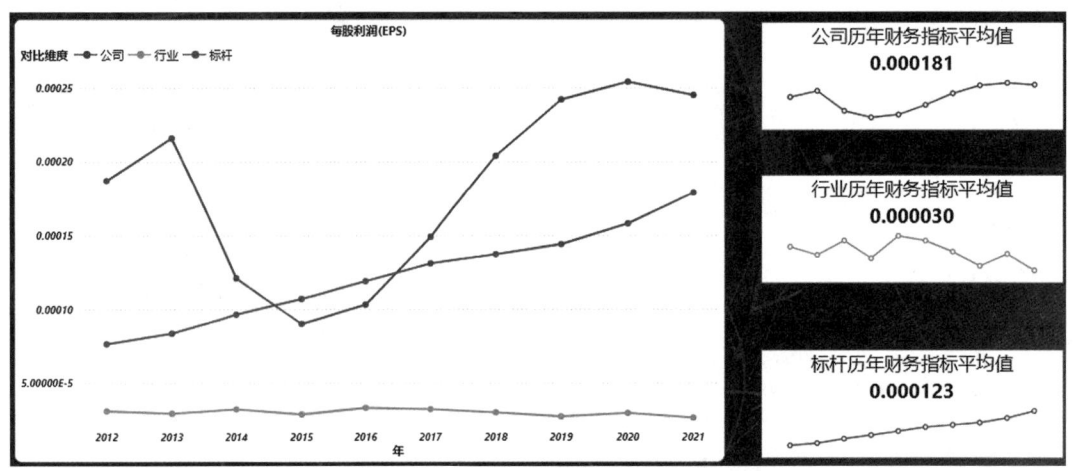

图 5-47　2012—2021 年重庆百货、王府井和行业每股利润综合变动趋势图

由图 5-47 可知，相对于行业每股利润的飞速增长，标杆公司王府井的每股利润 2012—2021 年呈上涨趋势，重庆百货在 2012—2015 年下跌之后，也呈上升趋势。重庆百货和标杆公司王府井的历年每股利润要远超行业每股利润。

由零售业历年每股利润平均值可知，零售业每股利润呈现下跌趋势。标杆公司王府井的每股利润平均值要高于行业水平，为 0.000 123，重庆百货的每股利润平均值超过了行业水平，为 0.000 181。

2012—2021 年重庆百货商品盈利能力指标多指标历史数据变动趋势，如图 5-48 所示。

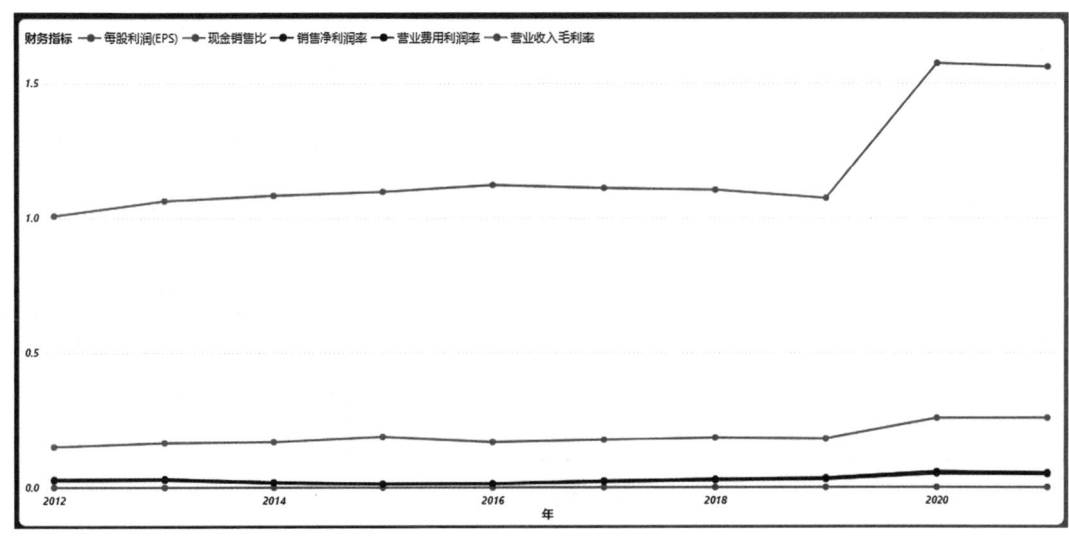

图 5-48　2012—2021 年重庆百货商品盈利能力指标多指标历史数据变动趋势图

由图 5-48 可知，现金销售比历年指标高于营业收入毛利率、每股利润、销售净利润率和营业费用利润率。这些指标都属于正向指标，指标越高，营业收入的商品盈利能力越强。

重庆百货的现金销售比呈上涨趋势，表明企业通过销售获取现金的能力有所增强，可以初步判定重庆百货产品的销售形势良好，信用政策合理，能及时收回货款。营业收入毛利率、每股利润、销售净利润率和营业费用利润率也总体呈上涨趋势，这些数据表明，重庆百货的商品盈利能力比较稳定，且在稳定发展中略有提升。

2012—2021年商品盈利能力指标多指标行业内横向对比数据变动趋势，如图 5-49 所示。

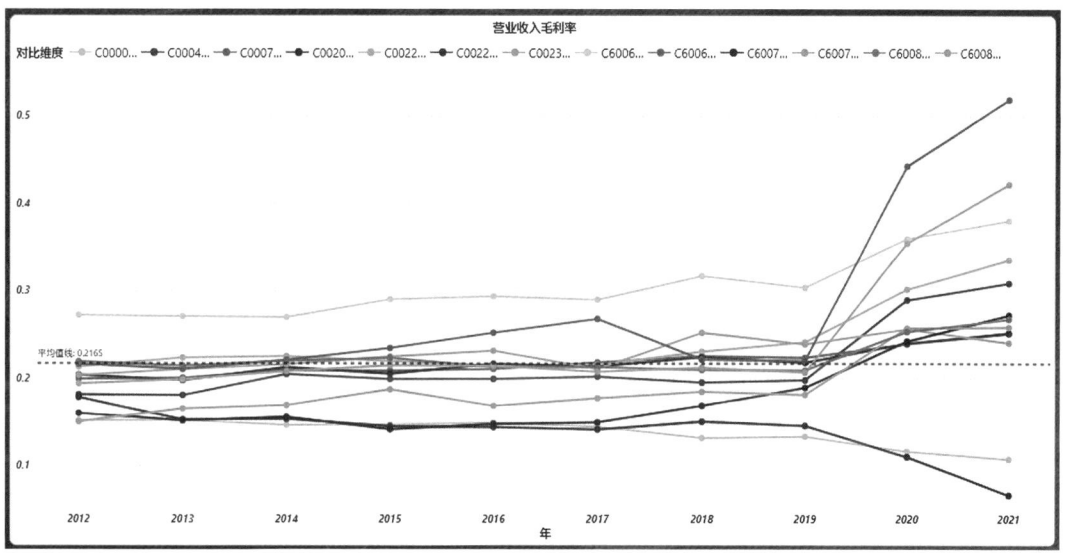

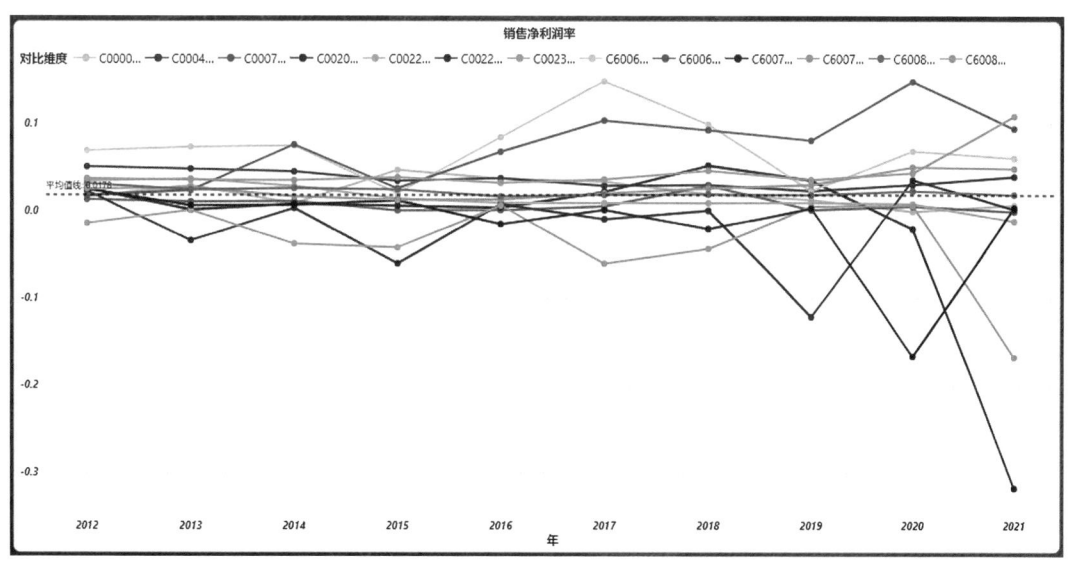

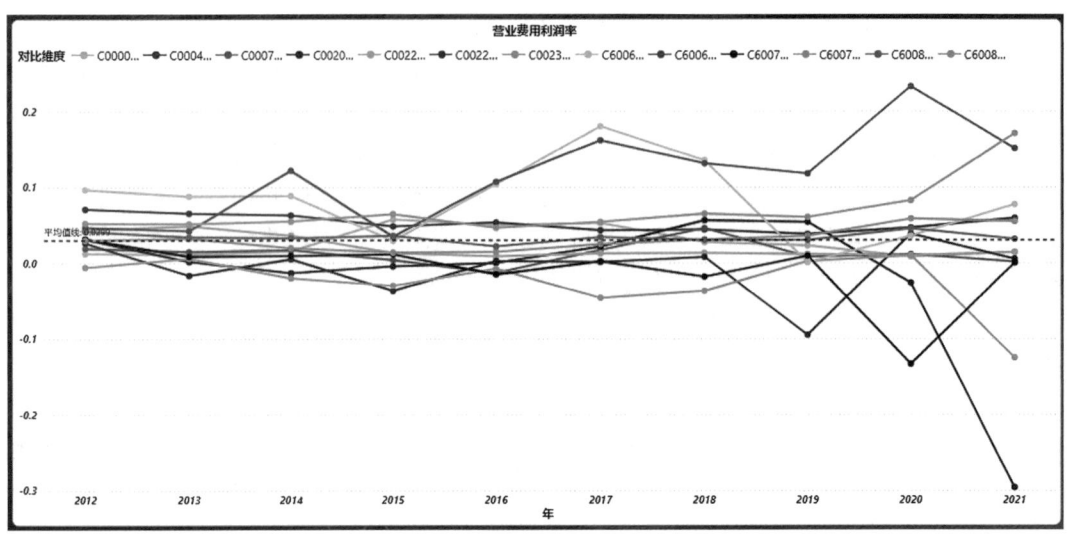

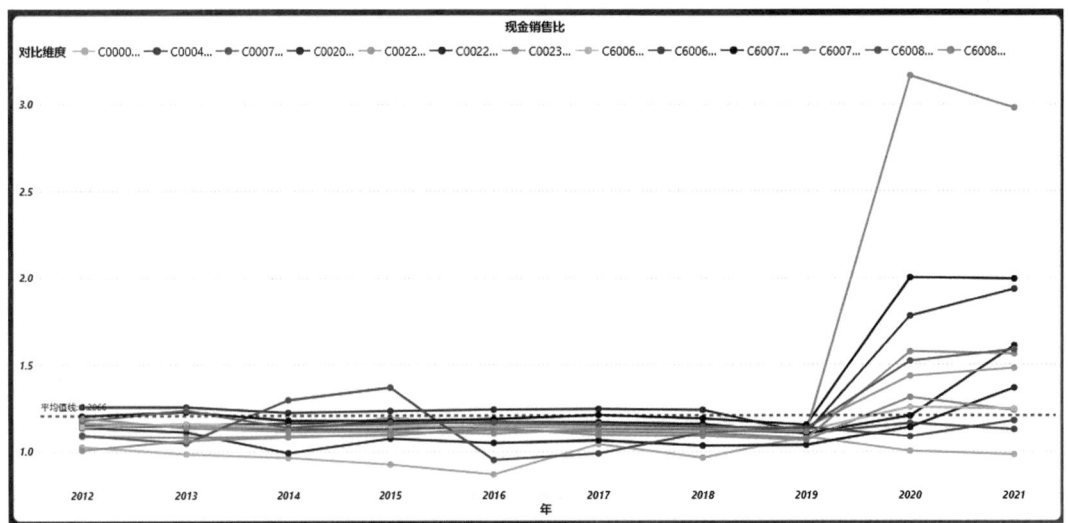

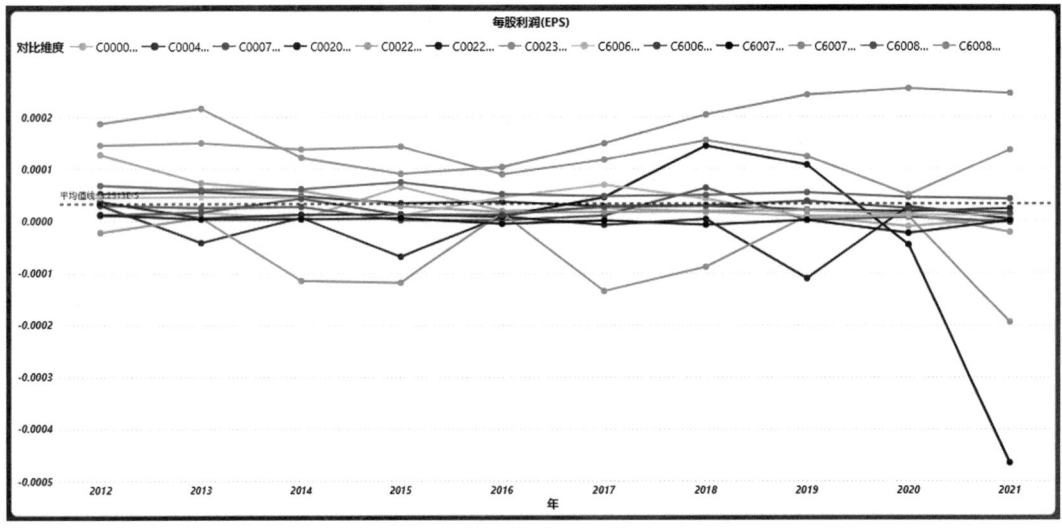

图 5-49　2012—2021 年商品盈利能力指标多指标行业内横向对比数据变动趋势图

由图 5-49 可知,通过对营业收入毛利率、销售净利润率、营业费用利润率、现金销售比与每股利润这些财务指标横向分析对比:除个别公司外,所选对比公司中的大多数公司在平均值线上下波动,总体来看,重庆百货商品盈利能力指标基本在大多数年份要高于所选对比公司,商品盈利能力较强。

三、水上运输业商品经营盈利能力分析

这里选取重庆港九(股票代码:600279)作为样本公司进行商品经营盈利能力分析,行业标杆企业为中远海控(股票代码:601919),所属行业为水上运输业。

重庆港九、中远海控和行业商品经营盈利能力指标对比,如表 5-9 所示。

表 5-9 重庆港九、中远海控和行业商品经营盈利能力指标对比

商品经营盈利能力指标	2021年			10年平均(2012—2021年)		
	重庆港九	行业	中远海控	重庆港九	行业	中远海控
营业收入毛利率	7.68%	33.84%	42.30%	15.35%	17.97%	9.49%
销售净利润率	1.89%	24.50%	3.96%	5.74%	10.49%	3.96%
营业费用利润率	2.27%	40.29%	61.60%	6.18%	13.85%	7.17%
现金销售比	75.22%	108.92%	99.45%	86.70%	103.41%	105.93%
每股利润(元)	0.06	0.58	5.59	0.22	0.24	0.55

2012—2021 年重庆港九营业收入毛利率变动趋势,如图 5-50 所示。

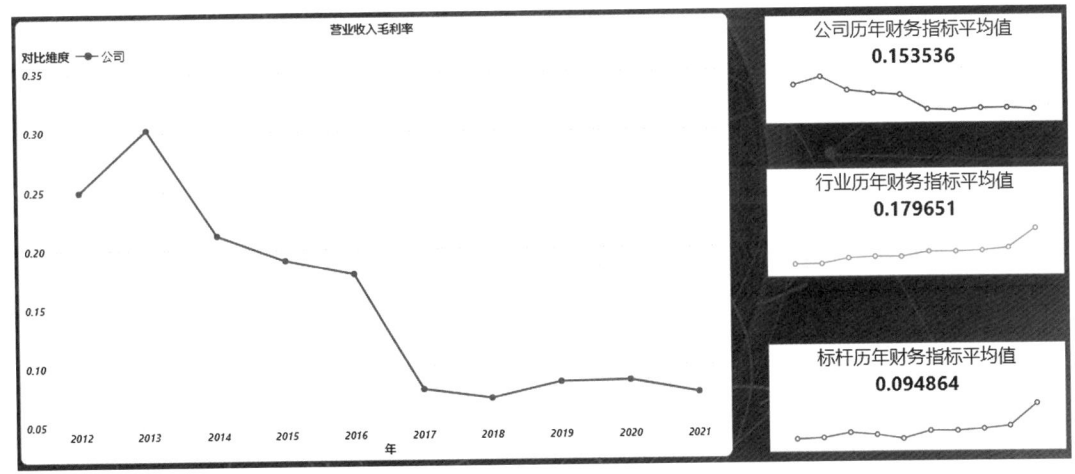

图 5-50 2012—2021 年重庆港九公司营业收入毛利率变动趋势图

由图 5-50 可知,重庆港九营业收入毛利率 2012—2021 年基本呈下降趋势,2012—2013 年有小幅度上升,2013—2018 年呈下降趋势,2018—2020 年有所回升,2020—2021 年呈下降趋势,到 2021 年,重庆港九营业收入毛利率为 7.68%(表 5-9)。

重庆港九历年营业收入毛利率平均值低于行业历年营业收入毛利率平均值,高于标杆公司历年营业收入毛利率平均值,重庆港九历年营业收入毛利率平均值比行业平均值低了

2.62个百分点,比标杆公司高了5.86个百分点。

2012—2021年水上运输业营业收入毛利率变动趋势,如图5-51所示。

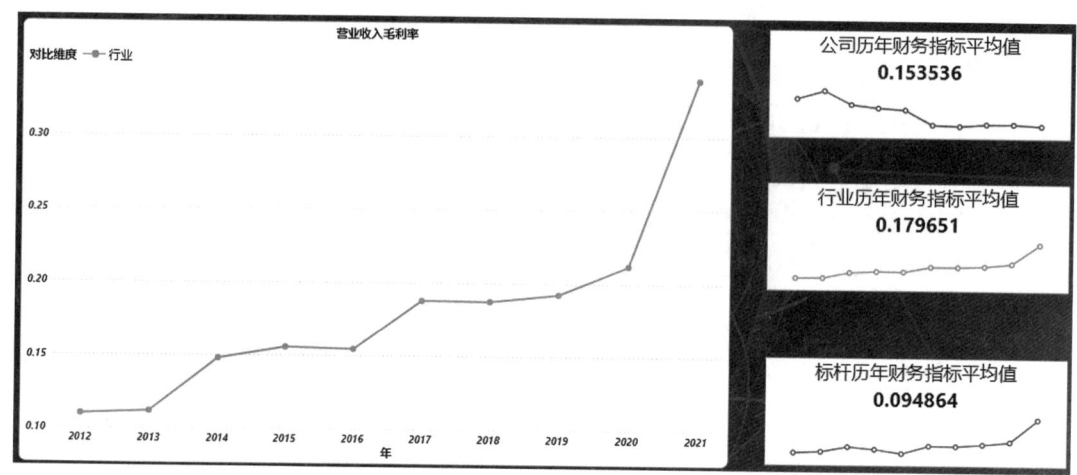

图5-51　2012—2021年水上运输业营业收入毛利率变动趋势图

由图5-51可知,水上运输业2012—2021年营业收入毛利率总体呈上升趋势,除2015—2016年、2017—2018年小幅度下降外,其余年份均呈上升趋势,特别是2020—2021年增长显著。

水上运输业历年营业收入毛利率平均值为0.179 651,高于重庆港九和标杆公司中远海控的营业收入毛利率平均值。

2012—2021年重庆港九销售净利润率变动趋势,如图5-52所示。

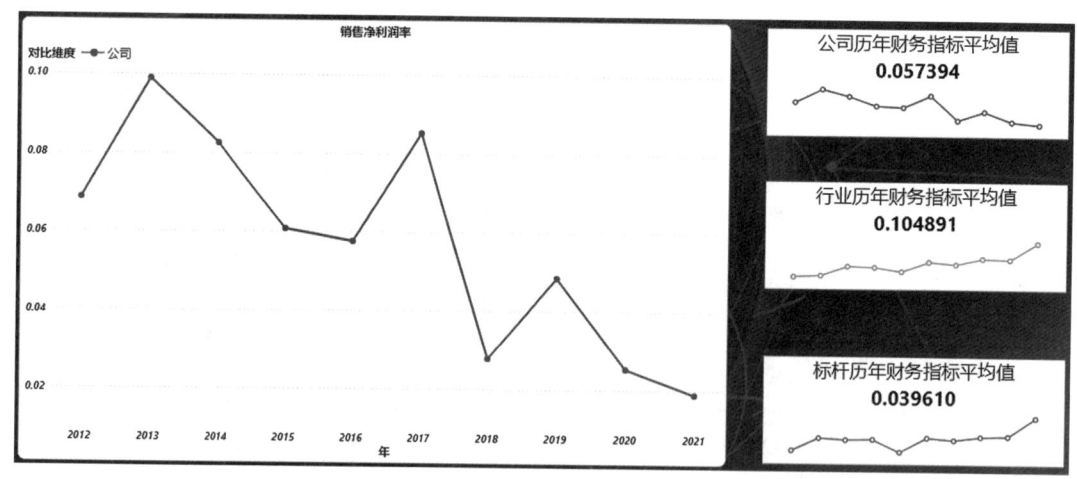

图5-52　2012—2021年重庆港九公司销售净利润率变动趋势图

由图5-52可知,重庆港九销售净利润率2012—2021年呈现波动下降的趋势。除2012—2013年、2016—2017年、2018—2019年有所增长外,其余年份均呈下降趋势,特别是2017—2018年下降显著。到2021年,重庆港九销售净利润率为1.89%(表5-9)。

重庆港九历年销售净利润率平均值低于行业历年销售净利润率平均值,高于标杆公司历年销售净利润率平均值,重庆港九历年销售净利润率平均值比行业平均值低了4.75个百分点,比标杆公司高了1.78个百分点。

2012—2021年水上运输业销售净利润率变动趋势,如图5-53所示。

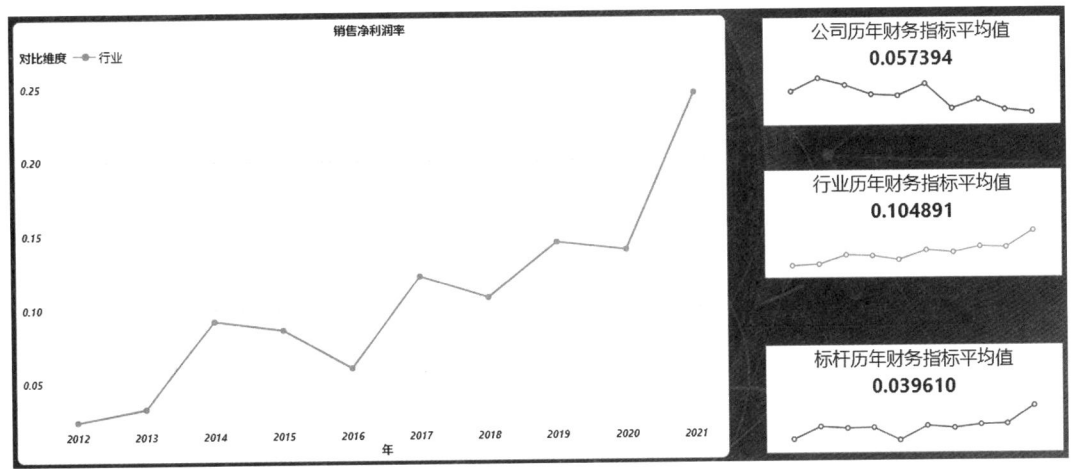

图5-53　2012—2021年水上运输业销售净利润率变动趋势图

由图5-53可知,水上运输业2012—2021年销售净利润率总体呈上升趋势,除2014—2016年、2017—2018年、2019—2020年有所回落外,其余年份均呈上升趋势,特别是2020—2021年上升趋势显著。

水上运输业历年销售净利润率平均值为0.104 891,高于重庆港九和标杆公司中远海控的销售净利润率平均值。

2012—2021年重庆港九营业费用利润率变动趋势,如图5-54所示。

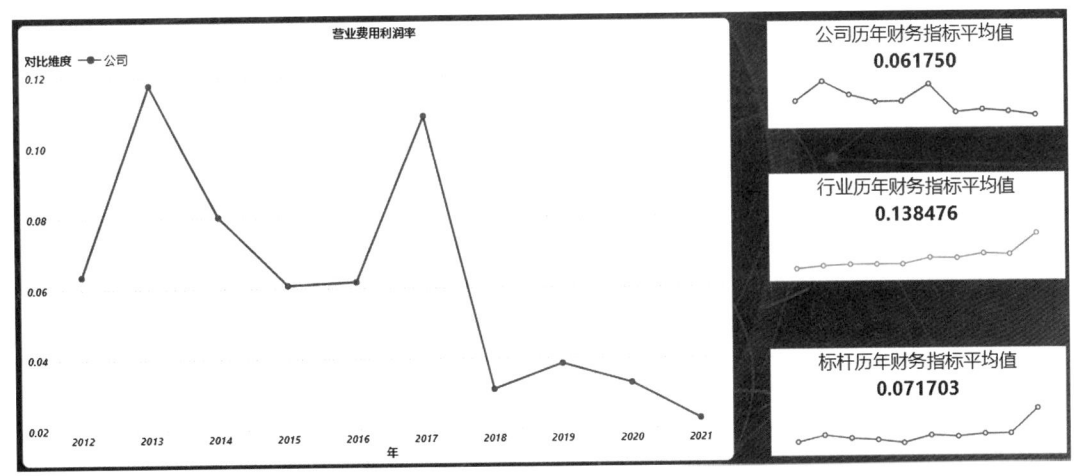

图5-54　2012—2021年重庆港九公司营业费用利润率变动趋势图

由图5-54可知,重庆港九营业费用利润率与销售净利润率变动趋势基本一致,2012—2021年呈现波动下降的趋势。除2012—2013年、2015—2017年、2018—2019年有所增长外,其余年份均呈下降趋势,特别是2017—2018年下降显著。到2021年,重庆港九公司营业费用利润率为 2.27%（表 5-9）。

重庆港九历年营业费用利润率平均值低于标杆公司历年营业费用利润率平均值和行业历年营业费用利润率平均值，重庆港九历年营业费用利润率平均值比行业平均值低了 7.67 个百分点，比标杆公司低了 0.99 个百分点。

2012—2021 年水上运输业营业费用利润率变动趋势，如图 5-55 所示。

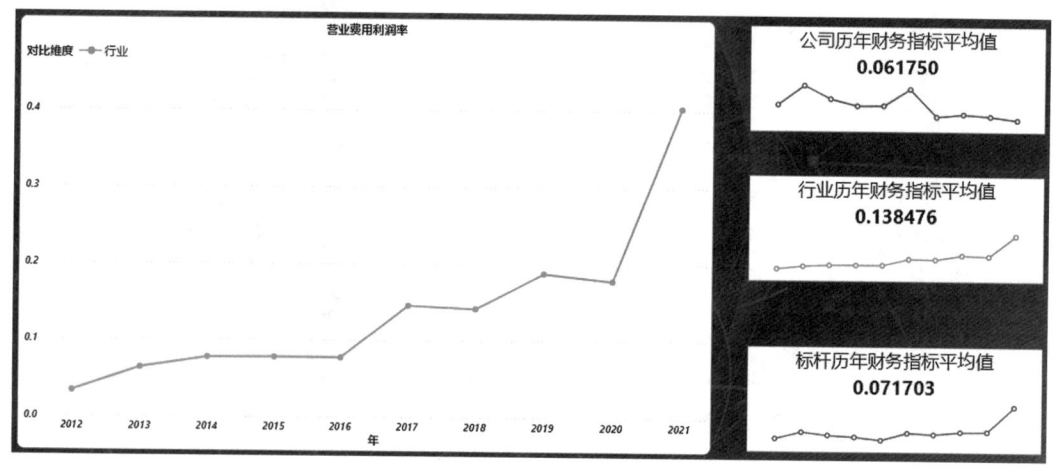

图 5-55　2012—2021 年水上运输业营业费用利润率变动趋势图

由图 5-55 可知，水上运输业营业费用利润率变动趋势与销售净利润率变动趋势基本一致，2012—2021 年总体呈上升趋势，除 2014—2016 年、2017—2018 年、2019—2020 年有所回落外，其余年份均呈上升趋势，特别是 2020—2021 年上升趋势显著。

水上运输业历年营业费用利润率平均值为 0.138 476，高于重庆港九和标杆公司中远海控的营业费用利润率平均值。

2012—2021 年重庆港九现金销售比变动趋势，如图 5-56 所示。

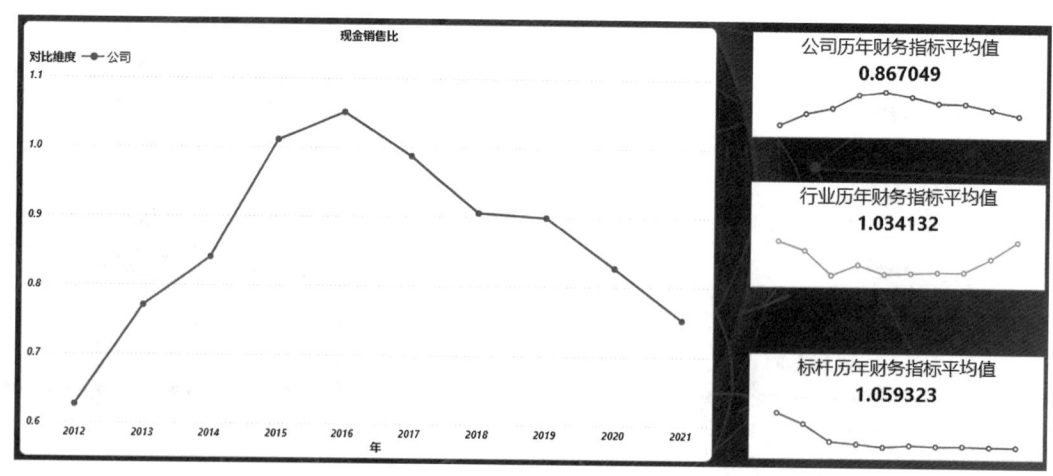

图 5-56　2012—2021 年重庆港九公司现金销售比变动趋势图

由图 5-56 可知，重庆港九现金销售比 2012—2021 年总体呈现倒"U"形，2012—2016

年呈上升趋势,2016年达到峰值,2016—2021年呈现下降趋势。到2021年,重庆港九现金销售比为75.22%(表5-9)。

重庆港九历年现金销售比平均值低于标杆公司历年现金销售比平均值和行业历年现金销售比平均值,重庆港九历年现金销售比平均值比行业平均值低了16.71个百分点,比标杆公司低了19.23个百分点。

2012—2021年水上运输业现金销售比变动趋势,如图5-57所示。

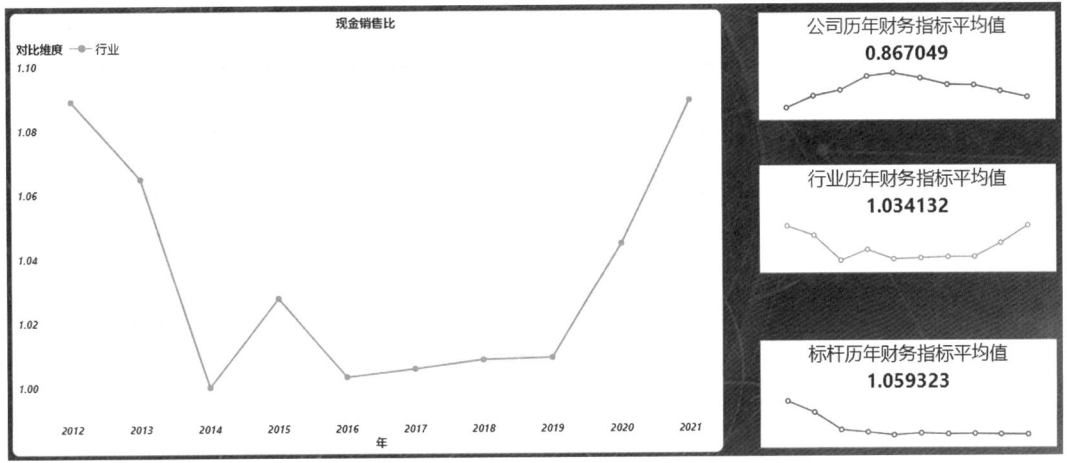

图5-57　2012—2021年水上运输业现金销售比变动趋势图

由图5-57可知,水上运输业现金销售比变动趋势与重庆港九现金销售比变动趋势基本相反,2012—2021年总体呈现"U"形,2012—2016年呈波动下降趋势,2016—2021年呈现上升趋势,特别是2019—2021年增长显著。

水上运输业历年现金销售比平均值为1.034 132,高于重庆港九的现金销售比平均值,低于标杆公司中远海控现金销售比平均值。

2012—2021年重庆港九、中远海控和行业现金销售比综合变动趋势,如图5-58所示。

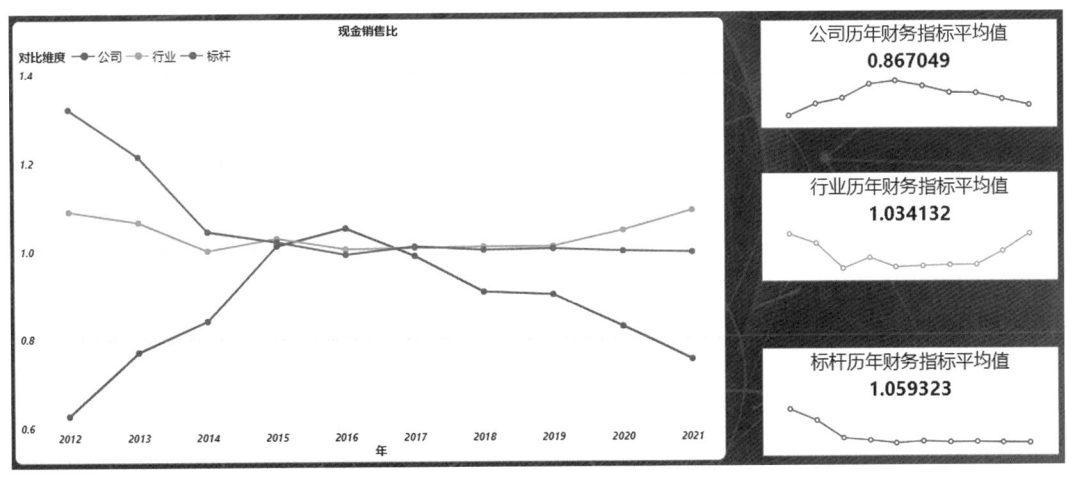

图5-58　2012—2021年重庆港九、中远海控和行业现金销售比综合变动趋势图

由图 5-58 可知,相对于重庆港九现金销售比的较大波动,标杆公司中远海控和行业的现金销售比 2012—2021 年波动不大。重庆港九的现金销售比除 2016 年高于行业水平外,其余年份都要低于行业水平,特别是近年来跟行业现金销售比拉开的差距越来越大。

由水上运输业历年现金销售比平均值可知,水上运输业现金销售比变化不大。标杆公司中远海控的现金销售比平均值要高于行业水平,为 1.059 323,重庆港九的现金销售比平均值要低于行业水平,为 0.867 049。

2012—2021 年重庆港九每股利润变动趋势,如图 5-59 所示。

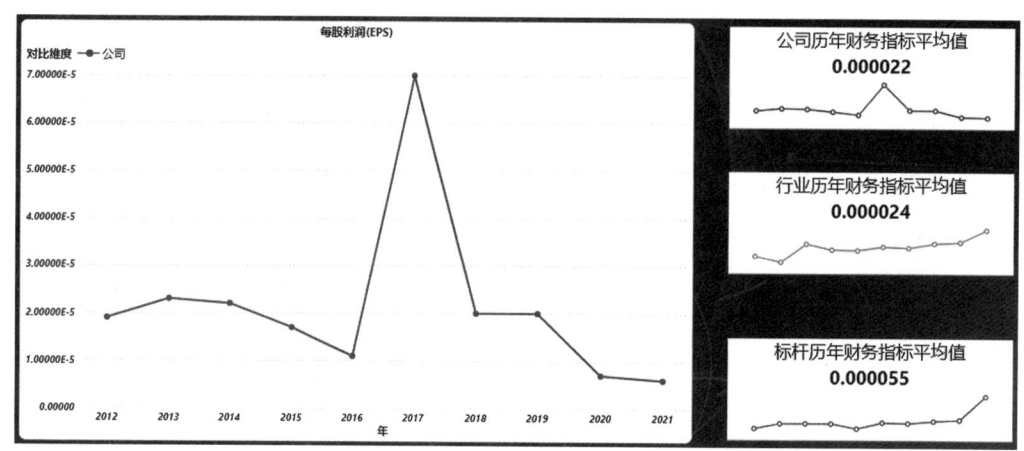

图 5-59　2012—2021 年重庆港九公司每股利润变动趋势图

由图 5-59 可知,重庆港九每股利润除 2017 年显著增长外,其余年份基本变化不大,在 0~0.000 03 元波动,2017 年增长到 0.000 07 元,2017—2021 年呈下降趋势。到 2021 年,重庆港九每股利润为 0.06 元(表 5-9)。

重庆港九历年每股利润平均值低于标杆公司历年每股利润平均值和行业历年每股利润平均值,重庆港九历年每股利润平均值比行业平均值低了 0.000 004,比标杆公司低了 0.000 033。

2012—2021 年水上运输业每股利润变动趋势,如图 5-60 所示。

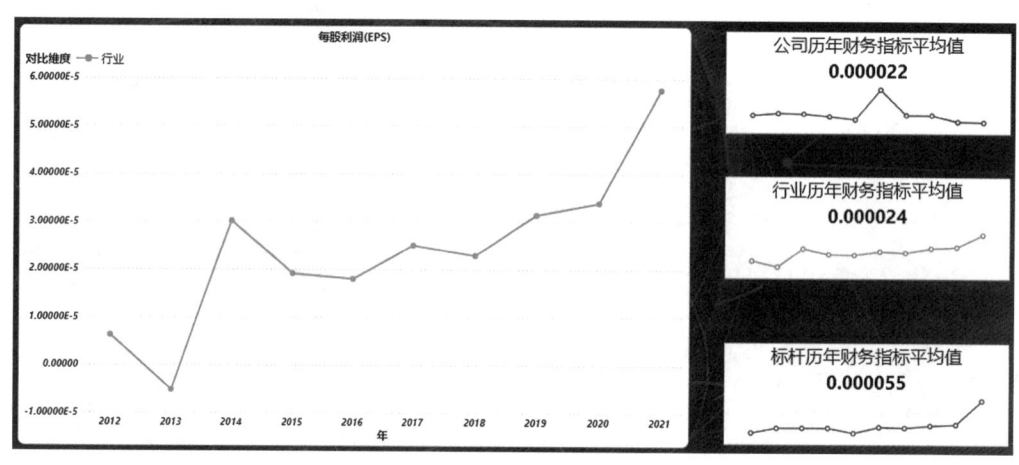

图 5-60　2012—2021 年水上运输业每股利润变动趋势图

由图 5-60 可知，水上运输业每股利润 2012—2021 年基本呈现上升的趋势，除 2012—2013 年、2014—2015 年、2017—2018 年有所下降外，其余年份均呈上升趋势。

水上运输业历年每股利润平均值为 0.000 024 元，高于重庆港九的每股利润平均值，低于标杆公司中远海控的每股利润平均值。

2012—2021 年重庆港九、中远海控和行业每股利润综合变动趋势，如图 5-61 所示。

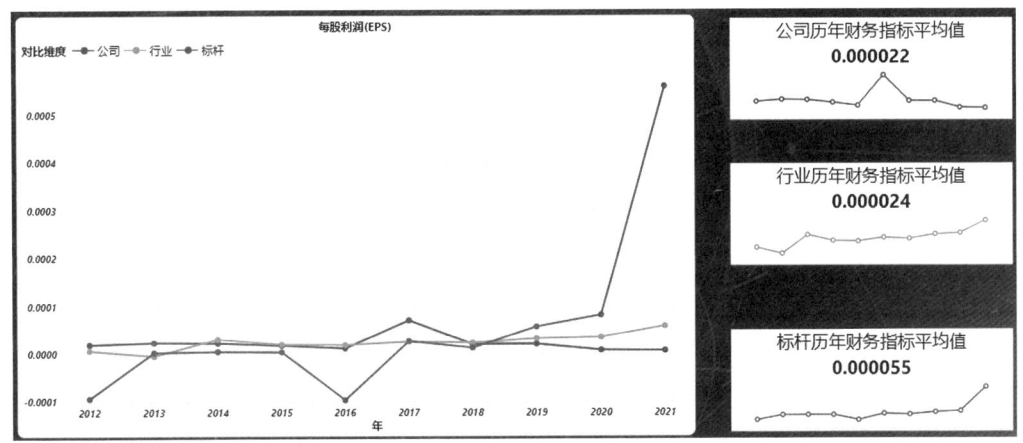

图 5-61　2012—2021 年重庆港九、中远海控和行业每股利润综合变动趋势图

由图 5-61 可知，相对于标杆公司中远海控每股利润的较大波动，重庆港九和行业的每股利润 2012—2021 年波动不大。重庆港九除 2012 年、2013 年和 2017 年的每股利润要高于行业每股利润外，其余年份均低于行业每股利润。标杆公司中远海控近年来每股利润增长较快，与重庆港九和行业每股利润拉开了距离。

由水上运输业历年每股利润平均值可知，水上运输业每股利润呈现上升趋势。标杆公司中远海控的每股利润要高于行业每股利润平均值，为 0.000 055 元，重庆港九的每股利润要低于每股利润平均值，为 0.000 022 元。

2012—2021 年重庆港九商品盈利能力指标多指标历史数据变动趋势，如图 5-62 所示。

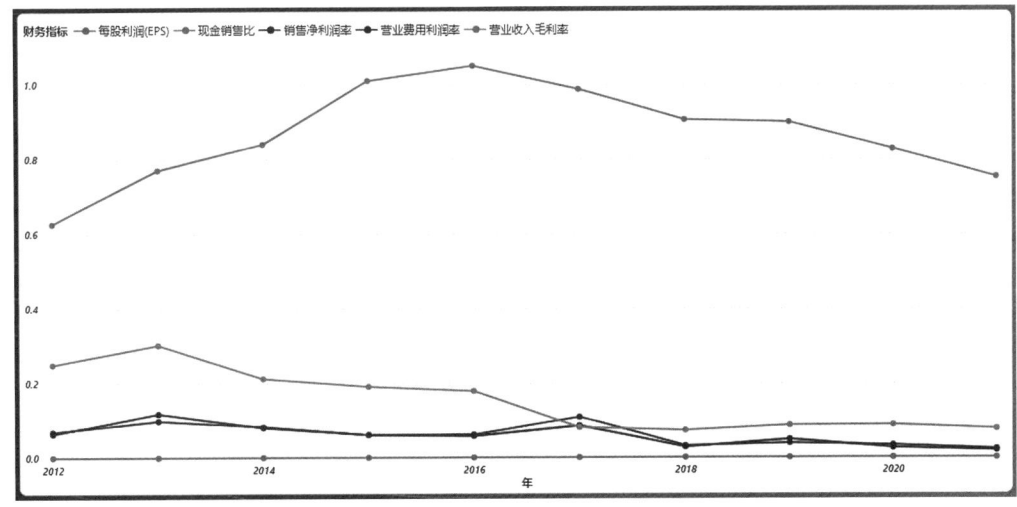

图 5-62　2012—2021 年重庆港九商品盈利能力指标多指标历史数据变动趋势图

由图 5-62 可知，现金销售比历年指标高于营业收入毛利率、每股利润、销售净利润率和营业费用利润率。这些指标都属于正向指标，指标越高，营业收入的商品盈利能力越强。

重庆港九的现金销售比 2012—2016 年上涨之后，近年来呈下降趋势，表明企业通过销售获取现金的能力近年有所下降，可以初步判定重庆港九的产品销售形势不佳，信用政策不是很合理，不能及时收回货款。营业收入毛利率、每股利润、销售净利润率和营业费用利润率也总体呈下降趋势，这些数据表明，重庆港九的商品盈利能力有所下降。

2012—2021 年商品盈利能力指标多指标行业内横向对比数据变动趋势，如图 5-63 所示。

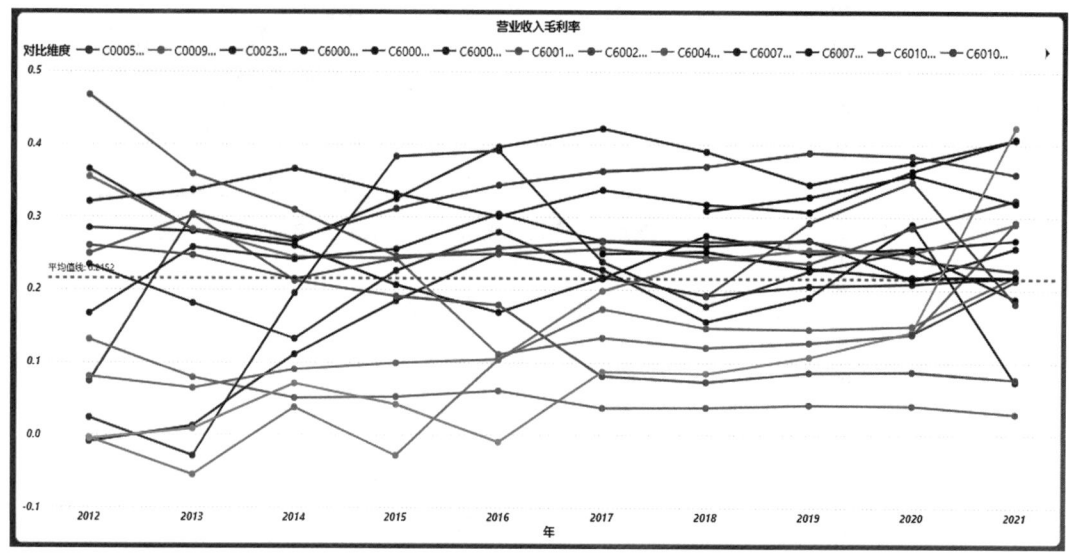

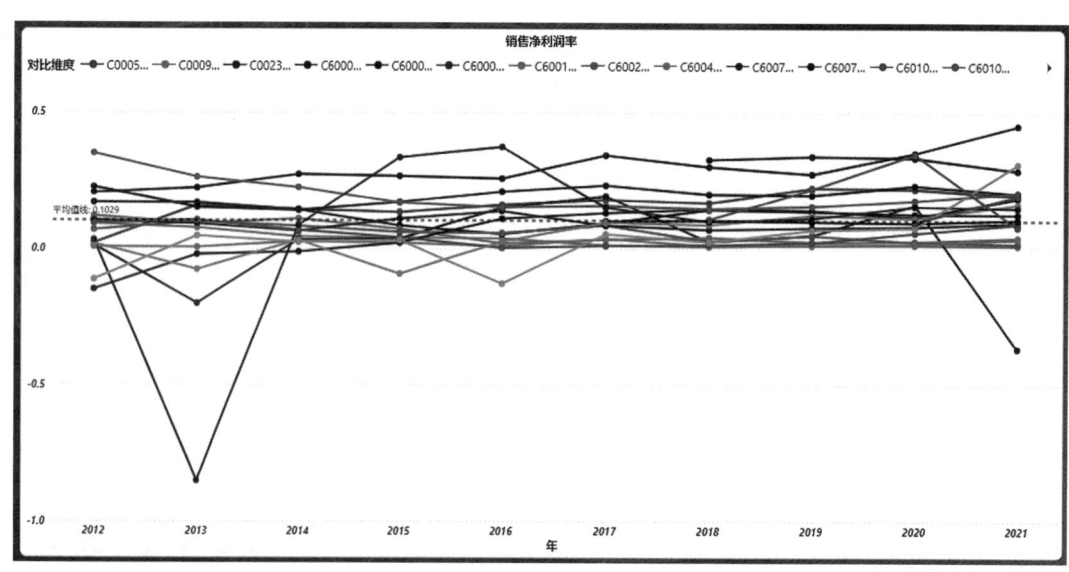

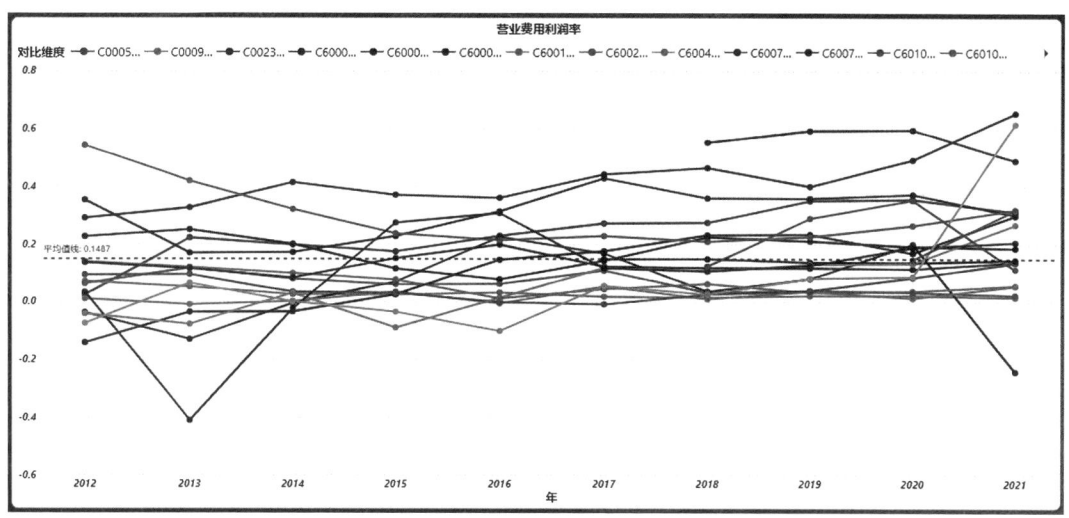
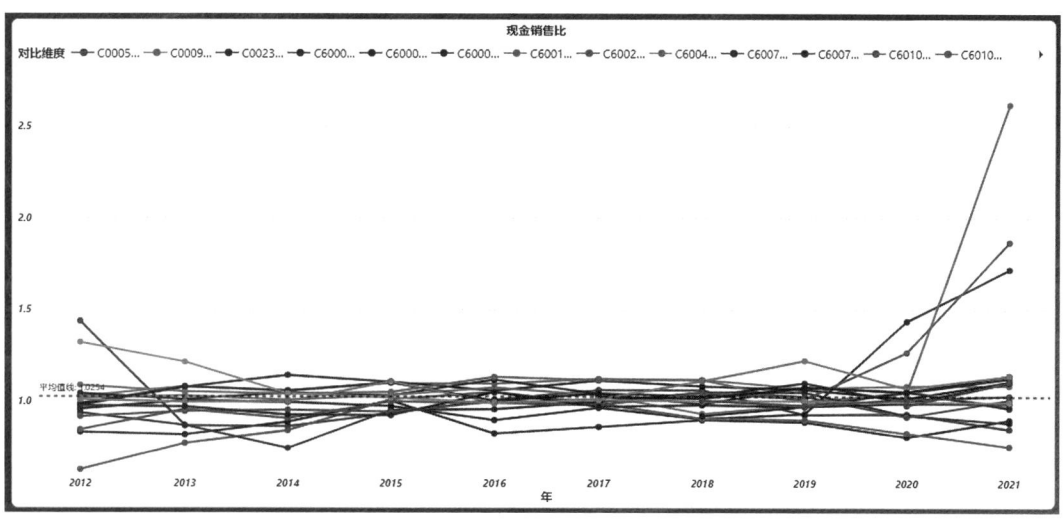
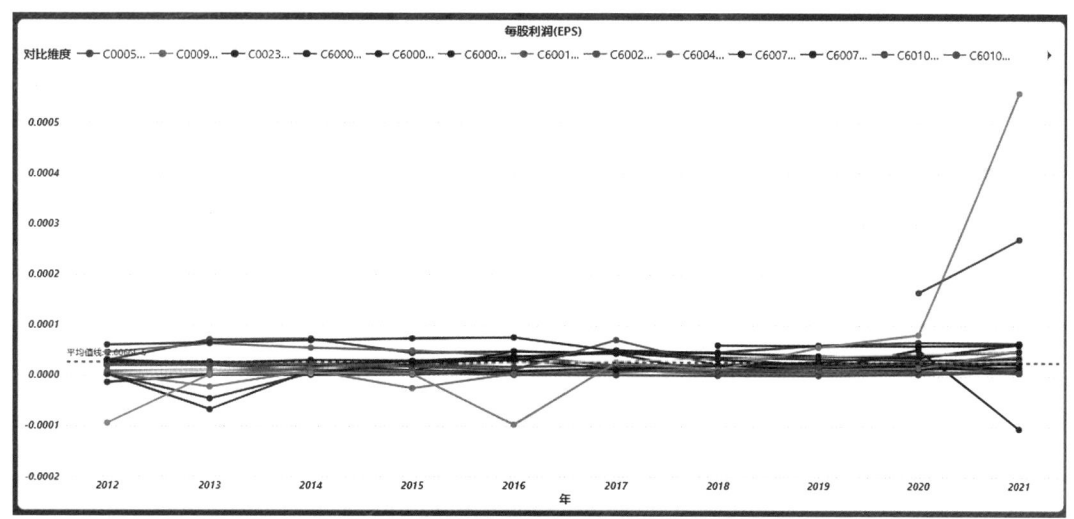

图 5-63　2012—2021 年商品盈利能力指标多指标行业内横向对比数据变动趋势图

由图 5-63 可知，通过对营业收入毛利率、销售净利润率、营业费用利润率、现金销售比与每股利润这些财务指标横向分析对比：除个别公司外，所选对比公司中的大多数公司在平均值线上下波动，总体来看，重庆港九商品盈利能力指标基本在大多数年份要低于所选对比公司，商品盈利能力较弱。

思考与拓展练习

一、思考题

1. 说明大数据对分析上市公司盈利能力的作用。
2. 举例说明大数据在资本（或资产）经营盈利能力分析时的优势。
3. 如何理解财务大数据在上市公司商品经营盈利能力分析中的重用性？

二、拓展练习

请借助 VDC 平台或其他财务分析软件，对货币金融服务行业、零售业或水上运输业的行业数据，以及行业内某一家企业的数据进行筛选和查询，并对该企业的盈利能力进行分析。把具体查询过程截图制作为 Word 文档进行提交。

第六章

偿债能力分析与上市公司实例

知识目标

1. 了解公司偿债能力分析的相关概念、目的、内容和方法。
2. 了解短期偿债能力和长期偿债能力各项主要指标的含义。

能力目标

1. 应用各项短期偿债能力指标和长期偿债能力指标分析企业的偿债能力。
2. 综合各项指标分析对企业的偿债能力做出合理评价。

素养目标

1. 提升自主分析问题的能力。
2. 培养严谨细致的工作态度。

知识导图

偿债能力分析与上市公司实例
- 一、偿债能力分析概述
  1. 偿债能力分析的概念
  2. 偿债能力分析的目的
  3. 偿债能力分析的内容
  4. 偿债能力分析的方法
- 二、短期偿债能力分析
  1. 货币金融服务行业短期偿债能力分析
  2. 零售业短期偿债能力分析
  3. 水上运输业短期偿债能力分析
- 三、长期偿债能力分析
  1. 货币金融服务行业长期偿债能力分析
  2. 零售业长期偿债能力分析
  3. 水上运输业长期偿债能力分析

本章提要

本章主要对偿债能力分析进行概述,从货币金融服务行业、零售业和水上运输业分别选取了招商银行、重庆百货和重庆港九三家上市公司,对它们的短期偿债能力和长期偿债能力进行比较分析,突出财务大数据在偿债分析方面的优势与实践性。

第一节 偿债能力分析概述

一、偿债能力分析的概念

偿债能力是指公司偿还各种债务的能力。偿债能力分析主要是对偿付流动负债能力的短期偿债能力和偿付非流动负债能力的长期偿债能力进行分析。偿债能力分析不仅可以让公司经营者、投资者、债权人等了解公司的财务状况和公司所承担的财务风险程度,还能预测公司前景,为公司进行各种理财活动提供重要参考。

企业债务或负债是指企业所承担的能以货币计量,将以资产或劳务偿付的经济资源或未来的经济利益。负债是企业资金来源的重要组成部分。负债的基本特点是:第一,它将在未来时期付出企业的经济资源或经济利益;第二,它必须是过去的交易和事项所发生的,其债务责任能够以货币准确地计量或者合理地估计。企业的负债按负债项目到期日的远近可分为流动负债和长期负债两部分:

(1)流动负债。流动负债是指企业可以在一年内或者超过一年的一个营业周期内偿还的债务,包括短期借款、应付票据、应付账款预收账款、应付职工薪酬等项目。流动负债的基本特点是金额相对较小,偿还期限较短,要求企业应有与之适应的变现能力强的资产作为保证。

(2)长期负债。长期负债是指偿还期限在一年或者超过一年的一个营业周期以上的债务,包括长期借款、应付债券、长期应付款和其他长期负债等项目。它是企业向债权人筹集的可供长期使用的资金来源。长期负债的特点是金额较大,偿还期限较长,企业的非流动资产也可作为长期负债的偿还保证。

二、偿债能力分析的目的

企业的偿债能力是反映企业财务状况的重要内容,是财务分析的重要组成部分。偿债能力是企业投资者、经营者和债权人都很关心的问题。对企业的偿债能力进行分析,对企业投资者、经营者和债权人都有着十分重要的意义与作用。

第一,企业偿债能力分析有利于投资者进行正确的投资决策。一个投资者在决定是否向某企业投资时,他不仅仅考虑企业的盈利能力,而且还要考虑企业的偿债能力。因为投资者的投资目的在于资本的保值和增值,即安全收回投资并获取收益或分得红利。如果一个企业短期偿债能力较差,即使投资者可得股息率较高,由于企业支付能力不强或资产的流动性较差,企业投资者实际上无法得到应得的股利;如果企业长期偿债能力差,则投资者的资本也可能会收不回来。投资者对企业的偿债能力是十分关心的,进行偿债能力分析对保证其资本保值、增值有重要意义。

第二,企业偿债能力分析有利于企业经营者进行正确的经营决策。企业经营者要保证企业经营目标的实现,必须保证企业生产经营各环节的畅通运行,而企业各环节畅通的关键在于企业的资金循环与周转速度。企业偿债能力的好坏既能对企业资金循环状况作出直接的反映,又能对企业生产经营各环节的资金循环和周转发挥重要的影响。因此,企业偿债能力的分析,对于企业经营者及时发现企业在经营过程中存在的问题,并采取相应措施加以解决,保证企业生产经营顺利进行,有着十分重要的作用。

第三,企业偿债能力分析有利于债权人进行正确的借贷决策。偿债能力是指企业偿还所欠债权人债务的能力。企业偿债能力状况如何,对债权人有着至关重要的影响,企业偿债能力的强弱直接决定着债权人信贷资金及其利息是否能收回。及时收回本金并取得较高利息是债权人借贷要考虑的最基本的因素。任何一个债权人都不愿意将资金借给一个偿债能力很差的企业,债权人在进行借贷决策时,必须对借款企业的财务状况,特别是偿债能力状况进行深入细致的分析,否则可能会作出错误的决策,致使无法收回本金。

第四,企业偿债能力分析有利于正确评价企业的财务状况。企业偿债能力状况是对企业经营状况和财务状况的综合反映,通过对企业偿债能力的分析,可以说明企业的财务状况及其变动情况。这对于正确评价企业偿债能力,说明企业财务状况变动的原因,找出企业经营中存在的问题,并对存在的问题提出正确的解决措施都是十分有益的。

三、偿债能力分析的内容

企业偿债能力分析的内容受企业负债的内容和偿债所需资产内容的制约。不同的负债,其偿还所需要的资产不同,或者说不同的资产可用于偿还的债务也有所区别。一般来说,负债可分为流动负债和长期负债,资产可分为流动资产和非流动资产,因此,偿债能力分析通常被分为短期偿债能力分析和长期偿债能力分析。

(一) 短期偿债能力分析

短期偿债能力是指企业偿还流动负债,或者企业在短期债务到期时资产可以变现用于偿还流动负债的能力。进行短期偿债能力分析,要明确影响企业短期偿债能力的因素,在此基础上通过对一系列反映短期偿债能力的指标进行计算与分析,并以此来说明企业短期偿债能力状况及其原因。最能反映公司短期偿债能力的指标,是建立在对公司流动资产和流动负债关系分析基础上的,针对公司短期偿债能力分析,我们主要观察流动比率、速动比率和现金比率的情况。

1. 流动比率

流动比率是衡量企业短期偿债能力的重要指标,反映了企业流动资产在短期债务到期时可变现用于偿还流动负债的能力。一般认为,该指标应达到 2∶1 以上。流动比率越高,表示企业的偿付能力越强,企业面临的短期流动风险越小,偿债人安全度越高。需要注意,企业短期偿债能力取决于流动负债与流动资产的相对关系,而与企业规模无关。如果仅以流动比率作为偿债能力的评价标准,企业规模大,流动资产多,并不表明企业短期偿债能力强;反之,企业规模小、流动资产少也不等于企业偿债能力弱。能从根本上判断企业短期偿债能力强弱的应该是流动资产与流动负债的相互关系,流动资产与流动负债的变动决定了流动比率的变动。

2. 速动比率

速动比率评价企业的短期偿债能力,消除了存货等变现能力较差的流动资产项目的影响,可以部分地弥补流动比率指标存在的缺陷。当企业流动比率较高时,如果流动资产中可以立即变现用来支付债务的资产较少,其偿债能力也是较差的;反之,即使流动比率较低,但流动资产中的大部分都可以在较短的时间内转化为现金,其偿债能力也很强。因此,用速动比率来评价企业的短期偿债能力相对更准确一些。一般认为,在企业的全部流动资产中,存货大约占50%,速动比率的一般标准为1,即每一元的流动负债都有一元几乎可以立即变现的资产来偿付。如果速动比率低于1,一般认为偿债能力较差,但分析时还要结合其他因素进行评价,这是经验值不适用于所有的行业和企业。

3. 现金比率

现金比率可以反映企业的直接偿付能力,当企业面临工资支付日或大宗进货日等需要大量现金时,这一指标更能显示出其重要作用,由于现金比率的两种表示方式都没有考虑企业流动资产中的存货和应收款项,对于应收款项和存货变现存在问题的企业,这一指标尤为重要。现金比率越高,表示企业可立即用于支付债务的现金类资产越多,由于企业现金类资产的盈利水平较低,企业不可能也没有必要保留过多的现金类资产。如果这一比率过高,表明企业通过负债方式所筹集的流动资金没有得到充分的利用,所以并不鼓励企业保留更多的现金类资产。一般认为这一比率应在20%左右,在这一水平上,企业的直接支付能力不会有太大的问题。

(二) 长期偿债能力分析

长期偿债能力是指企业偿还本身所欠长期负债的能力,或者说是在企业长期债务到期时,企业盈利或资产可用于偿还长期负债的能力。对企业长期偿债能力进行分析,要结合长期负债的特点,在明确影响长期偿债能力因素的基础上,从企业盈利能力和资产规模两方面对企业偿还长期负债的能力进行分析和评价。长期偿债能力分析可通过对反映企业长期偿债能力指标进行计算与分析,以此来说明企业长期偿债能力的基本状况及其变动原因,为企业进行正确的负债经营指明方向。公司偿债能力是反映公司财务状况和经营能力的重要标志。针对公司长期偿债能力分析,我们主要观察总资产负债率、产权比率、权益资产比和权益乘数的情况。

1. 总资产负债率

总资产负债率是综合反映企业偿债能力的重要指标,它通过负债与资产的对比,反映在企业总资产中有多少是通过举债获得的。该指标越大,说明企业的债务负担越重;该指标越小,说明企业的债务负担越轻。总资产负债率既可用于衡量企业利用债权人资金进行经营活动的能力,也可以反映债权人发放贷款的安全程度。对债权人来说,该指标越小越好,因为企业的债务负担越轻,其总体偿债能力越强,债权人利益的保证程度越高。对企业来说,则希望该指标适度增大,虽然这样会使企业的债务负担加重,但企业也可以通过扩大举债规模获得较多的财务杠杆利益。但是,如果该指标过大,就会影响企业的筹资能力。如果资产负债率超过100%,则表明企业已经资不抵债,存在破产风险。

2. 产权比率

产权比率是负债总额与所有者权益总额的直接对比。产权比率和资产负债率、股东权益比率具有相同的经济意义,但该指标可以更直观地表示出负债受到所有者权益的保护程度。产权比率反映了所有者权益对债权人权益的保障程度,即在企业清算时债权人权益的保障程度。该指标越低,表明企业的长期偿债能力越强,债权人权益的保障程度越高,承担的风险越小,但企业不能充分地发挥负债的财务杠杆效应。

3. 权益资产比

权益资产比又称股东权益比率,是所有者权益同资产总额的比率,反映企业全部资产中有多少是投资人投资所形成的,是表示长期偿债能力保证程度的重要指标。该指标越大,说明企业资产中由投资人投资所形成的资产越多,偿还债务的保证越大。从"股东权益比率＝1－资产负债率"来看,该指标越大,资产负债率就越小,债权人对这一比率是非常感兴趣的。当债权人将其资金借给股东权益比率较高的企业时,由于有较多的企业自有资产做偿债保证,债权人全额收回债权就不会有较大的问题,即使企业清算时资产不能按账面价值收回,债权人也不会有太大损失。股东权益比率的高低能够明显表达企业对债权人的保护程度。如果企业处于清算状态,该指标对偿债能力的保证程度就显得更重要。

4. 权益系数

权益乘数是资产总额同所有者权益的比率,反映企业全部资产中有多少是投资人投资所形成的。权益乘数是反映企业长期偿债能力的重要指标。该指标越高,说明企业资产中由投资人投资所形成的资产越少,偿还债务的保证程度越低。从权益乘数的计算公式看,权益乘数越大,资产负债率越大。

四、偿债能力分析的方法

偿债能力分析采用行业分析法和趋势图解法。

(一) 行业分析法

行业分析法,即在同一时期中,研究目标公司与同行业中标杆公司,行业平均值,竞争对手在特定时期相关程度、关系与变化的方法。本章分析报告中财务指标分析表运用了行业分析法,观察目标公司在行业中的水平,并比较公司10年平均值,判断当前公司发展状况,结合指标含义,研究目标公司各项能力的优势和不足。

(二) 趋势图解法

趋势图解法选取近10年的数据,分析同一指标在不同时期里,目标公司与同行业中标杆公司、行业均值、竞争公司近10年变动形态的共性和差异,找出公司经营过程中隐藏的问题所在,分析变动原因并提出优化建议。

第二节 短期偿债能力分析

一、货币金融服务行业短期偿债能力分析

这里选取招商银行(股票代码:600036)作为样本公司进行短期偿债能力分析,行业标杆企业为工商银行(股票代码:601398),所属行业为货币金融服务行业。

货币金融服务行业的短期偿债能力一般用流动比率来衡量,银行流动比率是指银行在遇到流动性风险时,能够通过现金或可变现资产来满足短期债务的能力。对于银行来说,流动比率的计算非常重要,它影响银行的偿付能力以及资产负债表的总体健康状况。根据《中华人民共和国商业银行法》的规定,商业银行的流动比率应不低于25%。

招商银行和工商银行短期偿债能力指标对比,如表 6-1 所示。

表 6-1　招商银行和工商银行短期偿债能力指标对比

短期偿债能力指标	2021 年		10 年平均(2012—2021 年)	
	招商银行	工商银行	招商银行	工商银行
流动比率	48.33%	41.5%	47.53%	33.88%

2012—2021 年招商银行和工商银行流动比率变动趋势,如图 6-1 所示。

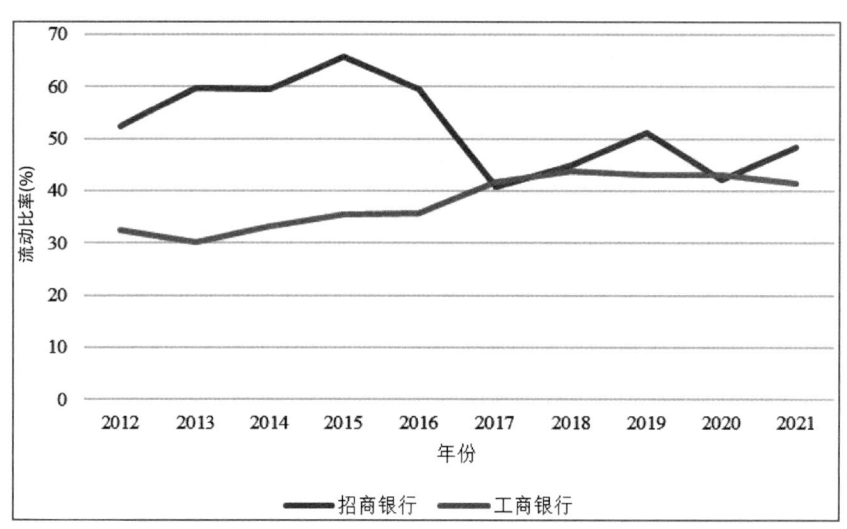

图 6-1　2012—2021 年招商银行和工商银行流动比率变动趋势图

由图 6-1 可知,招商银行流动比率 2012—2021 年大致呈现波动下降的趋势,2012—2015 年有所攀升,2015—2017 年下降显著,到 2021 年,招商银行流动比率为 48.33%(表 6-1)。除 2017 年和 2020 年外,招商银行流动比率都要高于工商银行流动比率,特别是 2012—2016 年,差距较大。从 10 年平均值来看(表 6-1),招商银行流动比率比工商银行流动比率高了 13.65%。总体来看,招商银行和工商银行流动比率都达到了监管要求,流动性风险较小。

二、零售业短期偿债能力分析

这里选取重庆百货(股票代码:600729)作为样本公司进行短期偿债能力分析,行业标杆企业为王府井(股票代码:600859),所属行业为零售业。

重庆百货、王府井和行业短期偿债能力指标对比,如表 6-2 所示。

表 6-2　重庆百货、王府井和行业短期偿债能力指标对比

短期偿债能力指标	2021 年			10 年平均(2012—2021 年)		
	重庆百货	行业	王府井	重庆百货	行业	王府井
流动比率	0.91	1.05	1.27	1.06	1.09	1.44
速动比率	0.59	0.73	0.93	0.77	0.78	1.07
现金比率	0.44	0.32	0.24	0.50	0.40	0.34

2012—2021年重庆百货流动比率变动趋势,如图6-2所示。

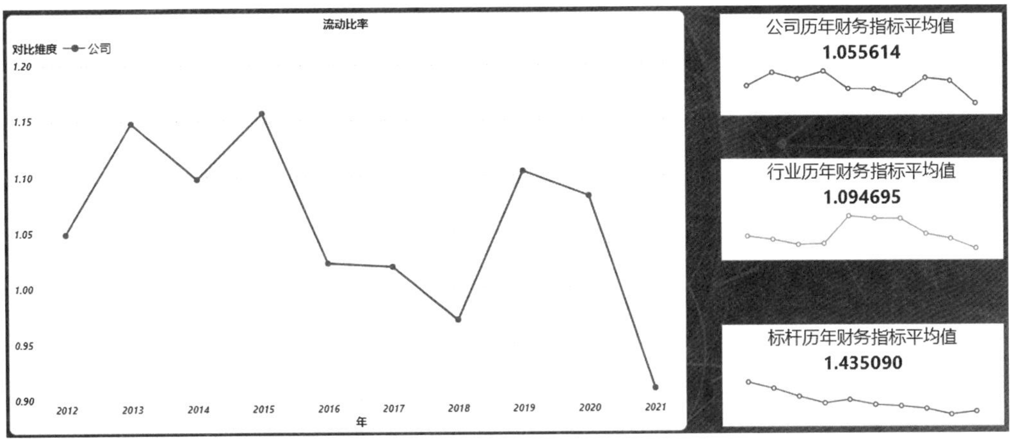

图 6-2 2012—2021年重庆百货流动比率变动趋势图

由图6-2可知,重庆百货流动比率2012—2021年大致呈现波动下降的趋势,除2012—2013年、2014—2015年、2018—2019年有所增长外,其余年份均呈下降趋势,2020—2021年下降显著,到2021年,重庆百货流动比率为0.91(表6-2)。

重庆百货历年流动比率平均值低于标杆公司历年流动比率平均值和行业历年流动比率平均值,重庆百货历年流动比率平均值比行业平均值低了3.91个百分点,比标杆公司低了37.95个百分点。

2012—2021年零售业流动比率变动趋势,如图6-3所示。

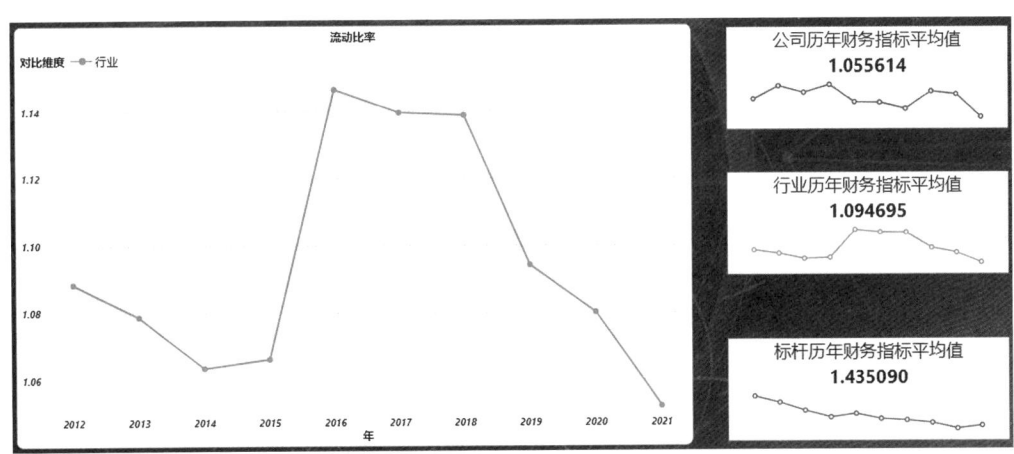

图 6-3 2012—2021年零售业流动比率变动趋势图

由图6-3可知,零售业流动比率2012—2021年大致呈现倒"U"形趋势,2012—2014年呈下降趋势,2014—2016年呈现上升趋势,2016年达到峰值,2016—2021年呈下降趋势。

零售业历年流动比率平均值为1.094 695,高于重庆百货的流动比率平均值,低于标杆公司王府井的流动比率平均值。

2012—2021年重庆百货速动比率变动趋势,如图6-4所示。

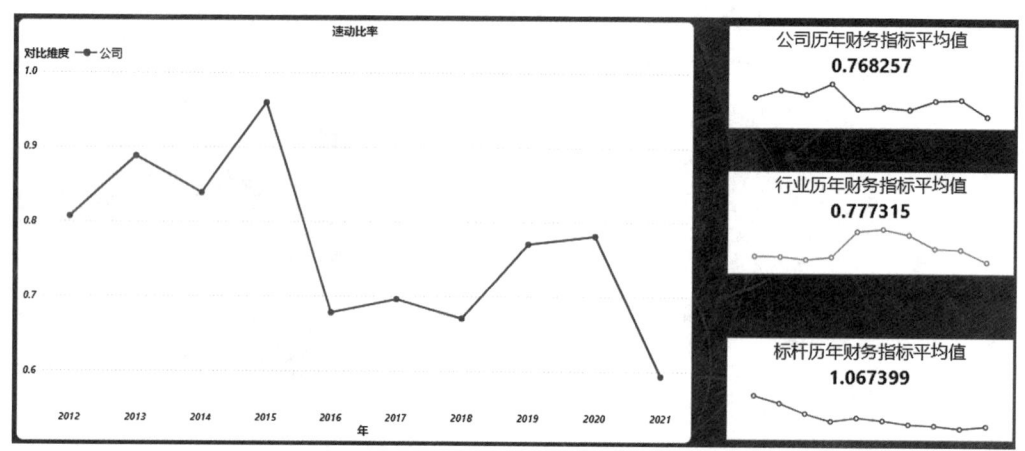

图 6-4　2012—2021 年重庆百货速动比率变动趋势图

由图 6-4 可知,重庆百货速动比率 2012—2021 年大致呈现波动下降的趋势,与流动比率的变动趋势大致相同,除 2018—2020 年连续两年上升外,其余年份基本呈现上涨和下跌交替出现的趋势。到 2021 年,重庆百货速动比率为 0.59(表 6-2)。

重庆百货历年速动比率平均值低于标杆公司历年速动比率平均值和行业历年速动比率平均值,重庆百货历年速动比率平均值比行业平均值低了 0.09 个百分点,比标杆公司低了 29.91 个百分点。

2012—2021 年零售业速动比率变动趋势,如图 6-5 所示。

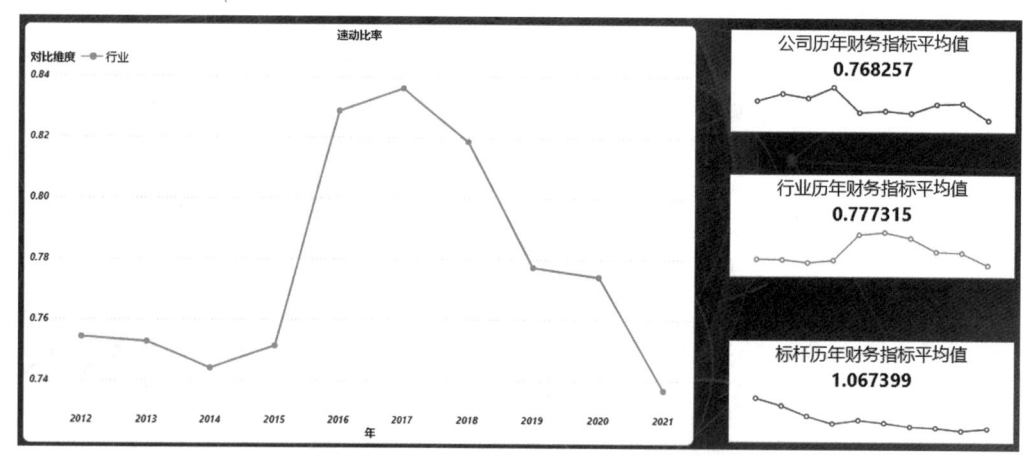

图 6-5　2012—2021 年零售业速动比率变动趋势图

由图 6-5 可知,零售业速动比率 2012—2021 年大致呈现倒"U"形趋势,与流动比率的变动趋势大致相同,2012—2014 年呈下降趋势,2014—2017 年呈现上升趋势,2017 年达到峰值,2017—2021 年呈下降趋势。

零售业历年速动比率平均值为 0.777 315,高于重庆百货的速动比率平均值,低于标杆公司王府井的速动比率平均值。

2012—2021 年重庆百货现金比率变动趋势,如图 6-6 所示。

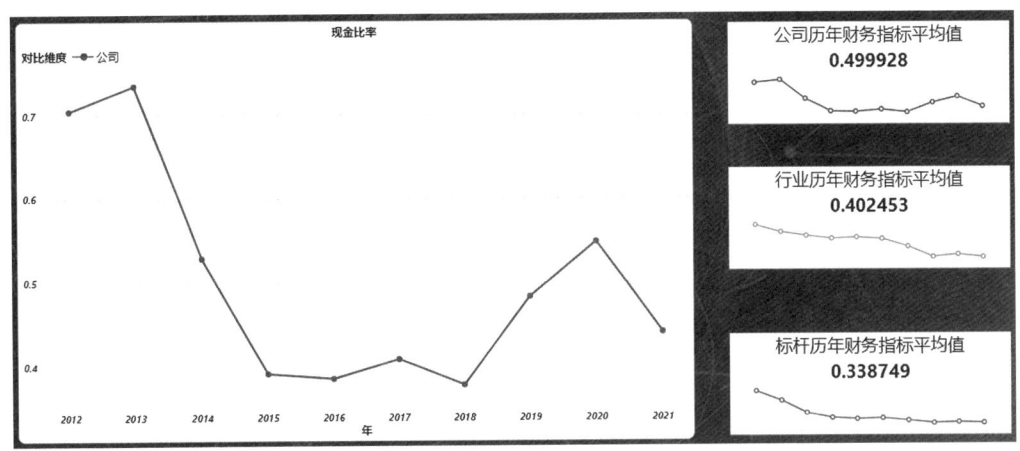

图 6-6　2012—2021 年重庆百货现金比率变动趋势图

由图 6-6 可知，重庆百货现金比率 2012—2021 年大致呈现波动趋势，2012—2013 年呈现上升趋势，2013—2016 年呈现下降趋势，且幅度较大，2016—2017 年略有回升，2017—2018 年缓慢下降，2018—2020 年呈上升趋势，2020—2021 年又有所回落。到 2021 年，重庆百货现金比率为 0.44（表 6-2）。

重庆百货历年现金比率平均值高于标杆公司历年现金比率平均值和行业历年现金比率平均值，重庆百货历年现金比率平均值比行业平均值高了 9.74 个百分点，比标杆公司高了 16.12 个百分点。

2012—2021 年零售业现金比率变动趋势，如图 6-7 所示。

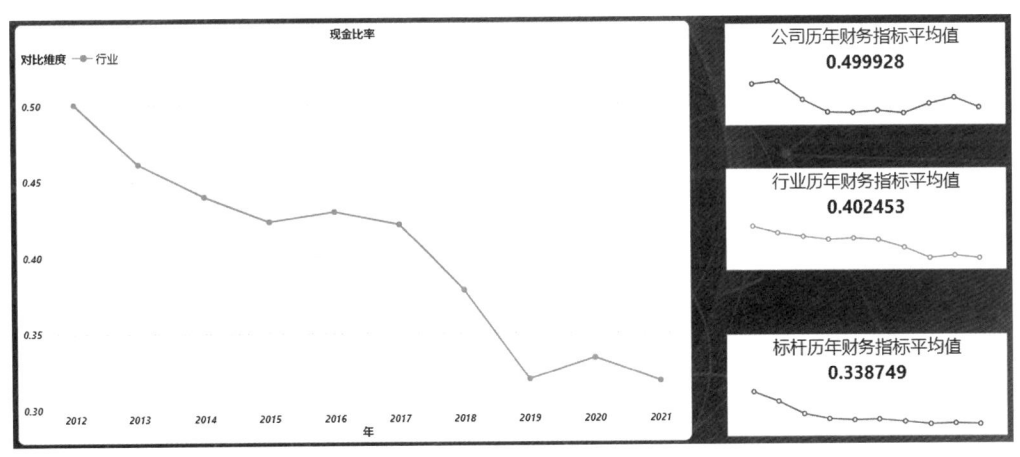

图 6-7　2012—2021 年零售业现金比率变动趋势图

由图 6-7 可知，零售业现金比率 2012—2021 年呈现稳步下降趋势，除 2015—2016 年、2019—2020 年略有上升外，其余年份均呈下降趋势。

零售业历年现金比率平均值为 0.402 453，低于重庆百货的现金比率平均值，高于标杆公司王府井的现金比率平均值。

2012—2021 年重庆百货短期偿债能力多指标历史数据变动趋势，如图 6-8 所示。

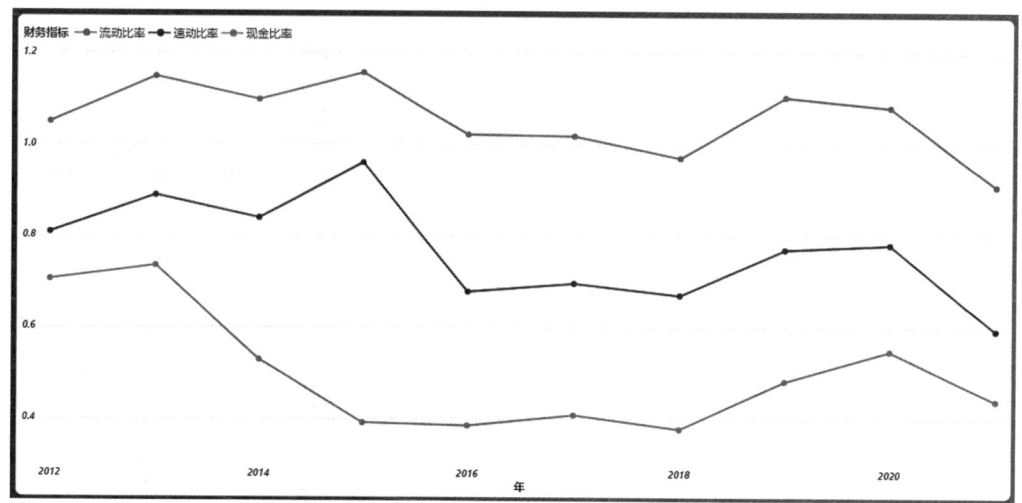

图 6-8 2012—2021 年重庆百货短期偿债能力多指标历史数据变动趋势图

由图 6-8 可知，重庆百货流动比率高于速动比率和现金比率，且三个指标 10 年间变动趋势呈现同向变动，2012—2021 年波动不大，略有下降。

2012—2021 年重庆百货、王府井和行业短期偿债能力指标综合变动趋势，如图 6-9 所示。

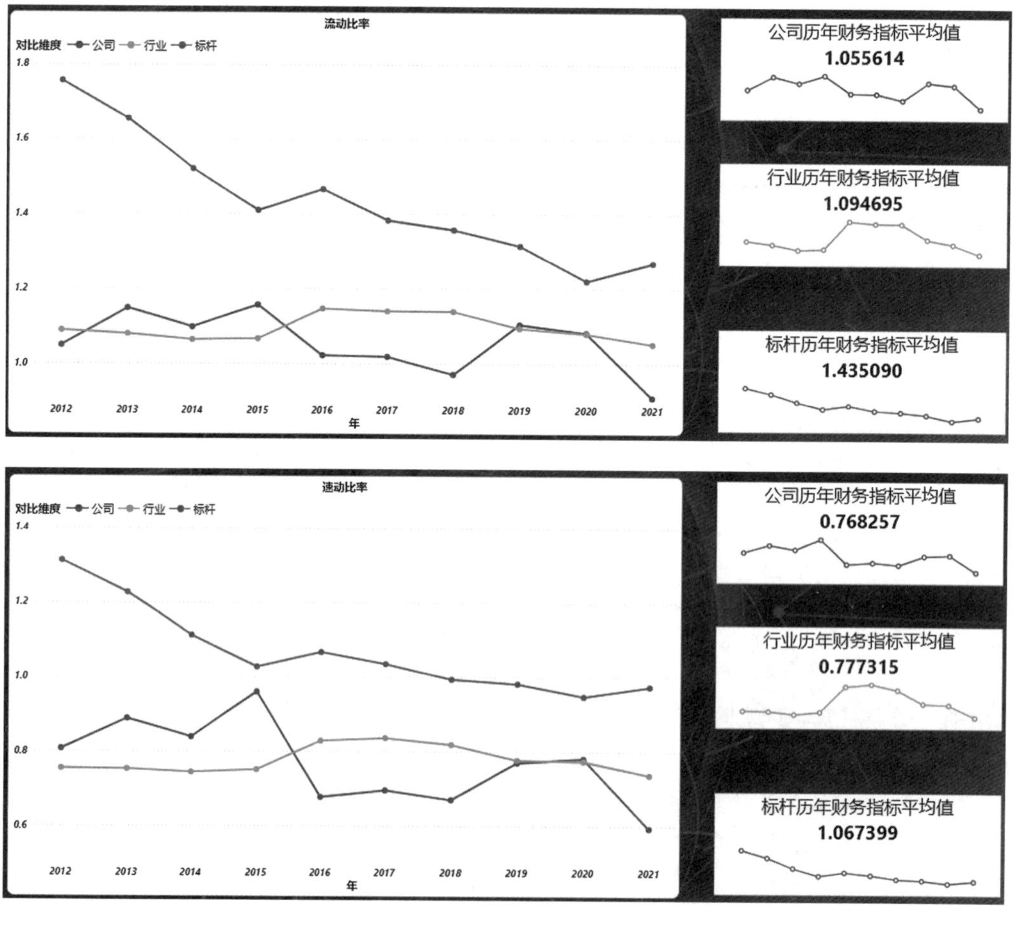

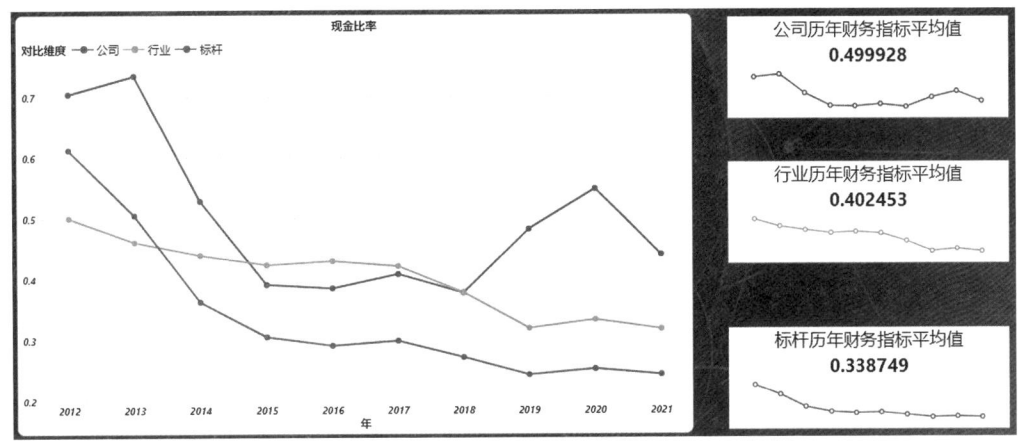

图 6-9　2012—2021 年重庆百货、王府井和行业短期偿债能力指标综合变动趋势图

由图 6-9 可知，重庆百货流动比率除 2013—2015 年和 2019 年高于行业流动比率外，其余年份均低于行业流动比率。重庆百货速动比率前几年要高于行业速动比率，近几年都低于行业速动比率。重庆百货现金比率除了 2015—2018 年低于行业现金比率，其余年份均高于行业现金比率。标杆公司王府井的流动比率和速动比率远超重庆百货和行业水平，现金比率基本上低于重庆百货和行业水平。

由上述数据分析可知，虽然重庆百货现金比率近年有所增长，高于行业水平，但重庆百货的流动比率和速动比率近年来都要低于行业水平，说明其短期偿债能力较弱。

2012—2021 年短期偿债能力指标多指标行业内横向对比数据变动趋势，如图 6-10 所示。

由图 6-10 可知，通过对流动比率、速动比率和现金比率这些财务指标横向分析对比可知，除个别公司外，所选对比公司中的大多数公司在平均值线上下波动，总体来看，重庆百货短期偿债能力指标在大多数年份基本要低于所选对比公司，短期偿债能力较弱。

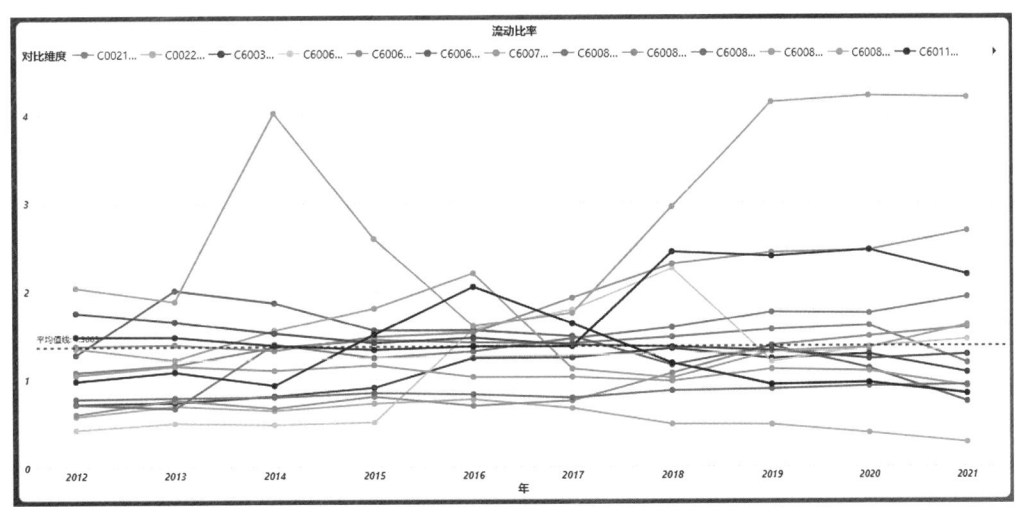

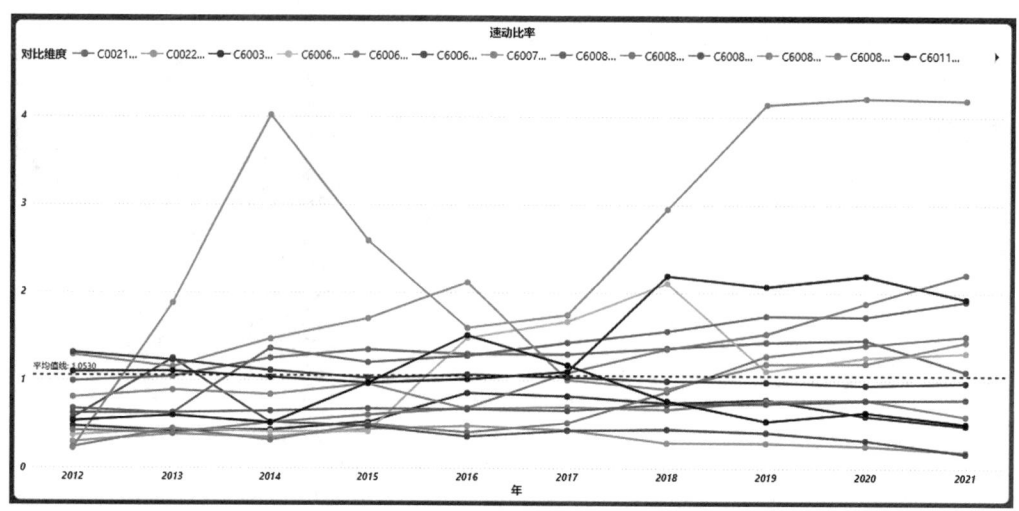

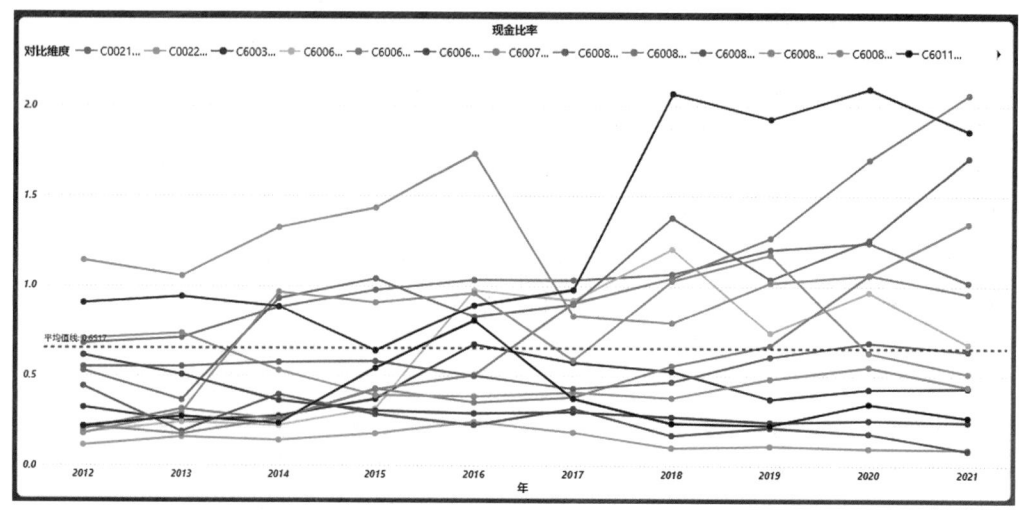

图 6-10　2012—2021 年短期偿债能力指标多指标行业内横向对比数据变动趋势图

三、水上运输业短期偿债能力分析

这里选取重庆港九(股票代码:600279)作为样本公司进行短期偿债能力分析,行业标杆企业为中远海控(股票代码:601919),所属行业为水上运输业。

重庆港九、中远海控和行业短期偿债能力指标对比,如表 6-3 所示。

表 6-3　重庆港九、中远海控和行业短期偿债能力指标对比

短期偿债能力指标	2021年			10年平均(2012—2021年)		
	重庆港九	行业	中远海控	重庆港九	行业	中远海控
流动比率	1.35	1.15	1.67	1.15	1.01	1.26
速动比率	1.08	1.07	1.62	0.92	0.92	1.20
现金比率	0.58	0.78	1.47	0.50	0.59	0.95

2012—2021年重庆港九流动比率变动趋势,如图6-11所示。

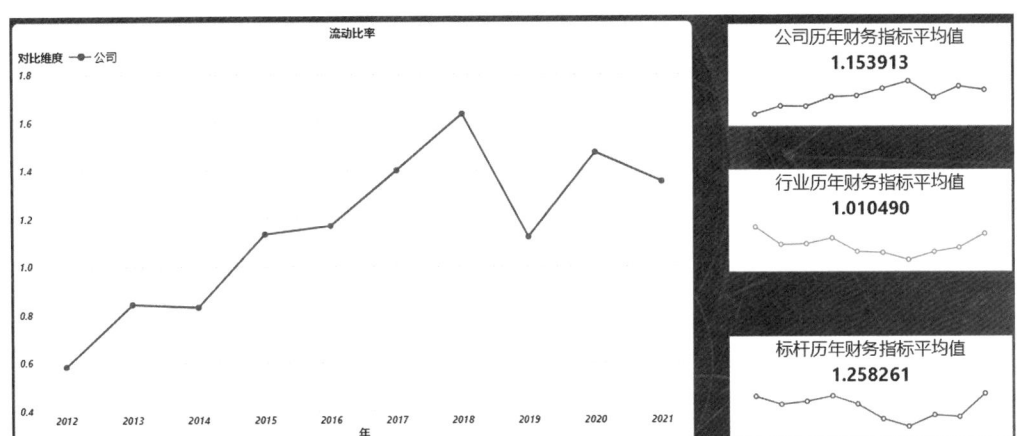

图6-11　2012—2021年重庆港九流动比率变动趋势图

由图6-11可知,重庆港九流动比率2012—2021年总体呈现波动上升的趋势,除2013—2014年、2018—2019年、2020—2021年有所下降外,其余年份均呈上升趋势。到2021年,重庆港九流动比率为1.35(表6-3)。

重庆港九历年流动比率平均值高于行业历年流动比率平均值,低于标杆公司历年流动比率平均值,重庆港九历年流动比率平均值比行业平均值高了14.34个百分点,比标杆公司低了10.44个百分点。

2012—2021年水上运输业流动比率变动趋势,如图6-12所示。

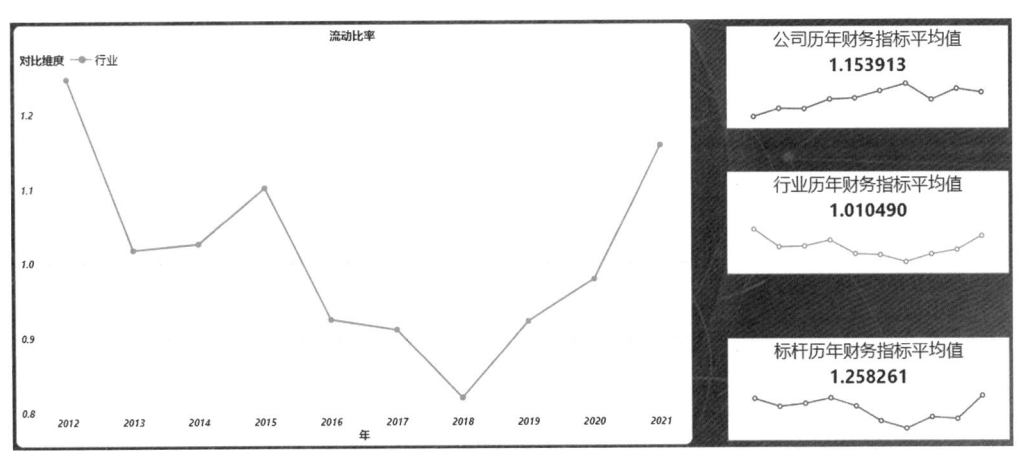

图6-12　2012—2021年水上运输业流动比率变动趋势图

由图6-12可知,水上运输业流动比率2012—2021年大致呈现"U"形趋势,2012—2013显著下降,2013—2015年有所回升,2015—2018年呈下降趋势,2018年降到谷底,2018—2021年呈现上升趋势。

行业历年流动比率平均值为1.01049,低于重庆港九的流动比率平均值和标杆公司中远海控的流动比率平均值。

2012—2021年重庆港九速动比率变动趋势,如图6-13所示。

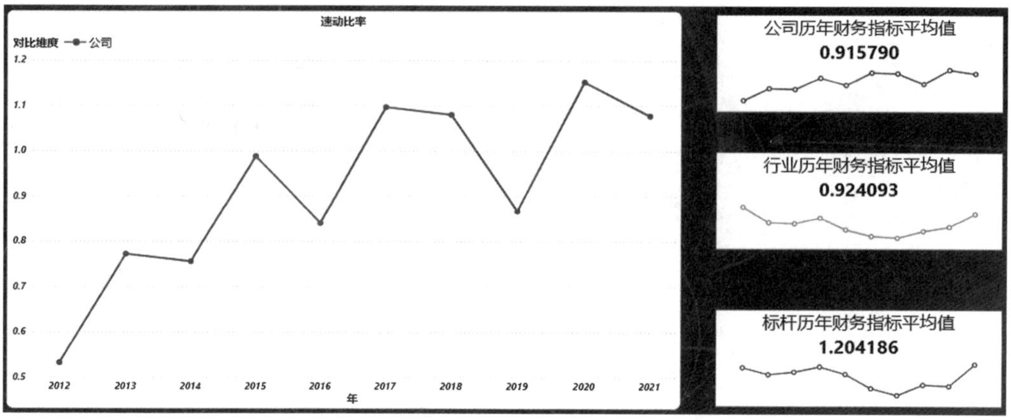

图6-13　2012—2021年重庆港九速动比率变动趋势图

由图6-13可知,重庆港九速动比率2012—2021年大致呈现波动上升的趋势,除2017—2019年连续两年下降外,其余年份基本呈现上涨和下跌交替出现的趋势。到2021年,重庆港九速动比率为1.08(表6-3)。

重庆港九历年速动比率平均值低于标杆公司历年速动比率平均值和行业历年速动比率平均值,重庆港九历年速动比率平均值比行业平均值低了0.83个百分点,比标杆公司低了28.84个百分点。

2012—2021年水上运输业速动比率变动趋势,如图6-14所示。

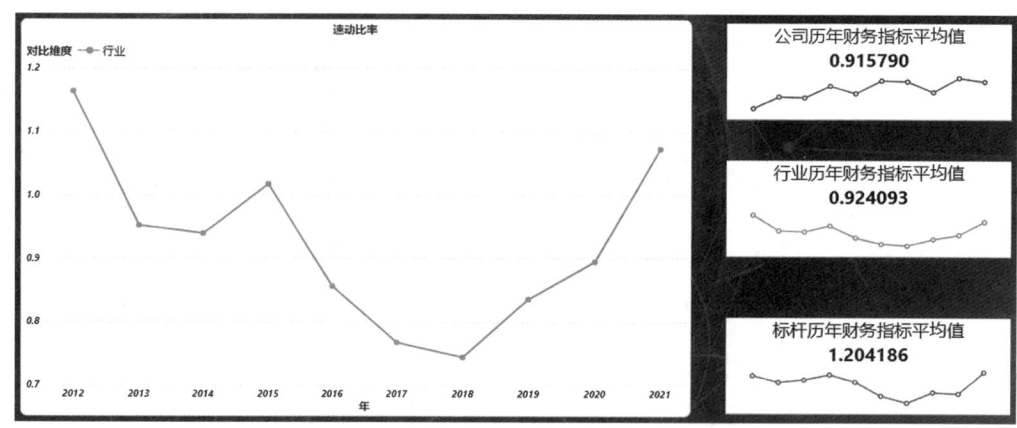

图6-14　2012—2021年水上运输业速动比率变动趋势图

由图6-14可知,水上运输业速动比率2012—2021年大致呈现"U"形趋势,与流动比率的变动趋势大致相同,2012—2014显著下降,2014—2015年有所回升,2015—2018年呈下降趋势,2018年降到谷底,2018—2021年呈现上升趋势。

行业历年速动比率平均值为0.924 093,高于重庆港九的速动比率平均值,低于标杆公司中远海控的速动比率平均值。

2012—2021年重庆港九现金比率变动趋势,如图6-15所示。

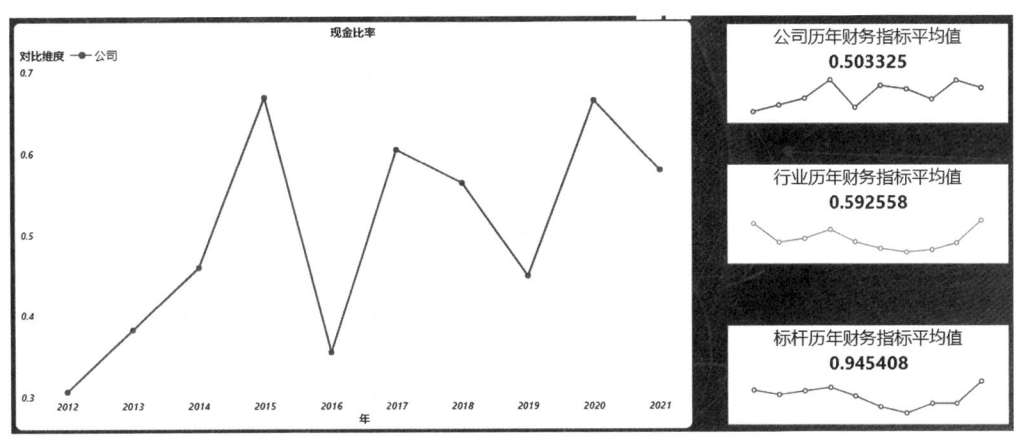

图 6-15　2012—2021 年重庆港九现金比率变动趋势图

由图 6-15 可知,重庆港九现金比率 2012—2021 年大致呈现波动趋势,2012—2015 年呈现上升趋势,2015—2016 年有个显著的下降,2016—2017 年有所回升,2017—2019 年呈下降趋势,2019—2020 年有所回升,2020—2021 年又有所回落。到 2021 年,重庆港现金比率为 0.58(表 6-3)。

重庆港九历年现金比率平均值低于标杆公司历年现金比率平均值和行业历年现金比率平均值,重庆港九历年现金比率平均值比行业平均值低了 8.93 个百分点,比标杆公司低了 44.21 个百分点。

2012—2021 年水上运输业现金比率变动趋势,如图 6-16 所示。

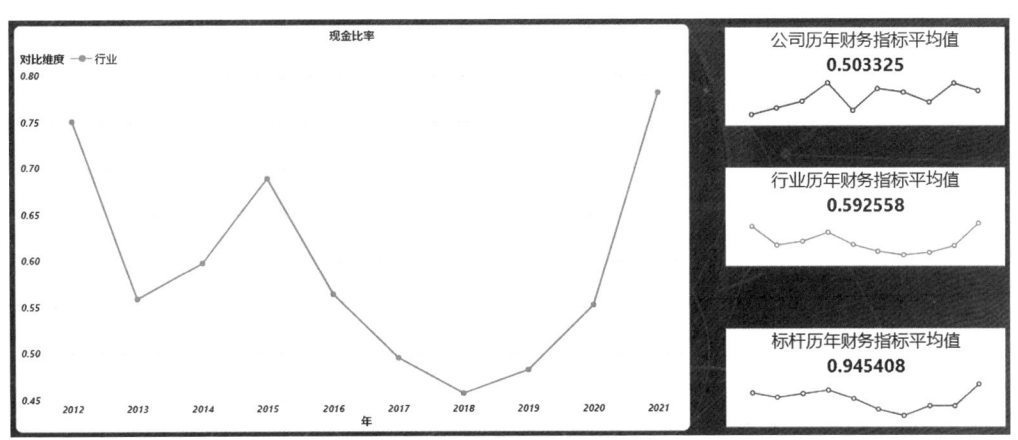

图 6-16　2012—2021 年水上运输业现金比率变动趋势图

由图 6-16 可知,水上运输业现金比率 2012—2021 年总体呈现波动趋势,2012—2013 年呈现"V"形趋势,2015—2021 年呈现"U"形趋势,2018 年降至谷底,2021 年为近 10 年来的最大值。

行业历年现金比率平均值为 0.592 558,高于重庆港九的现金比率平均值,低于标杆公司王府井的现金比率平均值。

2012—2021 年重庆港九短期偿债能力多指标历史数据变动趋势,如图 6-17 所示。

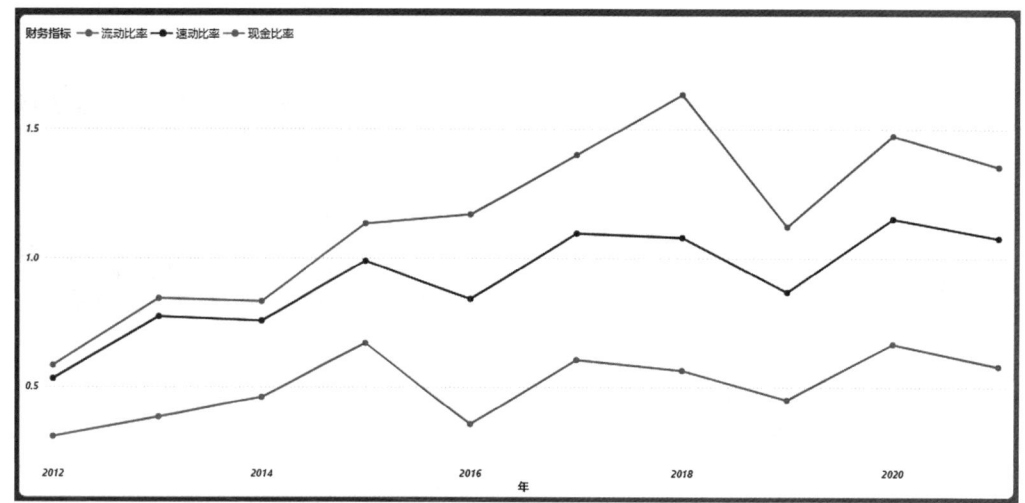

图 6-17　2012—2021 年重庆港九短期偿债能力多指标历史数据变动趋势图

由图 6-17 可知,重庆港九流动比率高于速动比率和现金比率,且三个指标 10 年间变动趋势呈现同向变动,2012—2021 年呈现波动上升。

2012—2021 年重庆港九、中远海控和行业短期偿债能力指标综合变动趋势,如图 6-18 所示。

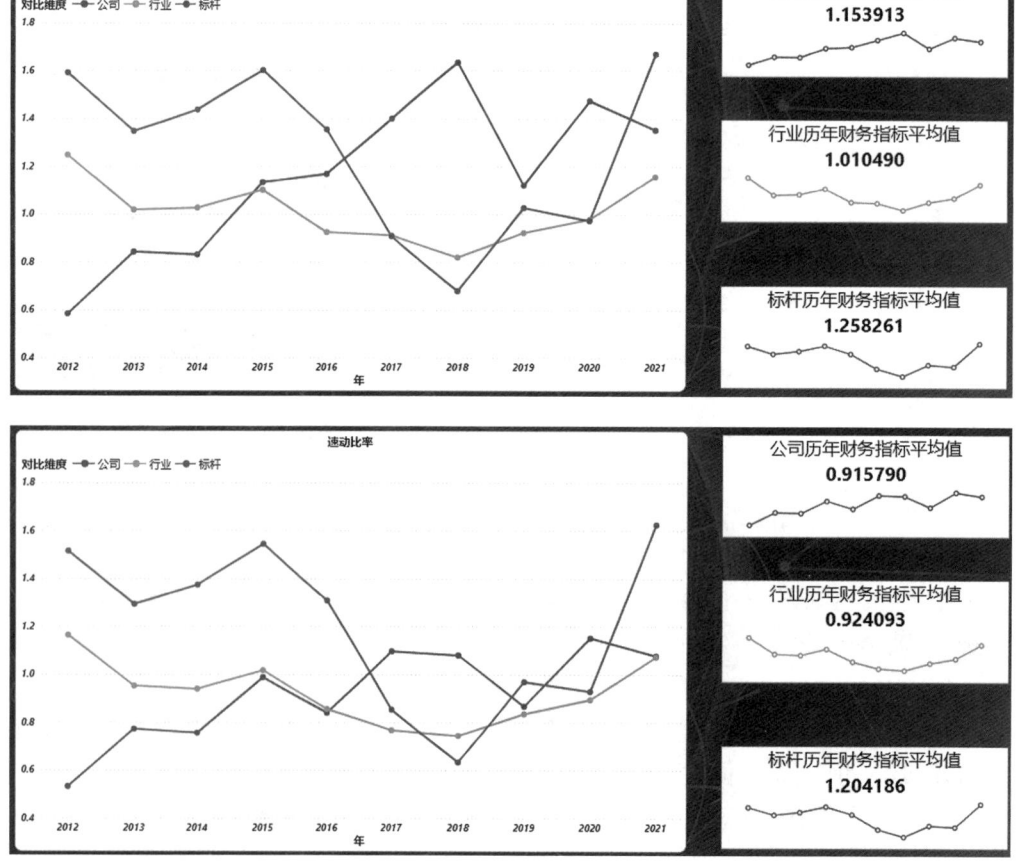

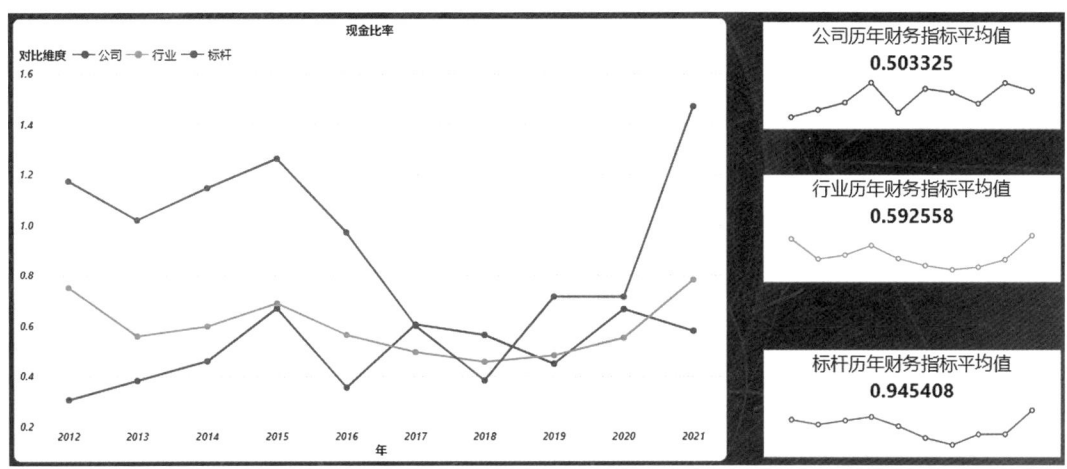

图6-18　2012—2021年重庆港九、中远海控和行业短期偿债能力指标综合变动趋势图

由图6-18可知,重庆港九流动比率除2012—2014年低于行业流动比率外,其余年份均高于行业流动比率。重庆港九速动比率前几年要低于行业速动比率,近几年都高于行业速动比率。重庆港九现金比率除2017—2018年和2020年高于行业现金比率外,其余年份均低于行业现金比率。标杆公司中远海控除了2018年,其余年份的流动比率、速动比率和现金比率远超行业水平。

由以上数据分析可知,重庆港九流动比率、速动比率和现金比率近10年来有所增长,近几年来流动比率和速动比率要高于行业水平,说明重庆港九短期偿债能力较强。

2012—2021年短期偿债能力指标多指标行业内横向对比数据变动趋势,如图6-19所示。

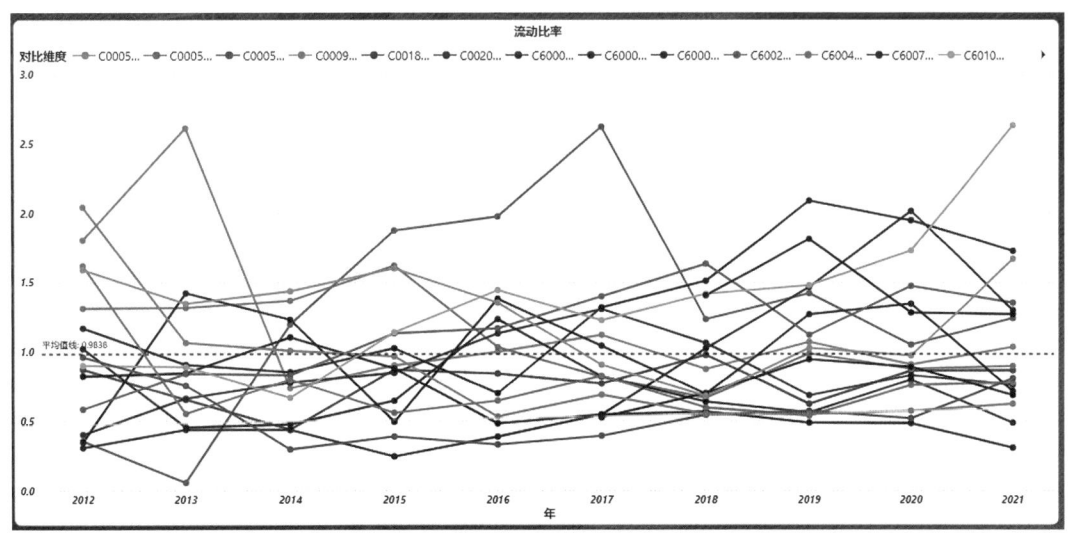

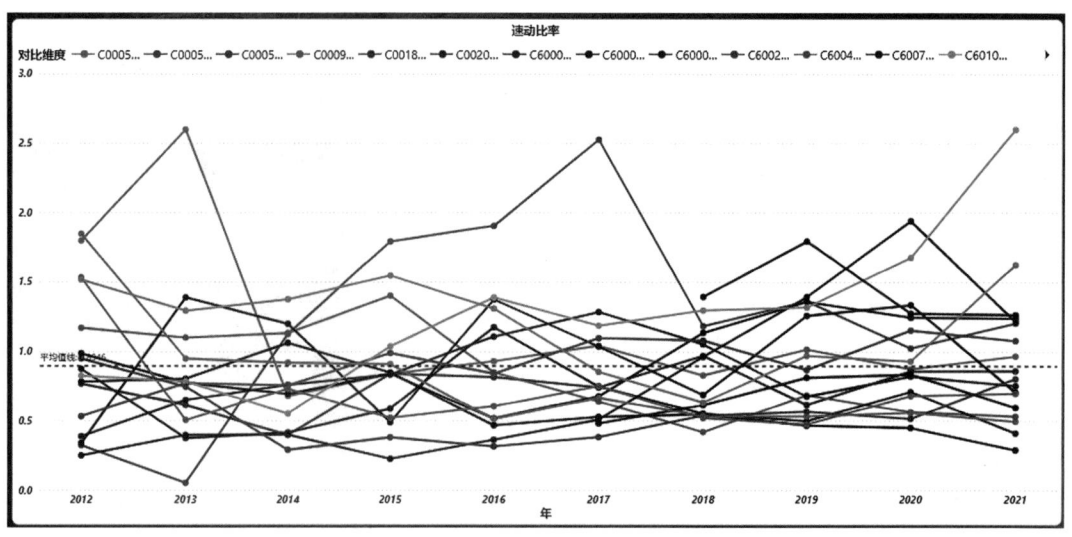

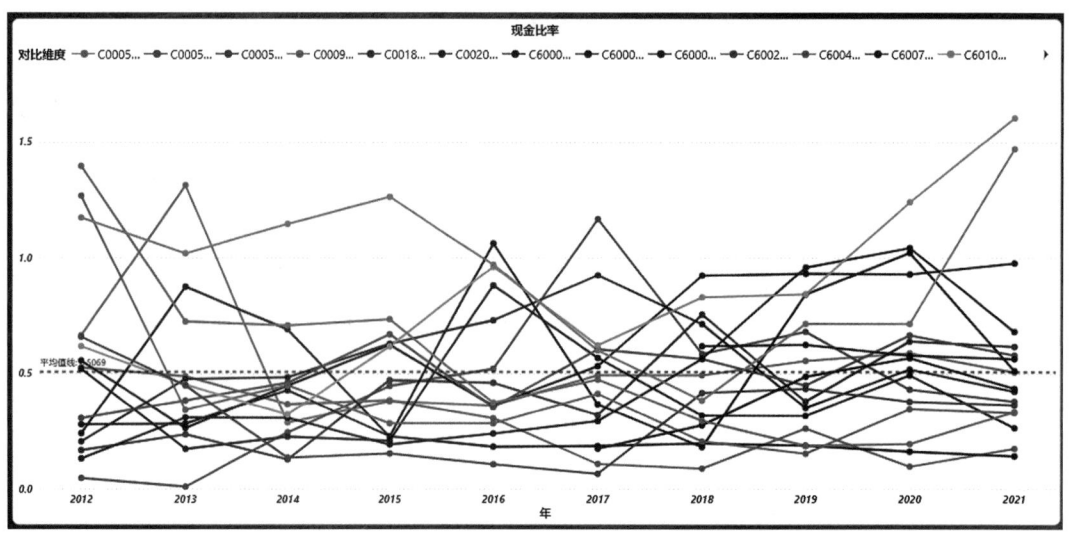

图 6-19　2012—2021 年短期偿债能力指标多指标行业内横向对比数据变动趋势图

由图 6-19 可知,通过对流动比率、速动比率和现金比率这些财务指标横向分析对比可知,除个别公司外,所选对比公司中的大多数公司在平均值线上下波动,总体来看,重庆港九短期偿债能力指标在大多数年份基本要高于所选对比公司,短期偿债能力较强。

第三节　长期偿债能力分析

一、货币金融服务行业长期偿债能力分析

这里选取招商银行(股票代码:600036)作为样本公司进行长期偿债能力分析,行业标杆企业为工商银行(股票代码:601398),所属行业为货币金融服务行业。

招商银行、工商银行和行业长期偿债能力指标对比,如表 6-4 所示。

表 6-4　招商银行、工商银行和行业长期偿债能力指标对比

长期偿债能力指标	2021 年			10 年平均(2012—2021 年)		
	招商银行	行业	工商银行	招商银行	行业	工商银行
总资产负债率	90.64%	91.57%	90.69%	92.53%	92.56%	91.94%
产权比率	9.68%	10.86%	9.74%	12.66%	12.55%	11.56%
权益资产比	0.09%	0.08%	0.09%	0.07%	0.07%	0.08%
权益乘数	10.68	11.86	10.74	13.66	13.55	12.56

2012—2021 年招商银行总资产负债率变动趋势,如图 6-20 所示。

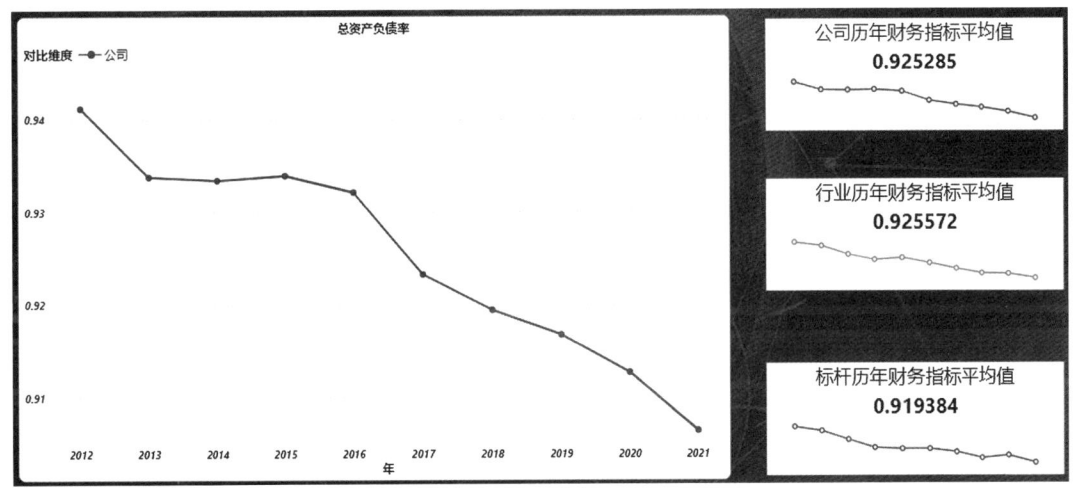

图 6-20　2012—2021 年招商银行总资产负债率变动趋势图

由图 6-20 可知,招商银行总资产负债率 2012—2021 年呈现下降趋势,除 2014—2015 年略有回升外,其余年份均呈下降趋势,2016—2021 年下降趋势较为明显。到 2021 年,招商银行总资产负债率为 90.64%(表 6-4)。

招商银行历年总资产负债率平均值高于标杆公司历年总资产负债率平均值,低于行业历年总资产负债率平均值,招商银行历年总资产负债率平均值比行业平均值低了 0.03 个百分点,比标杆公司高了 0.59 个百分点。

银行和企业不同,企业负债越多说明经营不善,面临破产的风险,相反,银行看似高额的负债也侧面反映了银行较高的运营能力。根据《巴塞尔协议》的规定,商业银行的风险资本核心充足率为 8%,也就是说,银行的资产负债率在 92% 为正常水平,这是由银行的经营模式所决定的,高负债率并不意味着高风险。个人存款和支付的利息作为银行负债的重要组成部分,高负债率说明人们对这家银行越相信,所吸收的存款越多,银行负债越多,银行用这些存款去购买有价证券、贷款投资,以此来赚取利润。

2012—2021 年货币金融服务业总资产负债率变动趋势,如图 6-21 所示。

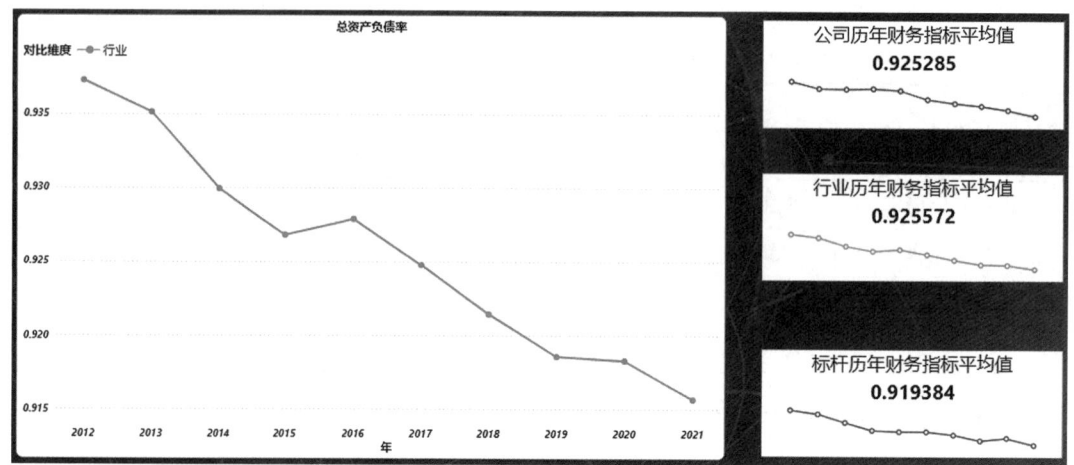

图 6-21　2012—2021 年货币金融服务业总资产负债率变动趋势图

由图 6-21 可知,货币金融服务业总资产负债率 2012—2021 年呈现下降趋势,除 2015—2016 年有所回升外,其余年份均呈下降趋势。2012—2021 年,货币金融服务业总资产负债率在 0.91~0.94 变动。

行业历年总资产负债率平均值为 0.925 572,高于招商银行和标杆公司工商银行的总资产负债率平均值。

2012—2021 年招商银行产权比率变动趋势,如图 6-22 所示。

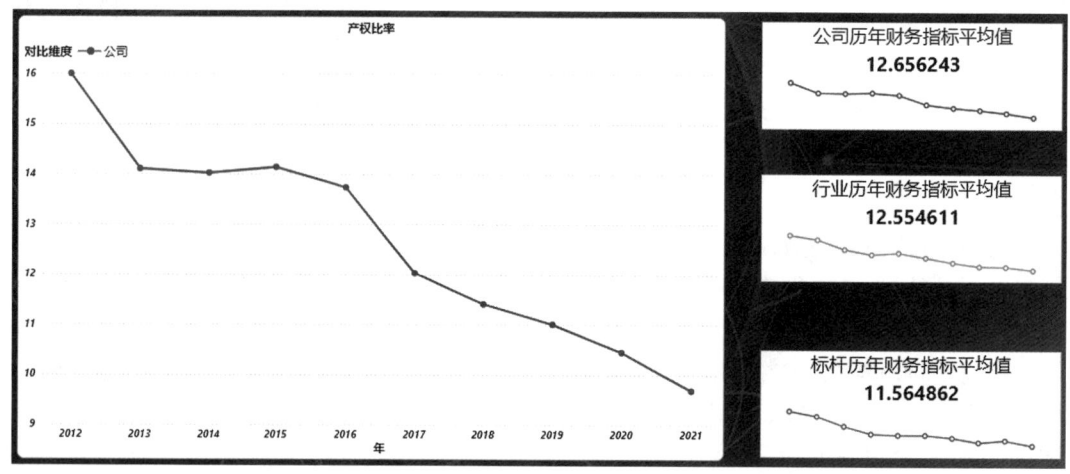

图 6-22　2012—2021 年招商银行产权比率变动趋势图

由图 6-22 可知,招商银行产权比率 2012—2021 年呈现下降趋势,变动趋势与总资产负债率大致相同,除 2014—2015 年略有回升外,其余年份均呈下降趋势。2012—2021 年,招商银行产权比率在 9~16 变动。到 2021 年,招商银行产权比率为 9.68(表 6-4)。

招商银行历年产权比率平均值高于标杆公司历年产权比率平均值和行业历年产权比率平均值,招商银行历年产权比率平均值比行业平均值高了 10.16 个百分点,比标杆公司高了 109.13 个百分点。

货币金融服务行业这类利用高杠杆的企业,属于资金密集型产业,对资产负债率忍耐度高,也会有较高的产权比率。

2012—2021年货币金融服务业产权比率变动趋势,如图6-23所示。

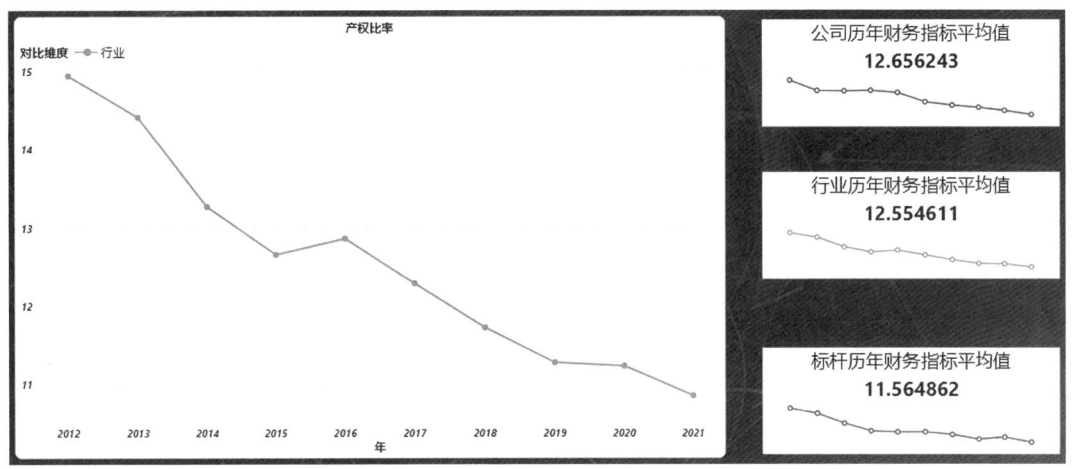

图6-23　2012—2021年货币金融服务业产权比率变动趋势图

由图6-23可知,货币金融服务业产权比率2012—2021年呈现下降趋势,变动趋势与总资产负债率大致相同,除2015—2016年有所回升外,其余年份均呈下降趋势。2012—2021年,货币金融服务业产权比率在10~15变动。

行业历年产权比率平均值为12.554611,低于招商银行的产权比率平均值,高于标杆公司工商银行的产权比率平均值。

2012—2021年招商银行权益资产比变动趋势,如图6-24所示。

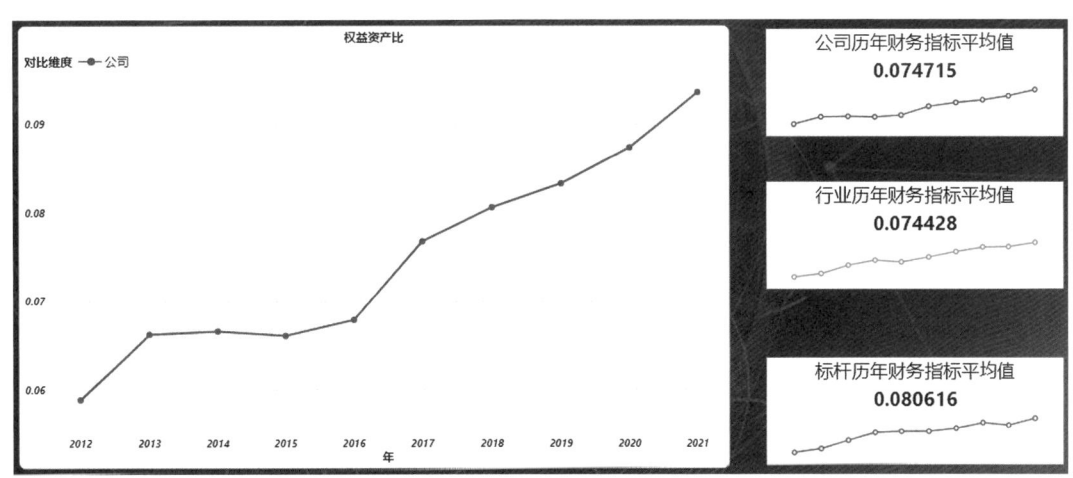

图6-24　2012—2021年招商银行权益资产比变动趋势图

由图6-24可知,招商银行权益资产比2012—2021年呈现上升趋势,除2014—2015年略有回落外,其余年份均呈上升趋势。2012—2021年,招商银行权益资产比在0.05~0.1变动。到2021年,招商银行权益资产比为0.09(表6-4)。

招商银行历年权益资产比平均值高于行业历年权益资产比平均值,低于标杆公司历年权益资产比平均值,招商银行历年权益资产比平均值比行业平均值高了 0.03 个百分点,比标杆公司低了 0.59 个百分点。

2012—2021 年货币金融服务业权益资产比变动趋势,如图 6-25 所示。

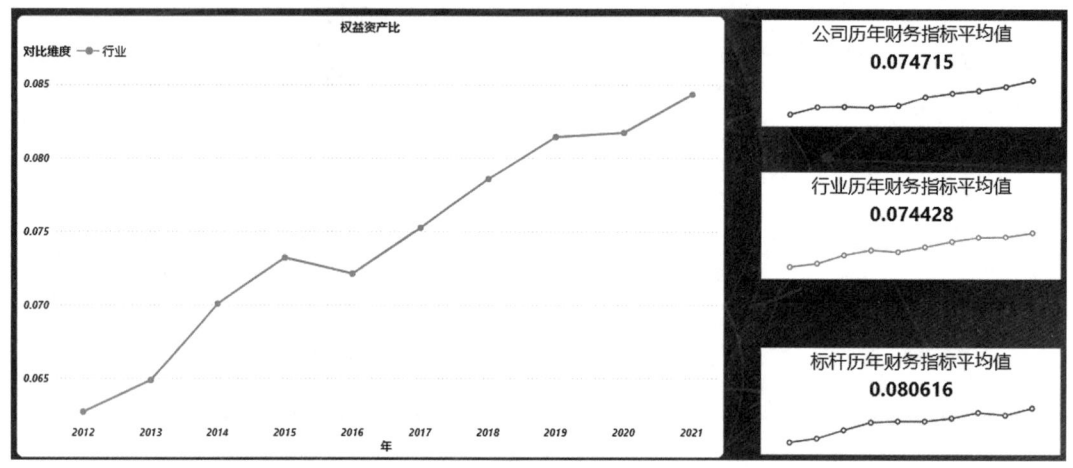

图 6-25　2012—2021 年货币金融服务业权益资产比变动趋势图

由图 6-25 可知,货币金融服务业权益资产比 2012—2021 年呈现上升趋势,除 2015—2016 年有所回落外,其余年份均呈上升趋势,到 2021 年,货币金融服务业权益资产比接近 0.085。

行业历年权益资产比平均值为 0.074 428,低于招商银行的权益资产比平均值和标杆公司工商银行的权益资产比平均值。

2012—2021 年招商银行权益乘数变动趋势,如图 6-26 所示。

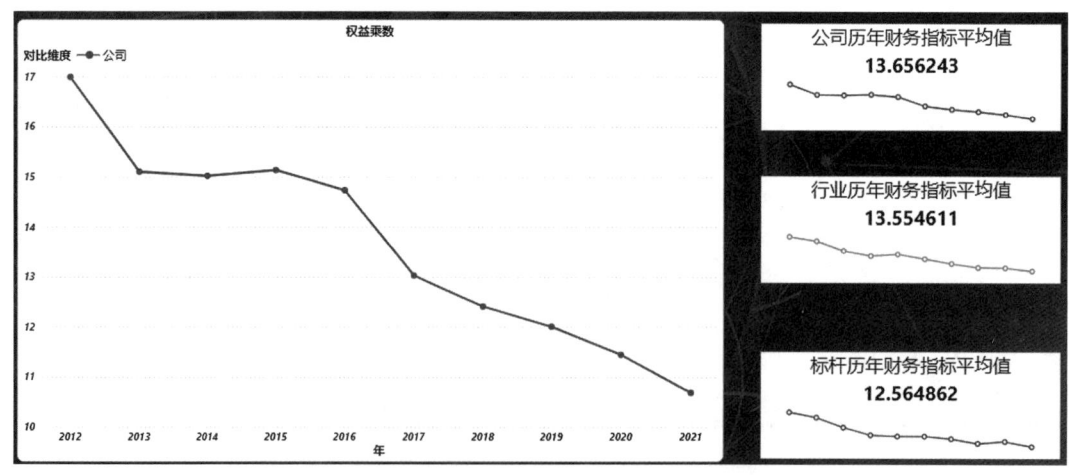

图 6-26　2012—2021 年招商银行权益乘数变动趋势图

由图 6-26 可知,招商银行权益乘数 2012—2021 年呈现下降趋势,变动趋势与总资产负债率和产权比率大致相同,除 2014—2015 年略有回升外,其余年份均呈下降趋势。2012—

2021年,招商银行权益乘数在10～17变动。到2021年,招商银行权益乘数为10.68(表6-4)。

招商银行历年权益乘数平均值高于标杆公司历年权益乘数平均值和行业历年权益乘数平均值,招商银行历年权益乘数平均值比行业平均值高了10.16个百分点,比标杆公司高了109.13个百分点。

2012—2021年货币金融服务业权益乘数变动趋势,如图6-27所示。

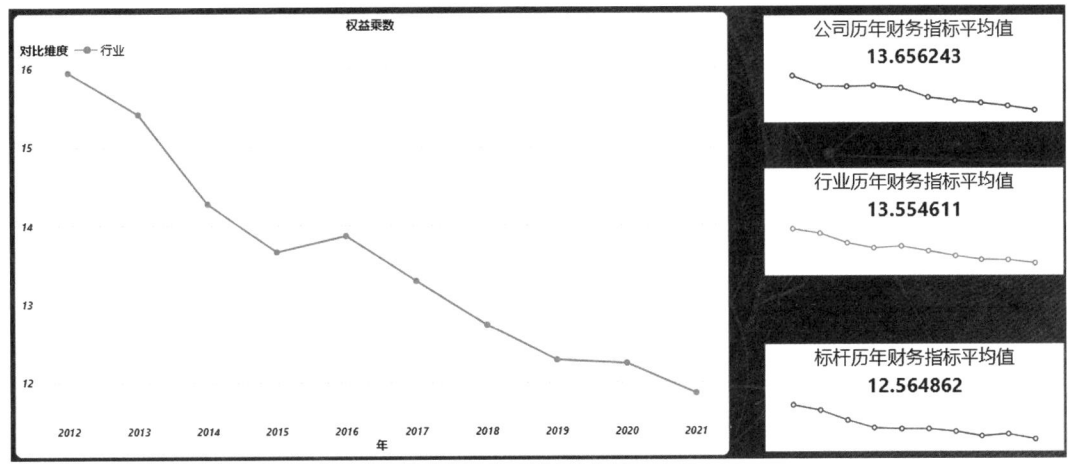

图6-27　2012—2021年货币金融服务业权益乘数变动趋势图

由图6-27可知,货币金融服务业权益乘数2012—2021年呈现下降趋势,变动趋势与总资产负债率和产权比率大致相同,除2015—2016年有所回升外,其余年份均呈下降趋势,到2021年,货币金融服务业权益乘数下降至12以下。

行业历年权益乘数平均值为13.554 611,低于招商银行的权益乘数平均值,高于标杆公司工商银行的权益乘数平均值。

2012—2021年招商银行长期偿债能力多指标历史数据变动趋势,如图6-28所示。

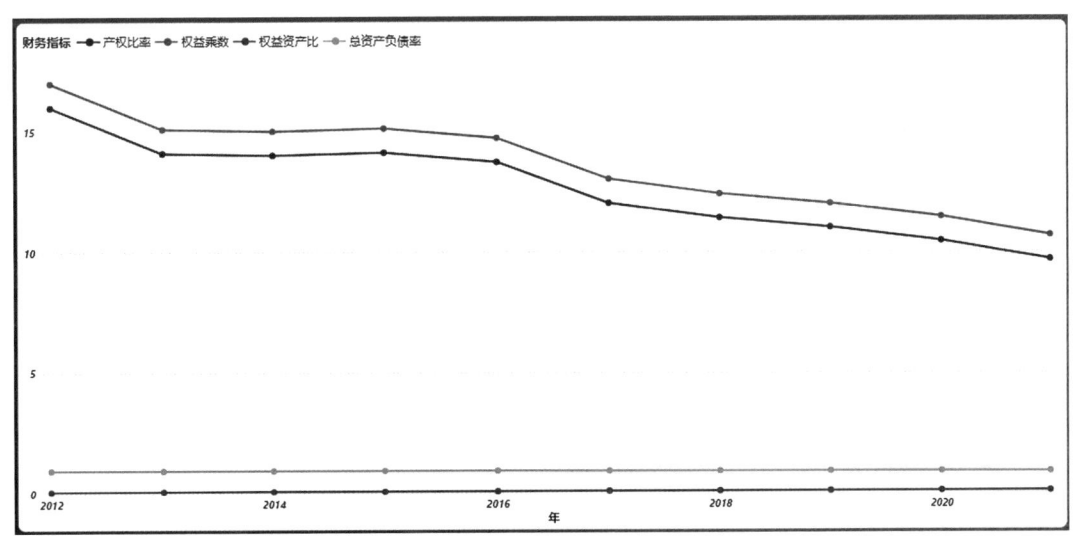

图6-28　2012—2021年招商银行长期偿债能力多指标历史数据变动趋势图

由图 6-28 可知，招商银行权益乘数高于产权比率、总资产负债率和权益资产比，历年权益乘数和产权比率 2012—2021 年的变动趋势趋于一致，历年总资产负债率和权益资产比的变动幅度不大。

2012—2021 年招商银行、工商银行和行业长期偿债能力指标综合变动趋势，如图 6-29 所示。

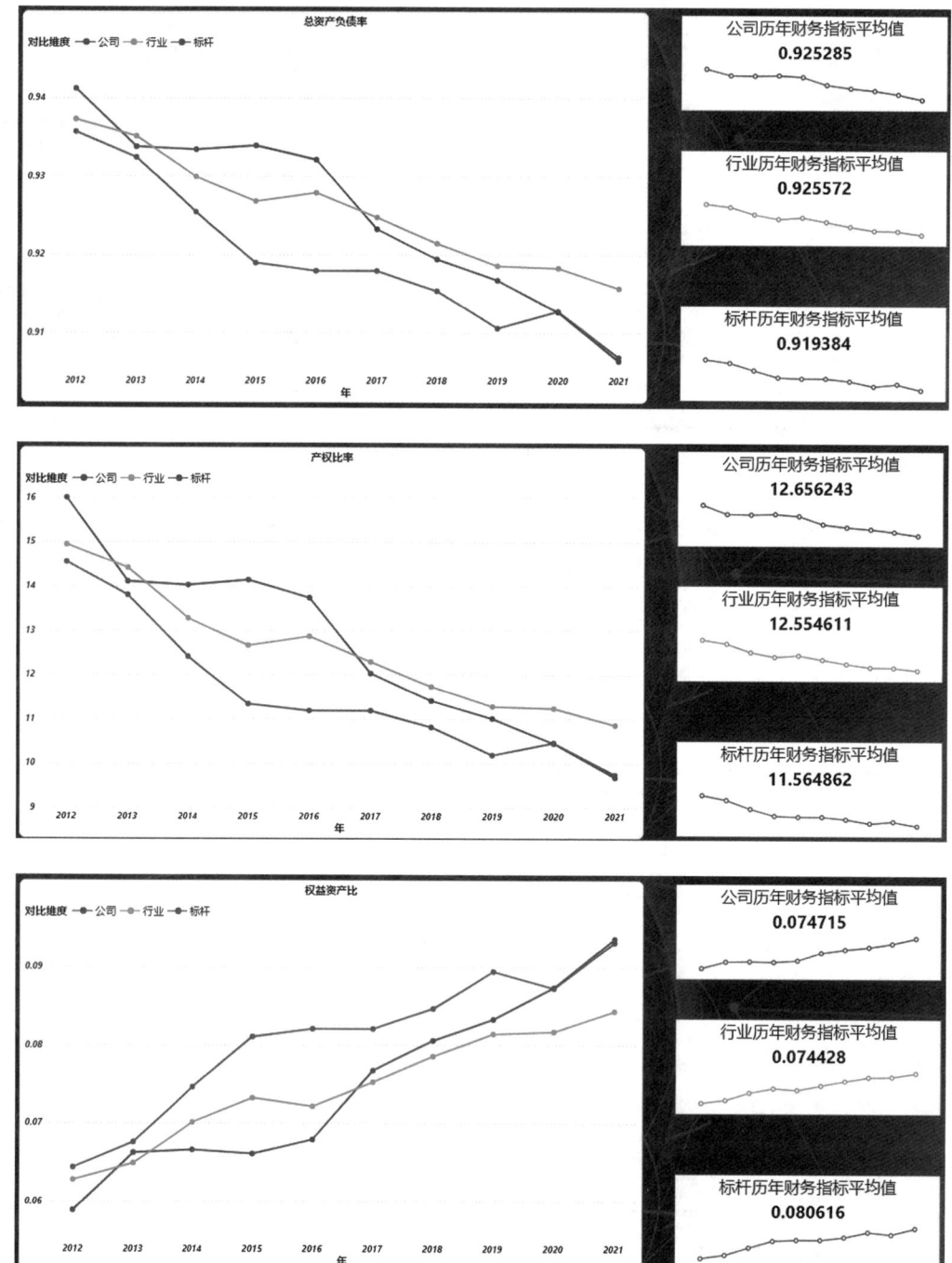

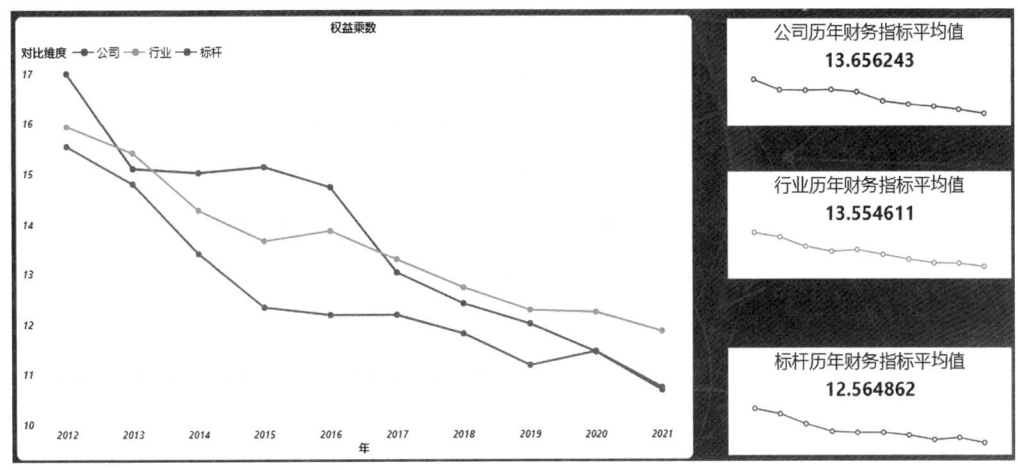

图 6-29 2012—2021 年招商银行、工商银行和行业长期偿债能力指标综合变动趋势图

由图 6-29 可知,招商银行总资产负债率、产权比率和权益乘数三个指标,2016 年以前多数年份要高于行业水平,2016 年以后均低于行业水平。招商银行权益资产比则相反,2016 年以前多数年份要低于行业水平,2016 年以后均高于行业水平。标杆公司工商银行的总资产负债率、产权比率和权益乘数三个指标 2012—2021 年均要低于行业水平,权益资产比则要高于行业水平。

由上述数据分析可知,招商银行总资产负债率、产权比率和权益乘数近 10 年来有所下降,近几年来要低于行业水平;权益资产比有所增加,近几年来要高于行业水平。这些数据变化表明招商银行长期偿债能力逐渐增强。

2012—2021 年长期偿债能力指标多指标行业内横向对比数据变动趋势,如图 6-30 所示。

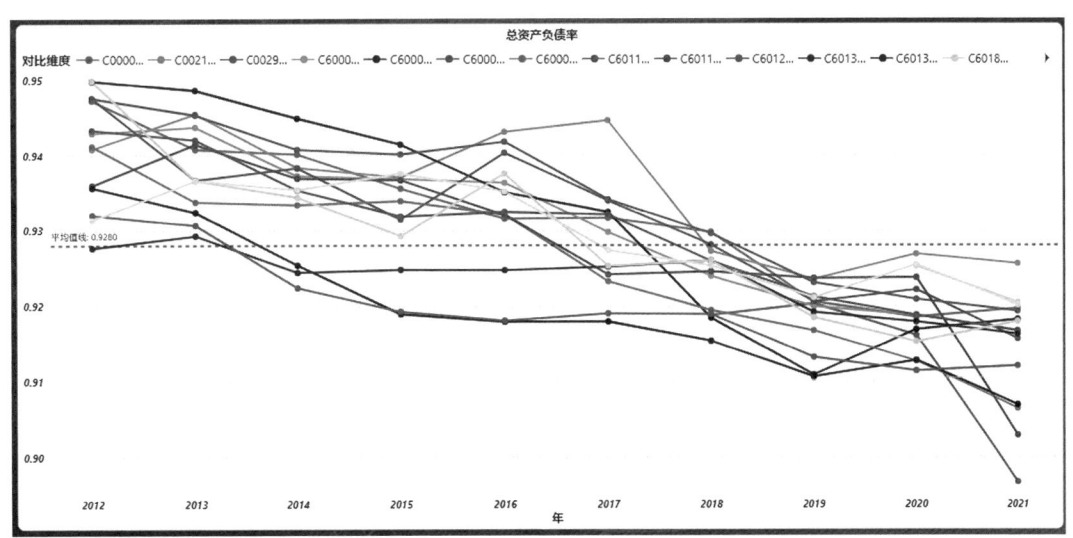

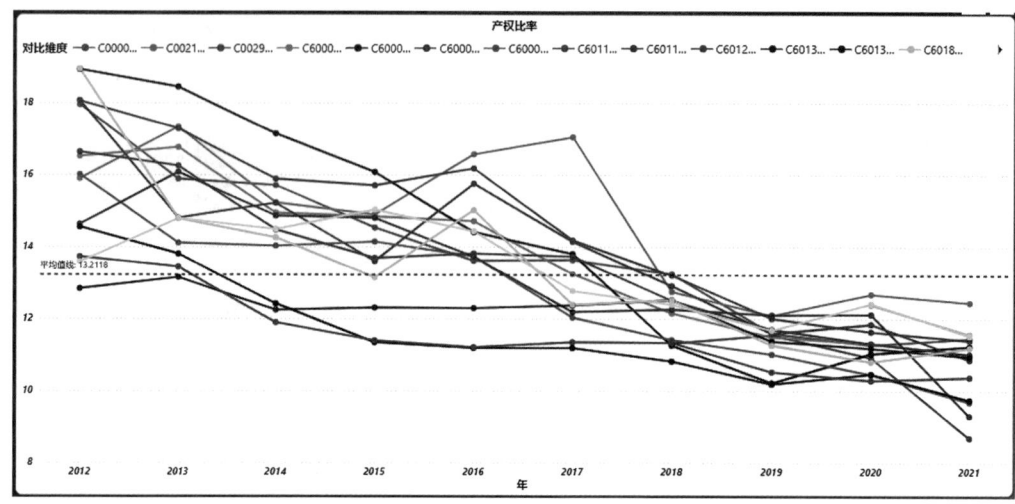

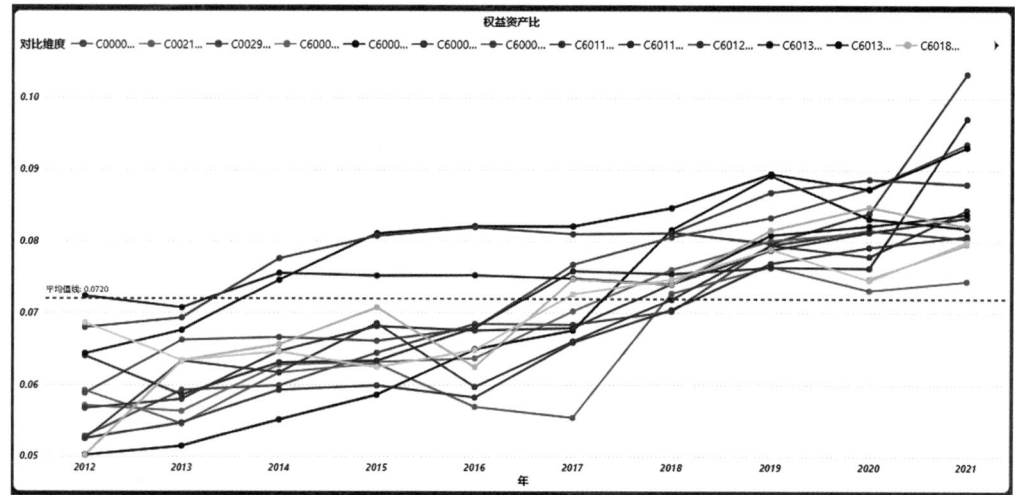

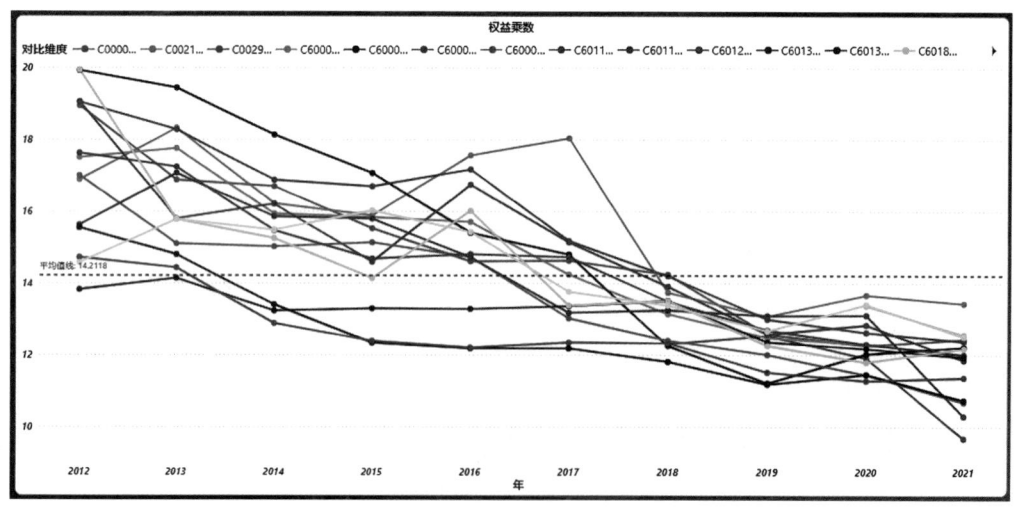

图 6-30　2012—2021 年长期偿债能力指标多指标行业内横向对比数据变动趋势图

由图 6-30 可知,通过对总资产负债率、产权比率、权益资产比和权益乘数这些财务指标横向分析对比:除个别公司外,所选对比公司中的大多数公司在平均值线上下波动,总体来看,招商银行长期偿债能力与所选对比公司相比,处于中等水平。

二、零售业长期偿债能力分析

这里选取重庆百货(股票代码:600729)作为样本公司进行长期偿债能力分析,行业标杆企业为王府井(股票代码:600859),所属行业为零售业。

重庆百货、王府井和行业长期偿债能力指标对比,如表 6-5 所示。

表 6-5　重庆百货、王府井和行业长期偿债能力指标对比

长期偿债能力指标	2021 年			10 年平均(2012—2021 年)		
	重庆百货	行业	王府井	重庆百货	行业	王府井
总资产负债率	66.57%	65.61%	63.86%	61.50%	61.19%	56.84%
产权比率	1.99%	1.91%	1.77%	1.62%	1.59%	1.37%
权益资产比	0.33%	0.34%	0.36%	0.39%	0.39%	0.43%
权益乘数	2.99	2.91	2.77	2.62	2.59	2.37

2012—2021 年重庆百货总资产负债率变动趋势,如图 6-31 所示。

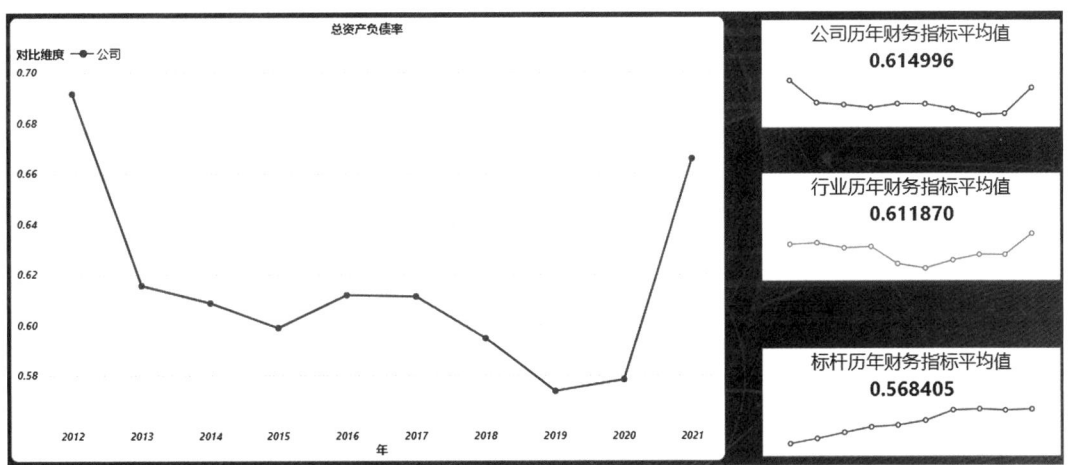

图 6-31　2012—2021 年重庆百货总资产负债率变动趋势图

由图 6-31 可知,重庆百货总资产负债率 2012—2021 年大致呈现"W"形趋势,2012—2015 年有明显下降趋势,2015—2017 年有所回升,但幅度不大,2017—2019 年呈下降趋势,2019—2021 年显著上升。2012—2021 年,重庆百货总资产负债率在 0.5~0.7 变动。到 2021 年,重庆百货总资产负债率为 66.57%(表 6-5)。

重庆百货历年总资产负债率平均值高于标杆公司历年总资产负债率平均值和行业历年总资产负债率平均值,重庆百货历年总资产负债率平均值比行业平均值高了 0.31 个百分点,比标杆公司高了 4.66 个百分点。

2012—2021年零售业总资产负债率变动趋势,如图6-32所示。

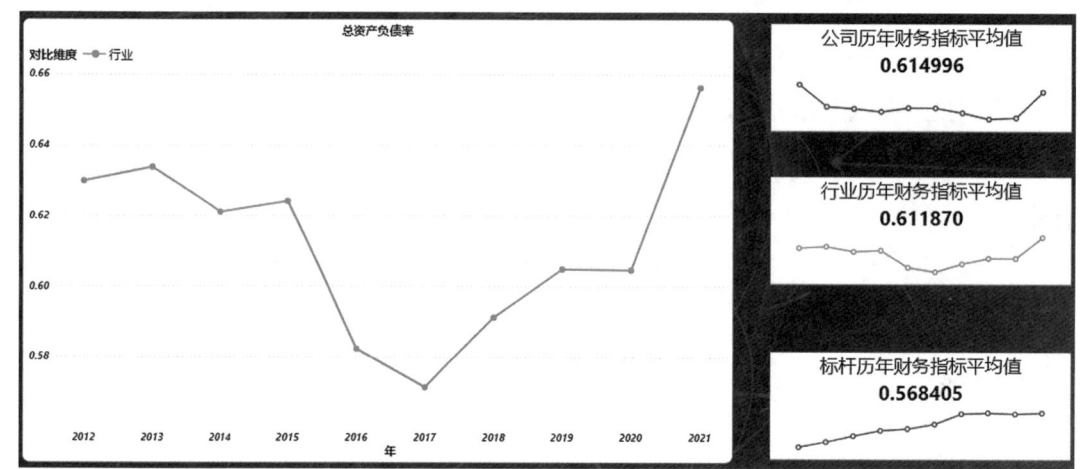

图6-32　2012—2021年零售业总资产负债率变动趋势图

由图6-32可知,零售业总资产负债率2012—2021年呈现波动趋势,2012—2015年呈现涨跌交替趋势,2015—2017年显著下降,2017—2021年基本呈现上升趋势,且幅度较大,到2021年,零售业总资产负债率上涨接近至0.66。

行业历年总资产负债率平均值为0.61187,低于重庆百货的总资产负债率平均值,高于标杆公司王府井的总资产负债率平均值。

2012—2021年重庆百货产权比率变动趋势,如图6-33所示。

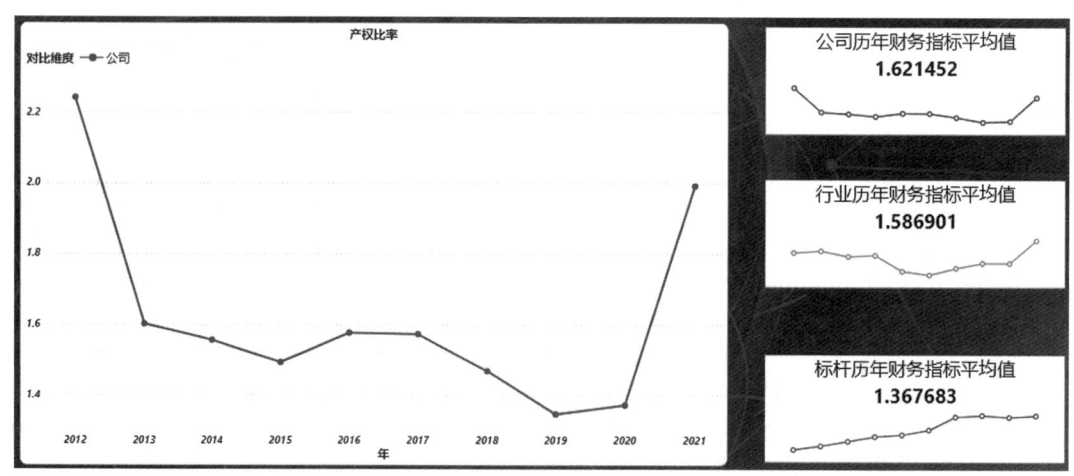

图6-33　2012—2021年重庆百货产权比率变动趋势图

由图6-33可知,重庆百货产权比率2012—2021年呈现"W"形趋势,变动趋势与总资产负债率大致相同,2012—2015年有明显下降趋势,2015—2016年有所回升,但幅度不大,2016—2019年呈下降趋势,2019—2021年显著上升。到2021年,重庆百货产权比率为1.99(表6-5)。

重庆百货历年产权比率平均值高于标杆公司历年产权比率平均值和行业历年产权比

率平均值,重庆百货历年产权比率平均值比行业平均值高了 3.46 个百分点,比标杆公司高了 25.38 个百分点。

2012—2021 年零售业产权比率变动趋势,如图 6-34 所示。

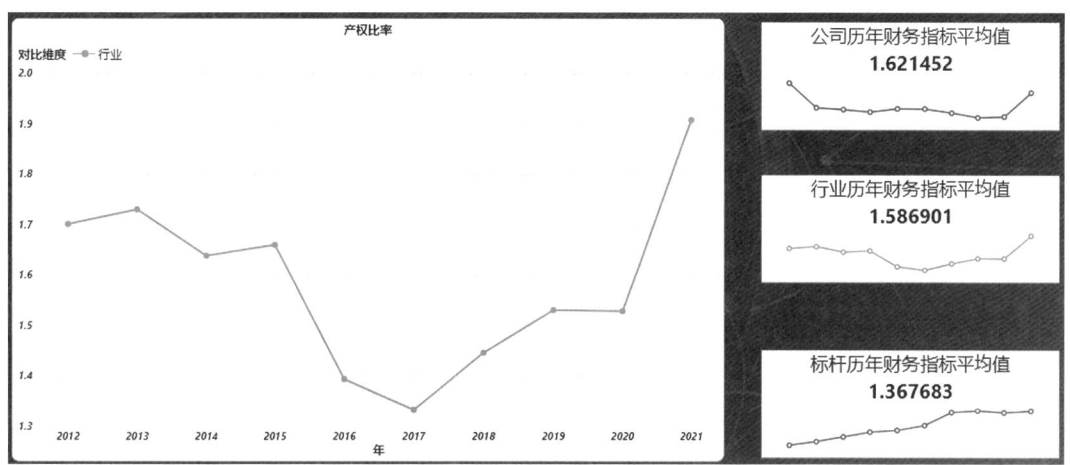

图 6-34　2012—2021 年零售业产权比率变动趋势图

由图 6-34 可知,零售业产权比率 2012—2021 年呈现波动趋势,变动趋势与总资产负债率大致相同,2012—2015 年呈现涨跌交替趋势,2015—2017 年显著下降,2017—2021 年基本呈现上升趋势,且幅度较大。2012—2021 年,零售业产权比率在 1.3~2.0 变动。

行业历年产权比率平均值为 1.586 901,低于重庆百货的产权比率平均值,高于标杆公司王府井的产权比率平均值。

2012—2021 年重庆百货权益资产比变动趋势,如图 6-35 所示。

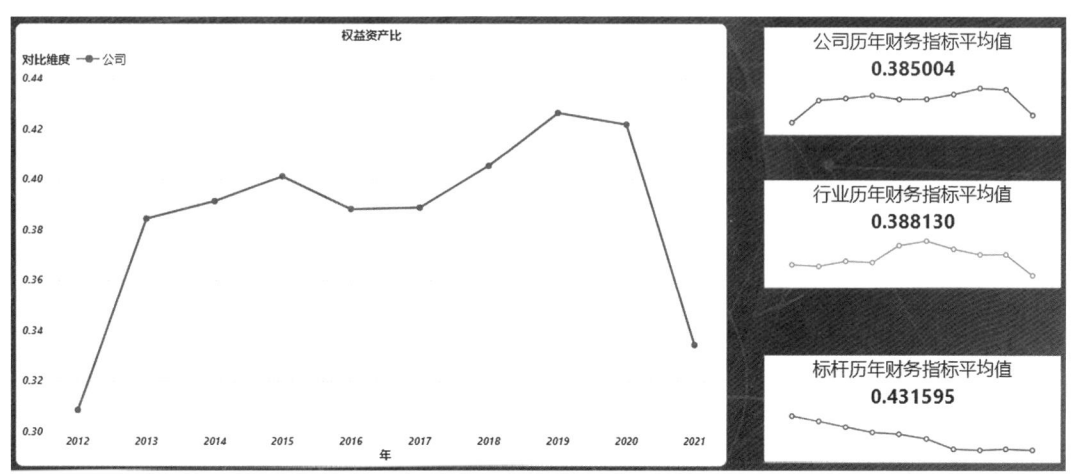

图 6-35　2012—2021 年重庆百货权益资产比变动趋势图

由图 6-35 可知,重庆百货权益资产比 2012—2021 年大致呈现"M"形趋势,2012—2015 年显著上升,2015—2017 年有所下降,但幅度不大,2017—2019 年呈上升趋势,2019—2021 年下降显著。2012—2021 年,重庆百货权益资产比在 0.30~0.44 变动。到 2021 年,重庆百货权益资产比为 0.33（表 6-5）。

重庆百货历年权益资产比平均值低于标杆公司历年权益资产比平均值和行业历年权益资产比平均值，重庆百货历年权益资产比平均值比行业平均值低了 0.31 个百分点，比标杆公司低了 4.66 个百分点。

2012—2021 年零售业权益资产比变动趋势，如图 6-36 所示。

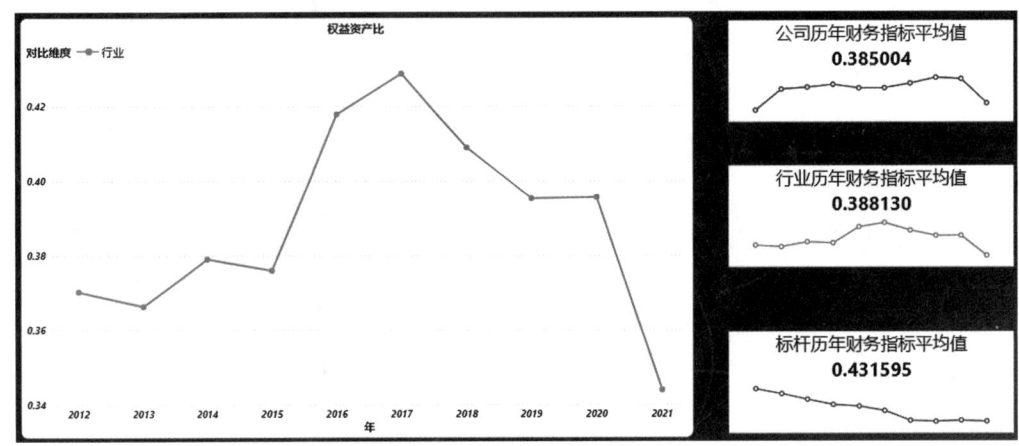

图 6-36　2012—2021 年零售业权益资产比变动趋势图

由图 6-36 可知，零售业权益资产比 2012—2021 年呈现波动趋势，2012—2015 年呈现涨跌交替趋势，2015—2017 年显著上升，2017 年达到峰值，2017—2021 年基本呈现下降趋势，且幅度较大。2012—2021 年，零售业产权比率在 0.34～0.43 变动。

行业历年权益资产比平均值为 0.388 13，高于重庆百货的权益资产比平均值，低于标杆公司王府井的权益资产比平均值。

2012—2021 年重庆百货权益乘数变动趋势，如图 6-37 所示。

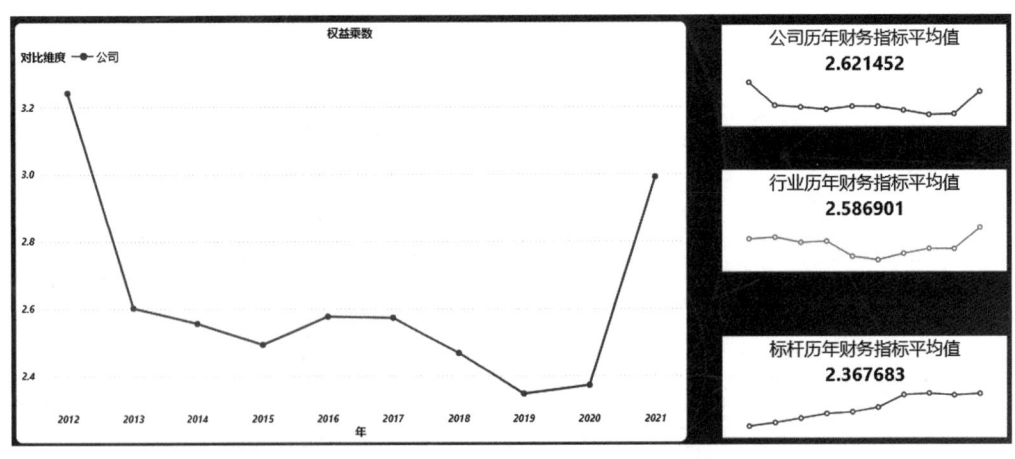

图 6-37　2012—2021 年重庆百货权益乘数变动趋势图

由图 6-37 可知，重庆百货权益乘数 2012—2021 年大致呈现"W"形趋势，变动趋势与总资产负债率和产权比率大致相同，2012—2015 年有明显下降趋势，2015—2016 年有所回升,但幅度不大,2016—2019 年呈下降趋势,2019—2021 年显著上升。到 2021 年,重庆百货权益乘数为 2.99(表 6-5)。

重庆百货历年权益乘数平均值高于标杆公司历年权益乘数平均值和行业历年权益乘数平均值,重庆百货历年权益乘数平均值比行业平均值高了 3.46 个百分点,比标杆公司高了 25.38 个百分点。

2012—2021 年零售业权益乘数变动趋势,如图 6-38 所示。

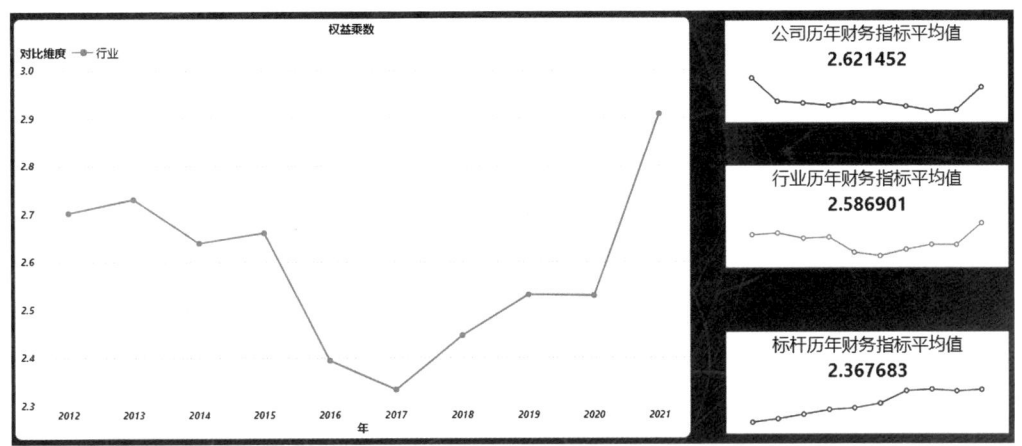

图 6-38　2012—2021 年零售业权益乘数变动趋势图

由图 6-38 可知,零售业权益乘数 2012—2021 年呈现波动趋势,变动趋势与总资产负债率和产权比率大致相同,2012—2015 年呈现涨跌交替进行的趋势,2015—2017 年显著下降,2017—2021 年基本呈现上升趋势,且幅度较大。2012—2021 年,零售业产权比率在 2.3～3.0 变动。

行业历年权益乘数平均值为 2.586 901,要低于重庆百货的权益乘数平均值,高于标杆公司王府井的权益乘数平均值。

2012—2021 年重庆百货长期偿债能力多指标历史数据变动趋势,如图 6-39 所示。

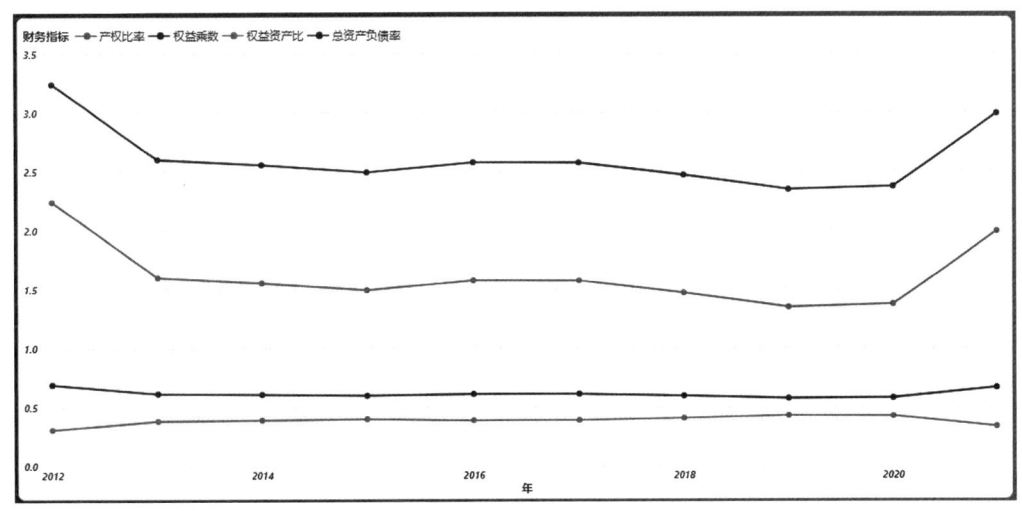

图 6-39　2012—2021 年重庆百货长期偿债能力多指标历史数据变动趋势图

2012—2021年重庆百货、王府井和行业长期偿债能力指标综合变动趋势,如图6-40所示。

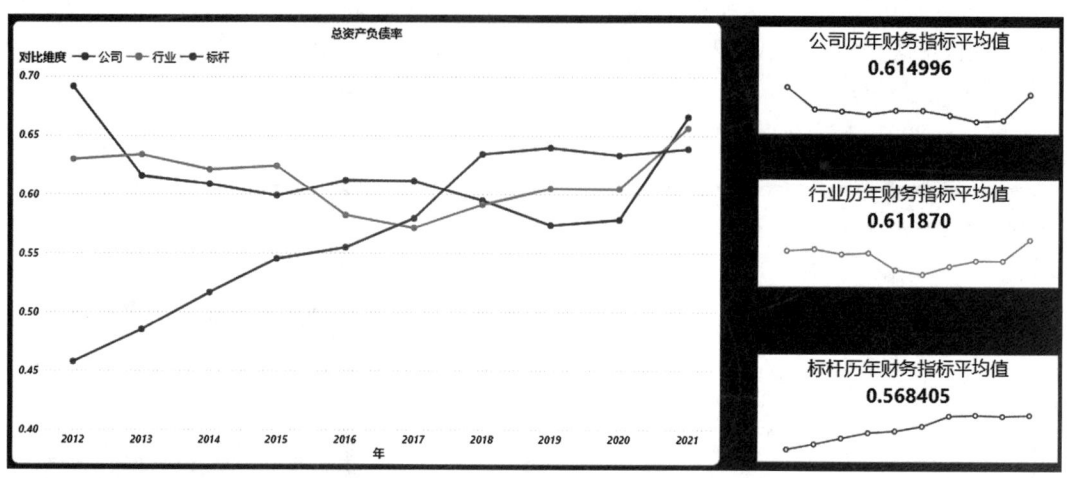

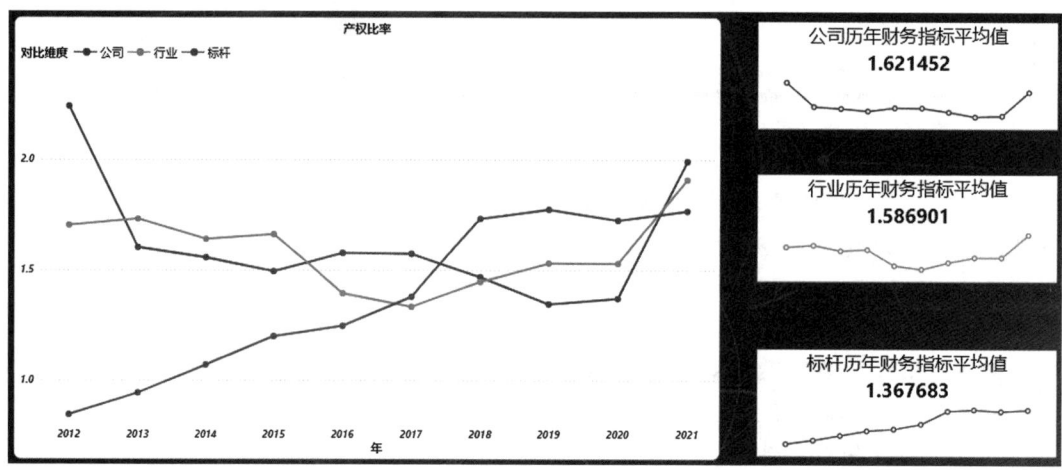

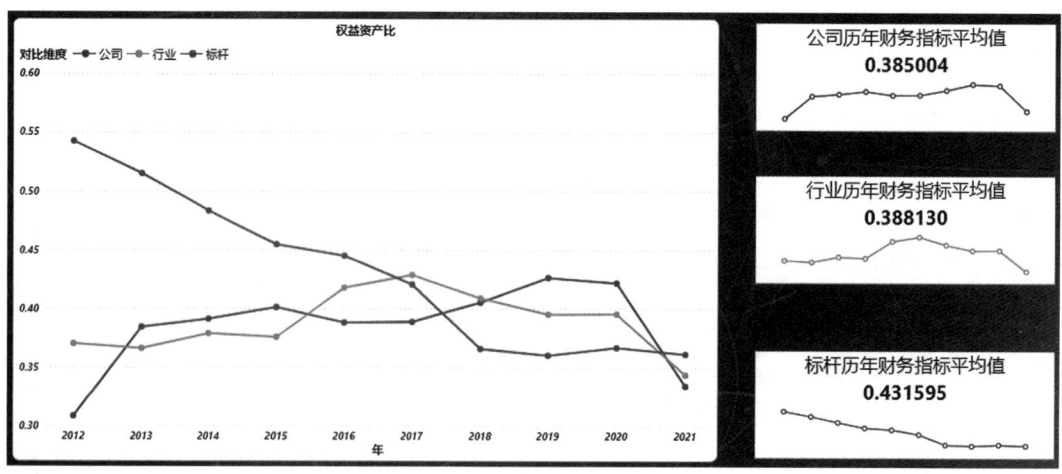

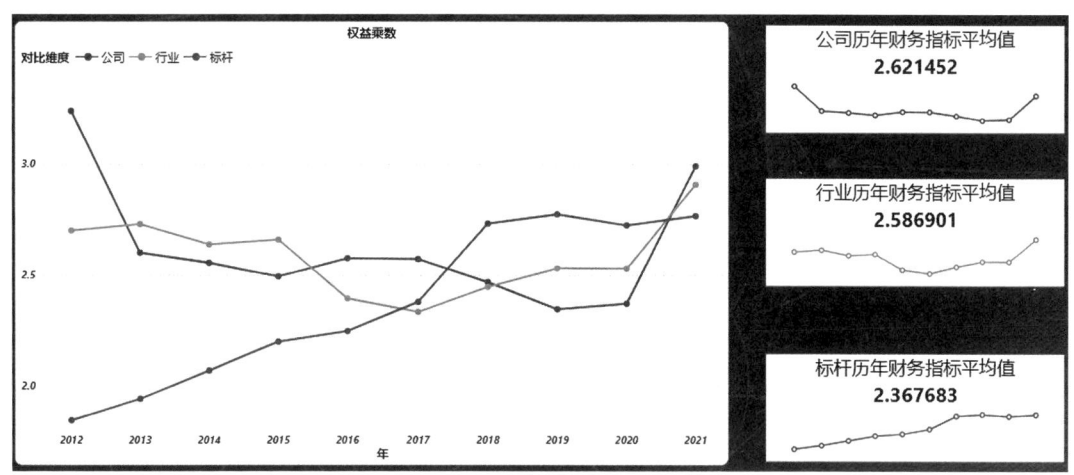

图6-40 2012—2021年重庆百货、王府井和行业长期偿债能力指标综合变动趋势图

由图6-39可知,重庆百货权益乘数高于产权比率、总资产负债率和权益资产比,历年权益乘数和产权比率2012—2021年的变动趋势趋于一致,历年总资产负债率和权益资产比的变动幅度不大。

由图6-40可知,重庆百货历年长期偿债能力指标与行业历年长期偿债能力指标都呈上下波动趋势,重庆百货的总资产负债率、产权比率和权益乘数三个指标的10年平均值高于行业水平。重庆百货权益资产比则相反,10年平均值低于行业水平。标杆公司王府井的总资产负债率、产权比率和权益乘数三个指标2012—2021年呈上升趋势,10年平均值均低于行业水平。标杆公司王府井的权益资产比则呈下降趋势,10年平均值高于行业水平。

由以上数据分析可知,重庆百货总资产负债率、产权比率和权益乘数的10年平均值均高于行业水平,权益资产的10年平均值低于行业水平。这些数据变化表明重庆百货与行业相比,长期偿债能力较弱。

2012—2021年长期偿债能力指标多指标行业内横向对比数据变动趋势,如图6-41所示。

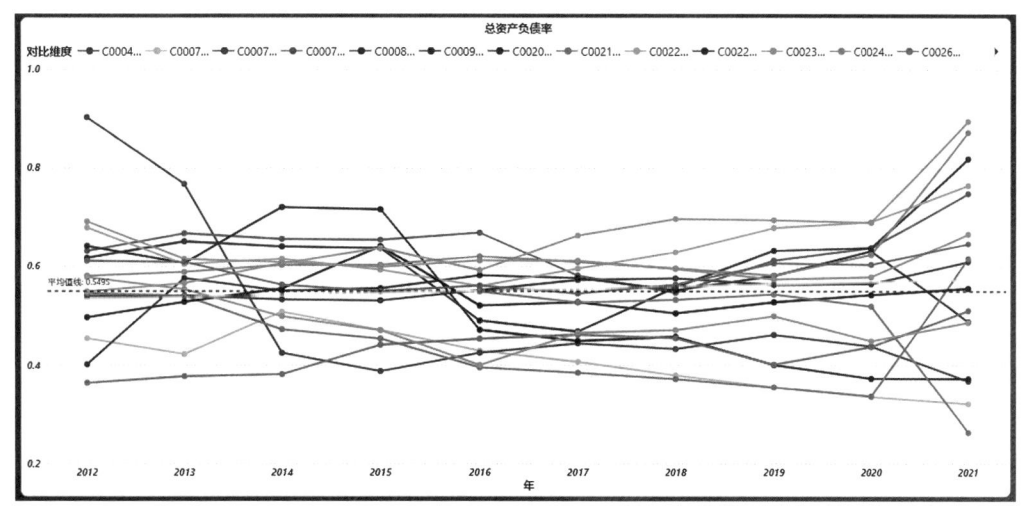

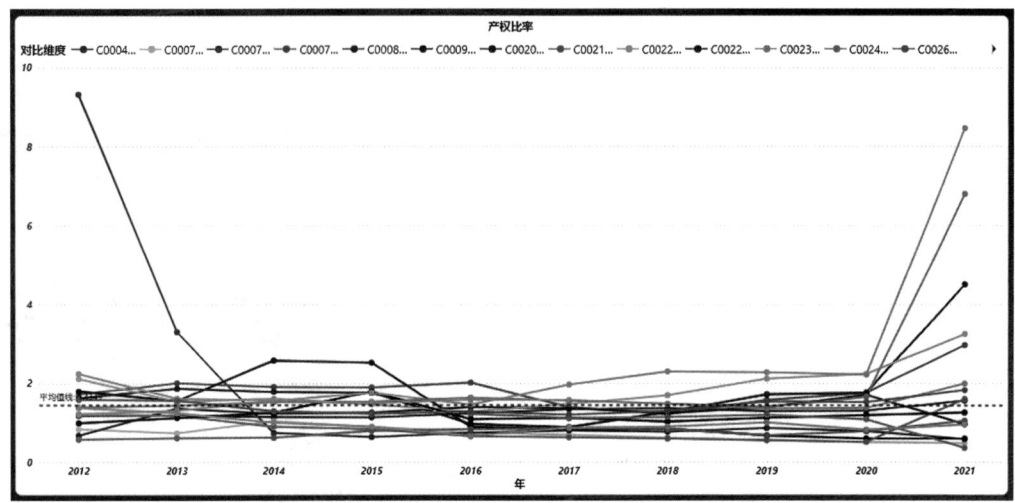

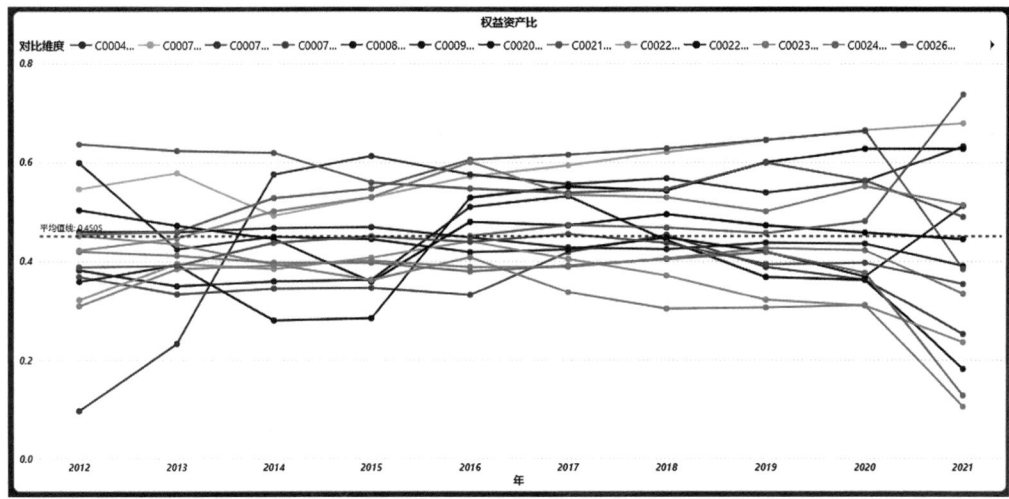

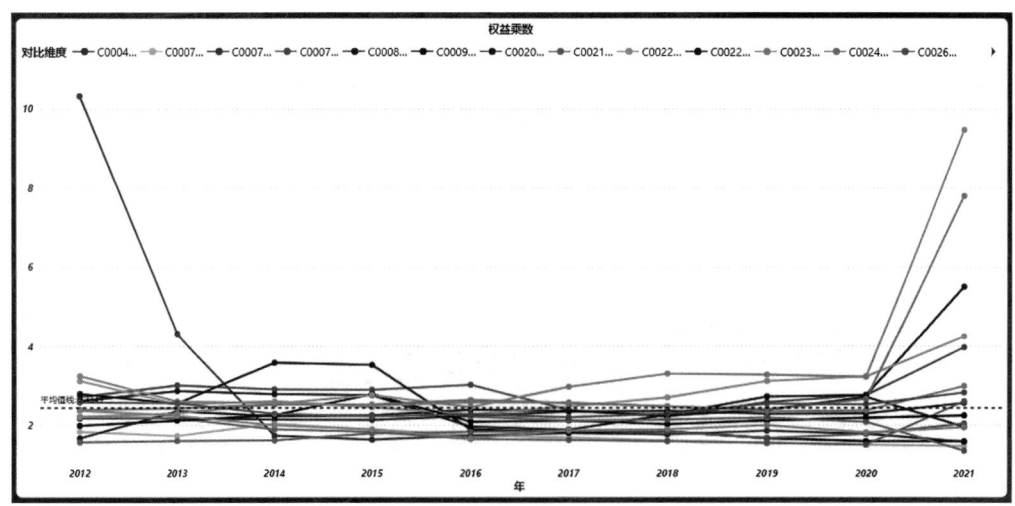

图 6-41　2012—2021 年长期偿债能力指标多指标行业内横向对比数据变动趋势图

由图 6-41 可知,通过对总资产负债率、产权比率、权益资产比和权益乘数这些财务指标横向分析对比:除个别公司外,所选对比公司中的大多数公司在平均值线上下波动,总体来看,重庆百货总资产负债率、产权比率和权益乘数大多数年份都要高于平均值线,权益资产比大多数年份都要低于平均值线,表明重庆百货与所选对比公司相比,长期偿债能力较弱。

三、物流业长期偿债能力分析

这里选取重庆港九(股票代码:600279)作为样本公司进行长期偿债能力分析,行业标杆企业为中远海控(股票代码:601919),所属行业为水上运输业。

重庆港九、中远海控和行业长期偿债能力指标对比,如表 6-6 所示。

表 6-6 重庆港九、中远海控和行业长期偿债能力指标对比

长期偿债能力指标	2021年			10年平均(2012—2021年)		
	重庆港九	行业	中远海控	重庆港九	行业	中远海控
总资产负债率	44.85%	46.92%	56.76%	44.72%	52.11%	70.21%
产权比率	0.81%	0.88%	1.31%	0.81%	1.09%	2.33%
权益资产比	0.55%	0.53%	0.43%	0.52%	0.48%	0.30%
权益乘数	1.81	1.88	2.31	1.81	2.09	3.44

2012—2021 年重庆港九总资产负债率变动趋势,如图 6-42 所示。

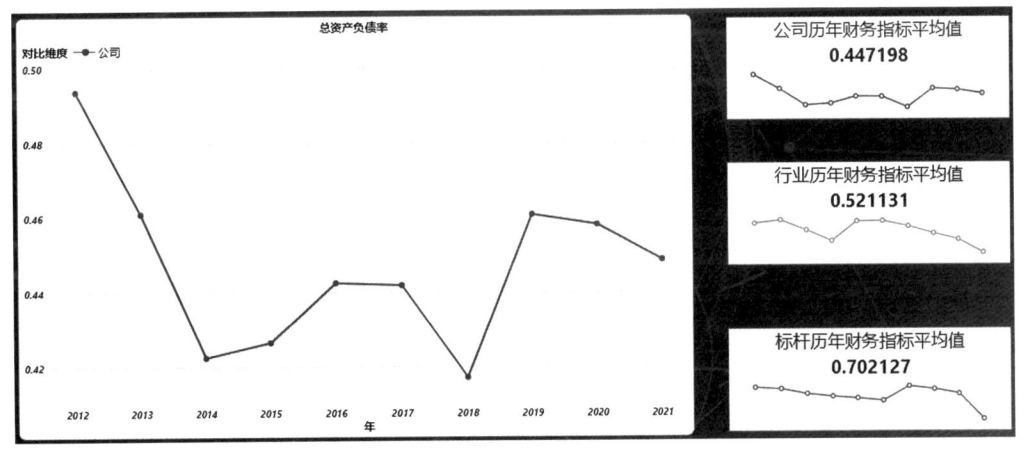

图 6-42 2012—2021 年重庆港九总资产负债率变动趋势图

由图 6-42 可知,重庆港九总资产负债率 2012—2021 年大致呈现波动趋势,2012—2014 年有明显下降趋势,2014—2016 年有所回升,但幅度不大,2016—2018 年呈下降趋势,2018—2019 年显著上升,2019—2021 年呈下降趋势。2012—2021 年,重庆港九总资产负债率在 0.4~0.5 变动。到 2021 年,重庆港九总资产负债率为 44.85%(表 6-6)。

重庆港九历年总资产负债率平均值低于标杆公司历年总资产负债率平均值和行业历年总资产负债率平均值,重庆港九历年总资产负债率平均值比行业平均值低了 7.39 个百分点,比标杆公司低了 25.49 个百分点。

2012—2021年水上运输业总资产负债率变动趋势,如图6-43所示。

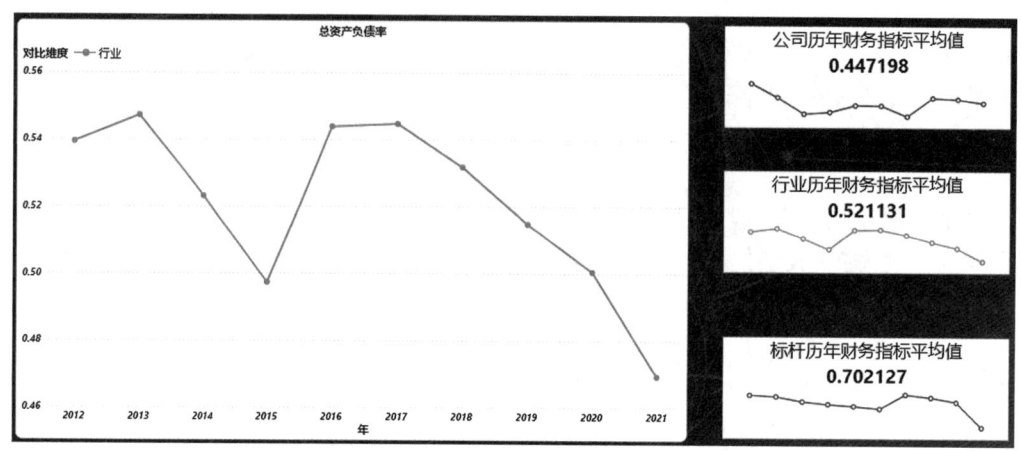

图6-43　2012—2021年水上运输业总资产负债率变动趋势图

由图6-43可知,水上运输业总资产负债率2012—2021年呈现波动下降趋势,2012—2013年小幅度上升,2013—2015年显著下降,2015—2017年显著上升,2017—2021年呈现下降趋势,且幅度较大。2012—2021年,水上运输业总资产负债率在0.46~0.56变动。

行业历年总资产负债率平均值为0.521131,高于重庆港九的总资产负债率平均值,低于标杆公司中远海控的总资产负债率平均值。

2012—2021年重庆港九产权比率变动趋势,如图6-44所示。

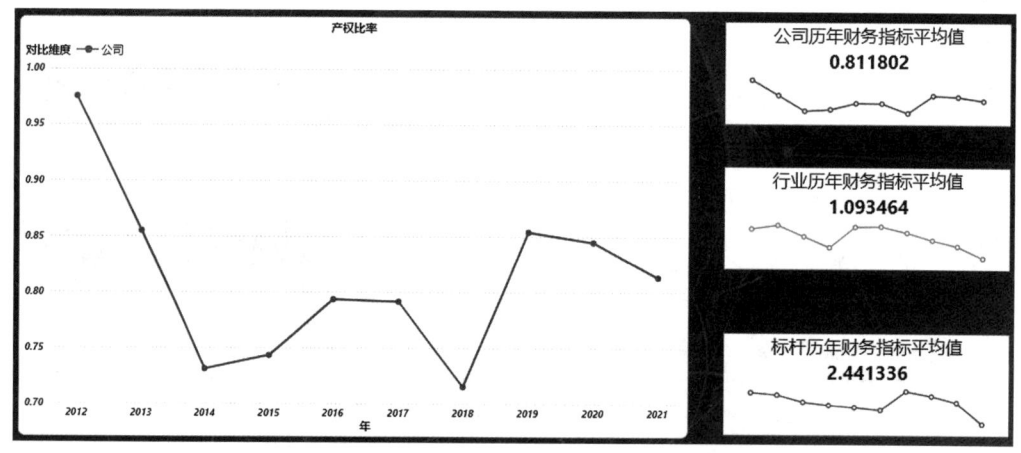

图6-44　2012—2021年重庆港九产权比率变动趋势图

由图6-44可知,重庆港九产权比率2012—2021年呈现波动趋势,变动趋势与总资产负债率大致相同,2012—2014年有明显下降趋势,2014—2016年有所回升,但幅度不大,2016—2018年呈下降趋势,2018—2019年显著上升,2019—2021年呈下降趋势。2012—2021年,重庆港九产权比率在0.70~1.00变动。到2021年,重庆港九的产权比率为0.81(表6-6)。

重庆港九历年产权比率平均值低于标杆公司历年产权比率平均值和行业历年产权比

率平均值,重庆港九历年产权比率平均值比行业平均值低了 28.17 个百分点,比标杆公司低了 162.95 个百分点。

2012—2021 年水上运输业产权比率变动趋势,如图 6-45 所示。

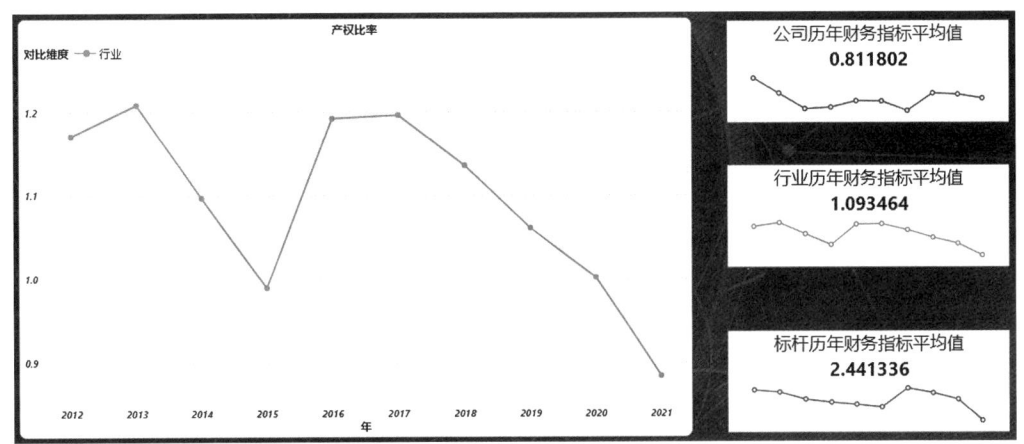

图 6-45　2012—2021 年水上运输业产权比率变动趋势图

由图 6-45 可知,水上运输业产权比率 2012—2021 年呈现波动下降趋势,变动趋势与总资产负债率大致相同,2012—2013 年小幅度上升,2013—2015 年显著下降,2015—2017 年显著上升,2017—2021 年呈现下降趋势,且幅度较大。到 2021 年,水上运输业产权比率下降至 0.9 以下。

行业历年产权比率平均值为 1.093 464,高于重庆港九的产权比率平均值,低于标杆公司中远海控的产权比率平均值。

2012—2021 年重庆港九权益资产比变动趋势,如图 6-46 所示。

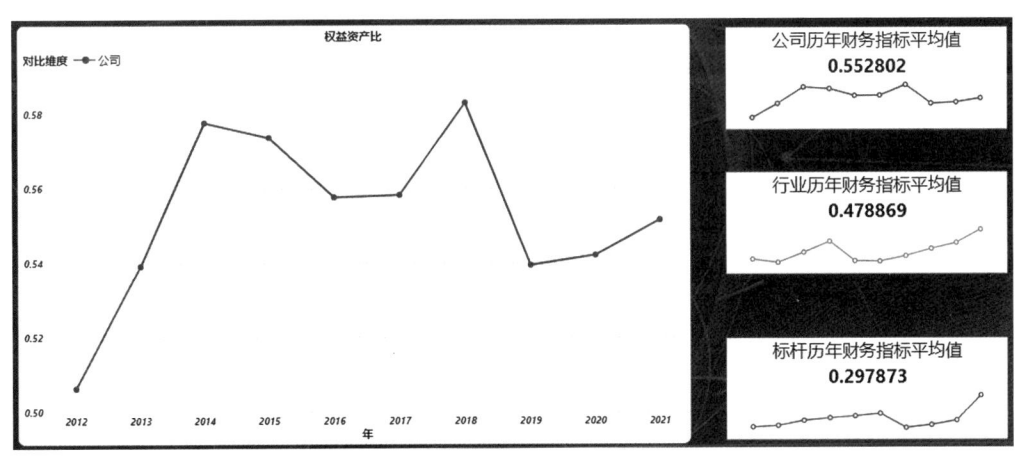

图 6-46　2012—2021 年重庆港九权益资产比变动趋势图

由图 6-46 可知,重庆港九权益资产比 2012—2021 年呈现波动趋势,2012—2014 年显著上升,2014—2016 年有所回落,2016—2018 年呈上升趋势,2018—2019 年显著下降,2019—2021 年有所上升。2012—2021 年,重庆港九的权益资产比在 0.5~0.6 变动。到

2021年,重庆港九的权益资产比为0.55(表6-6)。

重庆港九历年权益资产比平均值高于标杆公司历年权益资产比平均值和行业历年权益资产比平均值,重庆港九历年权益资产比平均值比行业平均值高了7.39个百分点,比标杆公司高了25.49个百分点。

2012—2021年水上运输业权益资产比变动趋势,如图6-47所示。

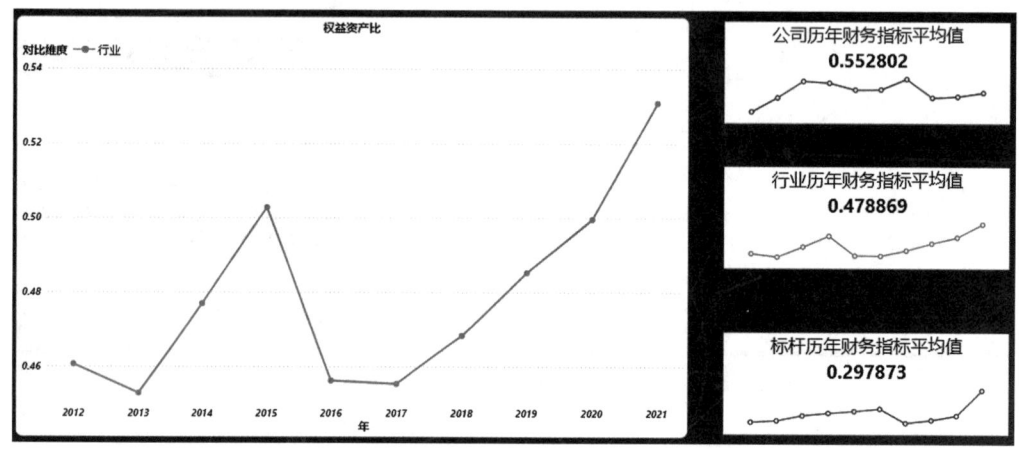

图6-47　2012—2021年水上运输业权益资产比变动趋势图

由图6-47可知,水上运输业权益资产比2012—2021年呈现波动上升趋势,2012—2013年小幅度下降,2013—2015年显著上升,2015—2017年呈现下降趋势,2017—2021年呈上升趋势。到2021年,水上运输业权益资产比上涨至0.52以上。

行业历年权益资产比平均值为0.478869,低于重庆港九的权益资产比平均值,高于标杆公司中远海控的权益资产比平均值。

2012—2021年重庆港九权益乘数变动趋势,如图6-48所示。

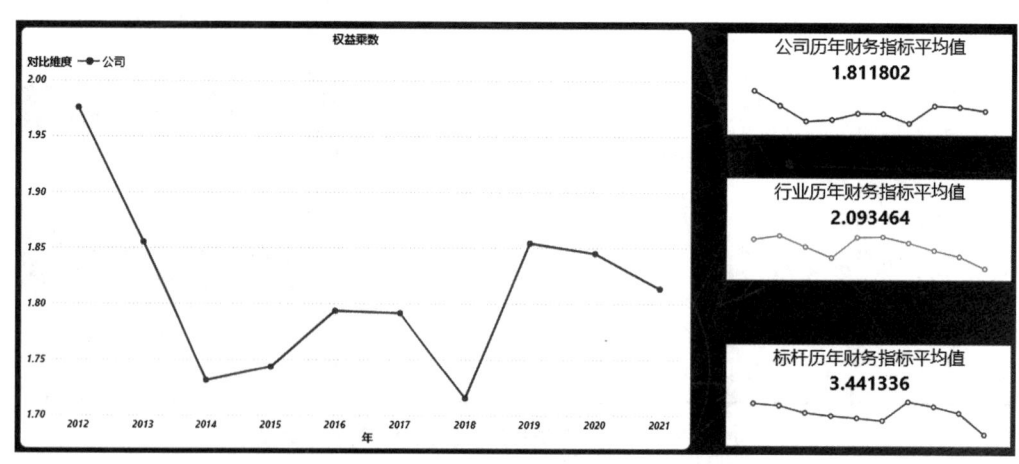

图6-48　2012—2021年重庆港九权益乘数变动趋势图

由图6-48可知,重庆港九权益乘数2012—2021年呈现波动趋势,变动趋势与总资产负债率和产权比率大致相同,2012—2014年明显下降,2014—2016年有所回升,但幅度不大,

2016—2018 年呈下降趋势，2018—2019 年显著上升，2019—2021 年呈下降趋势。重庆港九的权益乘数在 1.7～2.0 变动。到 2021 年，重庆港九的权益乘数为 1.81(表 6-6)。

重庆港九历年权益乘数平均值低于标杆公司历年权益乘数平均值和行业历年权益乘数平均值，重庆港九历年权益乘数平均值比行业平均值低了 28.17 个百分点，比标杆公司低了 162.95 个百分点。

2012—2021 年水上运输业权益乘数变动趋势，如图 6-49 所示。

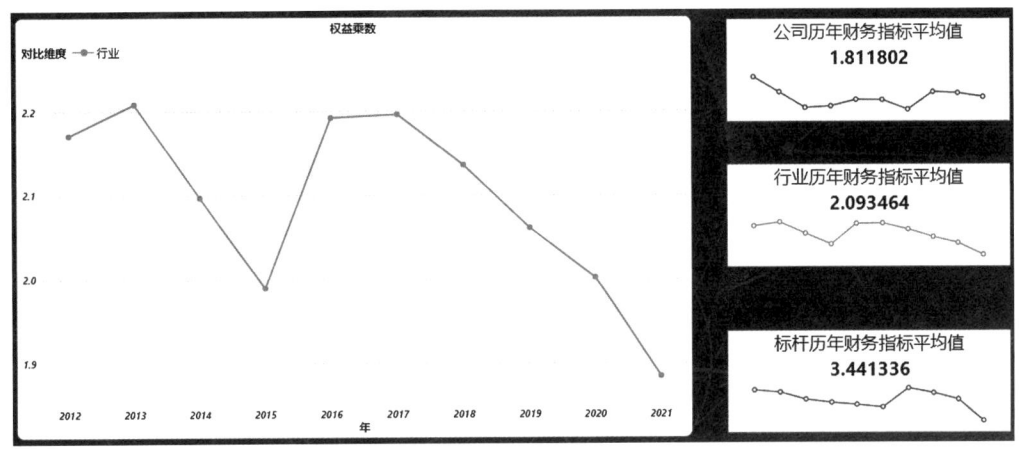

图 6-49　2012—2021 年水上运输业权益乘数变动趋势图

由图 6-49 可知，水上运输业权益乘数 2012—2021 年呈现波动下降趋势，变动趋势与总资产负债率和产权比率大致相同，2012—2013 年小幅度上升，2013—2015 年显著下降，2015—2017 年显著上升，2017—2021 年呈现下降趋势，且幅度较大。到 2021 年，水上运输业权益乘数下降至 1.9 以下。

行业历年权益乘数平均值为 2.093 464，高于重庆港九的权益乘数平均值，低于标杆公司中远海控的权益乘数平均值。

2012—2021 年重庆港九长期偿债能力多指标历史数据变动趋势，如图 6-50 所示。

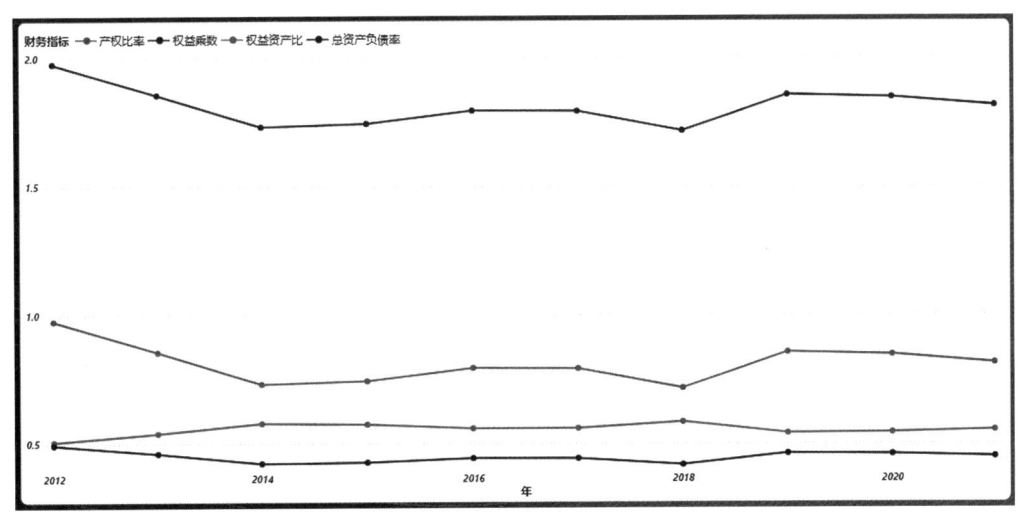

图 6-50　2012—2021 年重庆港九长期偿债能力多指标历史数据变动趋势图

由图 6-50 可知,重庆港九权益乘数高于产权比率、总资产负债率和权益资产比,历年权益乘数和产权比率 2012—2021 年的变动趋势趋于一致,历年总资产负债率和权益资产比的变动幅度不大。

2012—2021 年重庆港九、中远海控和行业长期偿债能力指标综合变动趋势,如图 6-51 所示。

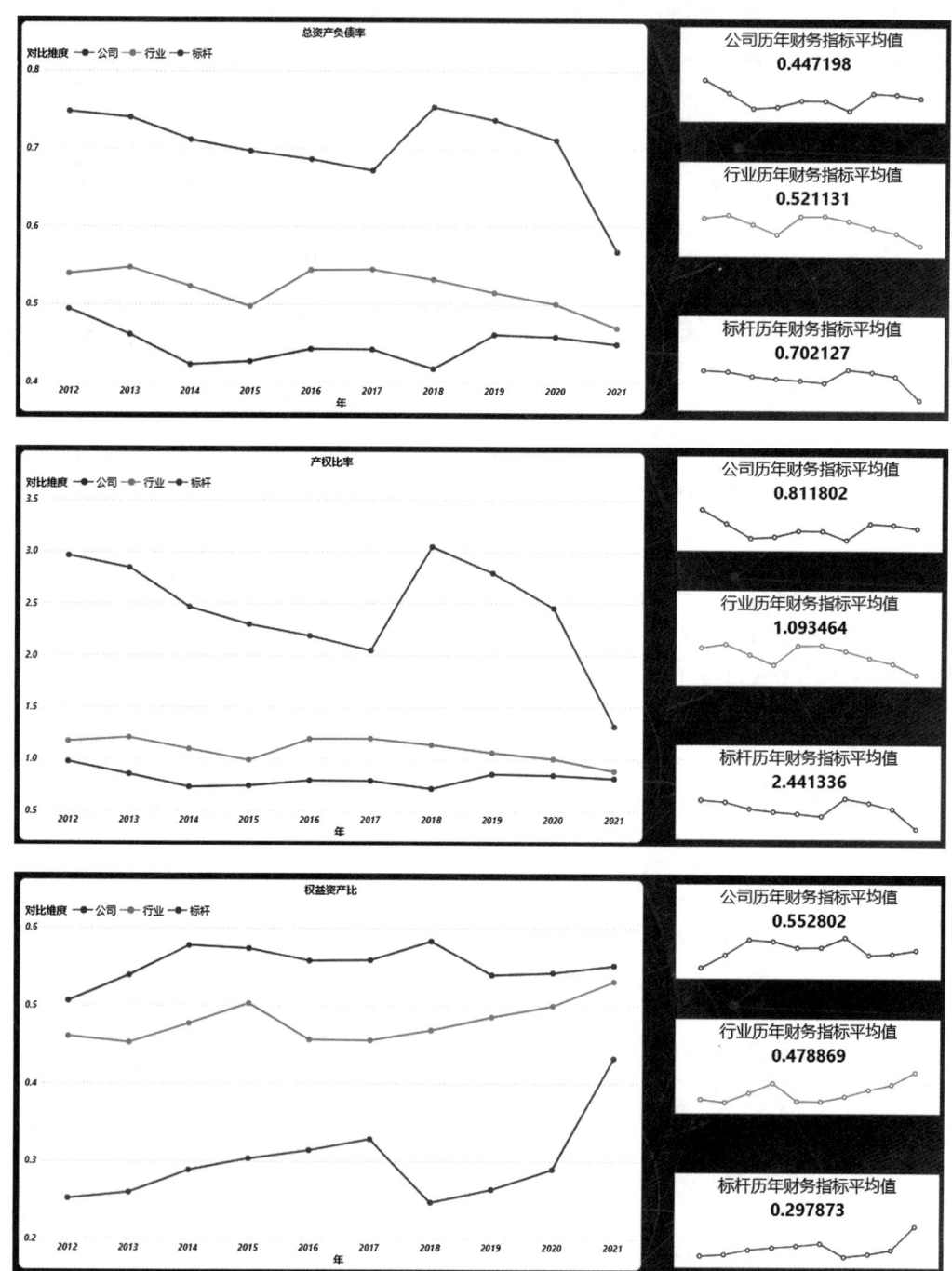

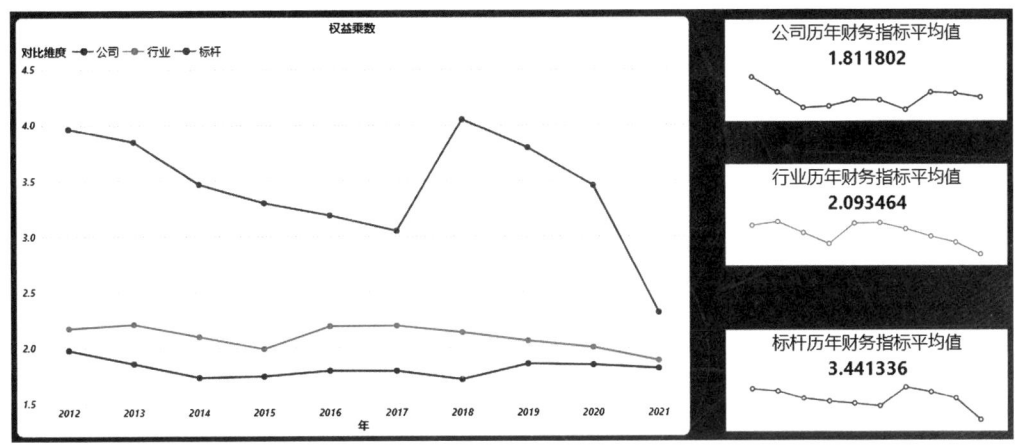

图 6-51　2012—2021 年重庆港九、中远海控和行业长期偿债能力指标综合变动趋势图

由图 6-51 可知，重庆港九历年长期偿债能力指标与行业历年长期偿债能力指标都呈波动趋势，与标杆公司中远海控相比，重庆港九和行业的波动不大。2012—2021 年，重庆港九的总资产负债率、产权比率和权益乘数三个指标都低于行业水平，权益资产比则高于行业水平。标杆公司中远海控的总资产负债率、产权比率和权益乘数三个指标 2012—2021 年呈下降趋势，且均高于行业水平。标杆公司中远海控的权益资产比则呈上升趋势，且这 10 年间均低于行业水平。

由以上数据分析可知，重庆港九总资产负债率、产权比率和权益乘数 2012—2021 年均低于行业水平，权益资产则高于行业水平。这些数据变化表明重庆港九与行业相比，长期偿债能力较强。

2012—2021 年长期偿债能力指标多指标行业内横向对比数据变动趋势，如图 6-52 所示。

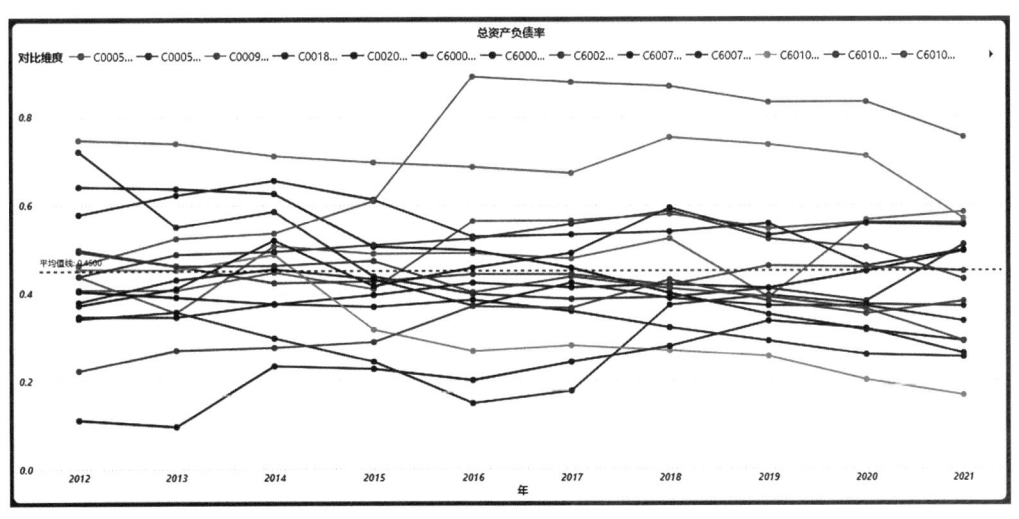

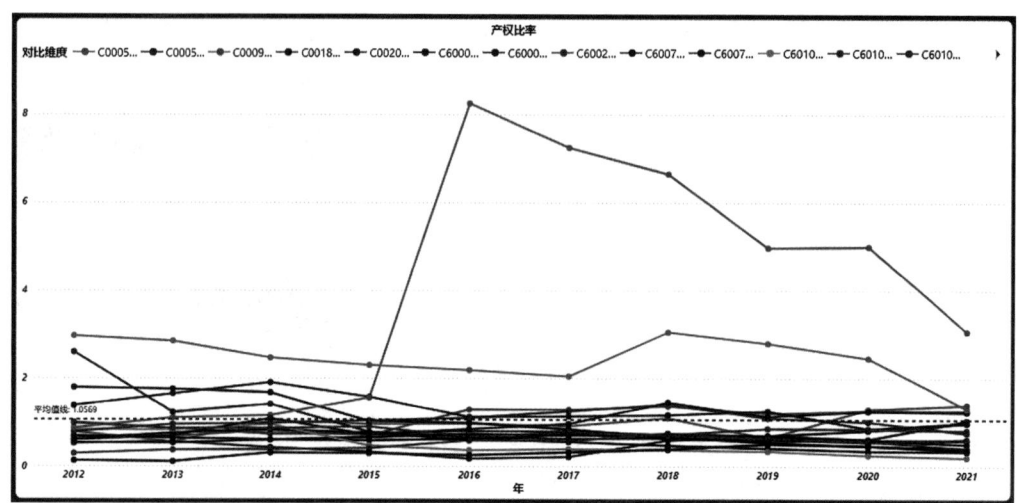

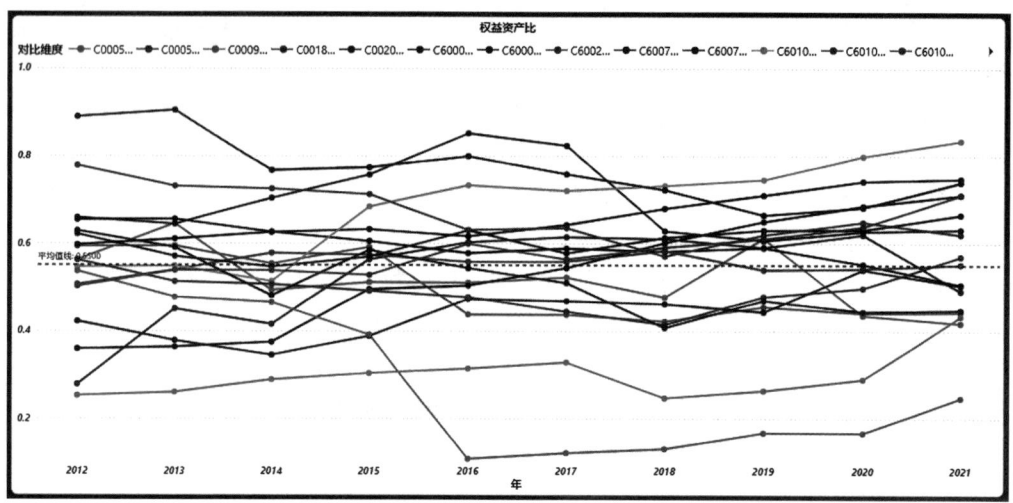

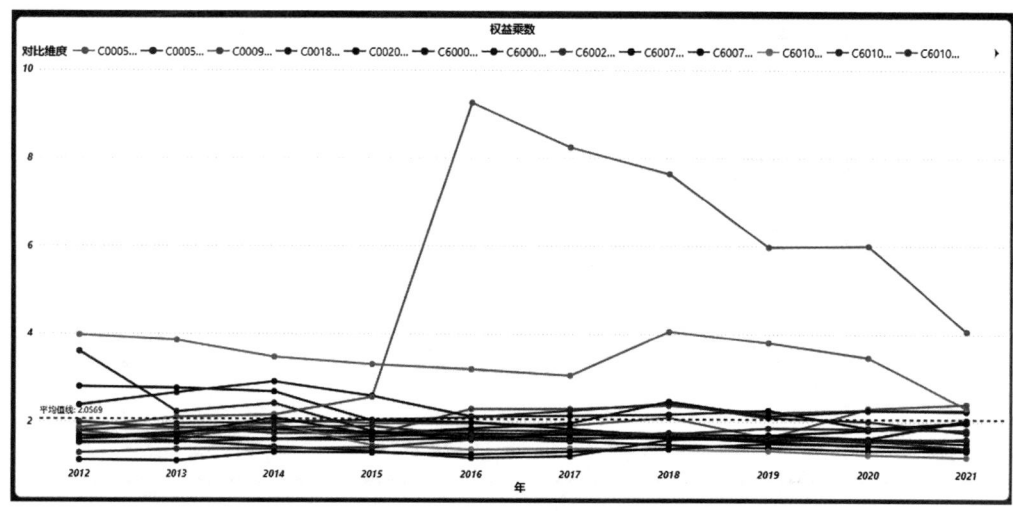

图6-52 2012—2021年长期偿债能力指标多指标行业内横向对比数据变动趋势图

由图 6-52 可知,通过对总资产负债率、产权比率、权益资产比和权益乘数这些财务指标横向分析对比:除个别公司外,所选对比公司中的大多数公司在平均值线上下波动,总体来看,重庆港九总资产负债率、产权比率和权益乘数大多数年份都要低于平均值线,权益资产比大多数年份都要高于平均值线,表明重庆港九与所选对比公司相比,长期偿债能力较强。

思考与拓展练习

一、思考题

1. 说明大数据对分析上市公司偿债能力的作用。
2. 举例说明大数据在短期偿债能力分析时的优势。
3. 如何理解财务大数据在上市公司长期偿债能力分析中的重用性?

二、拓展练习

请借助 VDC 平台或其他财务分析软件,对货币金融服务行业、零售业或水上运输业的行业数据,以及行业内某一家企业的数据进行筛选和查询,并对该企业的偿债能力进行分析。把具体查询过程截图制作为 Word 进行提交。

第七章

营运能力分析与上市公司实例

知识目标

1. 了解公司营运能力分析的概念、目的、内容和方法。
2. 了解总资产营运能力、流动资产营运能力和固定资产营运能力各项主要指标的含义。

能力目标

1. 运用各项相关指标对企业总资产营运能力、流动资产营运能力和固定资产营运能力做出评价。
2. 结合营运能力指标对企业整体营运能力做出评价。

素养目标

1. 学会用数据说话。
2. 坚守诚信之道。
3. 保持职业操守。
4. 积极回馈社会。

知识导图

营运能力分析与上市公司实例
- 一、营运能力分析概述
  1. 营运能力分析的概念
  2. 营运能力分析的目的
  3. 营运能力分析的内容
  4. 营运能力分析的方法
- 二、总资产营运能力分析
  1. 货币金融服务行业总资产营运能力分析
  2. 零售业总资产营运能力分析
  3. 水上运输业总资产营运能力分析
- 三、流动资产营运能力分析
  1. 货币金融服务行业流动资产营运能力分析
  2. 零售业流动资产营运能力分析
  3. 水上运输业流动资产营运能力分析
- 四、固定资产营运能力分析
  1. 货币金融服务行业固定资产营运能力分析
  2. 零售业固定资产营运能力分析
  3. 水上运输业固定资产营运能力分析

本章提要

本章主要对运营能力分析进行概述,从货币金融服务行业、零售业和水上运输业分别选取了招商银行、重庆百货和重庆港九三家上市公司,对它们的总资产、流动资产和固定资产等运营能力进行比较分析,突出财务大数据在运营分析方面的优势与实践性。

第一节 营运能力分析概述

一、营运能力分析的概念

企业的营运资产主要由流动资产和固定资产构成,企业营运资产的利用及其能力如何,将决定企业的经营状况和经济效益。企业营运能力主要是指企业营运资产的效率与效益,其中,营运资产的效率通常是指资产的周转速度,而营运资产的效益则是指营运资产的利用效果,即通过资产的投入与其产出比来体现。企业营运能力分析就是通过对反映企业资产营运效率与效益的指标进行计算与分析,评价企业的营运能力,为企业提高经济效益指明方向。

二、营运能力分析的目的

营运能力分析的目的主要体现在以下三个方面:
第一,营运能力分析可评价企业资产营运的效率。
第二,营运能力分析可发现企业在资产营运中存在的问题。
第三,营运能力分析是进行盈利能力分析和偿债能力分析的基础与补充。

三、营运能力分析的内容

根据营运能力分析的概念与目的,企业营运能力分析的内容主要包括总资产营运能力分析、流动资产营运能力分析和固定资产营运能力分析三个方面。

(一) 总资产营运能力分析

总资产营运能力分析是对企业全部资产的营运效率和效益进行的综合分析,主要是指投入或使用全部资产所取得的产出的能力。从收益的角度考虑,企业的总产出可用总收入表示,从生产能力角度考虑,可用总产值表示,反映总资产营运能力的指标主要是总资产周转率。

总资产周转率,即总资产的周转速度,反映了企业总资产与总收入之间的对比关系,为营业收入与平均总资产的比值。该指标越大,说明企业总资产营运能力越强,反映了企业在整个经营过程中资产的利用效率。在营业收入一定的情况下,在一个会计期间,企业运营占用资产规模越小,总资产周转率越高,企业资产的利用效率越高。若要减少资产的占用,则要加快资金循环。

(二) 流动资产营运能力分析

流动资产营运能力反映企业流动资产的运营效率和效果,企业营运能力分析主要观察流动资产周转率、流动资产垫支周转率、存货周转率和应收账款周转率的情况。

1. 流动资产周转率

流动资产周转率是指企业一定时期内主营业务收入与流动资产平均余额的比率,流动资产周转率是评价企业资产利用率的一个重要指标。流动资产周转率反映了企业流动资产的周转速度,是从企业全部资产中流动性最强的流动资产角度对企业资产的利用效率进行分析,以进一步揭示影响企业资产质量的主要因素。要实现该指标的良性变动,应以主营业务收入增幅高于流动资产增幅做保证。通过该指标的对比分析,可以促进企业加强内部管理,充分有效地利用流动资产,如降低成本、调动暂时闲置的货币资金用于短期投资创造收益等,还可以促进企业采取措施扩大销售,提高流动资产的综合使用效率。一般情况下,该指标越高,表明企业流动资产周转速度越快,利用越好。在较快的周转速度下,流动资产会相对节约,相当于流动资产投入的增加,在一定程度上增强了企业的盈利能力;而周转速度慢,则需要补充流动资金参加周转,会形成资金浪费,降低企业盈利能力。

2. 流动资产垫支周转率

流动资产垫支周转率也称流动资产垫支周转速度,是指企业一定时期的营业成本(销售成本)与流动资产平均余额的比值,是评价企业资产利用效率的重要指标。相比流动资产周转率来说,流动资产垫支周转率以销售成本作为销售实现的周转额,反映流动资产的真正周转速度。一般情况下,该指标越高,说明流动资产垫支周转速度越快,流动资产营运能力越强。具体分析评价时,应以企业历史水平、同行业平均水平为标准来确定。

3. 存货周转率

存货周转率也称存货周转次数,是反映企业销售能力强弱、存货是否过量和资产是否具有较强流动性的一个指标,也是衡量企业生产经营各环节中存货运营效率的综合性指标。存货周转次数是个正指标,一般来说,存货周转率越高越好。存货周转率越高,存货周转天数越少,表明存货变现的速度越快,周转额越大,资金占用水平越低。存货占用水平低,存货积压的风险就越小,企业的变现能力以及资金使用效率就越好,营运能力也就越强。但值得注意的是,存货水平高、存货周转率低,有时未必表明资产使用效率低。例如,企业存货增加可能是策略性的谨慎行为,如预测未来物价上涨的投机行动,或者为满足预计商品需求增加的提前储备等,因此不能一概而论。此外,很多实施存货控制(如准时制JIT)、实现零库存的企业,在对其进行考核时,该比率也将失去意义。

4. 应收账款周转率

应收账款周转率是赊销收入净额与应收账款平均余额的比率,可以用来估计应收账款变现的速度和管理的效率。回收迅速可以节约资金,说明企业信用状况好,不易发生坏账损失。一般认为应收账款周转率越高越好,周转率高表明总体收账速度快、账龄短,资产流动性强,短期偿债能力强,应收账款管理费用低,显示了企业较好的管理能力和效率,从而相对增加了企业流动资产的投资收益;反之,说明营运资金过多呆滞在应收账款上,影响正常资金周转及偿债能力。分析评价该指标时还应与企业的前期指标、同行业的平均水平相比较。

(三)固定资产营运能力分析

固定资产营运能力分析基于固定资产周转率。固定资产周转率又称固定资产收入率,或每百元固定资产提供的收入,是指一定时期实现的营业收入与平均固定资产的比率。该指标是反映企业固定资产周转情况,从而衡量固定资产利用效率的一项指标。固定资产周转率指标的数值越高,表示一定时期内固定资产提供的收入越多,固定资产的利用效果越好。因为收入指标比总产值和销售收入更能准确地反映企业的经济效益,固定资产周转率能较好地反映固定资产的利用效果。

四、营运能力分析的方法

营运能力分析采用行业分析法和趋势图解法。

(一)行业分析法

行业分析法,即在同一时期中,研究目标公司与同行业中标杆公司、行业平均值、竞争对手在特定时期相关程度、关系与变化的方法。本章分析报告中财务指标分析表运用了行业分析法,观察目标公司在行业中的水平,并比较公司10年平均值,判断当前公司发展状况,结合指标含义,研究目标公司各项能力的优势和不足。

(二)趋势图解法

趋势图解法选取近10年的数据,分析同一指标在不同时期里,目标公司与同行业中标杆公司、行业均值、竞争公司近10年变动形态的共性和差异,找出公司经营过程中隐藏的问题所在,分析变动原因并提出优化建议。

第二节 总资产营运能力分析

一、货币金融服务行业总资产营运能力分析

这里选取招商银行(股票代码:600036)作为样本公司进行长期偿债能力分析,行业标杆企业为工商银行(股票代码:601398),所属行业为货币金融服务行业。

招商银行和工商银行总资产营运能力指标对比,如表7-1所示。

表7-1 招商银行和工商银行总资产营运能力指标对比

总资产营运能力指标	2021年		10年平均(2012—2021年)	
	招商银行	工商银行	招商银行	工商银行
总资产周转率	0.03	0.03	0.03	0.03

2012—2021年招商银行和工商银行总资产周转率变动趋势,如图7-1所示。

由表7-1、图7-1可知,招商银行总资产周转率2012—2021年呈现平稳趋势,基本在0.035上下波动,波动幅度较小,2017—2018年小幅度上升,2018—2019年又小幅度下降。标杆公司工商银行的总资产周转率2012—2021年呈上升趋势,相比招商银行,其波动幅度较大。招商银行的历年总资产周转率都要高于工商银行。

银行总资产周转率是指银行在一定时间内利用其总资产进行经营活动的效率。总体来看,招商银行的总资产周转率虽然要高于标杆公司工商银行,但其数值很小,说明招商银行的资金周转不快,有很多长期贷款和不良资产,招商银行的资产利用效率比较低,需要加强管理和经营能力。

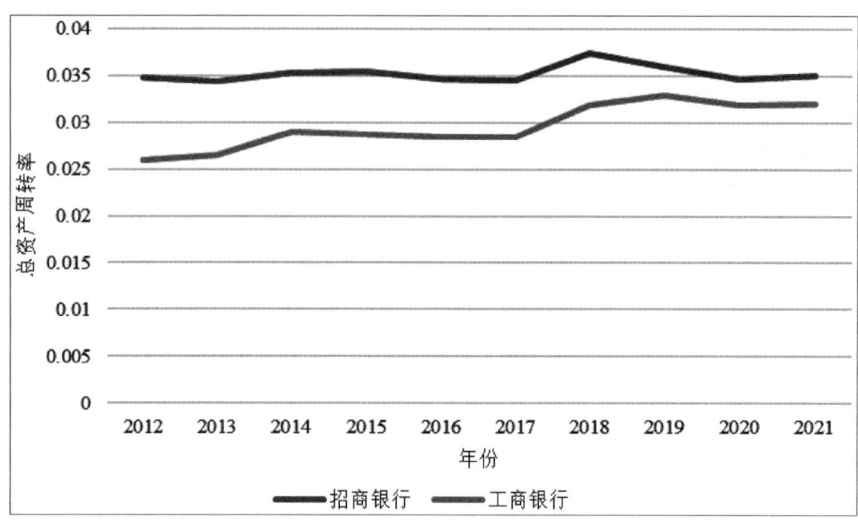

图 7-1　2012—2021 年招商银行和工商银行总资产周转率变动趋势图

二、零售业总资产营运能力分析

这里选取重庆百货（股票代码：600729）作为样本公司进行总资产营运能力分析，行业标杆企业为王府井（股票代码：600859），所属行业为零售业。

重庆百货、王府井和行业总资产营运能力指标对比，如表 7-2 所示。

表 7-2　重庆百货、王府井和行业总资产营运能力指标对比

总资产营运能力指标	2021 年			10 年平均（2012—2021 年）		
	重庆百货	行业	王府井	重庆百货	行业	王府井
总资产周转率	1.22	0.88	1.38	2.33	1.18	1.45

2012—2021 年重庆百货总资产周转率变动趋势，如图 7-2 所示。

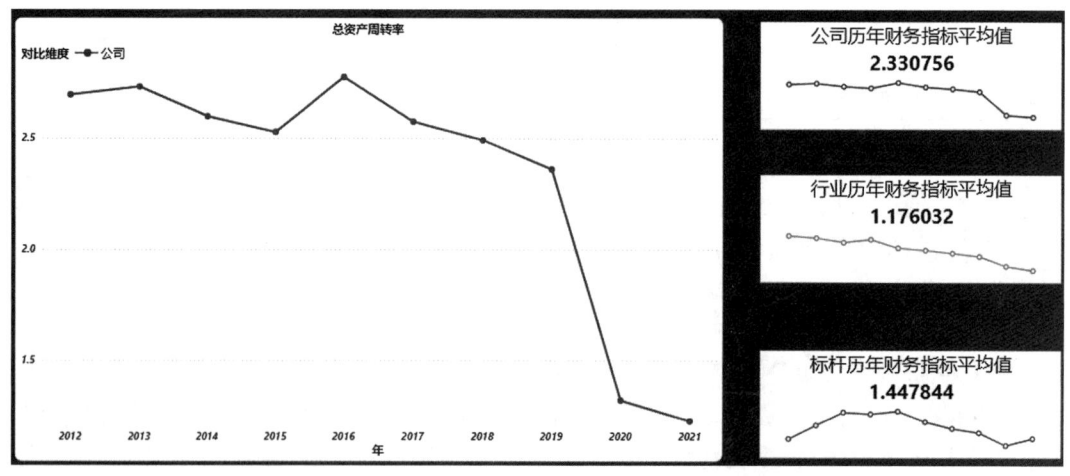

图 7-2　2012—2021 年重庆百货总资产周转率变动趋势图

由图 7-2 可知，重庆百货总资产周转率 2012—2021 年呈现下降趋势，2012—2013 年略有上升，2013—2015 年呈下降趋势，2015—2016 年有所回升，2016—2021 年均呈下降趋势，且幅度较大。到 2021 年，重庆百货总资产周转率为 1.22（表 7-2）。

重庆百货历年总资产周转率平均值高于标杆公司历年总资产周转率平均值和行业历年总资产周转率平均值，重庆百货历年总资产周转率平均值比行业平均值高了 115.48 个百分点，比标杆公司高了 88.3 个百分点。

2012—2021 年零售业总资产周转率变动趋势，如图 7-3 所示。

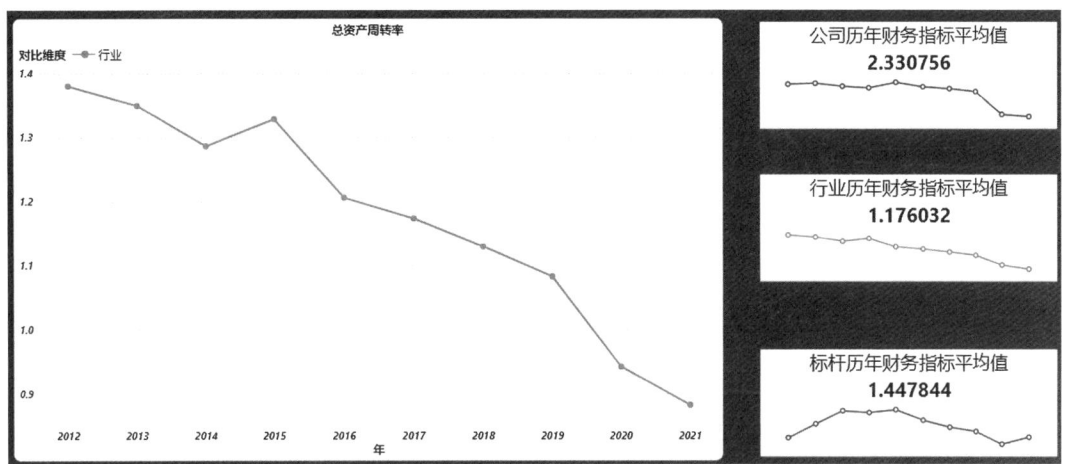

图 7-3　2012—2021 年零售业总资产周转率变动趋势图

由图 7-3 可知，零售业总资产周转率 2012—2021 年呈现下降趋势，除 2014—2015 年有所上涨外，其余年份均呈下降趋势。到 2021 年，零售业总资产周转率下降至 0.9 以下。

行业历年总资产周转率平均值为 1.176 032，低于重庆百货和标杆公司王府井的总资产周转率平均值。

2012—2021 年重庆百货、王府井和行业总资产周转率指标综合变动趋势，如图 7-4 所示。

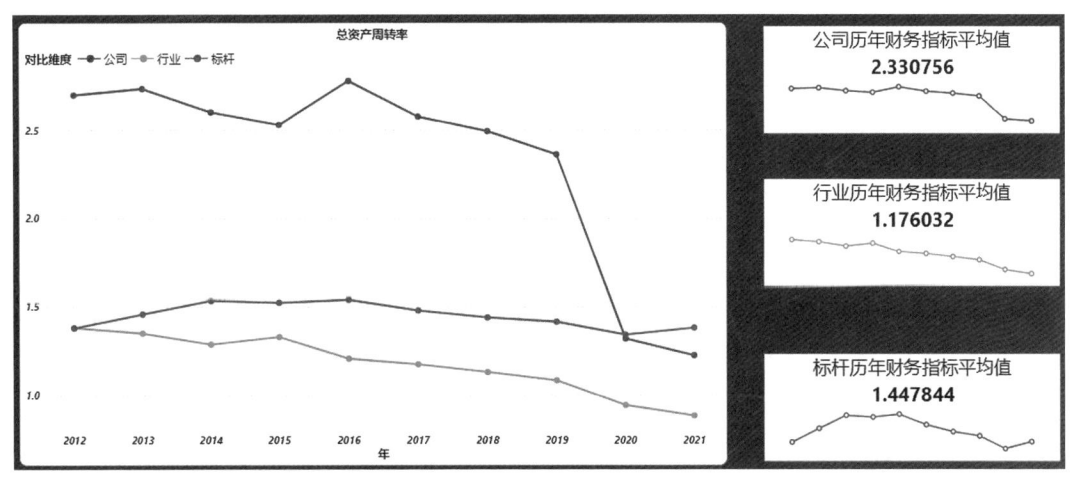

图 7-4　2012—2021 年重庆百货、王府井和行业总资产周转率指标综合变动趋势图

由图 7-4 可知,2012—2021 年重庆百货、标杆公司王府井和行业的总资产周转率均呈下降趋势,但重庆百货和标杆公司王府井的总资产周转率均要高于行业水平,说明重庆百货的总资产使用效率近 10 年来总体呈现下滑趋势,但相比行业水平,重庆百货的总资产营运能力较强。

2012—2021 年总资产营运能力指标行业内横向对比数据变动趋势,如图 7-5 所示。

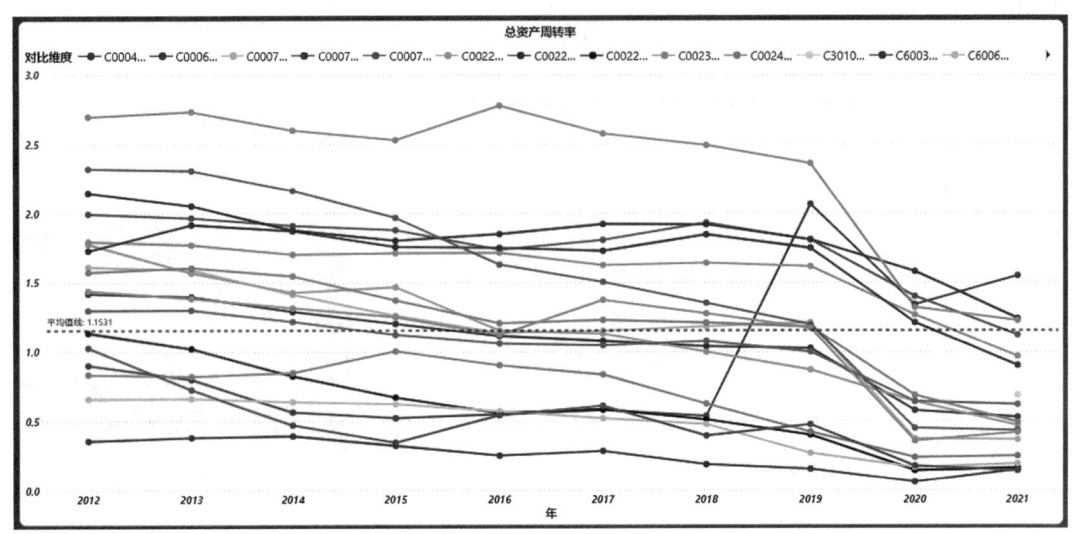

图 7-5　2012—2021 年总资产营运能力指标行业内横向对比数据变动趋势图

由图 7-5 可知,通过对总资产周转率指标横向分析对比:除少数公司外,所选对比公司中的大多数公司在平均值线上下波动,总体来看,重庆百货总资产周转率 2012—2021 年均处于平均值线以上,表明重庆百货与所选对比公司相比,总资产营运能力较强。

三、水上运输业总资产营运能力分析

这里选取重庆港九(股票代码:600279)作为样本公司进行总资产营运能力分析,行业标杆企业为中远海控(股票代码:601919),所属行业为水上运输业。

重庆港九、中远海控和行业总资产营运能力指标对比,如表 7-3 所示。

表 7-3　重庆港九、中远海控和行业总资产营运能力指标对比

总资产营运能力指标	2021 年			10 年平均(2012—2021 年)		
	重庆港九	行业	中远海控	重庆港九	行业	中远海控
总资产周转率	0.44	0.41	0.97	0.43	0.36	0.58

2012—2021 年重庆港九总资产周转率变动趋势,如图 7-6 所示。

由图 7-6 可知,重庆港九总资产周转率 2012—2021 年呈现波动趋势,2012—2016 年呈现涨跌交替的趋势,且涨跌幅度不大,2016—2017 年上涨明显,2017 年达到峰值,2017—2020 年呈下降趋势,2020—2021 年有所回升。重庆港九总资产周转率在 0.2~0.8 变动。到 2021 年,重庆港九总资产周转率为 0.44(表 7-3)。

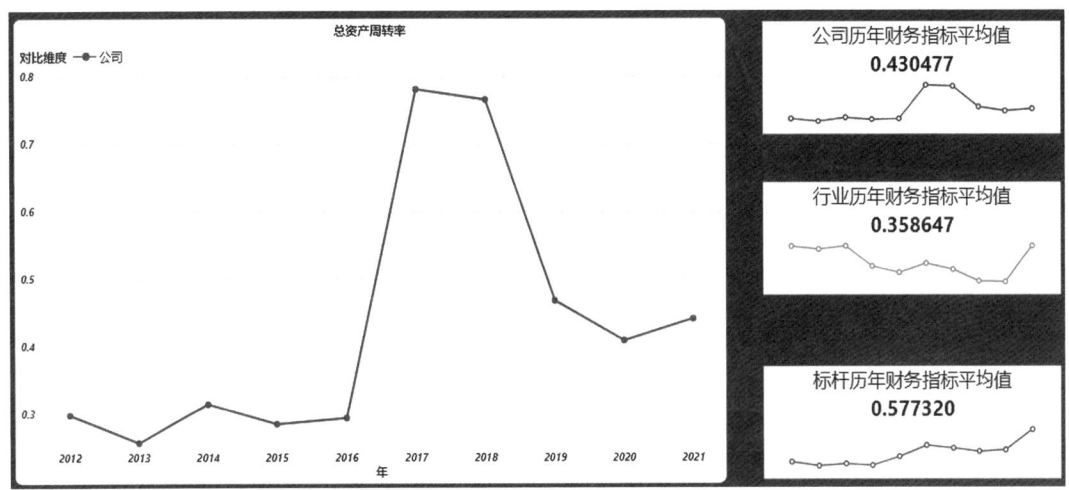

图 7-6　2012—2021 年重庆港九总资产周转率变动趋势图

重庆港九历年总资产周转率平均值高于行业历年总资产周转率平均值,低于标杆公司历年总资产周转率平均值,重庆港九历年总资产周转率平均值比行业平均值高了 7.18 个百分点,比标杆公司低了 14.68 个百分点。

2012—2021 年水上运输业总资产周转率变动趋势,如图 7-7 所示。

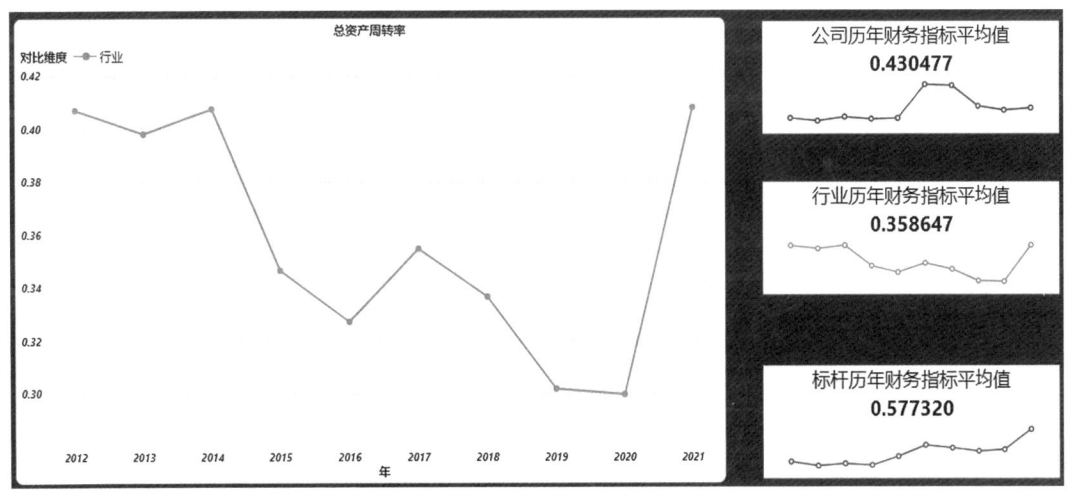

图 7-7　2012—2021 年水上运输业总资产周转率变动趋势图

由图 7-7 可知,水上运输业总资产周转率 2012—2021 年呈现波动趋势,2012—2020 年主要呈现波动下降的趋势,2020 年降至谷底,2020—2021 年飞速上升。到 2021 年,水上运输业总资产周转率上涨至 0.4 以上。

行业历年总资产周转率平均值为 0.358 647,高于重庆港九的总资产周转率平均值,低于标杆公司中远海控的总资产周转率平均值。

2012—2021 年重庆港九、中远海控和行业总资产周转率指标综合变动趋势,如图 7-8 所示。

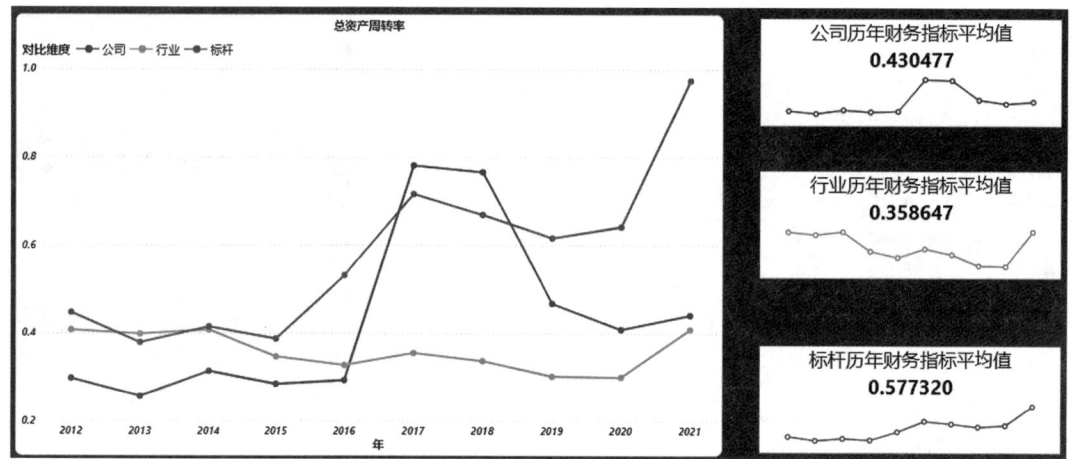

图 7-8　2012—2021 年重庆港九、中远海控和行业总资产周转率指标综合变动趋势图

由图 7-8 可知，2016 年之前，重庆港九总资产周转率低于行业水平，2016—2021 年，重庆港九总资产周转率超越了行业水平，且从 10 年的平均值来看，重庆港九总资产周转率平均值高于行业总资产周转率平均值。标杆公司中远海控的总资产周转率近年来远远高于行业水平。以上数据说明重庆港九的总资产使用效率近年来虽有所波动，但与行业水平相比，重庆港九的总资产营运能力较强。

2012—2021 年总资产营运能力指标行业内横向对比数据变动趋势，如图 7-9 所示。

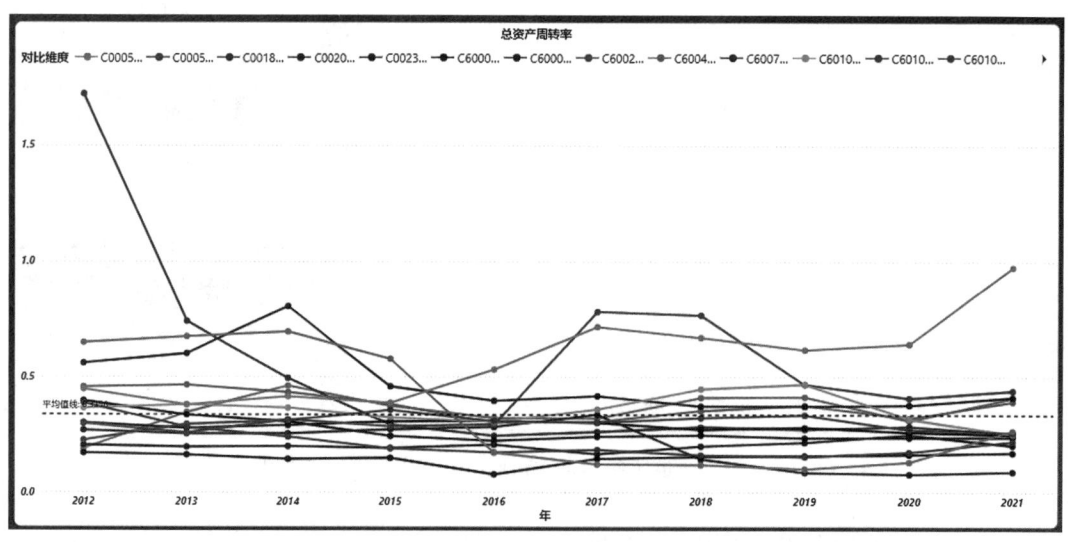

图 7-9　2012—2021 年总资产营运能力指标行业内横向对比数据变动趋势图

由图 7-9 可知，通过对总资产周转率指标横向分析对比可知，除个别公司外，所选对比公司中的大多数公司在平均值线上下波动，总体来看，重庆港九总资产周转率 2012—2021 年大多数年份处于平均值线以上，表明重庆港九与所选对比公司相比，总资产营运能力较强。

第三节 流动资产营运能力分析

一、货币金融服务行业流动资产营运能力分析

这里选取招商银行(股票代码：600036)作为样本公司进行长期偿债能力分析，行业标杆企业为工商银行(股票代码：601398)，所属行业为货币金融服务行业。

因货币金融服务行业的特殊性和数据原因，这里用现金及现金等价物周转率指标来分析货币金融服务行业的流动资产营运能力。现金及现金等价物周转率[1]，是指企业营业收入与现金及现金等价物平均余额的比率，是作为一个流动储备以弥补现金流入和流出不平衡时出现的短缺。较高的现金及现金等价物周转率意味着企业对现金的利用效率较好，但并不说明这一比率越高越好。一个企业的现金及现金等价物周转率是否恰当，现金持有量是否合理，应当充分考虑企业的行业性质和业务性质，最基本的方法是在流动性与社会平均报酬率之间进行权衡。

招商银行和工商银行流动资产营运能力指标对比，如表7-4所示。

表7-4 招商银行和工商银行流动资产营运能力指标对比

流动资产营运能力指标	2021年		10年平均(2012—2021年)	
	招商银行	工商银行	招商银行	工商银行
现金及现金等价物周转率	0.32	0.52	0.40	0.55

2012—2021年招商银行和工商银行现金及现金等价物周转率变动趋势，如图7-10所示。

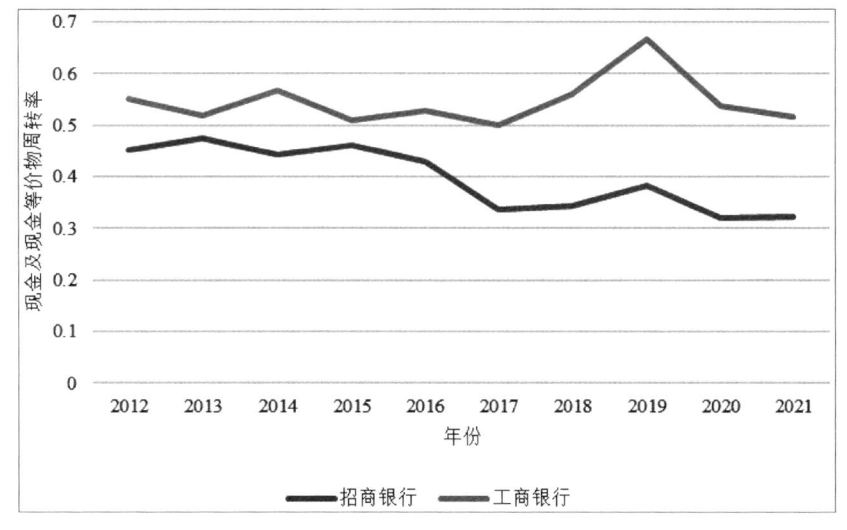

图7-10 2012—2021年招商银行和工商银行现金及现金等价物周转率变动趋势图

---

[1] 现金及现金等价物周转率＝营业收入÷现金及现金等价物平均余额；现金及现金等价物平均余额＝(现金及现金等价物期末余额＋现金及现金等价物期初余额)÷2。

由图 7-10 可知,招商银行现金及现金等价物周转率 2012—2021 年呈下降趋势,2021 年降至 0.32(表 7-4)。标杆公司工商银行的现金及现金等价物周转率 2012—2021 年呈现波动趋势,波动幅度不大,除 2018 年现金及现金等价物周转率的值超过 0.6 以外,其余年份均在 0.5~0.6 波动。招商银行的历年现金及现金等价物周转率都要低于工商银行。

二、零售业流动资产营运能力分析

这里选取重庆百货(股票代码:600729)作为样本公司进行流动资产营运能力分析,行业标杆企业为王府井(股票代码:600859),所属行业为零售业。

重庆百货、王府井和行业流动资产营运能力指标对比,如表 7-5 所示。

表 7-5 重庆百货、王府井和行业流动资产营运能力指标对比

流动资产营运能力指标	2021 年			10 年平均(2012—2021 年)		
	重庆百货	行业	王府井	重庆百货	行业	王府井
流动资产周转率	2.41	1.68	1.93	3.65	2.04	1.96
流动资产垫支周转率	1.79	1.37	1.67	2.98	1.67	1.70
存货周转率	5.84	4.69	7.32	11.40	5.76	6.68
应收账款周转率	99.49	11.15	3.89	400.21	18.50	4.69

2012—2021 年重庆百货流动资产周转率变动趋势,如图 7-11 所示。

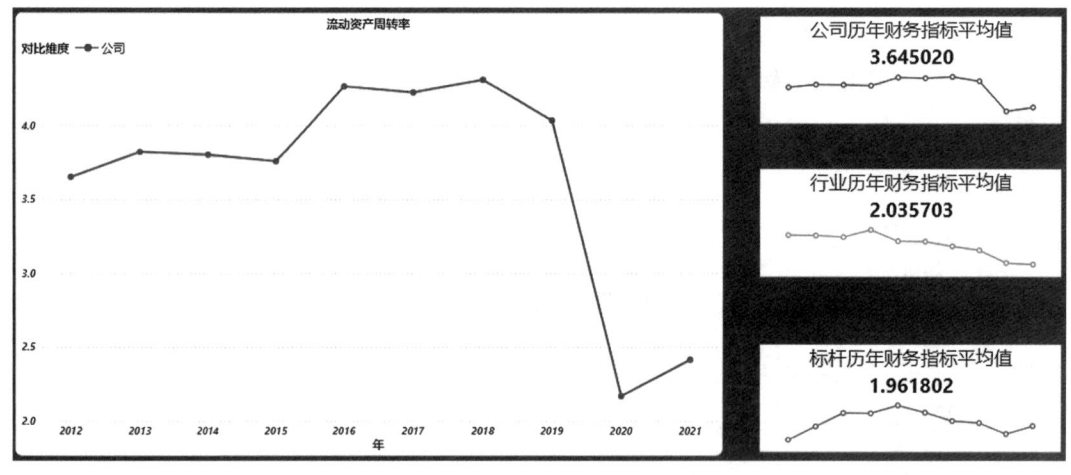

图 7-11 2012—2021 年重庆百货流动资产周转率变动趋势图

由图 7-11 可知,重庆百货流动资产周转率 2012—2021 年整体呈现下降趋势,2012—2018 年呈现波动上升的趋势,且上升幅度不大,2018—2020 飞速下降,2020 年降至谷底,2020—2021 年小幅度回升。到 2021 年,重庆百货流动资产周转率为 2.41(表 7-5)。

重庆百货历年流动资产周转率平均值高于标杆公司历年流动资产周转率平均值和行业历年流动资产周转率平均值,且差距较大。

2012—2021 年零售业流动资产周转率变动趋势,如图 7-12 所示。

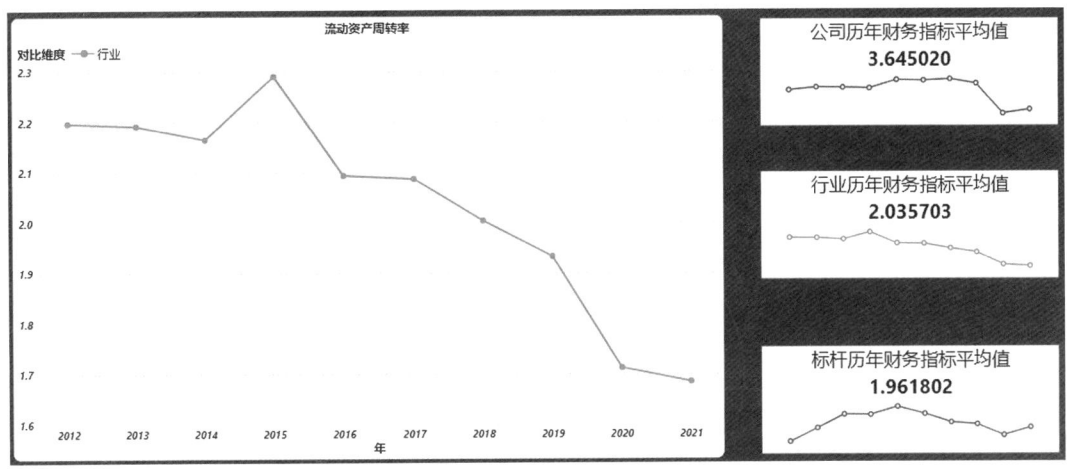

图 7-12　2012—2021 年零售业流动资产周转率变动趋势图

由图 7-12 可知，零售业流动资产周转率 2012—2021 年呈现下降趋势，除 2014—2015 年有所上升外，其余年份均呈下降趋势。2012—2021 年，零售业流动资产周转率在 1.6～2.3 变动。

行业历年流动资产周转率平均值为 2.035 703，低于重庆百货的流动资产周转率平均值，高于标杆公司王府井的流动资产周转率平均值。

2012—2021 年重庆百货流动资产垫支周转率变动趋势，如图 7-13 所示。

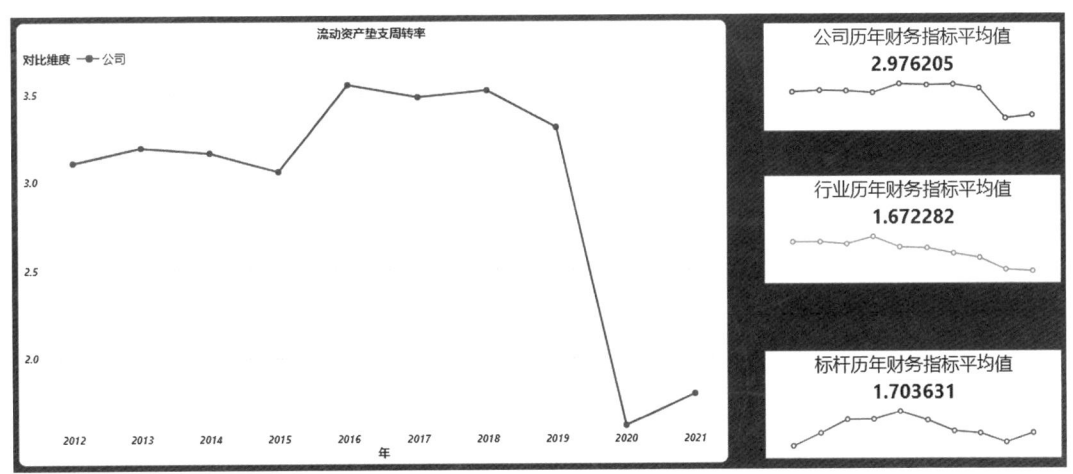

图 7-13　2012—2021 年重庆百货流动资产垫支周转率变动趋势图

由图 7-13 可知，重庆百货流动资产垫支周转率 2012—2021 年整体呈现下降趋势，与流动资产周转率变动趋势大致相同，2012—2018 年呈现波动上升的趋势，且上升幅度不大，2018—2020 飞速下降，2020 年降至谷底，2020—2021 年小幅度回升。到 2021 年，重庆百货流动资产垫支周转率为 1.79（表 7-5）。

重庆百货历年流动资产垫支周转率平均值高于标杆公司历年流动资产垫支周转率平均值和行业历年流动资产垫支周转率平均值，且差距较大。

2012—2021年零售业流动资产垫支周转率变动趋势,如图7-14所示。

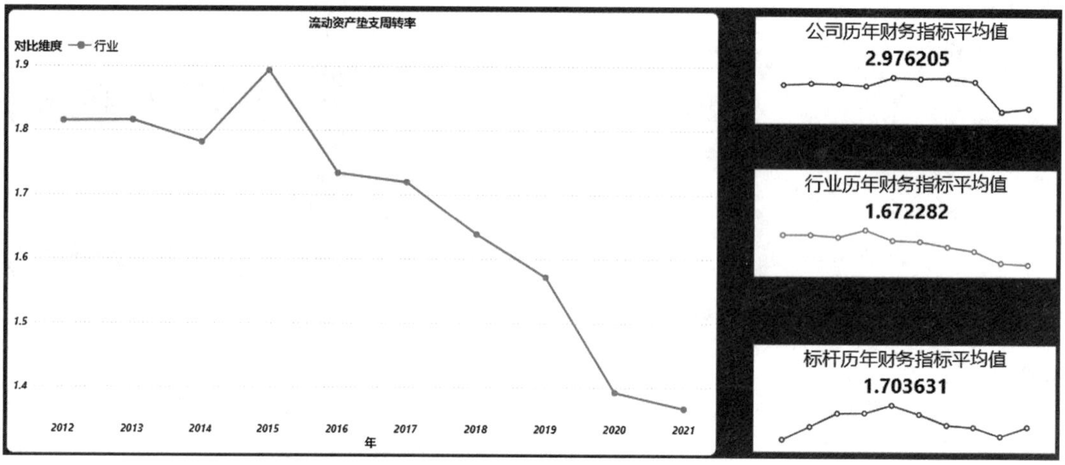

图7-14　2012—2021年零售业流动资产垫支周转率变动趋势图

由图7-14可知,零售业流动资产垫支周转率2012—2021年呈现下降趋势,与流动资产周转率的变动趋势大致相同,除2014—2015年有所上升外,其余年份均呈下降趋势。到2021年,零售业流动资产垫支周转率下降至1.4以下。

行业历年流动资产垫支周转率平均值为1.672 282,低于重庆百货和标杆公司王府井的流动资产垫支周转率平均值。

2012—2021年重庆百货存货周转率变动趋势,如图7-15所示。

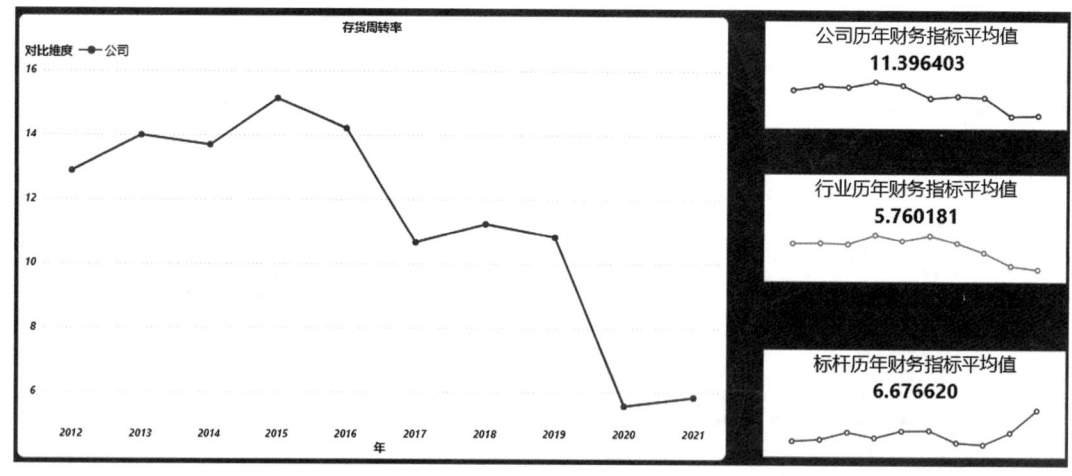

图7-15　2012—2021年重庆百货存货周转率变动趋势图

由图7-15可知,重庆百货存货周转率2012—2021年整体呈现波动下降趋势,除了2015—2017年连续两年下降,2017—2019年连续两年上升外,其余年份基本呈现涨跌交替的趋势。2016—2017年、2019—2020年下降趋势显著。到2021年,重庆百货存货周转率为5.83(表7-5)。

重庆百货历年存货周转率平均值高于标杆公司历年存货周转率平均值和行业历年存

货周转率平均值,且差距较大。

2012—2021年零售业存货周转率变动趋势,如图7-16所示。

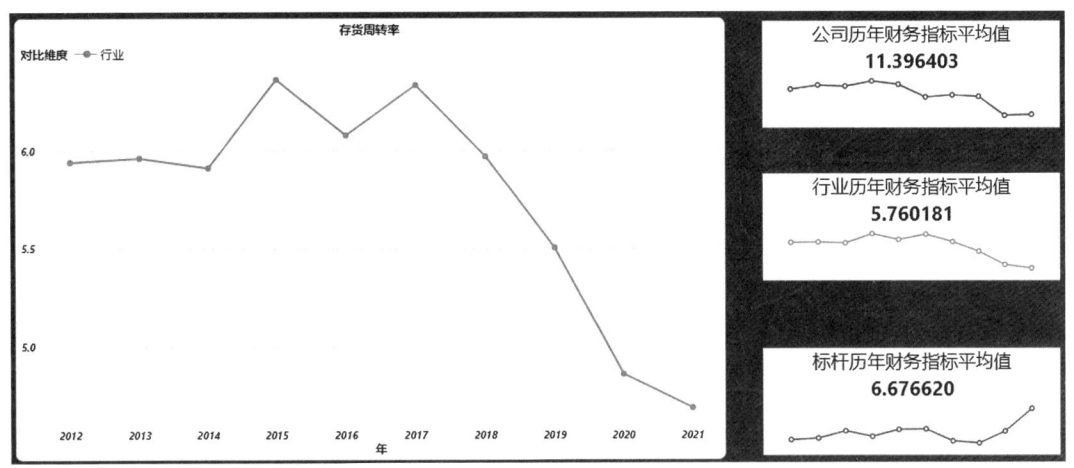

图 7-16　2012—2021年零售业存货周转率变动趋势图

由图7-16可知,零售业存货周转率2012—2021年呈现下降趋势,2012—2017年呈现涨跌交替的趋势,且波动幅度不大,2017—2021年下降趋势显著。到2021年,零售业存货周转率下降至5以下。

行业历年存货周转率平均值为5.760 181,低于重庆百货的存货周转率平均值,高于标杆公司王府井的存货周转率平均值。

2012—2021年重庆百货应收账款周转率变动趋势,如图7-17所示。

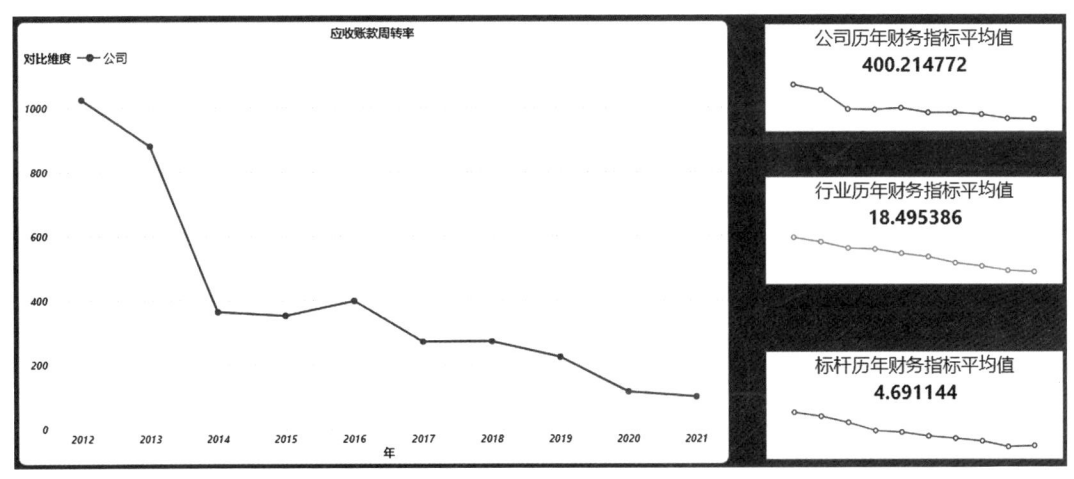

图 7-17　2012—2021年重庆百货应收账款周转率变动趋势图

由图7-17可知,重庆百货应收账款周转率2012—2021年整体呈现下降趋势,除了2015—2016年略有上升,其余年份均呈下降趋势。重庆百货应收账款周转率2012—2021年下降显著,从2012年的1 000以上(图7-17)下降至2021年的99.49(表7-5)。

重庆百货历年应收账款周转率平均值高于标杆公司历年应收账款周转率平均值和行

业历年应收账款周转率平均值,且差距很大。

2012—2021年零售业应收账款周转率变动趋势,如图7-18所示。

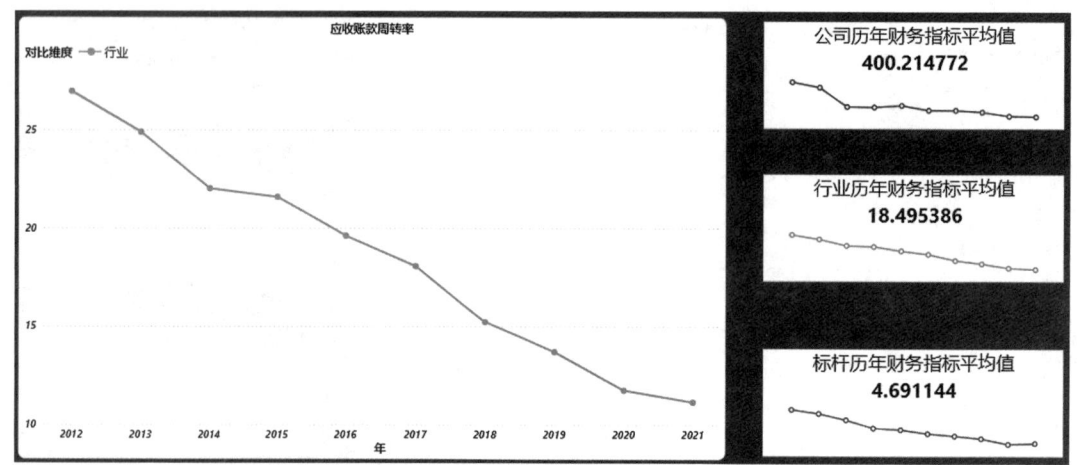

图7-18　2012—2021年零售业应收账款周转率变动趋势图

由图7-18可知,零售业应收账款周转率2012—2021年大致呈现直线下降趋势。到2021年,零售业应收账款周转率下降至15以下。

行业历年应收账款周转率平均值为18.495 386,低于重庆百货的应收账款周转率平均值,高于标杆公司王府井的应收账款周转率平均值。

2012—2021年重庆百货流动资产营运能力多指标历史数据变动趋势,如图7-19所示。

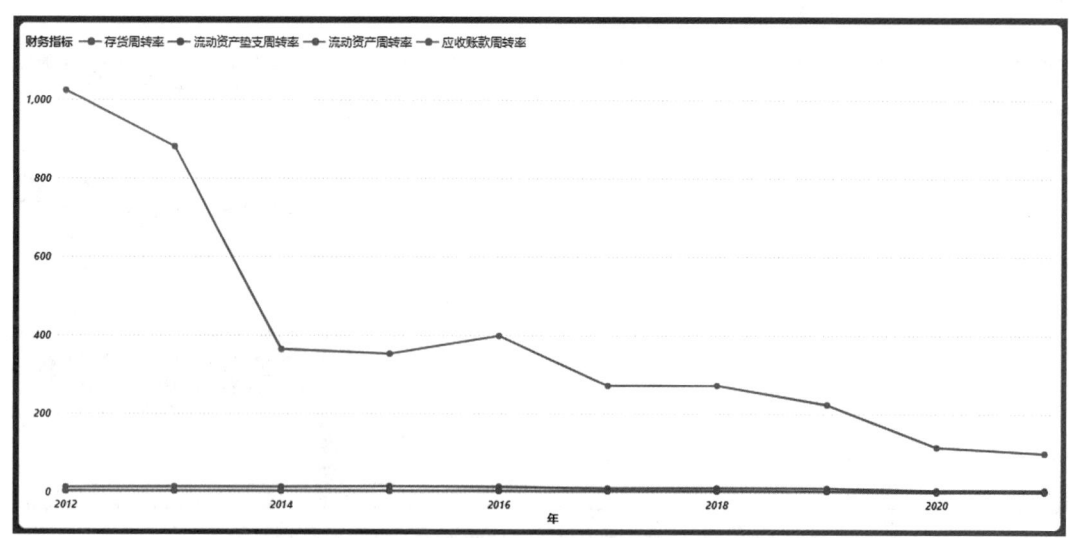

图7-19　2012—2021年重庆百货流动资产营运能力多指标历史数据变动趋势图

由图7-19可知,重庆百货应收账款周转率高于存货周转率、流动资产周转率和流动资产垫支周转率,历年存货周转率、流动资产周转率和流动资产垫支周转率2012—2021年的变动趋势大致一致,且波动幅度不大,历年应收账款周转率的变动幅度很大。

2012—2021年重庆百货、王府井和行业流动资产营运能力指标综合变动趋势,如图 7-20 所示。

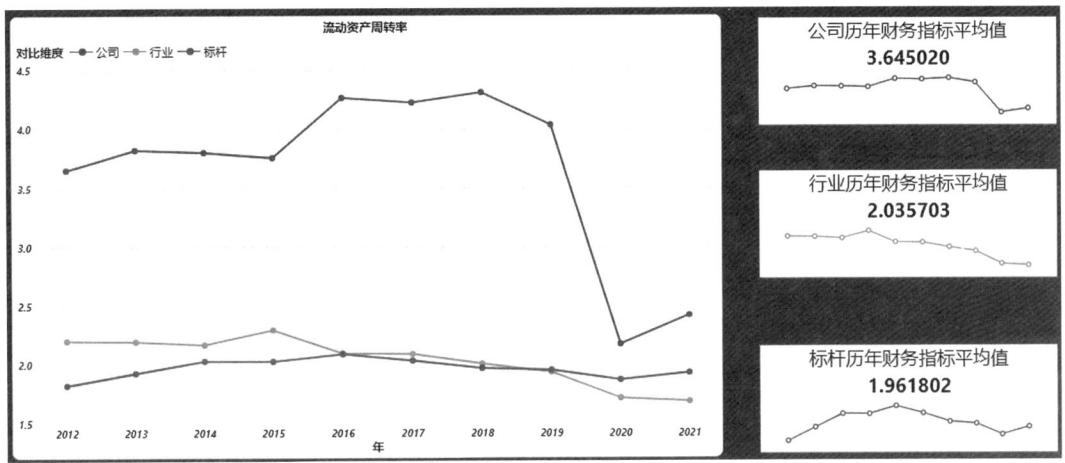

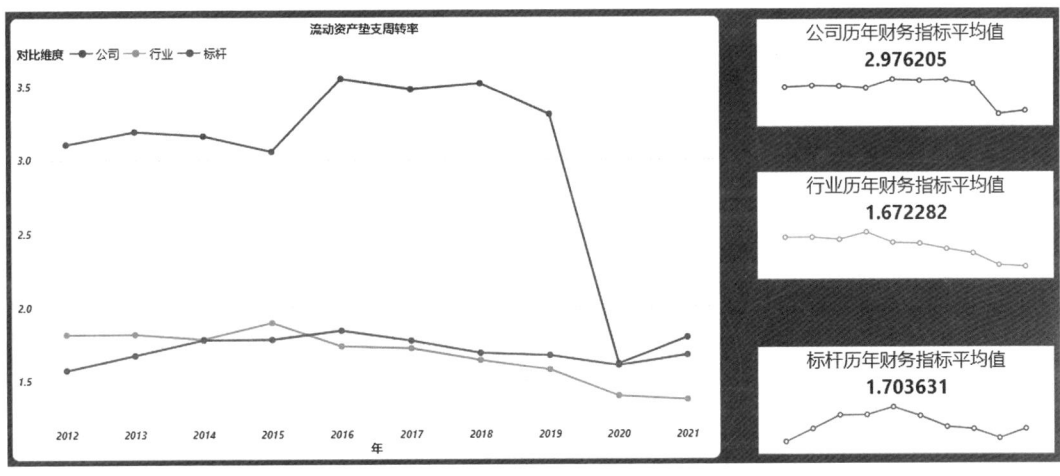

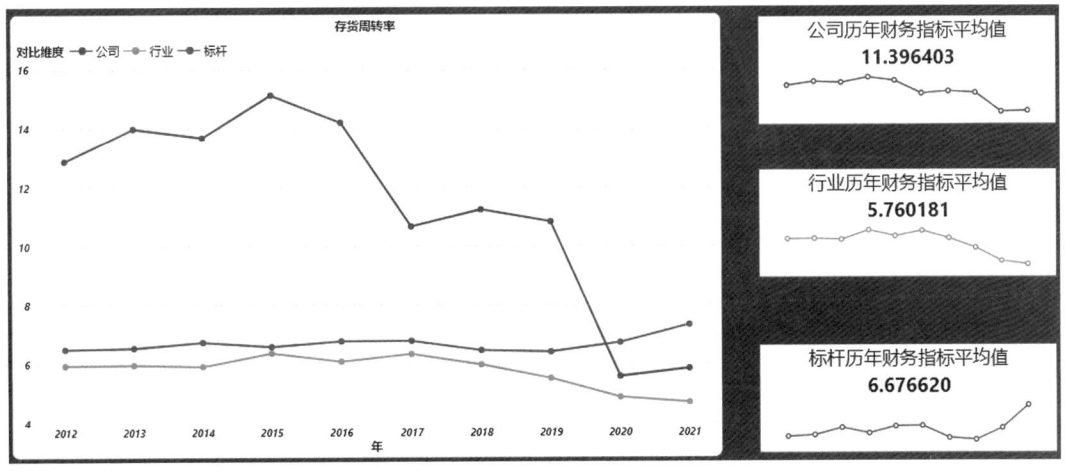

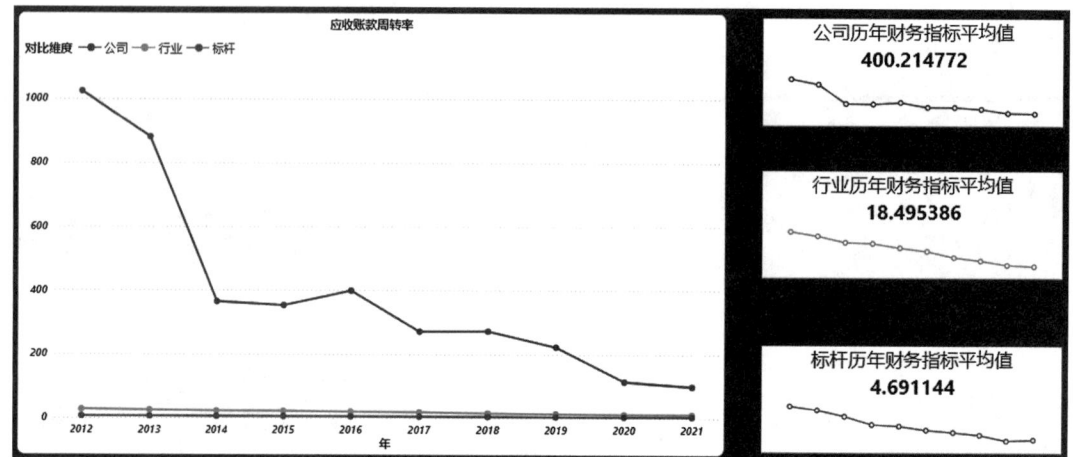

图 7-20　2012—2021 年重庆百货、王府井和行业流动资产营运能力指标综合变动趋势图

由图 7-20 可知，重庆百货流动资产营运能力指标 2012—2021 年大致呈下降趋势，且基本都高于标杆公司王府井和行业的历年流动资产营运能力指标。

由以上数据分析可知，重庆百货流动资产营运能力指标高于行业水平，特别是应收账款周转率除 2021 年外均超过 100，表明重庆百货收账速度快，平均收账期短，坏账损失少，资产流动快，偿债能力较强。总体而言，重庆百货与行业相比，流动资产营运能力较强。

2012—2021 年流动资产营运能力指标多指标行业内横向对比数据变动趋势，如图 7-21 所示。

由图 7-21 可知，通过对流动资产周转率、流动资产垫支周转率、存货周转率和应收账款周转率这些财务指标横向分析对比：除个别公司外，所选对比公司中的大多数公司在平均值线上下波动，总体来看，重庆百货流动资产营运能力指标大多数年份都要高于平均值线，表明重庆百货与所选对比公司相比，流动资产营运能力较强。

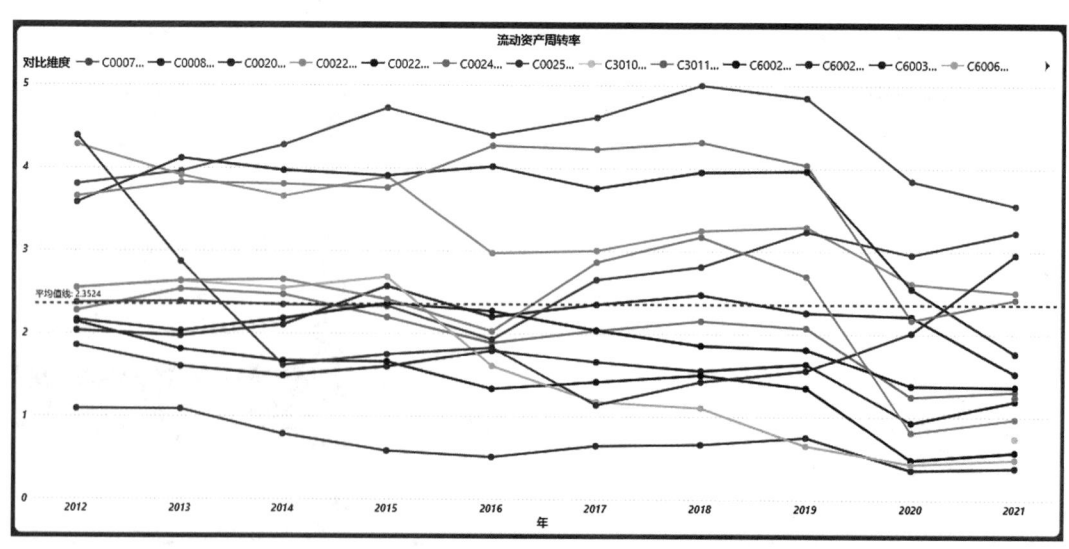

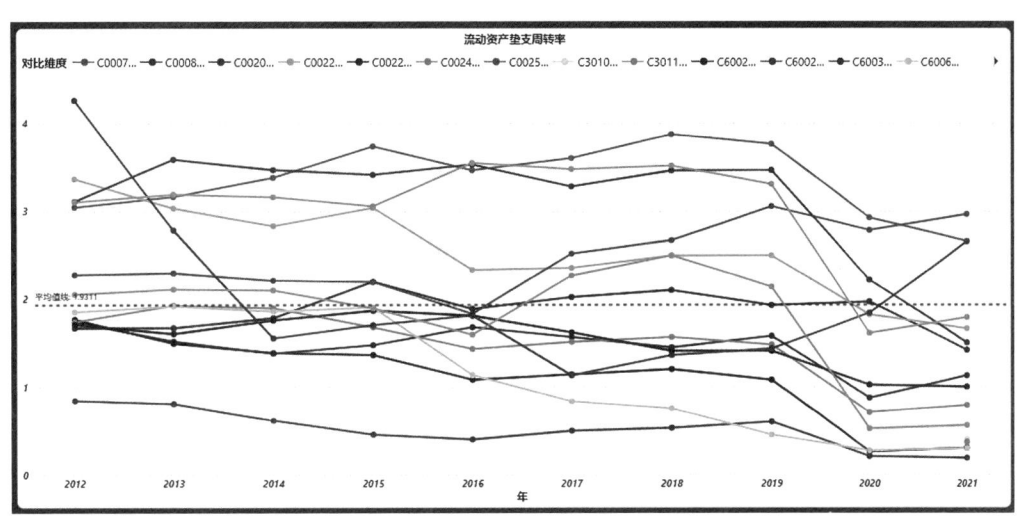

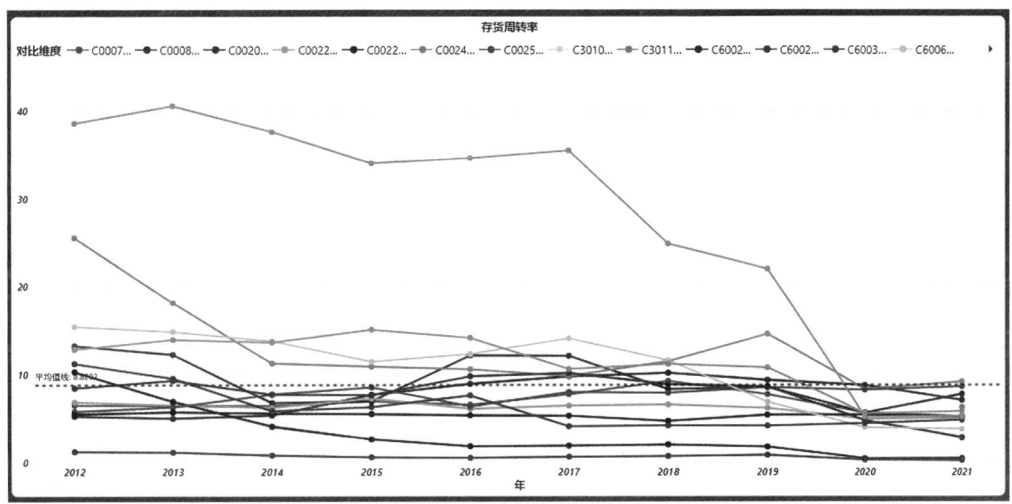

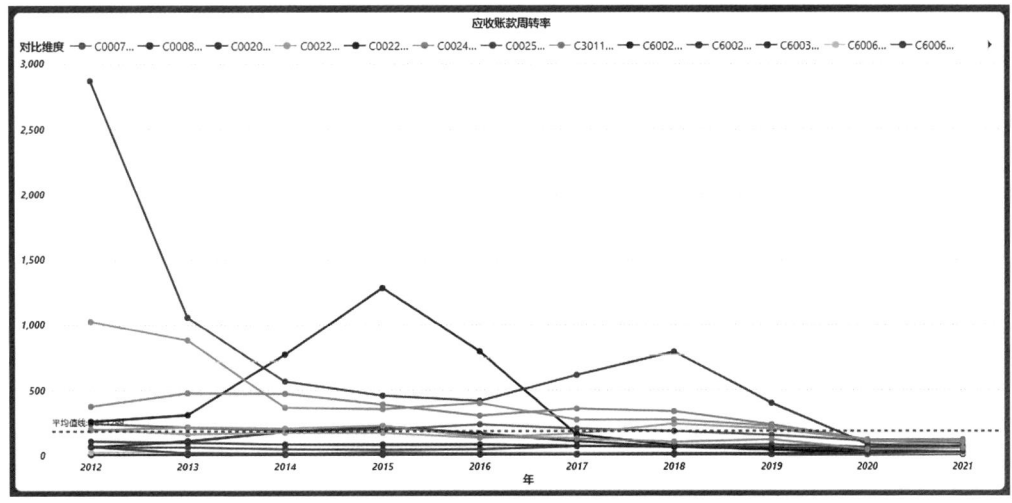

图 7-21 2012—2021 年流动资产营运能力指标多指标行业内横向对比数据变动趋势图

三、水上运输业流动资产营运能力分析

这里选取重庆港九(股票代码:600279)作为样本公司进行流动资产营运能力分析,行业标杆企业为中远海控(股票代码:601919),所属行业为水上运输业。

重庆港九、中远海控和行业流动资产营运能力指标对比,如表 7-6 所示。

表 7-6 重庆港九、中远海控和行业流动资产营运能力指标对比

流动资产营运能力指标	2021年			10 年平均(2012—2021 年)		
	重庆港九	行业	中远海控	重庆港九	行业	中远海控
流动资产周转率	2.12	1.65	2.43	1.77	1.53	1.77
流动资产垫支周转率	1.95	1.09	1.40	1.52	1.25	1.56
存货周转率	9.22	13.90	44.57	8.70	15.23	34.04
应收账款周转率	25.51	18.39	32.42	20.17	12.75	16.71

2012—2021 年重庆港九流动资产周转率变动趋势,如图 7-22 所示。

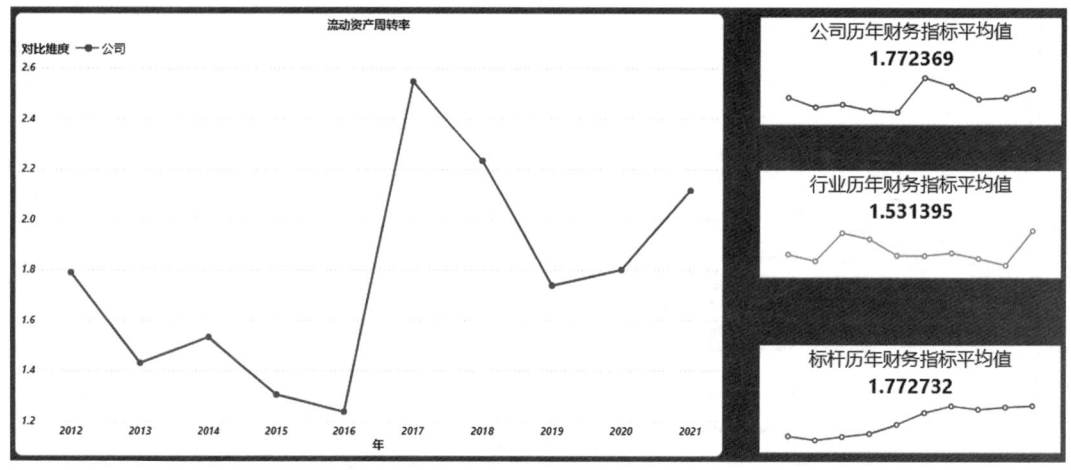

图 7-22 2012—2021 年重庆港九流动资产周转率变动趋势图

由图 7-22 可知,重庆港九流动资产周转率 2012—2021 年大致呈现"W"形趋势,2012—2016 年呈现波动下降的趋势,2016—2017 年飞速上升,2017 年达到峰值,2017—2019 年呈下降趋势,2019—2021 年有所回升。重庆港九流动资产周转率在 1.2~2.6 波动。到 2021 年,重庆港九流动资产周转率为 2.11(表 7-6)。

重庆港九历年流动资产周转率平均值高于行业历年流动资产周转率平均值,低于标杆公司历年流动资产周转率平均值,重庆港九历年流动资产周转率平均值比行业平均值高了 24.1 个百分点,比标杆公司低了 0.03 个百分点。

2012—2021 年水上运输业流动资产周转率变动趋势,如图 7-23 所示。

由图 7-23 可知,水上运输业流动资产周转率 2012—2021 年呈现波动趋势,2012—2013 年有所下降,2013—2014 年飞速上升,2014—2020 年呈现波动下降的趋势,2020—2021 年

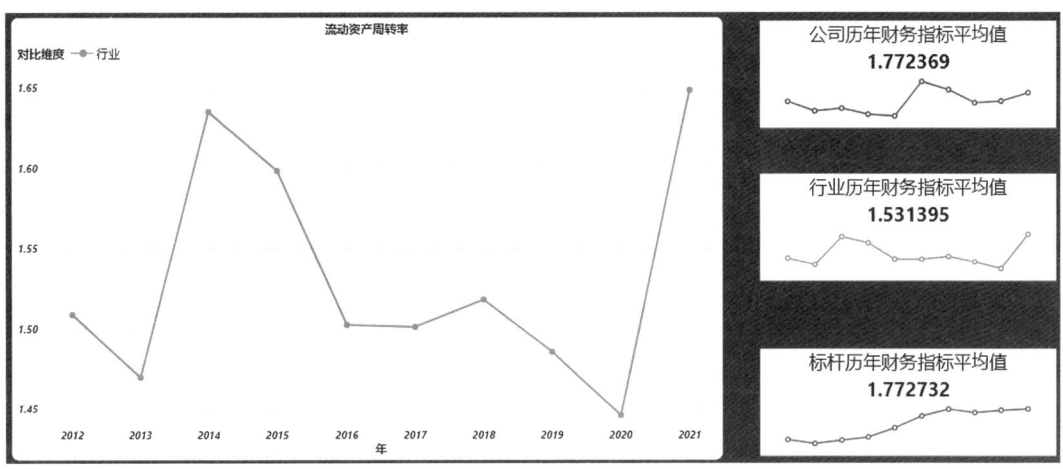

图 7-23　2012—2021 年水上运输业流动资产周转率变动趋势图

又飞速上升。到 2021 年,水上运输业流动资产周转率上涨至 1.65(表 7-6)。

行业历年流动资产周转率平均值为 1.531 395,低于重庆港九和标杆公司中远海控的流动资产周转率平均值。

2012—2021 年重庆港九流动资产垫支周转率变动趋势,如图 7-24 所示。

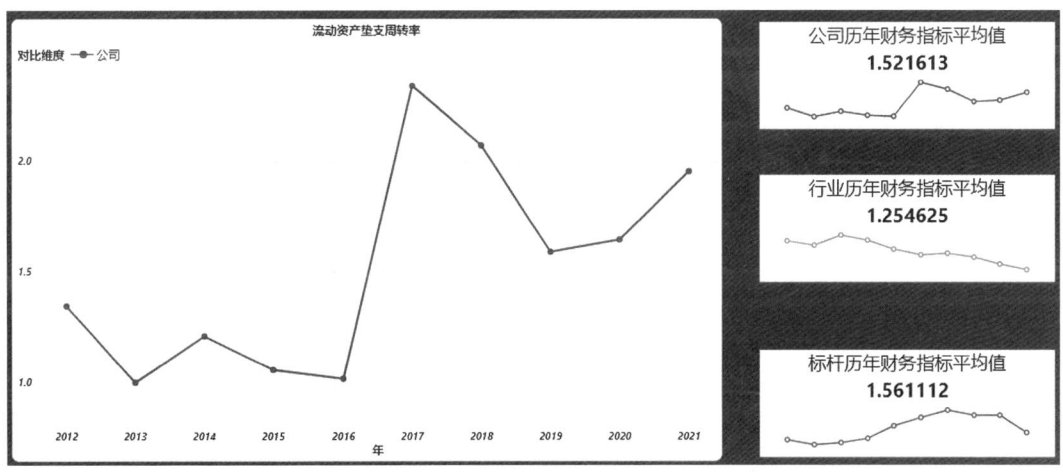

图 7-24　2012—2021 年重庆港九流动资产垫支周转率变动趋势图

由图 7-24 可知,重庆港九流动资产垫支周转率 2012—2021 年大致呈现"W"形趋势,与流动资产周转率变动趋势大致相同,2012—2016 年呈现波动下降的趋势,2016—2017 年飞速上升,2017 年达到峰值,2017—2019 年呈下降趋势,2019—2021 年有所回升。到 2021 年,重庆港九流动资产垫支周转率为 1.95(表 7-6)。

重庆港九历年流动资产垫支周转率平均值高于行业历年流动资产垫支周转率平均值,低于标杆公司历年流动资产垫支周转率平均值,重庆港九历年流动资产垫支周转率平均值比行业平均值高了 26.7 个百分点,比标杆公司低了 3.95 个百分点。

2012—2021 年水上运输业流动资产垫支周转率变动趋势,如图 7-25 所示。

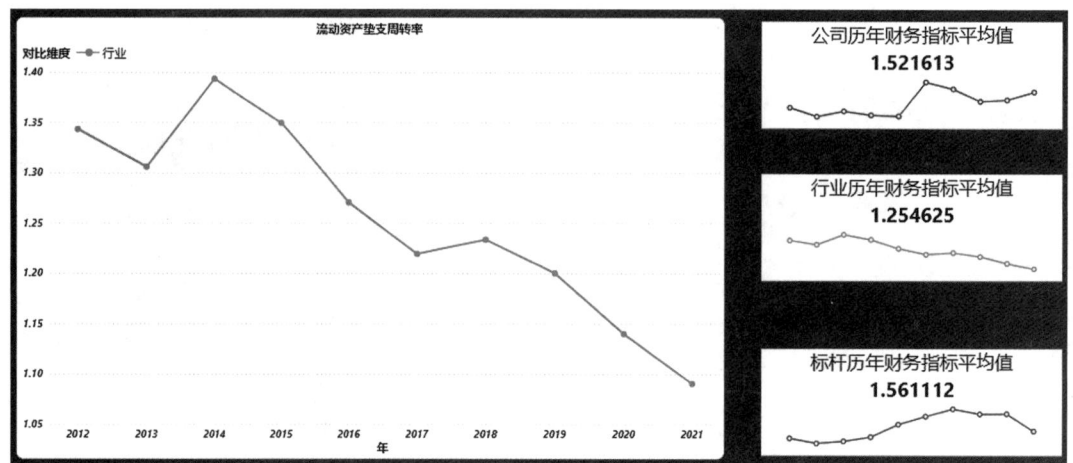

图 7-25　2012—2021 年水上运输业流动资产垫支周转率变动趋势图

由图 7-25 可知，水上运输业流动资产垫支周转率 2012—2021 年呈现下降趋势，除 2013—2014 年、2017—2018 年有所上升外，其余年份均呈下降趋势。2012—2021 年，水上运输业流动资产垫支周转率在 1.05~1.4 变动。

行业历年流动资产垫支周转率平均值为 1.254 625，低于重庆港九和标杆公司中远海控的流动资产垫支周转率平均值。

2012—2021 年重庆港九存货周转率变动趋势，如图 7-26 所示。

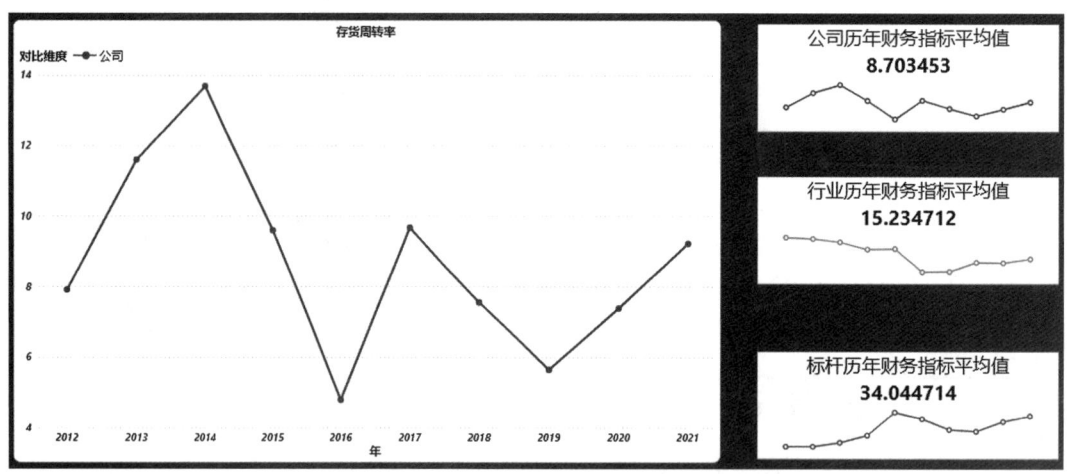

图 7-26　2012—2021 年重庆港九存货周转率变动趋势图

由图 7-26 可知，重庆港九存货周转率 2012—2021 年整体呈现波动趋势，2012—2014 年有所上升，2014—2016 年显著下降，2016—2017 年呈上升趋势，2017—2019 年有所回落，2019—2021 年呈上升趋势。重庆港九存货周转率在 4~14 变动。到 2021 年，重庆港九存货周转率为 9.21(表 7-6)。

重庆港九历年存货周转率平均值低于标杆公司历年存货周转率平均值和行业历年存货周转率平均值，且差距较大。

2012—2021 年水上运输业存货周转率变动趋势，如图 7-27 所示。

图 7-27　2012—2021 年水上运输业存货周转率变动趋势图

由图 7-27 可知，水上运输业存货周转率 2012—2021 年大致呈现"U"形趋势，2012—2017 年大致呈现下降趋势，2017 年降至谷底，2017—2021 年呈现上升趋势。2012—2021 年，水上运输业存货周转率在 10~21 变动。

行业历年存货周转率平均值为 15.234 712，高于重庆港九的存货周转率平均值，低于标杆公司中远海控的存货周转率平均值。

2012—2021 年重庆港九应收账款周转率变动趋势，如图 7-28 所示。

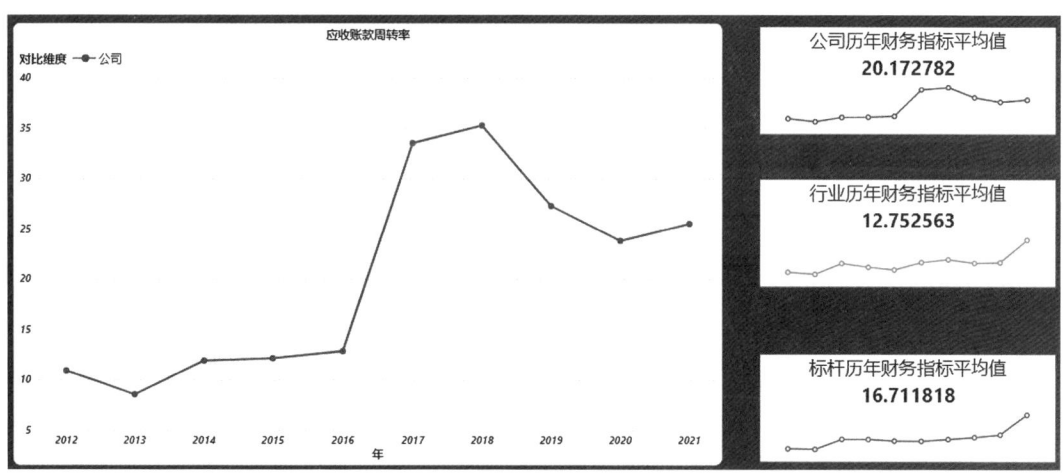

图 7-28　2012—2021 年重庆港九应收账款周转率变动趋势图

由图 7-28 可知，重庆港九应收账款周转率 2012—2021 年整体呈现波动上升趋势，2012—2013 年略有下降，2013—2018 年呈上升趋势，2018 年达到峰值，2018—2020 年有所回落，2020—2021 年略有回升。重庆港九应收账款周转率在 5~40 变动。到 2021 年，重庆港九应收账款周转率为 25.50(表 7-6)。

重庆港九历年应收账款周转率平均值高于标杆公司历年应收账款周转率平均值和行

业历年应收账款周转率平均值,且差距较大。

2012—2021年水上运输业应收账款周转率变动趋势,如图7-29所示。

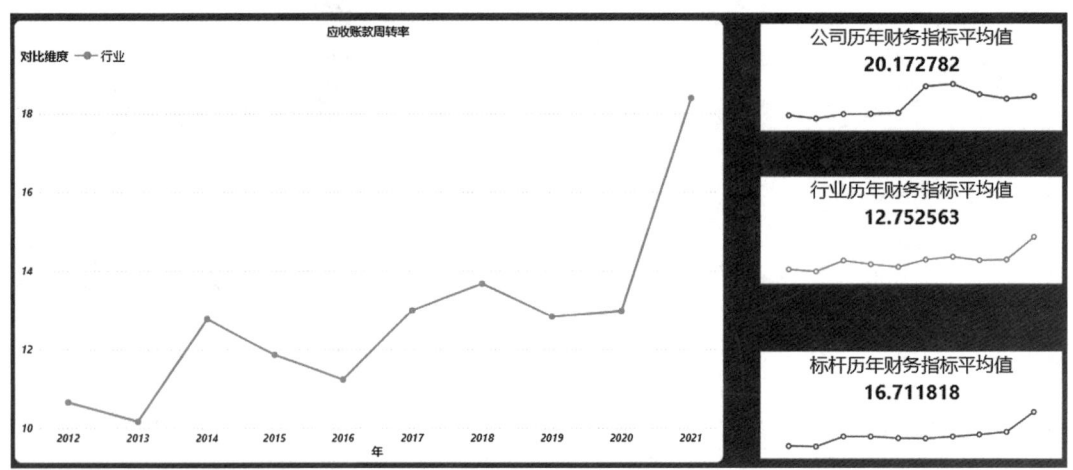

图7-29 2012—2021年水上运输业应收账款周转率变动趋势图

由图7-29可知,水上运输业应收账款周转率2012—2021年大致呈现波动上升趋势。除2012—2013年、2014—2016年、2018—2019年有所下降外,其余年份均呈上升趋势,特别是2020—2021年上升显著。到2021年,水上运输业应收账款周转率上涨至18以上。

行业历年应收账款周转率平均值为12.752 563,低于重庆港九和标杆公司中远海控的应收账款周转率平均值。

2012—2021年重庆港九流动资产营运能力多指标历史数据变动趋势,如图7-30所示。

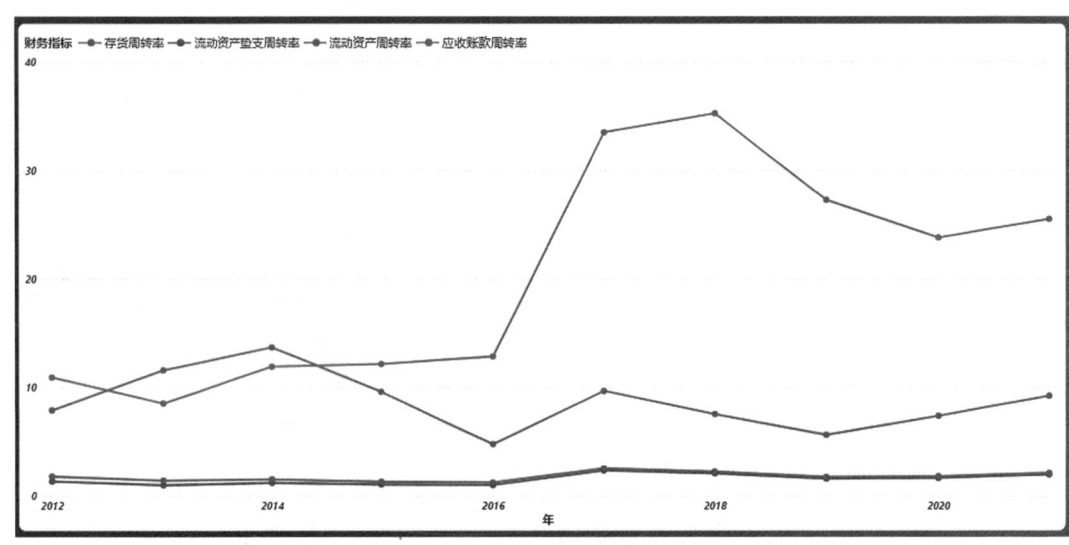

图7-30 2012—2021年重庆港九流动资产营运能力多指标历史数据变动趋势图

2012—2021年重庆港九、中远海控和行业流动资产营运能力指标综合变动趋势,如图7-31所示。

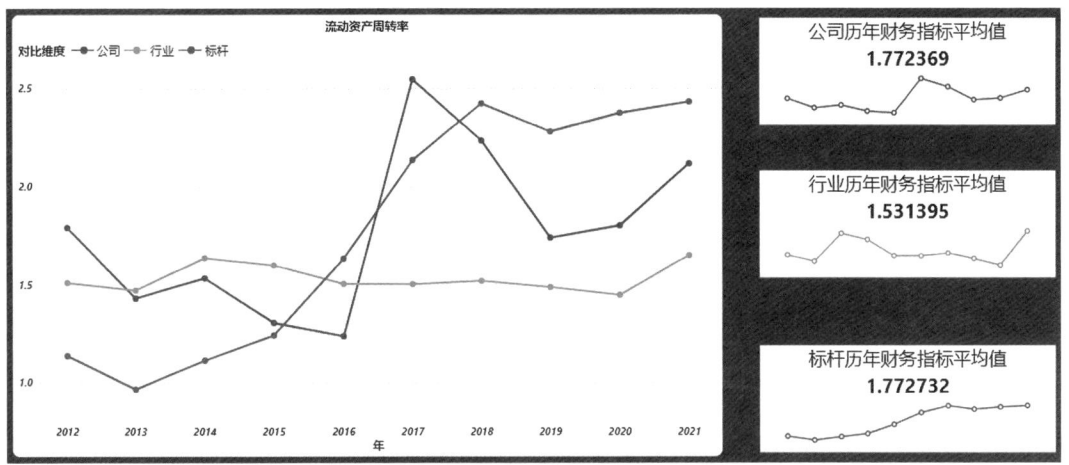

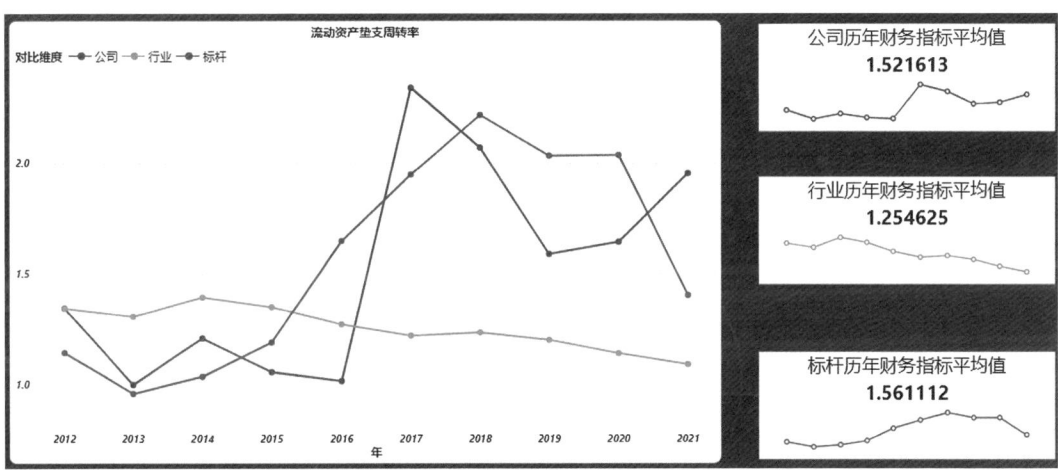

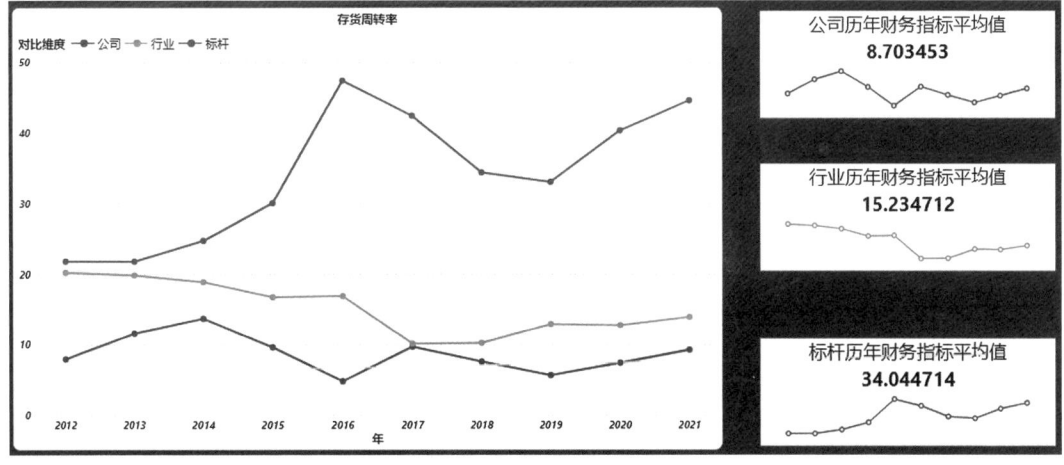

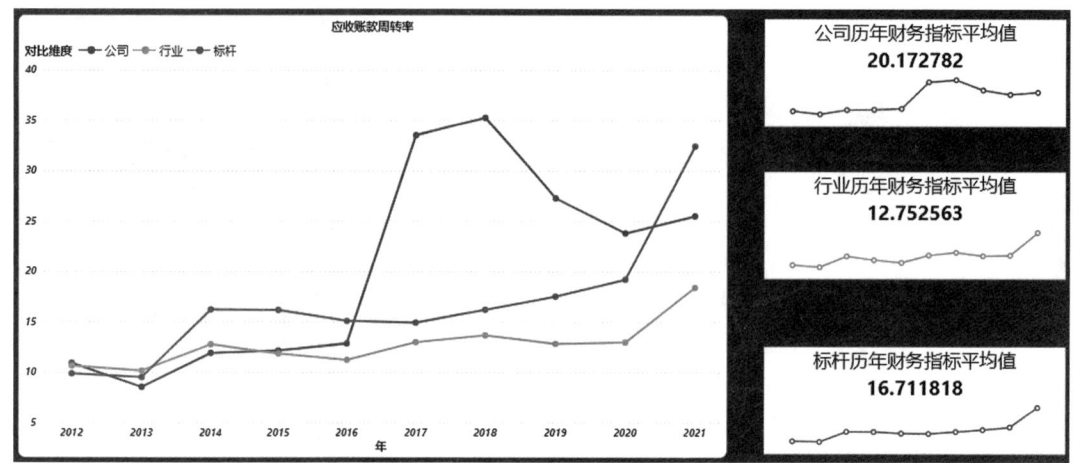

图 7-31 2012—2021 年重庆港九、中远海控和行业流动资产营运能力指标综合变动趋势图

由图 7-30 可知,重庆港九应收账款周转率高于存货周转率、流动资产周转率和流动资产垫支周转率,历年流动资产周转率和流动资产垫支周转率 2012—2021 年的变动趋势大致一致,且波动幅度不大,历年应收账款周转率和存货周转率的变动幅度相对较大。

由图 7-31 可知,重庆港九流动资产周转率、流动资产垫支周转率从 2017 年开始高于行业水平,应收账款周转率从 2016 年开始高于行业水平,且这三个指标的 10 年平均值均高于行业水平。重庆港九存货周转率 2012—2021 年均低于行业水平。标杆公司中远海控的流动资产营运能力指标近年来开始高于行业水平。

由以上数据分析可知,重庆港九的存货周转率与行业水平差距较大,表明重庆港九存货变现的速度较慢,存货占用水平较高,存货积压的风险相对较大,企业的变现能力较弱。近年来重庆港九流动资产周转率、流动资产垫支周转率和应收账款周转率超过了行业水平。总体来看,与行业相比,重庆港九流动资产营运能力较强。

2012—2021 年流动资产营运能力指标多指标行业内横向对比数据变动趋势,如图 7-32 所示。

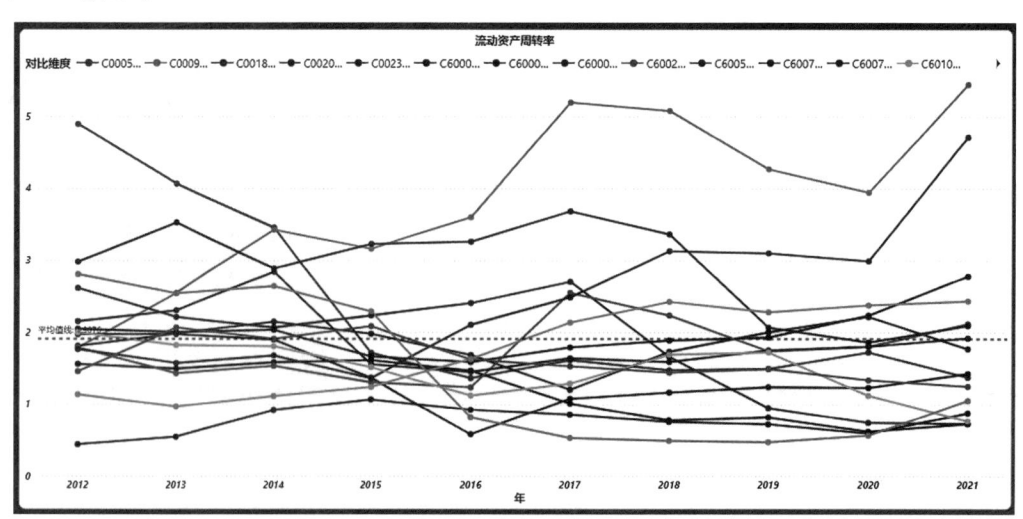

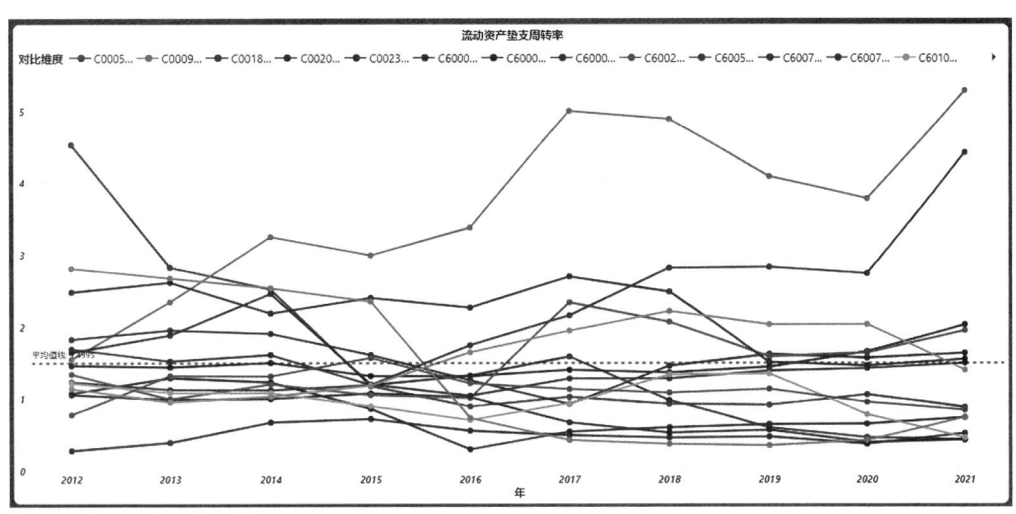

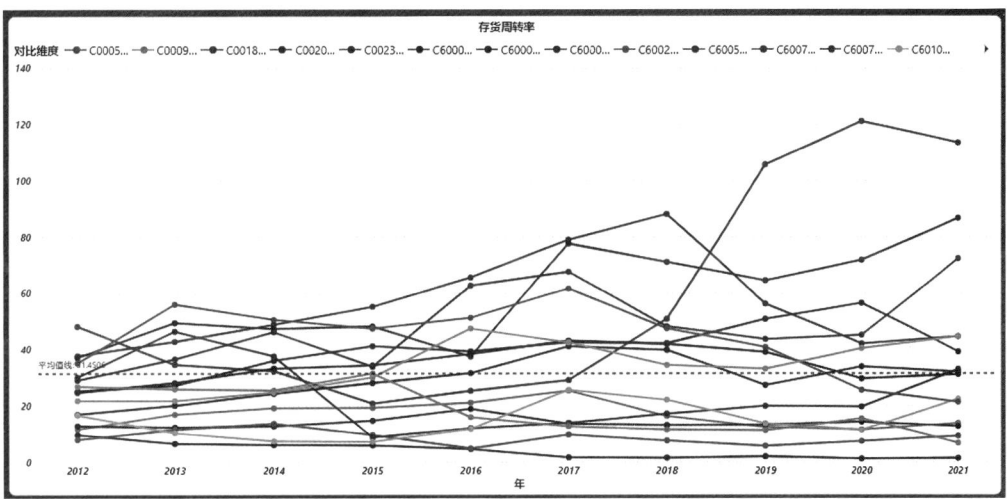

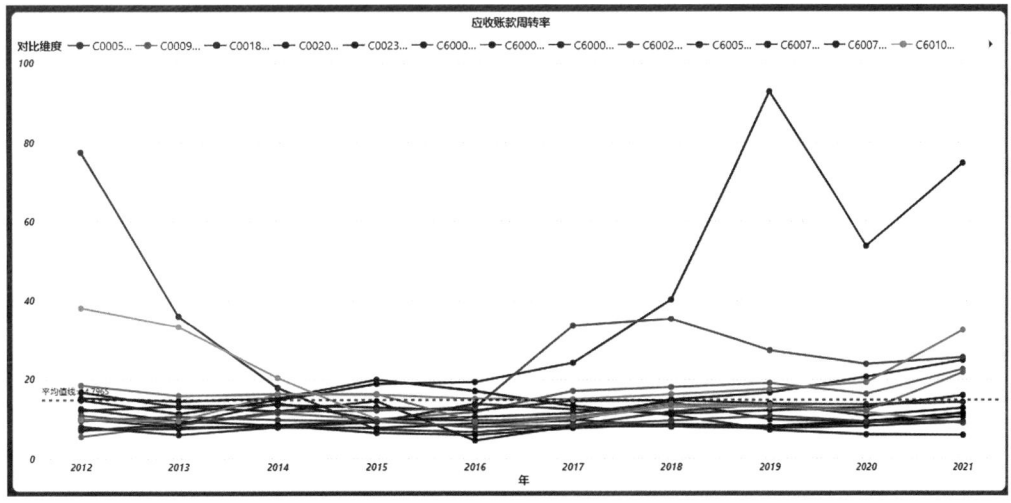

图 7-32 2012—2021 年流动资产营运能力指标多指标行业内横向对比数据变动趋势图

由图 7-32 可知,通过对流动资产周转率、流动资产垫支周转率、存货周转率和应收账款周转率这些财务指标横向分析对比:除少数公司外,大多数所选对比公司在平均值线上下波动,总体来看,重庆港九流动资产营运能力指标与所选对比公司相比,处于中等水平。

第四节 固定资产营运能力分析

一、货币金融服务行业固定资产营运能力分析

这里选取招商银行(股票代码:600036)作为样本公司进行长期偿债能力分析,行业标杆企业为工商银行(股票代码:601398),所属行业为货币金融服务行业。

招商银行和工商银行固定资产营运能力指标对比,如表 7-7 所示。

表 7-7 招商银行和工商银行固定资产营运能力指标对比

固定资产营运能力指标	2021 年		10 年平均(2012—2021 年)	
	招商银行	工商银行	招商银行	工商银行
固定资产周转率	6.11	5.02	5.18	3.76

2012—2021 年招商银行和工商银行固定资产周转率变动趋势,如图 7-33 所示。

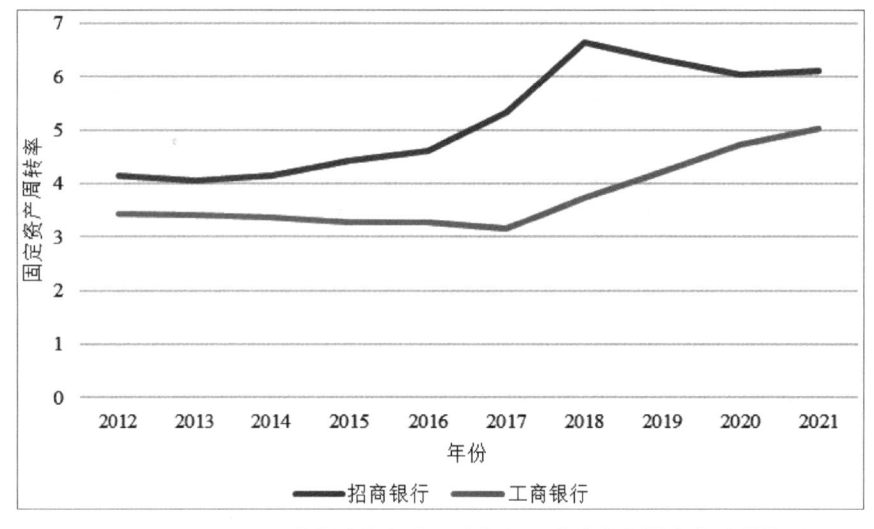

图 7-33 2012—2021 年招商银行和工商银行固定资产周转率变动趋势图

由表 7-7 和图 7-33 可知,招商银行固定资产周转率 2012—2021 年基本呈现上升趋势,2012—2018 年逐渐上升,2018 年达到峰值,2018—2020 年显著下降,到 2021 年,招商银行的固定资产周转率为 6.11。标杆公司工商银行的固定资产周转率 2012—2017 年波动幅度不大,数值维持在 3~4,2017—2021 年显著上升。招商银行的历年固定资产周转率都要高于工商银行。

二、零售业固定资产营运能力分析

这里选取重庆百货(股票代码:600729)作为样本公司进行固定资产营运能力分析,行

业标杆企业为王府井(股票代码:600859),所属行业为零售业。

重庆百货、王府井和行业固定资产营运能力指标对比,如表 7-8 所示。

表 7-8 重庆百货、王府井和行业固定资产营运能力指标对比

固定资产营运能力指标	2021 年			10 年平均(2012—2021 年)		
	重庆百货	行业	王府井	重庆百货	行业	王府井
固定资产周转率	7.21	6.53	20.58	11.42	7.14	20.94

2012—2021 年重庆百货固定资产周转率变动趋势,如图 7-34 所示。

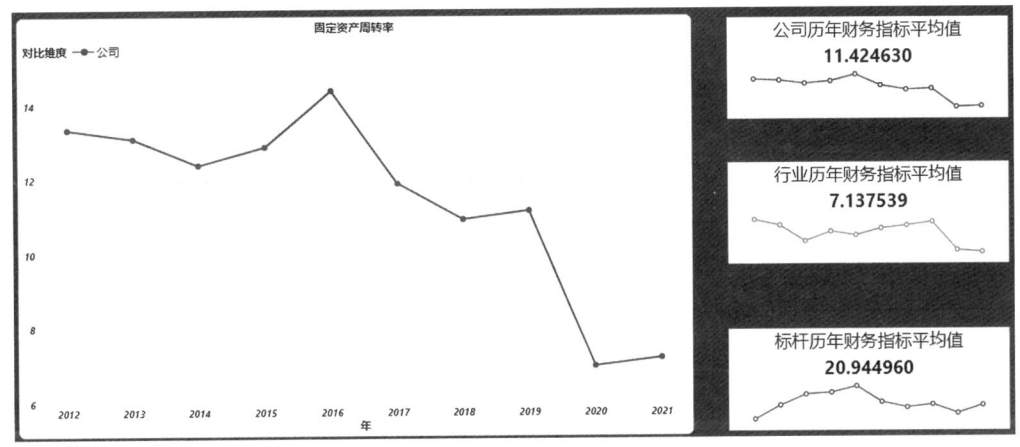

图 7-34 2012—2021 年重庆百货固定资产周转率变动趋势图

由图 7-34 可知,重庆百货固定资产周转率 2012—2021 年呈现下降趋势,除 2014—2016 年、2018—2019 年、2020—2021 年有所上升外,其余年份均呈下降趋势,特别是 2019—2020 年下降显著。到 2021 年,重庆百货固定资产周转率为 7.21(表 7-8)。

重庆百货历年固定资产周转率平均值高于行业历年固定资产周转率平均值,低于标杆公司历年固定资产周转率平均值,且数值差距较大。

2012—2021 年零售业固定资产周转率变动趋势,如图 7-35 所示。

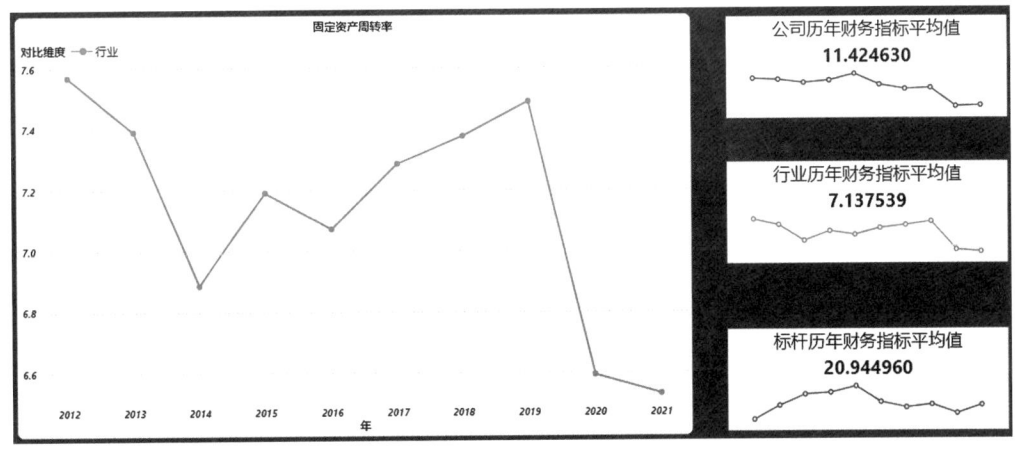

图 7-35 2012—2021 年零售业固定资产周转率变动趋势图

由图 7-35 可知,零售业固定资产周转率 2012—2021 年呈现波动趋势,2012—2014 年呈下降趋势,2014—2019 年呈现波动上升的趋势,2019—2021 年飞速下降。到 2021 年,零售业固定资产周转率降至 6.6 以下。

行业历年固定资产周转率平均值为 7.137 539,低于重庆百货和标杆公司王府井的固定资产周转率平均值。

2012—2021 年重庆百货、王府井和行业固定资产周转率指标综合变动趋势,如图 7-36 所示。

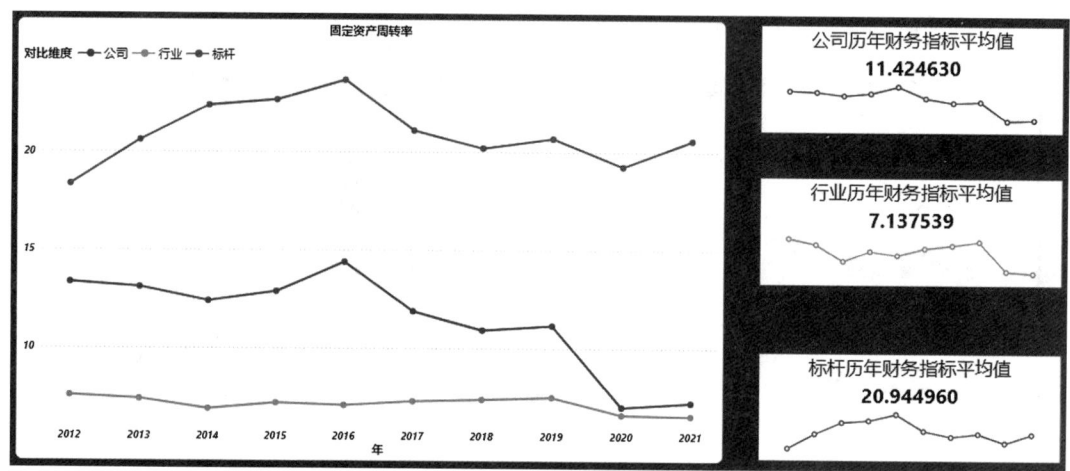

图 7-36　2012—2021 年重庆百货、王府井和行业固定资产周转率指标综合变动趋势图

由图 7-36 可知,2012—2021 年重庆百货固定资产周转率呈下降趋势,但高于行业水平,低于标杆公司的固定资产周转率。这说明重庆百货的固定资产使用效率近 10 年来总体呈现下滑趋势,但相比行业水平,重庆百货的固定资产营运能力较强,固定资产的利用效果较好。

2012—2021 年固定资产营运能力指标行业内横向对比数据变动趋势,如图 7-37 所示。

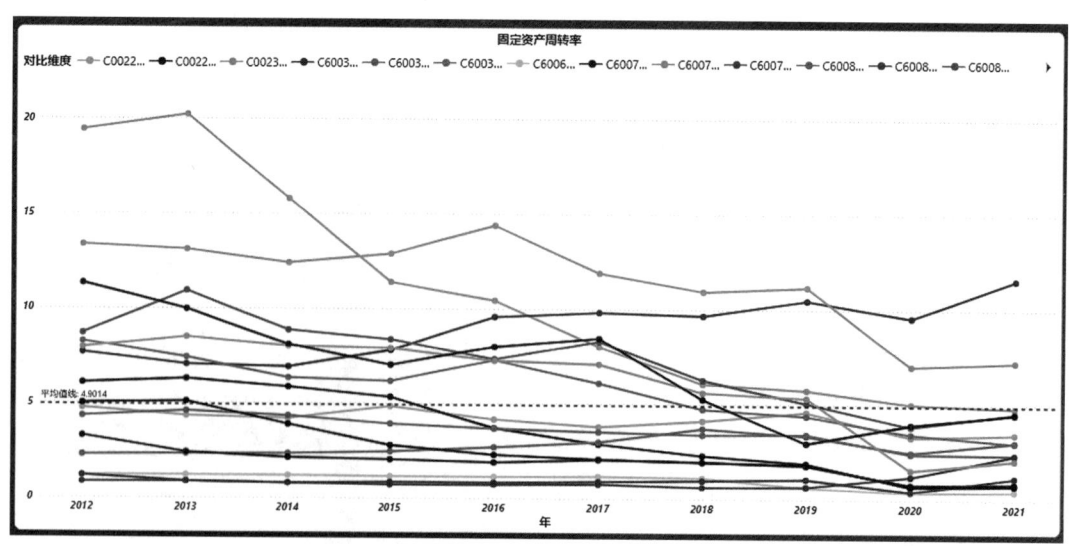

图 7-37　2012—2021 年固定资产营运能力指标行业内横向对比数据变动趋势图

由图 7-37 可知,通过对固定资产周转率指标横向分析对比可知,除少数公司外,所选对比公司中的大多数公司在平均值线上下波动,总体来看,重庆百货总资产周转率 2012—2021 年均处于平均值线以上,表明重庆百货与所选对比公司相比,固定资产营运能力较强。

三、水上运输业固定资产营运能力分析

这里选取重庆港九(股票代码:600279)作为样本公司进行固定资产营运能力分析,行业标杆企业为中远海控(股票代码:601919),所属行业为水上运输业。

重庆港九、中远海控和行业固定资产营运能力指标对比,如表 7-9 所示。

表 7-9 重庆港九、中远海控和行业固定资产营运能力指标对比

固定资产营运 能力指标	2021 年			10 年平均(2012—2021 年)		
	重庆港九	行业	中远海控	重庆港九	行业	中远海控
固定资产周转率	0.78	1.20	3.36	0.88	0.81	1.47

2012—2021 年重庆港九固定资产周转率变动趋势,如图 7-38 所示。

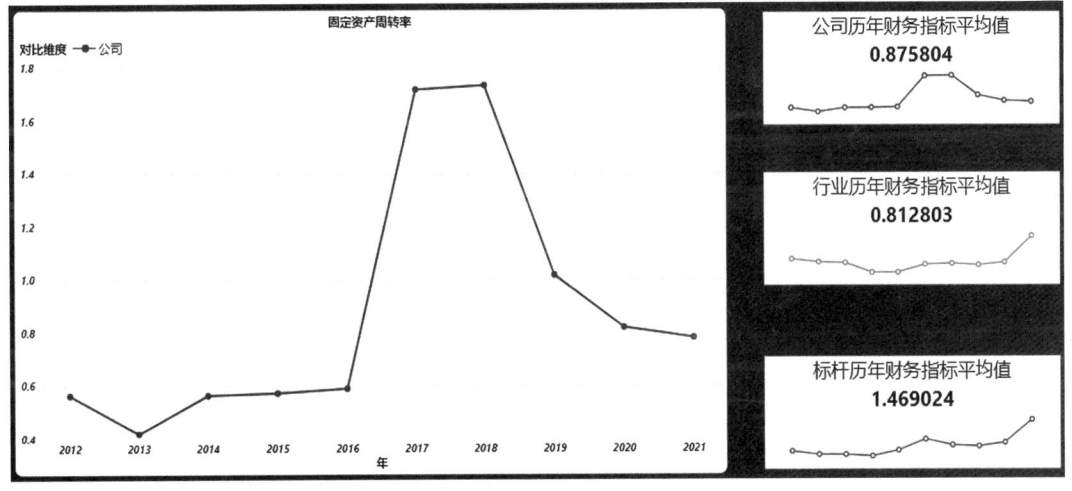

图 7-38　2012—2021 年重庆港九固定资产周转率变动趋势图

由图 7-38 可知,重庆港九固定资产周转率 2012—2021 年大致呈现倒"U"形趋势,2012—2018 年大致呈现上升趋势,2018 年达到峰值,2018—2021 年呈现下降趋势。重庆港九固定资产周转率在 0.4~1.8 变动。到 2021 年,重庆港九固定资产周转率为 0.78(表 7-9)。

重庆港九历年固定资产周转率平均值高于行业历年固定资产周转率平均值,低于标杆公司历年固定资产周转率平均值。

2012—2021 年水上运输业固定资产周转率变动趋势,如图 7-39 所示。

由图 7-39 可知,水上运输业固定资产周转率 2012—2015 年呈现下降趋势,2015—2018 年有所上升,2018—2019 年有所回落,2019—2021 年上升显著。到 2021 年,水上运输业固定资产周转率上涨至 1.2。

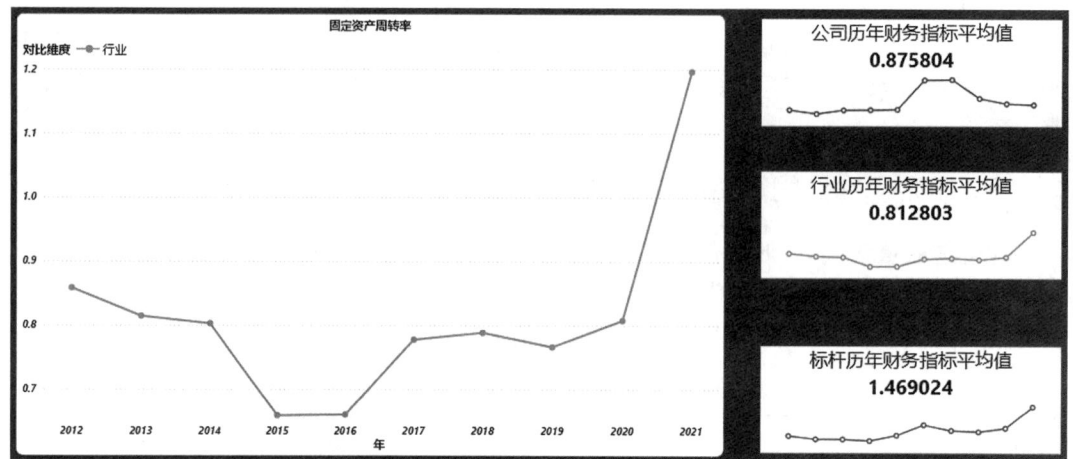

图 7-39　2012—2021 年水上运输业固定资产周转率变动趋势图

行业历年固定资产周转率平均值为 0.812 803，低于重庆港九和标杆公司中远海控的固定资产周转率平均值。

2012—2021 年重庆港九、中远海控和行业固定资产周转率指标综合变动趋势，如图 7-40 所示。

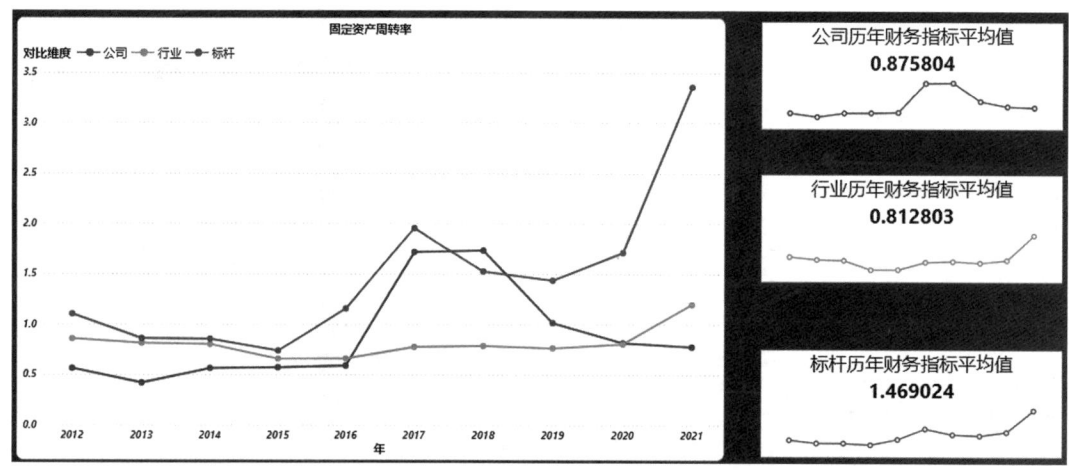

图 7-40　2012—2021 年重庆港九、中远海控和行业固定资产周转率指标综合变动趋势图

由图 7-40 可知，2012—2021 年重庆港九固定资产周转率呈波动趋势，除 2017—2020 年要高于行业水平外，其余年份要低于行业水平。从固定资产周转率 10 年平均值来看，重庆港九高于行业水平。这说明相比行业水平，重庆港九的固定资产营运能力较强，固定资产的利用效果较好。

2012—2021 年固定资产营运能力指标行业内横向对比数据变动趋势，如图 7-41 所示。

由图 7-41 可知，通过对固定资产周转率指标横向分析对比：除少数公司外，所选对比公司中的大多数公司在平均值线上下波动，总体来看，重庆港九固定资产营运能力指标与所选对比公司相比，处于中等水平。

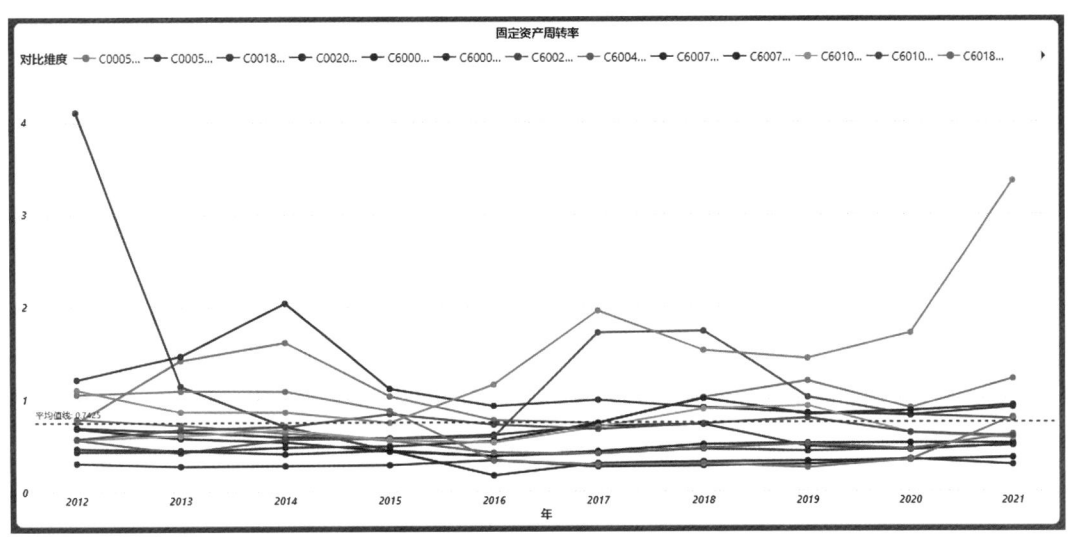

图 7-41　2012—2021 年固定资产营运能力指标行业内横向对比数据变动趋势图

思考与拓展练习

一、思考题

1. 说明大数据对分析上市公司营运能力的作用。
2. 举例说明大数据在总资产营运能力分析时的优势。
3. 如何理解财务大数据在上市公司流动资产和固定资产营运能力分析中的重用性？

二、拓展练习

请借助 VDC 平台或其他财务分析软件，对货币金融服务行业、零售业或水上运输业的行业数据，以及行业内某一家企业的数据进行筛选和查询，并对该企业的营运能力进行分析。把具体查询过程截图制作为 Word 文档进行提交。

第八章

发展能力分析与上市公司实例

知识目标

1. 了解公司发展能力分析的概念、目的、内容和方法。
2. 了解公司单项发展能力和公司整体发展能力各项主要指标的含义。

能力目标

1. 掌握上市公司发展能力分析的一般思路。
2. 运用发展能力指标分析企业的单项发展能力及总体发展能力。

素养目标

1. 提升自主分析问题的能力。
2. 具备量与质的辩证思维。
3. 树立可持续发展理念。

知识导图

```
                              ┌ 1. 发展能力分析的概念
                              │ 2. 发展能力分析的目的
              ┌ 一、发展能力分析概述 ┤
              │               │ 3. 发展能力分析的内容
              │               └ 4. 发展能力分析的方法
              │
              │                    ┌ 1. 货币金融服务行业公司单项发展能力分析
发展能力分析与上市公司实例 ┤ 二、公司单项发展能力分析 ┤ 2. 零售业公司单项发展能力分析
              │                    └ 3. 水上运输业公司单项发展能力分析
              │
              │                    ┌ 1. 货币金融服务行业公司整体发展能力分析
              └ 三、公司整体发展能力分析 ┤ 2. 零售业公司整体发展能力分析
                                   └ 3. 水上运输业公司整体发展能力分析
```

本章主要对发展能力分析进行概述,从货币金融服务行业、零售业和水上运输业分别选取了招商银行、重庆百货和重庆港九三家上市公司,对它们的公司单项和公司整体的发展能力进行比较分析,突出财务大数据在发展分析方面的优势与实践性。

第一节 发展能力分析概述

一、发展能力分析的概念

公司发展能力通常是指公司生产经营活动在未来的发展趋势和发展潜能,也可以称为公司的增长能力、公司增长性。从其形成角度来看,公司发展能力主要是通过自身持续的生产经营活动,不断扩大积累而形成的,这一发展过程依托于不断增加的资金投入、不断增长的营业收入和不断创造的利润等。因而一个发展能力强的公司,其结果就表现在资产规模不断增加,股东财富持续增长。

二、发展能力分析的目的

公司能否持续增长是股东、潜在投资者、经营者及其他相关利益团体密切关注的要点,因此有必要对公司的增长能力进行深入分析。

第一,对于股东而言,可以通过发展能力分析衡量公司未来创造股东价值的能力,从而为采取下一步战略行动提供决策依据。

第二,对于潜在的投资者而言,可以通过发展能力分析评价公司的成长性,从而选择合适的目标公司作出正确的投资决策。

第三,对于经营者而言,可以通过发展能力分析发现影响公司未来发展的关键影响因素,从而及时修正经营策略和财务策略,促进公司可持续增长。

第四,对于债权人而言,可以通过发展能力分析判断公司未来的盈利能力和偿债能力,从而作出正确的信贷决策。

三、发展能力分析的内容

发展能力分析的内容可以分为公司单项发展能力分析和公司整体发展能力分析两部分。

(一) 公司单项发展能力分析

公司价值要获得增长,具体反映在股东权益、利润、收入和资产等方面的不断增长。公司单项增长能力分析,就是通过计算和分析股东权益增长率、利润增长率、收入增长率、资产增长率等指标,分别衡量公司在股东权益、利润、收入、资产等方面所具有的增长能力大小,并对其在股东权益、利润、收入、资产等方面未来的发展趋势进行评估。

1. 股东权益增长率

股东权益增长率是本期股东权益增加额与股东权益期初余额之比,也称资本积累率,反映的是股东财富的增加。股东权益增长率越高,表明公司本期股东权益增加得越多;反之股东权益增长率越低或者为负数,则表明公司本年度股东权益增加得少,甚至有损害股东财富的可能出现。

2. 利润增长率

由于衡量利润的指标包括营业利润、利润总额、净利润等,相应的利润增长率也具有不同的表现形式。在实践当中,经常使用净利润增长率和营业利润增长率这两种比率。净利润增长率是本期净利润增加额与上期净利润之比。净利润增长率为正数,说明企业本期净利润较上期增加,净利润增长率越大,企业本期收益增长得越多;净利润增长率为负数,则说明企业本期净利润较上期减少,收益降低。营业利润增长率是本期营业利润增加额与上期营业利润之比,营业利润增长率为正数,说明企业本期营业利润较上期增加,营业利润增长率越大,企业本期收益增长得越多;营业利润增长率为负数,则说明企业本期营业利润较上期减少,收益降低。

3. 收入增长率

收入增长率是本期营业收入增加额与上期营业收入之比,反映企业在销售方面的发展能力。收入增长率为正数,说明企业本期销售规模较上期增加,收入增长率越大,企业本期营业收入增长得越快,销售情况越好;收入增长率为负数,则说明企业销售规模较上期减小,销售本期出现负增长,销售情况较差。

4. 资产增长率

资产增长率是本期资产增加额与资产期初余额之比,反映企业在资产投入方面的增长情况。资产增长率为正数,说明企业本期资产规模较上期增加,资产增长率越大,资产规模增加幅度越大;资产增长率为负数,则说明企业本期资产规模较上期缩减,资产出现负增长。

(二) 公司整体发展能力分析

评价公司的发展能力,除对公司发展能力进行单项分析以外,还需要分析公司的整体发展能力。原因在于股东权益增长率、利润增长率、收入增长率和资产增长率等指标只是从股东权益、利润、收入和资产等角度考察了公司的发展能力,不足以涵盖公司发展能力的全部。并且,这些指标之间存在相互作用、相互影响的关系,不能独立分析。公司要获得可持续增长,就必须在股东权益、利润、收入和资产等各方面谋求协调发展。因此,在实际运用时,只有把四种类型的增长率指标相互联系起来,进行综合分析,才能正确评价一个公司的发展能力整体。公司整体增长能力分析就是结合股东权益增长率、利润增长率、收入增长率、资产增长率等指标进行相互比较与全面分析,综合判断公司的整体增长能力。

第一,分别计算股东权益增长率、利润增长率、收入增长率和资产增长率等指标的实际值。

第二,分别将上述增长率指标的实际值与以前不同时期对应的指标数值、同行业平均水平进行比较,分析公司在股东权益、收益、营业收入和资产等方面的发展能力。

第三,比较股东权益增长率、利润增长率、收入增长率和资产增长率等指标之间的关系,判断不同方面增长的效益性以及它们之间的协调性。

第四,根据以上分析结果,运用一定的分析标准,判断公司的整体发展能力。一般而言,只有一个公司的股东权益增长率、资产增长率、收入增长率、利润增长率保持同步增长,且不低于行业平均水平才可以判断这个公司具有良好的发展能力。

根据上述分析思路可形成公司整体发展能力分析框架,如图 8-1 所示。

应用公司整体发展能力分析框架分析公司整体发展能力时应该注意以下几个方面:

(1) 对股东权益增长的分析。股东权益的增长主要来自两个方面:一方面是来源于净利润,净利润主要来自营业利润,营业利润又主要取决于营业收入,并且营业收入的增长在

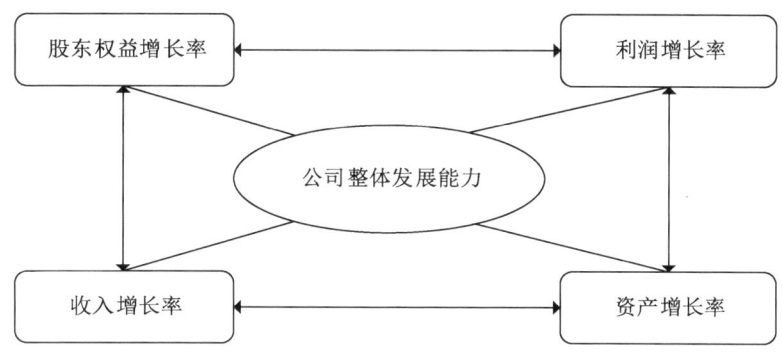

图 8-1　公司整体发展能力分析框架

资产使用效率保持一定的前提下还要依赖于投入资产规模的增加；另一方面是来源于股东的净投资，而净投资受本期股东投资资本增加和本期对股东股利发放的共同影响。

（2）对利润增长的分析。利润的增长主要表现为净利润的增长，对于一个持续增长的企业而言，其净利润的增长应该主要来源于营业利润，而营业利润的增长又应该主要依赖营业收入的增加。

（3）对收入增长的分析。收入增长是企业营业收入的主要来源，也是企业价值增长的源泉。一个企业只有不断开拓市场，保持稳定的市场份额，才能不断扩大营业收入，增加股东权益；同时为企业进一步扩大市场、开发新产品和进行技术改造提供资金来源，最终促进企业的进一步发展。

（4）对资产增长的分析。企业资产是取得营业收入的保障，要实现营业收入的增长，在资产利用效率一定的条件下就需要扩大资产规模。要扩大资产规模，一方面可以通过负债融资实现，另一方面可以依赖股东权益的增长实现，即净利润和净投资的增长。

总之，股东权益增长率、利润增长率、收入增长率及资产增长率与公司的整体发展能力是一种相互关联的关系。股东权益的增长能够带来资产的增长，而资产增长的资金如果来自股东权益的增加，则是安全的增长（相对于财务风险来说）；资产的增长是收入增长的保证，而只有当收入的增长率高于资产的增长率时，资产的增长才具有效益性（例如，追加的投资如果不能带来与投资规模相对应的收入增长，投资是多余的），销售收入的增长是利润（主要是营业利润）增长的源泉，而营业利润的增长如果达不到营业收入的增长幅度，则成本费用的增长一定超过了收入的增长（相反，如果企业的营业利润增长率高于企业的收入增长率，说明企业正处于成长壮大的成长期）。最终，利润的增长带来了股东权益的增长，而股东权益的增长如果是来自利润的增长（而非吸收到的投资），企业才有真正意义上的权益增长。在运用这一框架时需要注意这四种类型增长率之间的相互关系，否则无法对公司的整体发展能力作出正确的判断。

四、发展能力分析的方法

发展能力分析采用行业分析法和趋势图解法。

(一) 行业分析法

行业分析法，即在同一时期中，研究目标公司与同行业中标杆公司，行业平均值，竞争对手在特定时期相关程度、关系与变化的方法。本章分析报告中财务指标分析表运用了行业分析法,观察目标公司在行业中的水平,并比较公司 10 年平均值,判断当前公司发展状况,结合指标含义,研究目标公司各项能力的优势和不足。

(二)趋势图解法

趋势图解法选取近 10 年的数据,分析同一指标在不同时期里,目标公司与同行业中标杆公司、行业均值、竞争公司近 10 年变动形态的共性和差异,找出公司经营过程中隐藏的问题所在,分析变动原因并提出优化建议。

第二节 公司单项发展能力分析

一、货币金融服务行业公司单项发展能力分析

这里选取招商银行(股票代码:600036)作为样本公司进行单项发展能力分析,行业标杆企业为工商银行(股票代码:601398),所属行业为货币金融服务行业。

(一)股东权益增长率

招商银行、工商银行和行业股东权益发展指标对比,如表 8-1 所示。

表 8-1 招商银行、工商银行和行业股东权益发展指标对比

股东权益发展指标	2021 年			10 年平均(2012—2021 年)		
	招商银行	行业	工商银行	招商银行	行业	工商银行
股东权益增长率	0.185 3	0.123 9	0.125 7	0.181 6	0.155 6	0.131 6

2012—2021 年招商银行股东权益增长率变动趋势,如图 8-2 所示。

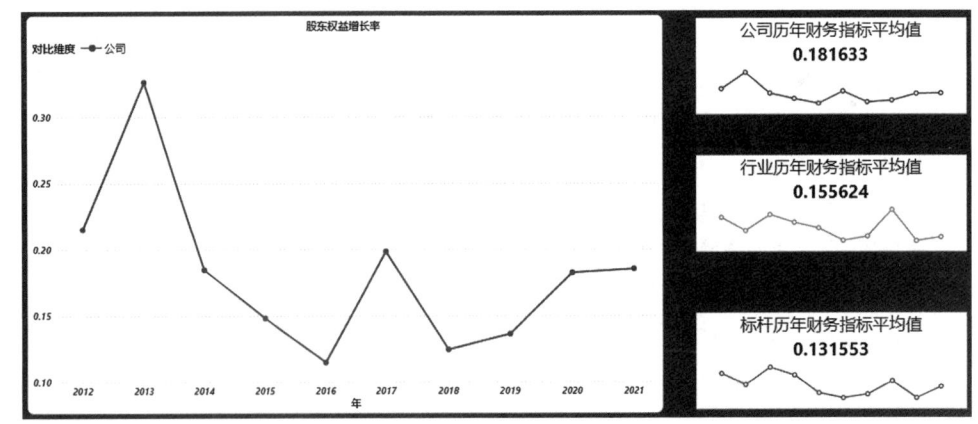

图 8-2 2012—2021 年招商银行股东权益增长率变动趋势图

由图 8-2 可知,招商银行股东权益增长率 2012—2021 年呈现波动趋势,2012—2013 年显著上升,2013—2016 年显著下降,2016—2017 年有所上升,2017—2018 年有所回落,2018—2021 年呈上升趋势。到 2021 年,招商银行股东权益增长率为 18.53%(表 8-1)。

招商银行历年股东权益增长率平均值高于标杆公司历年股东权益增长率平均值和行业历年股东权益增长率平均值,招商银行历年股东权益增长率平均值比行业平均值高了2.6个百分点,比标杆公司高了5个百分点。

2012—2021年货币金融服务业股东权益增长率变动趋势,如图8-3所示。

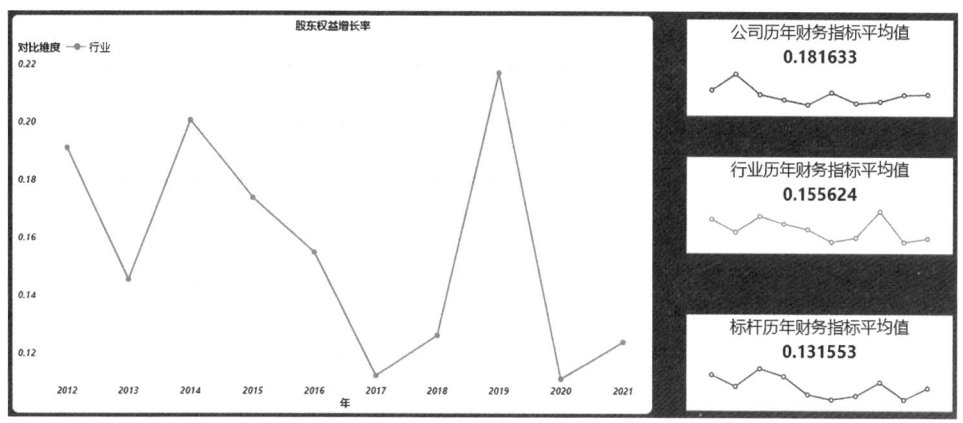

图8-3 2012—2021年货币金融服务业股东权益增长率变动趋势图

由图8-3可知,货币金融服务业股东权益增长率2012—2021年呈现涨跌交替的趋势,2012—2013年有所下降,2013—2014年有所上升,2014—2017年显著下降,2017—2019年显著上升,2019—2020年下降显著,2020—2021年有所回升。到2021年,货币金融服务业股东权益增长率降至0.14以下。

行业历年股东权益增长率平均值为0.155 624,低于招商银行的股东权益增长率平均值,高于标杆公司工商银行的股东权益增长率平均值。

2012—2021年招商银行、工商银行和行业股东权益增长率指标综合变动趋势,如图8-4所示。

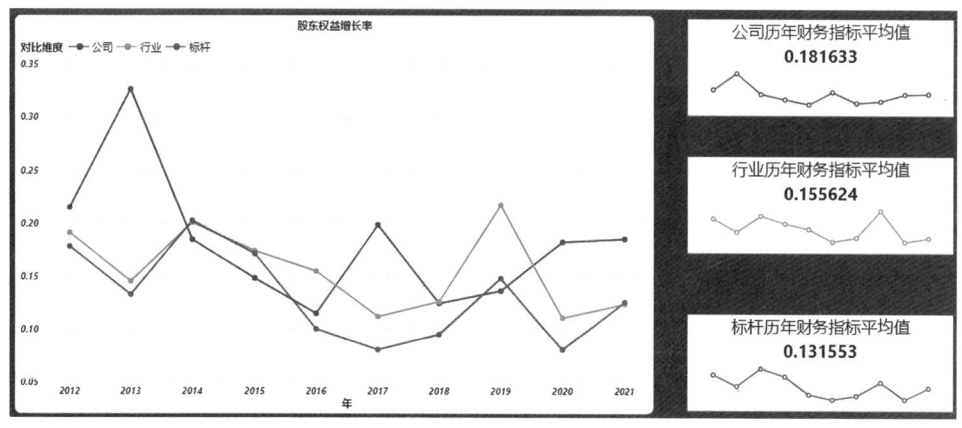

图8-4 2012—2021年招商银行、工商银行和行业股东权益增长率指标综合变动趋势图

由图8-4可知,2012—2021年招商银行、工商银行和行业股东权益增长率都呈波动趋势。从股东权益增长率10年平均值来看,招商银行要高于行业水平。以上数据说明相比行

业水平，招商银行的股东权益增长速度更快。

2012—2021年股东权益发展指标行业内横向对比数据变动趋势，如图8-5所示。

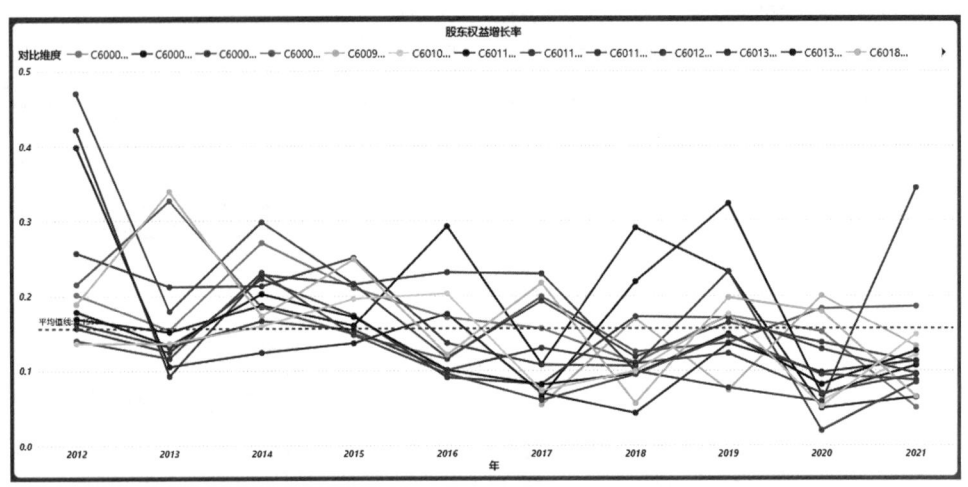

图8-5　2012—2021年股东权益发展指标行业内横向对比数据变动趋势图

由图8-5可知，通过对股东权益增长率指标横向分析对比：除少数公司外，所选对比公司中的大多数公司在平均值线上下波动，总体来看，招商银行股东权益发展指标在大多数年份高于所选对比公司，股东权益增长能力较强。

（二）利润增长率

招商银行、工商银行和行业利润发展指标对比，如表8-2所示。

表8-2　招商银行、工商银行和行业利润发展指标对比

利润发展指标	2021年			10年平均（2012—2021年）		
	招商银行	行业	工商银行	招商银行	行业	工商银行
净利润增长率	0.233 5	0.132 7	0.102 4	0.130 4	0.083 4	0.054 2
营业利润增长率	0.206 9	0.130 9	0.082 2	0.125 1	0.074 7	0.046 6

2012—2021年招商银行净利润增长率变动趋势，如图8-5所示。

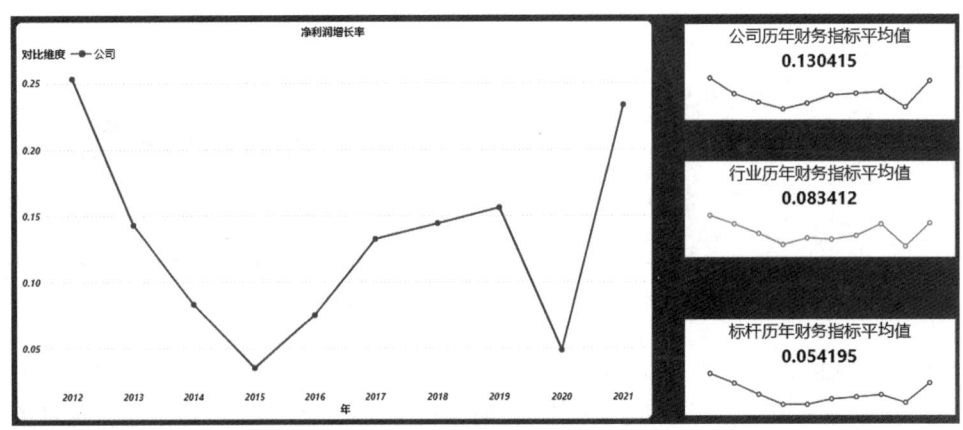

图8-6　2012—2021年招商银行净利润增长率变动趋势图

由图 8-6 可知,招商银行净利润增长率 2012—2021 年呈现"W"形趋势,2012—2015 呈下降趋势,2015—2019 年呈上升趋势,2019—2020 年有所下降,2020—2021 年显著上升。到 2021 年,招商银行净利润增长率为 23.35%(表 8-2)。

招商银行历年净利润增长率平均值高于标杆公司历年净利润增长率平均值和行业历年净利润增长率平均值,且数值差距较大。

2012—2021 年货币金融服务业净利润增长率变动趋势,如图 8-7 所示。

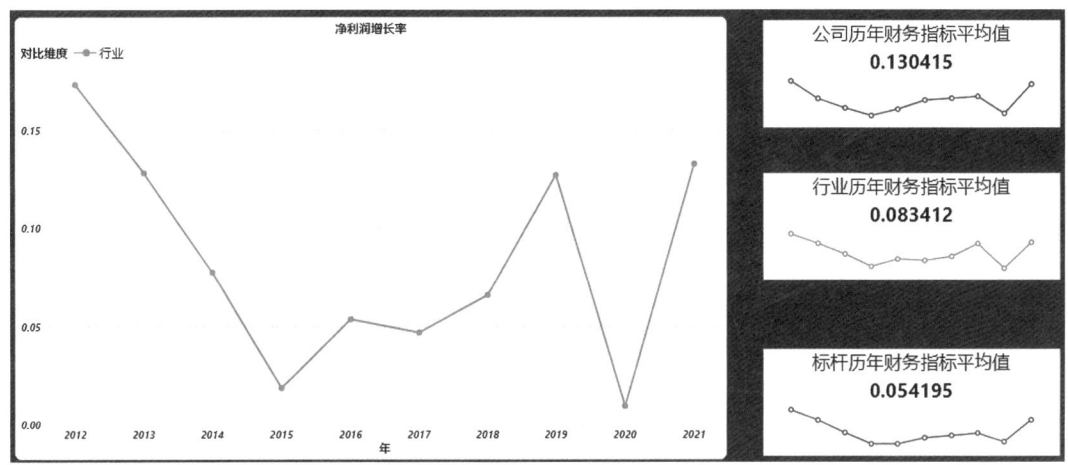

图 8-7 2012—2021 年货币金融服务业净利润增长率变动趋势图

由图 8-7 可知,货币金融服务业净利润增长率 2012—2021 年呈现"W"形趋势,2012—2015 呈下降趋势,2015—2019 年呈波动上升趋势,2019—2020 年显著下降,2020—2021 年显著上升。

行业历年净利润增长率平均值为 0.083 412,低于招商银行的净利润增长率平均值,高于标杆公司工商银行的净利润增长率平均值。

2012—2021 年招商银行营业利润增长率变动趋势,如图 8-8 所示。

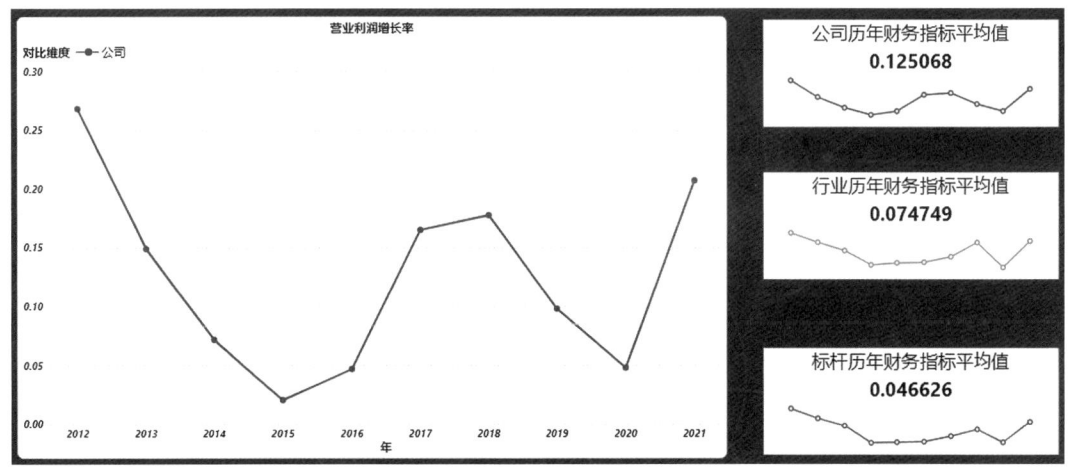

图 8-8 2012—2021 年招商银行营业利润增长率变动趋势图

由图 8-8 可知,招商银行营业利润增长率 2012—2021 年呈现"W"形趋势,2012—2015 呈下降趋势,2015—2018 年呈上升趋势,2018—2020 年有所下降,2020—2021 年显著上升。2012—2021 年招商银行营业利润增长率在 0.0~0.3 变动。到 2021 年,招商银行营业利润增长率为 20.69%(表 8-2)。

招商银行历年营业利润增长率平均值高于标杆公司历年营业利润增长率平均值和行业历年营业利润增长率平均值,且数值差距较大。

2012—2021 年货币金融服务业营业利润增长率变动趋势,如图 8-9 所示。

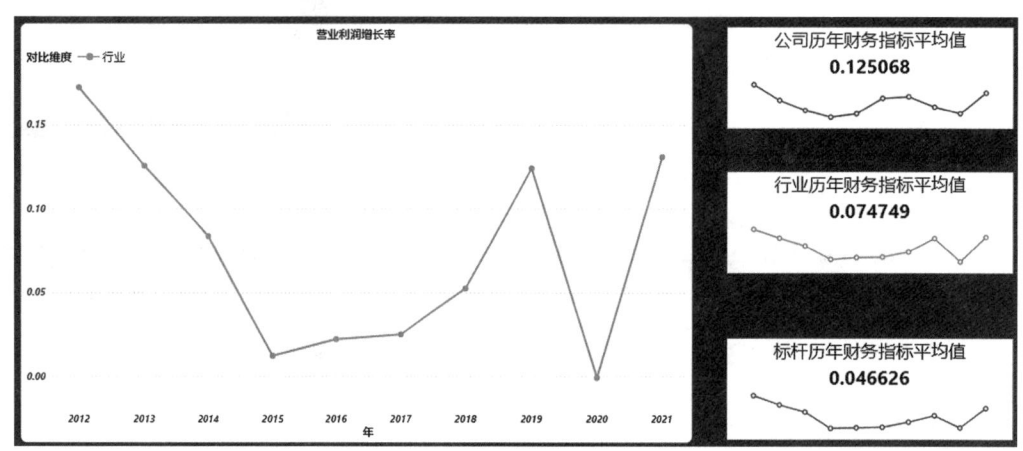

图 8-9　2012—2021 年货币金融服务业营业利润增长率变动趋势图

由图 8-9 可知,货币金融服务业营业利润增长率 2012—2021 年呈现"W"形趋势,与净利润增长率的变动趋势趋于一致,2012—2015 呈下降趋势,2015—2019 年呈上升趋势,2019—2020 年显著下降,2020—2021 年显著上升。

行业历年营业利润增长率平均值为 0.074 749,低于招商银行的营业利润增长率平均值,高于标杆公司工商银行的营业利润增长率平均值。

2012—2021 年招商银行利润发展指标多指标历史数据变动趋势,如图 8-10 所示。

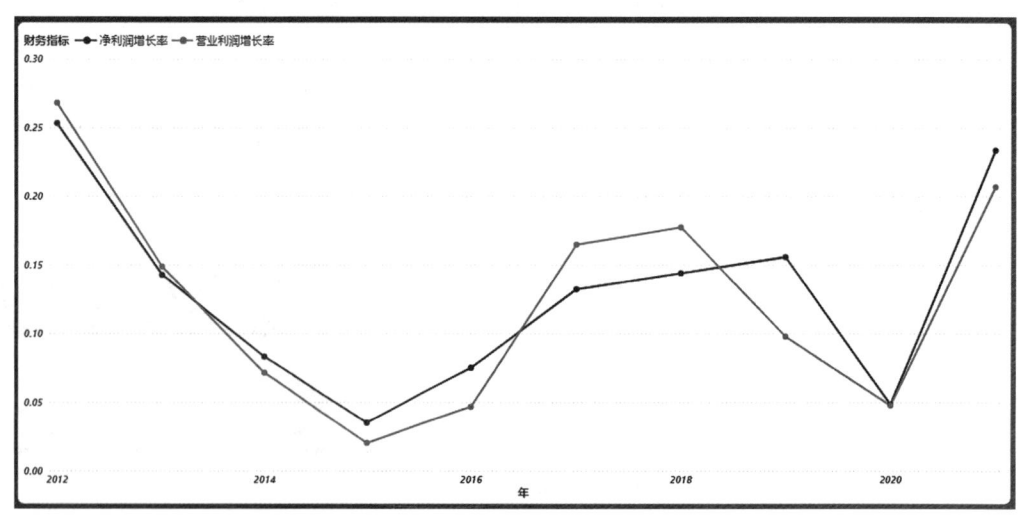

图 8-10　2012—2021 年招商银行利润发展指标多指标历史数据变动趋势图

2012—2021年招商银行、工商银行和行业利润发展指标综合变动趋势,如图8-11所示。

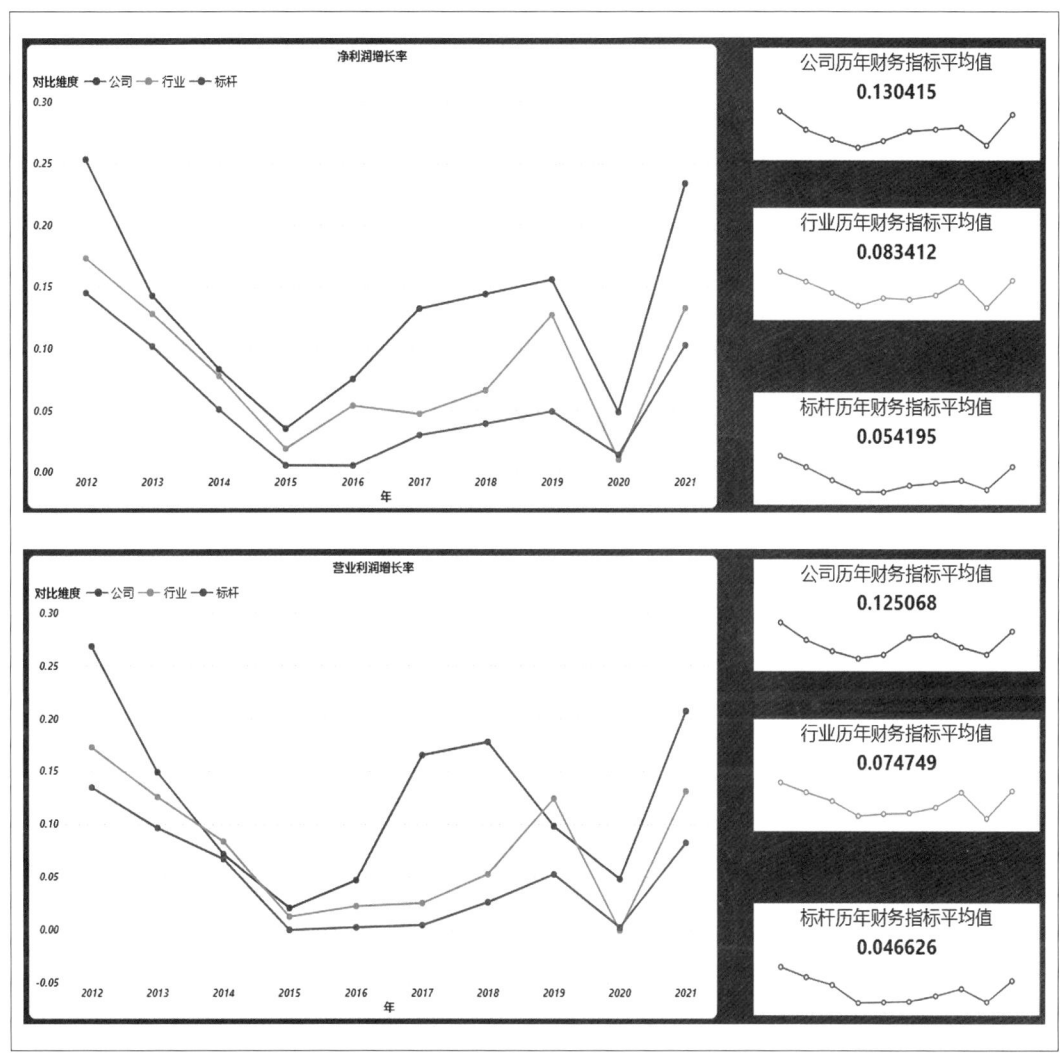

图8-11　2012—2021年招商银行、工商银行和行业利润发展指标综合变动趋势图

由图8-10可知,招商银行净利润增长率和营业利润增长率2012—2021年都呈"W"形趋势,且数值差距不大,波动幅度都在0.0～0.2。

除个别年份外,招商银行历年净利润增长率和营业利润增长率高于标杆公司工商银行和行业水平,且波动趋势基本趋于一致。以上数据说明相比行业水平,招商银行的利润增长速度更快。

2012—2021年利润发展指标多指标行业内横向对比数据变动趋势,如图8-12所示。

由图8-12可知,通过对净利润增长率和营业利润增长率财务指标横向分析对比:除个别公司外,所选对比公司中的大多数公司在平均值线上下波动,总体来看,招商银行利润发展指标在大多数年份高于所选对比公司,利润增长能力较强。

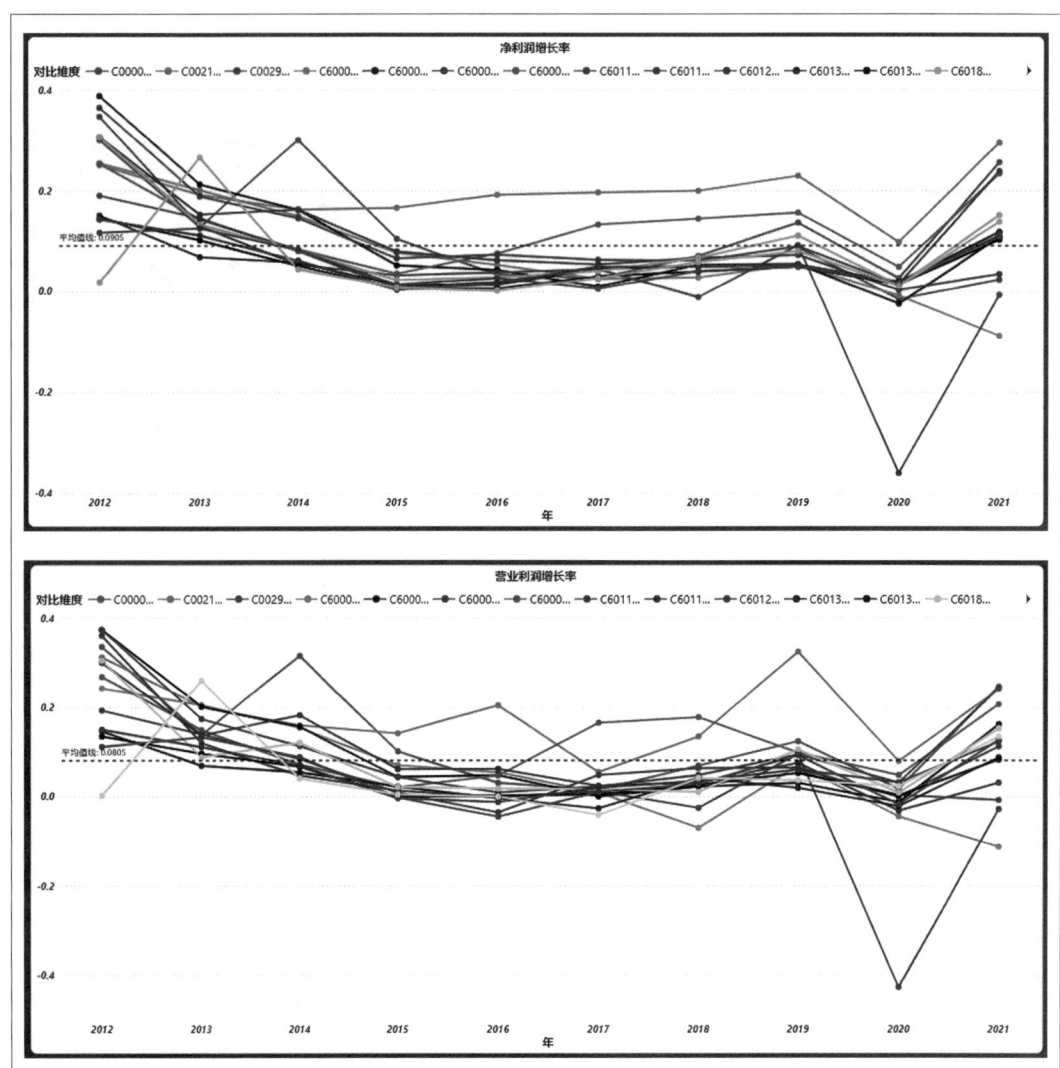

图 8-12　2012—2021 年利润发展指标多指标行业内横向对比数据变动趋势图

(三) 资产增长率

招商银行、工商银行和行业资产发展指标对比,如表 8-3 所示。

表 8-3　招商银行、工商银行和行业资产发展指标对比

资产发展指标	2021 年			10 年平均(2012—2021 年)		
	招商银行	行业	工商银行	招商银行	行业	工商银行
资产增长率	10.62%	8.91%	5.48%	12.82%	11.83%	8.58%

2012—2021 年招商银行资产增长率变动趋势,如图 8-13 所示。

由图 8-13 可知,招商银行资产增长率 2012—2021 年呈现下降趋势,2012—2017 年呈现下降趋势,2017 年降到谷底,2017—2020 年有所回升,2020—2021 年略有下降。到 2021 年,招商银行资产增长率为 10.62%(表 8-3)。

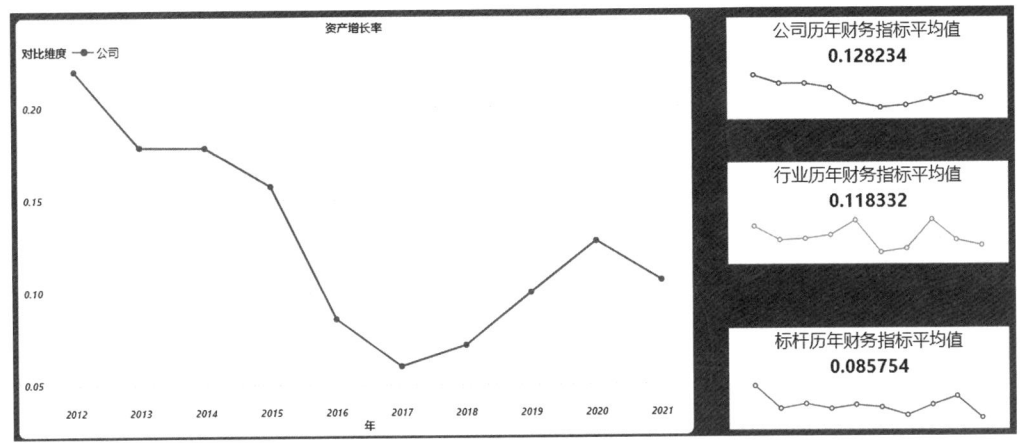

图 8-13　2012—2021 年招商银行资产增长率变动趋势图

招商银行历年资产增长率平均值高于标杆公司历年资产增长率平均值和行业历年资产增长率平均值,招商银行历年资产增长率平均值比行业平均值高了 0.99 个百分点,比标杆公司高了 4.24 个百分点。

2012—2021 年货币金融服务业资产增长率变动趋势,如图 8-14 所示。

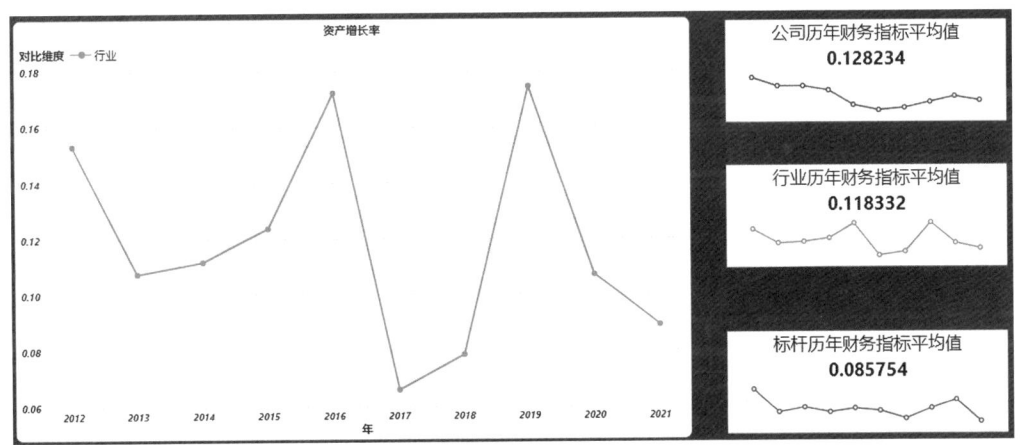

图 8-14　2012—2021 年货币金融服务业资产增长率变动趋势图

由图 8-14 可知,货币金融服务业资产增长率 2012—2021 年呈现涨跌交替的趋势,2012—2013 年有所下降,2013—2016 年有所上升,2016—2017 年显著下降,2017—2019 年显著上升,2019—2021 年下降显著。2012 年至 2021 年,货币金融服务业资产增长率在 0.06~0.18 变动。

行业历年资产增长率平均值为 0.118 332,低于招商银行的资产增长率平均值,高于标杆公司工商银行的资产增长率平均值。

2012—2021 年招商银行、工商银行和行业资产增长率指标综合变动趋势,如图 8-15 所示。

由图 8-15 可知,2012—2021 年招商银行、工商银行和行业资产增长率都呈波动趋势。

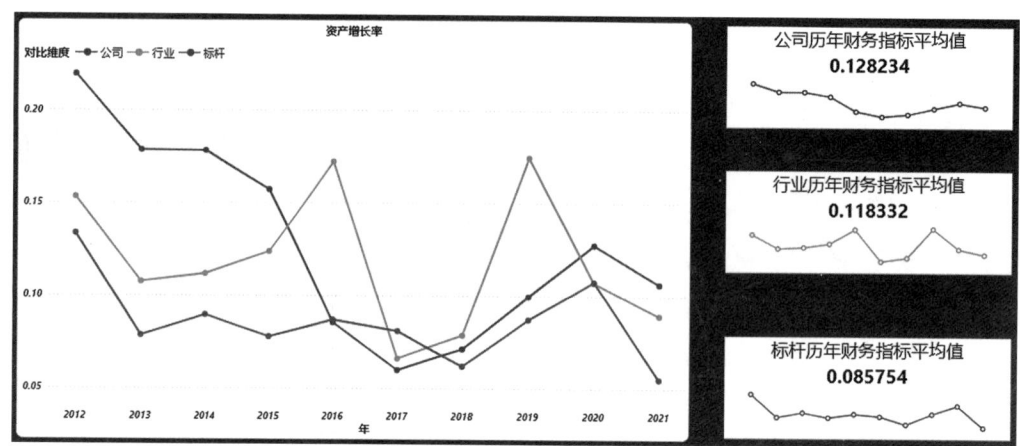

图 8-15 2012—2021 年招商银行、工商银行和行业资产增长率指标综合变动趋势图

从资产增长率 10 年平均值来看，招商银行高于行业水平和标杆公司。以上数据说明相比行业水平，招商银行的资产增长速度更快。

2012—2021 年资产发展指标行业内横向对比数据变动趋势，如图 8-16 所示。

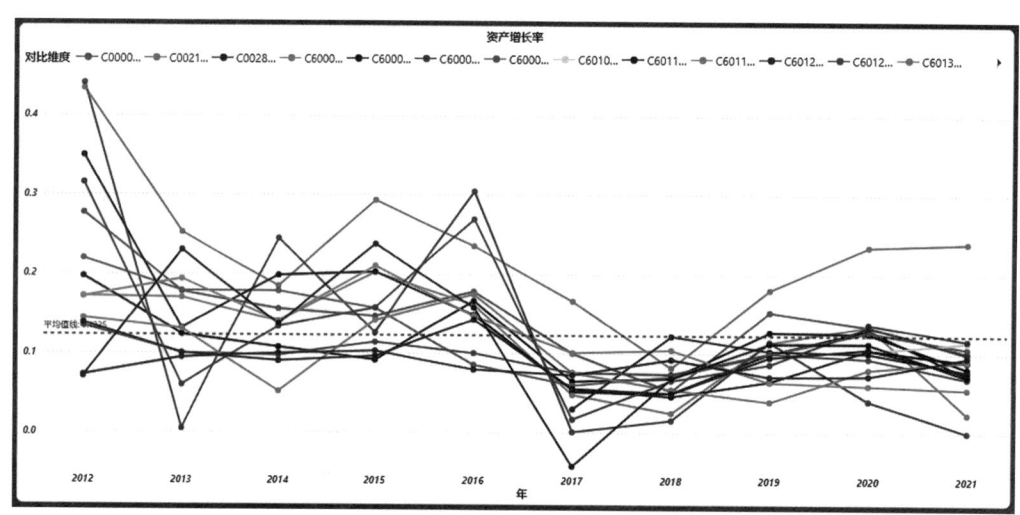

图 8-16 2012—2021 年资产发展指标行业内横向对比数据变动趋势图

由图 8-16 可知，通过对资产增长率指标横向分析对比：除少数公司外，所选对比公司中的大多数公司在平均值线上下波动，总体来看，招商银行资产发展指标 10 年均值高于平均值线，说明相比所选对比公司，招商银行的资产增长能力较强。

二、零售业公司单项发展能力分析

这里选取重庆百货（股票代码：600729）作为样本公司进行公司单项发展能力分析，行业标杆企业为王府井（股票代码：600859），所属行业为零售业。

（一）股东权益增长率

重庆百货、王府井和行业股东权益发展指标对比，如表 8-4 所示。

表 8-4 重庆百货、王府井和行业股东权益发展指标对比

股东权益发展指标	2021年			10年平均(2012—2021年)		
	重庆百货	行业	王府井	重庆百货	行业	王府井
股东权益增长率	−0.165 5	−0.048 1	0.079 1	0.086 9	0.119 6	0.086 1

2012—2021年重庆百货股东权益增长率变动趋势,如图8-17所示。

图 8-17 2012—2021年重庆百货股东权益增长率变动趋势图

由图8-17可知,重庆百货股东权益增长率2012—2021年呈现下降趋势,2012—2013年有所上升,2013—2014年显著下降,2014—2020年涨跌波动不大,2020—2021年显著下降。2012—2021年重庆百货股东权益增长率在−0.2~0.4变动。到2021年,重庆百货股东权益增长率下降至−16.55%(表8-4),说明重庆百货的股东权益增长开始乏力,增长能力正在减弱,到2021年股东权益已开始减少。

重庆百货历年股东权益增长率平均值低于行业历年股东权益增长率平均值,高于标杆公司历年股东权益增长率平均值,重庆百货历年股东权益增长率平均值比行业平均值低了3.27个百分点,比标杆公司高了0.08个百分点。

2012—2021年零售业股东权益增长率变动趋势,如图8-18所示。

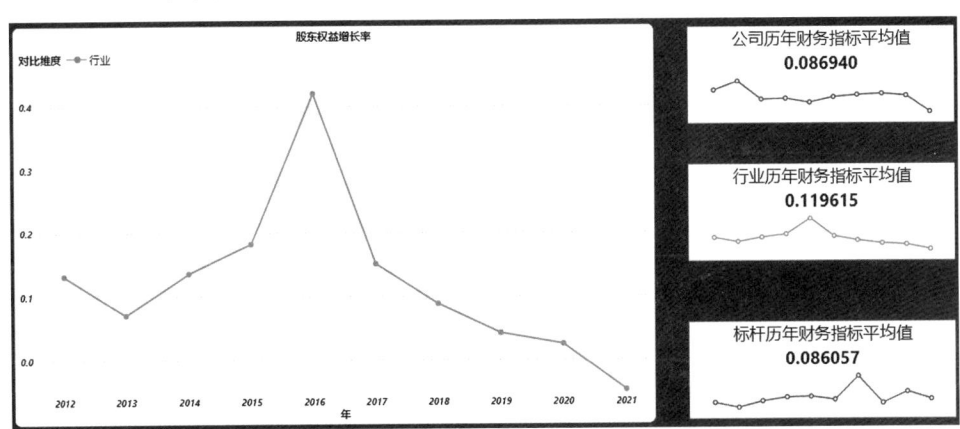

图 8-18 2012—2021年零售业股东权益增长率变动趋势图

由图 8-18 可知,零售业股东权益增长率 2012—2021 年大致呈现倒"V"形趋势,2012—2013 年有所下降,2013—2016 年呈上升趋势,2016 年达到峰值,2016—2021 年呈下降趋势。到 2021 年,零售业股东权益增长率降至 -0.1 以下。

行业历年股东权益增长率平均值为 0.119615,高于重庆百货和标杆公司王府井的股东权益增长率平均值。

2012—2021 年重庆百货、王府井和行业股东权益增长率指标综合变动趋势,如图 8-19 所示。

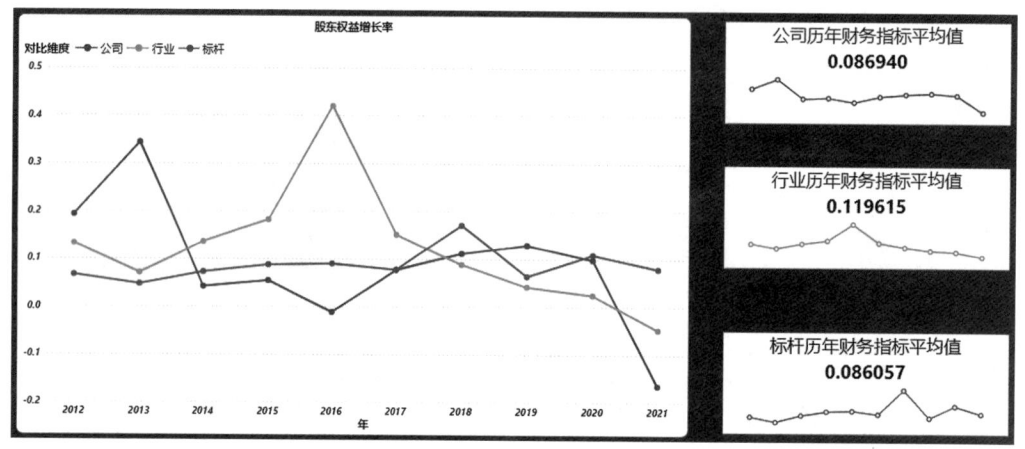

图 8-19　2012—2021 年重庆百货、王府井和行业股东权益增长率指标综合变动趋势图

由图 8-19 可知,2012—2021 年标杆公司王府井股东权益增长率波动不大,重庆百货股东权益增长率呈下降趋势,2021 年降到 0 以下,说明重庆百货股东权益的增长速度越来越慢,到 2021 年股东权益开始减少。从股东权益增长率 10 年平均值来看,重庆百货低于行业水平,说明相比行业水平,重庆百货的股东权益增长速度较慢。

2012—2021 年股东权益发展指标行业内横向对比数据变动趋势,如图 8-20 所示。

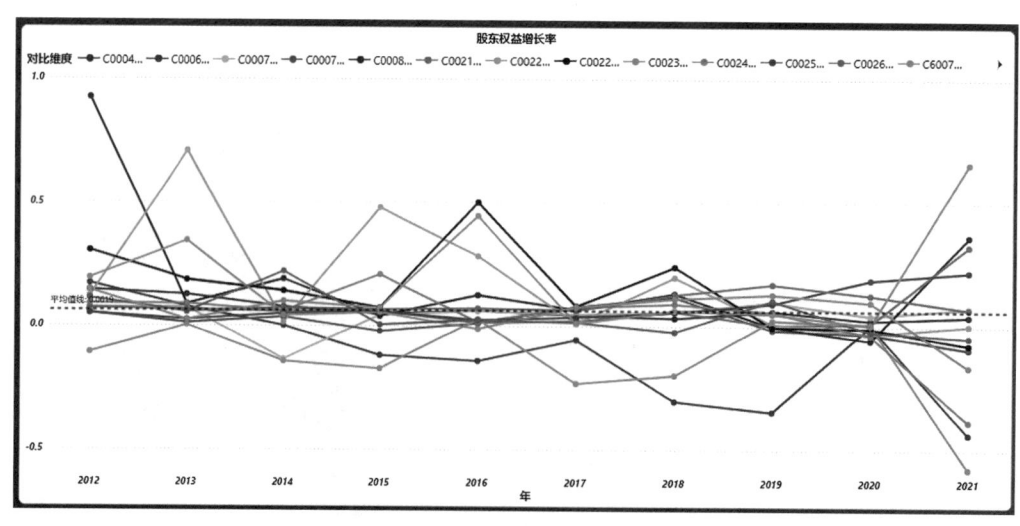

图 8-20　2012—2021 年股东权益发展指标行业内横向对比数据变动趋势图

由图 8-20 可知,通过对股东权益增长率指标横向分析对比:除少数公司外,所选对比公司中大多数公司在平均值线上下波动,总体来看,重庆百货股东权益发展指标 10 年均值略高于所选对比公司,股东权益增长能力稍强。

(二)利润增长率

重庆百货、王府井和行业利润发展指标对比,如表 8-5 所示。

表 8-5　重庆百货、王府井和行业利润发展指标对比

利润发展指标	2021 年			10 年平均(2012—2021 年)		
	重庆百货	行业	王府井	重庆百货	行业	王府井
净利润增长率	−0.033 8	−1.970 1	0.119 4	0.084 5	−0.205 4	0.099 7
营业利润增长率	−0.063 8	−1.338 0	0.142 1	0.085 8	−0.110 0	0.113 5

2012—2021 年重庆百货净利润增长率变动趋势,如图 8-21 所示。

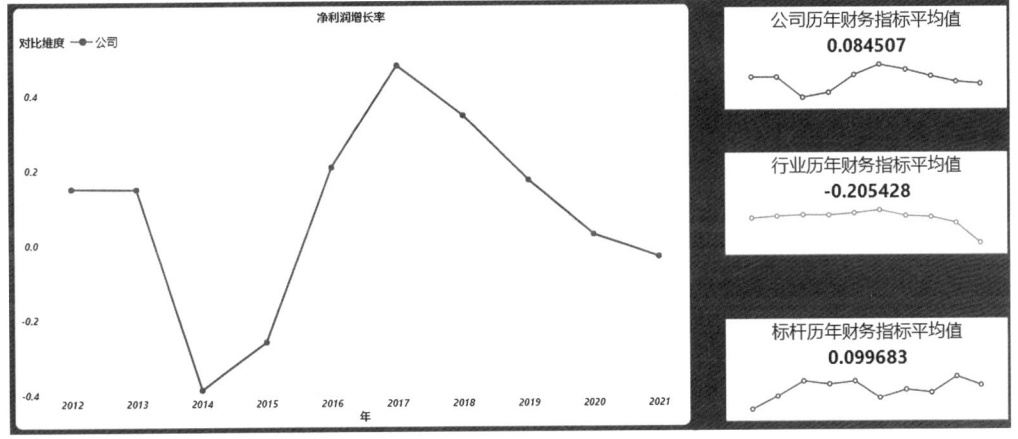

图 8-21　2012—2021 年重庆百货净利润增长率变动趋势图

由图 8-21 可知,重庆百货净利润增长率 2012—2014 呈下降趋势,2014—2017 年呈上升趋势,2017 年达到峰值,2017—2021 年呈下降趋势,说明重庆百货近 5 年来的净利润增长开始乏力,增长能力正在减弱。重庆百货净利润增长率在−0.4～0.5 变动。到 2021 年,重庆百货净利润增长率为−3.38%(表 8-5)。

重庆百货历年净利润增长率平均值高于行业历年净利润增长率平均值,低于标杆公司历年净利润增长率平均值。

2012—2021 年零售业净利润增长率变动趋势,如图 8-22 所示。

由图 8-22 可知,零售业净利润增长率 2012—2017 年基本呈现上升趋势,且上升幅度不大,2017—2021 年显著下降,2021 年已降至−197.01%(表 8-5),说明整个零售业的净利润近年来一直在减少。2012—2021 年,零售业净利润增长率在−2.0～0.5 变动。

行业历年净利润增长率平均值为−0.205 428,低于重庆百货和标杆公司王府井的净利润增长率平均值。

2012—2021 年重庆百货营业利润增长率变动趋势,如图 8-23 所示。

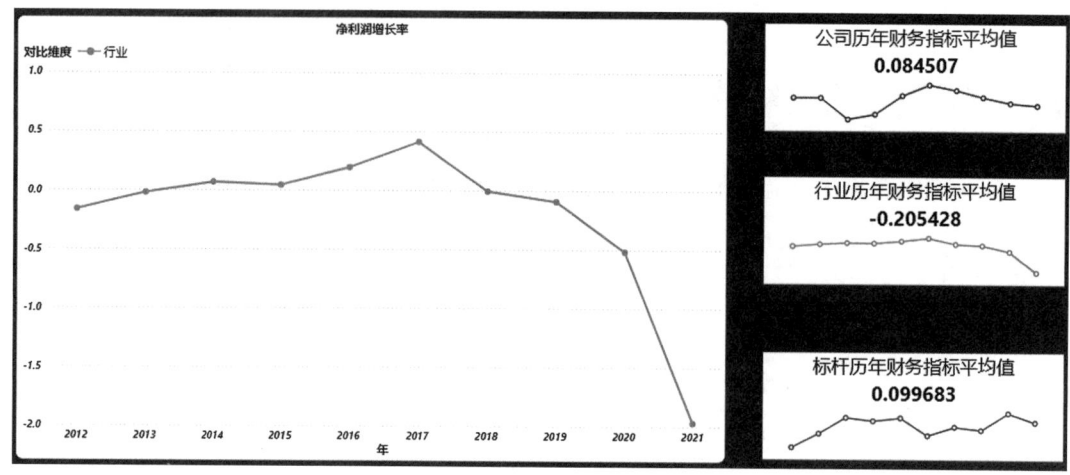

图 8-22 2012—2021 年零售业净利润增长率变动趋势图

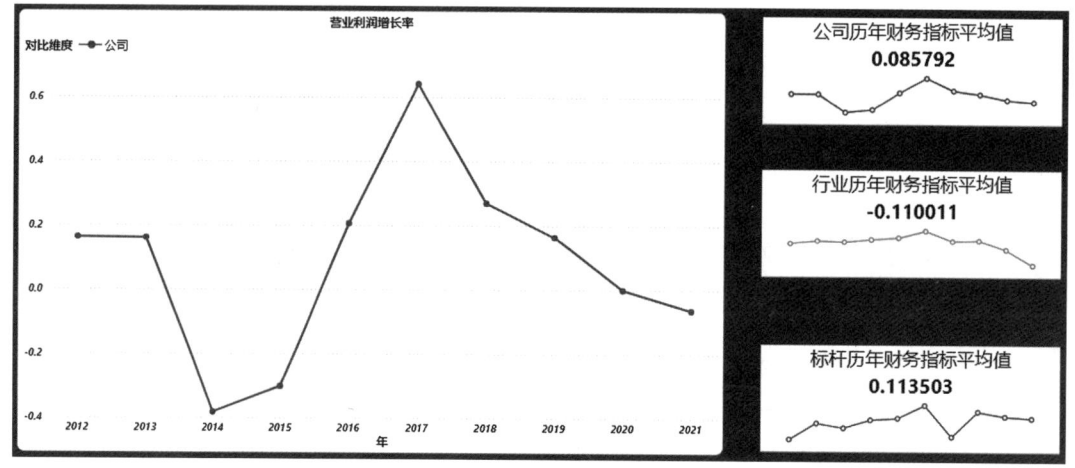

图 8-23 2012—2021 年重庆百货营业利润增长率变动趋势图

由图 8-23 可知,重庆百货营业利润增长率 2012—2021 年呈现波动趋势,与净利润增长率的变动趋势趋于一致,2012—2014 呈下降趋势,2014—2017 年显著上升,2017 年达到峰值,2017—2021 年呈下降趋势。重庆百货营业利润增长率在-0.4~0.7 变动。到 2021 年,重庆百货营业利润增长率为 6.38%(表 8-5)。

重庆百货历年营业利润增长率平均值高于行业历年营业利润增长率平均值,低于标杆公司历年营业利润增长率平均值。

2012—2021 年零售业营业利润增长率变动趋势,如图 8-24 所示。

零售业净利润增长率 2012—2017 年大致呈现上升趋势,2017—2021 年显著下降,2021 年已降至-133.80%(表 8-5),说明整个零售业的营业利润近年来一直在减少。

行业历年营业利润增长率平均值为-0.110 011,低于重庆百货和标杆公司王府井的营业利润增长率平均值。

2012—2021 年重庆百货利润发展指标多指标历史数据变动趋势,如图 8-25 所示。

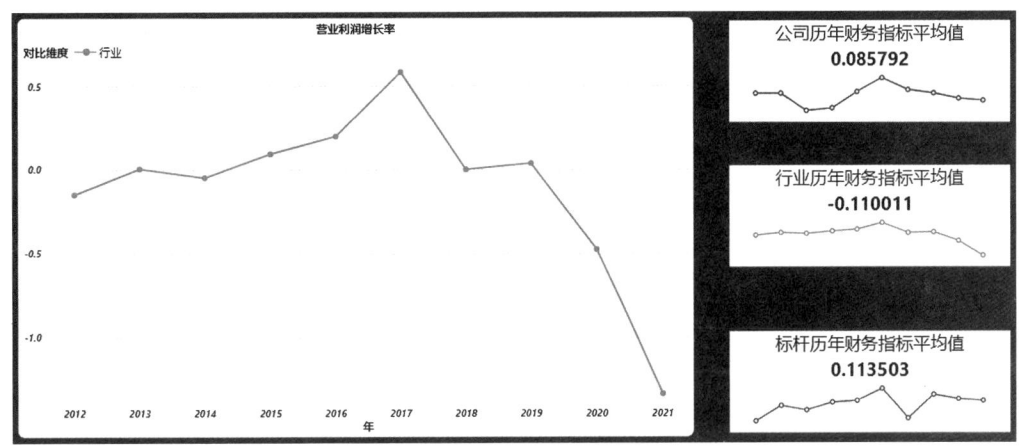

图 8-24　2012—2021 年零售业营业利润增长率变动趋势图

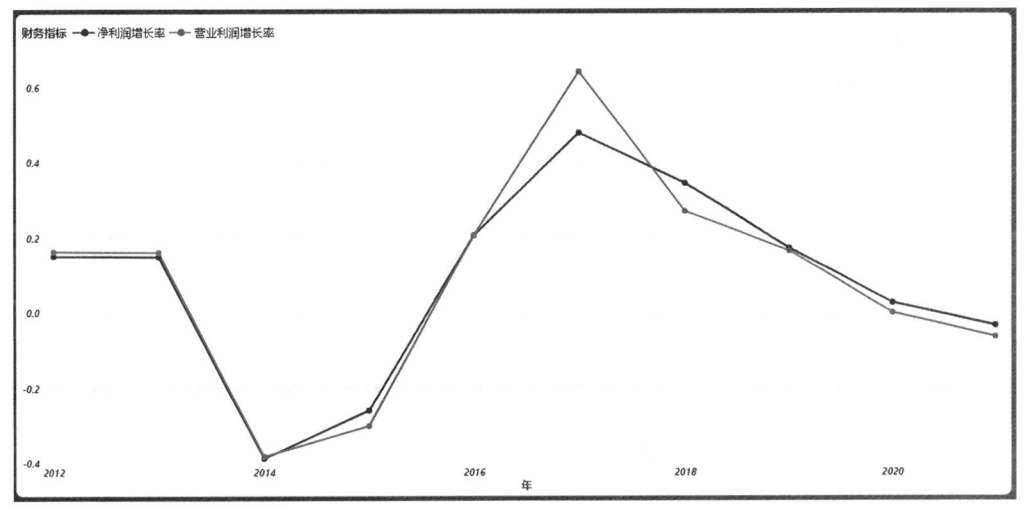

图 8-25　2012—2021 年重庆百货利润发展指标多指标历史数据变动趋势图

由图 8-25 可知,重庆百货净利润增长率和营业利润增长率 2012—2021 年增长趋势基本趋于一致,且数值差距不大,波动幅度都在-0.4~0.7。

2012—2021 年重庆百货、王府井和行业利润发展指标综合变动趋势,如图 8-26 所示。

由图 8-26 可知,重庆百货历年净利润增长率和营业利润增长率从 2016 年以来高于行业水平,零售业近年来利润在不断减少。

以上数据说明重庆百货近 10 年利润发展不稳定,且近 5 年来利润增长乏力,甚至开始减少,但相比行业水平,重庆百货的利润发展趋势更好。

2012—2021 年利润发展指标多指标行业内横向对比数据变动趋势,如图 8-27 所示。

由图 8-27 可知,通过对净利润增长率和营业利润增长率财务指标横向分析对比可知,所选对比公司中大多数公司在平均值线上下波动,总体来看,重庆百货利润发展指标在大多数年份低于所选对比公司,利润增长能力稍弱。

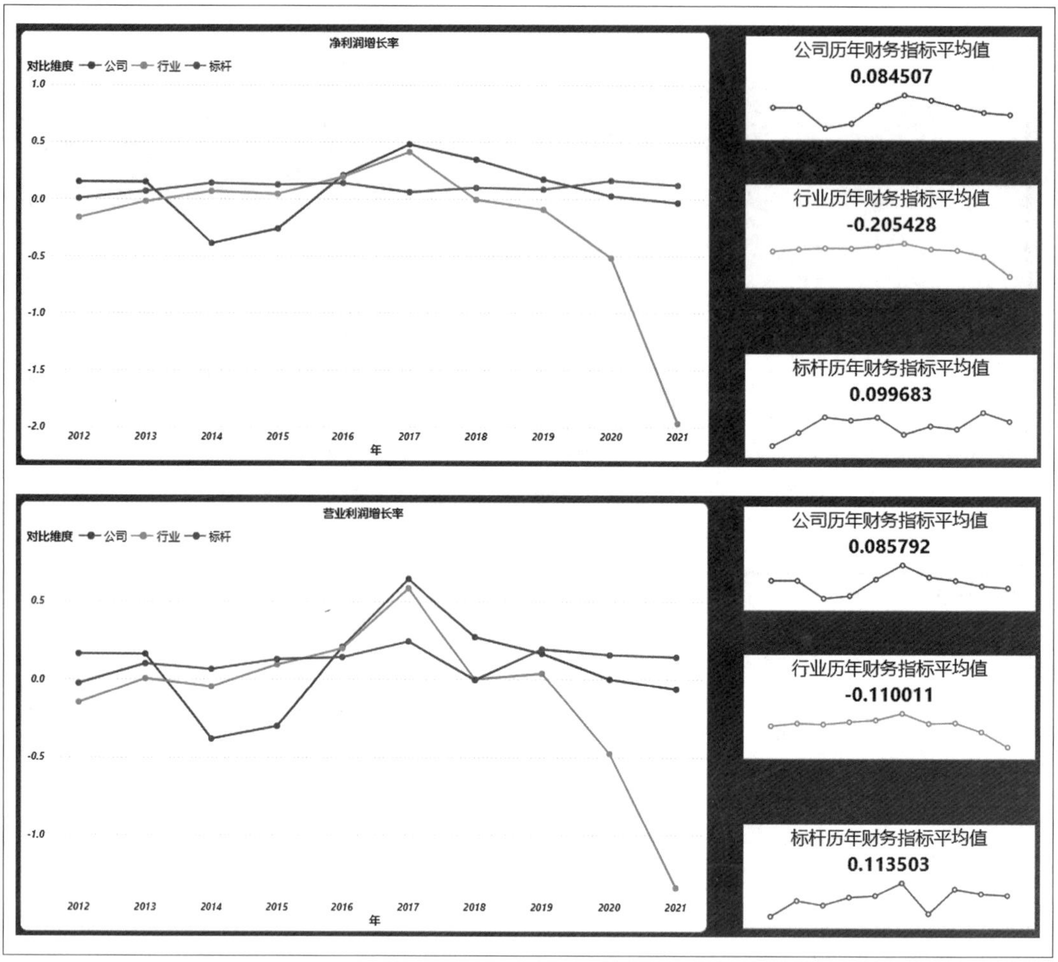

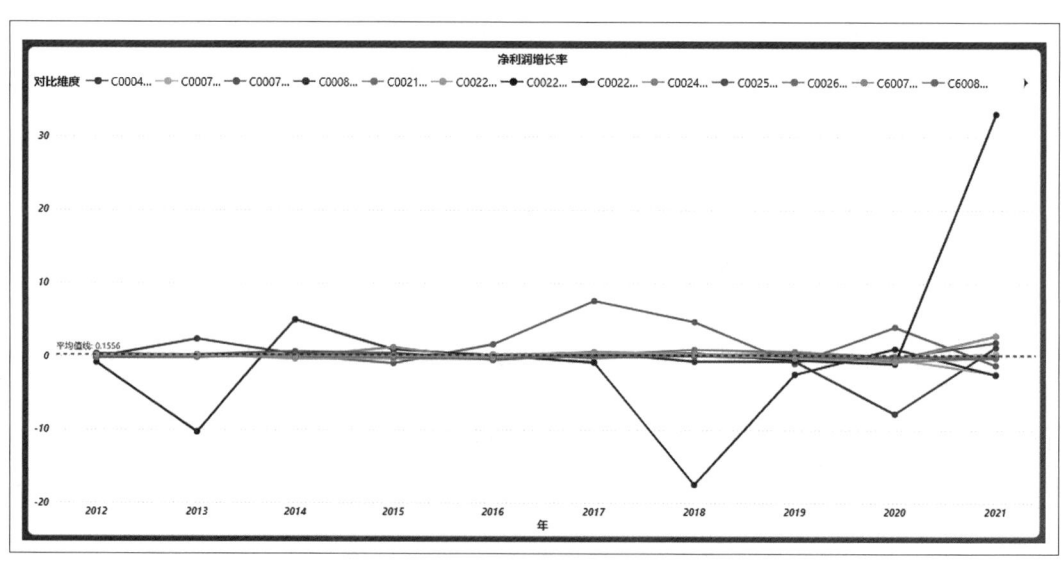

图 8-26　2012—2021 年重庆百货、王府井和行业利润发展指标综合变动趋势图

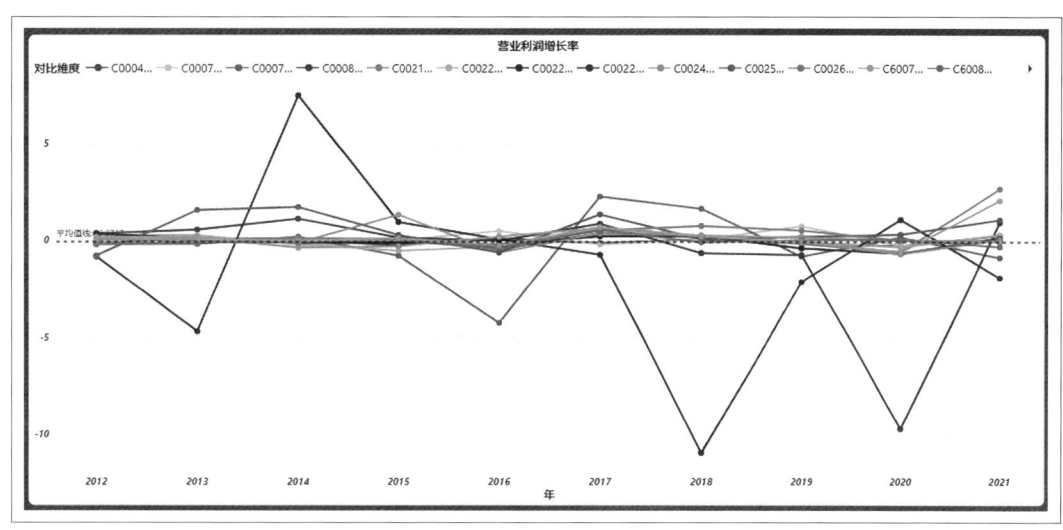

图 8-27　2012—2021 年利润发展指标多指标行业内横向对比数据变动趋势图

(三) 收入增长率

重庆百货、王府井和行业收入发展指标对比，如表 8-6 所示。

表 8-6　重庆百货、王府井和行业收入发展指标对比

收入发展指标	2021 年			10 年平均(2012—2021 年)		
	重庆百货	行业	王府井	重庆百货	行业	王府井
收入增长率	0.002 2	-0.007 6	0.124 6	-0.004 7	0.077 3	0.148 2

2012—2021 年重庆百货收入增长率变动趋势，如图 8-28 所示。

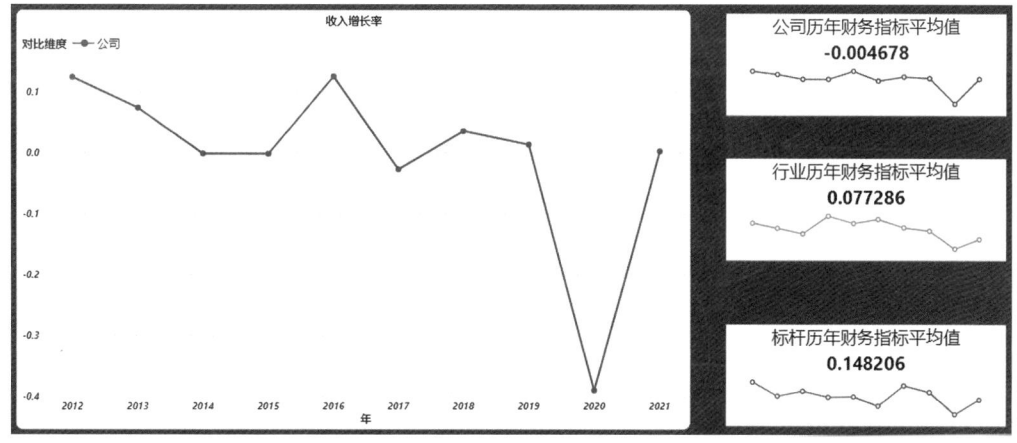

图 8-28　2012—2021 年重庆百货收入增长率变动趋势图

由图 8-28 可知，2012—2021 年重庆百货收入增长率除 2020 年急速下降外，其余年份波动幅度较小。到 2021 年，重庆百货收入增长率为 0.22%（表 8-6）。重庆百货的收入增长不稳定。

重庆百货历年收入增长率平均值低于标杆公司和行业历年收入增长率平均值。

2012—2021年零售业收入增长率变动趋势，如图8-29所示。

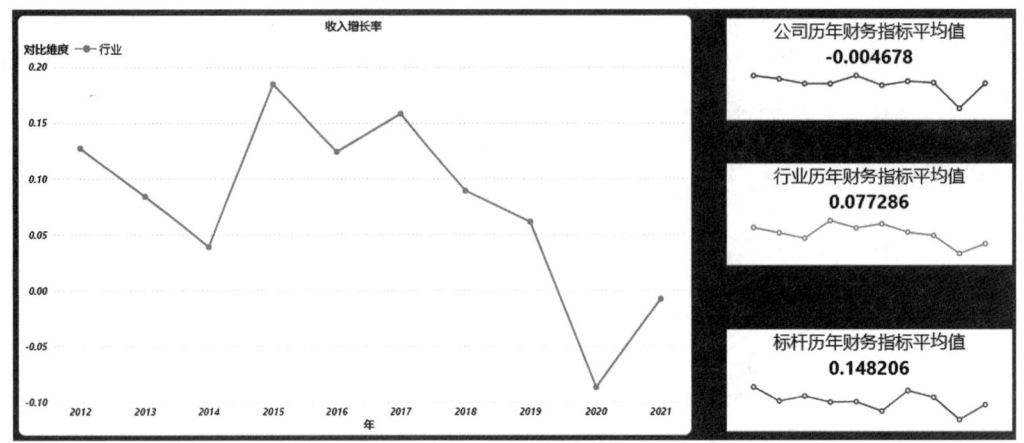

图8-29　2012—2021年零售业收入增长率变动趋势图

由图8-29可知，零售业收入增长率2012—2021年大致呈现波动下降的趋势。2012—2017年呈现涨跌交替的趋势，2017—2020年显著下降，2020—2021年有所回升，且2020年和2021年收入降为负值，说明近年来零售业整个行业发展前景并不乐观。2012—2021年，零售业收入增长率在−0.1～0.2变动。

行业历年收入增长率平均值为0.077 286，高于重庆百货的收入增长率平均值，低于标杆公司王府井的收入增长率平均值。

2012—2021年重庆百货、王府井和行业收入增长率指标综合变动趋势，如图8-30所示。

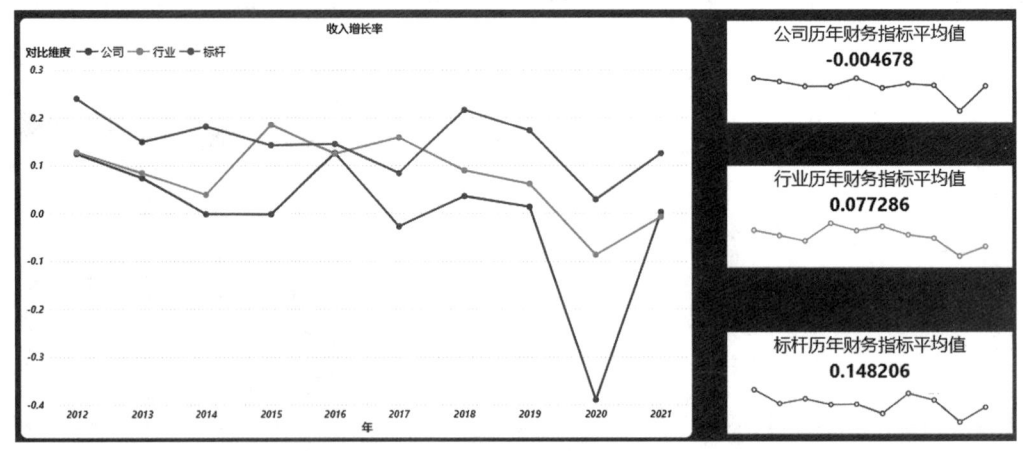

图8-30　2012—2021年重庆百货、王府井和行业收入增长率指标综合变动趋势图

由图8-30可知，2012—2021年重庆百货、王府井和行业收入增长率都呈现波动趋势，2018—2020年呈现下降趋势，特别是2020年显著下降。整体来看，标杆公司王府井的收入增长率高于行业水平，重庆百货的收入增长率低于行业水平，说明相比行业水平，重庆百货

的收入增长水平较差。

2012—2021年收入发展指标行业内横向对比数据变动趋势,如图8-31所示。

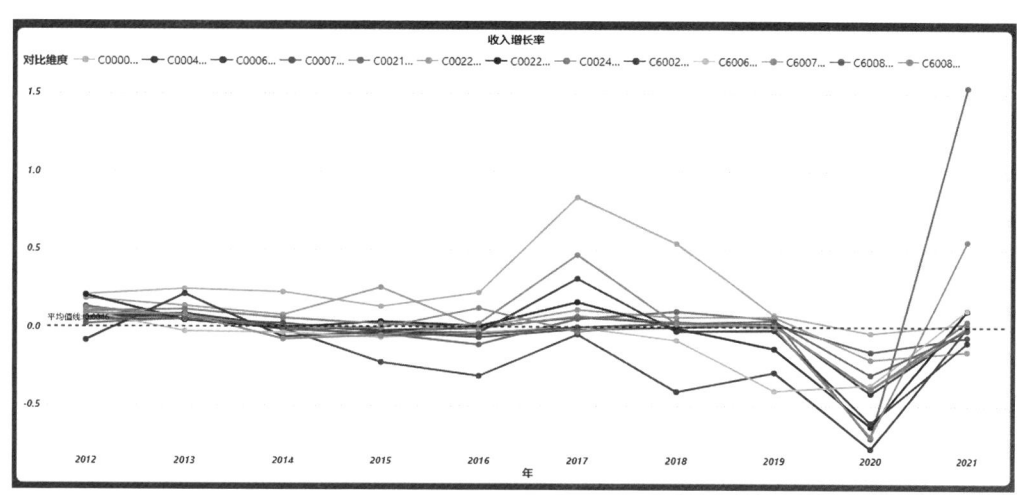

图 8-31　2012—2021 年收入发展指标行业内横向对比数据变动趋势图

由图 8-31 可知,通过对收入增长率指标横向分析对比可知,所选对比公司中的大多数公司在平均值线上下波动,总体来看,重庆百货收入发展指标 10 年均值低于所选对比公司,收入增长能力较弱。

(四) 资产增长率

重庆百货、王府井和行业资产发展指标对比,如表 8-7 所示。

表 8-7　重庆百货、王府井和行业资产发展指标对比

资产发展指标	2021年			10年平均(2012—2021年)		
	重庆百货	行业	王府井	重庆百货	行业	王府井
资产增长率	5.29%	9.48%	9.55%	5.68%	12.45%	13.34%

2012—2021 年重庆百货资产增长率变动趋势,如图 8-32 所示。

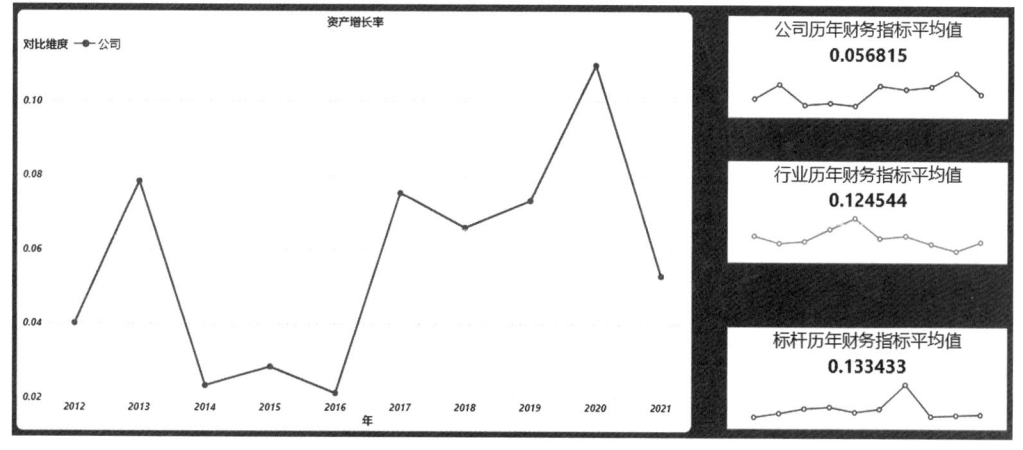

图 8-32　2012—2021 年重庆百货资产增长率变动趋势图

由图 8-32 可知，重庆百货资产增长率 2012—2021 年呈现波动趋势，2012—2013 年有所上升，2013—2014 年显著下降，2014—2016 年波动不大，2016—2020 年呈现波动上升的趋势，2020—2021 年有所回落。重庆百货资产增长率在 0.02～0.11 变动。到 2021 年，重庆百货资产增长率为 5.29%（表 8-7）。

重庆百货历年资产增长率平均值低于标杆公司历年资产增长率平均值和行业历年资产增长率平均值，且数值差距较大。

2012—2021 年零售业资产增长率变动趋势，如图 8-33 所示。

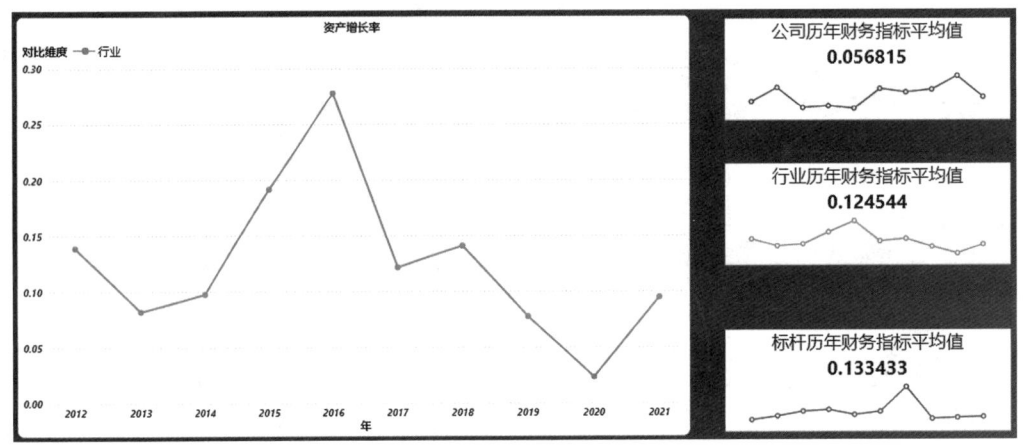

图 8-33　2012—2021 年零售业资产增长率变动趋势图

由图 8-33 可知，零售业资产增长率 2012—2021 年呈现波动趋势，2012—2013 年有所下降，2013—2016 年显著上升，2016 年达到峰值，2016—2020 年波动下降，2020—2021 年有所回升。2012—2021 年，零售业资产增长率在 0.00～0.30 变动。

行业历年资产增长率平均值为 0.124 544，高于重庆百货的资产增长率平均值，低于标杆公司王府井的资产增长率平均值。

2012—2021 年重庆百货、王府井和行业资产增长率指标综合变动趋势，如图 8-34 所示。

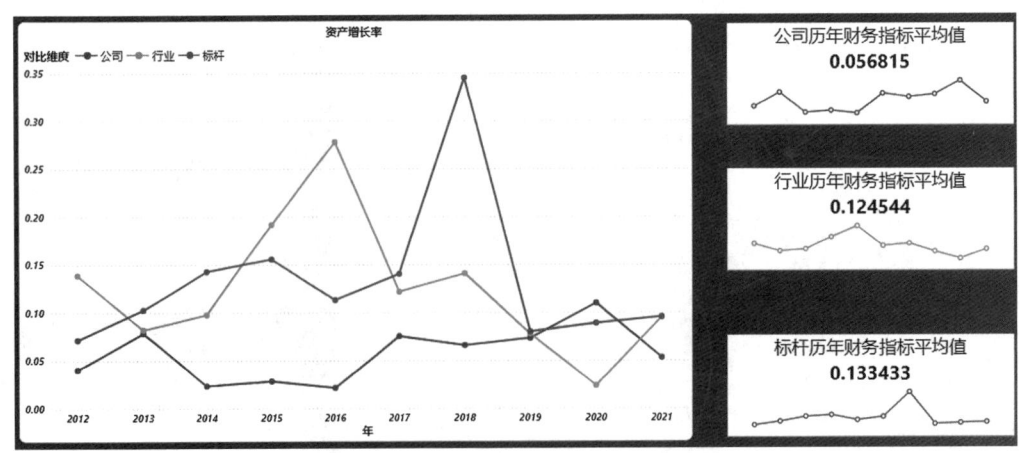

图 8-34　2012—2021 年重庆百货、王府井和行业资产增长率指标综合变动趋势图

由图 8-34 可知，2012—2021 年重庆百货、王府井和行业资产增长率都呈波动趋势，反映出整个零售业的经营业务并不稳定。从资产增长率 10 年平均值来看，重庆百货低于行业水平和标杆公司，且数值差距较大。以上数据说明相比行业水平，重庆百货的资产增长速度较弱。

2012—2021 年资产发展指标行业内横向对比数据变动趋势，如图 8-35 所示。

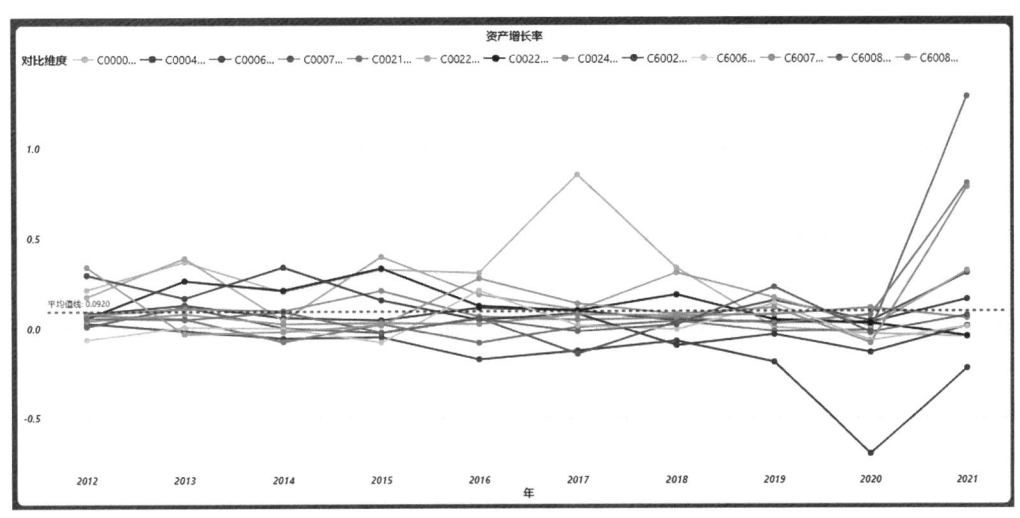

图 8-35　2012—2021 年资产发展指标行业内横向对比数据变动趋势图

由图 8-35 可知，通过对资产增长率指标横向分析对比：所选对比公司中大多数公司在平均值线上下波动，总体来看，重庆百货资产发展指标大多数年份都低于平均值线，说明相比所选对比公司，招商银行的资产增长能力较弱。

三、水上运输业公司单项发展能力分析

这里选取重庆港九（股票代码：600279）作为样本公司进行公司单项发展能力分析，行业标杆企业为中远海控（股票代码：601919），所属行业为水上运输业。

（一）股东权益增长率

重庆港九、中远海控和行业股东权益发展指标对比，如表 8-8 所示。

表 8-8　重庆港九、中远海控和行业股东权益发展指标对比

股东权益发展指标	2021 年			10 年平均（2012—2021 年）		
	重庆港九	行业	中远海控	重庆港九	行业	中远海控
股东权益增长率	0.08%	21.64%	127.28%	16.76%	14.13%	18.34%

2012—2021 年重庆港九股东权益增长率变动趋势，如图 8-36 所示。

由图 8-36 可知，重庆港九股东权益增长率 2012—2021 年呈现波动趋势，2012—2015 年呈现涨跌交替趋势，且上下波动幅度较大，2015—2018 年波动幅度较小，2018—2020 年涨跌幅度较大，2020—2021 年略有回落。2012—2021 年重庆港九股东权益增长率在 −0.1～0.6 变动。到 2021 年，重庆港九股东权益增长率为 0.08%（表 8-8）。

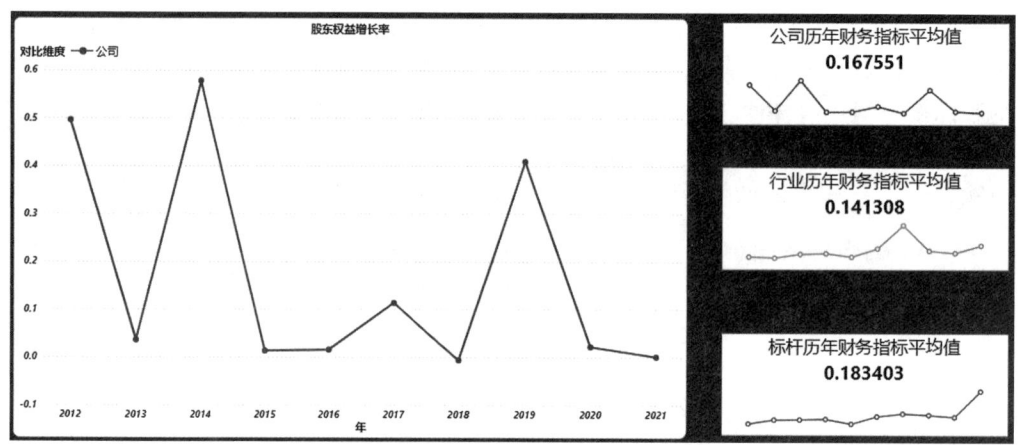

图 8-36　2012—2021 年重庆港九股东权益增长率变动趋势图

重庆百货历年股东权益增长率平均值高于行业历年股东权益增长率平均值,低于标杆公司历年股东权益增长率平均值,重庆百货历年股东权益增长率平均值比行业平均值高了 2.63 个百分点,比标杆公司低了 1.58 个百分点。

2012—2021 年水上运输业股东权益增长率变动趋势,如图 8-37 所示。

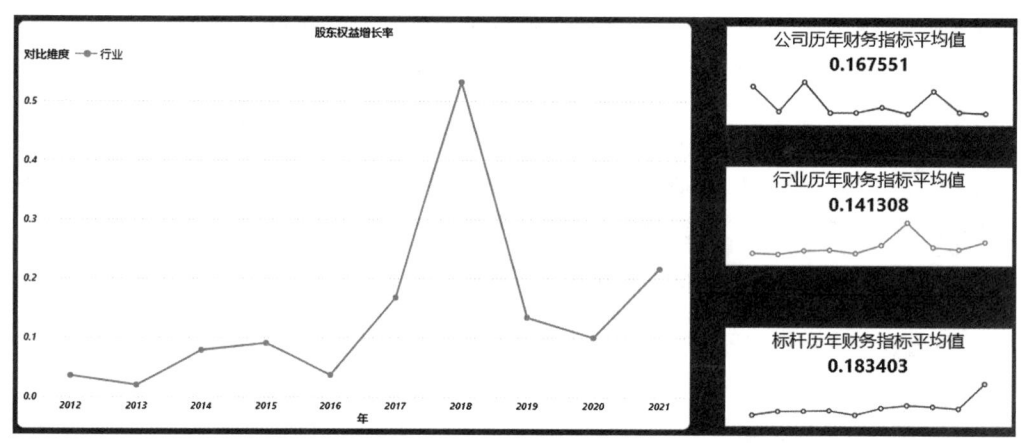

图 8-37　2012—2021 年水上运输业股东权益增长率变动趋势图

由图 8-37 可知,2012—2021 年,水上运输业股东权益增长率除 2018 年增长幅度较大外,其余年份波动较小,且基本呈上涨趋势。2012—2021 年,水上运输业股东权益增长率在 0.0～0.6 变动。

行业历年股东权益增长率平均值为 0.141 308,低于重庆港九和标杆公司中远海控的股东权益增长率平均值。

2012—2021 年重庆港九、中远海控和行业股东权益增长率指标综合变动趋势,如图 8-38 所示。

由图 8-38 可知,2012—2021 年重庆港九、中远海控和行业股东权益增长率都呈波动趋势。从股东权益增长率 10 年平均值来看,重庆港九高于行业水平,低于标杆公司,说明相比行业水平,重庆港九的股东权益增长速度较快。

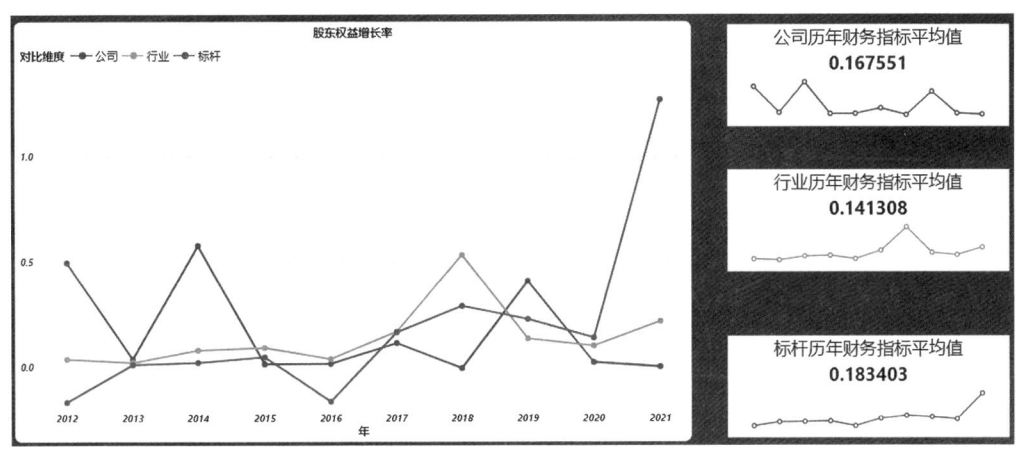

图 8-38 2012—2021 年重庆港九、中远海控和行业股东权益增长率指标综合变动趋势图

2012—2021 年股东权益发展指标行业内横向对比数据变动趋势,如图 8-39 所示。

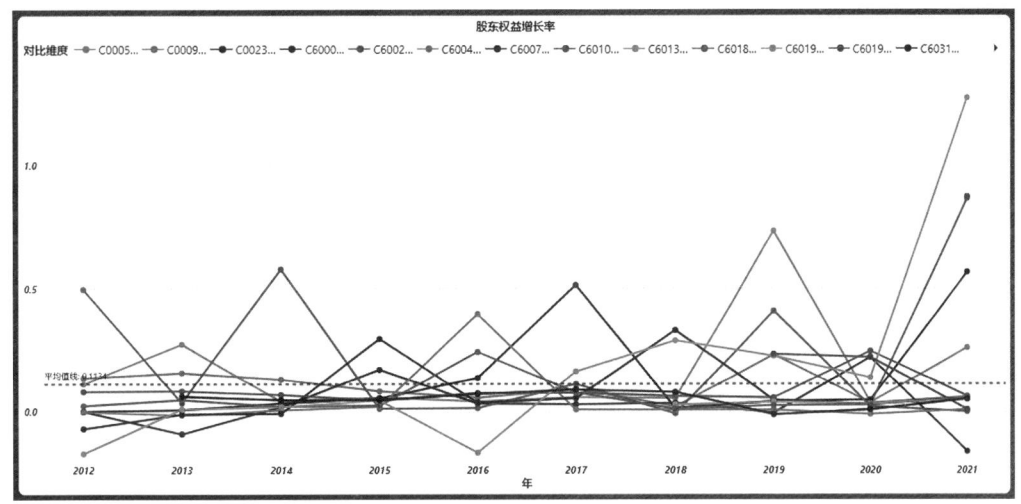

图 8-39 2012—2021 年股东权益发展指标行业内横向对比数据变动趋势图

由图 8-39 可知,通过对股东权益增长率指标横向分析对比:除个别公司外,所选对比公司中的大多数公司在平均值线上下波动,总体来看,重庆港九股东权益发展指标 10 年均值高于所选对比公司,股东权益增长能力更强。

(二) 利润增长率

重庆港九、中远海控和行业利润发展指标对比,如表 8-9 所示。

表 8-9 重庆港九、中远海控和行业利润发展指标对比

利润发展指标	2021 年			10 年平均(2012—2021 年)		
	重庆港九	行业	中远海控	重庆港九	行业	中远海控
净利润增长率	−0.197 1	1.661 3	6.875 1	0.265 1	0.640 7	0.577 3
营业利润增长率	−0.244 0	−1.338 0	1.835 3	0.340 7	0.493 3	−14.261 5

2012—2021年重庆港九净利润增长率变动趋势,如图8-40所示。

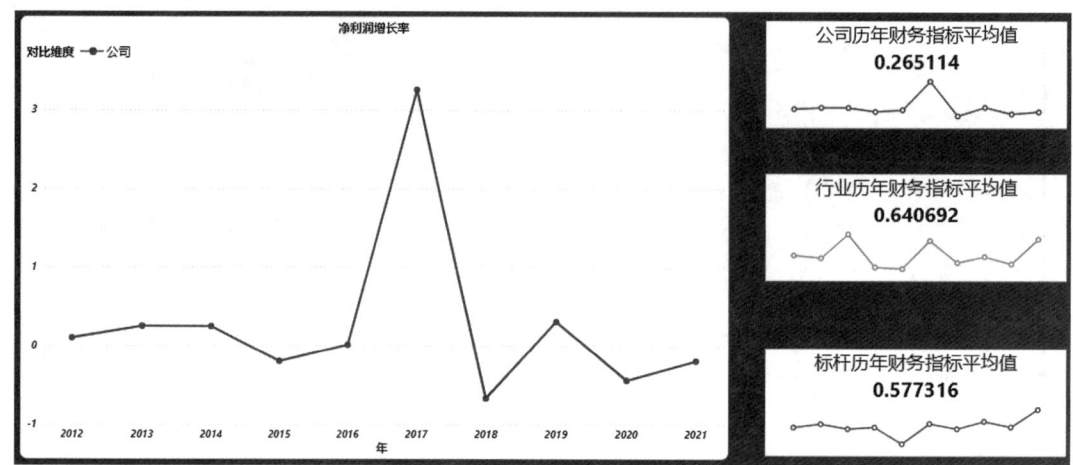

图8-40 2012—2021年重庆港九净利润增长率变动趋势图

由图8-40可知,2012—2021年,重庆港九净利润增长率除2017年飞速增长外,其余年份波动幅度不大,在0上下波动。重庆港九净利润增长率在－1～4变动。到2021年,重庆港九净利润增长率为－19.71%(表8-9)。

重庆港九历年净利润增长率平均值低于标杆公司和行业历年净利润增长率平均值,且数值差距幅度较大。

2012—2021年水上运输业净利润增长率变动趋势,如图8-41所示。

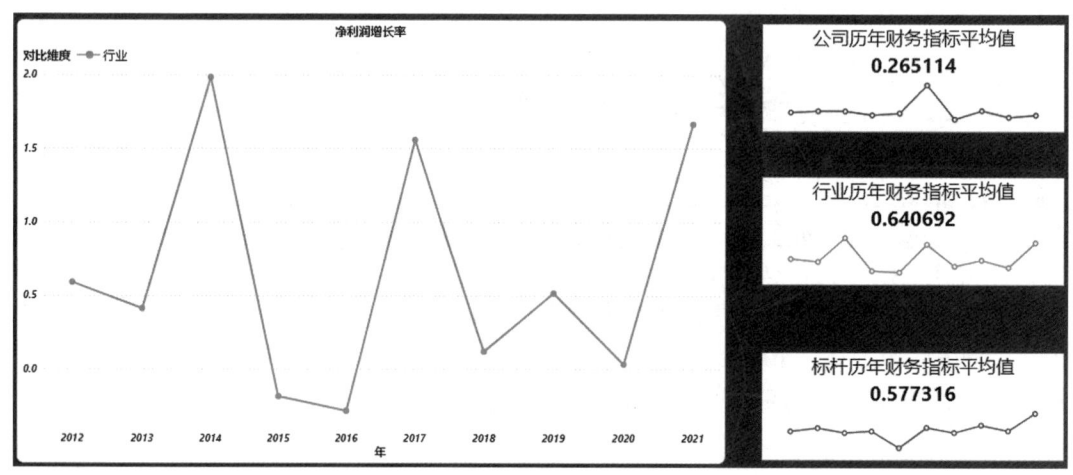

图8-41 2012—2021年水上运输业净利润增长率变动趋势图

由图8-41可知,水上运输业净利润增长率2012—2021年基本呈现显著的上下波动趋势,增长很不稳定。

行业历年净利润增长率平均值为0.640 692,高于重庆港九和标杆公司中远海控的净利润增长率平均值。

2012—2021年重庆港九营业利润增长率变动趋势,如图8-42所示。

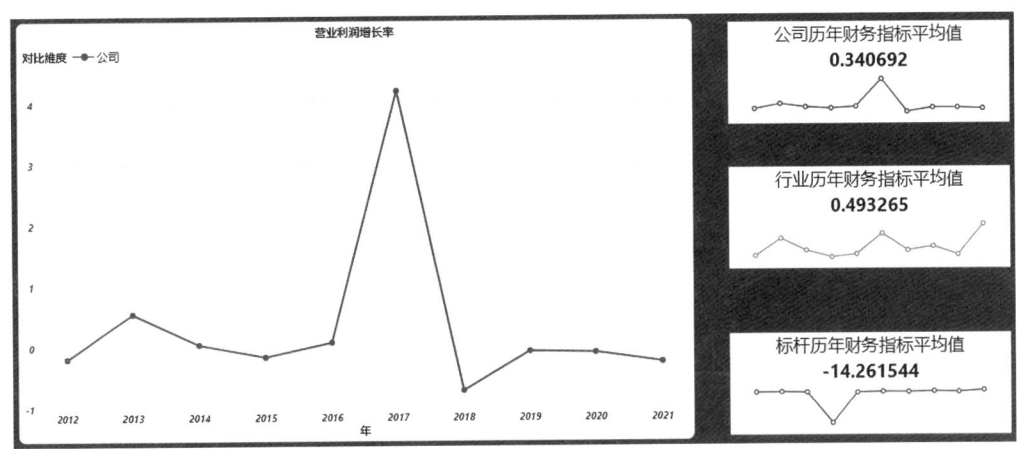

图 8-42　2012—2021 年重庆港九营业利润增长率变动趋势图

由图 8-42 可知,重庆港九营业利润增长率与净利润增长率的波动趋势趋于一致,2012—2021 年除 2017 年飞速增长外,其余年份波动幅度不大,在 0 上下波动。重庆港九营业利润增长率在 −1~5 变动。到 2021 年,重庆港九营业利润增长率为 24.4%(表 8-9)。

重庆港九历年营业利润增长率平均值低于行业历年营业利润增长率平均值,高于标杆公司历年营业利润增长率平均值。

2012—2021 年水上运输业营业利润增长率变动趋势,如图 8-43 所示。

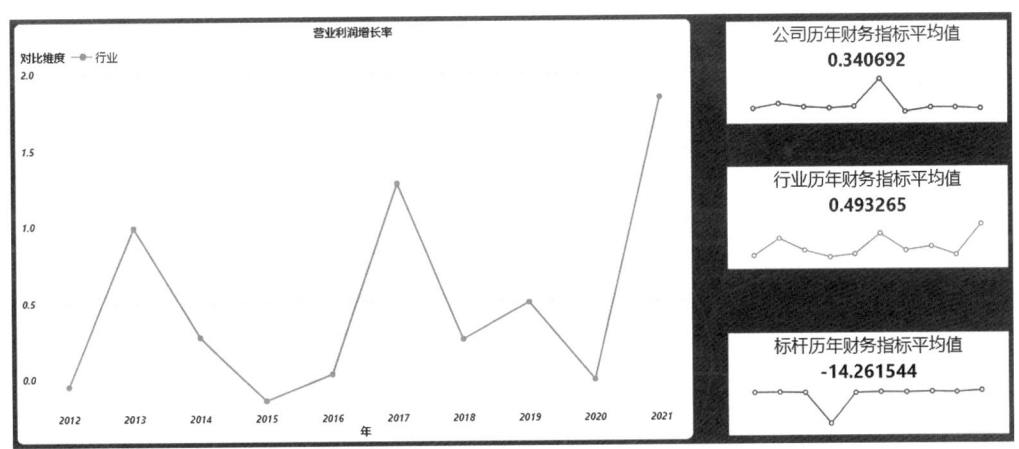

图 8-43　2012—2021 年水上运输业营业利润增长率变动趋势图

由图 8-43 可知,水上运输业营业利润增长率 2012—2021 年基本呈现显著的上下波动趋势,增长很不稳定。2012—2021 年,水上运输业营业利润增长率在 −1~2 变动。

行业历年营业利润增长率平均值为 0.493 265,高于重庆港九和标杆公司中远海控的营业利润增长率平均值。

2012—2021 年重庆港九利润发展指标多指标历史数据变动趋势,如图 8-44 所示。

由图 8-44 可知,重庆港九净利润增长率和营业利润增长率 2012—2021 年增长趋势基本趋于一致,且数值差距不大,波动幅度都在 −1~5。

图 8-44　2012—2021 年重庆港九利润发展指标多指标历史数据变动趋势图

2012—2021 年重庆港九、中远海控和行业利润发展指标综合变动趋势，如图 8-45 所示。

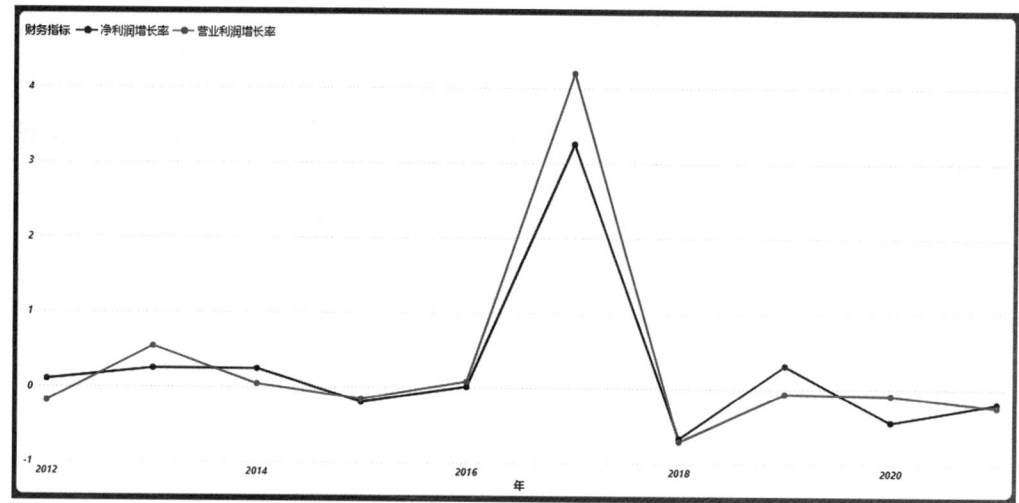

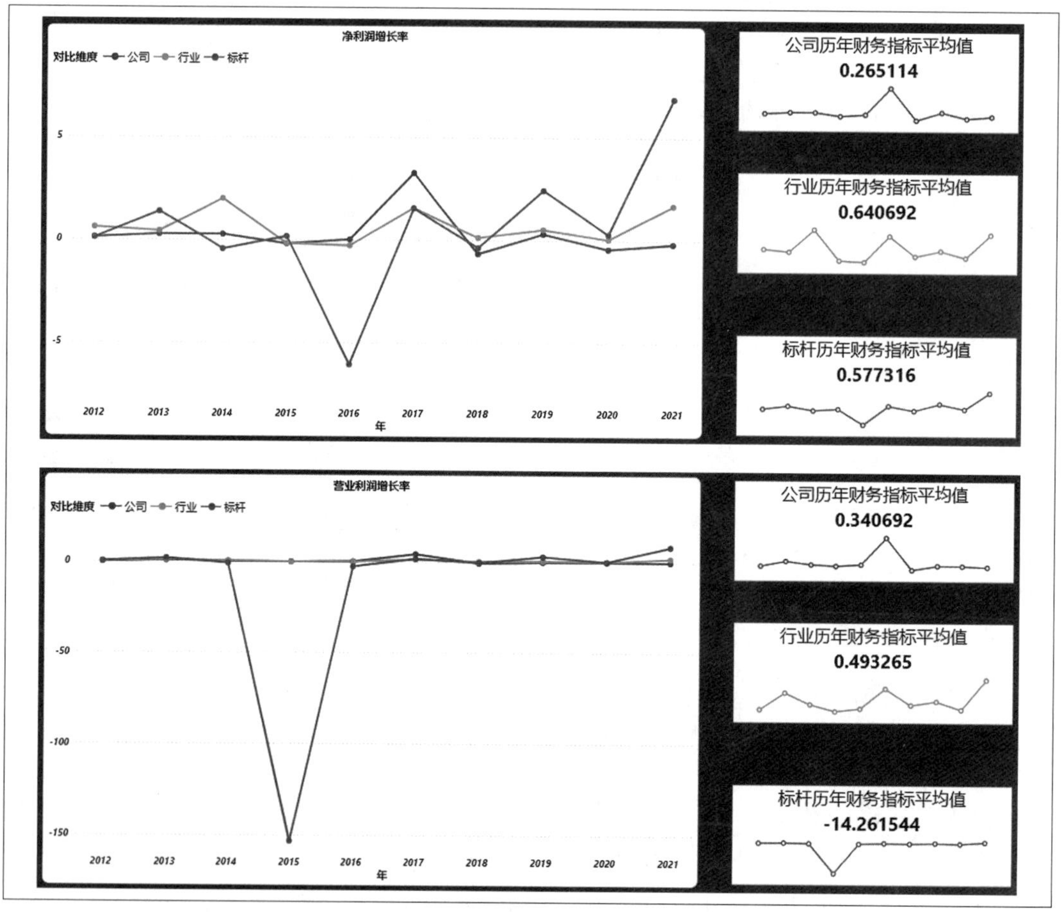

图 8-45　2012—2021 年重庆港九、中远海控和行业利润发展指标综合变动趋势图

由图 8-45 可知,标杆公司中远海控净利润增长率和营业利润增长率分别在 2016 年和 2017 年显著下降,重庆港九和行业利润发展指标呈上下波动趋势。从利润增长率 10 年平均值来看,重庆港九的利润发展指标高于行业水平。

以上数据说明重庆港九近 10 年利润发展不稳定,相比行业水平,重庆港九的利润发展趋势较差。

2012—2021 年利润发展指标多指标行业内横向对比数据变动趋势,如图 8-46 所示。

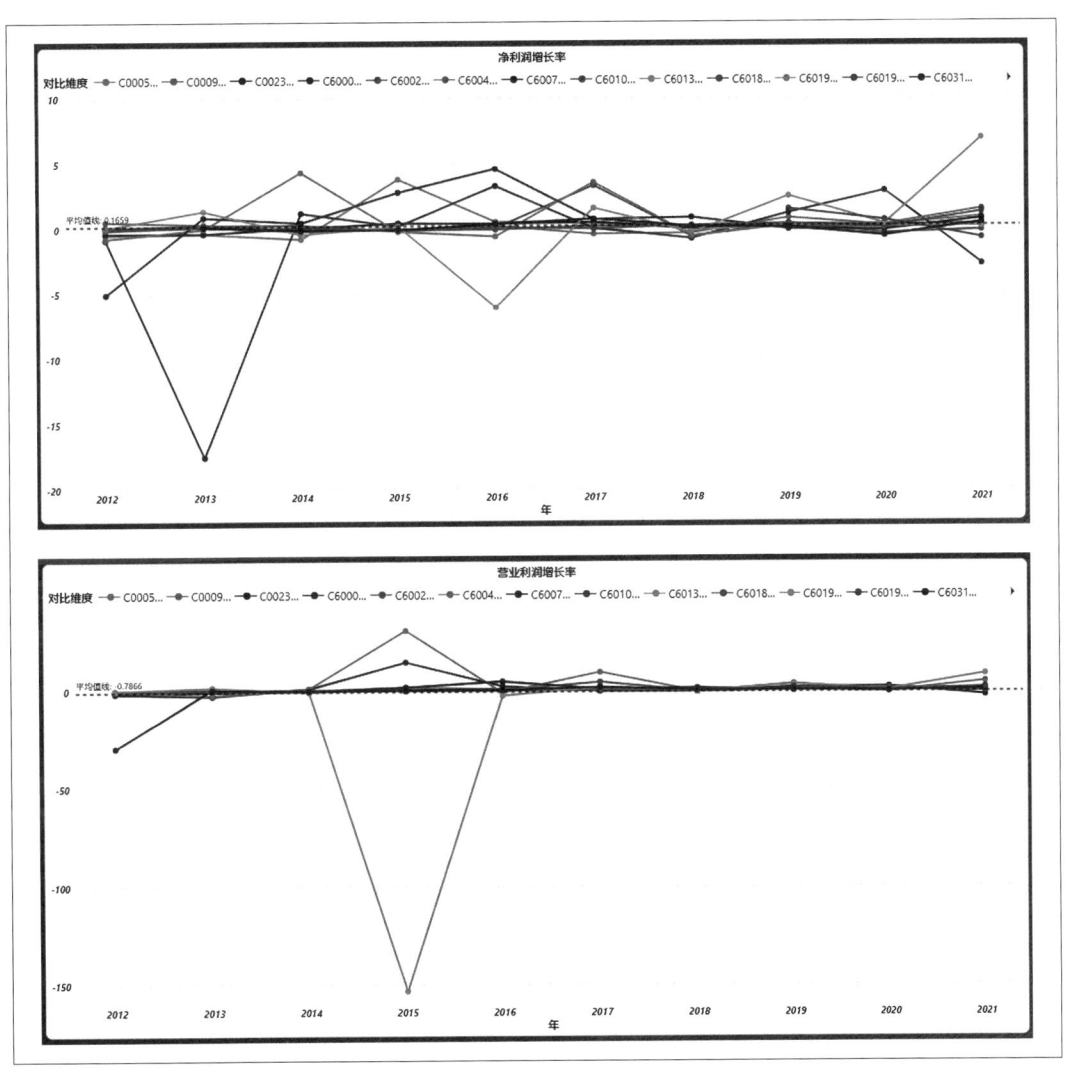

图 8-46 2012—2021 年利润发展指标多指标行业内横向对比数据变动趋势图

由图 8-46 可知,通过对净利润增长率和营业利润增长率财务指标横向分析对比可知,所选对比公司中大多数公司在平均值线上下波动,总体来看,重庆港九利润发展指标在大多数年份高于所选对比公司,利润增长能力稍强。

(三) 收入增长率

重庆港九、中远海控和行业收入发展指标对比,如表 8-10 所示。

表 8-10　重庆港九、中远海控和行业收入发展指标对比

收入发展指标	2021 年			10 年平均(2012—2021 年)		
	重庆港九	行业	中远海控	重庆港九	行业	中远海控
收入增长率	0.079 0	0.508 1	0.948 5	0.228 4	0.131 6	0.201 5

2012—2021 年重庆港九收入增长率变动趋势，如图 8-46 所示。

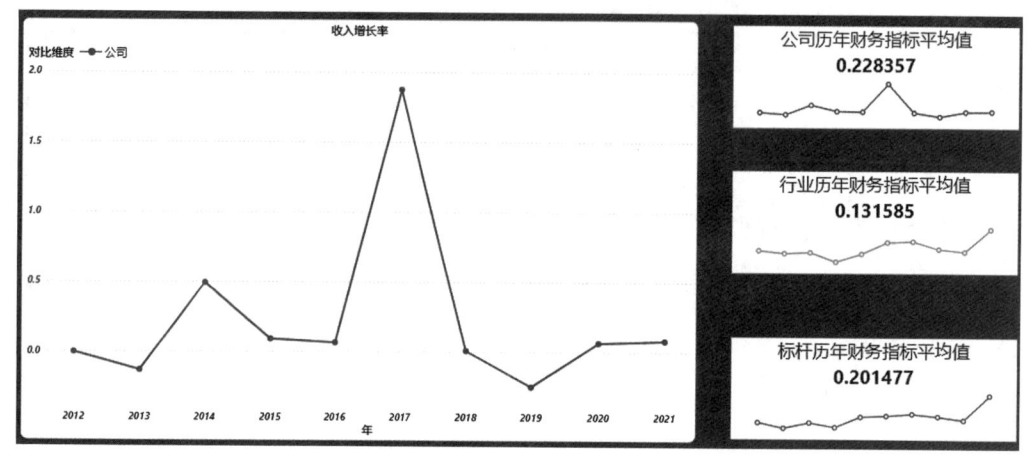

图 8-47　2012—2021 年重庆港九收入增长率变动趋势图

由图 8-47 可知，2012—2021 年，重庆港九收入增长率除了 2017 年上升，其余年份波动幅度较小，在 0 上下波动。到 2021 年，重庆港九收入增长率为 7.9%（表 8-10）。重庆港九的收入增长不稳定。

重庆百货历年收入增长率平均值高于标杆公司和行业历年收入增长率平均值。

2012—2021 年水上运输业收入增长率变动趋势，如图 8-48 所示。

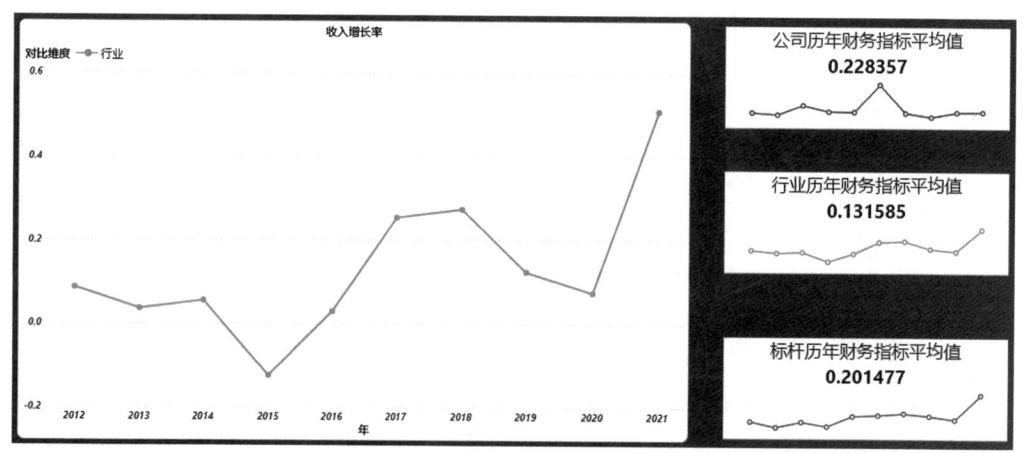

图 8-48　2012—2021 年水上运输业收入增长率变动趋势图

由图 8-48 可知，水上运输业收入增长率 2012—2021 年大致呈现波动上升的趋势。2012—2015 年呈现波动下降的趋势，2015—2018 年呈上升趋势，2018—2020 年有所回落，

2020—2021年显著上升,说明近年来水上运输业整个行业发展虽有波动但前景比较乐观。2012—2021年,水上运输业收入增长率在-0.2~0.6变动。

行业历年收入增长率平均值为0.131 585,低于重庆港九和标杆公司中远海控的收入增长率平均值。

2012—2021年重庆港九、中远海控和行业收入增长率指标综合变动趋势,如图8-49所示。

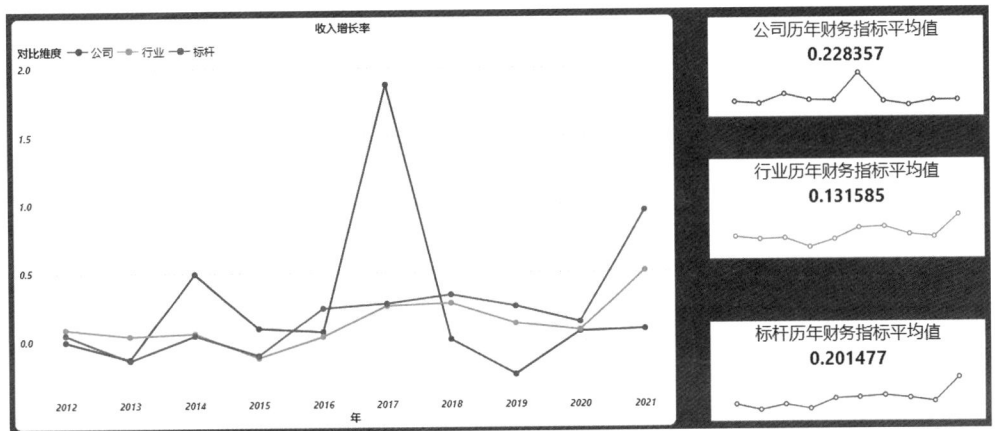

图8-49 2012—2021年重庆港九、中远海控和行业收入增长率指标综合变动趋势图

由图8-49可知,2012—2021年重庆港九、中远海控和行业收入增长率都呈现波动趋势,在0上下波动。整体来看,重庆港九和标杆公司中远海控的收入增长率高于行业水平,说明相比行业水平,重庆港九的收入增长水平更强。

2012—2021年收入发展指标行业内横向对比数据变动趋势,如图8-50所示。

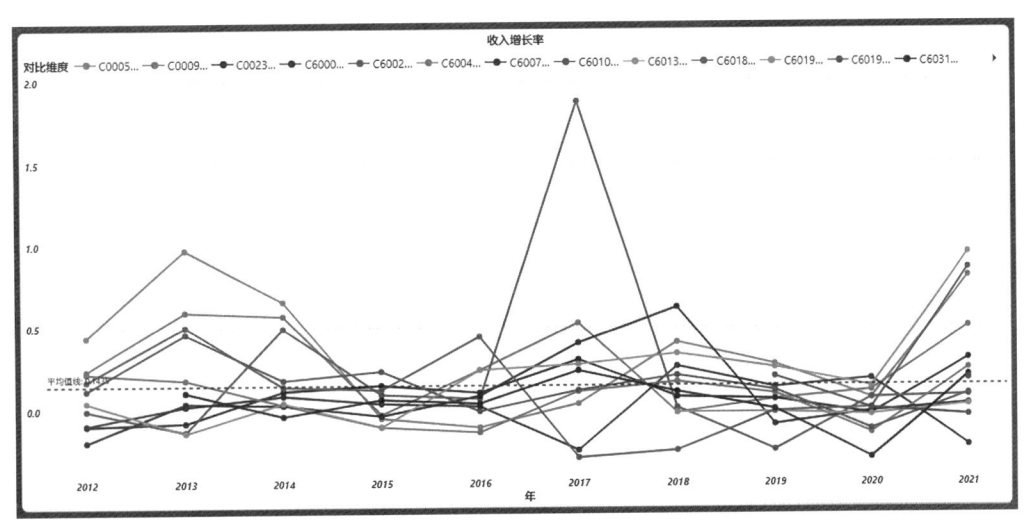

图8-50 2012—2021年收入发展指标行业内横向对比数据变动趋势图

由图8-50可知,通过对收入增长率指标横向分析对比:所选对比公司中的大多数公司在平均值线上下波动,总体来看,重庆港九收入发展指标10年均值高于所选对比公司,收入增长能力较强。

(四)资产增长率

重庆港九、中远海控和行业资产发展指标对比,如表 8-11 所示。

表 8-11 重庆港九、中远海控和行业资产发展指标对比

资产发展指标	2021 年			10 年平均(2012—2021 年)		
	重庆港九	行业	中远海控	重庆港九	行业	中远海控
资产增长率	−0.016 4	0.144 9	0.521 3	0.113 7	0.129 0	0.128 5

2012—2021 年重庆港九资产增长率变动趋势,如图 8-51 所示。

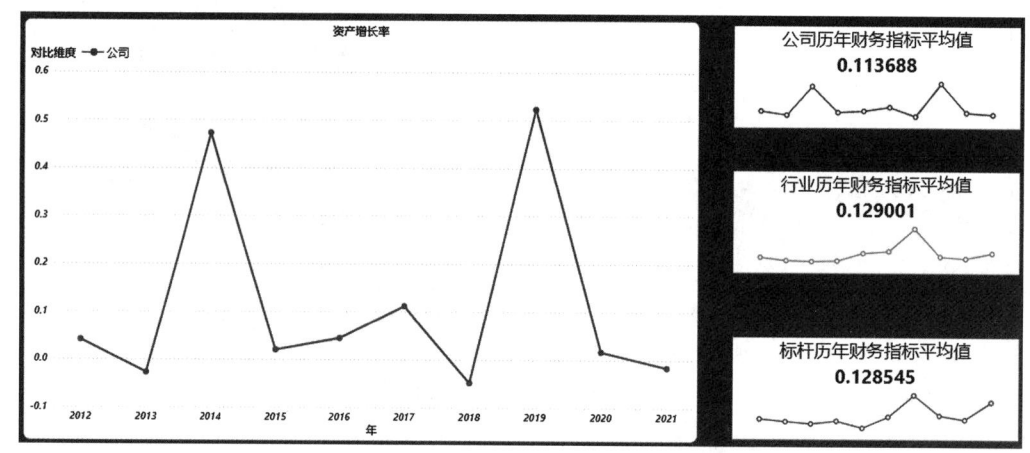

图 8-51 2012—2021 年重庆港九资产增长率变动趋势图

由图 8-51 可知,重庆港九资产增长率 2012—2021 年呈现波动趋势,除 2014 年和 2019 年上涨显著外,其余年份波动幅度相对较小。2012—2021 年,重庆港九资产增长率在 −0.1~0.6 变动。到 2021 年,重庆港九资产增长率为 −1.64%(表 8-11)。

重庆港九历年资产增长率平均值低于标杆公司历年资产增长率平均值和行业历年资产增长率平均值。

2012—2021 年水上运输业资产增长率变动趋势,如图 8-52 所示。

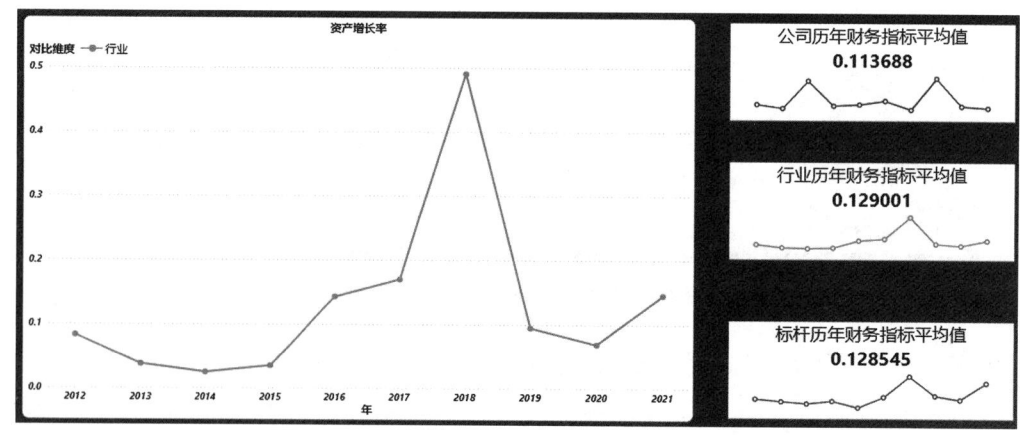

图 8-52 2012—2021 年水上运输业资产增长率变动趋势图

由图 8-52 可知,2012—2021 年水上运输业资产增长率除 2018 年显著上升外,其余年份波动幅度相对较小。2012—2021 年,水上运输业资产增长率在 0.0~0.5 变动。

行业历年资产增长率平均值为 0.129 001,要高于重庆港九和标杆公司中远海控的资产增长率平均值。

2012—2021 年重庆港九、中远海控和行业资产增长率指标综合变动趋势,如图 8-53 所示。

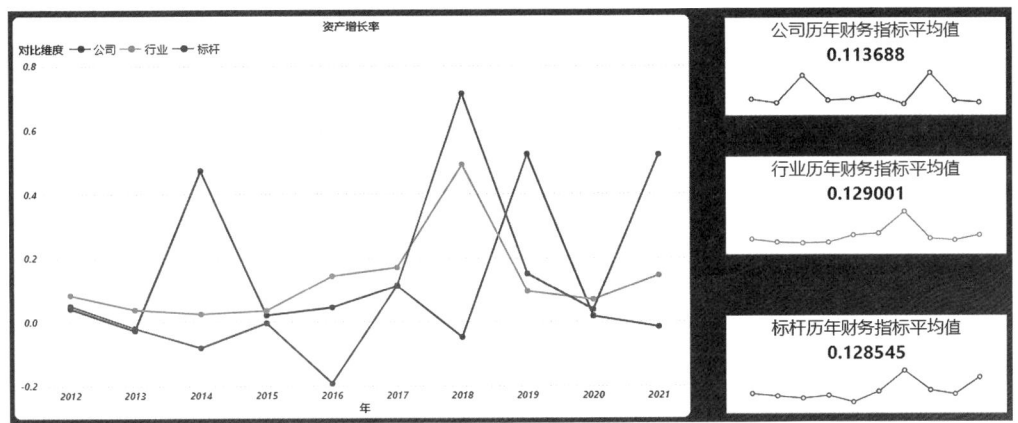

图 8-53　2012—2021 年重庆港九、中远海控和行业资产增长率指标综合变动趋势图

由图 8-53 可知,2012—2021 年重庆港九、中远海控和行业资产增长率都呈波动趋势,反映出整个水上运输业的经营业务并不稳定。从资产增长率 10 年平均值来看,重庆港九低于行业水平和标杆公司。以上数据说明相比行业水平,重庆港九的资产增长速度较弱。

2012—2021 年资产发展指标行业内横向对比数据变动趋势,如图 8-54 所示。

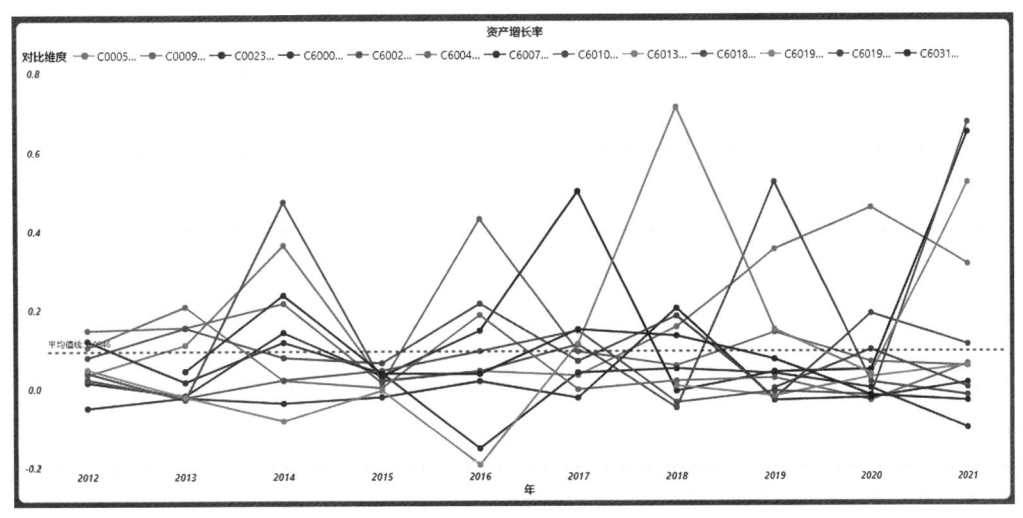

图 8-54　2012—2021 年资产发展指标行业内横向对比数据变动趋势图

由图 8-54 可知,通过对资产增长率指标横向分析对比:所选对比公司中的大多数公司在平均值线上下波动,总体来看,重庆港九资产发展指标 10 年均值略高于平均值线,说明相比所选对比公司,重庆港九的资产增长能力稍强。

第三节 公司整体发展能力分析

一、货币金融服务行业公司整体发展能力分析

这里选取招商银行(股票代码:600036)作为样本公司进行公司整体发展能力分析,行业标杆企业为工商银行(股票代码:601398),所属行业为货币金融服务行业。

2013—2021年招商银行增长率指标对比历年趋势,如图8-55所示。

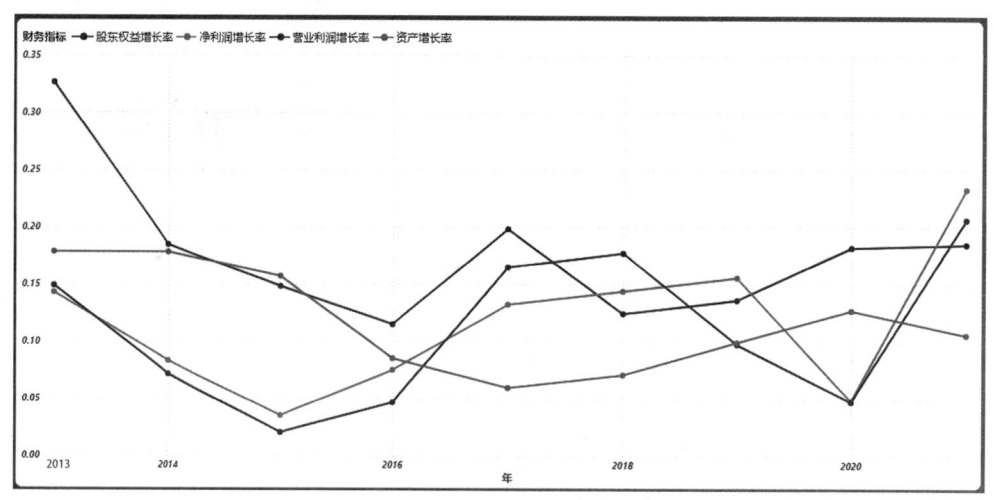

图8-55 2013—2021年招商银行增长率指标对比历年趋势图

由图8-55可知,招商银行2013—2021年股东权益增长率、净利润增长率、营业利润增长率和资产增长率都为正值。这说明2013—2021年招商银行资产规模、净利润和股东权益都递增。

从发展趋势看,2013—2021年招商银行股东权益增长率、净利润增长率、营业利润增长率和资产增长率均呈现波动趋势,2016—2017年、2020—2021年招商银行发展势头较好,增长率指标都呈上涨趋势。2013—2015年、2019—2020年,招商银行股东权益增长率、净利润增长率、营业利润增长率和资产增长率都呈下降趋势,说明这几年招商银行的利润和资产增长放缓,不排除2014—2015年存在一些偶然性或特殊性的原因。

2013—2021年招商银行增长率指标两两对比历年趋势,如图8-56所示。

比较各种类型增长率之间的关系,由图8-55可知,各个增长率之间的关系如下:

股东权益增长率与净利润增长率:2013—2021年招商银行净利润增长率和股东权益增长率都呈波动趋势。2013—2017年、2020年股东权益增长率高于当年的净利润增长率,说明这几年招商银行的盈利能力不够强,股东权益增长主要来源于外部融资。2018—2019年、2021年净利润增长率高于当年的股东权益增长率,这说明招商银行这几年的股东权益增长主要来自生产经营活动创造的净利润。

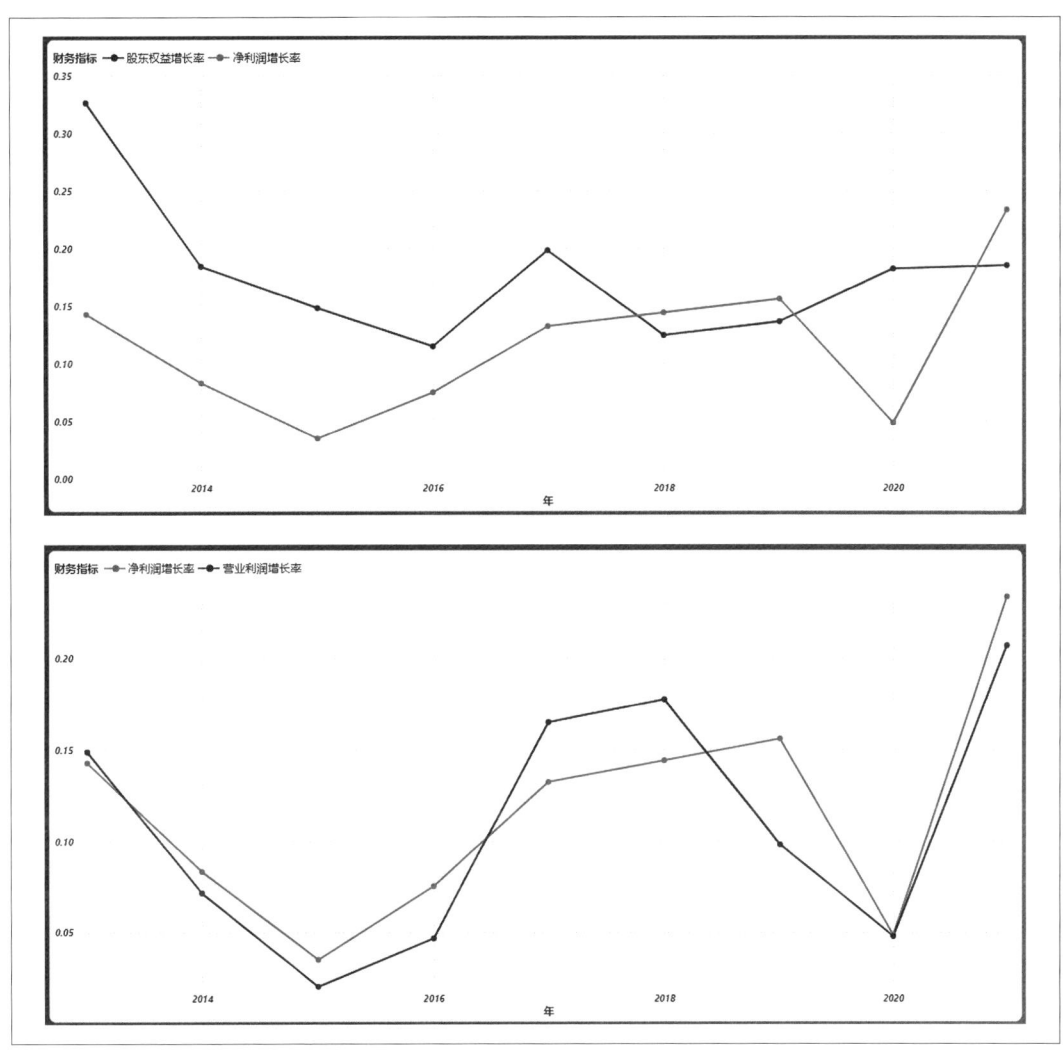

图 8-56　2013—2021 年招商银行增长率指标两两对比历年趋势图

净利润增长率与营业利润增长率：2013—2021 年招商银行净利润增长率与营业利润增长率变化趋势基本一致，招商银行 2014—2016 年、2019—2021 年净利润增长率高于营业利润增长率，这反映招商银行净利润的增长并不是仅仅来自营业利润的增长，其净利润的增长还受到非正常损益项目的显著影响，说明招商银行近几年在净利润方面的持续增长能力有待于进一步观察。

通过以上数据分析，招商银行表现出较好的增长能力，总的来说，招商银行整体发展能力较好。当然，考虑到公司发展能力还受到许多其他复杂因素的影响，要得到关于公司发展能力的更为准确的结论，还需要利用更多的资料进行更加深入的分析。

二、零售业公司整体发展能力分析

这里选取重庆百货（股票代码：600729）作为样本公司进行公司整体发展能力分析，行业标杆企业为王府井（股票代码：600859），所属行业为零售业。

2012—2021年重庆百货增长率指标对比历年趋势，如图8-57所示。

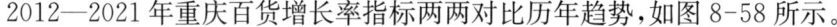

图8-57 2012—2021年重庆百货增长率指标对比历年趋势图

由图8-57可知，2012—2021年重庆百货股东权益增长率、净利润增长率、营业利润增长率、收入增长率和资产增长率，某些年度为负值，某些年度为正值。这说明2012—2021年重庆百货资产规模时增时减，营业收入、净利润和股东权益也时增时减，2014—2015年营业利润和净利润均有大幅下降，且均为负增长。

从发展趋势看，2012—2021年重庆百货股东权益增长率、净利润增长率、营业利润增长率和资产增长率均呈现波动趋势，2012—2013年、2018—2019年重庆百货发展势头较好，四个增长率指标均大于0，呈现正向的增长。2014—2015年重庆百货净利润增长率、营业利润增长率下降较快，降至0以下，收入增长率也降至0以下，说明这两年间重庆百货的利润和收入有所减少，股东权益增长率和资产增长率也低于0.01，不排除2014—2015年存在一些偶然性或特殊性的原因。

2012—2021年重庆百货增长率指标两两对比历年趋势，如图8-58所示。

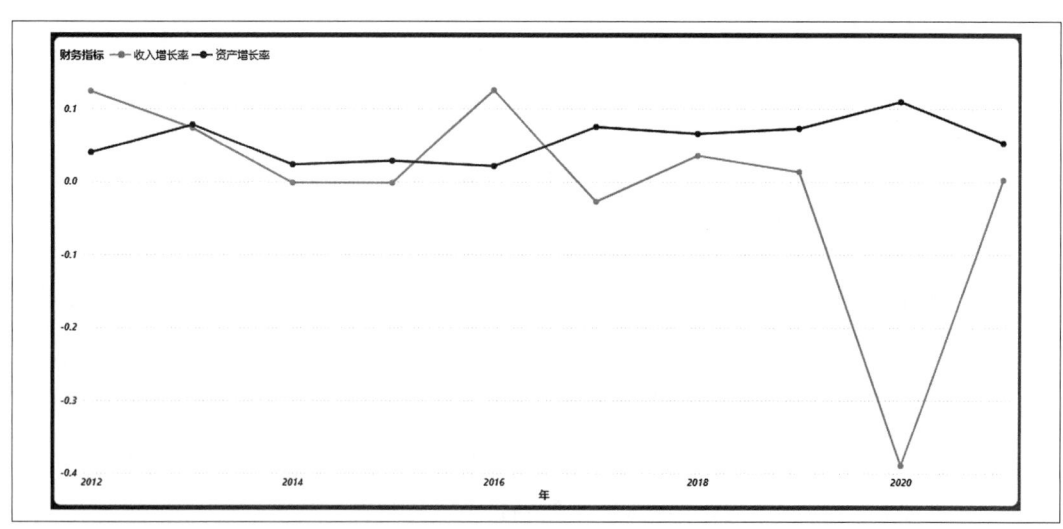

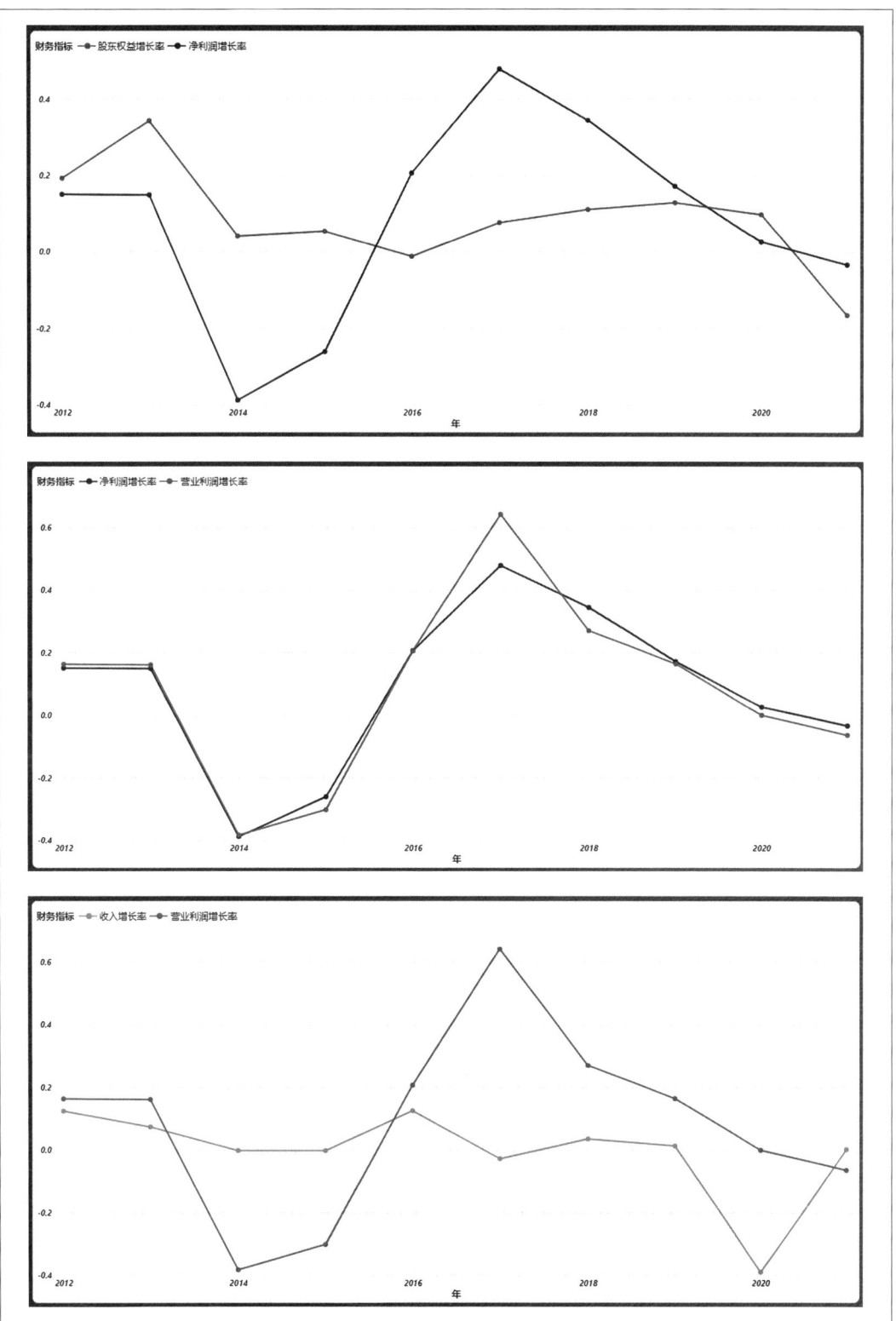

图 8-58　2012—2021 年重庆百货增长率指标两两对比历年趋势图

比较各种类型增长率之间的关系,由图 8-58 可知,各个增长率之间的关系如下:

收入增长率和资产增长率:除 2012 年和 2016 年外,重庆百货其余年份资产增长率高于收入增长率,仅基于趋势图变化判断,收入增长某种程度上依赖于资产投入的增长。

股东权益增长率与净利润增长率:2012—2021 年重庆百货净利润增长率时高时低股东权益增长率,而且股东权益增长率变化幅度不大,但是净利润增长率变化幅度较大。2012—2015 年股东权益增长率均大大低于当年的净利润增长率,说明这几年重庆百货的盈利能力不够强,股东权益增长主要来源于外部融资。2016—2019 年净利润增长率均大大高于当年的股东权益增长率,这一方面说明该重庆百货这几年的股东权益增长主要来自生产经营活动创造的净利润,属于好现象;另一方面说明股东权益增长率与净利润增长率之间出现较大的差异,应进一步分析两者出现较大差异的原因。

净利润增长率与营业利润增长率:2012—2021 年重庆百货净利润增长率与营业利润增长率变化趋势基本一致,重庆百货 2015 年、2018—2021 年净利润增长率高于营业利润增长率,这反映重庆百货净利润的增长并不是仅仅来自营业利润的增长,其净利润的增长还受到非正常损益项目的显著影响,说明重庆百货近几年在净利润方面的持续增长能力有待于进一步观察。

营业利润增长率与收入增长率:2014 年、2015 年和 2021 年,重庆百货的收入增长率高于营业利润增长率,说明重庆百货这几年营业成本、营业税费期间费用等成本费用项目上升可能超过了营业收入的增长,重庆百货这几年的营业利润增长存在一定问题。2016—2019 年营业利润增长率高于收入增长率,说明重庆百货对成本费用管理比较好。

通过以上数据分析,重庆百货没有表现出很好的增长能力,总的来说,重庆百货整体发展能力一般。当然,考虑到公司发展能力还受到许多其他复杂因素的影响,要得到关于公司发展能力的更为准确的结论,还需要利用更多的资料进行更加深入的分析。

三、水上运输业公司整体发展能力分析

这里选取重庆港九(股票代码:600279)作为样本公司进行公司整体发展能力分析,行业标杆企业为中远海控(股票代码:601919),所属行业为水上运输业。

2012—2021 年重庆港九增长率指标对比历年趋势,如图 8-59 所示。

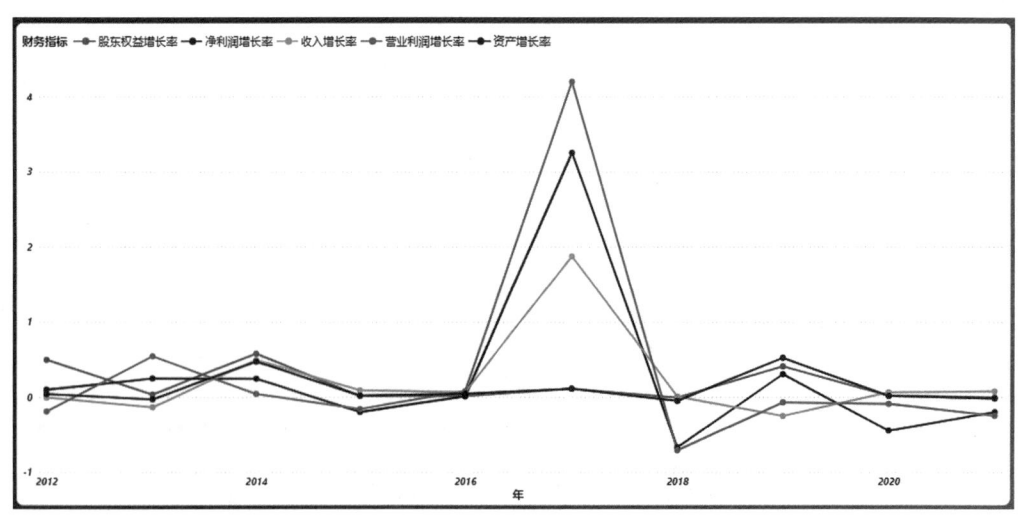

图 8-59　2012—2021 年重庆港九增长率指标对比历年趋势图

由图 8-59 可知，2012—2021 年重庆港九股东权益增长率、净利润增长率、营业利润增长率、收入增长率和资产增长率，某些年度为负值，某些年度为正值。这说明 2012—2021 年重庆港九资产规模时增时减，营业收入和净利润也时增时减，股东权益也时增时减。除 2017 年外，其余年份五个指标波动幅度相对较小。

从发展趋势看，2012—2021 年重庆港九股东权益增长率、净利润增长率、营业利润增长率、收入增长率和资产增长率均呈现波动趋势。2017 年重庆港九的净利润增长率、营业利润增长率和收入增长率明显高于其他年份，而其他增长率指标没有显示出类似的变化趋势，不排除 2017 年存在一些偶然性或特殊性的原因。

2012—2021 年重庆港九增长率指标两两对比历年趋势，如图 8-60 所示。

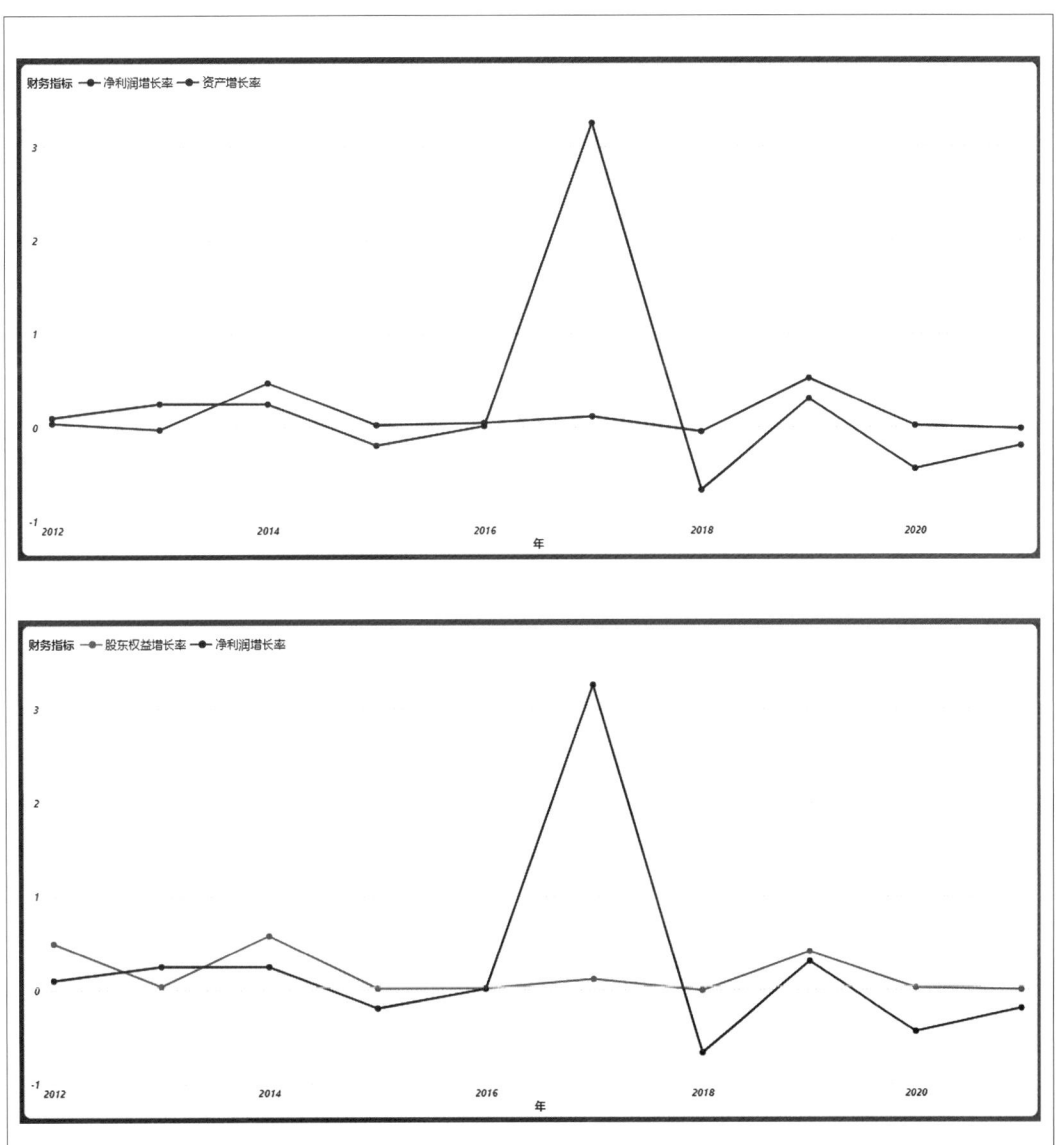

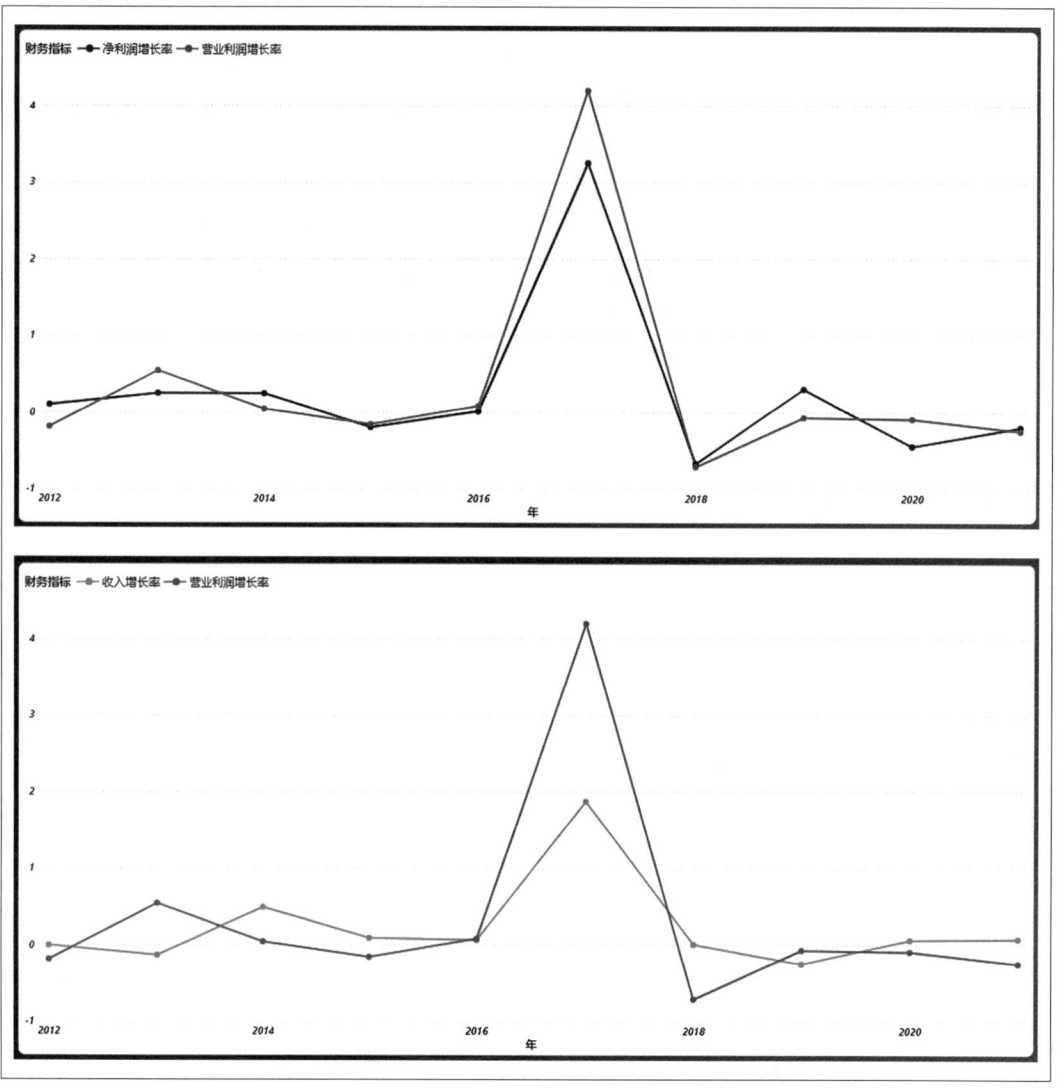

图 8-60 2012—2021 年重庆港九增长率指标两两对比历年趋势图

再比较各种类型增长率之间的关系。由图 8-60 可知,各个增长率之间的关系如下:

收入增长率和资产增长率:除 2012 年、2013 年和 2019 年外,重庆港九其余年份收入增长率要高于资产增长率,说明近期重庆港九的收入增长并不是主要依赖于资产投入的增加,具有较好的效益性。

股东权益增长率与净利润增长率:2012—2021 年重庆港九净利润增长率时高时低于股东权益增长率,而且股东权益增长率变化幅度不大,但是净利润增长率变化幅度较大。2013—2017 年股东权益增长率均大大低于当年的净利润增长率,说明这几年重庆港九的盈利能力不够强,股东权益增长主要来源于外部融资。2014—2016 年、2018—2021 年净利润增长率均大大高于当年的股东权益增长率,这说明重庆港九这几年的股东权益增长主要来自生产经营活动创造的净利润,属于好现象。

净利润增长率与营业利润增长率:2012—2021 年重庆港九净利润增长率与营业利润

增长率变化趋势基本一致，重庆港九 2012 年、2014 年、2018—2019 年和 2021 年的净利润增长率高于营业利润增长率，这反映重庆港九这几年净利润的增长并不是仅仅来自营业利润的增长，其净利润的增长还受到非正常损益项目的显著影响，说明重庆港九这几年在净利润方面的持续增长能力有待进一步观察。

营业利润增长率与收入增长率：2013 年、2017 年和 2019 年，重庆港九的营业利润增长率高于收入增长率，说明重庆港九对成本费用管理比较好。除这三年外，其他年份重庆港九的收入增长率高于营业利润增长率，说明重庆港九 2012—2021 年的大多数年份的营业成本、营业税费期间费用等成本费用项目上升可能超过了营业收入的增长，这些年的营业利润增长存在一定问题。

通过以上数据分析，重庆港九没有表现出很好的增长能力，总的来说，重庆港九整体发展能力一般。当然，考虑到公司发展能力还受到许多其他复杂因素的影响，要得到关于公司发展能力的更为准确的结论，还需要利用更多的资料进行更加深入的分析。

思考与拓展练习

一、思考题

1. 说明大数据对分析上市公司发展能力的作用。
2. 举例说明大数据在公司单项发展能力分析时的优势。
3. 如何理解财务大数据在上市公司整体发展能力分析中的重用性？

二、拓展练习

请借助 VDC 平台或其他财务分析软件，对货币金融服务行业、零售业或水上运输业的行业数据，以及行业内某一家企业的数据进行筛选和查询，并对该企业的发展能力进行分析。把具体查询过程截图制作为 Word 进行提交。

第九章

基于上市公司的穿透式财务分析报告

知识目标

1. 掌握企业经营层面、企业管理层面、企业财务层面、企业业绩层面的评价指标,以及VDC可视化分析结果的穿透式财务分析报告撰写。
2. 熟悉穿透式财务分析的目的,以及VDC平台穿透式财务分析操作步骤。
3. 了解穿透式管理的目的、市场定位的重要性、市场定位的方式、市场定位的策略、影响企业毛利率的因素、品牌的概念、提升企业品牌影响力的途径、流动性分析的目的等。

能力目标

1. 能够准确地理解经营层面、管理层面、财务层面、业绩层面下属涉及的概念。
2. 能够根据可视化分析结果,准确判断并解读各指标代表的含义及对企业的影响。
3. 掌握运用VDC平台进行企业穿透式财务分析的方法。

素养目标

1. 具备把理论应用于实践的能力。
2. 具备团队合作精神。
3. 具备独立思考能力和解决问题的能力。

知识导图

基于上市公司的穿透式财务分析报告
- 一、穿透式财务分析
  - 1. 穿透式概述
  - 2. 穿透式财务分析概述
- 二、经营层面分析
  - 1. 企业成长性分析
  - 2. 市场定位分析
  - 3. 品牌影响力分析
- 三、管理层面分析
  - 1. 资产管理分析
  - 2. 信用管理分析
  - 3. 资产布局分析
- 四、财务层面分析
  - 1. 财务风险分析
  - 2. 流动性分析
  - 3. 资本结构分析
- 五、业绩层面分析
  - 1. 利润对比分析
  - 2. 利润的现金含量分析
  - 3. 权益净利率分析
- 六、基于VDC平台的穿透式财务分析报告
  - 1. 穿透式财务分析的操作步骤
  - 2. 穿透式财务分析报告的撰写示例

本章提要

本章主要对穿透式财务分析进行概述,选取了招商银行、重庆百货和重庆港九三家上市公司,分别从企业经营、管理、财务以及业绩等层面进行分析,通过VDC平台详细介绍穿透式财务分析的操作步骤与分析结果,以突出财务大数据在穿透式财务分析方面的优势与实践性。

第一节 穿透式财务分析

一、穿透式概述

(一) 穿透式的概念

"穿透式"这一概念较早应用于金融领域,作为一种监管手段,用于对金融机构实施监管,旨在防范金融风险并保护金融消费者的合法权益。我国"穿透式"监管的起点,可追溯到国务院于2016年发布的《互联网金融风险专项整治工作实施方案》,该文件正式将"穿透式"监管引入金融监管实践。"穿透式"监管是指通过穿透资产管理产品的表面形态,揭示其本质特征,依据业务的真实属性和功能作用来制定相应的监管规则。这种监管方式要求对整个资金链条(包括资金来源、中间运作环节以及最终资金投向)进行"穿透式"的管理,通过整合全流程信息,识别并关联资金流动中的各个环节,从而形成一种有效的资金风险防范监管模式。

具体而言,"穿透式"管理的内涵主要体现在两个方面:一是对"金融产品"功能发挥的穿透式管理,即在整个资金流转过程中,从起点到终点,全面识别资金的动向是否符合监管规则和法律规定;二是对"金融产品"运作行为的穿透式管理,这涉及参与资金运作全过程的实际操作人员是否遵守了相关文件的规定,利益相关者是否满足监管规则和法律要求,以及是否存在侵害利益相关者权益的行为等。

(二) "穿透式"管理的目的

在金融领域,"穿透式"管理主要旨在达成以下目的。

1. 防范系统性风险

由于金融产品存在多重嵌套,这可能会隐藏真实的资金类别和流向,导致大量资金向少数人集中,从而增加了系统性风险发生的概率。监管部门所获得的数据信息可能仅反映了表象,存在失真,这可能导致监管政策指向错误。因此,采用"穿透式"监管可以有效提升宏观调控的精准性和金融监管的效率,进而实现防范系统性风险的目标。

2. 规避监管盲区

"穿透式"管理通过透明地监控金融产品运作机构及其操作人员的行为,可以降低资金被误用、挪用、违规交易或关联交易的风险。它能够全面覆盖并细化到资金的每个节点流向和使用情况,以及检查所有环节的操作是否符合规定。这样可以制定出更为恰当、合理和细致的管理约束条例,实现金融产品买卖双方的透明化监管,从而规避监管盲区。

3. 防止错误销售

"穿透式"管理可以有效地将金融产品与消费者需求进行准确匹配,对消费者的需求、风险承受能力、信用状况和资金实力进行全面评估,从而有效降低金融产品供需错配的风险,减少不当销售行为的发生。

4. 适应混业经营监管的需要

由于不同监管部门之间的割裂,监管职能既存在重叠也存在缺位,这导致金融市场的监管出现混乱。"穿透式"管理能够打破行政壁垒,实现信息共享和监管的深入渗透,从而有效监控混业经营下的金融产品买卖行为,并降低其风险性。

二、穿透式财务分析概述

(一) 穿透式财务分析的概念

穿透式财务分析是指运用穿透式管理的方法,对企业财务功能和行为进行管理,其目的是帮助企业防范生产经营风险,促进企业的持久健康成长。

就本书而言,穿透式财务分析是指透过海量财务数据的表象,全面把握企业在经营、管理、财务和业绩层面的真实情况,帮助财务人员得出正确的财务分析结论,并及时给出财务风险预警,进而帮助企业经营管理者作出正确的决策。

(二) 穿透式财务分析的目的

在企业财务管理领域,穿透式财务分析主要有以下目的。

1. 从经营层面预测企业发展潜力

企业发展潜力是指企业在面临不断变化的外部环境和内部条件时所具有的潜在竞争力和可持续发展能力。从财务大数据分析的视角来看,企业发展潜力可以通过预测企业的收入增长、净利润增长、毛利润增长以及市场份额等方面来评估。

2. 从管理层面评估企业管理效率

效率是管理的最终目的,也是评判管理成败的最终标准。管理效率是指企业管理人员通过采取计划、组织、领导、协调、控制等管理职能,提高企业资源配置的效率,从而最终实现企业经济效益的提升。从财务大数据分析的视角来看,企业管理效率可以通过固定资产周转率、存货周转率、应收账款周转率、应付账款周转率等指标来评价。

3. 从财务层面监管企业财务风险

财务风险是指企业实际收益与预期收益发生偏离的不确定性。财务风险可以分为筹资风险、投资风险、资金回收风险和收益分配风险四个方面。其中,筹资风险主要是由于企业借入资金,可能导致企业丧失偿债能力和收益的不确定性,主要由偿债风险和收益变动风险两个方面来衡量;投资风险是指企业将资金投入生产项目或购买证券等带来的风险;资金回收风险主要是指应收账款在回收时间和金额上的不确定性带来的风险;收益分配风险主要是指企业在分配其收益时,可能带来的风险,如弥补亏损、扩大积累、职工福利设施、投资者盈余、企业留存等。而从财务大数据分析视角来看,财务风险监管可以通过评估企业的长期金融负债占比、短期金融负债占比、资产负债率、流动比率、速动比率和所有者权益等指标来进行。

4. 从业绩层面衡量企业的业绩绩效

企业业绩绩效主要是指企业通过生产经营活动所获得的经营成果。评价企业业绩绩效可以从财务指标和非财务指标两个方面进行综合考量。财务指标是评价企业战略经营业绩的一个重要方面，但主要是对企业内部生产经营活动的事后评价，并且具有短期性；非财务指标则主要针对企业战略层面，如顾客满意度、市场占有率、产品创新等外部因素进行评价，以体现企业的长期优势。在竞争日益激烈的环境下，核心竞争力是企业获得长期发展和持续改善业绩绩效的关键保障。从财务大数据分析的视角来看，企业业绩绩效可以通过核心利润率、销售净利率、净利润的现金含量、权益净利率等财务指标进行评价。

第二节 经营层面分析

财务大数据下的企业经营层面分析主要包括对企业成长性、市场定位和品牌影响力三个方面的分析。

一、企业成长性分析

(一) 企业成长性分析概述

从财务大数据的视角分析企业成长性，主要是评价其收入质量。具体来说，可以通过纵向和横向比较营业收入、营业收入增长率、净利润和净利润增长率来进行评价。

(1) 营业收入，是指企业在一定时期内通过生产经营活动获得的货币收入。它可以用来判断企业在其所处行业中的市场竞争力。如果一个企业的营业收入份额占比排名越靠前，表明该企业的竞争力越强，其在行业中的地位也越高。通常，我们可以根据企业在市场中的份额来判断其是行业领导者、挑战者、追随者还是补缺者。

(2) 营业收入增长率，是指企业在一定时期内从事生产经营活动所得收入与前一时期相比的增长百分比。它是衡量企业成长和发展能力的重要指标。营业收入增长率越高，表明企业收入增长越快，其发展前景通常被认为越乐观。

(3) 净利润，是指企业在一定时期内的利润总额扣除所得税后的剩余金额，即企业的税后利润。净利润是反映企业盈利能力的最终经营成果指标，其数值为正且越大，表示企业的经营效益越好。

(4) 净利润增长率，是指企业在当期的净利润与上期净利润相比的增长幅度。它体现了企业盈利能力的变化。如果在一段时间内增长率为正，说明企业盈利能力在增强，这反映出企业具有较大可能性持续健康发展。

(二) 零售业的企业成长性分析

对于零售业的企业成长性分析，我们选择重庆百货（股票代码：600729）作为分析对象。同时，我们将对行业标杆企业王府井（股票代码：600859）以及整个零售业的营业收入、净利润、收入增长率、净利润增长率等收入质量指标进行比较分析。2021年重庆百货、王府井和整个零售业收入质量情况，如表9-1所示。

表 9-1 2021 年重庆百货、王府井和整个零售业收入质量情况

指　标	本期公司值	本期标杆公司值	本期行业值
营业收入(万元,保留到整数)	2 221 392.14	1 275 308.14	1 359 610.26
净利润(万元,保留到整数)	101 545.29	137 828.09	−15 251.75
收入增长率(%前保留 2 位小数)	0.22%	55.08%	−0.76%
净利润增长率(%前保留 2 位小数)	−3.38%	288.47%	−197.01%

由表 9-1 可知：首先,重庆百货的营业收入、净利润、收入增长率和净利润增长率均高于行业平均值,这表明其收入质量优于行业平均水平,意味着重庆百货的盈利能力优于行业平均水平,其成长性处于较好的水平。其次,与标杆公司王府井进行比较时,可以发现重庆百货的营业收入高于王府井,但其净利润、收入增长率和净利润增长率均低于王府井。尽管重庆百货的营业收入更高,但净利润却更低,这表明重庆百货需要分析导致其净利润较低的原因,并采取措施进行改善。

由数据可知,尽管整个行业呈现出亏损和下降趋势,重庆百货的净利润为正,且收入增长率也为正,这表明其未来成长性有正面的预期。为了准确把握重庆百货的未来趋势,下面我们进一步分析重庆百货、王府井和整个零售业近 10 年的收入质量变动情况,结果如图 9-1 和图 9-2 所示。

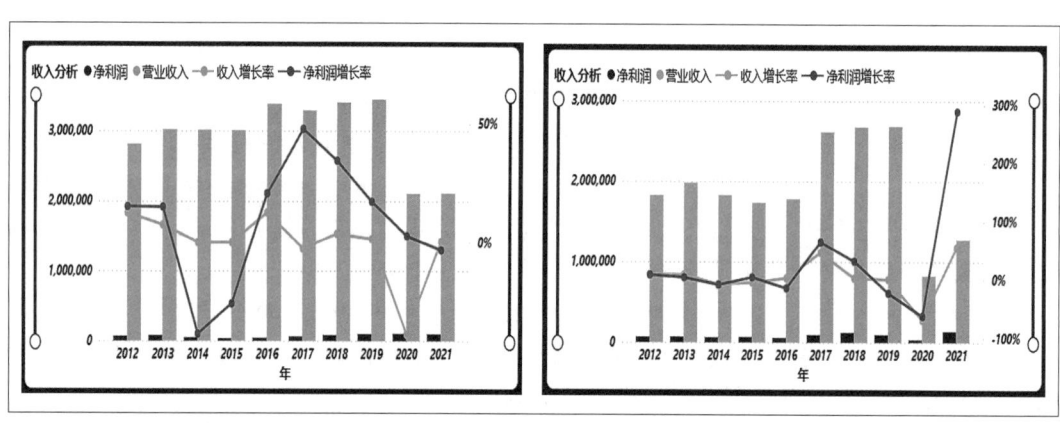

图 9-1 2012—2021 年重庆百货(左)、王府井(右)的收入质量变动趋势图

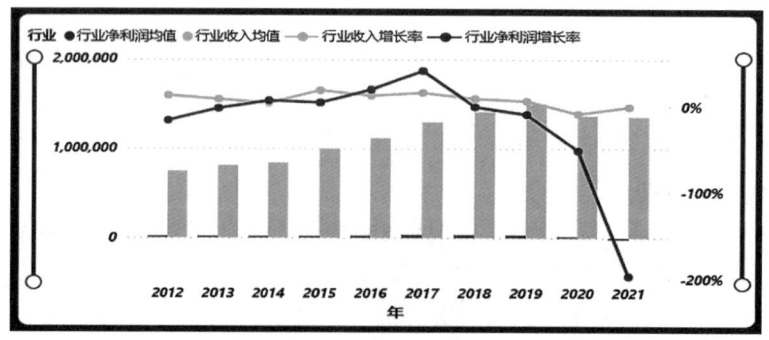

图 9-2 2012—2021 年整个零售业平均收入质量变动趋势图

由图 9-1 和图 9-2 可知：

首先，从纵向发展来看，2012—2021 年，其营业收入整体上呈现出下降趋势。其营业收入增长率从 2012 年的 12.42% 下降到 2021 年的 0.22%，平均增长率为 −0.47%。由此可知，重庆百货的营业收入整体上呈现出下滑趋势；其净利润从 2012 年的 92 964.71 万元增长到 2021 年的 101 545.29 万元，净利润增长率均值为 8.45%，说明其净利润总体上呈现出上升趋势。由此可以认为重庆百货的整体盈利水平较好。

其次，从横向比较来看，行业平均收入增长率从 2012 年的 12.74% 下降到 2021 年的 −0.76%，其平均增长率为 7.73%，这高于重庆百货的 −0.47%，说明重庆百货的营业收入增长落后于行业平均水平。从净利润来看，行业净利润从 2012 年的 19 645.21 万元下降到 2021 年的 −1 251.75 万元，净利润增长率也从 2012 年的 −16.23% 下降到 2021 年的 −197.01%，其平均增长率为 −20.54%。相比之下，重庆百货的净利润金额和增长率均高于行业平均水平。因此，可以认为重庆百货的盈利水平处于行业平均水平之上。

最后，将重庆百货与行业标杆公司王府井进行对比，可以发现，2021 年，王府井的净利润增长率均值为 29.01%，营业收入增长率均值为 4.23%，均高于重庆百货，这表明相较于行业标杆企业，重庆百货还有较大的提升空间。

综合分析可知，重庆百货的营业收入和营业收入增长率均低于行业平均水平，但其净利润和净利润增长率却高于行业平均水平，这说明重庆百货具有一定的发展潜力。为了提升重庆百货未来的发展潜力，应该主要从提高其营业收入入手，进而增强其综合成长能力。

二、市场定位分析

(一) 市场定位分析概述

1. 市场定位的概念

市场定位是指企业在消费者心中塑造的产品或服务的形象或印象。作为企业目标市场营销战略中的一个重要营销策略，市场定位的目的是让自己的产品或服务在消费者心理上占据一个独特且有价值的位置。

2. 市场定位的重要性

（1）能够创造差异化价值。企业通过市场定位塑造出与众不同的鲜明个性，让消费者记住并认可其独特之处，从而增加企业产品的购买可能性和忠诚度，使企业获得竞争优势。

（2）市场定位是企业进行产品定价、分销渠道选择、产品设计和促销策略制定的前提和依据。例如，高档商品就不能采用薄利多销的廉价促销或定价策略。

（3）形成竞争优势。在当今市场上，同一档次同一类别的产品种类繁多，商品与商品之间的功能、质量、服务和特征差异不大。企业为了让消费者多次重复购买自身的产品或服务，就需要让消费者认为自身的产品或服务与其他企业的产品或服务存在特别之处。

3. 市场定位分析的指标

在财务大数据背景下，企业市场定位分析主要以毛利率为衡量指标。毛利率是指企业毛利与销售收入的比值，而毛利则是企业营业收入与营业成本之间的差额。通常，企业可以通过两种途径来提升其总体毛利率：一是提高单项产品的毛利率，二是增加毛利率较高的产品线在销售中的比重。对于企业而言，预期毛利率比历史毛利率更具意义，因此，对预期毛利率的准确判断是企业进行资源配置调整的重要依据，这也会对其战略决策产生影响。

(二)零售业的企业市场定位分析

对于零售业的企业市场定位分析,我们选择重庆百货(股票代码:600729)作为分析对象,并具体分析行业标杆企业王府井(股票代码:600859)以及整个零售业的市场定位。重庆百货、王府井和整个零售业毛利率情况分析,如表 9-2 所示。

表 9-2 2021 年重庆百货、王府井和整个零售业毛利率情况分析表

指标	本期公司值	本期标杆公司值	本期行业值
毛利率(%前保留 2 位小数)	25.81%	42.14%	18.87%

由表 9-2 可知,重庆百货的毛利率为 25.81%,高于整个行业的平均值,这表明重庆百货的市场定位能力处于行业领先水平,其盈利能力较好。与行业标杆公司比较时可以发现,其毛利率仅为标杆公司的 61.25%,这说明重庆百货在市场定位方面还有较大的提升空间。为了准确预测重庆百货市场定位的毛利率情况,下面我们对重庆百货、王府井和整个零售业最近 10 年的毛利率走势进行了分析,结果如图 9-3 所示。

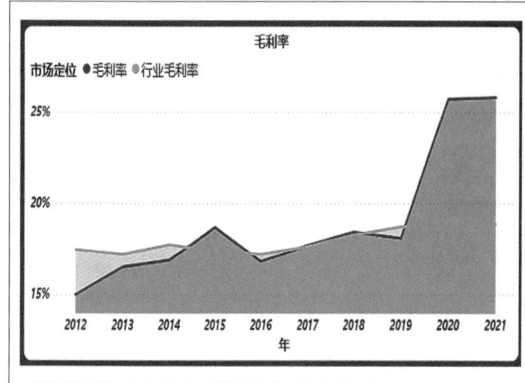 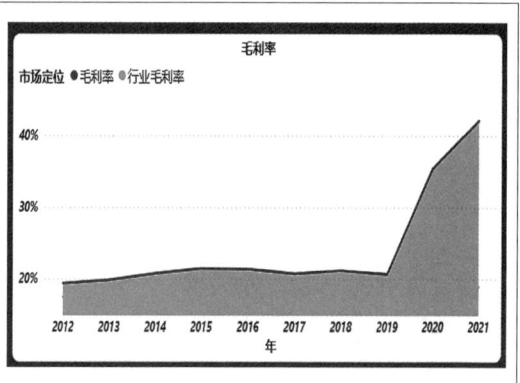

图 9-3 2012—2021 重庆百货、王府井与整个零售业市场定位变动趋势图

从图 9-3 的左边图形可以看出,2012 年重庆百货的毛利率为 14.97%,低于行业毛利率的 17.44%;到 2015 年,其毛利率上升至 18.68%,超过了行业毛利率的 17.35%;此后虽有波动,但两者的差异保持在 1 个百分点以内;到 2020 年,重庆百货的毛利率为 25.71%,是行业毛利率 18.7%的 1.37 倍。由此可以看出,过去 10 年重庆百货的毛利率呈现出明显的上升趋势,并且整体上高于行业平均水平,这表明其市场定位准确,市场竞争力较强,预示着其未来发展潜力良好。再与标杆公司王府井(图 9-3 的右边图形)进行比较,2012 年王府井的毛利率为 19.35%,此后一直保持在 20%左右,到 2020 年上升至 35.43%,说明行业标杆王府井一直处于较好的盈利状态。虽然重庆百货相较于王府井的竞争力稍弱,但其毛利率的发展趋势与王府井一致,因此可以对重庆百货的市场竞争力持正面预期。

三、品牌影响力分析

(一)品牌影响力分析概述
1. 品牌的概念

品牌是指企业为生产经营的产品或企业自身所设计,用于帮助消费者或其他主体识别

和记忆的文字、名称、标记、图案和颜色等元素的总和。例如,华为的品牌不仅包括"华为"这个文字和名称,还包括华为标识的颜色、图案和标记等。

2. 品牌影响力的概念

品牌影响力是指品牌对企业自身、消费者、供应商、竞争对手、营销中介、社会公众等产生影响的能力。它是品牌开拓市场、占领市场份额以及获取利润的能力。品牌影响力可以通过品牌知名度、品牌满意度、品牌忠诚度、市场占有率和品牌价值等维度进行综合评价。

3. 提升企业品牌影响力的途径

(1) 恰当的品牌定位。例如,王老吉最初定位为降火的药用性饮品,主要在药店等渠道销售,但销售效果并不理想;后来重新定位为降火型饮料,销售场景改为餐饮,并配以"怕上火就喝王老吉"的广告语,同时在商超等多个渠道销售产品,使消费者对其的认识从药用性饮品转变为普通功能型饮料,改变了印象,有效提升了品牌影响力。

(2) 讲好品牌故事。例如,德芙刚进入中国市场时,作为爱意表达的象征,受到年轻消费者的欢迎。其背后有一个唯美的爱情故事作为支撑。这是许多国外品牌进入中国市场并定位高端的常用且有效策略,深受中国消费者的认可,他们也愿意为此买单。

(3) 加强品牌体验。这主要是指企业结合自身产品不断推出周边服务、活动或商品等。例如,许多动漫推出其周边的手办、衣服、玩具、卡片、短视频或游戏等,提升了消费者的品牌体验感,不仅提高了消费者忠诚度和与企业的情感维系,而且企业也获得了更丰厚的回报。

(4) 不断重复品牌传播。企业可以通过互联网上的软文、视频、图片、音频,甚至是与品牌相关的小说、网剧、电视剧、微电影、教学视频、专门教材等,以及各大自媒体 App、博主或直播等,来不断重复和大力宣传企业品牌,提升其知名度,进而加强品牌影响力。

4. 品牌影响力的评价指标

品牌影响力可以通过资产份额和市场份额两个指标进行评价。

1) 资产份额

资产份额是一种常见的计算投资基金净值和评估投资基金价值的方法,该方法通过计算持有人所持有的基金份额的净资产价值来确定每一份基金的价值。

2) 市场份额

市场份额,也称市场占有率,是指企业销售额或销售量占行业市场总销售额或销售量的比重。其具体计算公式如下:

$$市场份额(销售量) = \frac{企业自身销售量}{该行业的总体销售量} \times 100\%$$

在计算市场份额时需要注意以下几个方面:

(1) 必须在同行业内进行比较。市场份额是相对比较得出的结果,因此选择比较的基础非常重要。比较必须是在同一行业的市场份额情况,不同行业的比较是没有意义的。

(2) 计算基数有两个。市场分析的计算可以从销售数量或销售金额两个方面进行。

(3) 计算期间必须一致。在计算市场份额时,企业自身的销售情况与行业销售情况的计算期间必须相同,这样得出的结果才具有可比性。

(4) 计算范围必须明确。在计算市场份额时,如果企业自身生产经营的产品或服务涉及多个行业,那么必须分别计算各个行业的产品或服务的市场份额。或者在计算产品或服务的市场份额时,需要明确是计算某一个品牌下所有产品的市场占有率,还是该品牌下某一个特定产品的市场占有率。

(二) 零售业的企业品牌影响力分析

对于零售业的企业品牌影响力分析,我们选择重庆百货(股票代码:600729)作为分析对象。我们将从市场份额和资产份额这两个指标进行评价。分析结果详见表9-3。

表9-3　2021年市场份额和资产份额情况分析表

指标	本期公司值
市场份额(%前保留2位小数)	1.49%
资产份额(%前保留2位小数)	1.06%

从表9-3可以看出,重庆百货的品牌影响力在市场份额方面2021年的公司值为1.49%,在资产份额方面的2021年公司值为1.06%。市场份额占比大于资产份额比重,这表明品牌影响力较大的指标是由市场份额贡献的。为了更深入地了解重庆百货的品牌影响力发展趋势及其未来的发展潜力,下面对重庆百货和王府井的资产份额和市场份额近10年的数据进行分析,结果如图9-4所示。

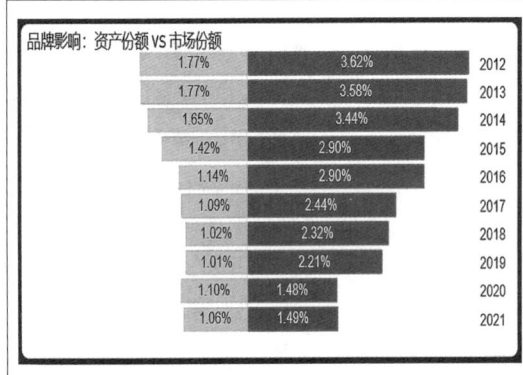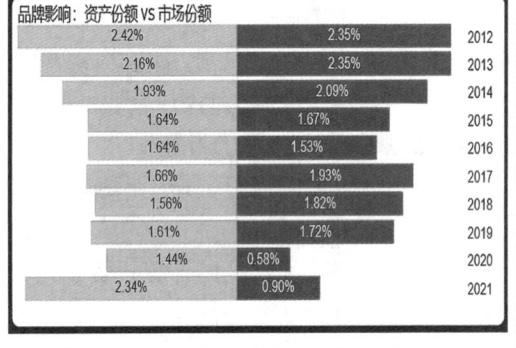

图9-4　2012—2021重庆百货(左)、王府井(右)的资产份额和市场份额变动趋势图

由图9-4可知,重庆百货的资产份额和市场份额指标从2012年的1.77%和3.62%,下降到2021年的1.06%和1.49%,10年呈现出下降趋势。因此,从纵向来看,重庆百货的品牌影响力在不断变弱,这表明其越来越不适应市场环境的变化。重庆百货市场份额对品牌影响力一直大于资产份额的影响力,可以从提升其市场份额的角度去提升其品牌影响力。

再与行业标杆企业王府井进行横向比较,10年来,资产份额对品牌影响力的影响逐渐增大,而市场份额的影响力则逐渐减小,说明行业标杆企业的资产份额对其品牌影响力的影响越来越大。

综上所述,重庆百货在市场份额方面具有相对优势,应该加以强化;而其资产份额处于相对劣势状态,这也再次印证了提升重庆百货的品牌影响力应该从其市场份额方面着手。

第三节 管理层面分析

财务大数据下的企业管理层面分析主要包括资产管理、信用管理和资产布局三个方面的分析。

一、资产管理分析

(一) 资产管理分析概述

1. 资产管理的概念

资产管理是指资产管理人接受资产投资人的委托,在合法合规的行为准则下,帮助资产投资人实现投资目标,对投资人的资产进行运作管理。投资人承担资产运营风险并享受收益,而资产管理人则获得管理费用。资产管理的穿透式监管是指穿透识别投资者是否为合格投资者,以及最终投资是否符合投资范围、监管比例和风险计提等要求。

2. 资产管理的评价指标

资产管理的对象通常是金融性资产,主要包括股票、债券、现金、银行存款、应收票据和应收账款等。资产管理的作用在于保值和增值资产,它专注于投资管理服务,通过创造市场所需的产品来提高资金收益。因此,其目的相对单一,即保值增值,并且非常注重收益率的评价,这不仅包括长期业绩的评价,也包括短期业绩的评价。为此,下面主要从固定资产周转率、存货周转率和总资产周转率等方面进行评价。

1) 固定资产周转率

固定资产是指企业为生产经营产品或服务而持有的,使用寿命超过一个会计年度的有形资产。例如,企业办公或生产经营所需的房屋、建筑物、机械设备、运输工具等。固定资产主要来源于三个途径:外购、自行建造和租入。由于固定资产需要使用多个经营周期,涉及固定资产的折旧和管理问题,可以通过固定资产周转率进行评价。固定资产周转率是指企业年产品或服务销售收入净额与固定资产平均净值的比值,它表示在一个会计年度内固定资产的周转次数,是反映企业固定资产利用率的重要指标。该比值越高,表明固定资产的利用效率越好,企业资产管理水平越高。

2) 存货周转率

存货周转率是指企业在一定时期内主营业务成本与存货平均余额的比值,它反映了企业在一定时期内存货周转的次数。这个指标主要用来评价企业从存货取得到投入生产再到销售收回各个环节的综合管理情况,是衡量企业生产运营状况的重要指标。存货周转率越高,说明存货的周转速度越快,企业的销售能力越强;反之相反。

相对于存货的销售能力,企业更关注存货的变现能力,即实物存货如何转化为预付账款、应收账款、应付账款和预收账款等情况。因此,企业的存货周转情况会影响企业的资金占用、资金流动性和存货销售情况。如果企业周转速度慢,可能会导致资金占用成本上升、资金流动性下降、存货滞销风险增加等问题。企业利用财务大数据监控存货周转率具有重要的现实意义。

3) 总资产周转率

总资产周转率是衡量企业资产管理效率的重要财务指标,通常是指销售收入与平均资产总额的比值。该指标反映的是企业资产在一定期间内的周转次数,它衡量的是每一元资产所带来的营业收入。该指标的值越大,表示企业资产运营的能力越强。企业可以通过提高营业收入或降低平均资产总额两种途径来提升其总资产周转率。其中,降低流动资产可以通过减少多余的货币资金、应收账款、预付账款和存货来实现;降低非流动资产可以通过减少固定资产、无形资产和长期股权投资等途径来实现。提升总资产周转率可以有效降低企业资产的风险、提高企业产品或服务的经营效率,以及提升企业信用评级。

(二)物流业企业的资产管理分析

对于水上运输业企业的资产管理分析,我们选择重庆港九(股票代码:600279)作为分析对象,同时对比行业标杆企业中远海控(股票代码:601919)以及整个水上运输业的资产管理情况。2021年重庆港九、中远海控和水上运输业的资产管理情况,如表9-4所示。

表9-4　2021年重庆港九、中远海控和水上运输业的资产管理情况

指标	本期公司值	本期标杆公司值	本期行业平均值
固定资产周转率 (%前保留2位小数)	0.78%	3.36%	1.20%
存货周转率 (%前保留2位小数)	9.22%	44.57%	13.90%
总资产周转率 (%前保留2位小数)	0.44%	0.97%	0.41%

由表9-4可知,重庆港九的本期固定资产周转率为0.78,低于行业平均值1.20,也远低于行业标杆公司中远海控的3.36。这说明重庆港九本期的固定资产周转率低于行业平均水平。从存货周转率来看,重庆港九本期的存货周转率为9.22,低于行业平均水平4.68,远低于标杆公司中远海控的44.57,表明重庆港九的本期存货周转率也低于行业平均水平。从总资产周转率来看,重庆港九略高于行业平均水平,但明显低于本期行业标杆公司。因此,就本期的数值来看,重庆港九的资产管理水平较差。

为进一步预测重庆港九未来资产管理水平的趋势,还需对重庆港九、中远海控和水上运输业近10年的资产管理情况进行比较分析,结果如图9-5至图9-7所示。

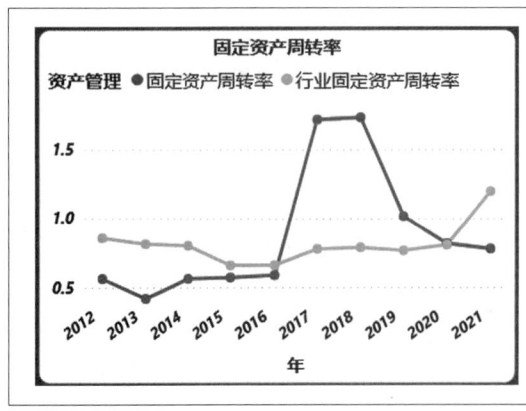
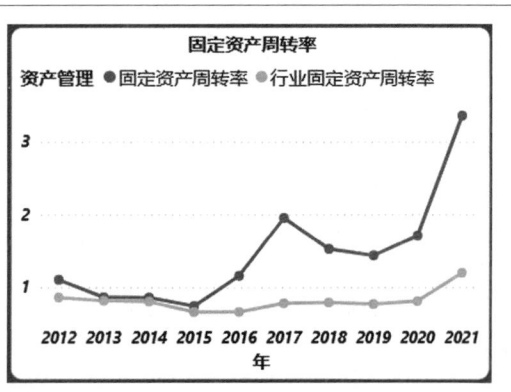

图9-5　2012—2021年重庆港九、中远海控和水上运输业固定资产周转率变动趋势图

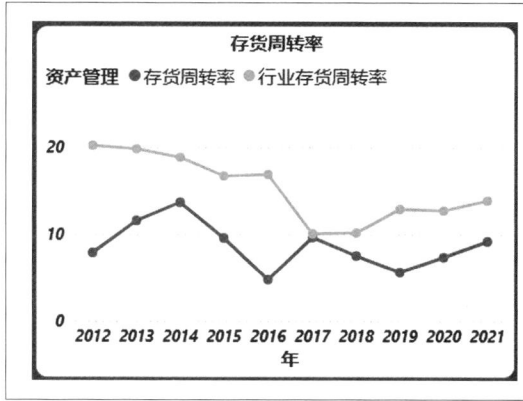
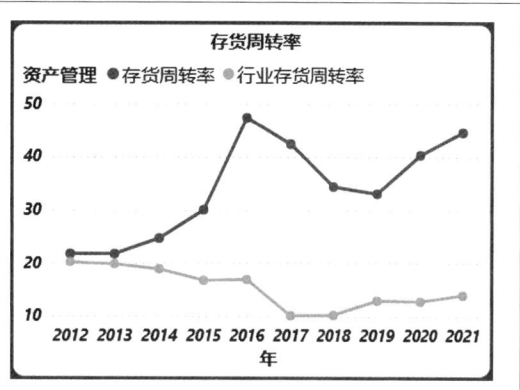

图 9-6　2012—2021 年重庆港九、中远海控和水上运输业存货周转率变动趋势图

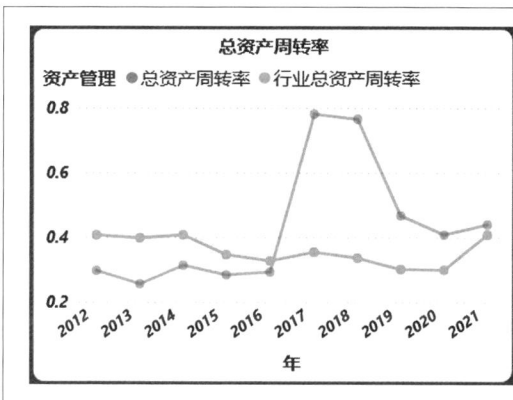
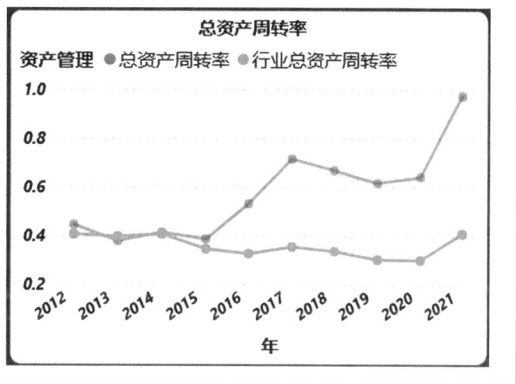

图 9-7　2012—2021 年重庆港九、中远海控和水上运输业总资产周转率变动趋势图

由图 9-5 可知：首先，重庆港九近 10 年来的固定资产周转率在 2018 年以前呈现上升趋势，但从 2019 年开始呈现下降趋势，这表明其固定资产管理水平经历了先上升后下降的变化。其次，水上运输业的固定资产周转率整体水平和行业标杆中远海控整体上都呈现出上升趋势。由此可知，重庆港九近 10 年的固定资产管理水平低于行业平均水平，且在行业和标杆企业都呈上升趋势时，重庆港九却呈现出下降的趋势，这表明其发展状况较差。

由图 9-6 可知：首先，重庆港九近 10 年来的存货周转率呈现出较为明显的波动，从 2019 年开始呈现上升趋势，且与行业的走势一致，可以预期其未来可能会继续上升；然而，从其值的大小来看，重庆港九的存货周转率一直处于行业平均值之下，说明整体上这 10 年来重庆港九的存货周转水平较差。其次，中远海控近 10 年的存货周转率从 2012 年开始一直高于行业平均水平，且这种差距还在进一步拉大，呈现出不断上升的态势，说明中远海控的存货管理水平远高于重庆港九，重庆港九的存货管理存在较大问题。

由图 9-7 可知：首先，重庆港九在 2016 年以前的总资产周转率低于行业平均水平，但从 2017 年开始超过行业平均水平，表明其总资产管理水平有所提升，资产周转速度加快。然而，从 2018 年开始，其总资产周转率呈现下降趋势，这表明其总资产管理水平开始下降。其次，行业标杆企业中远海控的总资产周转率自 2015 年起就高于行业平均水平，且与行业平均水平的差距不断扩大，这表明在同一时期内，中远海控的总资产管理水平在持续提升。

综上所述,重庆港九近10年的资产周转率不断呈现出下降且低于行业平均水平,说明其资产管理水平较差,急需对其资产管理能力进行提升。

二、信用管理分析

(一)信用管理分析概述

1. 信用管理的概念

信用是指在市场环境下,商品交易双方为完成商品买卖而向对方做出的一种承诺,这是保障产品或服务成功交易的基础。

信用管理是指在交易过程中,企业对自身或交易对方的信用风险进行识别、分析和评估的过程。它具体表现为企业承诺在一定时间节点内付款,并从供应商处提前获得产品或服务的情况,以及企业接受客户承诺并提前把产品或服务赊销给客户的情况。

2. 信用管理的评价指标

企业信用管理既包括企业自身的信用管理,也包括对企业交易对象的信用管理,主要可以通过应付账款周转率和应收账款周转率来进行评价。

1)应付账款周转率

应付账款周转率是指企业应付账款与其年销售额的比值,它反映的是企业免费占用供应商资金的能力,同时也是企业运营能力水平的体现。如果企业的应付账款周转率小于行业平均水平,这表示企业的运营能力弱于行业平均水平。

2)应收账款周转率

应收账款是指企业在销售产品或提供服务给消费者(或企业或其他组织机构)时,尚未及时收到款项的情况。这是一种赊销行为,是基于信用进行的交易。应收账款周转率反映了企业运营回款的能力水平,其值越大,表明企业的回款周期越短,运营回款能力越强,企业管理效率越高。企业为了扩大市场份额或快速占领市场,或者为了降低库存开支而需要加快库存商品的流转速度,从而导致了赊销的结果。应收账款的管理对企业的生存和发展至关重要,如果应收账款过多,可能会增加企业的资金压力、经营风险和机会成本,从而削弱企业的竞争优势。

(二)物流业企业的信用管理分析

对于水上运输业的企业信用管理分析,我们选择重庆港九(股票代码:600279)作为分析对象,同时对比分析水上运输业的标杆企业中远海控(股票代码:601919)以及整个水上运输业的信用管理情况。

重庆港九、中远海控和整个水上运输业信用管理情况,如表9-5所示。

表9-5　2021年重庆港九、中远海控和整个水上运输业信用管理情况

指标	本期公司值	本期标杆公司值	本期行业平均值
应付账款周转率 (%前保留2位小数)	18.51%	3.79%	5.39%
应收账款周转率 (%前保留2位小数)	25.51%	32.42%	18.39%

由表 9-5 可知,重庆港九的本期应付账款周转率为 18.51,远高于行业平均水平的 5.39 和行业标杆公司中远海控的 3.79,这表明重庆港九占用供应商资金的能力较弱,其与供应商议价的能力低于行业平均水平。重庆港九的本期应收账款周转率为 25.51,高于行业平均值 18.39,说明其回款运营效率优于行业平均水平,但其回款能力不及行业标杆公司。因此,综合来看,重庆港九本期的信用管理水平和效率略低于行业平均水平,若要提升其未来信用管理效率,需要从提高应付账款周转率方面着手改进。

为进一步准确把握重庆港九的信用管理情况,下面对其近 10 年的应付账款周转率和应收账款周转率进行趋势分析,结果如图 9-8 和图 9-9 所示。

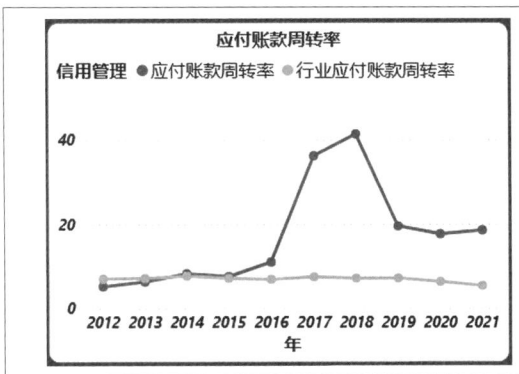 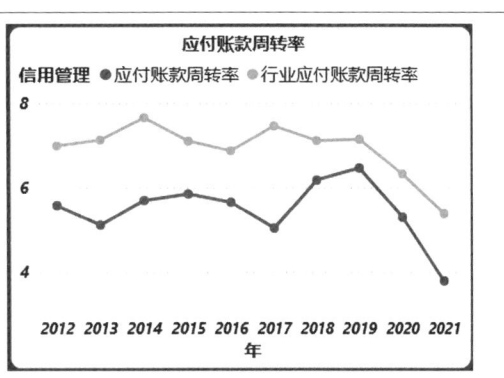

图 9-8 2012—2021 年重庆港九、中远海控和水上运输业应付账款周转率变动趋势图

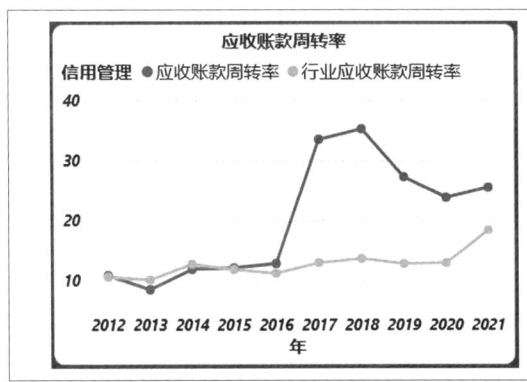 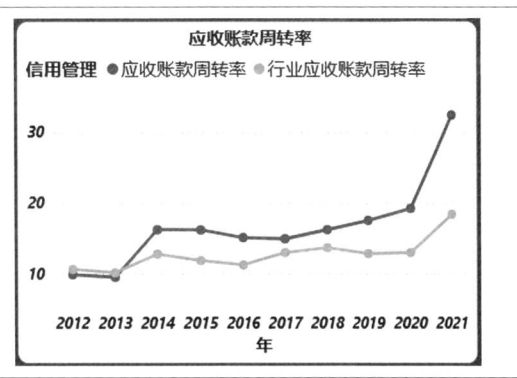

图 9-9 2012—2021 年重庆港九、中远海控和水上运输业应收账款周转率变动趋势图

由图 9-8 可知:首先,重庆港九近 10 年的应付账款周转率呈现出波动上升的趋势,从 2015 年开始就持续高于行业平均水平,并且差距逐渐增大;其次,行业标杆企业中远海控的应付账款周转率呈现出波动下降的趋势,且与行业平均水平的趋势相一致。因此,可以判断重庆港九在应付账款方面的信用管理能力相对较弱,在行业中的议价能力不强,且未来可能会进一步减弱。

由图 9-9 可知:首先,重庆港九近 10 年的应收账款周转率呈现出波动上升趋势,这表明其运营回款能力在不断提升。然而,随着时间的推进,这一指标正逐渐接近行业平均水平,说明尽管重庆港九的回收账款能力仍然高于整体行业平均水平,但其优势正在逐渐减弱,未来甚至可能消失。其次,行业标杆企业中远海控的应收账款周转率自 2013 年起就一直高于行业平均水平,并且差距不断扩大,这表明其回款效率在不断提升。

综合来看,重庆港九的应付账款议价能力正在下降;虽然应收账款的回款能力高于行业平均水平,但这种优势随着时间的推移也在逐渐消失。因此,可以判断出重庆港九的信用管理能力正在逐渐减弱。

三、资产布局分析

(一)资产布局分析概述

1. 资产布局的概念

资产布局是指企业为了优化资产配置或提升资产利用效率而形成的资产结构。

2. 资产布局的目的

(1)降低经营风险,保障企业生产经营顺利进行。企业生产经营常常需要不同种类的资产,而行业、企业规模和发展阶段的不同,会导致其资产结构的最优配置占比情况也有所不同。企业需要避免某一资产占比过多,以免增加资产占用成本和减少资产经营收益,同时还需防止其他资产占用过少,以免影响资金周转效果和实现预期收益。

(2)提高企业资金利用效率。企业可以通过管理企业的现金、银行存款、存货、应收账款、固定资产和长期投资等单项资产,来提升其资金的利用效率。一般而言,流动性较好的资产风险较小,但收益能力也相对较低;而流动性较差的资产风险较大,但潜在收益也较高。因此,企业需要找到流动性较好和较差资产之间的合理比例。

(3)提高资产的获利能力和偿债能力。企业的最终目的是获得利益,并确保能够偿还所欠债务。这就需要企业根据外部市场环境和内部条件的变化,适时调整资产结构,提升资产的灵活性,以保障其持续具备良好的收益和偿债能力。

3. 资产布局的评价指标

评价企业资产布局是否合理,可以通过以下四个指标进行衡量:固定资产占总资产的比重、存货占总资产的比重、应收及预付款项占总资产的比重、货币资金占总资产的比重。

(二)物流业企业的资产布局分析

对于水上运输业的企业资产布局分析,我们选择重庆港九(股票代码:600279)作为分析对象,同时对比分析水上运输业的标杆企业中远海控(股票代码:601919)以及整个水上运输业的资产布局情况。重庆港九、中远海控和水上运输业资产布局情况,如表9-6所示。

表9-6 2021年重庆港九、中远海控和水上运输业资产布局情况

指标	本期公司值	本期标杆公司值	本期行业值
货币资金占资产比(%前保留2位小数)	8.16%	43.11%	18.64%
应收及预付占资产比(%前保留2位小数)	5.42%	3.29%	2.78%
存货占资产比(%前保留2位小数)	3.88%	1.31%	2.03%
固定资产占资产比(%前保留2位小数)	59.00%	24.10%	31.97%
流动资产占比合计	19.05%	48.96%	—
非流动资产占比合计	80.95%	51.04%	—

注:应收及预付包括应收账款、应收票据、预付款项。

由表 9-6 可知，重庆港九的本期货币资金占比为 8.16%，低于行业平均值 18.64%，也远低于行业标杆公司中远海控的 43.11%。这表明相较于行业整体水平和行业标杆企业，重庆港九的短期偿债能力较弱，存在资金压力，可能面临经营风险。

从应收及预付款项的占比来看，重庆港九的占比高于行业平均值，也明显高于行业标杆公司中远海控的占比。这说明重庆港九占用供应商资金的能力较弱，在与供应商的议价中不具备优势，其资金回款能力也较弱，导致供应商占用了公司较多的资金。

从存货占比来看，重庆港九的存货占比高于行业均值，也明显高于行业标杆公司中远海控的占比。这表明重庆港九的产品或服务销售能力较同行更弱，其运营能力处于行业劣势地位。

从固定资产占比来看，重庆港九的占比远高于行业平均值和行业标杆企业中远海控的占比。这表明重庆港九的资产回收周期相较于同行更长，占用的资金也更多，对企业的经营效益影响较大，企业可能存在经营风险。

从流动资产和非流动资产的占比来看，重庆港九的非流动资产比重高达 80.95%，而同期的行业标杆企业仅为 51.04%。这也再次表明重庆港九的资产布局可能存在不合理之处，需要调整其资产布局结构，以提升其经营效益。为进一步把握重庆港九资产布局的走势情况，下面对重庆港九和中远海控近 10 年的资产布局变动情况进行比较分析，结果如图 9-10 和图 9-11 所示。

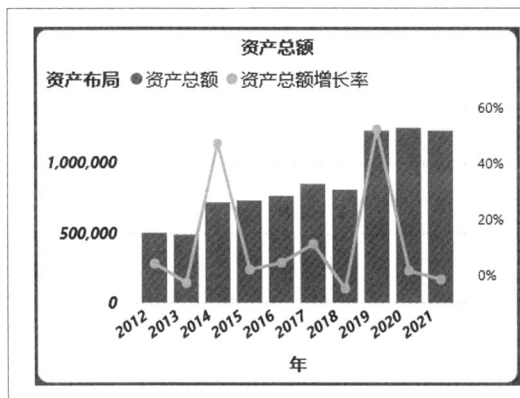
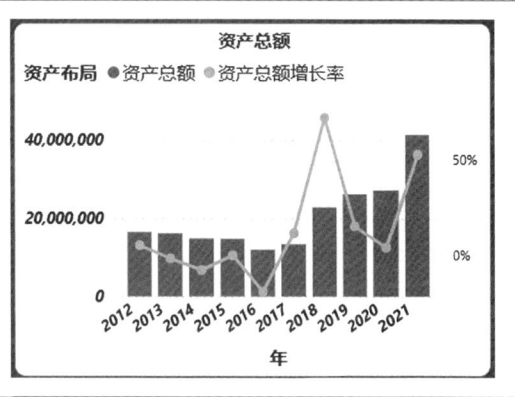

图 9-10　2012—2021 年重庆港九、中远海控的资产总额及增长率变动趋势图

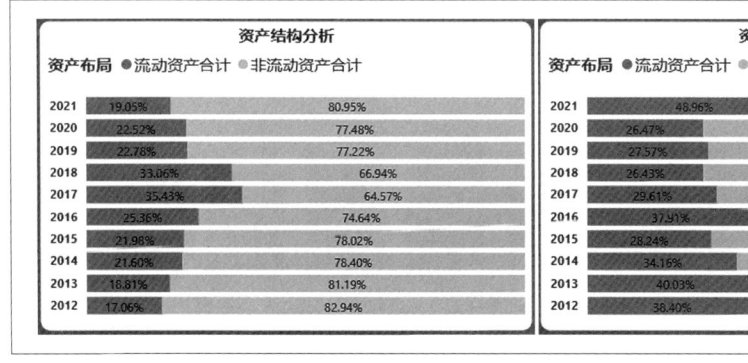
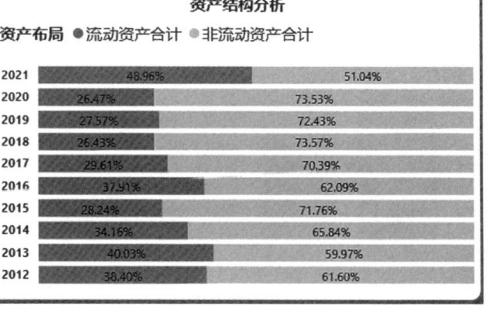

图 9-11　2012—2021 年重庆港九、中远海控的资产结构变动趋势图

由图 9-10 可知,重庆港九的资产总额 2012—2021 年呈现上升趋势。同时,行业标杆企业中远海控也呈现出波动上升趋势,显示出趋势的一致性。

由图 9-11 可知:首先,从资产结构来看,重庆港九的非流动资产 2012—2018 年出现下降趋势,但 2019—2021 年又开始上升,而流动资产呈现出相反的变动。这表明重庆港九的非流动资产占用了大量资金,资金压力较大,存在一定的经营风险,且经过 10 年的发展并未明显改善。其次,2012—2021 年,重庆港九的非流动资产占比一直高于行业标杆企业中远海控。2021 年中远海控进行了资产的大幅度调整,这表明重庆港九未来需要减少其非流动资产的占比,以增强其短期偿债能力,减小资金压力。

为了准确把握重庆港九的资产布局走势,从固定资产占比、存货占比、应收及预付款项占比、货币资金占比各个指标进行具体的比较分析,结果如图 9-12 至图 9-14 所示。

图 9-12　2012—2021 年重庆港九资产布局变动趋势图

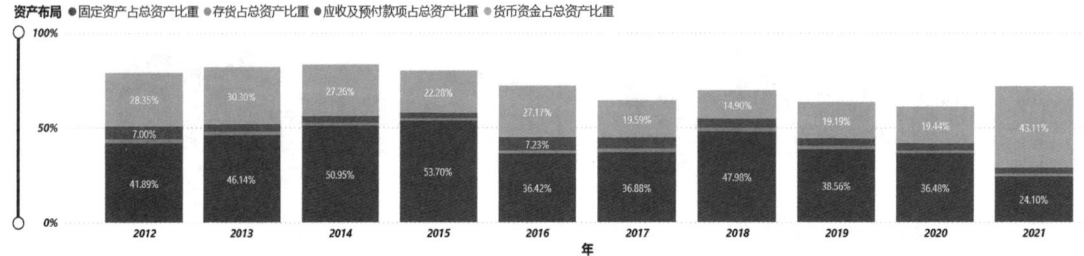

图 9-13　2012—2021 年中远海控资产布局变动趋势图

图 9-14　2012—2021 年水上运输业资产布局变动趋势图

由图 9-12 可知,重庆港九近 10 年的资产布局中,固定资产占比一直保持在较高水平,货币资金占比大约在 10% 左右,而近 3 年的应收和预付款项占比以及存货占比变化不大。

由图 9-13 可知,行业标杆企业中远海控的资产布局发生了显著变化,固定资产占比已不再占主导地位,货币资产占比上升,高达 43% 以上,这表明其支付能力强,经营状况良好。

由图 9-14 可知,整个水上运输业的固定资产占比虽然仍为主要部分,但随着时间的推移,其呈现下降趋势,而货币资金占比则呈现上升趋势。相比之下,重庆港九的固定资产占比过高,货币资金占比不足,与行业平均水平存在差异。

综合来看,重庆港九面临经营风险,这主要是由固定资产占比过高造成的。为了提高资产利用效率,改善资产布局,重庆港九需要减少固定资产占比,并配合有效的营销策略,以提高产品或服务的销售能力。

第四节 财务层面分析

财务大数据下的企业财务层面分析主要包括财务风险分析、流动性分析和资本结构分析三个方面。

一、财务风险分析

(一) 财务风险分析概述

1. 财务风险的概念

风险是指某种不确定或可能发生的损失。财务风险是指企业在经营过程中,由于各种无法预料或控制的因素,导致企业实际收益与预期收益发生背离,从而产生经济损失的可能性。根据企业财务活动的基本内容,财务风险可以划分为筹资风险、投资风险、资金回收风险和收益分配风险四类。其中,筹资风险是指由投资收益不确定、资金调度不合理或汇率风险等因素带来的风险;投资风险是指投资项目不能如期投产获得收益,或投资虽未亏损但盈利不如银行利息的风险;资金回收风险是指产品销售后货款无法顺利收回而导致的损失;收益分配风险是指收益分配可能给企业的生产经营活动带来不利影响,如偿债能力降低或企业声誉下降等。

2. 财务风险管理的目的

财务风险管理的目的主要是识别风险、评估风险、防范风险、控制风险和应对风险,从而降低风险发生的可能性,并尽可能减少风险带来的损失。

由于筹资风险主要来源于偿债风险或收益变动风险,企业可以通过提高资金使用效益、适度负债、优化资本结构,以及合理搭配流动负债和长期负债来进行财务风险的防范和控制。

由于投资风险主要来源于投资生产项目或购买证券的风险,企业可以通过设计可行的投资方案或运用合理的投资组合来进行风险的控制与防范。

由于资金回收风险主要来源于销售货款在时间上的不确定性或收回货款金额上的不

确定性,企业可以通过选择合理的销售和结算方式、制定合理的收账与催账措施,或建立坏账准备金制度等进行风险的控制与防范。

由于收益分配风险主要来源于分配方式、分配时间、分配金额上的不合理而导致的风险,企业可以通过制定合理的收益分配政策或塑造投资者信心等来防范和控制风险。

3. 财务风险的分析指标

财务是指与企业经营和管理相一致的资本结构安排与财务风险控制活动。它包括资本结构的安排与优化,负债结构的安排与优化以及短期偿债风险的控制。财务风险的分析包含两个要素:财务风险的可控性和资本成本的最小化。公司财务风险的衡量主要看负债水平,特别是负债的成本。在这里,我们主要关注金融负债,如长期金融负债和短期金融负债的情况。下面具体采用短期金融负债、长期金融负债、短期金融负债占比和长期金融负债占比这四个指标进行衡量。

(二) 货币金融服务行业企业的财务风险分析

对于货币金融服务行业企业的财务风险分析,我们选择招商银行(股票代码:600036)作为分析对象,并将其与行业标杆工商银行(股票代码:601398)及整个货币金融服务行业的财务风险情况进行对比分析。招商银行、工商银行和货币金融服务行业的财务风险分析表,如表9-7所示。

表9-7　2021年招商银行、工商银行和货币金融服务行业的财务风险分析表

指标	本期公司值	本期标杆企业公司值	本期行业值
长期金融负债(万元,保留到整数)	44 664 500.00	79 137 500.00	36 202 527.15
短期金融负债(万元,保留到整数)	9 104 300.00	15 851 700.00	2 579 279.83
长期金融负债占比(%前保留2位小数)	5.33%	2.48%	7.67%
短期金融负债占比(%前保留2位小数)	1.09%	0.50%	0.55%

由表9-7可知:招商银行本期的长期金融负债和短期金融负债的值均超过了本行业的平均值,这表明招商银行的资金吸纳能力高于行业平均水平。同时,长期金融负债显著大于短期金融负债,反映出其发放的长期贷款更多,可能带来更高的利润,但相应地,其资金成本也高于短期金融负债。在货币金融服务行业,负债规模通常被视为企业社会信誉和吸储能力的体现,负债越多,往往意味着企业能通过资金运作获取更多利益。

招商银行本期的长期金融负债占比(5.33%)低于行业的整体比值(7.67%),而短期金融负债占比(1.09%)则高于行业整体比值(0.55%)。这表明招商银行在长期偿债能力上优于行业平均水平,但其短期偿债压力大于行业平均水平。

对比行业标杆企业工商银行,其长期金融负债和短期金融负债的金额均高于招商银行,显示出招商银行的资金吸纳能力相较于行业标杆企业较弱。然而,工商银行的长期金融负债占比和短期金融负债占比均低于招商银行,这实际上说明招商银行的短期偿债压力和长期偿债能力相较于工商银行并不显得更弱,而是由两者在负债结构上的不同策略所致。

为进一步深入了解招商银行的财务风险状况,我们对招商银行、工商银行和货币金融

服务行业近10年的短期金融负债、长期金融负债、短期金融负债占比、长期金融负债占比这四个关键指标进行了详细分析,结果如图9-15至图9-17所示。

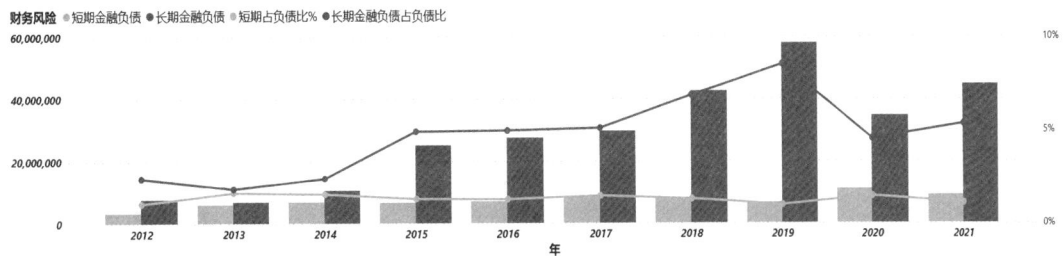

图9-15 2012—2021年招商银行财务风险变动趋势图

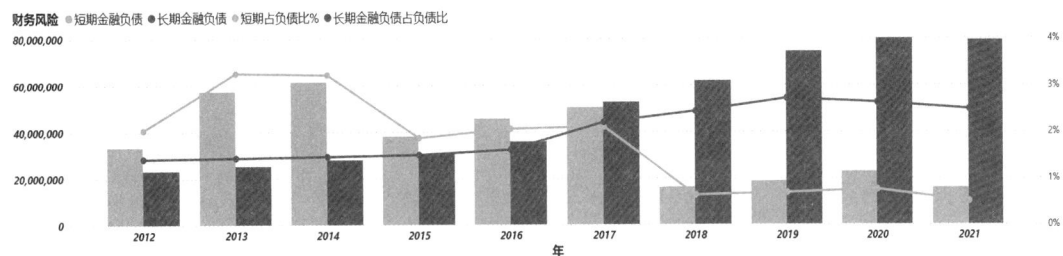

图9-16 2012—2021年工商银行财务风险变动趋势图

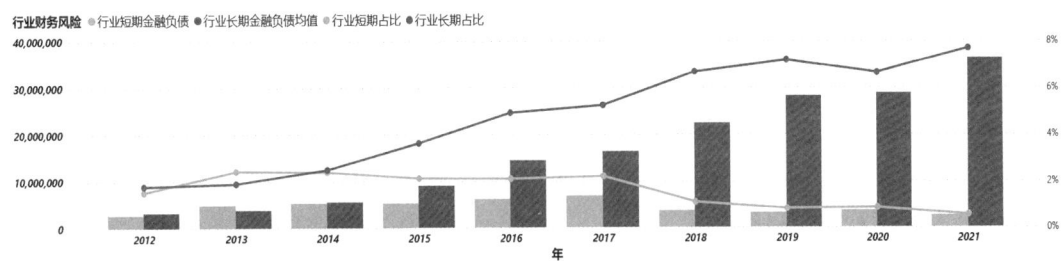

图9-17 2012—2021年货币金融服务行业财务风险变动趋势图

由图9-15可知,招商银行长期金融负债2012—2021年呈现波动上升的趋势,且其长期金融负债占比也呈现出同样的走势;同时,其短期金融负债金额和负债比例2012—2021年也有所上升。这表明,从整体上来看,招商银行的资金吸纳能力在增强,同时其短期偿债压力和长期偿债压力均有所增加。由于短期金融负债的风险通常高于长期金融负债,长期金融负债占比较高更符合银行的利益需求。

由图9-16可知,工商银行2012年的长期金融负债和长期金融负债占比分别为23 218 600.00万元和1.41%,而到2021年则增长至79 137 500.00万元和2.48%。其短期金融负债呈现出波动下降的趋势,说明工商银行的短期偿债能力在增强,但长期负债偿还压力在增加。

由图 9-17 可知，整个货币金融服务行业的长期金融负债金额和占比都呈现持续上升的趋势，而短期金融负债金额和占比则呈现不断下降的趋势，这说明整个货币金融服务行业的资金来源结构越来越符合银行的利益需求。

通过对比分析可以看出，招商银行整体的资金吸纳能力在增强，负债结构在逐步改善，但其短期负债和长期负债的占比均略低于行业整体水平。这表明，招商银行可能需要进一步降低短期金融负债的比例，同时提升长期金融负债的比例，以更好地优化其负债结构。

二、流动性分析

（一）流动性分析概述

1. 流动性的概念

企业财务的流动性是指企业的变现能力或短期偿债能力，即企业将其资产转换为现金及偿还企业到期债务的能力。财务流动性的强弱直接反映了企业变现和短期偿债能力的强弱，它主要受到行业特点、生产周期、经营环境、流动资产运营效率以及资产结构等多种因素的影响。

2. 流动性分析的目的

一般来说，企业流动性不断减弱会导致企业经营风险增大。流动比率和速动比率静态地反映了企业短期偿债能力情况，而应收账款和存货周转率则动态地体现了企业流动资金的安全性状况。应收账款周转率高可以在一定程度上弥补流动比率过低带来的不利影响，但应收账款周转率过低也可能导致企业销售规模萎缩。当企业财务流动性较差时，可能会使企业因变现能力不足而无法及时支付债务或税款，进而无法追加再生产所需的资金，或被迫举债以增加资金成本并带来更大的财务压力，最终可能使企业陷入财务经营困境和风险之中。因此，企业应加强对自身财务流动性的管理，以提升企业生产经营管理水平，确保企业生产经营活动的顺利进行，避免因流动资金不足而导致生产经营活动被迫中断或被迫举债承担高额成本，从而降低企业经营风险，并维护企业的市场信用及企业声誉。

3. 流动性的分析指标

企业流动性的强弱主要取决于资产的流动性，即资产转换为现金的速度。一般而言，流动性越强，其短期偿债能力和支付能力也越强。这种能力可以通过流动比率、速动比率和现金比率来进行衡量。

1）流动比率

流动比率是企业流动资产与流动负债的比率。其值越高，说明企业偿还流动负债的能力越强。然而，过高的流动比率也可能反映出企业滞留在流动资产上的资金过多，这可能会影响企业的获利能力。另外，如果企业流动比率较高但其流动资产的流动性较差，也说明企业的短期偿债能力仍然较弱。

2）速动比率

速动比率是企业速动资产与流动负债的比率，它更准确地反映了企业短期内可迅速变现的资产对流动负债的覆盖能力。

3）现金比率

现金比率是企业现金及现金等价物与流动负债的比率,它直接反映了企业直接偿付流动负债的能力。该比率越高,说明企业的偿债能力越强。但需要注意的是,如果比率过高,也可能表明企业资金利用效率不高,存在资金闲置的情况。

(二) 货币金融服务行业企业的流动性分析

流动比率和速动比率通常用于代表企业偿还短期债务的能力。然而,对于货币金融服务行业企业的流动性分析,由于流动比率和速动比率主要侧重于企业资产的变现能力和短期偿债能力,这对于银行这一特殊行业来说,其直接意义相对有限。中国银保监会对于银行的监测,则更多地是基于流动性比例来衡量其流动性状况。

为此,对于银行企业的流动性分析,依据《商业银行流动性风险管理办法》(银保监会令2018年第3号)第四十条的规定,流动性比例的计算公式为:流动性比例=流动性资产余额÷流动性负债余额,该比例的最低监管标准为不低于25%。此外,《商业银行资本管理办法(试行)》(银监会令2012年第1号)也明确规定了商业银行的资本充足率监管要求。

此处,我们选择招商银行(股票代码:600036)作为分析对象,并将其与行业标杆工商银行(股票代码:601398)及整个货币金融服务行业的流动性情况进行对比分析。2021年招商银行、工商银行和货币金融服务行业的流动性分析表,如表9-8所示。

表9-8 2021年招商银行、工商银行和货币金融服务行业的流动性分析表

指标	本期公司值	本期标杆企业公司值	本期行业值
流动性比例(%前保留2位小数)	48.33%	41.50%	60.30%
核心一级资本充足率(%前保留2位小数)	12.66%	13.31%	10.78%
一级资本充足率(%前保留2位小数)	14.94%	14.94%	12.36%
资本充足率(%前保留2位小数)	17.48%	18.02%	15.13%

注:工商银行和招商银行的数据来源于新浪财经:http://money.finance.sina.com.cn/corp/view/vCB_AllBulletinDetail.php?id=7898012,货币金融服务行业的数据来源于国家金融与发展实验室官方网站文章《NIFD季报2021货币金融服务行业运行分析与2022年展望》中的数据。

由表9-8可知,招商银行2021年本期的流动性比例(48.33%)低于本期行业平均值,这表明招商银行的资金利用效率低于行业平均水平,也意味着招商银行的短期变现和偿债能力相对于行业平均水平较弱。这一点可以从之前提到的招商银行短期负债偿还压力大于行业平均水平得到进一步印证。

从本期招商银行的资本充足率来看,其水平高于整个行业平均值,说明招商银行在应对风险方面的能力较强于行业平均水平,显示出更高的稳定性,从而能够更好地保障客户的利益。

与行业标杆企业工商银行比较来看,招商银行的流动性状况相对较好,但资本充足率略逊一筹。这可能与招商银行在市场竞争力上相对于工商银行有所差距有关。因此,招商银行应致力于加强自身的品牌影响力和市场竞争力,以提升吸纳资金的能力,进而获得更充裕的资金和更多收益。

为进一步预测和把握招商银行的流动性发展趋势,我们对招商银行、工商银行和货币金融服务行业近 10 年的流动性指标进行了趋势分析,结果如图 9-18 和图 9-19 所示。

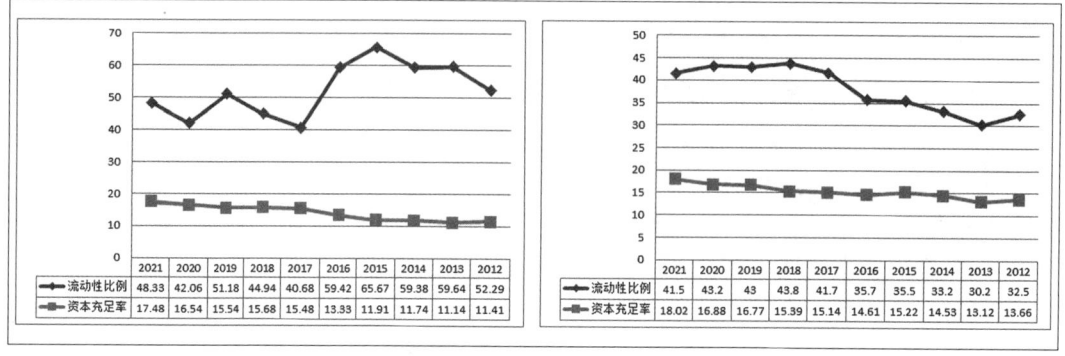

图 9-18　2012—2021 年招商银行、工商银行流动性变动趋势图

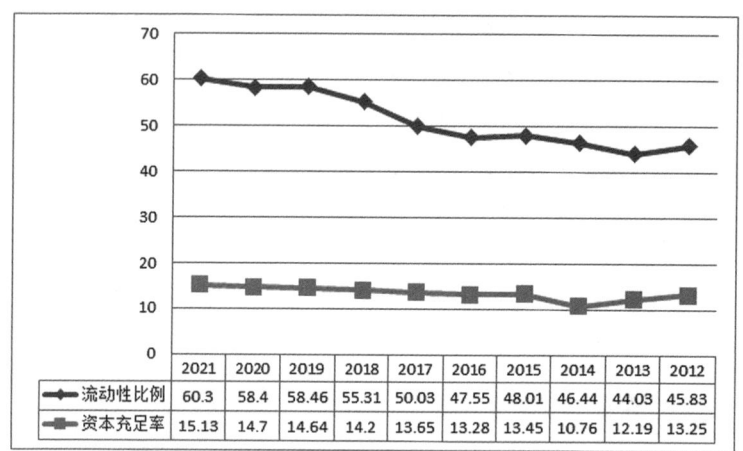

图 9-19　2012—2021 年货币金融服务行业流动性变动趋势图

由图 9-18 可知：首先,招商银行近 10 年的流动性比例呈现出波动下降的趋势,从 2012 年的 52.29% 下降至 2021 年的 48.33%,这表明其流动性在逐步减弱；而资本充足率则持续上升,显示出招商银行承受风险的能力在逐渐增强。其次,行业标杆企业工商银行近 10 年的流动性比例和资本充足率均呈现不断上升的趋势,这说明工商银行的流动性在增加,其风险承受能力也在提升,从而增强了偿债能力。

由图 9-19 可知：整个货币金融服务行业的流动性比例在持续上升,而资本充足率则呈现波动上升的趋势,这表明整个货币金融服务行业的资产流动性在逐渐增强,短期偿债能力有所提升,且整体上承受风险的能力也在上升。

综上所述,从纵向比较来看,招商银行的短期偿债能力确实在减弱,但其资本充足率的提升在一定程度上弥补了这一不足,确保了其应对风险的能力。从横向对比来看,虽然招商银行的流动性略低于整个货币金融服务行业的平均水平,但其资本充足率却优于行业整体水平。因此,可以认为招商银行的资本流动性处于一般水平,尽管其短期经营风险略高于平均水平,较高的资本充足率为其提供了有效的弥补。

三、资本结构分析

(一) 资本结构分析概述

1. 资本结构的概念

资本结构是指企业筹措资本来源的价值构成及其比例关系,它不仅仅是资产与负债的比率,更特指全部债务与股东权益之间的比例构成。企业资本结构会受到多种因素的影响,包括但不限于自身经营情况、成长能力、财务状况、信用等级、资产结构、投资人偏好、行业特征、企业发展周期、宏观经济环境以及法律法规政策等。

2. 资本结构的分析指标

企业资本结构在很大程度上影响企业的偿债和再融资能力,同时也决定了企业未来的盈利能力和经营风险状况。企业的资本结构,主要通过股东权益比率(股东权益总额与资产总额的比值)和资产负债率(负债总额与资产总额的比值)这两个指标来衡量。

1) 股东权益比率。

通常,企业内部的经营管理者掌握着投资项目确切的收益信息,但这些信息往往难以有效地传递给外部投资者。而股本资产作为风险资产,对于经营管理者而言,投资的主要目的是获得收益。当项目属于优质投资项目时,企业经营管理者有动机增加负债,以此提高其负债比例,从而向外部传递出投资项目质量优良的信号,进而增强投资者的信心。

2) 资产负债率。

由于企业内部经营者与外部投资者之间存在信息不对称,外部投资者往往将较高的负债水平视为企业质量良好的一个信号。这是因为优质企业预期收益较好,能够更容易地获得借款,从而外部投资者可以通过这一指标来评估企业的经营质量。

(二) 货币金融服务行业企业的资本结构分析

资本结构反映了企业资金的来源构成。对于公司资本结构的分析,我们主要观察负债和所有者权益在总资产中的占比情况。对于货币金融服务行业企业的资本结构分析,此处我们选择招商银行(股票代码:600036)作为分析对象,并对招商银行、行业标杆工商银行(股票代码:601398)以及整个货币金融服务行业的资本结构情况进行深入分析。2021年招商银行、工商银行和货币金融服务行业的资本结构分析表,如表9-9所示。

表9-9 2021年招商银行、工商银行和货币金融服务行业的资本结构分析表

指标	本期公司值	本期标杆企业公司值	本期行业值
负债占资产比(%前保留2位小数)	90.64%	90.69%	91.57%
所有者权益占资产比(%前保留2位小数)	9.36%	9.31%	8.43%

由表9-9可知,本期招商银行的负债占资产比率为90.64%,这一数值低于本期货币金融服务行业整体的平均值91.57%,可以认为招商银行的偿债能力高于行业平均水平。同时,行业标杆企业工商银行的本期负债占资产比率也低于行业平均水平,且与招商银行的数值相近,这进一步支持了招商银行偿债能力较好的结论。

从所有者权益占资产比率的角度来看,本期招商银行的该指标值优于行业平均水平,这表明招商银行的企业财务风险低于行业平均水平,且其偿债能力同样优于本期行业平均

水平,这一点与标杆公司工商银行的表现是一致的。

为进一步把握招商银行的资本结构变化情况,我们对招商银行、工商银行和货币金融服务行业近 10 年的资本结构进行了详细分析,结果如图 9-20 和图 9-21 所示。

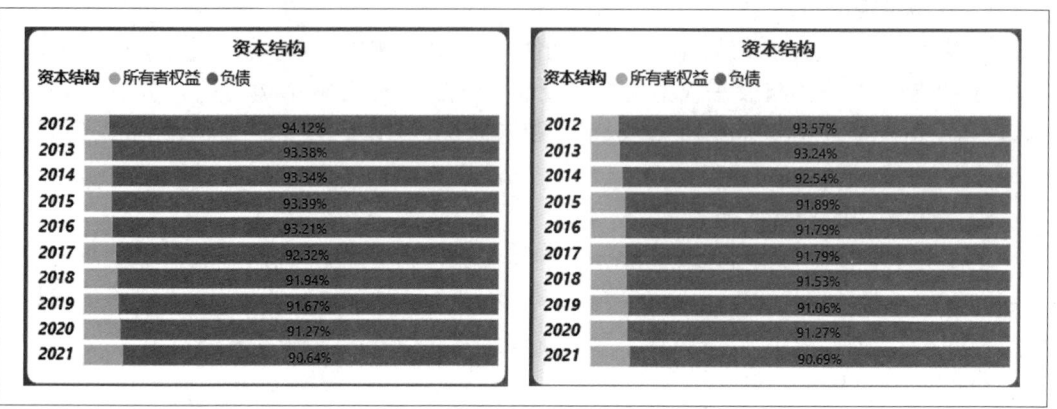

图 9-20　2012—2021 年招商银行、工商银行资本结构变动趋势图

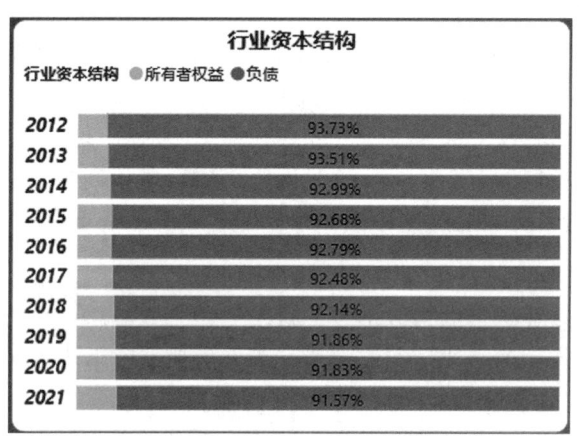

图 9-21　2012—2021 年货币金融服务行业资本结构变动趋势图

由图 9-20 和图 9-21 可以看出,招商银行的资本结构呈现出所有者权益占资产比例不断增加,而负债占资产比例不断下降的趋势。这一趋势与整个货币金融服务行业以及行业标杆企业工商银行的变化趋势相一致,表明招商银行的偿债能力在不断增强,同时财务风险在逐渐降低。此外,招商银行的所有者权益占资产比例自 2017 年起便高于行业平均水平,这也进一步说明其偿债能力从 2017 年开始便优于行业平均水平,显示出更高的安全性。

第五节　业绩层面分析

财务大数据下的企业业绩层面分析主要包括利润对比分析、利润的现金含量分析和权益净利率分析三个方面。

一、利润对比分析

(一) 利润对比分析概述

利润是企业从事生产经营活动最终成果的直接体现,是维持企业持续再生产的基础条件,也是衡量企业承担风险能力和能否长期健康发展的关键指标。为了深入了解企业的经营发展状况,需要对其利润进行细致分析。在进行利润对比分析时,我们主要聚焦于核心利润、营业利润、净利润、核心利润率以及销售净利率这五个关键指标。

1. 核心利润

核心利润是对营业利润的进一步聚焦,它排除了营业利润中的资产减值损失、投资收益、公允价值变动损益等非经常性损益项目,更专注于反映企业日常生产经营活动的获利能力。核心利润越大,代表企业主营业务竞争力和在行业中的竞争实力越强,盈利质量也越高。

2. 营业利润

营业利润是指企业在一定会计期间内通过销售产品或提供服务,或让渡资产使用权等方式所获得的经济利益,它主要由营业收入扣除营业成本、税金及附加、管理费用、销售费用、财务费用、资产减值损失后的净额,再加上公允价值变动损益和投资收益等项目构成,是衡量企业最基本获利水平的重要指标。

3. 净利润

净利润是企业当期利润总额在扣除所得税费用后的净额,它代表了企业经营活动所实际取得的税后利润。

4. 核心利润率

核心利润率是核心利润与营业收入之间的比率,它反映了企业核心业务或主营业务的盈利能力,也是衡量企业市场竞争力的重要标尺。

5. 销售净利率

销售净利率是净利润与销售收入之间的比率,它揭示了企业每一元销售收入能够转化为净利润的能力,是衡量企业销售产品或提供服务的效率与盈利能力的重要指标。

(二) 零售业企业的利润对比分析

对于零售业企业的利润对比分析,此处我们选择重庆百货(股票代码:600729)作为分析对象,并将其与行业标杆企业王府井(股票代码:600859)和整个零售业进行对比。2021年重庆百货、王府井和零售业的利润对比分析,如表9-10所示。

表9-10 2021年重庆百货、王府井和零售业的利润对比分析表

指标	本期公司值	本期标杆公司值	本期行业值
核心利润(万元,保留到整数)	96 459.13	161 790.19	17 675.06
营业利润(万元,保留到整数)	111 752.91	190 583.49	−9 063.76
净利润(万元,保留到整数)	101 545.29	137 828.09	−15 251.75
核心利润率(%前保留2位小数)	4.57%	12.69%	1.30%
销售净利率(%前保留2位小数)	4.81%	10.81%	−1.12%

由表 9-10 可知,重庆百货的核心利润、营业利润、净利润、核心利润率和销售净利率等关键指标均高于本期行业平均水平,这表明重庆百货的盈利能力较强,在行业内具有显著的竞争优势,其销售产品的能力也明显强于行业平均水平。尽管与行业标杆企业王府井的本期数值相比存在一定差距,但两者均高于行业平均水平,这显示出重庆百货具有较好的企业发展潜力和持续健康成长的可能性,预示着正向的发展预期。

为进一步深入了解重庆百货的利润状况及其变化趋势,我们对重庆百货、王府井和零售业 2012—2021 年的核心利润、营业利润、核心利润率以及销售净利率等关键指标进行了具体分析,结果如图 9-22 和 9-23 所示。

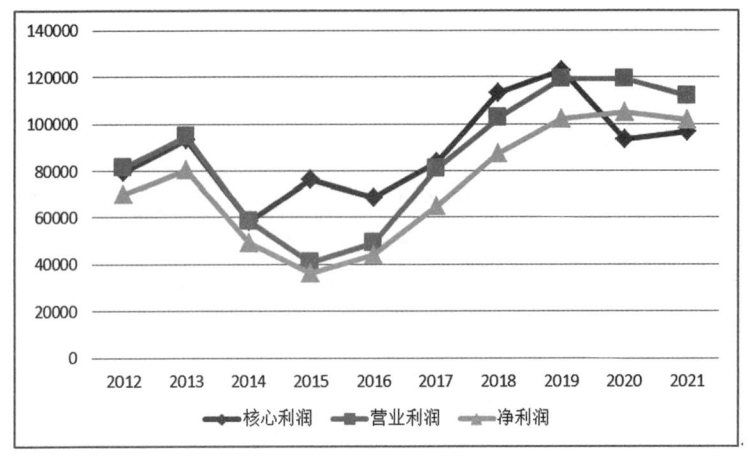

图 9-22 2012—2021 年重庆百货利润对比变动趋势图

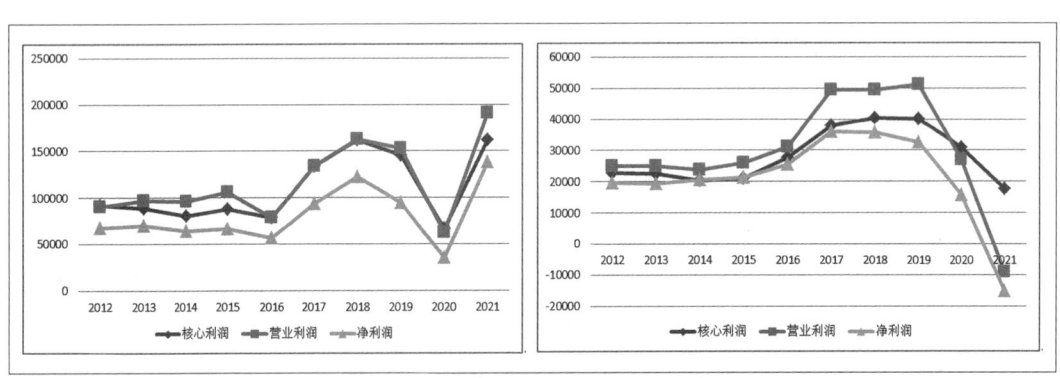

图 9-23 2012—2021 年王府井(左)、零售业(右)利润对比变动趋势图

由图 9-22 可知,2012—2021 年重庆百货的核心利润、营业利润和净利润均呈现出先下降后上升的趋势,但整体而言是上升的,这表明重庆百货的主营业务发展持续向好,企业盈利能力不断增强。其经营的产品或提供的服务在市场上的竞争优势也在不断加强,为企业未来的发展提供了更为坚实的基础保障。

由图 9-23(右)可知,零售业的核心利润、营业利润和净利润均呈现出波动下降的趋势,2021 年甚至变为负值。值得注意的是,在同行业大多数企业的盈利能力和竞争优势出现下降的背景下,重庆百货的发展潜力和竞争优势却持续上升。这从横向比较的角度进一步印证了重庆百货的竞争优势,以及企业良好的发展潜力和盈利能力。

由图 9-23 可知,王府井的核心利润、营业利润和净利润均呈现出波动上升的趋势。然而,与王府井相比,重庆百货的走势更为稳健和良好,这说明重庆百货不仅竞争优势在不断增强,发展潜力良好,而且这种良好的状态是以一种相对稳定的态势向前发展的。

此外,我们还对重庆百货、王府井和零售业近 10 年的核心利润率和销售净利率的变动情况进行了深入分析,结果如图 9-24 和图 9-25 所示。

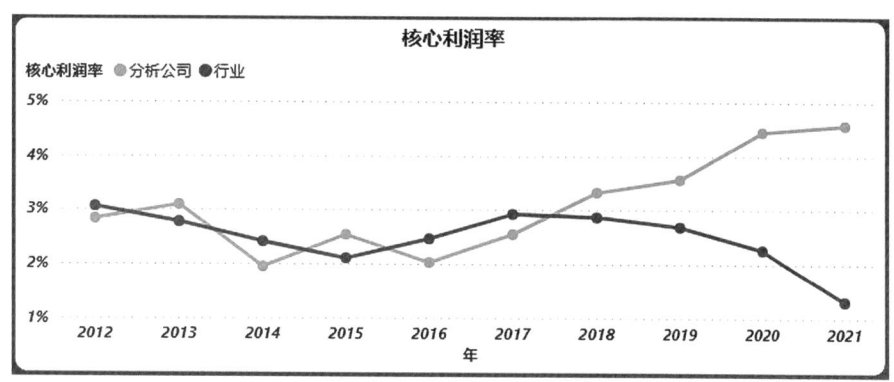

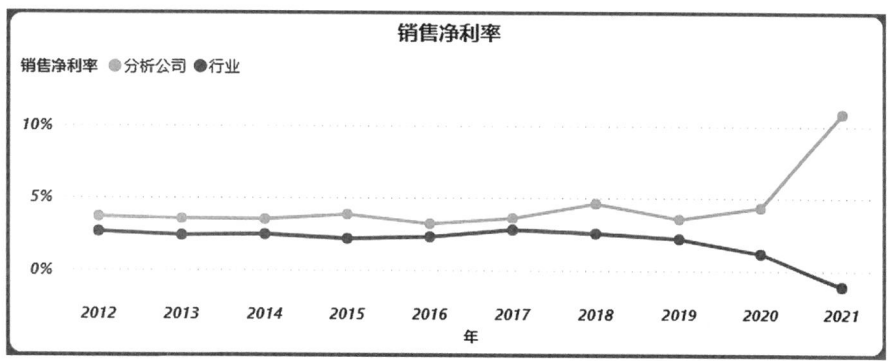

图 9-24　2012—2021 年重庆百货、王府井的核心利润率变动趋势图

由 9-24 可知,重庆百货的核心利润率呈现出稳步上升的趋势,而自 2017 年起,整个行业却呈现出持续下降的态势。更为显著的是,从 2018 年开始,重庆百货的核心利润率一直保持在行业平均水平之上,并且这种领先优势还在进一步扩大。这从横向和纵向两个维度都证明了重庆百货的主营业务市场竞争力和盈利能力较强,且这种优势正在不断加强,预示企业具有良好的发展潜力。

同时,我们发现行业标杆企业王府井也呈现出类似的发展趋势,这进一步验证了我们对重庆百货未来发展越来越好的正向预测是可靠的。

由图 9-25 可知,重庆百货的销售净利率整体上也呈现出上升趋势。特别值得注意的是,从 2018 年开始,在整个行业都普遍出现下降的情况下,重庆百货的销售净利率却持续上升。这充分说明了重庆百货的产品或服务销售能力在不断增强,其在市场上的竞争优势也在不断扩大。此外,行业标杆公司王府井也呈现出相同的发展趋势,这再次印证了重庆百货具备较好的发展潜力和较强的竞争力。

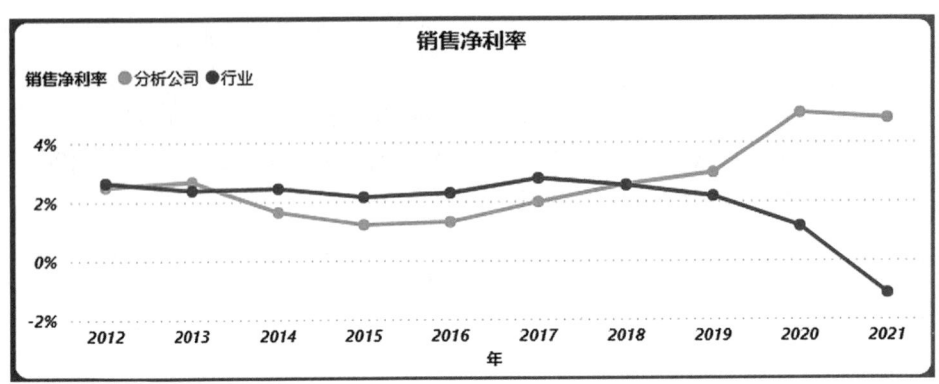

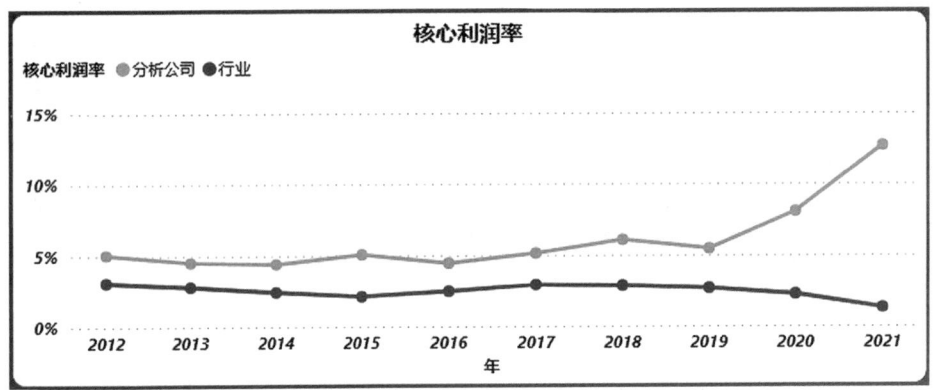

图 9-25　2012—2021 年重庆百货、王府井的销售净利率变动趋势图

二、利润的现金含量分析

(一) 利润的现金含量分析概述

利润的现金含量是指企业在生产经营过程中所产生的现金流量与利润之间的比值关系,它反映了企业当期生产经营活动所产生的净利润的现金保障程度,是衡量企业收益质量的一个重要指标。这一指标主要可以通过两个子项来衡量:经营活动产生的现金流量净额和净利润现金含量。

1. 经营活动产生的现金流量净额

经营活动产生的现金流量净额是指在一个会计期间内,企业经营活动所带来的现金流入与现金流出的差额,它直接反映了该期间内企业净现金流量的增减情况,是评估企业盈利能力高低及盈利质量好坏的关键指标之一。

2. 净利润现金含量

净利润现金含量是指企业经营活动产生的现金流量净额与净利润之间的比值,它反映了企业当期经营活动现金流量对净利润的保障程度。若当期净利润是正值,则净利润现金含量的指标应达到或超过 100% 为宜,这表示企业当期的净利润有着充足的现金保障,从而为企业提供了持续发展的动力;相反,若该指标长期低于 100%,则说明企业的现金保障不足,收益质量相对较差,支付能力也较弱。

(二)物流业企业利润的现金含量分析

对于水上运输业企业利润的现金含量分析,我们选择重庆港九(股票代码:600279)作为分析对象,并对比分析水上运输业标杆企业中远海控(股票代码:601919)和水上运输业的利润现金含量情况。2021年重庆港九、中远海控和水上运输业利润的现金含量分析表,如表9-11所示。

表9-11 2021年重庆港九、中远海控和水上运输业利润的现金含量分析表

指标	本期公司值	本期标杆公司值	本期行业值
经营活动产生的现金流量净额 (万元,保留到整数)	53 580.36	17 094 837.43	827 106.24
净利润的现金含量 (%前保留2位小数)	5.18%	1.65%	1.60%

由表9-11可知,重庆港九本期的经营活动产生的现金流量净额低于行业平均值,这表明其现金充裕度较行业平均水平低,现金支付能力也弱于行业平均水平,这可能与重庆港九经营规模小于行业平均水平有关。

为了更准确地把握其收益质量和现金支付能力情况,我们还需要对其净利润的现金含量进行深入分析。其净利润现金含量远高于行业平均值及本期标杆公司的水平,这说明在重庆港九的净利润中,现金保障程度较高。

由此可以初步推断,重庆港九的营业收益质量相对一般,这主要是由其主营业务在市场上竞争力较弱所致。鉴于在行业中处于相对劣势的地位,其现金流量净额较低。当然,这也与其经营规模在行业中处于中下水平有关。

为进一步深入了解重庆港九的利润的现金含量情况,我们对重庆港九、中远海控和水上运输业2012—2021年的利润的现金含量进行了具体分析,结果如图9-26的图9-27所示。

图9-26 2012—2021年重庆港九、水上运输业经营活动产生的现金流量净额变动趋势图

由图9-26可知,重庆港九近10年的经营活动产生的现金流量净额呈现出波动上升趋势,从2012年的6 794.38万元上升到2021年的53 580.36万元。这说明从纵向比较来看,近10年重庆港九的收益质量有所提升,现金保障程度有所改善。但从横向比较来看,近10年重庆港九的现金流量净额始终低于行业平均水平,且这种差距还在不断扩大。在整个水上运输业近3年整体收益质量大幅度提升的情况下,重庆港九反而呈现出略微下降的趋势。由此可知,重庆港九的收益质量正在变差,现金支付能力和偿债能力正在变弱,市场竞争劣势正在扩大。

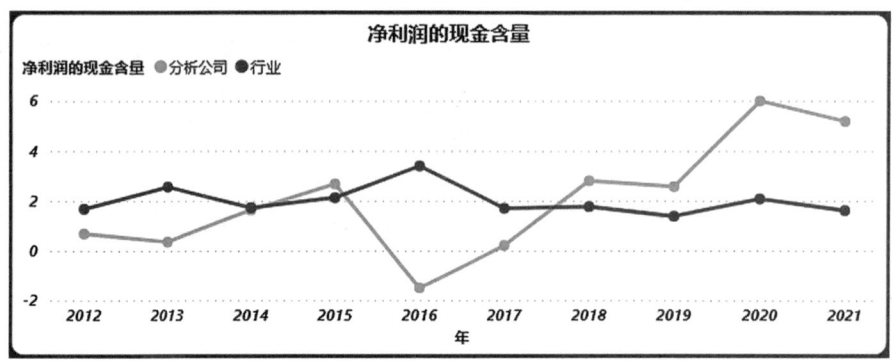

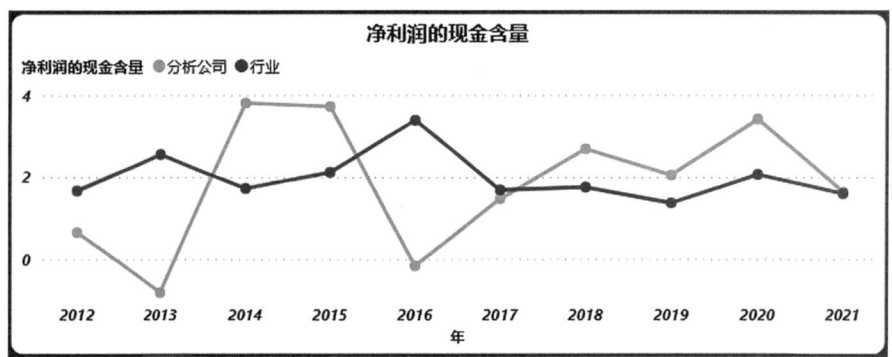

图 9-27　2012—2021 年重庆港九、中远海控和水上运输业净利润的现金含量变动趋势图

由图 9-27 可知，重庆港九的净利润的现金含量 2012—2021 年呈现出波动上升趋势，这表明其净利润中的现金收益保障程度在不断改善。横向比较来看，从 2018 年开始，重庆港九的净利润现金含量指标一直处于行业平均水平之上，且优于行业标杆企业中远海控。因此，仅从净利润的现金含量指标来看，重庆港九的现金支付能力处于较好的水平，现金收益保障程度也处于较高水平。

综合来看，尽管重庆港九的现金支付金额处于行业平均水平之下，这主要与其经营规模相对较小有关；但重庆港九的净利润现金含量优于行业平均水平，说明其现金保障程度较好。因此，重庆港九在行业中的竞争优势一般，现金支付能力处于中等水平，企业发展的潜力一般。

三、权益净利率分析

(一) 权益净利率分析概述

权益净利率，也称为净资产收益率或权益报酬率，是杜邦分析的核心指标。它能够综合反映财务管理的多个目标，包括利润最大化、权益净利率最大化、每股收益最大化、企业价值最大化和股东财富最大化等。权益净利率是反映企业经营成果和净利润与所有者权益之间关系的重要指标。只有不断提升权益净利率，企业才能实现价值的持续增长，并为企业发展提供充足的资金，从而保障企业的发展动力。

企业拥有的权益资金是企业实力的反映，也是企业偿还债务资金保障程度的反映。企业只有在从事生产经营活动过程中有效利用权益资金，才能获得更好的收益。因此，分析权益净利率是企业获利能力、资产管理能力和偿债能力的综合体现。通常,企业可以与自身历史发展水平进行比较以了解自身的发展趋势,也可以与同行业平均水平相比较以了解自身在行业中的竞争定位,还可以与自身的预期值进行比较以了解自身经营目标的实现程度。

由此可知,企业可以通过提高资产周转率、增加产品或服务的销售收入来提升权益净利率。

(二) 货币金融服务行业企业的权益净利率分析

观察公司业绩时,除了前述提到的净利润和净现金,另一个重要的维度是股东回报。股东回报是指股东每投入 100 元,能获得多高的净利润回报。对于货币金融服务行业企业的权益净利率分析,我们选择招商银行(股票代码:600036)作为分析对象,并对招商银行、行业标杆工商银行(股票代码:601398)和整个货币金融服务行业的权益净利率进行对比分析。2021年招商银行、工商银行和货币金融服务行业的权益净利率分析表,如表 9-12 所示。

表 9-12 2021 年招商银行、工商银行和货币金融服务行业的权益净利率分析表

指标	本期公司值	本期标杆公司值	本期行业值
权益净利率(%前保留 2 位小数)	15.14%	11.33%	10.76%

由表 9-12 可知,招商银行本期的权益净利率为 15.14%,高于本期行业平均值 10.76% 和本期行业标杆公司的值 11.33%。这说明招商银行本期的权益资本获利能力较行业平均值和行业标杆公司更强,企业资产运营活动效率更高,能更好地保障企业投资人和债权人的收益。为了把握招商银行未来的盈利能力、资产运营效率和偿债能力,下面进一步对招商银行、工商银行和货币金融服务行业 2012—2021 年的权益净利率进行分析,结果如图 9-28 所示。

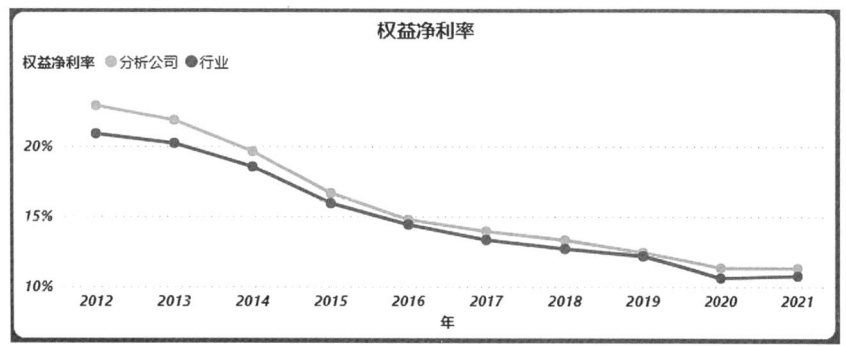

图 9-28 2012—2021 年招商银行、工商银行和货币金融服务行业权益净利率变动趋势图

由图 9-28 可知,从 2012 年开始,招商银行的权益净利率呈现出下降趋势,从 2012 年的 24.77% 下降到 2021 年的 15.14%。这表明从纵向发展来看,招商银行的资产运营效率和获利能力有所下降。从横向比较来看,招商银行的发展趋势与行业整体走势一致,说明整个货币金融服务行业普遍面临盈利能力和资产运营效率下降的挑战。尽管如此,招商银行整体上仍处于行业平均水平之上,且从 2015 年开始,其下降幅度较整个行业更小,这表明在整体环境变差的情况下,招商银行在行业内的相对比较优势反而在提升。

此外,招商银行与行业标杆公司工商银行的权益净利率差距也在不断缩小,这也进一步说明了其未来发展潜力较好。

第六节 基于 VDC 平台的穿透式财务分析报告

一、穿透式财务分析的操作步骤

下面以重庆百货为例,应用 VDC 平台进行穿透式财务分析,具体操作步骤如下。

(一) 经营层面分析的操作步骤

首先,依次点击菜单栏左侧的"数据可视报表"→"财务分析"→"穿透式财报分析",进入穿透式财报分析界面,如图 9-29 所示。

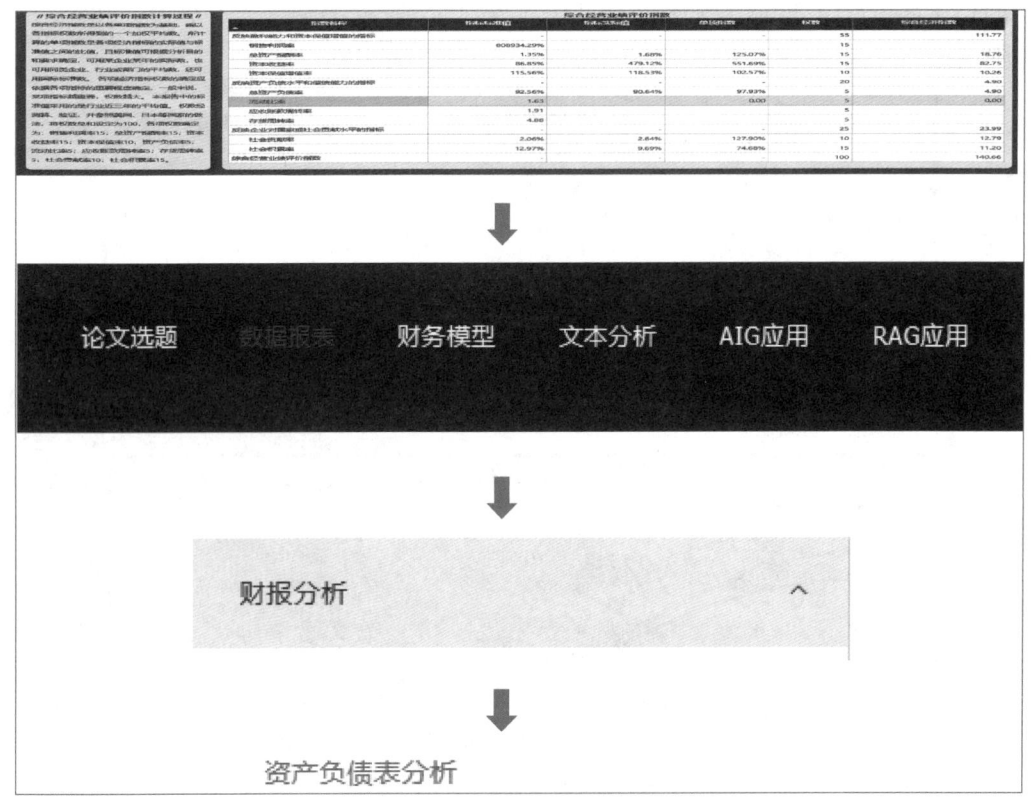

图 9-29 进入穿透式财报分析界面

其次,在"穿透式财报分析"可视化页面右上方"公司"处,展开下拉列表,在搜索框中输入公司名称"重庆百货"或输入重庆百货的股票代码"600729",选中出现的"C600729 重庆百货 CBEST",设置会计期间为"2012—2021"(该时间可以根据自己分析需要进行调整),注意页面左上角勾选的是"公司信息"按钮,如图 9-30 所示。

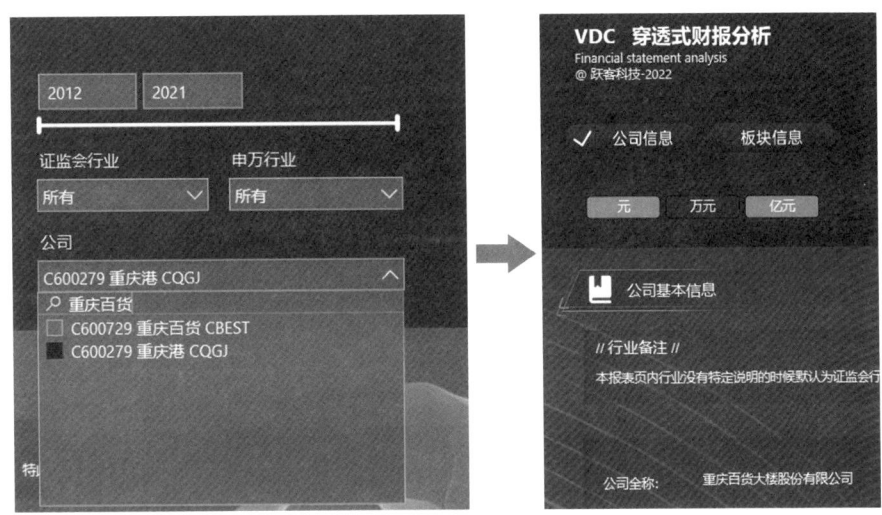

图 9-30　查询重庆百货的穿透式财报信息

系统自动弹出重庆百货的全部穿透式财报信息的可视化分析图表及文字分析,如图 9-31 所示。

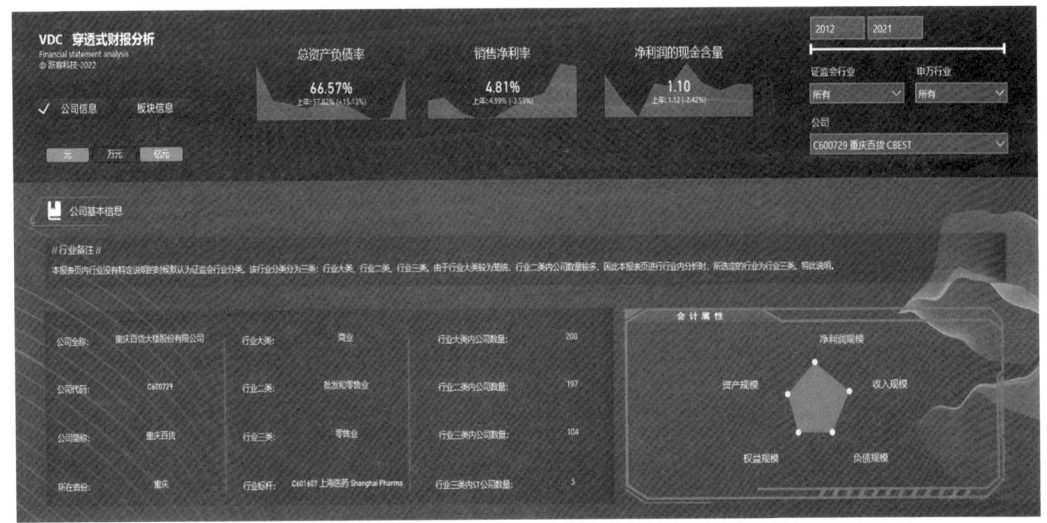

图 9-31　重庆百货穿透式财报信息可视化分析界面

由图 9-31 可以看到重庆百货的基本信息,包括公司全称、代码、所在省份、所属行业、公司基本信息等内容。

下拉页面,可以看到图 9-32 显示的关于重庆百货经营层面智能分析的结果。

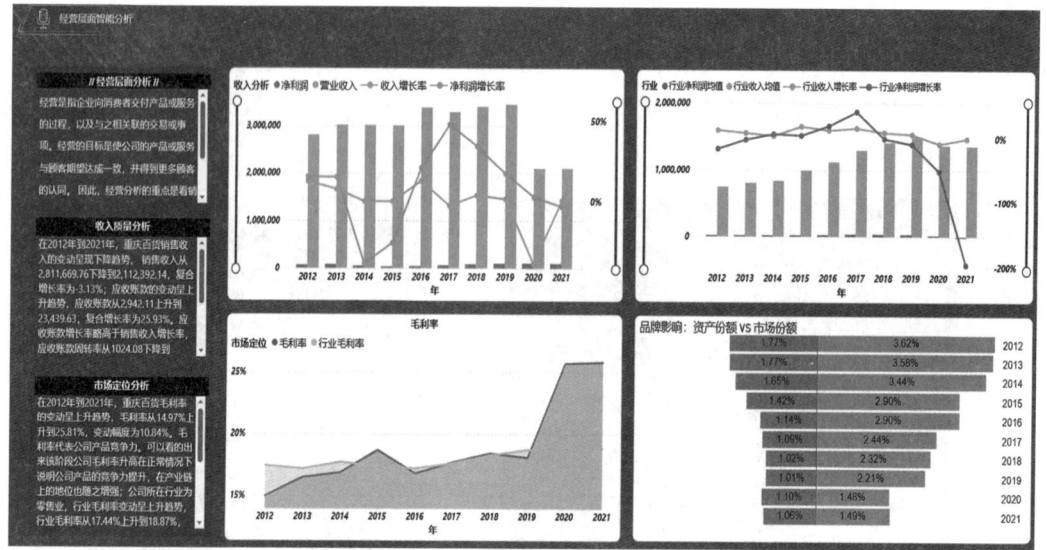

图 9-32　重庆百货经营层面分析界面

图 9-32 的左边是对经营层面及其下属的收入质量和市场定位的具体文字分析，右边是可视化的图表。当鼠标移动到相应图形上时，可以看到每一个时间节点上的具体数值。此外，单击各个图形的空白处，会显示出"以表的形式显示"的选项。点击该选项后，既可以查看各个图形的具体情况，也可以看到图形中各个时间节点的具体数据表。阅读完所需信息后，可以点击页面左上方的"返回"按钮回到当前页面。

（二）管理层面分析的操作步骤

下拉页面，就可以看到如图 9-33 所示的管理层面智能分析的结果。

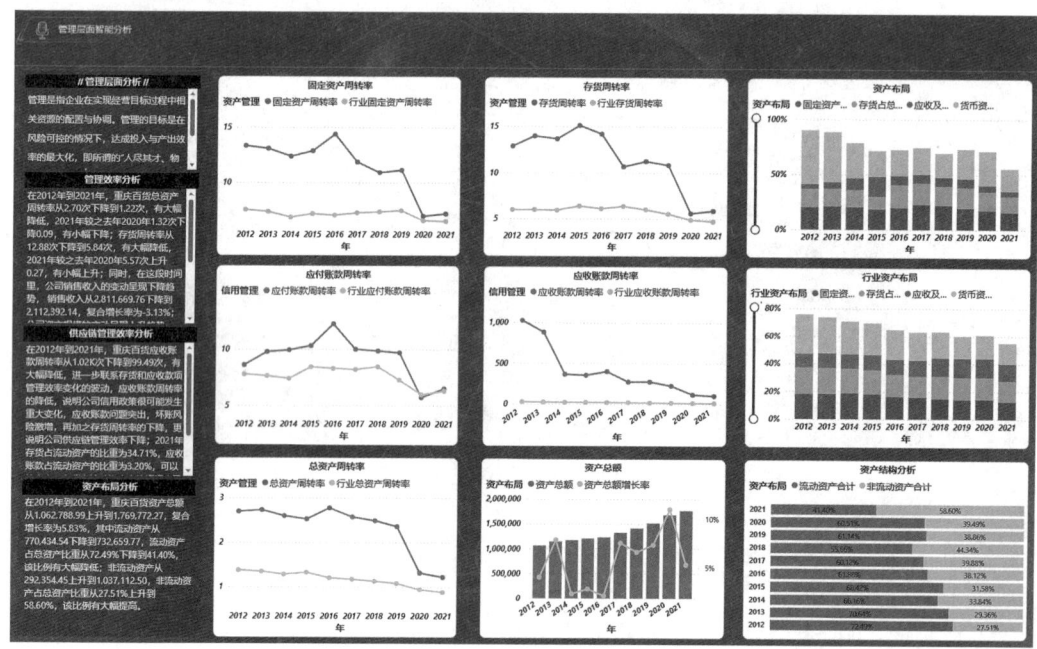

图 9-33　重庆百货管理层面分析界面

图 9-33 左边菜单栏是对管理层面的穿透式分析结果进行的文字解读,右边是相对应的管理层面下的"资产管理""信用管理""资产布局"分析的可视化结果。

(三) 财务层面分析的操作步骤

下拉页面,就可以看到如图 9-34 所示的财务层面智能分析结果。

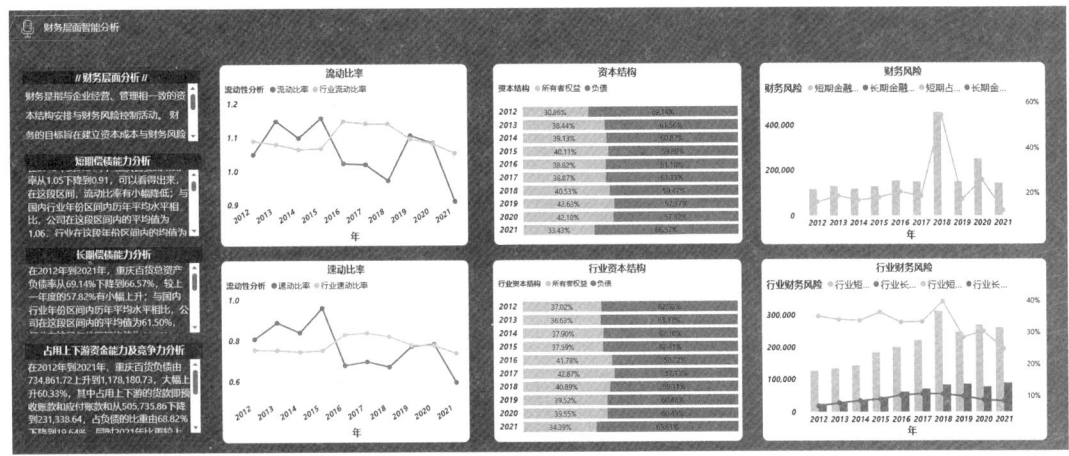

图 9-34 重庆百货财务层面分析界面

图 9-34 左边菜单栏是对财务层面的穿透式分析结果进行的文字解读,右边是相对应的财务层面下的"流动性分析""财务风险""资本结构"分析的可视化结果。

(四) 业绩层面分析的操作步骤

下拉页面,可看到如图 9-35 所示的业绩层面智能分析的可视化结果。

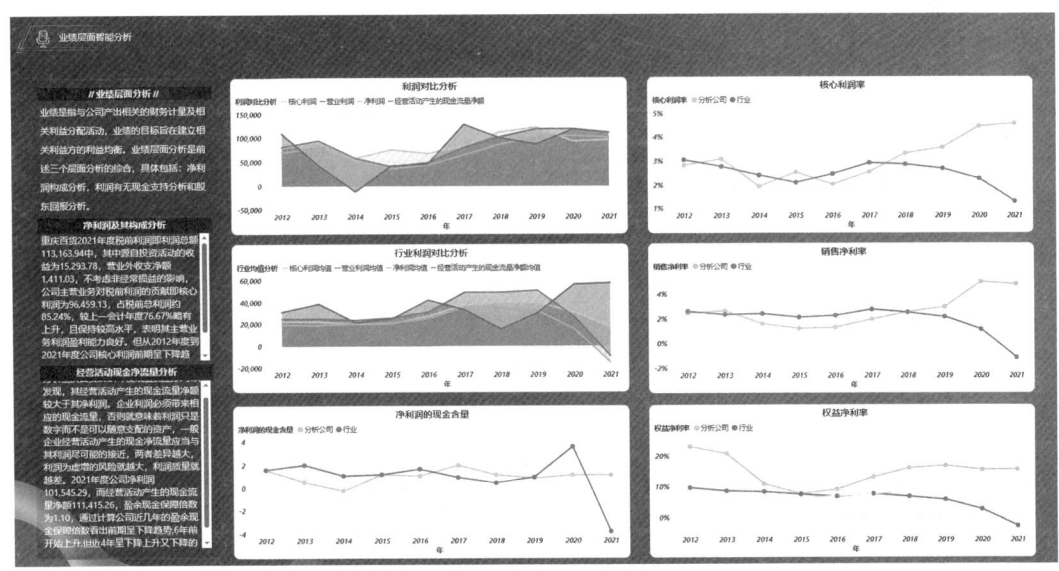

图 9-35 重庆百货业绩层面分析界面

图 9-35 左边菜单栏是对业绩层面的穿透式分析结果进行的文字解读,右边是业绩层

面下的"利润对比分析""净利润的现金含量""权益净利率"分析的可视化结果。

在进行分析时,我们不仅想要知道企业自身的信息和其所处的行业地位情况,可能还想要知道其主要竞争对手的情况。此时,我们可以重复上述步骤来获得主要竞争对手的情况。本处以"重庆百货"为例,其主要竞争对手,选择"王府井"为对比分析对象。具体将在后面的穿透式财务分析报告撰写示例中进行呈现。

二、穿透式财务分析报告的撰写示例

下面根据穿透式财报分析报告的模板,依次完成重庆百货各个板块的分析内容,模板内容如图9-36所示。

图9-36 穿透式财报分析报告模板内容

重庆百货和王府井的公司简介如下:

重庆百货:公司自1920年创建宝元通开始至今,已走过100年的风雨历程。1950年,在宝元通货公司的基础上成立了西南区百货公司门市部,历经重庆市百货公司中心商店、三八百货商店、重庆百货商店、重庆百货大楼等阶段。1992年6月,经重庆市体改委批准,由重庆百货大楼独家发起定向募集方式设立股份有限公司,并于1992年8月11日在重庆市工商行政管理局注册,总部位于重庆市。公司主要从事百货、超市、电器和汽车贸易等业务,拥有"重庆百货""新世纪百货""商社电器"和"商社汽贸"等著名商业品牌。

王府井:公司于1993年4月由原北京王府井百货大楼改组设立,并在上海证券交易所发行A股股票。注册地址为北京市东城区王府井大街255号。公司的主要业务包括商品零售和商业物业出租,覆盖百货、购物中心、奥特莱斯及超市等业态,并同时拥有线上零售渠道。公司已取得免税品经营资格,这将成为公司的主要业务之一。公司荣获2014年度全国大型零售企业统计信息工作先进单位一等奖；王府井百货被评为"全国重点商业集团企业"，荣获"中国红十字博爱奖章""中国连锁百强"称号；王府井百货还被评为"中国百货业最具商业价值企业奖"，获得"十年中国百货业高峰论坛突出贡献奖"等荣誉。

（一）经营层面分析

经营是指企业向消费者提供产品或服务的过程，以及与之相关联的活动。经营的目标是使公司的产品或服务满足顾客期望，并赢得更多顾客的认同。因此，经营分析的重点包括销售收入的构成及其增长、产品的市场定位、企业经营的理念和品牌影响力。

1. 成长性分析

收入增长率是指企业本期营业收入增加额与上期营业收入总额的比率，是评价企业成长状况和发展能力的重要指标。对成长性的分析，我们主要观察收入、净利润以及收入增长率、净利润增长率的情况，具体如下：

成长性财务指标分析

一、指标值

1. 指标情况（2021年）

指标	公司值	竞争对手公司值	行业均值
收入（万元，保留到整数）	2 221 392.14	1 275 308.14	1 359 610.26
净利润（万元，保留到整数）	101 545.29	137 828.09	－15 251.75
收入增长率（%前保留2位小数）	0.22%	55.08%	－0.76%
净利润增长率（%前保留2位小数）	－3.38%	288.47%	－197.01%

注：本报告内所有绝对值指标的行业值都定义为行业均值。

2. 本期指标描述：首先，重庆百货的营业收入、净利润、收入增长率和净利润增长率均高于行业平均值，说明其收入质量处于行业平均水平之上，意味着重庆百货的盈利能力好于行业平均水平，其成长性处于较好水平。其次，将重庆百货与标杆公司进行比较，可以发现重庆百货的营业收入高于标杆公司，但其净利润、收入增长率和净利润增长率均低于标杆企业王府井。尽管营业收入更高，但净利润反而更低，这表明重庆百货还需要进行一定的改善。根据数据可知，综合来看，在整个行业呈现出亏损和下降趋势的时候，重庆百货的净利润为正，且收入增长率也为正，说明其未来成长性有比较正面的预期。

3. 指标分析（重庆百货）

指标10年变动对比图示：	指标10年变动描述：
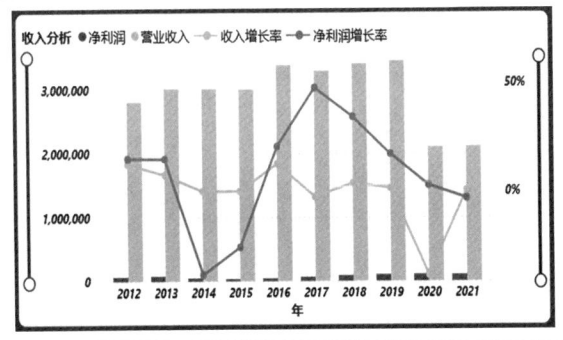	从重庆百货自身的纵向发展来看，2012—2021年，其营业收入整体上呈现出下降趋势，其营业收入增长率从2012年的12.42%下降到2021年的0.22%，平均增长率为－0.47%。由此可知，重庆百货的营业收入整体上在下滑；从净利润来看，由2012年的70 050.86万元增长到2021年的101 545.29万元，净利润增长率均值为8.45%，说明其净利润总体上呈现出上升趋势。由此可以认为，重庆百货整体发展水平还是不错。

指标10年变动对比图示:	（续表） 指标10年变动描述:
二、行业和竞争对手指标统计分析	
1. 行业变动统计分析	2. 行业变动描述
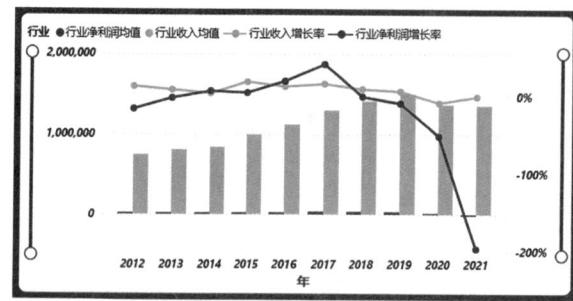	行业平均收入增长率从2012年的12.74%下降到2021年的-0.76%,平均营业收入增长率为7.73%,这一数值高于重庆百货的-0.47%,说明重庆百货的营业收入增长率低于行业平均水平。从净利润来看,行业净利润从2012年的19 645.21万元下降到2021年的-1 251.75万元,且净利润增长率也从2012年的-16.23%下降到-197.01%,净利润增长率的均值为-20.54%,通过对比可以看出,重庆百货的净利润金额和增长率均高于行业平均水平。因此,综合而言,重庆百货的盈利水平处于行业平均水平之上。
3. 竞争对手王府井变动统计分析	4. 王府井变动描述
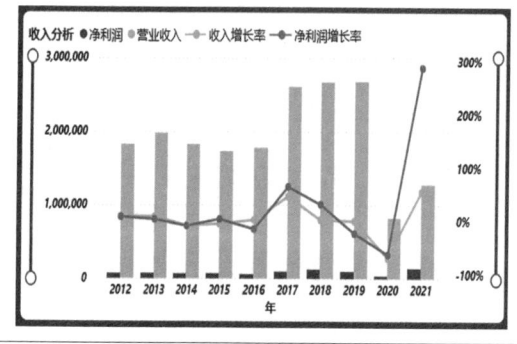	可以发现,主要竞争对手王府井的营业收入呈现出波动下降趋势。2012—2021年,王府井的净利润增长率均值为29.01%,营业收入增长率均值为4.23%,这两项指标均高于重庆百货,说明相较于行业标杆企业,重庆百货在营业收入和净利润增长方面还有较大的上升空间。
5. 重庆百货成长性情况综合分析	
综上分析可知,重庆百货的营业收入和营业收入增长率均低于行业平均水平,但其净利润和净利润增长率却高于行业平均水平,这说明重庆百货仍具有一定的发展潜力。为了提升重庆百货的未来表现,需要从提升其营业收入入手,进而增强其盈利能力。	

注：智能财经助手中计算的数据均为小数格式,填写报告时可填写小数格式或自行转换成百分比格式进行填写。行业均值可选择"行业算术平均数"或"行业加权平均数"进行数据填写。

2. 市场定位分析

毛利率代表公司产品的差异性和市场竞争力。针对公司市场定位进行分析,我们观察毛利率的情况,具体如下:（略）。

3. 品牌影响分析

市场份额是指公司当期收入占行业收入的比重,资产份额是指本期公司资产占本期行业资产的比重。针对公司品牌影响分析,我们观察资产份额、市场份额的情况,具体如下:（略）。

（二）管理层面分析

管理是指企业在实现经营目标过程中相关资源的配置与协调。管理的目标是达成投入与产出效率的最大化,它包括资产及其配置的优化资产利用效率和人均产值(收入)分析等。

1. 资产管理

资产管理分析,重点看效率,即周转率,我们不仅要观察总资产周转率,还要观察固定资产周转率、存货周转率的情况,具体如下:(略)。

2. 信用管理分析

信用分析也要看效率,其中应收账款和应付账款周转率可用来进行信用管理分析,我们观察公司和行业的应收账款和应付账款周转率的情况,具体如下:(略)。

3. 资产布局分析

看风险,核心是看企业的资产布局。根据资产的变现程度可判断公司经营风险随着资产结构的变化而变化,我们观察重要资产项目的结构情况,具体如下:(略)。

(三) 财务层面分析

财务是指与企业经营、管理活动相一致的资本结构安排与财务风险控制活动。财务的目标在于建立资本成本与财务风险之间的平衡。它涵盖了以下方面:资本结构的安排与优化,负债结构的安排与优化,以及短期偿债风险的控制。财务层面的分析,主要包含两个关键要素:一是确保财务风险可控,二是追求资本成本最低化。

1. 财务风险分析

公司财务风险的衡量主要关注负债水平,特别是负债的成本。在此,我们主要聚焦于金融负债,具体观察长期金融负债和短期金融负债的情况,详细分析如下:(略)。

2. 流动性分析

流动比率和速动比率可代表企业偿还债务的能力。针对公司流动性进行分析,我们观察流动比率和速动比率的情况,具体如下:(略)。

3. 资本结构分析

资本结构反映了企业资金的来源结构。在针对公司资本结构进行分析时,我们主要观察负债与所有者权益的占比情况,具体细节如下:(略)。

(四) 业绩层面分析

业绩是指与公司产出相关的财务计量及相关利益分配活动,其旨在建立相关利益方的利益均衡。它包括:净利润及其构成,经营活动现金净流入,主营业务利润和股东权益报酬率。

1. 利润对比分析

分析利润可以通过剖析上市公司的各项利润指标,对其现实经营状况(即经营成果)以及未来盈利能力进行预测。具体而言,我们关注净利润、营业利润、核心利润、核心利润率以及销售净利率的情况,详细分析如下:(略)。

2. 利润的现金含量分析

净利润并不总等同于现金。所以在衡量收益质量时,要考虑公司的收益中有多少可以转化为现金。其中一个重要指标就是每股净利润现金含量。其公式为:净利润现金含量=经营活动产生的现金流量净额÷净利润。该比值越高,说明公司的资金回笼率越高。针对公司利润的现金含量分析,我们观察净利润现金含量的情况,具体如下:(略)。

3. 权益净利率分析

在评估公司业绩时，除之前提到的净利润和净现金外，另一个重要的维度是股东回报，即股东每投入 100 元所能获得的净利润回报。我们主要观察的是权益净利润率这一指标，详细分析如下：（略）。

思考与拓展练习

一、思考题

1. 简述穿透式财务分析的目的。
2. 举例说明穿透式财务分析会带来的变化。

二、拓展练习

请借助 VDC 平台或其他财务分析软件，对零售业、货币金融服务行业或水上运输业的行业数据进行深入分析，并选取该行业内某一家上市公司进行穿透式财务分析。根据穿透式财务分析报告的撰写模板，完成对该公司在经营层面、管理层面、财务层面及业绩层面的详细分析内容，最终以 Word 文档的形式提交作业。